통일 문제를 다루는 11개의 공간

① 동서독분단선 ② 시베리아횡단철도 ③ 북중 국경 ④ 평양
⑤ 판문점 ⑥ 백두산 ⑦ 북한의 숲 ⑧ 원산 ⑨ 해주–강화
⑩ 한반도 중앙–파주, 철원 ⑪ 한민족 마음

East
Siberian Sea
ssia
of
Vladivostok
East Sea
Korea
East China Sea
Myanmar

통일·북한의 공간적 이해

통일 · 북한의 공간적 이해

로컬 공간으로 조망하는
새로운 통일 담론

김재한 편저

고상두 · 김성진 · 강택구 · 여현철 · 배광복 · 정기웅 · 엄태일 · 김범수 · 황지욱 · 정원주 · 이윤수 공저

카오스북
CHAOS BOOK

통일 · 북한의 공간적 이해
: 로컬 공간으로 조망하는 새로운 통일 담론

발행일 2019년 9월 30일
저 자 김재한 외 11인
발행인 오성준
발행처 카오스북

등록번호 제2018-000189호
주소 서울시 마포구 양화로 56 동양한강트레벨 1022호
전화 02-3144-8755, 8756
팩스 02-3144-8757

웹사이트 www.chaosbook.co.kr
ISBN 979-11-87486-26-8 93340
정가 32,000원

차례

제 2 장

[시베리아횡단철도]

남·북·러 연결 73

_ 김성진(덕성여자대학교)

제 3 장

[북중 국경]

국경 지역 관리 117

_ 강택구(한국환경정책 · 평가연구원)

제4장

[평양]

북한의 지배 체제 181

_ 여현철(국민대학교)

제 5 장

[판문점]

남북 대화 225

_ 배광복(대구가톨릭대학교)

제 6 장

[백두산]

자연재해, 급변 사태, 환경 협력 335

_ 정기웅(한국외국어대학교)

제7장

[북한 숲]

남북한 환경 협력 383

_ 엄태일(한림성심대학교)

제8장

[원산]

동해안 관광 협력 419

_ 김범수(강원연구원)

제9장

[해주]

서해안 평화 번영 구상 469

_ 황지욱(전북대학교)

제10장

[한반도 중앙]

분단 · 통일의 고중세사 519

정원주(한국교통대학교)

제11장

[한민족 마음]

편견과 동질성　571

_ 이윤수(라온마음심리상담연구소)

서장

통일 · 북한의 공간적 이해

김재한
한림대학교

1.
기존 통일 · 북한 담론의 한계

대한민국 사회의 기존 통일 · 북한 담론은 크게 세 가지 종류의 한계를 갖는다. 첫째, 지적 호기심을 충족시키지 않는다. 학생이건 일반인이건 대체로 통일 · 북한 문제를 새롭게 받아들이지도 않고 또 흥미롭게 생각하지도 않는다. 기존 통일 · 북한 담론 가운데 일부는 인과론적 설명 없이 당시 정부의 통일 · 북한 정책 방향을 단순하게 항목별로 나열만 하고 있어 지적 깨달음을 주지 못한다. 통일 · 북한 담론이 새롭지도, 흥미롭지도 않으면, 통일 · 북한 문제의 이해가 확산되지도, 심화되지도 않는다. 따라서 콘텐츠 개선이 통일 · 북한 담론에 필요하다.

둘째, 기존 통일 · 북한 담론은 실용적이지 않다. 통일 · 북한 강좌의 수강이나 학습이 개인의 취업이나 활동에 도움이 된다고 잘 여겨지지 않는다. 기존 통일 · 북한 담론에 대해 잘 알고 있다고 해서 반드시 삶의 질이 더불어 좋아지는 것은 아니다. 자신의 직장에서 업무를 수행할 때 또는 자신의 지역에서 사회 활동을 펼칠 때 바로 활용할 수 있는 콘텐츠는 자발적 학습 동기가 된다. 활용할 수 있는 콘텐츠가 통일 · 북한 담론에 필요하다.

셋째, 기존 통일 · 북한 담론은 정파적이다. 특정 이념에만 기반을 두고 전개되는 통일 · 북한 담론은 일관된 방향을 띠더라도 다른 관점에서 나올 수 있는 합리적이고 논리적인 의문을 적절히 해소하지 못한다. 특정 이념이 강하게 가미된 통일 · 북한 담론은 사회적 관심이나 집단적 동원을 이끄는 데에 성공할 수 있겠으나, 특정 진영과의 공감은 동시에 상대 진영에 대한 적대적 태도와 함께하기 쉬워 이른바 남남 갈등을 증폭시키기도 한다. 통일 · 북한 담론은 객관적인 사실과 논리로 채워질 필요가 있다.

2.
체득 중심의 통일 · 북한 담론

한나라 선제(宣帝)가 적군 군사 상황에 대해 묻자 장수 조충국(趙充國)이 현장에 다녀오겠다면서 답했다는 "백 번 듣는 것이 한 번 보는 것보다 못합니다(百聞不如一見)"는 중국 전한(前漢)의 역사서 한서(漢書) 조충국전에 나오는 구절이다. 한나라 설화집 설원(說苑) 정리(政理)편에도 비슷한 구절이 나온다. "귀로 듣는 것은 눈으로 보는 것보다 못하고(耳聞之不如目見之), 눈으로 보는 것은 발로 가보는 것보다 못하며(目見之不如足踐之), 발로 가보는 것은 손으로 해보는 것보다 못하다(足踐之不如手辨之)."

현대에 와서도 오감의 학습 효과는 미각 1.0%, 촉각 1.5%, 후각 3.5%, 청각 11.0%, 시각 83.0%이고, 기억 효과는 청각 20%, 시각 30%, 시청 50%, 말하기 80%, 말하고 행하기 90%의 순이라는 분석이 있다(Sampath, Panneerselvam, and Santhanam 2007, 26–27).

현장에서는 관찰자가 각자의 오감(五感)으로 체험하여 받아들인다. 사실 현장에는 주관자와 관찰 대상 사이에 다른 매체가 개입하지 않는 것이 바람직하다. 선입관이 개재된 외부 정보가 없을 때 오히려 가치 규범이나 이론에서 벗어나 현실을 제대로 체득할 수 있다.

통일 · 북한 문제도 현장에서 살펴봄으로써 더 깊게 이해할 수 있다. 물론 북한 방문이 북한 문제 이해의 충분조건도 아니고 필요조건도 아니다. 북한 체제의 사정상 정해진 장소의 방문만 허용되기 때문에 현장을 이래저래 뒤집어보고 살펴볼 수도 없다. 정치적인 이유에서든 인지적인 이유에서든 북한 내재적 관점에서만 살펴보면 오히려 객관성을 잃을 수 있다. 방문 여부를 떠나 관찰 대상에 가까이 그러나 분리되어 관찰할 수 있다면 현장 중심의 접근은 객관적 이해를 크게 향상시킬 것이다.

3.
로컬 중심의 통일 · 북한 담론

거대 담론은 통일 · 북한 문제의 개괄적 이해에 도움이 되기도 하지만, 사회 변화를 설명하지도 또 이끌지도 못할 때가 너무 많다. 개인 삶과 사회 활동 나아가 사회의 변화는 로컬에서 추동되기도 한다. 체제적 변화가 개인의 삶에 영향을 주는 경로도 로컬을 통해서일 때가 많다. 예컨대 2018년 4월 판문점 남북정상회담과 6월 싱가포르 북미정상회담이라는 큰 이벤트가 6월 지방선거에서 북한과 인접한 지역의 정치 판세를 바꿔버렸다고 주장되고 있다. 그런데 접경 지역이라는 로컬로 들어가 보면, 일련의 정상회담만으로 바뀌어버린 것은 아니다.

선거 결과에 통계적으로 유의한 영향을 준 요인은 로컬의 지가 상승이었다(김재한 2018c, 152-154). 구체적으로, 2018년 지방선거일 전월(5월) 기준으로 1년 전(2017년 5월) 대비 지가 상승률은 속초시, 고성군, 파주시, 철원군, 김포시가 자신의 소속 광역자치단체 평균보다 높았다. 이 5개 접경 시 · 군은 2014년 도지사 선거에서 새정치민주연합(더불어민주당 전신)에게 도(道) 평균보다 낮은 득표율을 주었다가, 높은 지가 상승률을 경험한 직후인 2018년 선거에서는 더불어민주당 후보를 도 평균보다 높은 득표율로 지지했다. 2018년 지방선거의 전전월인 4월 기준 한국감정원 토지 가격 통계에서 전월 대비 상승률 전국 1위 시 · 군은 경기도 파주시였고, 3위는 강원도 고성군이었다. 또 고성군과 철원군의 토지 매매 거래량은 2018년 지방선거 직전에 증가하였다.

반면에 2018년 선거일 전월인 5월 기준으로 1년 전 대비 지가 상승률이 경기도 전체 평균보다 낮은 연천군과 고양시는 2018년 도지사 선거 더불어민주당 후보에게 도 평균보다 못한 득표율을 제공하였다. 고양시는 2014년 도지사 선거에서 도 평균보다 높은 득표율로 새정치민주연합을 지지했던 시이다.

로컬의 지가 상승은 진보적 여당 더불어민주당의 득표율 증가에 통계적으로 유의한 영향을 주었다. 2018년 지방선거에서 일부 접경 지역의 파랑색 돌풍은 지역 개발 등 로컬 변화의 결과였다고 말할 수 있다. 왜냐하면 접경 지역 간 지가 상승률 차이가 곧 선거 결과의 차이로 연결되었다고 볼 수 있기 때문이다.

로컬에 대한 이해 없이 거대 담론만으로 통일 문제나 북한 문제를 이해할 수는 없다. 특정 로컬을 하나라도 숙지하고 있는 것이 통일 이전이든, 통일 과정이든, 통일 이후이든, 취업 활동이나 사회 활동의 성공 가능성을 높인다.

4.
남남 갈등 완화의 통일 · 북한 담론

DMZ학술원의 DMZ 야외 토론회는 1996년부터 20년 넘게 DMZ 인접 지역을 답사한 직후 DMZ 남방한계선에서 개최되어 왔다. DMZ 야외 토론회의 참석자는 오래된 역사만큼이나 다양하다. 같은 전공임에도 너무나도 다른 생각을 가진 전문가가 함께하였다. 굳이 일부를 거명하자면 브루스 부에노 데 메스키타, 와다 하루끼, 요한 갈퉁, 김명기, 김영호, 김학준, 서동만, 양호민, 이상만, 이상면, 이장희, 이재봉, 전성훈, 정세현, 제성호, 최성철 등이다. 다른 만남에서는 양립 불가능한 대립적인 견해를 고수했던 분들이다. 그렇지만 이런 이질적 전문가도 로컬 현장에 기반을 두고 전개되는 DMZ 야외 토론회에서는 양립 가능한 견해를 서로 교환했던 것이다.

생명, 평화, 안전 등의 보편적 가치에 대해 누구나가 공감하고 또

특정 현장에서 가능한 방안에 대해서도 그 다원성을 서로 인정하는 것이다. 남남 갈등의 상당 부분은 탁상공론에서 나온다. 여러 로컬 현장에 관한 객관적인 사실과 논리로 구성된 통일 · 북한 담론은 남남 갈등 완화에도 기여할 것이다.

물론 현장 자체가 특정 이념을 담고 있다고 보는 견해도 있다. 김대중 정부 시절 진보적 지식인 가운데 일부(예: 리영희)는 하루라도 일찍 없애야 할 민족 분단선인 DMZ를 보전하니 활용하니 하는 논의가 잘못된 것이라고 주장하였고, 노무현 정부의 통일 교육 담당자 일부는 DMZ 현장 방문이 반공 교육에 불과하다고 주장하기도 했다. 김대중 · 노무현 정부를 계승한다는 문재인 정부의 DMZ 정책과는 차이가 있는 주장이다. 노태우, 김영삼, 이명박, 박근혜 정부 간에도 통일 · 북한 현장에 대한 해석이 다를 때가 있었다. 진보 내에서도 또 보수 내에서도 또 보수-진보 간에도 진정으로 현장에 밀착하여 관찰하게 되면 양립이 불가능한 대립은 사라지게 된다.

5.
새로운 통일 · 북한 담론

이 책은 기존 통일 · 북한 담론에서 관심도, 실용성, 객관성이 부족하다고 보고 이를 보충하기 위해 특정 공간을 통해 살펴본다. 실존 공간을 통해 통일 · 북한 문제에 접근함으로써 사실에 충실한 담론을 형성하고자 한다. 특정 로컬 공간에서 숙지될 수 있고 또 개인 삶에 도움 되며 그리고 사회적 갈등을 완화하는 새로운 통일 · 북한 담론의 시안을 만들어보려 한다.

북한 내 또는 북한에 인접한 장소뿐 아니라 북한 밖의 통일 관련 공간을 소재로 통일 문제 및 북한 문제를 살펴본다. 특정 공간을 개괄하면서 통일 및 북한에 관한 함의를 서술한다. 통일 · 북한에 관한 거대담론이나 기존 통일학 또는 기존 북한학의 내용 대신에, 로컬의 시각에서 통일 문제와 북한 문제를 이해해본다. 즉 해석보다 사실 위주의 통일 · 북한 담론이다.

이 책의 공저자의 전공은 정치학을 비롯하여 역사학, 사회학, 심리학, 도시공학 등 다양하다. 또 공저자의 연령도 30대에서 60대까지 다양하게 구성되어 있으며, 이념적 성향 역시 보수적 전문가와 진보적 전문가를 아우르고 있다.

사실 통일 · 북한 문제를 바라보는 관점은 이 책의 저자 간에도 서로 다르다. 이 책의 특정 부분에 대해 동의하지 않는 공저자도 있다. 이 책의 글 사이에서도 대립적인 해석이 존재하고 있다. 저자 각각이 집필한 원고에 편자가 가감한 구절도 있지만, 모든 글은 궁극적으로 집필자 본인의 견해이지, 편자의 것도 아니고 공저자 모두의 것도 아니다. 마음대로 갈 수는 없는 공간인 북한의 문제, 그리고 불확실한 미래에 관한 통일 문제에서는 군맹평상(群盲評象), 즉 장님 코끼리 만지기 식의 담론을 피할 수는 없다. 그럼에도 불구하고 그러한 이견이 동일한 공간을 매개로 살펴보면 양립이 가능한 이견임을 알 수 있을 것이다. 즉 서로 다름도 구체적인 현장에서는 극복할 수 있음을 강조한다.

이 책에서 구체적으로 다룰 11개 로컬 공간은 이 책 표지 다음 페이지에 실은 지도에 표기되어 있다. 동서독 분단선에서 시작해 시베리아 횡단 철도, 북한·중국 국경, 평양, 판문점, 백두산, 북한 숲, 원산, 해주, 한반도 중앙, 한민족 마음이라는 공간을 이어 차례로 조망한다.

제1~3장은 국제 정치적 통일 · 북한 담론이다. 제1장에서는 분단국 통일의 선례로 언급되고 있는 독일의 현장에서 통일 문제를 살펴본다. 동서독 분단선을 넘던 전단지 정책이 동서독 통일에 어떤 영향을 주었는지, 그리고 그것이 대한민국 지자체에 갖는 통일 관련 함의는 무엇인지를 살펴본다. 제2장에서는 유럽과 한반도 간의 연결 고리를 다룬다. 구체적인 공간은 시베리아 횡단 철도이다. 시베리아 횡단 철도에서 철도 연결의 일반적 관점을 알아보고 또 북한 그리고 남한까지 연결될 경우의 효과 및 방법에 대해 논하고 있다. 제3장의 로컬 공간은 한반도에서 가장 긴 국경선이라고 할 수 있는 북한 · 중국 국경이다. 안보, 경제, 생태 환경 등의 관점에서 국경이 어떻게 관리되고 있는지를 보여준다.

제4장 및 제5장은 정치 사회적 통일 · 북한 담론이라고 할 수 있다. 제4장의 로컬 공간은 통일 · 북한 담론에서 가장 중요한 장소인 평양이다. 북한의 지배 이념과 통치 기구를 정리하여 통일 · 북한 담론의 가장 중요한 행위자인 북한 정권이 어떻게 오랫동안 존속되고 있는지 보여주고 있다. 제5장의 로컬 공간은 오늘날 많은 주목을 받고 있는 판문점이다. 1971년부터 2019년까지의 남북 대화의 역사를 자세하게 서술하여 남북 대화의 기능과 성격을 규정하고 있다.

제6~9장은 협력적 통일 · 북한 담론으로서 생태와 개발 모두에서 갈등적 성격이 농후한 로컬 공간을 다룬다. 북한 북쪽의 백두산, 남쪽의 비무장지대, 동쪽의 동해안, 서쪽의 서해안에서 잠재적 갈등을 극복하여 협력을 구축할 방안을 언급하고 있다. 먼저, 제6장에서는 백두산이라는 로컬 공간을 두고 전개될 수 있는 화산 분화 재해, 북한 급변 사태, 남북 협력, 동북아 환경 협력 등에 대해 다룬다. 제7장의 지리적 공간은 북한 숲이다. 북한 환경 문제의 현황을 설명한 후, 남한을 포함한 국제 사회와의 환경 협력 가능성에 대해 논하고 있다. 제8장에서 다루는 로컬 공간은 원산과 동해안이다. 원산 및 동해의 지정학적 역사, 원산-금강산 국제 관광 지대의 개발 가능성, 남북 동해안 관광 협력에 대해 정리하고 있다. 제9장의 로컬 공간은 해주와 서해안이다. 한강하구와 NLL을 넘어 강화-해주를 잇는 서해안 평화 번영 구상을 제시하고 있다.

제10장 및 제11장은 민족적 통일 · 북한 담론이다. 제10장의 로컬 공간은 과거의 한반도 중앙이다. 역사를 거슬러 올라가 파주가 삼국 쟁패의 장에서 통합의 장으로, 또 철원이 통일과 화합의 장으로 전환됨으로써 한반도 중앙이 단절의 현장에서 다시 연결의 현장으로 될 수 있는 역사적 비전을 제시하고 있다. 제11장에서 다룰 공간은 한민족 마음이다. 남북한 주민 및 북한 이탈 주민의 소통과 화해에 장애가 되는 편견과 비합리적 신념을 공감 및 신념 재구조화로 극복하여 동질성을 회복하는 마음의 통일에 이르는 길을 소개하고 있다.

이 책은 11개 점 · 선에서 시작한 새로운 통일 · 북한 담론의 시안이다. 수많은 입체적 로컬 공간으로 확장되어 꽉 채워진 담론을 기대해본다.

제 1 장

동서독 분단선

분단국 접경 지대의 갈등, 화해, 치유

고상두
연세대학교

1.
냉전 시대 동독 접경 지역에 대한 서독의 전단 살포

1. 서독의 대동독 전단 살포의 배경

분단과 함께 냉전이 시작되면서 동서독은 이념적으로 대립하였다. 그리하여 서로의 체제 우위를 강조하는 경쟁을 시작하였다. 이러한 배경에서 양측은 체제 선전을 위한 심리전을 1970년대 초반까지 전개하였다. 냉전 초기 서독의 대동독 전단 살포는 민간 주도로 이루어졌다. 특히 동독 지역에서 공산당의 박해를 피해 서독으로 온 사민당 인사들이 중심이 되어 조직된 사민당 동부조직(SPD Ost Büro)은 1951년부터 고무풍선을 이용해 베를린과 기타 접경 지역에서 전단을 살포하였다. 그리하여 1955년 한 해에만 약 1만여 회 전단을 살포했다(Buschfort 1991).

그 외에 다른 반공 단체들도 전단 살포에 참여하였는데, 소련 탈주민 총연합회(Zentralverband Sowjetischer Emigranten), 평화와 자유를 위한 민족연맹(VFF: Volksbund für Frieden und Freiheit), 비인도적 행위에 반대하는 저항군(KgU: Kampfgruppe gegen Unmenschlichkeit), 자유 변호사들의 조사위원회(Uff: Untersuchungsausschuss freiheitlicher Juristen) 등이 그러한 활동에 참여한 단체들이다. 그리고 이들 민간 조직을 돕기 위해 서독의 전독일부(Gesamtes Ministerium)와 미국이

재정적 지원을 하였다.

이들의 전단 살포 활동을 저지하기 위하여 동독은 다양한 대응 수단을 강구하였다. 무엇보다, 반공 단체를 이끄는 지도자들의 과거 나치 부역 경력을 드러내어 공격하였다. 예를 들어 VFF를 이끈 타우베르트(Eberhard Taubert)는 나치 시절 괴벨스와 함께 일했고 반유대인 선동 영화인 〈영원한 유대인(Der ewige Jude)〉의 각본을 쓴 인물이었다. Uff의 지도자들도 나치 몰락 이후 반공 인사로 변모한 것으로 알려졌다. 이러한 폭로 공세로 인해 반공 단체들의 활동이 매우 위축되었다. 그 이외에도 동독은 접경 지역의 전단 살포 발원지를 공격하는 '압살작전 (Flaschentod)'이라는 이름의 군사적 조치를 취하였다. 그리하여 1958년에 슈타지 특수 요원을 보내어 전단 살포 발원지에 보관해두었던 수백 개의 수소 통을 파괴하였다(Schindelbeck 1996).

서독의 대동독 전단 살포 방식은 서독군이 창설되면서 바뀌었다. 1956년에 서독의 재무장이 허용되면서, 동독에 대한 심리전이 민간이 아닌 군 주도로 전개된 것이다. 그리하여 1957년 가을 국방부에 심리전 부대의 창설이 추진되었고, 6명의 추진단이 출범하였다. 그리고 다음 해인 1958년 8월부터 반공적 성향의 스트라우스(Franz Josef Strauss) 국방장관은 공산주의에 대한 서독 국민의 대항력을 키우고 동독의 심리전에 적극적으로 대응하기 위한 심리전 부대의 창설 필요성을 공개적으로 주창하기 시작하였다.

그 결과 1959년에 국방부 내에 심리전사령부(PSK: Psychologischer Kampfführung)가 설립되어 본격적으로 대동독 심리전을 전개할 수 있는 지휘 조직이 마련되었고 독립 예산을 배정받았다. 이 조직에는 민간 학자들뿐만 아니라 예비역 군인들도 참여하였는데, 이들은 호바흐트(Hohwacht Verlag)라는 이름의 출판사와 홍보 전문회사(Kontakt-Agentur Bonn)를 세워 일반 민간 업체의 도움을 전혀 받지 않고 전단을 제작하기 시작하였다. 그리고 심리전사령부 소속의 자료실과 교육원을 오이스키르헨(Euskirschen)에 있는 옛 수도원 건물에 두었다.

심리전사령부는 3개의 실행 부대를 창설하여, 뮌스터, 코블렌츠, 울름에 주둔시켰다. 각 부대는 확성기, 전단지, 라디오를 활용하여 심리전을 펼치는 팀을 두었다. 심리전 부대는 소령을 부대장으로 최대 300명까지 근무하였다. 부대 요원들은 육해공군에서 차출되었고, 1960년부터 2년간 뵈블링엔에 있는 미군 심리전 부대에서 전 부대원이 4주 단위로 교육 지원을 받았다(Drews 2006).

1961년 8월에 베를린 장벽이 세워지면서 전단 살포의 필요성이 급증하였다. 그해 겨울, 최초의 전단 살포를 개시한 후 1963년과 1964년에는 연간 80톤의 전단을 보내는 등 작전이 최고조에 달하여 1963년 한 해에만 2만여 개의 고무풍선을 구매하였다. 전단 살포를 위해 접경지대의 인적이 드문 숲속 장소를 물색하였고, 전단 살포에 적합한 방향의 바람을 기다리느라 몇 주씩 기다리기도 했었다. 또한 작전을 수행하기 위해 기상청과 지방경찰청 등 다른 행정부처의 지원을 받았다. 장비 수송 차량이 접경지대에서의 불필요한 검문검색을 피할 수 있도록 지방경찰청이 통행증을 발행했다. 연방정부의 내무장관, 전독일부장관, 그리고 접경 지역의 지방정부 내무장관, 베를린 시장 등이 참석하는 합동 회의를 수시로 열었다. 하지만 서독의 일반 시민들은 대동독 전단 살포 작전에 관해 전혀 알지 못하였다(Schindelbeck 1996).

2. 전단지 제작의 절차와 살포 방식

전단지의 제작은 일정한 절차를 거쳐 이루어졌다. 먼저, 국방부의 심리전사령부가 전단 살포를 결정한다. 이 경우 살포 대상, 전단의 내용, 크기, 인쇄량 등을 구체적으로 정해 지시한다. 이 지시에 따라 심리전 부대는 자료 조사, 문안 작성, 그림 도안 등을 거쳐 인쇄물 초안을 작성하여 국방부에 결재를 올리고, 국방부차관이 결재하면 전단을 제작하여 살포했다.

서독이 동독에 살포한 인쇄물의 대부분은 전단이지만, 신문과 책도 있었다. 1961년 8월에서 1964년 8월까지 총 232종의 인쇄물이 제작되었다. 그중 전단이 거의 절반에 이르는 약 100종이 제작되어 고무풍선으로 살포되었다. 전단은 최소 A7에서 최대 A4까지 다양한 크기로 제작되었는데, 가장 일반적인 크기는 A5 크기이다. 대체로 흰색 종이를 사용하지만, 겨울에는 눈이 내리는 점을 고려하여 색깔이 있는 종이를 사용하였다. 양면 인쇄를 하였는데, 양면이 같은 내용이 인쇄되는 경우도 있다. 전단 살포의 대상은 접경 지역에 있는 동독군과 주민으로, 동서독 화해 분위기가 조성되던 1970년에는 약 20톤의 전단이 동독에 살포되었다. 이때 살포한 전단 중에는 분단 21년 만에 에어푸르트(Erfurt)에서 개최된 동서독 정상회담에서 빌리 브란트 총리가 행한 연설문도 있었다.

신문의 경우에는 A3 혹은 A2 크기로 인쇄한 후 접어서 살포하였다. 서독이 제작한 신문은 동독군이 발행하는 신문인 〈인민군〉과 외관상 흡사하며. 유사성을 극대화하기 위해 동독에서 수입한 용지로 인쇄하였다. 이렇게 제작한 이유는 서독이 살포된 신문을 소지한 동독군이 처벌을 피할 수 있도록 도와주려는 것이었다. 신문은 1961년부터 살포 중단을 합의한 1972년까지 연평균 3회, 총 37회에 걸쳐 50만 부가 살포되었다.

도서의 경우에는 10×13cm 크기의 문고판으로 제작하였다. 형태를 동독군이 소지하는 복무 지침서와 흡사하게 제작함으로써, 신문과 마찬가지로 소지의 위험성을 줄여주었다. 또한, 작은 책자에 많은 내용을 담기 위해 매우 얇은 종이를 사용하였고, 비에 젖지 않도록 비닐로 포장하거나 습기에 강한 특수지로 제작하였다.

전단 살포는 6명의 부사관, 15명의 사병으로 구성된 전담조가 담당하였다. 원칙적으로 야간에 살포하였는데, 국경에서 2~4km 정도 떨어진 지점에서 전단을 비닐에 싸 스티로폼 위에 올리고, 스티로폼 안에 시한폭탄을 장착하여 풍선에 매달아 날려 보낸다. 풍선은 분당 약 200m의 속도로 날아가 고도 2,000~4,000m 지점에서 시한폭탄이 터지게 되어 있다. 풍선은 최대 30km까지 보낼 수 있으며, 100km^{2}의 면적에 살포가 가능하였다.

풍선의 자체 무게는 300g으로 최대 4kg의 전단을 나를 수 있는데, 대략 2,000매의 전단에 해당한다. 하룻밤에 최대 300개의 풍선에 총 1톤이 넘는 전단을 보낼 수 있었다. 전단 살포는 매주 2회 정도 실시하였지만, 동독 공산당 전당대회 혹은 라이프치히 박람회 등과 같이 대규모 행사가 있는 경우에는 특별히 많이 살포하였다. 전단 살포의 정확성에 대한 조사 결과, 목적지에 도달한 전단은 전체의 80%에 달하고, 15%가 목적지에서 빗나갔다. 나머지 5%는 소재 불명으로 조사되었다.

3. 전단의 내용

전단 살포 초기에는 간단한 구호를 담은 전단지를 주로 제작하였으나, 점차 신문과 서적이 만들었으며, 대상 지역 또한 접경 지역뿐 아니라 라이프치히와 같은 원거리 지역까지 확대되었다. 전단 살포의 주요 목적은 동독 공산당의 정보 독점권의 와해에 있었다. 즉, 냉전시대 서독은 동독 정부를 견제하고 고립시켰지만, 전단 살포를 이용한 동독 주민과의 직접 소통을 통해 동독 정권의 약화를 꾀한 것이다.

심리전의 초기에는 주로 서독으로의 탈주를 부추기는 내용이 담겼다. 서독 주민이 누리는 여행의 자유, 풍요로운 소비 생활 등을 소개하고, 서독의 유명 쇼핑 책자인 〈네커만(Nechermann)〉의 표지를 복사해 보내기도 했다. 또한, 동독 탈주자들이 서독에서 누리는 행복한 삶을 소개하였다. 점차 국경 통제가 심해지면서, 병사들의 안전을 위해 그들의 탈주를 부추기기보다 동독을 탈주하는 병사나 주민에게 조준 발사를 하지 않도록 권유하는 내용을 담았다. 예를 들어 국경 탈주자들에게 정조준하지 않고 사격하는 방법을 소개하는 전단지를 제작 살포하기도 하였다(Kirsch 2014, 4).

1960년대 후반기에 접어들면서 전단지에 대한 거부감을 줄이는 방안을 모색하여 선전선동으로 느껴지지 않는 내용을 담으려고 했다. 예를 들어 서독 노동자의 시간당 임금, 중고차 가격 등을 소개하는 전단이 그러한 시도의 일환이었다. 혹은 매년 서독으로 탈주하는 100~200명의 동독 병사들로부터 공산당 서기장에 관한 최신 유머를 수집하여 전파하기도 했다.

전반적으로 전단의 제작에는 두 가지의 원칙이 적용되었다. 첫 번째는 동독군과 주민에 대한 감정 이입의 원칙이다. 그들이 전단지를 읽는 경우 가지게 되는 감정을 고려하는 것이다. 두 번째 원칙은 내용에 대한 신뢰성으로 객관적이고 믿음이 가는 내용을 담는다는 것이다. 지나치게 반공적인 시각이나 그들을 가르치려는 태도는 효과적인 선전이 아니라고 보는 것이다. 이러한 원칙의 적용 여부를 확인하기 위해 탈주한 동독군을 대상으로 전단지에 관한 면담 조사를 주기적으로 실시하였다(Schindelbeck 1996, 212).

서독이 살포용으로 제작한 신문 〈인민군(Volksarmee)〉은 주로 군사적인 내용을 다루었다. 제1호에서는 동독이 감행한 베를린 장벽 건설에 대한 서구 각국의 비판적 반응을 소개하였다. 총 11년의 제작 기간에 가장 많이 다룬 주제는 국경수비대의 동독 탈주자에 대한 사격 문제로서, "민간인의 등을 쏘는 자는 군인이 아니라 살인자", "사격 명령을 따르되 정조준하지는 말라", "당신의 양심과 당신의 인민을 위해 행동하라" 등의 주제를 다루었다. 또한, 베를린 장벽에서 피격 사건이 발생하면 베를린 경찰서가 살인 사건으로 취급하고, 총격을 가한 동독 경비병의 신원을 확인하기 위해 1만 마르크의 현상금을 내거는 등, 당장의 처벌이 불가능하더라도 미래를 위해 미제

살인 사건으로 입건해둔다는 내용 등을 소개하면서, 동독국경 경비대에게 국제법과 인권을 준수할 것을 촉구하였다.

동독에서 발간되는 〈중부독일 노동자 신문(Mitteldeutsche Arbeiterzeitung)〉과 같은 이름으로 제작 살포된 신문은 1962년에서 1972년까지 총 26회 발간되었다. 이 신문은 주로 서독의 경제 및 사회 상황을 소개하여 "서독은 천국이 아니다. 하지만 아무도 서독을 천국이라고 선전하지 않는다", "동독 탈주민들이 서독의 높은 경제 수준 때문에 온 것이 아니라, 자유를 찾아 왔다"는 등의 논리를 전개하였다. 또한, 동독군이 정치 교육에서 '빈곤', '착취', '군국주의' 등의 개념으로 서독을 설명하는 데에 따른 대응 논리를 전개하였다. 하지만 서독의 경제적 어려움이나 사회 문제도 언급함으로써 서독 체제에 대한 과도한 찬양을 피하고, 객관적이고 설득력 있는 내용 전달을 위해 노력하였다.

도서의 경우에는 주로 동독에서 금서로 지정된 책을 제작하여 살포하였다. 특히 동유럽 사회주의 국가에서 발간된 금서를 활용하였다. 예를 들어 전 체코 외무장관의 회고록이나 소련의 노벨상 수상 작가 솔제니친의 소설 『이반 데니소비치의 하루』 등을 제작하였으며, 발행 부수는 보통 수 만권에 달하였다.

4. 동서독 화해 이후 전단 살포의 중단

서독의 전단 살포는 비밀리에 진행되었다. 심리전 부대원에게 비밀 유지 각서를 받았으며, 작전에 대한 일반인들의 이목을 피하고자 부대원들은 민간인 복장으로 접경 지역 호텔에 거처하면서 작전을 수행하였다. 하지만 전단지가 가끔씩 서독 지역에 떨어지면서 서독 주민들에게 알려지기 시작하였고, 이로 인해 전단 살포에 대한 비판적 견해가 서독 내에서 발생하기 시작하였다.

1965년 봄에는 15개의 풍선이 인쇄물 전량과 함께 헤센 주 접경지역 동네 마을 광장에 떨어지면서, 방송사가 취재에 나서 서독군의 작전이라는 사실을 밝혀내어 3월 13일 헤센주 방송에 보도되었다. 물론 누가 전단을 살포하였는지에 관해서는 보도에서 밝히지 않았다. 사실 그 이전 시점인 1964년 가을 쾰른에 본사를 둔 서부방송의 TV프로그램 〈리포트〉 제작 팀이 대(對)동독 전단 살포에 관한 시사 프로를 제작하여 방송하려고 하였으나, 국방부가 '국가반역죄(Landesverrat)'로 고발하겠다고 위협하여 방송 직전에 불발되기도 하였다.

하지만 헤센의 사건 보도 이후 1965년 4월에 함부르크에 본사를 둔 북부방송이 국방부의 위협을 무릅쓰고 서독군의 전단 살포에 관해 심층 보도를 하였다. 그 결과 이 문제가 연방의회에서 쟁점이 되어, 당시 폰 하셀(Kai Uwe von Hassel) 국방장관이 자신의 소관 사항이라는 점을 인정하였다. 다만 그는 전단 살포가 객관적인 정보 취득의 자유가 없는 동독군과 주민들에게 필요한 일이라고 정당화하였다. 즉 민주국가는 언론의 자유가 없는 국가의 국민을 위해 객관적인 정보를 제공할 도덕적 의무를 진다고 주장하였다.

하지만, 지방정부가 전단 살포에 대한 반대를 강하게 제기하였다. 1965년 6월 헤센 주의 슈나이더 내무장관은 헤센 주에서 전단을 살포하는 행위를 중지해줄 것을 국방부에 요청하였다. 그에 따르면 전단 살포의 효과가 의심되며, 접경지대에 거주하는 동독 주민들에게 위험을 초래할 수 있다는 것이다. 그 이후 헤센 주에서는 전단 살포가 이루어지지 않았지만, 바이에른, 니더작센, 슐레스비히-홀슈타인 등의 여타 주에서는 전단 살포가 계속되었다.

1969년에 '로볼트(Rowohlt) 스캔들'이 발생하였다. 로볼트 출판사 내의 진보적 편집자들과 작가들이 대동독 살포용 소책자가 사내에서 발간되고 있다는 사실을 알고 이 사실을 공개하여 파장이 일었던 것이다. 이 사건으로 정부는 여론의 비판을 받았다. 이러한 일련의 사건과 당시의 데탕트 분위기 속에서 전단 살포의 정당성이 줄어들자, 1970년 헬무트 슈미트 국방장관은 심리전 축소를 지시하였다(Neumann 1971, 7).

전단 살포가 최종적으로 중단된 것으로 1972년이다. '동서독 기본조약'에 관한 협상 과정에서 서독의 협상 대표 에곤 바와 동독의 미하엘 콜 간에 상대편 주민들에게 영향력을 행사하는 행위의 중단과 1972년 7월 1일부로 인쇄물, 그림, 음성 등을 통한 심리전 중단을 약속하였다. 1972년 12월 21일에 '동서독 기본조약'이 체결되면서 전단 살포는 완전히 종결되었다.

이에 따라 심리전방어사령부 산하의 3개 부대는 1개 부대로 통합 축소되었고, 1974년까지 2년간 만약의 경우를 대비하여 훈련 차원에서 소량 발간하는 작업만 수행되었다. 그 이후에는 주로 서독 주민들을 대상으로 안보의 중요성을 강조하는 각종 포럼과 세미나를 조직하고 출판물을 간행하는 작업이 주된 임무가 되었다. 1990년 4월 독일 통일에 즈음하여 심리전사령부는 발전적으로 해체되어, 오늘날 국방부 내 정보작전사령부(Operation der Information)의 모체가 되었다. 이 사령부에는 1,000여 명의 부대원이 정보 작전을 수행하는데, 예를 들어 코소보와 아프가니스탄 등에서 반군과 민간인에 대한 심리전을 전개하였다. 내용물도 전단지 외에 CD, DVD 등을 포함하여 보급하고, 아프가니스탄에서는 어린이들에게 CD와 공책 등을 주고 무기를 수거하는 작업을 하였다.

2.
신동방정책의 출범과 동서독 도시 자매결연

1. 지자체 교류 협력의 역사적 배경

동서독 지자체의 교류 협력은 3단계로 진행되었다. 제1단계는 동서독 분단부터 서독 사민당의 브란트 총리 집권 후 신동방정책을 본격적으로 추진하기 시작한 1969년까지다. 이 기간은 동서 냉전 시기로서 서독이 전 독일 민족에 대한 단독 대표권을 주장하는 할슈타인(Hallstein) 원칙에 따라, 동독을 외교적으로 인정하는 국가와는 수교하지 않는다는 정책을 고수함으로써 동독을 외교적 고립에 빠트렸고, 서독 의회는 동독의 인민의회가 자유 선거 절차에 따라 선출되지 않았으므로 민주적인 정통성이 없다는 이유로 공식적인 접촉과 교류를 거부하였다.

이러한 상황에서 동독은 적극적으로 지자체 교류 협력을 제안하는 전략을 취하였다. 동독은 외교적 고립 상태에서 탈피하고 동독에 대한 국제법적 지위를 승인받기 위한 수단으로 지자체 교류를 활용하였다. 동독의 이러한 적극적인 공세에 대해 서독은 지자체의 교류를 허용하지 않는 태도를 취했다. 심지어 동독이 프랑스 혹은 이탈리아의 진보적인 지자체와 자매결연을 맺을 경우, 서독 정부는 이들 도시와 서독 도시 간에 체결된 자매결연을 취소하는 등 강경한 외교적 대응을 하였다.

하지만 서독의 이러한 태도는 1960년대 동서 데탕트 분위기 속에서 서서히 바뀌기 시작하였다. 그리하여 서독 정부는 1966년 5월에 발간한 행정업무편람에서 "동독 주민과의 폭넓고 지속적인 접촉은 독일민족의 동질성을 회복하는 데에 도움이 될 것이다"라고 언급하였다. 하지만 당시 서독은 여전히 동독을 독립적인 주권국가로 인정하지 않았기 때문에, 동서독 간의 지차체 교류 협력을 공식적으로 허용한 것은 아니었다(Von Weizsäcker 1990, 22).

동서독 지자체 교류 협력의 제2단계는 1969년부터 최초의 동서독 자매결연이 체결된 1986년까지의 시기로서 이제는 역으로 서독이 동독에게 적극적인 태도를 취하였다. 브란트 총리는 동독과의 지자체 협력을 적극 지지하였고, 분단이 장기화되면서 통일이 점차 불가능하게 느껴지는 상황에서, 동서독 주민 간의 빈번한 접촉과 만남이 독일 민족의 일체감을 일깨우고, 분단에서 통일로 한걸음씩 나아갈 수 있도록 해줄 것이라고 생각하였다.

이에 반해, 동독 정부는 지자체 간의 자매결연이 동독 체제를 개방하는 효과를 일으켜 체제에 부정적인 영향을 미칠 것이라고 판단하여 서독의 제의를 거절하였다. 그 대신 동독은 서독 이외의 서방 국가와 활발한 지자체 교류 협력을 추진하여, 국제 사회에서 서독과 대등한 국가로 인정받기 위한 노력을 하였다. 동독 정부의 이러한 태도는 이전 시기에 지자체 교류 협력을 통해 서독으로부터 국가로 인정받으려고 했던 자세와 다른 것이다. 서독의 신동방정책 덕분에 동독은 국제법적인 국가로 인정을 받았기 때문에, 서독과 지자체 협력을 하여 얻을 수 있는 이득은 미미한 반면에, 교류 협력이 체제에 가하는 위협은 크기 때문이다(김태일 2000, 139).

제3단계는 1986년부터 1990년 동독의 붕괴까지의 시기로서 실질적으로 동서독 간에 자매결연이 성사되고 활성화된 시기이다. 아이러니하게도 동독은 체제가 붕괴되기 직전 약 5년 동안 대내외적으로 서독과 대등한 지위를 인정받았다고 평가하면서 체제에 대한 자신감을 갖기 시작하여 지자체 교류에 대해 전향적인 태도로 선회하였다. 그리하여 1986년에 최초의 도시 자매결연이 서독의 자알루이스(Saarlouis)와 동독의 아이젠휘텐슈타트(Eisenhüttenstadt) 간에 체결되었다.

이 협정이 체결되기 1년 전인 1985년 11월 라폰텐 자알란트(Saarland) 주지사는 동베를린을 방문한 자리에서 호네커 동독 공산당 서기장의 고향인 서독의 자알루이스와 동독 도시 할버슈타트와의 자매결연을 제안하였다. 호네커는 그 제안에 동의하였지만, 약 1년 동안 승인을 지체한 끝에 결국 서독에 인접한 할버슈타트 대신 아주 멀리 폴란드에 인접한 아이젠휘텐슈타트와의 자매결연을 승인하였다.

당시 동독 정부는 예외라는 단서를 달고 승인하였고, 추가적인 서독의 자매결연 제안에 소극적인 태도를 보였다. 무엇보다도 동독 주민의 서독 방문 신청이 증가할 수 있다고 우려하였기 때문이다. 이러한 분위기 때문에 서독의 도시연합회는 회원 도시에게 보내는 서한에서 동독과의 자매결연에 대해 큰 기대감을 갖지 않는 것이 좋을 것이라고 조언하였다. 하지만 동독 정부가 연이어 에랑엔과 예나, 그리고 노이키르헨과 뤼벤의 자매결연을 승인하면서 동서독 교류협력에 대한 기대감이 커졌고, 1989년 11월 베를린 장벽이 붕괴될 때까지 약 300개의 서독 지자체가 내독부에 동독과의 자매결연 의향을 표명하였다. 그 결과 자매결연 체결 건수는 아래와 같이 1986년 3건, 1987년 17건, 1988년 27건, 1989년 15건 등, 베를린 장벽이 붕괴된 1989년 말까지 총 62건이 성사되었다. 그 이후 자매결연의 수는 폭발적으로 늘어 통일이 완성된 1990년 10월에는 854개, 그리고 1993년에는 약 1500개로 늘었다(채경석 2004, 65).

1986(3건)

- Eisenhüttenstadt/Saarlouis
- Schwerin/Wuppertal
- Lübben/Neunkirchen (Saar)

1987(17건)

- Jena/Erlangen·Cottbus/Saarbrücken·Weimar/Trier·Meissen/Fellbach
- Halle/Karlsruhe·Rostock/Bremen·Plauen/Hof·Stralsund/Kiel
- Leipzig/Hannover·Neubrandenburg/Flensburg·Wismar/Lübeck
- Dresden/Hamburg·Potsdam/Bonn·Erfurt/Mainz
- Greifswald/Osnabrück·Magdeburg/Braunschweig·Altenburg/Offenburg

1988(27건)

- Eisenach/Marburg·Dessau/Ludwigshafen
- Wittenberg (Lutherstadt)/Göttingen·Meiningen/Neu-Ulm
- Sömmerda/Böblingen·Naumburg (Saale)/Aachen
- Karl-Marx-Stadt (현재 Chemnitz)/Düsseldorf
- Hoyerswerda/Dillingen (Saar)·Neustrelitz/Schwäbisch Hall
- Frankfurt (Oder)/Heilbronn·Brandenburg a. d. Havel/Kaiserslautern
- Finsterwalde/Eppelborn·Saalfeld (Thüringen)/Kulmbach·Suhl/Würzburg
- Radebeul / St. Ingbert·Ballenstedt / Kronberg·Riesa / Mannheim
- Gotha/Salzgitter·Gera/Nürnberg·Zwickau/Dortmund·Stendal/Lemgo
- Torgau/Sindelfingen·Nauen/Berlin-Spandau
- Königs Wusterhausen/Berlin-Zehlendorf·Reichenbach/Nordhorn
- Merseburg/Bottrop·Güstrow/Neuwied

1989(15건)

- Ilmenau/Homburg (Saar)·Heiligenstadt/Husum·Arnstadt/Kassel
- Wernigerode/Neustadt a. d. Weinstrasse·Döbeln/Unna
- Schmalkalden/Recklinghausen·Halberstadt/Wolfsburg·Staßfurt/Lehrte
- Weissenfels/Kornwestheim·Fürstenwalde/Reinheim
- Schwedt (Oder)/Leverkusen·Bad Doberan/Bad Schwartau
- Senftenberg/Püttlingen·Mühlhausen (Thüringen)/Eschwege
- Rudolstadt/Bayreuth

2. 도시 자매결연의 실태와 추진 요인

1) 교류 협력의 내용과 절차

동서독 지자체 간의 교류 협력 절차를 보면 양측이 먼저 협정문을 마련하여 서명한 후, 연간 공동 계획을 수립하고, 이에 따라 교류 협력 행사를 진행하였다. 교류 협력을 위한 협상 과정을 보면 양독 간의 자매결연은 서독보다는 동독의 의지에 따라 성사되었다. 즉 동독 측이 서독 도시와의 교류 협력을 결심하면, 부시장을 단장으로 하는 대표단이 서독을 방문하여 1차 협상 후, 이어서 서독의 대표단이 동독을 방문하여 최종 합의에 도달하고, 마지막으로 동독의 시장이 서독을 방문하여 협정서에 서명하는 절차로 진행되었다.

이러한 과정에서 자매결연 협정문 합의에 여러 가지 어려움이 있었는데, 동독 측은 국가 간의 외교 문서에나 담을 내용에 해당하는 상호 주권의 인정, 평화, 긴장 완화, 군축 등의 정치적 이슈를 협정문에 담을 것을 원했다. 한편, 서독 측은 인적 교류를 강조했다. 그중에서도 특히 교회와 청소년의 교류를 요구했으나 동독의 강한 반대에 부딪혔다. 그리하여 결국 주로 동독이 제시한 협정 내용에 서독이 동의하는 방식으로 이루어졌다(한부영 2015).

대부분의 자매결연 협정문은 2쪽 정도의 분량으로, 서문과 3~5개의 본문 조항 및 기타 부속 조항으로 구성되어 있다. 협정문의 서문에는 주로 동서독 기본조약, 유럽안보협력회의의 정신, 평화 공존의 원칙, 국가 주권의 상호 인정 등을 언급하며, 지자체 교류 협력의 목적이 이러한 정치적 가치 실현에 기여한다는 점을 강조하였다.

협정문 본문에는 상호 합의한 교류 협력 사업을 열거하면서 세부 내용을 설명하고 있는데, 주요 교류 사업은 문화, 예술, 체육 분야 등이었다. 이들 분야 중에서도 대부분의 협정서에서 가장 빈번하게 명시된 사업은 문화 행사이다. 여기에는 전시회, 음악회, 영화 상영, 초청 강연 등이 있는데, 이러한 유형의 문화 교류는 특히 1986년 동서독 정부 간에 문화 협정이 공식적으로 체결되면서 더욱 활성화되었다. 두 번째로 빈번한 사업은 정책 간담회로서 지방 행정 업무에 관한 의견 및 경험을 교환하는 것이다. 간담회 주제로는 도시 계획, 건축, 도심 개발, 문화재 보존, 환경 교통 문제 등이 다루어졌다. 세 번째는 체육 교류 사업으로 청소년 또는 지역 주민이 참여하는 볼링, 축구, 탁구팀을 교환하였다. 네 번째로는 동독의 요구에 의해 평화대회를 개최하였다. 평화 증진을 위한 주민 토론회, 어린이 미술 경진 대회, 여성 토론회 등이 여기에 해당한다. 평화대회의 목적은 평화 이슈에 관한 의견을 교환하고, 주민들의 평화 의식을 고취시킨다는 것이다.

부속 조항에는 예를 들어 양측의 교류 협력은 언제든지 취소할 수 있다는 내용을 담고 있는데, 동독은 종종 이 조항을 서독에 대한 압력 수단으로 활용하였다. 비근한 예로, 동독의 고타는 1988년에 잘츠기터와 자매결연을 맺은 후, 잘츠기터에 소재한 동독인권조사처의 폐쇄를 지속적으로 요구하면서 관계 단절을 협박하였다. 또한 포츠담은 서독 본의 한스 다니엘스(Hans Daniels) 시장이 동독 정부의 인권 운동가 체포에 대해 비판적인 언급을 했다는 이유로 교류 협력을 오랫동안 지체시켰다.

협정문이 체결되면, 양측은 매년 공동 연간 계획을 수립하고, 문화 공연, 정책 간담회, 체육 교류, 평화대회 등의 사업을 추진하였다. 최초의 자매결연 사례인 자알루이스와 아이젠휘텐슈타트의 연간 계획에는 4월에는 동독 대표단이, 9월에는 서독 대표단이 정책 간담회를 위해 상대 도시를 방문하였다. 대표단의 인원은 9명으로 제한되었다. 정책 간담회는 지자체 기관 간의 교류 협력 사업에 해당하고, 동서독 주민들이 참여하는 교류 사업으로 양 도시는 각 30명의 문화 공연단을 상대 도시의 가장 큰 축제에 우정 출연시켰다. 또한 유엔의 해를 맞이하여 평화를 위한 시민 토론회를 개최하기도 하였다.

이러한 상호 방문 행사에 소요되는 비용은 상호주의 원칙에 따라, 방문단 측이 여비를 부담하고, 초청단 측이 체재비를 부담하였다. 이러한 상호주의적 비용 분담 원칙은 최초로 동서독 자매결연이 이루어진 1986년에 때맞춰 동서독 정부 간에 체결된 문화 교류 협정에 공식적으로 명문화됨으로써 모든 관련 사업에서 더욱 구속력을 가지게 되었다.

2) 교류 협력의 특징

동서독의 자매결연은 몇 가지 흥미로운 특징을 보여주고 있다. 첫째, 먼저 대도시 간에 체결되어 차츰 소도시로 확대되었다. 그 이유는 동독의 경우 비교적 생활수준이 높은 대도시가 먼저 서독에 노출되는 상황이 위험 부담이 덜하기 때문이며, 그 결과, 동독의 14개 도청 소재지가 모두 서독과 자매결연을 맺었다. 하지만 동베를린은 서독 도시와 자매결연을 맺지 않았으며, 그 대신 인근의 포츠담이 서독의 수도인 본과 자매결연을 체결하였다. 1988년 초에 접어들면서 자매결연은 중소도시로 확대되기 시작하였고, 베를린 장벽 붕괴 이후에는 군 단위의 자매결연도 이루어졌다(Winters 1999, 449).

둘째, 1989년까지 성사된 62개의 서독 자매결연 도시를 집권당별로 보면 사민당이 집권하고 있는 도시가 41개로 압도적으로 많고,

기민/기사당은 15개에 불과하였다. 해당 기간에 서독의 지자체에서 기민/기사당이 사민당보다 더 많이 집권했다는 점에서 볼 때, 동독 정부가 이념적 적대감이 덜한 사민당을 선호하였다는 것을 알 수 있다. 최초의 도시 자매결연도 서독 사민당의 라퐁텐 자알란트 주지사의 제안으로 성사되었다(Hüttmann 2011, 2).

셋째, 자매결연은 역사적, 경제적, 문화적 공통성에 기초하여 이루어지는 경우가 많았다. 한자동맹에 속하였던 항구 도시인 뤼벡과 비스마르, 킬과 슈트랄준트, 브레멘과 로스톡의 경우에는 역사적 배경이 중요하게 작용하였고, 가톨릭이 강한 도시라는 종교적 배경으로 에르푸르트와 마인츠가 자매결연을 하였고, 이차대전에 의해 크게 파괴되었던 함부르크와 드레스덴, 뉘른베르크와 게라, 루드빅스하펜과 데사우는 전쟁 피해의 아픔을 안고 있는 도시라는 공통점을 가지고 있다. 산업적 공통성이 자매결연의 계기가 된 경우로는 석탄 철강 도시인 딜링엔과 호이어스베르다, 신발 산업 도시인 코른베스트하임과 바이센펠트, 국제박람회 도시인 하노버와 라이프치히가 있다. 대학 간 자매결연이 도시 간 자매결연으로 발전된 사례로 칼스루에와 할레가 있고, 접경 도시 간의 사례로는 호프와 플라우엔이 있다.

3) 교류 협력의 추진 요인

동서독 간에 지자체 자매결연이 성사되고 추진된 데에는 네 가지 요인이 중요하게 작용하였다. 그중에서 가장 결정적인 영향 요인은 종주국 소련의 개혁 정책이다. 1985년 봄에 고르바초프가 소련 공산당 서기장이 되면서 동서 냉전 구도에 변화가 일기 시작하였다. 그해 11월 고르바초프가 주최한 소련 공산당 중앙위원회 최고회의는 지방 수준의 국제 협력을 공식적으로 허용하였다. 이러한 결정은 소련의 영향권에 있던 동독의 태도 변화에도 영향을 끼쳤다. 소련 공산당의 결정이 내려지고 이틀 후 서독의 라퐁텐 주지사가 동베를린을 방문하여 최초의 동서독 자매결연을 제안했을 때, 호네커의 호의적인 승낙을 받을 수 있었던 것은 그 때문이었다(Pawlow 1990, 27).

지자체 교류 협력에 긍정적인 영향을 미친 두 번째 요인은 1987년 9월에 이루어진 호네커의 서독 방문이다. 이 방문은 제4차 정상회담으로서 그동안 서독은 동독과 3차례 정상회담을 하였으나, 동독을 대등한 국가로 인정하지 않는다는 원칙에 따라 양국 수도에서 만난 적이 없었다. 하지만, 1987년에는 호네커 서기장을 서독의 수도 본으로 초청하여 정상회담을 하였다. 동독의 국기가 게양되고, 동독의 국가가 연주되는 등 의전상 국빈 방문의 형태로 이루어졌다. 이 회담에서 동서독 정상은 공동 성명에서 지자체 간의 교류 협력을 지지한다는 입장을 밝혔다(고상두 2001, 106).

세 번째로 동독이 지자체 교류 협력에 긍정적인 태도를 취하게 된 계기는 동독의 국내 정치적 상황 변화이다. 1987년 이후 동독에서는 주민들의 정치적 불만이 점차 커지기 시작하였고, 반체제 인사들도 늘었다. 이러한 상황에서 동독 정부는 지자체 교류 협력이 일종의 불만 배출 기능을 하고, 주민들이 요구하는 서독으로의 자유 통행을 어느 정도 충족시킬 수 있을 것으로 보았다(Klaus 1994, 28).

마지막 영향 요인으로는 지자체 자매결연을 대서독 평화 공세의 기회로 활용하려는 동독 정부의 인식 변화이다. 동독 지도부는 서독과의 교류 협력 행사를 동독 체제에 대한 정치적 선전을 할 수 있는 기회로 보았다. 이러한 차원에서 자매결연 협정문에 평화 공존 같은 정치적 이슈를 명시하였고, 동독의 대표단들은 서독으로 출발하기 전에 평화 공세 방안에 관한 교육을 받았다. 다시 말하자면, 동독 정부의 정책 노선에 대한 서독 주민의 이해도를 높이고, 동독의 평화 애호주의를 널리 확산시키도록 지시를 받은 것이다(Pawlow 1990, 37).

3. 지자체 교류 협력의 성과

1) 독일 통일에 대한 기여

동서독 지자체 교류 협력의 긍정적인 효과라면 독일 통일에 기여했다는 점이다. 물론 이러한 효과는 긴 시간이 지난 후에 나타났지만, 지속적인 접촉을 통하여 민족의 동질성을 유지하는 사회적 통합 노력이 정치적 통일로 연결될 수 있을 것이라는 서독 정부의 구상이 결실을 거두게 된 것이다. 더구나 독일의 통일이 흡수 통일 형태로 가능했던 이유는 인적 교류를 통해 동독 주민들에게 자유롭고 부유한 서독의 실체를 확인시켜줌으로써 서독 체제로 통일하고 싶게 만들었기 때문이다(이한희 2017, 230).

서독은 지자체 교류 협력 사업을 직접적으로 독일 통일을 달성하는 데 유리하게 활용하려는 의도는 없었지만, 1950년대 이후 성공적으로 진행된 프랑스와의 화해 협력의 경험이 동서독에도 적용될 수 있을 것이라고 기대하였다. 독일과 프랑스의 경우 지자체 수준에서 추진된 장기적인 인적 교류와 상호 방문이 양국 협력과 유럽 통합에 크게 기여하였던 것이다(Röper 1989, 40).

다시 말하자면, 동서독 지자체 간의 자매결연이 직접적으로 통일을 가져온 것은 아니다. 독일 통일의 결정적인 요인은 국제 정세의 변화, 서독 정부의 정치적 결단 등이다. 하지만 동서독 교류 협력이 최소한 통일을 위한 토양을 마련하는 데에는 기여를 하였다. 이러한 사실은 베를린 장벽 붕괴 이후 동독 주민들을 대상으로 실시한 설문 조사에서 잘 드러나고 있다. 통일에 대한 동독 주민들의 태도를 조사한 결과, 서독과의 자매결연을 맺은 도시의 주민이 다른 도시의 주민보다 통일에 대해 긍정적인 시각을 가지고 있는 것이다(Lisiecki 1996, 110).

동서독의 지자체 교류 협력은 독일의 통일을 공고화하는 데에도 기여하였다. 베를린 장벽 붕괴 직후 많은 동독 주민들은 서독과의 통일을 원했다기보다, 동독의 독자적인 개혁과 존립을 기대하였다. 동서독 간에는 여전히 편견이 존재하였고, 동독 주민들은 통일 이후의 삶에 대한 두려움과 우려가 있었다. 하지만, 국경 개방 이후 폭발적으로 늘어난 서독 방문이 그러한 심리적 장애를 제거하는 데 중요한 기여를 한 것이다.

장벽 붕괴 이후 동독 주민의 서독 방문은 자매 도시를 중심으로 조직되었다. 서독 측은 동독의 자매 도시 시민들을 초청하기 위해 재정 및 행정적으로 큰 지출을 하였다. 함부르크는 특별 열차를 편성하여 약 1,000명의 드레스덴 시민을 초대하였고, 바이마르 시민 2,000여 명은 30대의 버스로 자매 도시인 트리어를 방문하였다. 거의 모든 자매 도시가 이러한 방식으로 수십만 명의 동독 주민을 초청하였다. 자매결연 덕분에 동독 주민들이 매우 수월하게 그리고 대규모로 서독을 방문할 수 있었던 것이다(Lisiecki 1996, 107).

동서독 국경이 열리고 자유 통행이 허용된 이후에는 그동안 제한적으로 이루어졌던 인적 교류가 체육, 문화, 청소년, 교육 등 다양한 분야에서 본격적으로 이루어졌다. 즉 지자체 교류 협력의 진정한 취지인 자유로운 인적 교류와 방문이 장벽 붕괴 이후부터 가능해진 것이다. 1990년 10월 3일 독일 통일의 날은 동서독 자매도시가 서로 긴밀한 협력을 시작하는 계기가 되었다. 약 40개의 서독 도시가 동독의 자매 도시와 함께 통일 기념 행사를 개최하였다(Calabretta 2015, 2).

2) 동독 지방 행정의 재건에 대한 기여

통일 이후 동서독 지역의 교류 협력은 양적으로 늘었을 뿐 아니라, 질적으로도 과거의 형식적이고 상징적인 수준을 넘어 실질적인 관계로 발전하였다. 통일 이후 동독에서는 경제 재건이 가장 시급하였지만, 동독의 지방 행정도 단시일 내에 체계화되어야 했고, 이를 위해 외부의 도움이 필요하였다. 동독에서는 중앙 집권 체제의 유산 때문에 지방 행정 인프라가 미흡하였다. 통일로 인하여 동독은 갑작스럽게 민주주의와 지방자치로 전환을 하게 되었고, 새로운 조직, 절차, 기구, 법 규정 등이 필요하였다.

이러한 상황에서 서독의 지자체는 동독 지역의 지방 행정 조직 구축을 위해 큰 기여를 하였다. 서독의 지자체는 유무형의 지원을 통해 동서독의 행정 통합을 달성하는 데 기여한 것이다. 그리고 동독 지역 재건 정책의 수립에서 자매 지자체의 입장을 대변해주었다. 서독이 동독을 위해 제공한 행정 지원은 세 가지 범주로 나눌 수 있는데, 첫째, 재정 지원으로서 동독의 지자체를 위해 각종 물품과 금전을 제공하였다. 여기에는 주로 지방 병원과 문화 시설에 대한 재정적 지원, 오더와 엘베 지역의 홍수 등과 같은 자연 재해 피해 복구를 위한 지원 등이 있다. 서독의 본은 포츠담에 인도주의적 물품을 지원했는데, 병원과 요양원을 위한 휠체어, 수술용 침대, 일회용 주사기, 의료진 가운, 붕대 등 각종 의료 물품을 지원하였다(Schütz 1995, 23). 둘째, 인력 지원으로서 서독의 행정 요원을 동독에 파견하여 지방 행정 실무와 교육을 제공하였다. 1990년에서 1994년까지 통일 이후 5년간 약 5,000명의 서독 지방 공무원들이 동독으로 가서 행정 업무를 지원하였다. 이들은 대부분 지방 고위 공무원으로서 동독에 몇 달씩 파견되었다. 셋째, 업무 지식 지원으로서 자문과 세미나 등으로 행정 노하우를 제공하였다. 이러한 지원을 통해서 서독의 지자체는 행정 규범을 소개하고, 고용 계약과 예산 계획 등의 공용 문서 작성 요령에 관한 도움을 제공하였다(이윤진 · 장용철 2016, 48).

4. 교류 협력의 제도적 한계

1) 정치적 차원의 한계

동독 정부는 지자체 교류 협력을 정치적인 목적으로 활용하려는 의도가 강했다. 그리하여 지자체 교류 협력을 외교적 수단으로 활용하였고, 그 결과 국가적 목표가 항상 우선시되었다. 지자체 협정문을 보면 그러한 정치적 의지를 쉽게 발견할 수 있는데, 서문에서 평화와 군축 등의 목표가 친선 우호 등의 목표보다 항상 먼저 기술되었다. 그리고 평화 공존, 헬싱키 협약 정신, 동서독 기본조약 등을 언급함으로써 동서독 관계를 국제화시키려고 노력하였다.

자매결연 사업은 동독 공산당 최고지도자의 결정 사안이었다. 자매결연 도시의 선택에서 최종 승인까지 호네커 서기장이 직접 결재하였으며, 최초의 자매결연이 체결된 도시 또한 자신의 고향이다. 그는 동베를린의 자매결연을 거부하였다. 그리고 서독에게 동독 주민의 독자적인 국적권을 인정할 것과 잘츠기터에 있는 동독인권조사처를 폐쇄할 것을 요구하는 내용을 자매결연 협정문에 담도록 지시하였다(Von Weizsäcker 1990, 50).

자매결연을 체결하고 실행하는 모든 과정은 동독의 비밀 경찰인 슈타지의 감시와 통제하에 진행되었다. 동서독 지자체 간에 합의된 협정문은 사전 검토되었고, 동독 참가단의 선발에는 슈타지의 승인이 필요했다. 그리하여 서독에 잔류할 의사가 없고, 동독을 위한 정치 선전에 능한 체제 순응적인 주민만 선발될 수 있었다. 예술단에 참가하는 단원들은 소속 단체의 1차 승인을 받아야 하며, 체제 비판적인 예술인은 배제되었다. 그리고 서독의 퇴폐적인 예술에 물들지 않도록 교육받았다. 동독의 참가단은 단체로 호텔 등에서 숙박하였으며 홈스테이는 허용되지 않았다. 그리고 슈타지 요원이 동행하여 참가단의 언행을 감시하였다. 당연히 서독의 동독 방문단도 슈타지의 감시를 받았다(Gornig 1990, 154).

동서독 간의 접촉은 지자체 기관을 통해 공식적으로 이루어졌고,

시민단체 간의 직접 접촉과 연락은 허용되지 않았다. 동독의 대표단은 소규모이며 당 간부에 의해 구성되었다. 상호 교류 행사는 연간 3~5회 정도로 제한되었으며, 매우 형식적이고 의전을 강조함으로써 자유로운 개인적 접촉과 의견 교환의 가능성을 최소화하였고, 교류 행사에 관한 언론 보도 또한 극히 제한하였다. 그리하여, 동서독 간의 교류 협력은 공식 예방의 수준을 크게 벗어나지 못하였던 것이다(Klaus 1994, 37).

2) 법적 차원의 한계

동서독 간의 자매결연이 국제 교류 협력에 해당하는지는 법적 쟁점 사항이다. 이러한 논란은 동독이 외국에 해당하는지에 관한 논쟁과 연결된다. 만일, 서독에게 동독이 외국이라면 동서독의 지자체 교류 협력은 국경을 뛰어넘는 성격을 가지기 때문에 국제법적인 행위에 해당하는 것이다. 그리고 서독 헌법의 외교 정책 권한에 관한 규정에 해당하는 32조에 의하면 대외 관계 사무는 연방정부의 권한이다. 즉 지자체는 국제 협정을 체결할 수 있는 주체가 아니며, 중앙정부만이 그러한 권한을 갖고 있는 것이다. 그러므로 만일 동서독이 국제적 관계라면 서독의 지자체는 동독과의 교류 협력 협정문을 작성할 때, 국제법적인 구조와 형식을 갖추고 있는지 등에 관하여 외교부의 검토와 자문을 받아야 한다. 하지만 서독의 연방헌법재판소가 동독을 외국으로 간주해서는 안 된다는 판결을 내림으로써 그에 관한 논쟁은 종식되었고, 동서독 자매결연은 국제 사무가 아니라는 결론이 내려졌다.

따라서 동서독의 지자체 협정은 국제 조약의 기본 요건을 따르지 않고 있다. 그 대신 지자체는 공공기관으로서 공적인 대외 업무를 수행할 권한은 있다. 하지만 그러한 권한이 두 개의 독일 국가 상황에서 법적 제약을 받고 있는 것이다. 왜냐하면, 동서독이 특수 관계이므로 상호간 자매결연을 국내적 공공 사무로 볼 수 없기 때문이다. 다시 말하면 동서독 도시 간의 교류 협력은 서독 내 도시 간의 교류 협력과 성격이 다르다는 것이다. 게다가 동서독의 지자체가 해당 국가에서 누리는 법적 지위가 서로 다르기 때문에 상호 교류 협력 행위에 제약이 발생할 수밖에 없다(Gornig 1990, 155).

동독에서는 민주적 중앙 집중제의 원칙에 따라 공산당의 결정은 정치국과 중앙위원회에서 내려지며, 이러한 당의 결정은 헌법이나 인민의회의 결정보다 상위에 있다. 공산당이 모든 국가 기관의 정점에 있는 것이다. 지자체의 법적 권한을 보면 1949년 10월 헌법에는 그나마 지방의 자치권이 명시되었으나, 1952년 7월 개정헌법에서 지방은 사회주의 국가 권력의 도구로 규정되면서 완전히 공산당의 통제하에 놓이게 되었다. 이러한 이유 때문에 동서독의 교류 협력은 자치권을 가진 서독의 지자체와 독자적인 결정이 제한된 동독 지자체 간에 이루어진 것이다. 즉, 서독은 연방 국가로서 사회 문화 관련 업무는 지방의 고유 사무에 해당하므로 지자체가 연방 내독부의 승인이나 허가 없이 동독과의 자매결연을 독자적으로 결정할 수 있는 반면에, 동독은 당 중앙에 종속되어 있기 때문에 자발적이고 자유로운 교류 협력에 나설 수 없었던 것이다(심익섭 1992, 274).

3.
죽음의 경계선에서 탄생한 생명의 '녹색 띠' 공원

1. 생태 평화 공원의 개념

환경은 평화의 위해 요인이 될 수 있지만, 반대로 평화를 촉진하는 요인이 될 수도 있다. 환경과 안보의 상호 관계에 관한 연구에서 과거에는 환경이 주로 안보 갈등의 원인으로 다루어졌다. 국제 하천의 오염, 미세먼지의 유입, 접경 지역의 원전 건설 등을 둘러싼 환경 문제가 국가 간 분쟁을 야기한다고 보았다. 하지만 오늘날에는 환경 문제가 안보 갈등을 완화하는 수단으로 활용되고 있다. 환경 부문에서의 협력이 신뢰 구축 효과를 발휘하면서 평화 건설에 기여한다는 것이다. 즉 환경 문제의 해결 노력이 평화 협력의 촉진 요인이 될 수 있는 것이다(Margerum and Hooper 2001).

환경 협력이 평화 촉진 효과를 발휘하기 위해서는 평화 이슈와 연계되어야 한다. 그리하여 환경 협력을 신뢰 구축을 위한 수단으로 활용해야 한다. 평화공원의 조성을 제안하는 것은 적대국에게 화해의 신호를 보내는 효과를 발휘하며, 이러한 제안이 갈등과 분쟁을 근본적으로 해결할 수는 없지만, 평화 제스처를 보내는 기능을 하는 것이다.

물론, 이슈 연계가 무조건 성공을 가져오는 것은 아니다. 합의에 이르지 않았을 때 치르게 되는 기회비용이 상당해야 성공 가능성이 높아질 것이다. 또한, 환경 협력이 지속적으로 유지되기 위해서는 협력의 이득이 미래에 나타나는 것이 좋다. 왜냐하면, 현재보다 미래에 생겨날 이득이 클 때, 협력을 오랫동안 유지하려는 의지가 강해지기 때문이다. 성공적인 환경 협력의 경험은 적대적 세력 간 소통 의식을 고양하여, 보다 근본적인 안보 갈등의 해결에 나서게 만든다. 협력의 결정적 요소인 신뢰가 환경 분야에서 구축됨으로써 평화 협력의 기반이 마련되는 것이다.

적대적 국가 간의 환경 협력은 이중적 과제를 안고 있다. 첫째, 환경적 관점에서 관련 국가 내에 높은 환경 의식이 있어야 한다. 강력한 환경보호 지지 세력이 부재한 경우에는 의미 있는 환경 정책을 추진하기 어렵다. 환경 담론이 중요하게 대두하고 환경 단체와 정당, 환경 부처 등이 생겨나야 한다. 둘째, 환경 협력으로 인해 상대국에 대한 적대 의식이 극복될 수 있어야 한다. 그렇지 않으면, 양국 간에 합의된 협력의 약속이 그 이후의 정치적 갈등에 의해 무산될 가능성이 크기 때문이다.

이러한 점에서 환경 협력을 통한 평화 구축을 기능주의적으로 추진하는 것은 한계가 있다. 기능주의란 환경 분야에서 협력하면 평화와 통합이라는 정치적 효과가 자동적으로 발생한다는 접근법이다. 그런데 자동적으로 발생한 파급 효과는 쉽게 사라질 수 있다. 환경 협력의 기능적 파급 효과를 추구한 정책 사례로는 접경 지역의 평화공원 조성이 대표적이다. 그리스와 터키의 국경 에브로스(Evros) 강 양안에 조성된 국제평화공원은 최근 중동의 난민과 불법 이주를 막기 위해 울타리 장벽이 설치되고 있다. 따라서 환경 협력이 평화의 증대로 연결되기 위해서는 신기능주의적 접근이 필요하다. 신기능주의란 기능주의에서 말하는 협력의 파급 효과가 자동적으로 발생하지 않는다고 보고, 환경과 평화를 연계하고 제도화하는 정치 지도자의 실천적 노력이 필요하다고 보는 시각이다.

그리고 협력의 파급 효과가 발생할 수 있도록 다양한 이해관계자의 관심과 이익을 고려할 필요가 있다. 생태 평화 공원의 성공에는 여러 가지 내·외부적 요인이 작용한다. 중앙정부의 의지와 노력이 가장 중요하지만, 외부적으로는 국제 사회, 내부적으로는 접경 지역 주민의 지지가 필요하다. 2011년에 한국 정부는 DMZ와 민통선 일대를 유네스코 접경 생물권 보전 지역으로 지정받기 위해 신청서를 제출했지만, 철원 주민들의 동의를 받지 못했다는 이유로 유보되었다. 당시 주민들은 환경 보전 때문에 개발의 혜택에서 소외될 것을 우려하여 반대하는 입장을 취했던 것이다.

전 세계적으로 접경 지역에서 다양한 유형의 협력이 시도되고 있으며, 평화공원은 경제 특구와 함께 대표적인 접경 지역 협력 공간 모델이다. 평화공원은 적대국 간에 싹트기 시작한 화해 분위기를 공고화하는 목적으로 활용되는데, 독일의 '그뤼네스 반트'가 대표 사례이다. 그뤼네스 반트는 영어로 그린벨트로 번역된다. 동서독 장벽은 무너졌지만, 통일 완수 가능성이 불확실한 혼돈의 시기에 독일의 생태주의자들은 국경 지대를 공원화함으로써 장벽의 붕괴를 되돌리기 어렵게 만들었다. 즉 녹색 띠 공원은 통일 분위기를 고착화시키고 불가역적으로 만드는 데 일조한 것이다.

평화공원에 관한 논의를 보면, 공원 조성의 명분으로 지역 개발, 관광, 평화, 생태 등 다양한 목적이 제시되고 있다. 하지만 평화공원은 평화에 기여해야 하며, 평화에 기여하지 못하는 공원을 평화공원이라고 할 수 없다. 지역 개발, 관광, 생태는 수단이어야 한다. 평화 공원의 유형으로는 긴장 완화 등 평화를 구축하는 목적의 공원과 긴장 완화가 이룩된 이후 평화를 공고히 하기 위한 목적의 공원이 있다. 독일의 녹색 띠 공원은 후자에 가까운 사례이다. 동서독의 장벽이 무너진 직후 군사 경계선을 생태 공원화함으로써 장벽을 되쌓기 어렵게 만들어버린 것이다.

2. 독일의 녹색 띠 생태 평화 공원

1989년 베를린 장벽이 붕괴된 다음 달인 12월 13일 동독 정부는 공식적으로 동서독 국경 통행의 전면 자유화를 선포하였고, 이러한 조치에 접한 독일의 많은 자연보호 단체들이 국경 지대를 녹색 띠라는 이름의 생태 공간으로 전환할 것을 제안하였다. 이러한 국경 지대의 자연보호 구상은 언론의 관심과 일반 국민의 큰 호응을 얻었고, 그 결과 환경부는 국경 지대에 대한 현장 조사 실시 및 생태공원 조성에 필요한 계획 수립을 하고 생태공원 조성에 착수하였다(Schlumprecht et al 2006).

분단 독일의 국경은 1,393km로 한반도의 DMZ보다 길지만, 50~200m 폭의 비교적 가느다란 띠로 되어 있었다. 체제 우위가 최고의 방어벽이라고 생각한 서독은 국경에 철책 없이 경계선 표지만을 설치한 반면, 동독은 약 3m 높이의 철책을 설치하였고, 군사적으로 중요한 일부 지역에는 콘크리트 장벽을 세우고 대전차 참호를 구축하였다. 그리고 철책을 따라 순찰도로를 건설하였다. 1983년에는 국경선에 인계철선을 설치하여 탈주자가 이것을 건드리면 총탄이 발사되는 자동발사기를 5만 5천개 배치하였다. 그리하여 동독 주민들은 국경 지대를 '죽음의 띠'라고 불렀고, 분단 기간 동안 약 600명이 탈주를 시도하다가 죽었다.

냉전 시대 동독군이 국경에 설치된 시설물은 아래와 같다.

- 2,572km 철책
- 32.7km 장벽
- 644km 대전차 참호
- 597 감시탑
- 242km 조명도로
- 1,573km 순찰도로

분단 시기의 국경 지대가 사람에게는 죽음의 띠가 되었으나 동식물에게는 생명의 띠가 되었다. 질만(Heinz Sielmann) 교수는 통일 직전인 1988년에 〈국경의 그늘에 사는 동물들〉이라는 생태 기록 영화를 제작하고, 국경 지대를 국립공원으로 만들 것을 제안하기도 했다. 독일인은 녹색 띠를 분단이 준 소중한 생태 선물이며 자연이 만든 예술 작품으로 생각하고 공원화한 것이다.

국경선과 동독 측 순찰도로 사이의 약 50~200m 간격의 '죽음의 띠'가 평화공원 조성을 위한 주요 영역이 되었고, 인접한 강이나 호수 그리고 자연공원이 녹색 띠에 포함되었다. 순찰도로는 휴양 관광객을 위한 도보길이 되었다. 그 결과 독일에서 가장 긴 생태 환경이 조성되었다. 녹색 띠의 북쪽 지역은 엘베 강을 따라 형성되었고, 남

그림 1.1_ 농지를 가로지르고 있는 녹색 띠 생태공원

출처: 김규현 · 김재한(2015, 147)

그림 1.2_ 독일 모델을 따라 조성된 유럽판 녹색 띠 평화공원

출처: https://rm.m.wikipedia.org/wiki/Datoteca:Karte_Europa_Gr%C3%BCnes_Band.png

쪽은 주로 계곡 지대로 되어 있으며, 남단의 동서독과 체코공화국이 만나는 지역은 유네스코 생태공원으로 지정받았다.

녹색 띠 공원은 동서독의 분단선이 어느 곳인지를 보여주는 역사 교과서의 역할을 하고 있다. 초소와 감시탑 등 국경 시설물은 보존되어 박물관으로 활용된다. 그리고 휴양, 자연 체험, 가족 관광, 종주 여행, 답사 여행 등의 목적으로 활용되면서, 독일 통일의 상징이자 세계적으로 주목받는 자연보호구역으로 자리 잡았다. 물론 생태공원화에 대한 반대 의견이 없었던 것은 아니다. 도로 혹은 농지로 활용하자는 의견이 있었고, 통일독일의 고속도로 건설 부지로 활용하자는 의견 때문에, 녹색 띠의 일부 구간이 고속도로가 될 뻔 했다. 사실, 국경 지대를 부분적으로 공원화하는 것은 어렵지 않지만, 독일의 사례처럼 전 국경을 지금까지 그대로 보존 유지한 것은 대단한 일이다. 그리고 녹색 띠는 동서 진영 간 철의 장막이 제거된 지역에 조성한 유럽의 녹색 띠 조성 운동에 선구적인 역할을 하였다.

4.
남한의 접경 협력 노력과 과제

1. 접경 지역 전단 살포에 대한 시사점

전단 살포는 남북한 간의 갈등 이슈일 뿐만 아니라 남남 갈등을 초래하기도 한다. 2000년 6 · 15 선언과 2007년 10 · 4 선언의 '남북한 상호 비방 금지 합의'에 따라 우리 정부 차원의 대북 심리전은 중단되었지만, 민간인에 의한 전단 살포는 계속되었고, 이에 대해 북한은 전단 살포의 중단을 지속적으로 요구하였다. 하지만 우리 정부는 탈북자들의 전단 살포를 막을 법 규정이 없다는 태도를 취하였다. 탈북자들이 대북 전단 살포에 적극적인 이유는 그들이 북한 정권에 대해 너무 몰랐다는 것을 실감하였고, 폐쇄적인 북한 사회에 남한의 실상을 알릴 필요가 있다고 생각하기 때문이다(윤규식 2011, 44).

사실 북한이 과거에는 대남 전단 살포에 적극적이었으나, 남북 간의 국력 격차가 크게 벌어지고 북한의 선전이 큰 효과를 발휘하지 못하게 되자 점차 소극적인 자세로 전환하였다. 우리 정부도 북한의 도발 위협으로 접경 지역 주민들이 불안해한다며 2007년부터 민간 차원의 대북 전단 살포를 막기 시작하였다. 그럼에도 불구하고 전단 살포는 계속되었고, 북한은 2010년과 2011년 두 차례에 걸쳐 전단 살포 발원지를 직접 조준 타격하겠다고 위협했을 뿐만 아니라 2012년에는 대남 전단 살포도 감행하여 경기도 파주와 양주에서 다수의 전단지가 발견되었다. 그리고 2014년에는 북한이 남한의 전단 살포 지역인 연천에 고사총 사격을 함으로써 전단 살포를 둘러싼 남남 갈등을 고조시켰다.

2016년 대법원은 대북 전단 살포는 표현의 자유에 속하는 영역이지만, 타인에게 명백한 위험을 초래할 가능성이 있기 때문에 정부가 제지하는 것이 적법하다는 판결을 내렸다. 또한, 2018년 판문점 회담에서 남북 정상은 한반도에서의 군사적 긴장 완화를 위해 5월 1일부터 전단 살포를 포함한 상대방에 대한 일체의 적대 행위를 전면 중지하기로 합의했다. 그럼에도 불구하고 탈북자 단체를 중심으로 대북 전단 살포를 강행하려는 움직임을 보이자, 여당은 통일부장관의 사전 승인을 받지 않을 경우 최대 징역 3년에 처한다는 '대북 전단 금지법'을 발의하기도 하였다. 이처럼 대북 전단 살포는 남북한 간에 합의와 파기를 반복하였으며, 남한 사회 내에서도 정부와 탈북자, 탈북자와 접경지대 주민 간의 갈등을 초래하였다.

독일 사례가 우리에게 주는 시사점이라면, 첫째, 남북한 간에 심리전이 전개될 경우 체제가 취약한 북한이 불리하다는 것이다. 따라서 남북한 간에 상호 비방 중단 약속이 깨질 경우를 대비할 필요가 있다. 서독의 경우 1972년 전단 살포를 중단하였으나, 1974년까지 훈련 차원에서 전단 제작을 계속하였으며, 그 후에도 만약의 경우를 대비하여 통일 시점까지 관련 부대를 축소된 상태로 유지하였다.

둘째, 대북 심리전은 과학적이고 객관적으로 진행하는 것이 효과적이며 평화 구축에 도움이 될 것이다. 따라서 감정적이거나 북한 체제를 비방하는 내용보다 한국 사회에는 인권과 자유가 보장되어 있다는 사실, 한국군은 방어 목적의 평화적 임무를 수행하고 있다는 점을 강조함으로써, 북한의 군인이나 주민이 알고 있는 남한에 관한 왜곡 사실을 교정하는 것을 목적으로 해야 한다.

셋째, 심리전은 평시에도 진행되는 총성 없는 전쟁이다. 따라서 전쟁 수행 차원에서 명확한 목표와 수단을 설정하는 것이 필요하고, 실행 절차의 마련 등이 필요하다. 이러한 점에서 민간단체가 전단을 살포하는 것은 그 효과성이 낮으며, 부작용이 있으므로, 국가 안보적 관점에서 규제할 필요가 있다.

넷째, 북한에 대한 심리전을 하지 않더라도, 한반도 비핵화와 평화 체제 구축에 도움이 되는 논리를 구축하여 국내적으로 설득하는 '평화를 위한 심리전'은 계속 필요할 것이다. 서독의 경우에도 심리전 부대는 국내적으로 평화 구축을 위한 세미나와 포럼 등을 주최하고 출판물을 발간하여 동서독 긴장 완화와 통일에 기여하였다.

2. 남북 지자체 협력에 대한 시사점

독일의 통일과 통합에서 주민의 참여가 매우 중요한 역할을 하였다. 독일의 통일은 내부적 통일과 외부적 통일이라는 두 가지 차원으로 나누어지는데, 내부적 통일이란 독일 민족주의를 기반으로 동서독 주민들이 분단 상태를 거부하고 통일을 요구하는 과정이며, 외부적 통일이란 동서독 주민의 요구를 전승국을 비롯한 주변국들이 국제적으로 승인하는 과정을 말한다. 독일의 외부적 통일에서는 주민보다 정치 지도자의 역할이 중요하였지만, 분단을 극복하고 민족국가를 재건하는 내부적 통일에서는 동서독 주민의 의지와 호응이 결정적이었다(Stent, 110).

그런데 독일에서 이러한 내부적 통일이 가능했던 이유는 오랫동안 동서독 간에 교류 협력이 있었고, 그 결과 민족의 동질성이 유지되었기 때문이다. 그중에서 지자체 간의 교류 협력이 중요한 역할을 했다. 그런데, 동서독의 교류 협력은 적대 국가 간에 약속하고 실행한 협력 사례에 속한다. 분단국가에서 이루어지는 지자체 간의 교류 협력은 일반 국가와는 다른 양상을 보인다. 일반적으로 국가 간에는 지자체의 교류 협력에 대한 제약이 별로 없는 편이다. 다만 국제 관계는 중앙정부의 고유 업무라는 점에서 중앙의 제약이 있을 수는 있다. 하지만 1980년대 이후 지방 외교 정책이라는 개념이 생길 정도로 지자체의 국제 교류가 전 세계적으로 활발해지고 있다. 이에 반해 분단국의 경우를 보면, 중앙정부의 역할이 아주 결정적으로 작용한다.

독일의 지자체 교류 협력 사례는 몇 가지 한계를 보여주면서 우리에게 필요한 극복 과제를 제시하고 있다. 무엇보다도 서독의 입장에서 동독의 지자체와 자매결연을 체결하는 것이 그리 쉽지는 않았다. 그러므로 중앙집권적 동독에서 호네커 공산당 서기장의 결정이 중요하였던 것처럼, 우리의 경우에도 김정일 혹은 김정은 등의 최고지도자와 연관성이 있는 도시를 선정하여 교류 협력 사업을 진행하는 전략이 필요하다.

또한, 남북한 간에 자매결연 협정의 체결에 성공하더라도, 교류 협력 행사는 형식에 치우치게 되고, 주민 간의 진정한 인적 교류는 제한될 수 있다. 따라서 교류 협력 사업이 남북한의 사회 통합에 큰 효과를 발휘하기 위해서는 청소년 교류와 체육 교류를 적극적으로 추진할 필요가 있다. 독일의 경우에는 이들 사업이 동독의 반대에 직면하였지만, 우리의 경우에는 비교적 교류 협력이 잘 되고 있으므로, 교류의 역점 사업으로 활용할 필요가 있다. 그리고 남북한 간의 체육 교류에 성인, 학생, 청소년 등 다양한 계층의 선수들이 참여하는 대중적인 행사로 발전시켜, 체육 교류에서 남북한의 접촉면을 확대할 필요가 있다.

남북한 지자체 교류 협력의 과거 실적과 미래 계획을 보면, 경협이 상당한 비중을 차지하고 있다. 특히 남한의 지자체들은 북한과 지역 특산물을 교역하는 등 지역 경제의 활성화 방안으로 교류 협력을 활용하려고 한다. 하지만 현재와 같이 북한에 대한 국제 사회의 제재가 지속되는 상황에서, 북한과의 경제 협력을 강조하게 되면 외부적 제약에 의해 지자체 교류 협력이 동력을 잃을 수 있다. 따라서 동서독의 사례와 같이 중앙정부는 경제 분야의 협력을 맡고, 지자체는 비경제적 분야에 집중하는 역할 분담이 필요하다.

제도적 관점에서 볼 때, 서독의 지자체는 사회 문화 부문에서 교류 협력의 자율성을 가졌다. 반면에 우리의 '남북교류협력법'은 지자체의 주도적 역할을 제한하고 있다. 동법 제2조는 교류 협력의 주체를 주민으로 규정하고 있으며, 이에 따르면 지자체는 통일부가 인가한 법인이나 시민단체를 통해 대북 사업을 추진할 수밖에 없다. 그 결과, 실체가 모호한 대북 사업 단체에 의존하는 부작용이 발생할 수 있다. 따라서 우리의 경우 현행법을 개정하여 지방자치단체가 독자적으로 혹은 통일부와 동반자적 관계에서 대북 사업을 추진할 수 있도록 할 필요가 있다.

비용 분담에서는 상호주의 원칙을 따르는 것이 교류 협력의 지속성을 높이는 길이다. 동서독은 사회 문화 교류를 위한 협정에서 초청자 측은 현지 비용을, 방문자 측은 여비를 부담하는 것으로 규정하고 있다. 우리의 경우에도 남북한 지자체 교류가 퍼주기 비난을 받지 않기 위해서 비용 분담의 원칙에 합의하고 이를 엄격히 지켜야 할 것이다. 이러한 태도를 견지하는 것이 지자체 교류 협력에 대한 우리 국민들의 지속적인 지지를 확보하는 데에 도움이 되기 때문이다. 그리고 남북한 간 비용 분담의 원칙이 잘 준수되고 있는지를 감독하는 위원회를 설치하고, 주기적으로 감독 결과를 납세자인 국민에게 보고할 필요가 있다.

동서독의 자매결연은 민족 통일에 직접적인 기여를 한 것은 아니지만, 장기적으로 통일에 유리한 사회적 기반을 조성하는 효과를 발휘했으며, 베를린 장벽의 붕괴 이후 통일을 불가역적으로 만드는 데 일조하였다. 이러한 점에서 우리의 경우에도 중앙정부 수준의 교류 협력을 보완하는 차원에서 지방 수준의 도시 자매결연을 적극적으로 추진할 필요가 있다.

남북한의 지자체 교류 협력 사업은 1998년 제주도에서 민관이 협력하여 북한에 감귤 보내기 운동을 벌여 추진한 것이 최초이다. 이후 10년 동안 각 지자체는 자체의 남북협력기금을 조성하고 전담 부서를 만들어 북한과 다양한 분야에서 교류 협력하였다. 예를 들어 경기도는 북한의 결핵 환자 치료 사업과 농축산 분야에서 협력하였고, 강원도는 북강원 지역에서 산림 병해충 퇴치를 위한 공동 방제 사업을 실시하였다. 하지만 2008년 금강산 관광객 피격 사건과 2010년 천안함 사건이 발생한 후 단행된 5 · 24조치에 의해 북한 방문, 교역, 투자, 지원 등이 금지되었고, 이와 함께 지자체의 남북 교류 협력 사업도 중단되었다.

최근 남북한 간에 대화와 협력의 분위기가 조성되면서 많은 지자체들이 북한과의 교류 협력에 관심을 가지고 노력하고 있다. 독일의 사례가 보여주는 것처럼 한국에서 지자체의 교류 협력이 한반도의 통일과 통합에 기여하기 위해서는 무엇보다도 남북한 주민들이 최대한 많이 참여할 수 있는 사업을 기획하고 추진할 필요가 있다. 이처럼 지자체의 교류 협력이 주민 참여형으로 진행될 때, 중앙정부에서 추진하는 국가 간 교류 협력 사업과 차별되는 의미를 갖게 될 것이다.

3. DMZ 평화공원 조성에 대한 시사점

남북 정상은 4월 27일 판문점 선언에서 비무장지대(DMZ)를 평화 지대로 만들기로 합의하였다. DMZ는 1953년 정전협정에 의해 남북한이 군사분계선에서 각각 2km씩 물러나면서 폭 4km 길이 248km로 한반도의 허리를 가로지르며 생겨났다. 이처럼 DMZ가 정전협정의 산물이므로 남북한 간에 종전선언을 하고 한반도 평화체제가 수립되면 DMZ의 성격 변화는 불가피할 것이다.

60년 이상 출입이 통제되면서 DMZ는 생태적 보고가 되었다. 국립생태원의 조사에 의하면 전 국토의 1.6%에 불과한 DMZ와 접경 지역에는 한반도에 서식하는 생물종의 약 20%와 멸종 위기종의 40%가 서식하고 있다는 것이다. 따라서 이곳은 희귀 동식물을 가까이 볼 수 있고, 전쟁의 상흔을 여실히 느낄 수 있는 곳이다. 생태와 평화는 둘 다 인간을 치유한다는 묘한 접점을 공유하고 있다. 그런데 비무장지대는 이름과 달리 각종 중화기로 무장한 200여 개의 남북한 초소가 있다. 사실 정전협정은 DMZ의 완전 비무장을 규정한 것은 아니다. 소총과 권총 등의 경무장을 허용하였다. 그리하여 크고 작은 군사적 긴장과 충돌이 빈발하며, 최근에만 하더라도 목함지뢰 사건, 북한 경비병 총격 사건 등이 있었다.

사실 DMZ의 비무장화가 남북한의 군사적 균형을 깨뜨리는 것은 아니다. 왜냐하면, 첨단 무기로 싸우는 현대전에서 철책은 중세 시대의 성곽과 같은 구시대의 유물이 되어가고 있기 때문이다. 대포와 탱크가 발명되면서 도시의 성곽은 군사적 유용성을 상실하고 통행의 불편을 야기한다는 이유로 철거되고 그 자리에 도로가 생겨났던 것처럼 오늘날 철책으로 전쟁을 막을 수 있는 것이 아니다. 오히려 철책을 제거하여 군사적 긴장 수위를 낮추고 상호 신뢰 구축을 하는 것이 전쟁 예방에 도움이 될 수 있다. 최전선의 사소한 총격전이 대규모로 확전될 수 있기 때문에, 일촉즉발의 위험이 있는 DMZ를 평화지대로 만들고 남북한의 병력을 후방 배치하는 것이 한반도에서의 전쟁 재발 방지에 기여할 것이다.

DMZ를 한반도 평화의 상징으로 만들려는 시도는 그동안 수차례 추진되었지만 번번이 실패하였다. 1988년 노태우 대통령은 UN총회 연설에서 DMZ 안에 이산가족면회소와 민족문화관 등이 있는 평화시 건설을 제의하였다. 김영삼 대통령은 1994년에 DMZ 자연 공원화를, 노무현 대통령은 2007년 남북정상회담에서 DMZ에 있는 초소와 중화기의 철수와 평화적 이용을 제안하였다. 2008년에는 이명박 대통령이 DMZ 생태평화공원을 국정 과제로 채택하였고, 2013년 박근혜 대통령은 미 의회 연설에서 DMZ 세계평화공원 조성을 선언하였다.

최근 평화공원 조성을 위한 선결 작업이 급물살을 타고 있다. 확성기 방송과 전단 살포를 비롯한 적대 행위가 중단되었고, 군 초소와 중화기를 철수하기로 약속하였으며, 장기적으로 대규모 지뢰 제거 작업에 돌입할 것이라는 전망이 있다. 그리고 남북 공동으로 비무장지대의 생태계 조사도 이루어질 것이다.

이처럼 평화공원을 만드는 데는 몇 년이 걸리겠지만, 그 과정에서 남북한 당국이 직접 접촉하고 협력한다면 군사적 신뢰가 구축될 것이다. 평화공원의 조성이 성공하기 위해서는 무엇보다도 정치 지도자의 비전과 의지가 중요한데, 문재인 대통령은 DMZ의 생태 평화 구상이 담긴 한반도 신경제 지도 계획을 대선 공약으로 제시하였고, 그 내용을 USB에 담아 김정은 위원장에게 직접 제공하였다. 따라서 DMZ평화공원은 대선 공약 실천 차원에서 적극적으로 추진될 것으로 보인다.

이미 오래전부터 접경 지역 도시들은 DMZ 평화공원 유치를 위해 경쟁하였다. 경기도 파주는 분단의 상징인 판문점이 있고, 인천공항에서 1시간 거리라는 접근성을 강조한다. 강원도 철원은 6 · 25 전쟁 당시 피비린내 나는 철의 삼각지라는 역사적 상징성과 생태적으로 잘 보존된 청정 지역이라는 점을 부각하고, 평화의 댐을 호수공원으로 연계할 수 있다고 주장한다. 강원도 고성에는 동해안 최북단 관측소인 금강산 전망대가 있다. 이 전망대는 1992년에 지었으나 2년 만에 일반인의 출입이 금지되고 군사 시설로만 운영되고 있는데, 평창올림픽을 계기로 일시 개방되어 1,300여 명의 외신 기자와 올림픽 관계자들이 다녀갔다.

무엇보다도 DMZ 평화공원을 조성할 때 필요한 사항은 생태 보전을 수단으로, 평화를 목표로, 그리고 지역 사회가 뒷받침해주어야 한다. 생태 보전은 평화공원 조성의 수단이지만 출발점이라는 의미를 가진다. 그런데 DMZ 전 구간이 자연보호 대상 지역은 아니다.

남북한 군은 전방 시야를 확보하기 위해 주기적으로 비무장지대의 잡목을 불태우기 때문에, 야생적 특성을 가진 곳은 동부 전선이다. 그러므로 생태 평화 공원의 후보지는 강원 지역에서 찾는 것이 바람직할 것이다.

만일 금강산 육로 관광을 위해 개발되었던 동해안 통로를 활용하면, 공원 방문객들이 비무장지대를 차를 타거나 걸어가면서 생태 체험을 하게 될 것이다. 독일의 녹색 띠 공원은 순찰도로를 보도로 활용하여 생태 파괴를 최소화하였다. 또한, 남북한 통로 중앙에 이산가족을 위한 만남의 광장을 조성하는 것도 의미가 있다. 공원길 좌우의 지뢰밭은 그대로 두어도 무관할 것이다. 오히려 그것이 방문객에 의해 생태계가 파괴되는 것을 막아줄 것이며, 출입을 막는 지뢰표지는 분단에 대한 경각심을 높여줄 것이다.

금강산 통로의 또 다른 장점은 평화공원 조성에 따른 안보적 우려를 최소화할 수 있다는 것이다. 일반 국민과 남북한 군사 당국으로서는 철책 제거 작업이 수도권에서 멀리 떨어진 동해안 지역에서 이루어지기 때문에 안보에 대한 우려가 작고, 북한으로서도 군부가 개성공단 통로 인근에 추가로 철책을 제거하는 것에 대하여 반대할 가능성이 있기 때문에, 시범적으로는 강원도 지역에 평화공원을 건설하는 것이 좋을 것이다.

금강산 평화공원은 남북 양측에 개발 이익을 제공할 것이다. 평화공원 조성이 금강산 관광 재개와 연계된다면 북한의 수용 가능성이 높아질 수 있다. 또한, 금강산 관광 수입은 평화공원을 유지하는 동안 얻게 될 미래의 수익이므로 북한으로서도 중도 폐쇄하는 조치가 쉽지 않을 것이다. 마찬가지로 남측 접경 지역도 취약한 인프라를 개선하고, 평창올림픽으로 조성된 철도와 도로와 연계하여 전국적인 접근성을 확보하며, 동계스포츠 시설과 연계한다면 지역의 발전에 큰 도움이 될 것이다.

DMZ는 분단의 상징이다. 따라서 남북한 단절을 뚫는 통로형 평화공원을 건설할 때, 군사적 긴장 완화 효과가 극대화될 것이다. 그리고 안보적 우려가 크지 않은 동해안에서 하나씩 조성하기 시작하여 서해안 쪽으로 건설하는 것이 가장 현실적이다. 그린데탕트는 적대 국가 간 화해 협력의 분위기가 조성되었을 때, 환경 협력이 이를 고착시킴으로써 대립 관계가 복원되는 것을 막는 전략이다. 독일의 녹색 띠는 장벽이 무너진 곳을 생태 공원화함으로써 그 자리에 다시 장벽을 세우는 것을 불가능하게 만들었다. 판문점 선언으로 찾아온 긴장 완화의 기회를 최대한으로 활용하여 DMZ를 관통하는 여러 개의 평화공원을 조성한다면, 생태와 평화가 융합되고, 남북한 주민이 소통하는 길이 열리게 될 것이다.

제 2장

시베리아횡단철도

남·북·러 연결

김성진
덕성여자대학교

1.
시베리아횡단철도와 한반도종단철도의 연결

이 글의 목적은 시베리아횡단철도(TSR: Trans-Siberian Railways)와 한반도종단철도(TKR: Trans-Korea Railways)의 연결을 사례로 북한의 지리적 공간을 이해하는 데 있다. 철도 연결 문제는 분단을 지리적으로 연결하는 의미가 있을 뿐만 아니라, 운송로 연결과 효율적인 운영을 위한 기술, 정보, 제도 등 다양한 차원에서의 '연결'이 요구된다는 점에서 접경 지역 협력의 총합이라고 해도 과언이 아니다. 이와 함께 TSR–TKR 연결을 계기로 모색되고 있는 남북한 철도 연결 문제는 보다 광범위하게는 글로벌 차원의 운송로 연결 프로젝트와 연결되어 있다는 점에서 동북아 지역은 물론 유럽과도 맞닿아 있는 문제이기도 하며, 남북한 접경을 넘어 한반도 접경 지역과의 협력을 통해 글로벌 운송 네트워크에 편입되는 과정이기도 하다.

접경 지역은 국경을 나누고 있다는 점에서 다양한 수준에서의 '경계'를 의미한다. 국경은 국민국가 주권의 경계라는 점에서 정치 · 경제 · 사회적 제도의 경계이기도 하고, 문화적 경계이기도 하다. 또한 이러한 경계는 정체성의 경계이기도 하며, 경계를 마주한 지역은 갈등과 협력에 민감한 지역이 되기도 한다. 민족국가는 법과 제도 같은 무형의 장벽부터 베를린 장벽과 같은 물리적 장벽에 이르기까지 다양한 방법으로 국경을 '보호'하기 위해 노력해왔다. 이러한 경계는 한반도의 군사분계선, 팔레스타인의 장벽, 북아일랜드의 평화의 벽(peace wall)과 같은 물리적 경계를 통해 갈등을 단적으로 보여주기도 한다. 미국 트럼프 행정부 역시 멕시코 접경 지역에 국경 장벽을 설치하기 위해 예산을 요구하고 있고, 중부 유럽 국가들은 터키를 경유하는 난민들의 이동을 차단을 위해 국경 장벽을 설치하고 있다.

그러나 다른 한편으로 접경 지역은 전통적으로 협력의 공간이기도 하다. 중앙아시아의 계절 이주 노동자들은 새로운 국경의 설치에도 불구하고 외국이 되어버린 이웃 마을에 예전처럼 농사일을 위해 방문하고 국경 검문소도 이들을 통제하지 않는다(김성진 2014, 79). 오랜 기간 동안 하나의 문화나 전통으로 안착된 국경 무역은 두 지역 간에 접경 지역이라는 하나의 독특한 정체성을 만들기도 하며, 이러한 정체성은 지역 간 서로 다른 인식을 보여주기도 한다. 예를 들어 러시아 극동지역의 많은 주민들은 중국과의 인적 교류 확대에 부정적이지만 오랜 기간 국경 무역을 해온 아무르(Amur)지역은 중국인의 왕래를 위협적으로 인식하는 주민의 비율이 상대적으로 낮다(김성진 2012). 이들에게 접경 지역은 생필품을 구할 수 있는 공간이며, 국경을 마주하고 거주하고 있지만 서로를 협력 파트너로 인식한다. 접경 지역의 특수성은 접경 지역 연구(border studies)의 형태로 발전하고 있으며, 한반도 비무장지대를 포함해 많은 연구가 진행되고 있기도 하다.

TSR과 TKR 연결 문제는 이런 의미에서 좁게는 남북한 접경 지역과 북러 접경 지역 혹은 북중 접경 지역을 연결하는 프로젝트이며, 보다 광범위하게는 유럽과 아시아를 연결하는 운송 네트워크를 구축하는 큰 틀에서 한반도를 유럽으로까지 연결하는 프로젝트이다. TSR과 TKR은 오랜 기간 논의되어 온 문제이며, 관련 연구가 많이 축적되어 있는 분야이다. 대체로 기존 연구들은 TSR–TKR 연결의 의미(이옥남 2012; 홍완석 2004; 강봉구 2003), 실태 분석(성원용 2011; 황영진 2011; 김경희 · 이학승 2004; 이찬우 · 서정원 2002), 연결 전략(오가영 외 2018; 진장원 · 권태호 2015; 신범식 2003), 수요 조사와 문제 해결 방안(서종원 외 2017), 효율성과 경쟁력 증대 방안(김기수 외 2019; 최한별 · 최석범 2016; 송지영 2010; 장동명 외 2005; 윤영미 · 권원순 2004; 최은영 외 2002; 이용상 외 2001), 기술적 문제와 해결(신종서 2000) 등의 주제를 다루어왔다. 이와 함께 러시아 극동 지역 및 접경지역 개발 문제(김성식 2016; 김건석 2008; 윤영미 2004; 양정훈 2002)와 남북러 삼각 협력(이상준 2015; 이상준 2013; 성원용 2013; 성원용 2008) 문제가 연구되었으며, TSR–TKR 연결의 안보 환경에의 영향(최연혜 2005; 이근 2004)과 TSR에 대한 주변국의 입장(박은경 2008)과 선교에 미치는 영향(이명선 · 신호균. 2008)에 이르기까지 다양한 주제가 연구되었다.

이 글에서는 TSR–TKR 연결의 의미를 살펴보고, TSR–TKR 연결의 동인과 주요 쟁점을 요약한 후 TSR–TKR에 대한 관련국들의 입장을 살펴보고자 한다. 그리고 TSR–TKR 연결이 가져올 수 있는 접경 지역에 대한 효과를 중심으로 TSR–TKR 연결의 전망과 의미를 찾아보고자 한다.

2.
TSR–TKR 연결의 논의와 현황

TSR–TKR의 연결은 '유럽과 동북아 지역을 직접 연결함으로써 물류 흐름의 거리와 시간을 단축'시키며, 중장기적으로 '안보 증진과 문명 간의 이해를 심화시키는 연결망'으로 '장기적인 국가 발전 전략과 연계되어 한국이 동아시아의 정보 · 문화 · 금융 · 물류의 중심이 되는 중추적 국가(hub-state)'가 될 수 있는 외연의 확장이며, '철의 실크로드' 건설로 이해되고 있다(강봉구 2003, 230, 237).

특히 TSR–TKR 연결을 포함한 북방 지역 물류에 대한 관심은 수출입 물량 증가에 따른 운송로 확보와 다변화라는 수요 충족, 남북한 관계 개선 등의 효과를 통한 우리나라의 동북아 지역 물류 허브로서의 성장 가능성, 그리고 북방 지역 물류시장 활성화를 통한 우리나라를 포함한 일본, 중국, 러시아 및 CIS 지역 국가들의 물류 네트워크 강화와 이를 통한 혁신과 일자리 창출을 가능하게 해줄 수 있을 것으로 기대되고 있다(김기수 외 2019, 286–287). 무엇보다 동북아 지역 경제 성장과 수출입 물량 증가는 운송 네트워크의 포화와 운송비 증가로 이어졌으며, 이에 따라 보다 효율적인 국제 운송망 개발이 요구되고 있다(구종순 · 동무성 2008, 143–144).

TSR–TKR 연결보다 포괄적인 운송망 연결 구상은 이미 1960년대 아시아횡단열차사업(TAR: Trans Asian Railways)으로 시작되었다. TAR은 총 28개국에 걸쳐 약 117,500km의 철도를 연결하려는 구상이었으나, 냉전 상황에서 실질적인 논의가 진행되지 못했다.

TAR 구상은 1980년대 정치 · 경제적 상황의 변화를 반영해 재논의되기 시작했으며, 유엔 아시아태평양경제사회위원회(UN ESCAP: United Nations Economic and Social Commission for Asia and the Pacific)는 1992년 4월 지역 내 인프라 연결 문제에 다시 관심을 갖고 아시아 육상교통망발전(ALTID: Asian Land Transport Infrastructure Development) 프로젝트를 새롭게 출범시켰다. 동 프로젝트는 1994년부터 2001년까지 일부 회원국의 재정 지원을 바탕으로 운송망의 원활한 작동에 필요한 최소한의 기술적 · 상업적 요건을 포함해 4개의 회랑—신유라시아육교경제회랑(NELBEC: New Eurasian Land Bridge Economic Corridor), TSR 운송관리위원회(CCTT: Coordinating Council on Trans-Siberian Transportation), 중국–몽골–러시아경제회랑(CMREC: China-Mongolia-Russia Economic Corridor), 국제남북운송회랑(NSTC: International North-South Transport Corridor)—에 대한 연구를 시작하였으며, 이 내용이 TAR의 내용을 구성하게 되었다.[1] UN ESCAP 집행부는 2002년부터 관련 기관들과 운송망의 작동 가능성을 시험하기 위해 협의했으며, 2003년 11월부터 2004년 7월까지 북부 회랑에서 3회의 컨테이너 열차 시범 운행을 실시하였다. UN ESCAP은 운송망 연결에 필수적인 경로국 간의 협력을 위해 2006년 4월 TAR 관련 합의서를 도출하였다. 동 합의서는 2006년 11월 UN ESCAP 부산회의에서 조인되었으며, 2009년 6월 발효되

1 UN ESCAP의 TAR 사업, https://www.unescap.org/our-work/transport/trans-asian-railway/about(검색일: 2019.7.15).

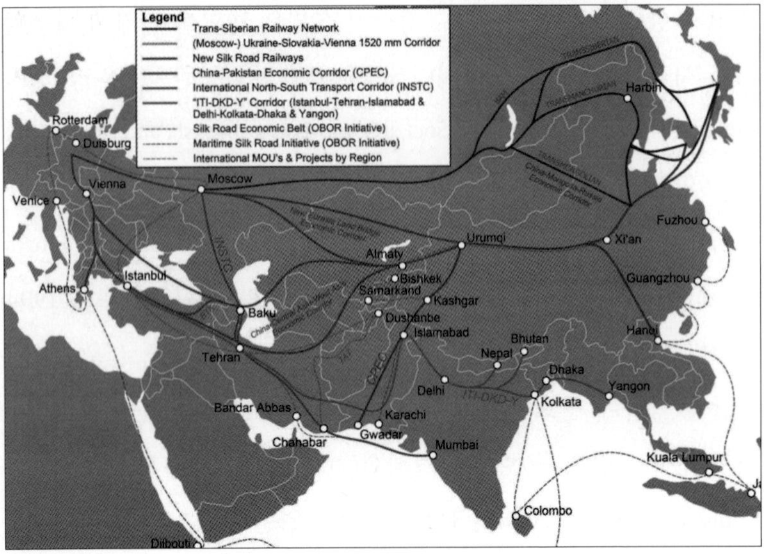

그림 2.1_ 아시아 내 현존 혹은 잠재적 복합 운송(intermodal) 회랑

출처: "Expert Group Meeting on Enhancing Efficiency of Selected Intermodal Transport Corridors in Asia," in https://www.unescap.org/events/expert-group-meeting-enhancing-efficiency-selected-intermodal-transport-corridors-asia (검색일: 2019.7.15)

었다. UN ESCAP은 TAR을 아시아 고속도로(Asia Highway), 내륙 터미널, 그리고 지원 수단들과 함께 국제적으로 통합된 역내 교통 · 운송시스템 발전의 한 축으로 이해하고 있다.[2]

UN ESCAP은 2019년 6월 방콕에서 개최된 '아시아 내 복합 운송 회랑의 효율성 증진을 위한 전문가그룹회의'에서 러시아의 재정 지원으로 이루어진 '경제 · 사회 · 환경 효과의 균형을 위한 협력 조치와 이를 통한 아시아 역내 운송 효율성 증진 프로젝트'에 대해 논의

2 UN ESCAP의 TAR 사업.

하였다. 동 프로젝트는 ① 한국–중국–중앙아시아–러시아–유럽, ②아세안 국가들–중국–러시아–유럽(잠재적 가능성이 있는 회랑), ③ 인도–이란–아제르바이잔–러시아(북–남 국제교통회랑), ④중국–몽골–러시아 등 역내 네 개의 운송 회랑 가운데 하나 혹은 복수의 회랑에 대한 제도적 관리 방안을 마련하기 위한 비교 연구였으며, 방콕회의에서는 동 연구의 결과를 검토하고 다음 단계의 추가적 조치들이 논의되었다.

동 프로젝트 보고서는 어느 국가도 고립되어서는 안 된다는 인식에 기초해 효과적이고 효율적이며 경쟁력 있는 회랑을 찾기 위한 것으로, "링크 단절(missing link)을 포함해 어느 한 링크(link)나 노드(node)의 비효율이 전체의 효율에 영향을 미치게 된다"는 점에서 협력이 필요함을 강조하고 있다. 동 보고서는 회랑의 발전 과정에서 "국가 간 회랑의 인프라 발전이 인프라가 위치하고 있는 국가의 인프라 발전 · 개선 · 관리에 관한 결정과 관련된 주권 문제와 상호 내정 불간섭 문제를 야기"할 수 있으며, 이에 따라 국경 통과 지점의 인프라 구축, 동 인프라의 규모와 처리 능력, 디자인 기준, 통제 시스템 등에 대한 정부 간 합의 등의 필요성을 강조하고 있다.

특히 동 보고서는 회랑이 성공적인 모델이 되기 위한 요소들로 인프라와 서비스, 운송량(traffic volume), 법적 구조(legal framework), 조정 · 제도적 구조(coordination/institutional framework), 리더십(leadership/champions), 자원(resources), 이해관계자 참여(participation of stakeholders), 모니터링(monitoring) 등을 제시하고 있다. 첫째, 인프라와 서비스는 모든 노드와 링크에서 적정한 인프라를 갖추고 적절한 서비스와 운영이 이루어져야 효율적인 회랑이 됨을 의미한다. 둘째로 운송량은 수요자와 공급자 입장, 그리고 대안 경로 등을 고려해 정해지며, 회랑의 발전을 위해서는 적정량의 운송 물량이 확보되어야 한다. 수요자의 입장에서 보면, 비용, 시간, 빈도, 시간 예측이 가능한 서비스, 신뢰도, 안전과 안보를 고려해 이용할 운송 수단과 경로를 선택하게 되며, 공급자 입장에서는 물량이 확보되지 않으면 빈번하고 시간이 예측 가능한 신뢰할 수 있는 운송 서비스를 제공하기 어렵다. 셋째, 법적 틀(framework)은 국제 육상 운송이 주권과 내정 불간섭 문제를 야기하게 된다는 점에서 경유국의 인프라, 인프라 역량, 디자인 기준, 통제 시스템 등에 대한 정부 간 합의를 의미한다. 넷째, 조정 · 제도적 구조는 경로국을 포함해 육상 운송 회랑의 인프라가 위치한 국가가 참여하는 하위 지역별 합의나 모자이크식으로 구성된 회랑의 경우 각각의 조정 · 규율을 갖춘 일련의 합의를 의미한다. 다섯째, 리더십 요인은 회랑의 성공적 운영에 최고위 리더십의 역할이 중요함을 말한다. 다만 동 보고서는 정치적 의지와 행정적 능력이 일치하는 것은 아님을 지적하고 있다. 여섯째, 성공적 회랑을 위한 자원은 재정기구와 펀딩 메카니즘의 발전, ICT(네트워크 하드웨어와 소프트웨어)를 포함한 기술, 그리고 인적 자원 등을 의미한다. 일곱째, 이해관계자는 이들이 운송 회랑의 발전으로 이익을 얻거나 영향을 받으며, 회랑 운영을 방해하는 쟁점들에 대한 이해가 있어야 하며, 회랑의 인프라와 서비스 제공에 기여할 수 있어야 한다. 끝으로 전체 회랑의 효율성을 유지 · 제고하기 위해서는 전체 회랑의 효율성에 부정적 영향을 주는 각각의 비효율적인

링크와 노드를 발견할 수 있는 모니터링 시스템이 필요하다.[3]

이러한 상황에서 'TKR 프로젝트'는 물류 운송비 절감을 위해 '남북한, 러시아, 중국을 연결해 동북아에서 유럽으로 물류 운송을 연결하는 사업으로 이해되고 있다:

한반도 종단 철도 프로젝트는 남북한 철도 인프라를 연결하고, 철도 화물이 남북한, 러시아, 중국을 통해 운송하기 위한 사업이다. 이를 통해 동아시아에서 유럽까지의 화물 운송 시간을 반으로 단축함으로써 상당한 운송 경비를 절감할 수 있을 것으로 기대되고 있다(Ko 2015).

남북한 철도 연결은 한국전쟁 당시인 1951년 6월 12일을 끝으로 운행이 중단되었으며(진장원 · 권태호 2015, 121), 2000년 6월의 6.15 남북공동선언을 통해 본격적으로 논의되기 시작하였다. 2002년 8월 남북한은 2차 남북 경제협력추진위원회에서 경의선과 동해선 철도 연결에 합의했으며, 이후 TSR-TRK 연결 논의는 경원선, 금강산선 복원 · 연결 사업과 나진-하산을 연결하는 프로젝트 등으로 발전하고 있다. 첫째, 경의선 복원 사업은 2000년 9월에 시작해 2001년 12월 비무장지대 남측 구간 완공에 이어 2002년 12월 남북 구간이 연결되었으며, 2003년 6월 연결 행사가 개최되었다. 둘째, 동해선은 제진에서 군사분계선까지 9km를 구축하고 2007년 5월 금강

3 UN ESCAP 방콕회의에 보고된 내용에 대해서는 "Developing Coordination/ Institutional Arrangements for the Management of Intermodal Transport Corridors in the ESCAP Region," in https://www.unescap.org/sites/default/files/4%20ESCAP-Report%20of%20the%20study%20on%20the%20comparison-JRM.pdf (검색일: 2019.7.15) 참조.

산역–제진역 25.5km 구간에서 시범 운행을 진행하였으나, 북한의 '12.1조치'에 따라 2008년 11월 단절되었다. 동해선은 제진–(간성)–강릉–속초–양양–주문진–강릉–동해–삼척–영덕–포항 등을 연결할 예정이다. 이 가운데 제진–강릉 구간은 간성–강릉의 110.2km가 미연결 상태이며, 강릉–삼척 구간은 현재 운행 중인 구간이다. 이 외에 삼척–영덕–포항 구간은 2009년 착공 2020년 완공을 목표로 168.5km 구간을 연결 중이다. 국토부는 2019년 7월 4,875억 원을 투입해 2022년까지 동해선(포항–동해) 전 구간을 전철화하는 계획을 발표하였다(머니투데이 2019/7/22). 셋째, 경원선의 복원 · 연결 문제는 경의선에 비해 다소 완만하게 이루어지고 있다. 경원선 남측 구간은 2012년 11월 신탄리–백마고지 구간(5.6km)이 복원되었으며, 백마고지–군사분계선 구간(11.7km) 가운데 1단계 구간인 백마고지–월정리역 구간(9.3km)을 2015년 8월 착공하였다. 경원선 연결을 위한 2단계인 월정리역–군사분계선 구간(2.4km)은 북한과 협의

표 2.1_ 남북한 철도 연결 현황

노선	구간	내용	예산
경의선	문산–군사분계선(12km), 단선	2003.6.14 개통	903억 원
동해선	제진–군사분계선(9km), 단선	2004.4 군사분계선 통과 선로 복원 2007.5.17 개통 2008.11.28 단절	795억 원
경원선	신탄리–군사분계선	신탄리–백마고지 구간 2012.11.20 개통 2015.2.16 타당성 연구 개시 2015.8 백마고지–월정리역 구간 착공	–
금강산선	철원–군사분계선	2015.2.16 타당성 연구 개시	–

가 필요하며, 1, 2단계 연결에 총 1,508억 원의 예산이 투입될 예정이다(연합뉴스 2015/8/5). 끝으로 금강산철도 연결은 남측의 철원과 군사분계선 복원이 이루어져야 하지만 경원선과 유사하게 완만하게 논의가 이루어지고 있다. 금강산철도에 대한 관심은 오히려 북측에서 더 많이 보이고 있는 듯하다. 북한은 원산–금강산철도(118km) 보수와 기관차 · 객차를 들여오는 사업에 3억2천만 달러(약 3천600억 원) 상당의 외자 유치를 추진하고 있다. 북한은 이에 대한 반대급부로 30년간 철도 사업 운영권을 제공하려는 것으로 알려지고 있다(연합뉴스 2018/12/23).

남북한 철도 연결 사업은 2018년 문재인 정부하에서도 지속되고 있다. 2018년 4월 27일 채택된 '한반도의 평화와 번영, 통일을 위한 판문점 선언'(이하 판문점 선언)의 1조 6항에 동해선과 경의선 철도 및 도로의 연결이 포함됨에 따라 북한 철도에 대한 남북한 공동 조사가 진행되었다(경향신문 2018/4/27). 이어 2018년 6월에 진행된 남북 고위급회담 철도협력분과회담에서 남북한은 경의선 · 동해선 철도 현대화 선행 사업으로 남북 철도 연결 및 현대화를 위한 공동 연구 조사단 구성과 북측 구간(개성–신의주, 금강산–두만강)에 대한 현지 공동 조사 실시에 합의하였다(경향신문 2018/4/27). 공동조사는 2018년 7월 24일부터 경의선 철도 연결 구간(문산–개성)과 동해선 철도 연결 구간(제진–금강산)에 대해 공동 점검을 진행하고, 그 결과를 토대로 신호 · 통신 개설 등 후속 조치를 추진하기로 하였다.[4] 또한 2018

---

4 통일부, "보도자료: 「남북철도협력 분과회담」 결과," 2018/6/26, in https://www.unikorea.go.kr/unikorea/news/release/?boardId=bbs_0000000000000004&mode=view&cntId=54441 (검색일: 2019.7.15)

년 9월 19일 남북 정상회담에서 채택된 6개 항의 평양공동선언문에서 남북한은"금년 내 동, 서해선 철도 및 도로 연결을 위한 착공식"을 갖고(제2조 1항), "조건이 마련되는 데 따라 개성공단과 금강산 관광 사업을 우선 정상화하고, 서해경제공동특구 및 동해관광공동특구를 조성하는 문제를 협의"하기로 하였다(경향신문 2018/09/19). 이에 따라 경의선과 동해선 철도 북측 구간에 대한 남북한 공동 조사(2018.11.30~12.17)가 진행되었다.[5]

남북한 철도 연결은 중국 및 러시아의 철도와 연결되면서 TAR과 연결되고 있다. 러시아와 북한은 2002년 하바로프스크(Khabarovsk)시에서 철도전문가회의를 개최하고 경의선 철도 운영과 TSR과의 연결 문제를 논의하였다. 이와 관련해 포포프(Viktor Popov) 러시아 동부철도청장은 우수리스크(Ussuriisk)에서 하산(Khasan)역까지의 구간(240km)을 보수하기로 했다고 언급하기도 했다(이옥남 2012, 61; 연합뉴스 2002/9/30). 북러 간의 철도 협력은 2008년부터 나진-하산 간 철도 구간(54km)에 대한 개보수로 이어졌으며, 2011년 10월 동 구간에서 시범 열차가 운행되었다.[6] 이 구간의 사업비는 2억5천만 달러(약 3천억 원)로 러시아가 대부분 담당한 것으로 보이며, 러시아식 광궤(1,520mm)와 한반도식 표준궤(1,435mm)를 모두 새로 부설한 복합궤로 시속 60~70km의 속도가 가능한 것으로 발표되었다(연합뉴스 2011/10/14). 북러 간 나진-하산 구간의 철도는 2013년 9월에 다시

5 경의선 철도에 대한 남북한 공동조사는 2007년에도 진행되었었지만, 동해선 철도에 대한 공동 조사는 처음으로 진행되었다(경향신문 2018/12/28).

6 동 구간은 2013년 9월 22일 공식 개통되었다.

보수되었다. 특히 러시아는 2014년 10월 TSR–TKR 연결에 관심을 가지고 3,500km에 달하는 북한 철도 현대화를 위한 북러 간 250억 달러 규모의 협력안에 합의했으며, 2015년 2월 남양–온성–나진 구간(150km)의 현대화에도 합의하였다. 이러한 철도 연결 노력과 함께 한국은 2018년 6월 유라시아 국가들이 주축이 되어 설립되었던 국제철도협력기구(OSJD: Organization for Cooperation of Railways)에 정식 회원국으로 가입하였으며, 이를 통해 유라시아 철도 연결국들과의 협력을 모색할 수 있게 되었다.[7]

3.
TSR–TKR 연결의 관련국 입장

1. 러시아

TSR–TKR 연결에 가장 많은 관심을 보이고 있는 나라는 러시아라고 할 수 있다. 러시아는 TSR–TKR의 연결을 시베리아/극동 지역 개발에 필요한 아태 지역 경제로의 접근과 통합, 운송 물량 증가에 따른 경제적 이익 확보, 그리고 보다 넓게는 러시아 운송 체제의 현

7 OSJD는 1956년 6월 사회주의 국가들의 철도운송관련 장관회의에서 출발한 조직으로 1990년 13개 회원국이었으나 1995~1997년 사이에 코카서스지역 국가들과 중앙아시아 일부 국가가 가입해 총 24개국으로 증가되었다. 1997년에는 이란, 독일, 프랑스, 그리스, 핀란드와 17개 상업적 단체들이 가입했으며, 한국은 2004년 준회원국으로 가입해 2005년 정회원 지위를 신청했으나 북한의 거부권 행사로 정회원 자격을 얻는 데 실패했었다. https://en.wikipedia.org/wiki/Organization_for_Cooperation_of_Railways (검색일: 2019/7/12).

대화를 통한 유럽과 아시아를 연결하는 회랑으로서의 러시아의 지리적 이점 극대화의 기반으로 이해하고 있다.

첫째, 무엇보다 러시아는 시베리아/극동 지역의 개발과 확대되고 있는 동아시아 경제와 연결되는 것에 큰 의미를 두고 있다. 이는 고르바초프 이후 러시아가 '유라시아 국가'임을 강조해온 데에서도 알 수 있다. 그러나 러시아에게 있어 시베리아/극동 지역의 개발은 자원 개발과 지역 안정을 위해 필수적이면서도 경제적으로는 선뜻 투자 우선순위를 부여하기 어려운 지역이다. 러시아 극동 지역은 혹독한 자연 환경과 적은 인구로 만성적인 노동력 부족을 겪어왔으며, 1km²당 1명에 불과한 인구 밀도를 고려할 때 효율적인 사회간접자본 투자가 어려운 지역이다. 자원 개발에도 불구하고 시베리아/극

표 2.2_ 러시아 극동 지역의 인구 변화(단위: 1천 명)

	연방		극동		
	총인구	증감	총인구	증감	총인구 비율 (%)
1990	147,665	–	8,045	–	5.4
1995	148,460	795	7,518	–527	5.1
2000	146,890	–1,570	6,913	–605	4.7
2005	143,519	–3,371	6,499	–414	4.5
2010	142,850	–669	6,302	–197	4.4
2015	146,406	3,557	6,203	–99	4.2
2016	146,675	269	6,189	–14	4.2
2017	146,842	168	6,174	–15	4.2

출처: Rosstat, Ezhegodnik 2005, 82–83; Rosstat, Regiony Rossi: Sotsialno–ekonmicheskie pokazateli 2018, 43–44에 기초해 작성

동 지역 내 사회간접자본에 대한 투자 부족은 소비에트 시기 이전부터 이미 '국내 식민지'라는 자조적인 인식을 만들어왔으며, 극동 지역 인구 유출을 촉발함으로써 만성적 노동력 부족 현상을 악화시켜왔다(김성진 2001).

이러한 상황에서 러시아의 경우 TSR–TKR의 연결과 TAR로의 연결은 유럽과 아시아를 잇는 운송 네트워크의 중심을 차지함으로써 경제적 파급 효과와 지역 발전을 꾀할 수 있을 뿐 아니라, 가스 · 송유관 네트워크의 발전과 함께 동북아의 물류 · 자원 네트워크의 중심으로 발전할 수 있는 원동력을 얻는 것이라 할 수 있다. 러시아의 이러한 인식은 2015년 9월 블라디보스톡에서 개최된 제1차 동방경제포럼에서 행한 푸틴 대통령의 연설에서도 잘 나타난다. 푸틴 대통령은 극동 지역이 러시아 전체의 사회 · 발전을 위한 주요 중심지 가운데 하나이며, 아태 지역에의 통합 필요성을 강조하였다:

> 극동 지역에서 우리의 최우선적 고려는 경제적 자유를 확대함으로써 투자가들에게 보다 나은 비즈니스 환경을 제공하고, 이를 통해 효율적인 자본의 흐름이 이루어져 러시아 극동 지역이 세계의 다른 비즈니스 중심지들과 성공적으로 경쟁할 수 있도록 하는 것이다. … 오늘날 극동 지역의 미래는 러시아의 사회 · 경제적 발전을 위한 핵심적인 중심지 가운데 하나이며, 빠르게 발전하고 있는 아태 지역에 효과적으로 통합되어야 하는 곳이기도 하다(Siberian Times 2015/9/4).

이에 따라 러시아는 남북한 및 일본 등과 접촉해 TSR과의 연결을 통한 유럽으로의 육상 운송 체제 구축을 위해 노력해왔다. 푸틴 대통령은 2001년 2월 김대중 대통령과의 정상회담을 통해 철도 연결을 위한 양국 간 협력과 이를 위한 한러 교통협력위원회 설치에 합의하였다. 이와 함께 2001년 8월 러시아는 김정일 북한 국방위원장의 모스크바 방문으로 진행된 양국 정상회담 이후 '모스크바공동선언'을 통해 북러 철도 연결에 합의했으며, 이에 따라 양국 철도부 간 협력 협정이 체결되었다.[8] 동 협정은 하산–두만강–원산–평강 등 경원선 북쪽 구간과 러시아를 연결하는 철도 노선에 광궤 철도를 부설하기 위한 것이며, 이를 위해 2001년 9월 러시아 기술진이 북한 철도 기반 시설 조사를 진행하였다. 발리킨 러시아 철도부 국제협력 국장에 따르면 북한 철도 개선 사업은 차관 형식으로 러시아가 투자하며, 북한은 TSR–TKR 연결로 통과비와 약 1천km의 철도 현대화를 달성하고 한국은 컨테이너당 300달러 정도의 운송비 절감과 12일 정도의 운송 기간을 단축할 수 있을 것이라고 언급하였다. 그는 무엇보다 TSR–TKR 연결이 남북한 화해에 중요한 역할을 하며, 유럽과의 연결뿐만 아니라 시베리아로부터 많은 자원을 받을 수 있게 될 것이라고 언급하였다(한겨레신문 2001/09/29).

러시아는 2003년 10년 한러 정상회담에서 한러 철도 관계자 회의를 제안하였고, 이에 대해 한국은 남북러 3국의 철도 전문가 회의를 제안해 2004년 4월 모스크바에서 남북러 3국의 철도 전문가 회의가

---

8 동 협정에 따르면 TSR과 북한의 평양–원산–두만강의 총 연장 930km를 연결하며, 러시아는 북한 철도의 현대화와 운영, 철도 기술자 양성 등에 참여하게 되었다(한겨레신문 2001/8/15).

개최되었다. 2004년 7월에는 북러 철도 협력 합의가 이루어졌으며, 2004년 9월 노무현 대통령의 러시아 방문, 2005년 11월 푸틴 대통령의 방한, 그리고 2006년 3월 3국 철도 전문가 회의를 거쳐 2006년 5월 경의선 · 동해선 시운전이 이루어졌다(진장원 · 권태호 2015, 122). 2006년 3월 철도 전문가 회의는 TKR–TSR 연계 운행을 위한 한–러시아 철도 협력 구축 MOU 체결을 위해 역시 러시아의 요청으로 개최되었으며,[9] 이러한 일련의 과정은 러시아의 TSR–TKR 연결에 대한 적극성을 보여주고 있다.

둘째, TSR의 현대화와 TSR–TKR 연결은 아태 경제의 성장에 따른 물동량 증가와 유럽–아시아의 교류에서 통과 화물 운송을 통해 유럽, 아시아 경제 발전과 교류의 이익을 나눌 수 있다. 러시아철도의 야쿠닌(Vladimir Yakunin) 사장은 2008년 TSR–TKR을 연결할 경우 한국의 TSR 운송 예상 물동량을 약 3~4천만 톤으로 예상할 때 2010년까지 약 150억 달러의 수익을 거둘 수 있을 것으로 전망하기도 하였다(성원용 2011, 54).

셋째, 무엇보다 러시아는 TSR–TKR 연결을 러시아 철도의 현대화와 네트워크 확장을 통해 유럽과 아시아 경제를 연결하는 유라시아 회랑으로서의 위상을 정립하고자 하고 있다. 러시아는 2008년 6월에 승인된 '2030년까지의 러시아 철도 발전 전략'(Strategy for the Development of Rail Transport in the Russian Federation upto 2030, 이

9 이철 전한국철도공사사장 인터뷰, 프레시안 2016/10/19, http://www.pressian.com/news/article/?no=142855#09T0 (검색일: 2019/7/15)

하 '철도발전전략 2030')을 통해 철도 현대화와 철도 연결을 위한 장기 계획을 발표하였다. 이 전략은 2030년까지 1단계의 현대화 단계(2008~2015)와 2단계 확대 단계(2016~2030)의 두 단계로 나누어 철도 현대화와 추가 건설, 그리고 간접 시설이 필요한 새로운 경제 성장 지역을 대상으로 하는 최소형(16,017kim 연장) 혹은 최대형(20,730km)의 철도망 확대를 내용으로 하고 있다. 최소 전략은 모스크바–상트 페테르부르크 구간의 고속 열차를 포함해 전략적으로 중요한 지역을 연결하는 새로운 철도 부설을 포함하고 있다. 최대 전략의 경우는 전체 철도 운송의 병목 현상을 해소할 수 있는 현대화된 간접 시설 건설, 새로운 자원 개발 지역 연결 등을 목적으로 하며, 시베리아 마가단(Magadan) 주에 이르는 철도의 건설을 통해 그동안 오지로 남아 있던 북동부 지역을 연결하는 철도 건설이 포함되어 있다.[10] '철도발전전략 2030'은 계획된 최소형 모델을 달성하는 데 1단계(2008~2015) 5조 1,195억 루블과 2단계(2016~2030) 6조 3,283억 루블 등 총 11조 4,478억 루블이 소요될 것이라고 추산하고 있다. 또한 최대형 모델로 사업을 추진할 경우 총예산은 13조 8,124억 루블에 달할 것으로 추산하였다.[11]

'철도발전전략 2030'은 모스크바를 중심으로 인접 주요 지역의 고속 철도 사업과 함께 TSR 현대화 사업을 강조하고 있으며, 고속 컨

10 Russian Railways, "Development Strategy of Russian Railways holding for the Period until 2030 (general),"in http://eng.rzd.ru/statice/public/en?STRUCTURE_ID=7 (검색일: 2019.7.15)

11 이 예산은 2007년 1월 가격이며, 토지매입비용 및 부가가치세는 포함하지 않은 것이다. Russian Railways 자료.

그림 2.2_ 러시아 철도 현대화 계획 2030

출처: 러시아철도, http://eng.rzd.ru/statice/public/en?STRUCTURE_ID=7 (검색일: 2019/7/15)

테이너 열차를 통해 태평양에서 서부 국경까지 운송을 7~11일(하루 약 1천km 이동)로 단축하고 연간 250,000~400,000 TEU로 운송 능력을 확대할 것이라고 언급하고 있다. 또한 동 전략은 TKR에 연결 사업에 대해 언급하고 있으며, 나진의 컨테이너 터미널 건설과 두만강에서 나진까지 북한 철도 건설 사업에 대해서도 언급하고 있다. 동 전략은 이러한 사업의 결과 철도 네트워크 확대, 화물 운송 능력 증가, 고속 프레미엄 운송 서비스 제공 등으로 러시아는 대륙을 연결하는 랜드브리지의 잠재력을 충분히 실현할 수 있을 것이며, 러시아 철도 이용 기업의 경쟁력 제고에 기여하게 될 것이라고 지적하고 있다:

철도발전전략의 시행은 러시아의 국가 운송 목표를 달성하는 데 도움이 될 것이다. 확대된 사회 간접 자본은 국가의 영토적 통합성 확보, 지역 간 불균형 감소, 그리고 러시아 경제 성장에 우호적인 조건을 창출하게 될 것이다. 최대 시나리오를 보면 러시아 철도 네트워크는 24% 성장하게 될 것이며, 2030년까지 일반 철도 이용자를 위한 서비스가 83개 연방 주체 가운데 80개 연방 주체에서 가용해질 것이다. … 러시아철도는 대륙 간 랜드브리지로서의 러시아의 독특한 지리적 위치를 동력화하고자 한다. 근거리 통과 운송은 운송량의 약 60%를 차지하게 될 것이다. 화물 열차의 평균 속도는 23% 이상 증가하게 될 것이며, 프레미엄 컨테이너 열차 서비스는 3.5배 정도 빨라질 것이다. 속도 증가와 화물 운송의 신뢰도 증가는 제조업체의 비용을 절감해줄 것이며, 러시아 생산물의 가격을 낮추어 경쟁력을 높여줄 것이다.

여행객의 관점에서 본다면, 철도발전전략은 러시아 시민들의 국내 여행 가능성을 상당히 개선해줄 것이다. 기차 여행은 세계적 수준의 서비스가 될 것이며, 승객은 약 33% 증가될 것이다. 장거리 열차의 경우 주요 구간의 평균 속도는 시속 72km가 될 것이며, 시속 160~200km에 달하는 구간은 기존 650km에서 10,917km로 약 17배나 늘어나게 될 것이다. 전략대로 잘 추진된다면 러시아철도는 2030년까지는 1,500km의 구간에서 시속 350km의 열차 서비스를 제공할 수 있게 될 것이다.[12]

12 Russian Railways 자료.

특히 러시아는 2013년 5월부터 모스크바까지 9,300km에 달하는 TSR의 화물 운송 기간을 현행 11일에서 7일까지 단축하기 위한 'TSR 7일(TSR in 7 Days)' 프로젝트를 진행하고 있다(Tsuji 2013, 140). 러시아의 이러한 장기 전략은 철도 현대화와 모스크바와 러시아 내 주요 지역의 연결은 물론, 유럽과 아시아를 연결하는 철도 네트워크 구축에 대한 러시아 정부의 관심을 잘 보여주고 있다.

2. 북한

북한은 여객과 화물 운송에서 철도 의존도가 높지만 상대적으로 철도 시설은 매우 낙후되어 있는 것으로 평가되고 있다. 북한 철도는 여객 수송의 약 60%와 화물 운송의 약 90%를 담당하고 있다(신장철 2016, 25). 북한 철도는 총 연장 5,302km(2014년 기준)로 서부(평의선, 평부선), 동부(평라선, 금강산청년선, 함북선), 동서 노선(청년이천선, 평라선), 내륙 노선(반포선, 백두산 청년선)이 대표적이며(신장철 2016, 25), 서안 축, 동해안 축, 동서 횡단 축의 H자형을 보여주고 있다(이현아 외 2016, 668).

북한은 1차 7개년 계획 기간(1961~1970) 및 2차 7개년 계획 기간(1971~1976) 동안 주요 간선을 정비하고 전철화했으며, 이후에도 2000년까지 거의 1,000km에 달하는 철도를 건설했다.[13] 그러나 북한은 1990년대 이후 경제난이 심각해지면서 전력난과 부품 조달의 한계, 그리고 레일과 침목 등의 유지 보수에 어려움을 겪으면서 실

13 북한 철도의 신설, 복구, 복선화, 전철화 등에 대해서는 김두얼(2017) 참조.

표 2.3_ 북한 철도 3대 축 및 철도망

교통축	노선	구간	연장(km)	비고
서해안 축	경의선	개성-신의주	411.3	평의선, 평부선
	황해청년선	사리원-해주	100.3	1982년 전구간 전철화
	평남선	평양-평남온천	89.6	
	평덕선	대동강-덕천-구장청년	192.3	
	평북선	정주-청수	120.7	
	만포선	순천-만포국경	303.4	
동서 횡단 축	평원선	평양-고원	212.7	
	청년이천선	평산-세포청년	140.9	구 지하리선
	혜산만포청년선	혜산-만포국경	250.2	
	금강산청년선	안변-금강산	102.5	1997년 개통
동해안 축	평나선	간리-나진	781.1	전철화
	강원선	고원-평강	145.1	
	신흥선	함흥-부전	91.5	1992년 전철화
	허천선	단천-흥군	80.3	
	금골선	여해진-금골	63.4	구 함남선
	백두산청년선	길주-혜산	141.6	구 길혜선
	함북선	반죽-회령-나진	326.9	무산광산 철광수송용
	무산선	고무산-무산	57.9	

출처: 이현아 외 2016, 670.

질적인 운영에 어려움을 겪고 있는 것으로 알려지고 있다(이현아 외 2016, 669).[14]

14 이에 대해서는 애초에 근대적 경제 발전 전략을 취하지 않았으며, 군 단위 자립 경제 노선 추구와 통제를 위해 주민들의 지리적 이동을 최소화시키기 위해 교통망 건설에 적극적이지 않았다는 주장도 있다(김두얼 2017).

이러한 상황에서 TSR과의 연결 및 러시아의 적극적인 태도는 북한에게도 새로운 기회가 되고 있다. 북한은 2000년 2월 '조러 친선, 선린 및 협조에 관한 조약' 체결로 북러 간 기본 관계를 재정립한 이후 2000년 7월 푸틴 대통령 방북과 2001년 8월 김정일 국방위원장 방러 시 채택한 모스크바공동선언을 통해 양국 간 협력 관계를 과시하였다. 특히 북한은 모스크바공동선언을 통해 러시아와의 철도 연결 사업이 '본격적인 실현 단계'에 돌입했다고 선언한 이후 2001년 8월 러시아와 철도 협정을 체결하고, 하산과 경원선 북쪽 구간에 광궤 부설 연결에 합의하였다. 이에 따라 2001년 9월 러시아 철도 전문가들이 북한의 횡단 철도 조사를 시작하였다. 2002년 1월의 신년 공동 사설에서 철도 운수 분야의 중요성을 강조하고, 김정일 북한 국방위원장의 2002년 첫 공식 활동이 김종태전기기관차 공장 현지지도(2002/1/5)라는 점도 북한의 철도 사업에 대한 관심을 보여주는 것으로 보도되었다(한겨레신문 2002/1/11). 이어 북한은 2002년 9월 남북한과 러시아 간 TSR과의 연결 문제를 논의하기 위한 남북한과 러시아 철도장관 회담을 제의하기도 하였다(한겨레신문 2002/9/19). 북한의 이러한 태도는 북러 회담 과정에서 반복되었으며, 김용삼 북한 철도상은 방북한 파데예프 러시아 철도장관을 만나 북한은 TSR−TKR 연결을 위해 남북한 및 러시아 간 3자 회담을 지지하고 있다고 밝힌 것으로 알려졌다(한겨레신문 2002/10/31).

북한의 철도 현대화에 대한 관심은 '유훈 사업'의 일환이며 현재 주로 북러 경제협력 차원에서 진행되고 있으나, 보다 본질적으로는 사회 간접 자본 현대화라고 하는 오랜 숙원 사업의 한 축에서 이루어지고 있는 것으로 보인다.

3. 한국

1951년 한국전쟁 중에 남북한 연결 철도가 단절된 이후 냉전 상황에서 한반도 종단 철도를 연결하려는 논의는 현실성을 갖기 어려웠다. 그러나 변화하는 국제 정세 속에서 노태우 정부하에서 북방 정책을 추진하면서 1990년 9월 한러 수교, 1991년 9월 남북한 UN 동시 가입, 그리고 1992년 8월 한중 수교가 이루어졌다. 이러한 변화 속에서 한러 양국은 1991년 10월 철도협력의정서를 체결하고 TSR을 통한 화물 및 승객 운송에 필요한 조치를 취하는 데 합의하였다(성원용 2011, 54–55). 그러나 북핵 위기와 함께 남북한 관계는 경색되었으며, 이러한 경색 국면은 김영삼 정부에서도 지속되었다. 남북한 관계의 변화와 TSR–TKR 연결 논의는 김대중 정부에 이르러 가시화되었다. 대체로 한국에서의 TSR–TKR 연결 논의는 수출입 물량의 증가에 다른 운송료 절감의 필요라는 경제적 요인과 함께 TKR의 연결을 통해 남북한 관계의 돌파구를 마련하고 북한의 변화를 촉진해 평화 공존과 나아가 통일의 기반을 마련해보려는 정치적 요인이 작용하고 있다.

2000년 6월 남북정상회담에서 TSR 연결 문제가 합의되면서 서울–개성–이천–원산–함흥–청진–나진–하산–블라디보스톡으로 이어지는 노선이 고려되었으며, 2000년 7월 제1차 남북장관급회담에서 남북한은 경의선 철도 연결에 합의하였다. 노무현 정부하에서 진행된 동북아 평화 번영 정책을 통해서도 TSR–TKR 논의는 지속되었으나, 이명박 대통령 집권 후, 2008년 7월 금강산 관광객 피격 사건과 이후 한국 측의 대응을 빌미로 2008년 11월 북한은 육로 통행 제한 및 개성공단 상주 인력 감축 조치를 담은 '12.1조치'를 통해 육로 연결을 차단하면서 철도 연결 문제는 교착 상태에 놓이게 되었다. 이후 철도 연결 문제는 이명박 정부나 박근혜 정부하에서 큰 진척을 보이지 못했다. 박근혜 정부는 2013년 10월 유라시아 이니셔티브를 통해 유라시아 대륙을 연결하는 유라시아 실크로드 익스프레스 안을 제시하였다. 이는 남북한, 러시아, 중국, 중앙아시아, 그리고 유럽을 연결하는 구간으로 역내 전력망과 송유관 연결뿐만 아니라 북한 철도 개보수와 한반도 철도의 TSR과 중국횡단철도(TCR: Trans-China Railways) 연결을 포함하고 있었다(이현아 외 2016, 676). 실크로드 익스프레스 사업은 '동북아 평화 협력 구상의 로드맵'틀에서 진행되며, 한국이 '대륙의 섬'이 아닌 대륙 및 해양 국가로 전환되는 사업이며, 해양과 대륙을 연결하는 지경학적 이점으로 한국의 역할이 증대된다고 언급되었다(안병민 2015 참조). 그러나 남북한 관계의 경색으로 박근혜 정부 시기의 실크로드 익스프레스안은 TRK 연결부터 난관에 봉착하였다.

한국의 TSR-TKR 연결에 대한 입장은 문재인 정부의 신북방정책을 통해 다시 시도되고 있다. 신북방정책은 이전에 추진되어온 북방정책의 한계를 극복하고자 하고 있으며, 해양과 대륙에 대한 정책의 복합성, 유라시아 지역 전체를 대상으로 하는 지리적 포괄성, 관련 정책 조율을 위한 콘트롤타워 구축 등 이전의 북방 정책과 차별성이 있는 것으로 분석되고 있다:

> 문재인 정부가 표방하는 신북방정책은 아래와 같은 점에서 과거의 북방 정책과 차별성을 가진다. 첫째, 신북방정책이 신남방정책과 동시에 추진된다. 신북방정책은 대륙과의 연결을, 신남방정책은 해양과의 연결을 모색함으로써, 한국을 해양과 대륙으로 연결된 복합 국가로 만들고자 한다. 둘째, 과거의 북방 정책이 일부 국가 중심이었다면, 신북방정책은 협력 대상 지역인 유라시아를 동북권(러시아 극동 및 중국), 중부권(중앙아, 몽골), 서부권(러시아 서부, 우크라이나, 벨라루스) 등 3대 권역으로 나누어, 권역별 협력을 한 후 궁극적으로는 유라시아 대륙에 대한 포괄적 협력이 가능하도록 하겠다는 계획이다. … 한국과 러시아 극동 지역과의 협력에서는 9-Bridge 전략(조선, 항만, 북극 항로, 가스, 철도, 전력, 일자리, 농업, 수산)을 추진한다. … 셋째, 과거의 협력 사업이 소관 부처별로 분리 추진됨으로써 종합적이고 일관성 있는 정책 실행이 어려웠다는 지적에 따라 신북방정책에서는 북방경제협력위원회를 설치하여 각 부처가 유기적으로 협력할 수 있는 추진 체계를 구축하였다. 대통령 직속하의 북방경제협력위원회는 컨트롤 타워로서 정책을 입안하고 추진하는 책임을 맡으며, 유라시아 협력 국가와 고위급 상시 채널을 가동할 계획인데, 러시아의 경우에는 극동개발부와 MOU를 체결하는 등 적극 협력할 계획이다(고상두 2018, 4-5).

문재인 정부의 신북방정책은 '9 브리지 전략', 3대 권역(유라시아의 동부, 중부, 서부 권역) 차별화 전략, 경제 협력 확대를 위한 제도 · 금융 기반 구축, 정부 · 민간 차원의 다양한 교류 협력 추진, 기업 애로 사항 해소 지원 등의 5대 추진 방향을 가지고 있다(황진회 2019, 9). 특히 신북방 사업의 '9 브리지 전략'은 TSR–TKR 연결의 철도 부문, 북극 항로, 가스와 전력 연결, 농수산업 분야와 조선·항만 분야 협력, 산업단지 조성 등을 내용으로 하고 있다(황진회 2019, 10). 이러한 맥락에서 문재인 대통령과 김정은 북한 국무위원장은 2018년 4월 판문점 선언을 통해 민족 경제의 균형적 발전과 공동 번영을 위해 동해선·경의선 철도와 도로들을 연결하고 현대화하는 문제에 합의하였다(아시아경제 2019/6/7). 대체로 이들 사안은 경제 협력에 초점이 맞추어져 있으나 기본적으로는 남북한 평화 공존을 전제로 하고 있다.

이러한 입장은 우리의 경우 철도 연결이 통일이라는 러시아보다 큰 이해관계가 있는 사안이라는 이철 선 코레일공사 사장의 인터뷰를 통해서도 잘 드러나고 있다:

> 러시아는 극동 개발에 집중하고 있었다. 블라디보스톡 등 지역의 안전과 발전이 국가적 목표였던 듯하다. 연해주의 발전과 인구 증가는 중요한 일이었다. 이는 국가 안보에도 중요했다. 그리고 두 번째로는 캄차카 반도나 연해주 주변에 천연자원이 많았다. 이를 가져갈 곳은 태평양 지역에 한국과 일본 외에는 없다고 생각했다. TSR과 TKR이 연결되면 이를 손쉽게 운반할 수 있으니 경제적 이득이 상당하리라 예상하고 있었다. 우리로서도 남북 평화 공존과 공영, 더 나아가 통일이라는 러시아보다 더 큰 이해관계가 달려있다(프레시안 2016/10/19).

이러한 인식은 여러 다른 연구에서도 공통적으로 나타나는 인식이며, 철도 연결 사업은 한반도 긴장을 해소하고 평화통일을 앞당기며, 북한을 국제 사회의 일원으로 공조할 수 있는 동기부여가 되고, 북한 경제 부흥과 통일 비용 절약의 효과가 있다고 강조되기도 한다(신장철 2016, 18, 32). 특히 많은 연구자들은 KSR-TKR 연결은 남북 경제협력 활성, 한반도 경제 건설, 그리고 나아가 동북아 경제 공동체 건설 등에 커다란 역할을 하는 것이며, 궁극적으로 '실현될 수밖에 없는 사업'으로 인식하고 있기도 하다(성원용 2011, 71).

4.
TSR-TKR 연결의 주요 쟁점과 과제

1. 경쟁력

여전히 수요와 공급을 포함해 많은 변수들이 정해지지 않은 상태에서 경제성을 판단하기란 쉽지 않다. 그럼에도 불구하고 대체로 TSR-TKR 연결을 통한 물류 운송에는 경제적 타당성을 부여하고 있는 것으로 보인다. 일반적으로 철도 운송은 항공 운송과 해상 운송 사이의 효율성을 가지고 있는 것으로 평가된다.

러시아철도는 해상 운송과 비교할 때 TSR의 장점에 대해 2배 이상 빠른 운송(중국-핀란드 운송 시 TSR 10일, 해상 운송 28일), 90%의 구간이 러시아를 통과하는 낮은 정치적 위험성, 화물 환적의 최소화를 통한 비용 절감과 화물 파손 위험 감소, 독점에 가까운 해운업체

표 2.4_ 운송 수단의 경쟁력 비교

구분	철도	도로	해운	항공
신속성	3	2	4	1
빈도성	3	1	4	2
정확성	2	1	3	4
대량성	2	3	1	4
가용성	2	1	4	3

출처: 안병민 2015, 143.

의 운송 구성 요소(transport component) 감소에 대한 대안 등을 지적하고 있다.[15]

TSR은 운송 기간 면에서는 해상 운송에 비해 우위를 점하고 있다. 부산-핀란드 운송 시 해상 운송은 약 30일이 소요되는 반면 철도 운송은 16~22일이 소요되는 것으로 분석되고 있다. 그러나 이러한 단편적인 철도 운송의 경쟁력은 운송비와 함께 통관 절차와 안전성 등 다양한 요인에 영향을 받는다. 첫째 이미 많은 연구자들이 지적하고 있는 것처럼 TSR의 운송비는 2006년 큰 폭으로 인상되었다. TSR 운송비 증가에 따라 부산-핀란드 TSR 운송비는 해상 운송비에 비해 40% 가까이 비싸게 되었으며, 운송 물량이 해상 운송으로 옮아가는 결과를 초래하였다.

물론 이러한 변화는 해상 운송 등 대체 운송 수단의 비용 변화에

15 http://eng.rzd.ru/statice/public/en?STRUCTURE_ID=4316&layer_id=4516&id=2484 (검색일: 2019/7/20).

표 2.5_ 보스토치니-핀란드 간 TSR의 컨테이너 수송 요금 비교

	보스토치니 → 부슬로프스카야		보스토치니 → 보스토치니		보스토치니 → 보스토치니 (공컨테이너)		호위료		왕복 (공컨테이너의 동향 회수)	
컨테이너 유형(피트)	20	40	20	40	20	40	20	40	20	40
2005($)	443	875	179	273	85	130	80	160	608	1,165
2006($)	588	1,175	588	1,175	486	971	95	180	1,169	2,326
증가폭($)	145	300	409	902	401	841	15	20	561	1,161
증가율(%)	33	34	229	330	472	648	19	13	92	100

출처: 황영진 2011, 1040.

따라 그 의미가 달라지겠지만 무엇보다 여전히 요금 산정 과정의 불안정성을 보여준다. 특히 이러한 문제는 하부 구조에 대한 막대한 투자가 요구되고 있다는 점에서 향후 비용 발생 요인이 잠재해 있을 뿐만 아니라, 구조적으로 동향-서향 물량 간의 불균형에서 오는 경비 문제도 간과할 수 없다. 서향 물량과 동향 물량의 비율은 69:31에 달한다. 특히 동향 물량 가운데 공컨테이너는 2003년 27,000 TEU로 총 동향 물량의 13.2%를 차지했으며, 2004년에는 57,000 TEU로 총 동향 물량의 28%에 달했다(Tsuji 2004, 6). 이러한 문제는 장기적으로 무역 구조에 변화가 나타나지 않는 한 개선되기 어려운 문제라는 점에서 가격 구조에 비효율성을 높이고 있다.

둘째, 해양 운송 및 경쟁 노선 간의 갈등 역시 TSR-TKR 연결의 경쟁력에 영향을 주고 있다. 무엇보다 경쟁력은 빈도와 운송량, 그리고 예측 가능한 운송 시간이 중요하지만 이는 물량에 영향을 받으며, 역으로 물량은 이러한 조건에 영향을 받는다.

대체로 TSR을 이용한 운송은 짧은 운송 기간이 최대의 장점이다. 부산-모스크바 구간을 볼 때, 해양 운송은 약 48일이 소요되며, TSR을 이용한 운송은 21~23일 정도 소요되는 것으로 분석된다. TSR의 경우 실제로는 30~35일 소요되는 것으로 알려지고 있으며, 전체적으로 해양 운송에 비해 2주 정도 빠른 것으로 평가되고 있다(Tsuji 2013, 144). 해양 운송비는 일본, 한국, 중국 순으로 저렴하며, 핀란드를 도착지로 할 경우 일본은 여전히 해양 운송이 유리하다. 중국의 경우에도 북부 지역은 TSR 이용이 유리하겠지만 그 외의 지역은 TCR이나 카자흐스탄으로 연결되는 노선이 유리하다. 이러한 환경에서도 동아시아-러시아 간의 화물 운송은 중국 70%, 한국 21%, 일본 약 9% 정도의 비율로 이루어지고 있다(Tsuji 2013, 142). 가격 경쟁력은 항구를 연결하는 육로 운송비와 이용 항구 등에 따라 변화가 있기는 하지만 2012년 이후 한국의 TSR 운송 물량도 해상 운송비 하락에 따라 감소하였으며, 중앙아시아를 도착지로 하는 운송의 TSR 이용은 증가하였다(Tsuji 2013, 142-143). 이러한 점은 TSR의 현대화와 TSR-TKR 연결이 막대한 투자를 요구하고 있음에도 불구하고 가격 경쟁력을 유지해야 할 필요가 있음을 시사하고 있다.[16]

셋째, TSR-TKR 연결 노선의 경쟁력을 약화시키는 또 다른 요인은 제도적 협력 메커니즘의 부재를 들 수 있다. TSR의 경우 시

16 이와 관련해 TSR의 운임은 해상 운송 경비에 영향을 받고 있으나, TSR 운임 인상 결정 시 해상 수송 운임을 고려하지 않았다는 문제점도 지적되고 있다(송지영 2010, 356-357).

베리아 횡단 운송 조정협의회(CCTT: Coordinating Council on Trans-Siberian Transportation)가 구성되어 있으며, 러시아철도가 CCTT의 영구 의장(permanent president) 지위를 가지고 있다. CCTT에는 23개국의 철도사, 물류회사, 운송회사, 해운회사, 항구와 항만, 주와 시, 국제기구, 보안회사, 통신회사, 정보기술사, 마케팅회사, 보험사, 대중매체 등 100여 회원사(단체)가 이해당사자로 참여하고 있다.[17] 또한 TSR–TKR과 관련해서는 남북러 철도전문가회의와 같은 회의체가 운영되고 있으나, 전체적인 기술, 정보, 운영과 관련된 세부 내용을 조율 · 조화시킬 수 있는 단계에 이르지 못하고 있다. 복합적인 운송 네트워크의 효율성과 경쟁력은 어느 한 노드나 링크의 비효율성에 의해 크게 훼손될 수 있다는 점에서 경쟁력 약화 요인은 전체 네트워크의 효율성과 경쟁력에 대한 평가에 이견을 낳은 요인이 되고 있다.[18]

2. 투자 유치

무엇보다 TSR–TKR 연결은 막대한 비용이 소요되는 사업이다. '철도발전전략 2030'에 따르면 러시아는 2007년 1월 가격으로 최소 11

---

17 http://eng.rzd.ru/statice/public/en?STRUCTURE_ID=4316&layer_id=451 6&id=2484 (검색일: 2019/7/20).

18 한국교통연구원의 2017년 보고서에 따르면 TSR노선은 자체 블록열차(bloc train) 서비스 제공으로 운송 기간과 운임에 이점이 있고, TCR대비 운송의 안정성 등의 장점이 있으나, 일부 기업의 극동 보스토치니 항구의 독점으로 인한 성수기 혼잡 발생, 러시아/CIS 지역의 경우 기상 조건에 따른 운송 차질, 비효율적 세관 운영, 블록 열차 단위 화물 운송에 따른 일정 조정의 어려움, TCR대비 낮은 운임 경쟁력, 철도 플랫폼 부족, 극동 지역 TSR 발차 지연, 화차부족 및 수송 능력 한계로 인한 항만과 선로 확충 · 개선 필요 등의 문제가 약점으로 지적되고 있다(서종원 외 2017, 39).

조4,478억 루블 최대 13조8,124억 루블이 소요될 것으로 추산하고 있다. 사업별로 보면 기관차와 화물 · 여객차량 구입 3조 1천억 루블, 신규 철도 건설 4조1천억 루블, 기존철도 현대화 3조2천억 루블, 고속 철도 건설비용 최대 1조2,616억 루블(최소 사업 시 5,649억 루블), 산업 프로젝트에 따른 철도 건설 5,640억 루블 등이며, 나진-선봉 철도 연결과 부대시설, 그리고 북한 철도 현대화 사업에 대해서는 구체적인 예산을 적시하지 않았다.

특히 러시아의 경우 그동안 러시아 극동 지역에 대한 투자는 많은 계획과 프로그램들에도 불구하고 실제로 진행된 사례를 찾기는 쉽지 않았다. 2012년 9월 제20차 아시아 · 태평양경제협력체(APEC: Asia Pacific Economic Cooperation) 정상회담의 준비 과정에서의 진행된 2조8,400억 루블에 달하는 투자가 근래에 드물게 실현되었던 대규모 투자였다.[19] 러시아 극동 지역의 기본 투자를 살펴보면 1990년 총 기본 투자 가운데 약 7.9%에 달했으나 이러한 수치는 2000년 4.6%까지 하락하였다. 러시아 극동 지역의 기본 투자 비율은 2000년대에 꾸준히 증가해 APEC회의 개최를 앞둔 2010년 8.61%, 2011년 9.61%, 2012년 7.72%로 증가되었다. 이러한 수치는 다소 감소 추세를 보이다가 2017년 다시 7.62%에 수준에 이르고 있다. 다만 러시아 극동 지역의 기본 투자는 2017년의 경우 사하공화국(2.4%), 사

19 러시아는 2012년 APEC회의 준비를 위해 블라디보스톡 면적의 약 10%에 달하는 면적의 100여개의 시설이 새로 건설하였으며, 2011년 6월 회의준비 상황 점검을 위해 방문한 메드베데프 대통령은 '새로운 블라디보스톡'을 만들게 될 것이라고 언급하였다. "Medvedev Says APEC Forum in Vladivostok will Transform Far Eastern City," RT, 30/6/2011, https://www.rt.com/russia/medvedev-serdyukov-vladivostok-lands/ (검색일: 2019.7.10).

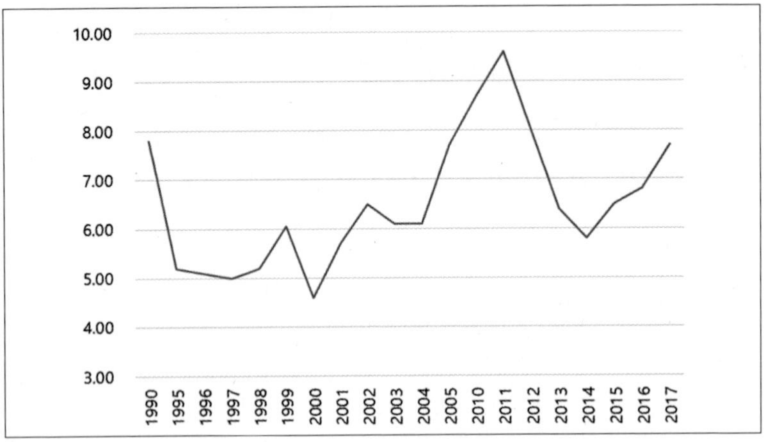

그림 2.3_ 러시아 극동 지역의 기본 투자 비율(총 기본 투자 대비 %)
출처: Regiony rossii: Sotsialno-ekonomicheskie pokazateli 2005, 872–873; Regiony rossii: Sotsialno-ekonomicheskie pokazateli 2018, 487–488에 기초해 작성

할린주(1.9%), 아무르주(1.2%) 등 3개 연방 주체가 차지하는 비중이 전체 기본 투자의 5.45%에 달하며, 하바로프스크 변강은 0.7%, 프리모르스키 변강 0.8% 수준으로 2012년 각각 1.7%와 2.3%에서 급속하게 그 비중이 감소하였다.

'철도발전전략 2030'은 나진–하산 개발을 포함해 TSR–TRK 연결에 대해 언급하고 있으나 구체적인 예산에 대해서는 언급하고 있지 않다. 그러나 북러는 2014년 10월 향후 20년간 약 3,500km에 달하는 북한 철도 현대화를 진행하기로 합의하였으며, 현대화에 소요되는 약 250억 달러의 비용은 북한 광물로 상쇄하기로 하였다. 또한 북러는 2015년 2월 북한이 제안한 남양–온성–나진 구간 약 150km의 철도 개보수 사업에도 합의하였다(연합뉴스 2015/2/26).

북러 간 합의에도 불구하고 북한 철도의 전면적인 현대화 사업과

TSR−TKR 연결은 대규모의 투자를 필요로 하는 사업이라는 점에서 특정 국가가 부담을 감당하기는 쉽지 않을 것이며, 철도 연결 사업에 이해를 가진 중국, 대만, 일본, 독일, 이탈리아, 핀란드, 폴란드 등 다국적 국제 금융 컨소시움이 필요할 것이다(성원용 2011, 74).

3. 국제 정치적 안정

TSR−TKR 연결 문제에서 국제 정치적 변수는 사업 진행을 위한 재원 마련과 함께 사업 의지와 사업의 효율적 진행에 영향을 주는 중요한 변수 가운데 하나이다. 무엇보다 TSR−TKR 연결과 원활한 운송 네트워크를 갖추기 위한 철도를 포함한 시설 현대화에는 막대한 재원이 필요하며, 이러한 재원은 국제 컨소시움의 형태도 조달될 가능성이 높다. 이러한 상황에서 러시아와 북한에 대한 경제 제재는 사업 진행에 커다란 장애로 대두될 수밖에 없다. 특히 TSR−TKR 연결 및 북한 철도 현대화 사업을 위한 해외 투자 유치는 서방의 대러시아 및 대북한 제재의 환경하에서는 진행되기 어렵다. 우크라이나 사태와 북한 핵문제의 전개를 보면 이들 문제가 단시간 내 해결되기 어려움을 보여주고 있으며, TSR−TKR 연결이 지연되는 한 이유이기도 하다.

우호적인 국가 간의 철도와 가스 · 원유 파이프 등 전략적인 국가 기간 시설의 연결은 연결되는 국가의 협력과 우호 관계를 촉진 · 심화하는 결과를 낳을 것이다. 그러나 갈등 상황에서 국가 기간 시설의 연결은 갈등하는 국가 간의 상호 신뢰 회복의 기회이기도 하지만 갈등 상황이 경제적 논리를 압도하는 상황으로 발전할 개연성도 있다. 국제 정치적 갈등 상황에서 경제 압박을 가하는 사례를 찾는 것은 그리 어렵지 않다. 남북한의 경우 금강산 관광 중단과 개성공단 철수와 같은 문제는 갈등 상황에서 경제 협력이 얼마나 취약할 수 있는지를 단적으로 보여주고 있다. 국제 운송 네트워크에서 이러한 갈등 요소가 개입될 수 있는지에 대한 여부는 논란의 여지가 있는 문제이지만 여전히 정치적 갈등은 안정성과 비용 증가를 유발할 수 있어 경쟁력은 물론 사업 자체의 타당성에도 영향을 줄 수 있다.

남북한 관계의 경색 혹은 긴장을 완화하고 북한의 변화라는 정치적 의미를 염두에 두고 TSR-TKR 연결을 시도한다면 남북한 관계의 갈등 상황은 오히려 해결해야 할 문제가 되기 때문에 경제적 손실이 어느 정도 있다고 하더라도 TSR-TKR 연결 사업의 타당성을 강화하는 측면이 있다. 그러나 남북한 관계의 개선이 우선된다면 철도 연결의 경제적 효과를 더 한층 강화해야 할 필요가 생긴다. 더욱이 남북한 관계 개선이 선행될 경우 제한된 자본이 북한 지역에 집중되고 남북한 관계 개선이라는 정치적 동력이 약화되면서 러시아 극동 지역 개발이나 TSR-TKR 연결 및 철도 현대화는 다른 우회 경로와의 경쟁적인 상황에 놓이게 될 수 있다. 이러한 점은 TSR-TKR 연결의 정치적 · 경제적 목적을 보다 분명하게 설정하고, 그 어느 경우에도 철도 연결이 보다 경제적 논리에 충실하게 진행될 필요가 있음을 시사해주고 있다.

5.
TSR–TKR 연결의 기대와 장애

TSR–TKR 연결 문제는 아주 단순하게 보면 철도 운송망의 연결, 이로 인한 운송비용 및 시간의 절감, 그리고 기업의 경쟁력 강화로 이어지는 과정처럼 보인다. 그러나 철도, 도로, 항만을 연결하는 복합 운송로의 연결은 경제 전반의 역동성, 교통, 통신, 물류, 정보 등 제반 영역이 통합되어 협력하는 국제적인 협력 메카니즘의 연결이며, 기술과 규범의 표준화와 이를 주관하기 위한 다양한 수준의 지역·국제 협력체 활성화 등을 통한 지역 통합의 효과가 창출되는 일이다. 나아가 복합 운송로의 연결을 통해 남북한 화해와 동북아 경제 공동체, 나아가 유라시아 문명 공동체 건설이 기대되고 있다.

TSR–TKR 연결은 무엇보다 TAR이라는 보다 큰 틀의 복합 운송망의 틀에서 논의되고 있으며, 유럽과 유라시아 및 동북아 지역을 연결하는 거대 운송 네트워크에 연결됨으로써 경쟁력 확보와 운송 회랑을 따라 사회·경제적 발전을 촉진할 수 있다는 기대를 낳고 있다. 이러한 기대는 TKR 연결을 통한 남북한 관계 개선이라는 기대로 이어지고 있으며, 유라시아 회랑으로서 유럽과 아시아를 연결하고 러시아 극동 지역 발전을 모색하고 있는 러시아가 연계됨으로써 남북러 삼각 협력의 형태로 진행되고 있다. 이러한 다자간 협력은 남북한 관계 경색에도 제3자의 완충적 기능이 존재할 수 있다는 점에서 긍정적이며, 북한 철도 현대화에 대한 러시아의 관심과 나진–하산 프로젝트 진행은 우리에게도 북한과의 관계를 설정할 수 있는 좋은 계기가 되고 있다.

TSR–TKR 연결이 보다 가시화되고 있음에도 불구하고 여전히 TSR–TKR 연결에는 많은 장애가 남아 있다. 무엇보다 남북한관계 개선이라고 하는 정치적 목적과 운송의 효율성 증대라는 경제적 목적이 혼재되기도 한다. 경제적 이익이 클 수 있는 반면 위험 부담 역시 클 수밖에 없는 메가 프로젝트라는 점에서 경제성과 경쟁력에 대한 엄격한 평가가 필요하다. 사업의 경쟁력과 경제성이 보장되면 사업은 지속될 수 있을 것이고 사업이 안정적으로 지속될 때 남북한 관계 및 한러 관계도 보다 심화된 협력 관계로 발전할 수 있을 것이다.

둘째, 남북러 협력은 제도적이고 기술적인 측면에서 조율해야 할 내용이 적지 않을 것이다. 커다란 네트워크라도 효율성은 각각의 노드와 링크의 효율성에 의존하고 있다. 물론 특정 노드의 비효율성은 우회를 통해 극복될 수 있겠지만 한반도의 경우 우회 경로는 상대적으로 많지 않을 수 있다. 개별 노드의 효율성과 함께 이들의 법 · 제도, 기술적 차원의 조율도 개선되어야 할 것이다. 물론 이를 위해 다자간 협의체는 물론 남북러 철도전문가회의 등이 진행되고 있으나, 앞으로도 많은 조율이 필요할 것이다. 이러한 조율에는 철도 연결에 직접 연관되지 않은 소규모 경제 협력 등을 통한 상대방의 문화와 제도, 사회와 역사, 그리고 개개인의 사고방식의 이해가 바탕이 되어야 할 것이다.

셋째, 국가 간 협력이 반드시 국가 내 제 수준의 협력과 그 방향이 일치하지 않을 수 있다. 러중 간 국가 혹은 중앙정부 수준의 협력 심화가 중국인 유입을 우려하는 러시아 극동 지역의 이해와 일치하지 않을 수 있다. 철도 연결과 통과 화물의 증가는 분명 지역 경제 활성화에 도움이 되겠지만 지역 경제 활성화가 지역 주민의 생활수준 향상이나 경제적 수혜로 직결되지 않을 수 있다. 러시아에서 '국내 식민지' 논쟁은 오랜 역사를 가지고 있다. 이러한 문제는 국내에서도 유사하게 발생할 수 있다. 예를 들어 남북한 화해는 경기 북부 지역의 발전 가능성을 높여준다. 그러나 이러한 기대에도 불구하고 경기 북부 지역이 남북한 협력의 중심지가 아니라 '통과 지역'으로 변모할 가능성도 있다(김동성 2018, 9).

문재인 정부의 '한반도 신경제 지도 구상'은 목포-신의주를 연결하는 서해안 발전 축과 부산부터 나선을 연결하는 동해안 발전 축, 그리고 비무장지대를 따라 수도권에서 동해로 이어지는 발전 축을 제시하고 있다. 이러한 한반도 신경제 지도 구상에서 경기도와 경기 북부 지역은 남북한 경제 협력 혹은 경제 공동체의 중심부에 위치하게 된다. 이에 따라 철도 연결 사업과 남북한 화해 협력이 동 지역의 발전 계기가 될 것이라는 기대와 함께, 남북한 경제 협력의 '통과 지역'으로 전락할 수 있다는 우려도 있다. 동지역이 '통과 지역'이 되는 것을 방지하기 위해서는 남북으로 평양과 천안, 동서로 해주에서 철원에 이르는 '한반도 메가 지역'을 구축할 필요가 있다는 주장도 제기되고 있다(김동성 2018, 10). 이와 유사하게 서울과 평양을 연결하는 '한반도 메가시티'안도 발견되며, 이러한 제안은 "한반도에서 가장 효율적이고 유기적인 남북한 경제 협력 구조를 만들기 위한 방안"이며, 서울과 평양 그리고 그 인접 거점 도시를 연결해 초국경 광역 경제권의 '메가 수도권'을 형성하는 안이다. 이는 초고속 교통 · 통신망의 발전을 활용하는 것이며, "남한의 산업 역량이 급속하게 북한에 확산될 수 있으며, 동시에 북한의 상대적 경쟁력을 남한이 적극 활용할 수 있는 생산적 경제 활동의 무대가 마련될 수 있다"는 견해도 있다(이현아 외 2016, 678–679).

끝으로, TSR–TKR 연결이 TAR의 맥락에서 전개되는 한반도와 TSR, TCR을 연결하는 복합 운송망 구축이라면 이 연결망의 한 끝에는 일본이 존재한다. 교통 네트워크에의 연결은 해상 운송 의존도가 높은 일본에서도 경제 활성화를 촉발할 수 있는 사업임과 동시에 섬나라 일본이 대륙에 연결되는 획기적인 사건이 아닐 수 없다. 이러한 맥락에서 산발적으로 제기되고 있는 한일 해저 터널 연결 문제는 TSR–TKR 연결의 진척에 따라 그 논의가 활성화될 가능성이 높다.

그러나 최근 한일 갈등과 일본의 보복성 조치들은 경제 문제가 이윤을 희생하면서 쉽게 정치적 갈등에 동원되고 압박의 수단으로 사용될 수 있음을 보여준다. 특히 대규모 사업의 수익성 검토가 과장되어 평가되고 그 결과 사업의 운영은 물론, 정부와 지방자치단체에 재정 부담이 되는 사례를 보아왔다. 이러한 사례는 국내뿐만 아니라, 중국의 '일대일로'(一帶一路) 사업에서도 발견되고 있다. 따라서 국내외 민간 자본이 유입되는 대규모 프로젝트의 수익성과 수요를 엄격하게 평가할 필요가 있다. 경제 논리와 무관하게 혹은 경제적 손실을 감수하면서까지 해저 터널이나 기차 운송 등의 수요를 정략적으로 조정할 경우 특정 행위자에 의해 이들 연결 운송의 경쟁력이 급감할 수 있고, 이러한 의도된 변화는 정치 · 전략 · 경제적으로 커다란 부담이 되는 결과가 나타날 수 있다. 한일을 연결하는 해저 터널이나 다른 연결의 경쟁력은 일본의 수요에 크게 영향받을 가능성이 높으며, 정략적으로 통제될 가능성도 있다. 이 경우 중국의 '일대일로' 사업에서 나타나는 일부 결과와 유사하게 관련 시설에 대한 통제권을 잃게 될 가능성이 있다. 이런 점에서 운송 네트워크의 경제적 수요를 확대하기 위해 한일을 해저 터널로 연결하는 문제는 정치 · 전략 · 경제적으로 큰 부담이 될 가능성이 있음에 유의해야 할 필요가 있다.

제 3 장

북중 국경

국경 지역 관리

강택구
한국환경정책 · 평가연구원

1.
통일과 국경 관리

통일 과정과 통일 이후 우리가 당면할 여러 가지 이슈들 중 하나는 북한 지역에 국경을 맞대고 있는 중국과 러시아와의 국경 관리이다. 그중에서 18km에 걸쳐 맞대고 있는 러시아도 중요하나 북한과 1,352km에 걸쳐 국경을 접하고 있는 중국과의 협력이 보다 중요하다. 중국은 14개 국가들과 육지에서 22,457km의 국경을 맞대면서 (CIA World Factbook 2019) 관리한 경험이 있어 풍부한 정책과 연구 결과를 축적하고 있을 것으로 여겨진다.

반면에 한국은 남북을 가로지르는 약 250여 km의 DMZ와 동서의 연안을 제외하고는 접경 관리 경험이 상대적으로 부족하며 그나마 DMZ의 관리 경험도 다양하지 못하다. 정전협정이 체결된 1953년 7월 이후 지난 66년간 최근 몇 년을 제외하고는 대부분 기간을 단절과 봉쇄의 관리만 해왔을 뿐이다. 물론 2000년대 초반에 경의선과 동해선 연결, 개성공단 가동, 금강산 관광을 진행한 바 있다. 그리고 2018년 9월에는 '평양공동선언'과 '판문점 선언 이행을 위한 군사분야 합의서'에 근거하여 군사분계선 일대에서 상대방을 겨냥한 각종 군사 연습 중지, 비무장지대 내 GP 일부 시범적 철거, 서해 해상에서 평화 수역과 시범적 공동 어로 구역 설정 등을 합의하였다. 그러나 남북 교류를 경험한 기간이 길지 않고 축적된 경험과 노하우도 많지 않다. 또한 한국은 중국과 1992년 8월 수교 당시 발표한 공동 성명 제2항에서 '영토 보전의 상호 존중'을 명시하였다는 점에서 북중 간 합의한 국경을 인정하였다고 평가할 수 있다(이종석 2014, 59). 이러한 점에서 북중 국경 지역의 관리 현황을 살펴보고 연구를 축적하여 통일을 준비하는 것은 중요하다.

국내외적으로 북중 국경에 대한 연구는 활발하지 않다. 접경 지역과 관련하여 상당수 많은 연구들은 남북한 DMZ에 대한 연구에 집중하고 있으며, 북중 접경 지역의 연구들이 일부 있으나 아직 미비한 상황이다. 몇몇 방송에서 북중 접경 지역 관련 다큐멘터리를 다루면서 인식이 상대적으로 개선되긴 했으나 여전히 북중 접경 지역 전역이 남북한의 DMZ와 같이 국경을 따라 높은 철조망이 길게 이어진 것으로 이해하고 있는 경우도 있다. 물론 일부 북중 접경 지역에 안전과 월경 등의 이유로 철조망이 쳐 있기도 하지만 접경 지역은 북중 간 공식 · 비공식적으로 활발한 협력과 교류의 기능도 하고 있다.

이 장에서는 북중 접경 지역에서 벌어지고 있는 정치, 경제, 환경 이슈를 중심으로 개괄적으로 살펴보는 것을 목적으로 한다. 지면과 시간적 이유로 북중 접경 지역의 현황을 심도 있게 다루는 것은 한계가 있다. 그럼에도 불구하고 최대한 관련 이슈를 담아 북중 접경 지역의 다양한 측면을 조명하고자 노력하였다. 이를 통해 북중 접경 지역의 전반적인 현황을 살펴보면서 일반인들과 학생 등 비전문가들의 북중 접경에 대한 인식을 새롭게 할 수 있는 기회를 제공하고자 한다.

이 장에서는 우선 북중이 접경하고 있는 북한의 행정구역상 도 단위를 중심으로 자연 지리적, 인구, 산업 등의 현황을 검토하였다. 그리고 북중 접경 지역의 안보 측면에서 국경 관리, 국경 통관구, 인적 교류 현황을 살펴보았다. 다음으로 북중 접경 지역의 경제 측면에서 교역 현황과 북중 접경 지역에 있는 북한의 경제개발구 현황을 검토하였다. 마지막으로 북중 접경 지역의 생태 환경 측면에서 두만강 오염과 동식물 멸종 위기 현황, 접경 지역에서 발생한 자연 재난 피해 현황을 기술하였다.

2.
북중 접경의 북한 지역 현황

북한이 접경하고 있는 국경은 총 1,607km이며, 이중 중국과는 1,352km를 접하고 있다. 북중 국경은 백두산 일부 육지를 제외하고는 압록강, 천지, 두만강에 대해 경계를 이루고 있다. 백두산 정상에 있는 천지는 해발 2,190m, 면적은 9.165km^{2}이다. 압록강의 길이는 경우 800여km이고 두만강은 540여km이다. 압록강과 두만강이 강폭은 매우 다양하다. 두만강 최상류 지역의 경우 강폭이 1~3m로 쉽게 월경이 가능할 정도로 좁은 실개천 같은 지역에서부터 압록강 하류 신의주 지역의 경우 육안으로는 반대편을 확인하는 것이 어려울 정도로 강폭이 넓은 지역도 있다.

중국과 인접한 북한 지역의 도 단위 행정구역은 평안북도, 자강도, 양강도, 함경북도 4개이다(〈그림 3.1〉 참조). 북중 간 접경에 있는 북한의 도 단위 행정구역과 바로 인접해 있는 시군 단위 행정구역의

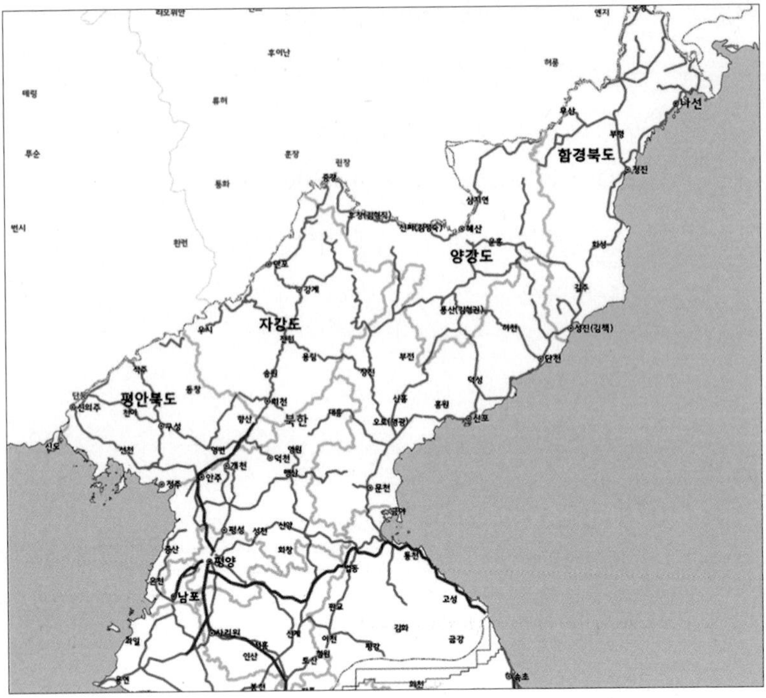

그림 3.1_ 북중 접경 지역 현황

출처: 국토지리정보원(https://www.ngii.go.kr/kor/main.do) 지도에서 일부 보완한 것임.

현황을 살펴보기로 한다.[1]

1. 평안북도와 북중 접경 시군

북부 지역에 압록강을 두고 중국과 인접한 평안북도는 북한 정권 수립 이후 몇 차례 행정구역 개편을 거친 후 도 소재지 신의주시, 2개

1 제2절에서 별도 인용 없이 기술된 내용은 NK조선 웹사이트 '지리' 정보에 기초하였음(http://nk.chosun.com).

시(구성, 정주)와 22개 군을 갖춘 도 행정단위를 이루고 있다(〈그림 3.2〉 참조).

평안북도의 남자와 여자 인구는 2008년 기준으로 각각 1,291,443명과 1,437,219명으로 총 2,728,662명이 거주하고 있다(〈표 3.1〉 참조). 이는 북한 전체 인구의 약 11.68%에 해당한다. 신의주에 359,341명으로 가장 많은 인구가 거주하고 있다. 중국과 인접해 있는 평안북도 시군(용천군, 신의주시, 의주군, 삭주군, 창성군, 벽동군)의 인구는 826,878명으로 평안북도의 약 1/3에 해당한다.

평안북도는 평야보다 산지 비율이 높아 80% 이상 지역이 해발 500m 미만이고 평균 해발 고도는 236m이다. 지형이 200m 미만의 산지에서 1,909m의 묘향산에 이르기까지 다양하게 분포되어 있다. 일반적으로 북부와 북동부 지역이 높고 서쪽과 남쪽으로 가면서 낮아져 넓은 평야를 이루고 있다. 해안 지대에 펼쳐진 용천벌 등의 평야 지대에서는 주로 벼 생산이 이루어져 북한 제2의 곡창 지대로 알려져 있다. 농산업, 축산업, 과수업뿐 아니라 특히 양잠업이 가장 발달되어 있다. 신의주는 원양업 기지로 멸치 등이 잡힌다.

평안북도의 연평균 기온은 7~9℃이다. 1월과 7월 평균 기온은 각각 −7.9~−12.5℃, 22~24℃이다. 연평균 강수량은 900~1,400mm이고, 연평균 풍속은 4.8m/s이다. 도 전체 면적의 약 65%가 산림으로 중국과 인접하고 있는 창성군과 벽동군은 산림이 우거져 산과일, 산나물이 풍부한 지역으로 알려져 있다. 해안식물과 고산식물이 다양하고, 경치가 수려하여 묘향산자연보호구, 삭주온천식물보호구, 신미도식물보호구, 천마산동물보호구, 당아산동물보호구, 선첩랍

표 3.1._ 평안북도 인구 현황 (단위: 명)

도, 시/군 별	계	남자	여자
평안북도	2,728,662	1,291,443	1,437,219
신의주시	359,341	170,004	189,337
정주시	189,742	89,494	100,248
구성시	196,515	93,212	103,303
벽동군	35,601	16,945	18,656
피현군	110,637	52,901	57,736
룡천군	135,634	64,061	71,573
염주군	113,620	53,665	59,955
철산군	85,525	40,409	45,116
동림군	104,614	49,410	55,204
선천군	126,350	59,741	66,609
곽산군	97,660	46,235	51,425
운전군	101,130	47,566	53,564
박천군	98,128	46,093	52,035
녕변군	113,852	54,007	59,845
구장군	139,337	65,457	73,880
향산군	52,350	24,705	27,645
운산군	102,928	48,907	54,021
태천군	108,894	51,712	57,182
천마군	50,462	23,979	26,483
의주군	110,018	52,185	57,833
삭주군	159,707	75,791	83,916
대관군	69,565	33,374	36,191
창성군	26,577	12,574	14,003
동창군	28,665	13,527	15,138
신도군	11,810	5,489	6,321
전국	23,349,859	11,059,489	12,290,370

자료: 국가통계포털(http://kosis.kr) 중 북한 통계 '인구일제조사'의 지역의 인구 규모별 지역 수와 인구 수(2008)의 자료를 일부 수정하여 인용.

그림 3.2_ 평안북도 시군 현황
출처: NK조선 웹사이트(http://nk.chosun.com).

도바다새번식보호구 등 지정 보호구가 많다. 평안북도의 주요 산업으로 기계, 화학, 전력, 채굴, 금속 등 중공업과 방적, 편직, 식료, 일용품 등 경공업이 있다.

북한 최대의 수력 발전 기지로서 평안북도에 2010년 10월 완공된 81kW 안변청년발전소(금강산발전소), 태천발전소와 수풍발전소 등이 있다. 수풍발전소는 중국과 인접한 삭주군에 있는 북한 최대의 인공 호수인 수풍호에 있는 수력 발전소이다. 1944년 1월 70만kW급으로 완공되었고 한국전쟁 때 파괴되었으나 구소련의 무상 원조 지원을 받아 1958년 복구하였다. 북중은 1955년 4월 압록강 수자원의 공동 개발과 이용을 목적으로 '조중수력발전회사(압록강수력발전회사)'를 설립 운영하고 있다. 현재 발전 설비 용량은 80kw로 발전량의 1/2을 중국에 송전하고 있다(한국정책금융공사 2010, 137). 한편, 평안북도의 운수에서 기본은 철도이고 수상 운수의 중심지는 신의주와 수풍이다.

신의주에는 중국과 연결되어 있는 2개의 통로가 있다. 첫 번째는 철도와 도로이다. 평양에서 중국 단동을 거쳐 베이징을 왕복 운영하는 국제 열차가 다니는 압록강 철교이다. 1943년 복선으로 개통된 철교는 1990년 북중 합의로 '조중우의교(中朝友谊桥)'로 명칭을 바꾸었고 차량과 보행자 통행이 가능하다. 943m의 길이로 폭이 좁아 매일 2시간씩 북중 양자가 교대로 차량을 일방 통행하면서 물자를 교류하고 있다. 양자 간 하루 물동량은 8톤에서 10톤 트럭 20여 대에 불과하다(정은이 2013, 81).

차량 전용으로 건설된 신압록강대교는 북한 신의주와 용천 중간 지점 그리고 중국 랴오닝(遼寧)성 단둥(丹東)시 랑터우(浪頭)를 잇는 왕복 4차선 다리로 2014년 10월에 중국 측 연결 도로 구간은 완공됐다. 그러나 북한 측 구간에 접속 도로 연결이 되지 않아 미개통 상태이다.

다른 하나의 북중 간 통로는 북한에 석유를 제공하는 송유관이다(〈그림 3.3〉 참조). 중국 동북부 다칭(大慶) 유전에서 단둥까지는 송유

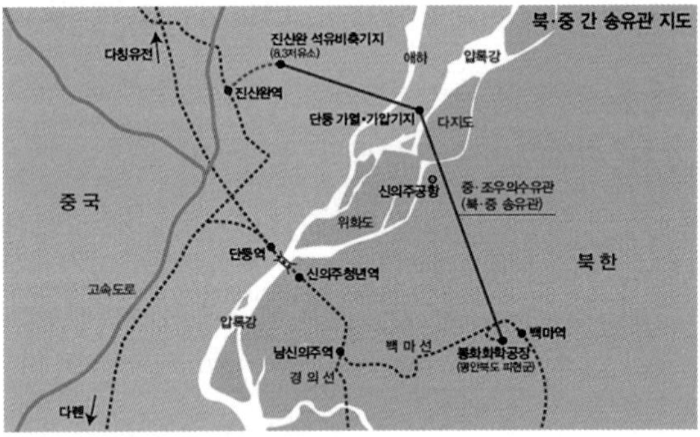

그림 3.3_ 북중 우의송유관

출처: 주간조선 2455호(2017/5/1).

관의 노후화로 일부 구간을 제외하고는 열차 등을 이용해 단둥 교외 지역에 위치한 저장소로 운송한다. 운송한 원유는 송유관을 거쳐 북한 신의주를 지나 평안북도 봉화화학공장에 도착하여 정제한다. 북중 간 송유관은 북중이 공동 관리하며 직경 377mm와 219mm의 2개가 있다. 정제된 석유 제품은 인근 공장과 화력발전소 등으로 운반되어 사용된다(김경술 2018, 52–53; 정은이 2013, 86). 북한은 2017년 11월 미 본토 공격이 가능한 대륙간탄도미사일(ICBM) 화성15형을 시험 발사하였다. 이에 동년 12월 채택된 안보리 대북 결의 제2397호를 통해 중국은 북한에 대한 원유 공급량과 정유 제품 연간 상한선을 각각 연간 400만 배럴과 50만 배럴로 제한하였다(외교부 2017c).

평안남도에는 조선을 건국한 이성계의 회군으로 유명한 위화도가 있다(〈그림 3.4〉 참조). 북쪽으로 중국의 랴오닝성의 단둥시를 접하고 있다. 황금평은 서울 여의도 면적의 약 1.7배로 퇴적 작용에 따른 지질 특성으로 인해 중국에서 걸어서 갈 수 있다(강주원 2017, 6). 북

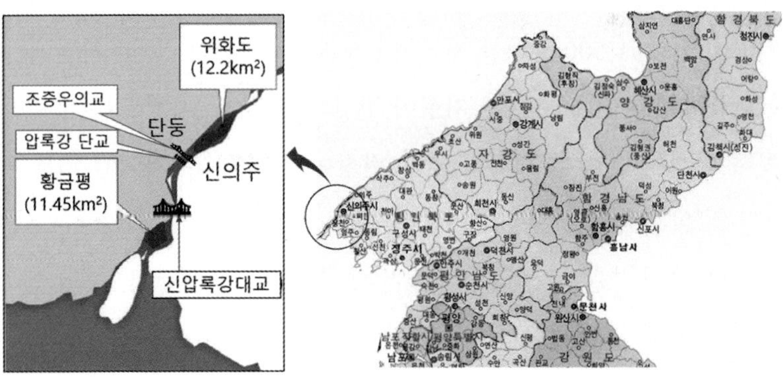

그림 3.4_ 단둥과 신의주

한은 이곳 위화도와 황금평을 묶어 경제구로 조성한다는 계획을 갖고 있다.

2. 자강도와 북중 접경 시군

평안북도와 마찬가지로 북부에 압록강을 두고 중국과 인접한 자강도는 도 소재지 강계시, 2개 시(만포시, 희천시)와 16개 군으로 이루어진 도 행정 단위이다. 자강도의 명칭은 자성과 강계에서 유래한다.

자강도의 인구는 2008년 기준으로 1,299,830명으로 남녀 각각 인구는 616,828명과 683,002명이다(〈표 3.2〉 참조). 이는 북한 전체 인구의 약 5.57%에 해당한다. 도 소재지 강계시에 가장 많은 인구 251,971명이 거주하고 있다. 중국과 인접해 있는 자강도의 6개 시군(우시군, 초산군, 위원군, 만포시, 자성군, 중강군)의 인구는 355,499명으로 자강도 인구의 약 27.3%에 해당한다(〈그림 3.5〉 참조).

자강도의 지세는 동부에서 서부로 가면서 점차 낮아진다. 전체 영역의 98%가 산지이며 평균 고도는 해발 804m로 한반도 평균보다 364m나 더 높다. 해발 200m 이하의 지역은 1.2%, 500~1,500m의 지역이 91%, 1,500m 이상 지역이 7.8%를 차지한다. 동부 지역에는 해발 1,000m 이상의 고원 지형이 발달되어 있다. 자강도는 대륙의 영향을 강하게 받아 대륙성 기후 현상이 뚜렷하다. 지역별 연평균 기온은 희천 7.6℃, 중강 4.1℃, 랑림 0.7℃, 강계 6.2℃이다.

주요 산업 부문은 전력 공업, 기계 공업, 광석 채굴업, 농업으로 이루어져 있다. 전력공업은 풍부한 수자원과 빠른 유속을 이용한 수력발전이 중심으로 장자강(독로강)발전소, 강계청년발전소, 운봉발

표 3.2_ 자강도 인구 현황 (단위: 명)

도, 시/군 별	계	남자	여자
자강도	1,299,830	616,828	683,002
강계시	251,971	120,305	131,666
만포시	116,760	55,366	61,394
희천시	168,180	79,776	88,404
랑림군	36,481	17,437	19,044
전천군	106,311	50,201	56,110
성간군	92,952	43,738	49,214
장강군	54,601	26,013	28,588
화평군	42,183	20,092	22,091
중강군	41,022	19,344	21,678
자성군	50,939	24,216	26,723
시중군	41,842	19,840	22,002
위원군	60,245	28,637	31,608
초산군	43,614	20,866	22,748
우시군	42,919	20,176	22,743
고풍군	31,572	15,095	16,477
송원군	38,051	17,999	20,052
동신군	47,460	22,285	25,175
롱림군	32,727	15,442	17,285
전국	23,349,859	11,059,489	12,290,370

자료: 국가통계포털(http://kosis.kr) 중 북한 통계 '인구일제조사'의 지역의 인구 규모별 지역 수와 인구 수(2008)의 자료를 일부 수정하여 인용.

그림 3.5_ 자강도 시군 현황

자료: NK조선 웹사이트(http://nk.chosun.com).

전소 등이 있다. 장자강발전소는 북한이 자체 기술로 처음 건설한 곳이기도 하다. 자강도는 북한 지역 기계 공업 중심지의 하나로, 공작기계 생산 기지뿐 아니라 군수 정밀 기계 생산 기지, 광산 및 탄광 기계 생산 기지 등이 있다. 채굴 광석으로는 동, 흑연, 연, 아연이 비중을 크게 차지한다. 농업 분야에서는 곡물과 채소 농사를 비롯한 과수업, 축산업이 주로 이루어진다.

자강도의 주요 도시 현황을 간략하게 살펴보면 우선 만포시에는 중국 지안과 연결된 철도와 도로가 있다. 철도는 1954년 개통되었고 도로는 2014년 비교적 최근에 개통되었다. 자성군과 중강군 북부에 위치한 운봉호에는 40만kW의 운봉 수력 댐이 있다. 수력 댐으로 형성된 교통로를 통해 중국 지린성 지안 청석진과 북한 운봉 노동자구가 수로로 연결되어 있다. 압록강 중류 지역에 위치하여 이름이 붙여진 중강(中江)군은 중국과 통하는 길목에 있어 주요 교통 요충지 중에 하나이다. 한반도에서 가장 추운 곳으로 1984년 2월에 영하 47.5℃를 기록한 바 있다.

3. 양강도와 북중 접경 시군

중국 지린성과 인접하고 압록강과 두만강 2개의 강(兩江)을 접해 있다고 해서 '량강'이라 불리는 양강도는 1954년 10월 행정구역 개편 때 새로 생긴 구역이다. 도 소재지인 혜산시를 포함 11개 군으로 이루어져 있다.

양강도의 인구는 2008년 기준으로 719,269명으로 남녀 각각 인구는 338,705명과 380,054명이다. 이는 북한 전체 인구의 약 3.08%에 불과하다. 도 소재지 혜산시에 192,680명으로 가장 많은 인구가 거주하고 있다. 중국과 인접해 있는 양강도의 7개 시군(김형직군, 김정숙군, 삼수군, 혜산시, 보천군, 삼지연군, 대홍단군)의 인구는 473,226명으로 양강도 인구의 약 65.79%에 해당한다(〈그림 3.6〉과 〈표 3.3〉 참조).

표 3.3_ 양강도 인구 현황

(단위: 명)

도, 시/군 별	계	남자	여자
양강도	719,269	338,705	380,564
혜산시	192,680	91,420	101,260
삼수군	40,311	18,925	21,386
김정숙군	42,618	20,020	22,598
김형직군	57,729	27,336	30,393
김형권군	37,528	17,484	20,044
보천군	37,225	17,712	19,513
삼지연군	31,471	14,738	16,733
대흥단군	35,596	16,702	18,894
운흥군	61,705	28,946	32,759
백암군	67,683	31,677	36,006
갑산군	70,611	32,980	37,631
풍서군	44,112	20,765	23,347
전국	23,349,859	11,059,489	12,290,370

자료: 국가통계포털(http://kosis.kr) 중 북한통계 '인구일제조사'의 지역의 인구 규모별 지역 수와 인구수(2008)의 자료를 일부 수정하여 인용.

그림 3.6_ 양강도 시군 현황

자료: NK조선 웹사이트(http://nk.chosun.com).

양강도의 지세는 높고 험한 편이다. 한반도에서 제일 높고 넓은 고원들뿐 아니라 산맥들도 가장 높고 험하다. 양강도의 90.8%가 산림으로 한반도에서 산림자원이 제일 풍부한 지역이다. 백두산이 있는 양강도의 해발 평균 고도는 1,339m로 한반도 평균 440m의 3배에 달한다. 그러나 대부분의 지역은 개마고원과 백무고원에 놓여 있어 편평하다. 그 밖의 지역은 비탈이 심한 산지이다. 도내의 모든 강과 하천은 압록강과 두만강으로 흐른다. 경작지는 도 전체의 6.2%에 불과하며 그중 97.5%가 밭이고 경지 면적의 90%는 해발 800~1,500m의 고지대에 있다.

양강도는 대륙성 기후의 특성이 제일 뚜렷하게 나타나는 지역이다. 연평균 기온은 2~3℃이나 일부 지역은 2℃ 아래로 기온이 낮다. 1월 평균 기온은 −17℃~−22℃, 7월 평균 기온은 18~22℃이다. 지역적 영향으로 강설량이 많고 연평균 강수량은 650~700mm이다.

백두산과 개마고원을 포괄하고 있는 양강도는 산림자원, 지하자원이 풍부하다. 풍부한 산림자원과 지하자원으로 임업, 임가공, 광업이 발달했다.

양강도 주요 도시의 현황을 개략하면 다음과 같다. 보천군에는 김일성이 1937년 6월 면사무소와 지서 습격을 기념하기 위한 탑이 있어 북한의 대표적인 혁명 전적지 중 하나이다. 이를 기념하기 위해 '보천보 전자악단'을 1985년 6월 창단하였다. 한편, 삼지연군 북서부에 위치한 백두산은 활화산으로 화산 폭발 가능성이 논의되면서 남북중 삼국 간 공동 연구의 필요성이 제기되고 있다. 백두산은 북중 경계가 되고 있다. 북중은 1962년 10월 12월 천지와 압록강, 두만강을 경계로 하는 국경조약을 체결하였다.

4. 함경북도와 북중 접경 시군

북부와 동부에 중국과 러시아의 국경을 이루는 두만강을 사이에 두고 있는 함경북도는 몇 차례 행정구역 개편을 거쳐 나선직할시, 도 소재지인 청진시와 2개 시(김책, 회령), 12개 군으로 이루어져 있다. 함경북도의 인구는 2008년 기준 2,327,362명으로 남녀 각각 인구는 1,100,172명과 1,227,190명이다. 이는 북한 전체 인구의 약 9.97%에 해당한다. 도 소재지 청진시에 667,929명으로 가장 많은 인구가 거주하고 있다. 중국과 인접해 있는 함경북도의 6개 시군(연사군, 무산군, 회령시, 온성군, 경원군, 경흥군, 나선시)의 인구는 836,547명으로 함경북도 인구의 약 35.94%에 해당한다(〈그림 3.7〉과 〈표 3.4〉 참조).

함경북도 역시 산림자원이 풍부하다. 산지가 도 전체 면적의 80%를 차지하고, 산의 해발은 대부분 500여m를 넘는다. 함경북도는 하천 총 연장의 70% 가량이 도의 북부 변두리를 따라 흐르는 두만강을 포함하여 몇 개의 하천들이 있는데, 이들 하천들은 공업용수, 관개용수와 원목 운반을 위한 뗏목 길 등으로 이용된다.

연평균 기온은 3~8.5℃로 1월 평균 기온은 −5.1~−16℃, 8월 평균 기온은 20~22℃이다. 안개가 많이 끼어 일조량이 적고 연평균 강수량은 500~700mm로 적다.

함경북도의 주요 산업은 곡물 생산을 위주로 하는 농업과 중공업, 경공업 등이 발달하였다. 경지 면적은 도 넓이의 약 10%를 차지하고 그 가운데 논은 18%, 밭은 71%, 과수원이 9%를 차지한다. 농업

표 3.4_ 함경북도 인구 현황 (단위: 명)

도, 시/군 별	계	남자	여자
함경북도	2,327,362	1,100,172	1,227,190
나선시	196,954	92,963	103,991
김책시	207,299	97,604	109,695
회령시	153,532	72,332	81,200
청진시	667,929	317,899	350,030
길주군	139,932	65,308	74,624
화대군	67,677	31,657	36,020
명천군	65,797	30,440	35,357
명간군	99,557	46,730	52,827
어랑군	87,757	41,572	46,185
경성군	105,909	49,736	56,173
연사군	37,876	17,948	19,928
무산군	123,721	59,354	64,367
부령군	48,958	23,241	25,717
온성군	127,893	60,905	66,988
경원군	107,327	50,433	56,894
경흥군	89,244	42,050	47,194
전국	23,349,859	11,059,489	12,290,370

자료: 국가통계포털(http://kosis.kr) 중 북한통계 '인구일제조사'의 지역의 인구 규모별 지역 수와 인구수(2008)의 자료를 일부 수정하여 인용.

* 원 자료에는 회경시로 작성되어 있으나 회령시의 오기로 여겨짐

** 원 자료에는 신암, 청암, 포항, 수남, 송평, 라남, 부윤 구역의 인구를 각각 작성하고 있으나 현재 7개 구역이 청진시의 구역이라는 점에서 청진시 인구로 정리하였음

그림 3.7_ 함경북도 시군 현황

자료: NK조선 웹사이트(http://nk.chosun.com).

의 기본은 알곡과 채소, 담배 농사이며 주요 곡물은 벼, 강냉이, 콩이다. 함경북도에는 청진공업지구와 김책공업지구를 중심으로 중공업과 경공업을 육성 개발하고 있다. 청진공업지구에서는 제철, 제강, 기계, 조선, 화학, 시멘트 부문을 김책공업지구에서는 제강, 화학, 제련, 조선, 내화물, 펄프, 제지, 합판 부문에 중점을 두고 있다.

함경북도 주요 도시 현황을 살펴보면 다음과 같다. 북중 접경 지역 회령시, 온성군, 경원군은 갈탄이 풍부하게 매장된 대규모 탄전으로 유명하다. 특히 북한 최대 노천 철광 지역으로 알려진 무산군에는 무산광산연합기업소가 있다. 2004년 기준 매장량은 20억 6,231만 톤(Fe 30~35%)이었다(한국정책금융공사 2010, 479-480). 이곳에서 생산되는 철광은 김책제철연합기업소에 공급된다. 광물 수출을 제한하는 대북 제재로 가동이 중단되었으나 일부 개인업자들을 통해 밀매가 이루어지고 있는 것으로 알려져 있다(정영 2019; 김지은 2017). 함경북도와 잇닿아 있는 나선직할시와 함경북도의 2개 시(청진, 김책), 5개 군(경성, 어랑, 명간, 명천, 화대)은 바다를 끼고 있어 북한에서 수산물 생산에 중요한 몫을 담당하고 있다. 한편, 함경북도 북동쪽 끝에 자리한 경흥군은 두만강을 사이에 두고 중국 지린성 훈춘현과 마주하고 있다. 우리에게 포로수용소로 유명한 '아오지탄광'이 경흥군에 있다. 경흥군은 1977년 김일성 주석이 나라의 '은덕'으로 변모하는 고장이라는 의미로 '은덕군'으로 개칭하였다가(문성휘 · 박성우 2013), 2005년 다시 경흥군으로 다시 바꾸었다.

3.
북중 접경 지역의 안보

1. 북중 국경 관리

1962년 2월 18일 북한 측의 제안으로 북중 국경 협상이 시작되었다. 북중은 1962년 10월 3일 국경선 합의를 마치고 평양에서 10월 12일 '조선민주주의인민공화국과 중화인민공화국 국경조약'(이하 북중국경조약)을 체결하였다. 양국은 1962년 12월 11일 북중국경조약의 비준서를 교환하였다. 북중국경조약에 근거하여 '조중국경연합위원회'를 구성하고 양국의 국경에 대한 실질 조사, 경계 푯말 설치, 국경의 강에 있는 섬과 모래섬의 귀속 확정을 마무리하였다. 이후 1964년 3월 20일 베이징에서 〈조선민주주의인민공화국정부와 중화인민공화국정부의 조중 국경에 관한 의정서〉(이하 북중국경의정서)를 체결하였다(이종석 2014, 27–30; 한명섭 2012, 188).

북중국경조약 제1조는 백두산 천지와 천지로부터 각각 압록강과 두만강이 시작되는 지점까지의 경계를 규정하고 있다. 백두산 정상 부근은 평소에는 말라 있어 물이 흐르지 않아 인위적인 경계 확정이 불가피하였다. 이에 북중은 21개소에 28개의 경계 팻말을 박아 경계를 확정하였다. 천지에서 동남방 방향으로 약 5km 내려오는 지역에 세 개의 작은 물줄기가 나뉘는데, 북중은 이곳을 국경선의 출발점으로 삼고 국경 푯말 1호를 세웠다(이종석 2014, 33–36). 대략 북한과 중국 간에 54.5:45.5의 비율로 분할한 것으로 평가되고 있다(한명섭 2012, 189). 제3조 제1항에서 규정하고 있는 압록강과 두만강에 대해서는 일반적인 국제 관계인 강의 중앙을 기준으로 국경을 획정하지 않고 경계 하천으로서 양국이 공유하는 방식을 취하고 있다(이종석 2014, 40). 압록강과 두만강에 있는 섬과 모래섬 각각 205개와 246개 총 451개가 있다. 이들 섬과 모래섬의 귀속에 대해 북중국경조약 제2조에 근거하여 각자 영토에 가까운 곳은 자국의 영토로 편입하는 지리적 인접성 원칙과 이미 한쪽의 공민이 거주하거나 농사를 짓고 있는 기득권 존중의 원칙에 따라 해당 국가의 영토로 결정하였다. 북중국경의정서에 따르면, 인접성과 기득권 존중 원칙에 따라 북한에 압록강 127개, 두만강 137개 총 264개, 중국 측에 압록강 78개, 두만강 109개 총 187개에 대한 귀속을 결정하였다(한명섭 2012, 190-191).

북중은 1964년 5월 5일 평양에서 중국과 북한 간 〈중조 국경 하천 공동 이용 관리 분야에서 상호 협조할 데 관한 협정〉을 체결하였다. 이를 통해 양측은 각각 수석대표 1명과 대표 4명이 참석하는 '중조 국경하천 이용 공동위원회' 구성에 합의하였다(제1조). 신속한 실무진들의 협의를 위해 북한은 신의주에, 중국은 단둥에서 연락 책임자를 상주키로 하였다(제6조). 협정 효력은 10년이며 기한 만료 1년 전 협정 폐기를 서면으로 제기하지 않는 한 자동으로 10년 연장한다고 규정하고 있다(제8조).

교량의 경우 양측 간 협의를 통해 획정과 보수 유지를 하고 있다. 예를 들어 총 29개의 보로 구성되어 있는 조중 청수역과 상하구역 사이 압록강 철다리의 경우 1976년 12월 8일 서명한 '조중 청수역-상하구역 사이 압록강 국경 철다리 관리계선 획정과 보수유지문제

표 3.5_ 북중 접경 지역 관리를 위한 협정 현황

체결연도	협정	체결 당사자
1954년 6월 7일 (중국 베이징)	조중 양국 국경 철도교량 유지 사업에 관한 임시의정서	북한 교통성/ 중국 철도부
1955년 4월 17일 (중국 베이징)	중국정부와 북한정부 간의 압록강 수풍수력발전소에 관한 협정	정부 전권대표
1955년 5월 7일 (중국 베이징)	중국정부와 북한정부 간의 압록강 수풍수력발전소에 관한 의정서	정부 전권대표
1955년 6월 8일 (중국 베이징)	중국 공안부 대표와 북한 내무성 대표 간에 양국 변경 지역의 몇 가지 사무를 처리함에 관한 연석회의 기록	북한 내무성/ 중국 공안부
1955년 6월 8일 (중국 베이징)	중국 공안부 대표와 북한 내무성 대표 간에 안동 신의주 간 압록강 철교의 안전을 보호할 데 관한 임시의정서	북한 내무성/ 중국 공안부
1956년 1월 14일 (중국 베이징)	중국정부와 북한정부 간의 압록강과 두만강에서의 목재 운송에 관한 의정서	중국정부 전권대표/ 북한정부 위임
1961년 11월 24일 (중국 베이징)	중국정부와 북한정부 간의 압록강과 두만강에서의 목재 운송에 관한 의정서에 대한 보충 의정서	정부 전권대표
1956년 7월 3일 (러시아 모스크바)	중국, 북한, 소련 간 해상 조난자 인명과 해상 조난선박 및 비행기 구조에 관한 협력 협정	정부 전권대표
1956년 9월 2일 (중국 지린성 옌지)	중국 수리부와 북한 농업성 간의 중조 두만강 유역의 중국측 쏴이완즈촌에서 스웨이즈촌과 조선측 운률리에서 승냥리 사이의 치수 공사에 관한 의정서	북한 농업성/ 중국 수리부
1957년 10월 8일 (북한 평양)	중국 수리부와 북한 농업성 간의 중조 두만강 치수공사에 관한 합의	북한 농업성/ 중국 수리부
1958년 12월 16일 (북한 평양)	중조 양국 변경 지방 상품 교역에 관한 의정서	북한 소비협동조합 중앙연맹/중국 지린 랴오닝성 인민위원회
1959년 6월 29일 (중국 선양)	중조 양국 변경지방 수풍저수지를 양어 사업에 공동으로 이용할 데 관한 의정서	북한 평북 인민위원회/ 중국 랴오닝 인민위원회
1972년 12월 (중국 베이징)	북한정부와 중국정부 사이의 수풍호에서 물고기 자원을 공동으로 보호 증식시키고 이용할 데 대한 협정	정부 위임
1960년 2월 12일 (중국 장춘)	중국 지린성과 북한 함경북도 양강도 자강도 간의 지방적 연계를 설정할 데 관한 의정서	북한 함북, 양강도, 자강도 인민위원회/ 중국 지린성 인민위원회

체결연도	협정	체결 당사자
1960년 5월 23일 (중국 베이징)	중국 정부와 북한 정부 간의 국경하천 운항 협조에 관한 협정	북중 정부
1962년 10월 12일 (북한 평양)	북한과 중국의 국경조약	북중 정부
1964년 5월 5일 (북한 평양)	중국정부와 북한정부 간의 중조 국경하천 공동 이용 관리 분야에서 상호 협조할 데 관한 협정	북중 정부 전권 대표
1964년 3월 20일 (중국 베이징)	북한정부와 중국정부의 조중 국경에 관한 의정서	북중 정부
1966년 4월 8일 (중국 단둥)	북한 임업성 대표와 중국 임업부 대표 간의 압록강과 두만강에 수문을 건설할 데 관한 합의서	북한 임업성/ 중국 임업부
1973년 10월 9일 (중국 베이징)	중국 철도부와 북한 철도부의 국경철도에 관한 협정	북중 철도부
1976년 12월 8일 (중국 베이징)	조중 청수역–상하구역 사이 압록강국경철다리 관리계선 획정과 보수유지문제에 대한 회의 의정서	북한 철도부/ 중국 철도부대표단
1979년 10월 8일 (중국 베이징)	북한 체신부와 중국 우전부 사이의 압록강 물밑 케이블에 대한 안전 보호대책과 관련한 합의서	북한 체신부 대표단/ 중국 우전부 대표단
1979년 10월 8일 (중국 베이징)	북한 체신부와 중국 우전부 사이의 신의주–단동 간 원거리 대칭 케이블에 관한 합의서	북한 체신부/ 중국 우전부
1990년 5월 24일	중국 수리부와 북한 기상수문국의 압록강과 두만강 수문 업무 협력 협정	북한 기상수문국/ 중국 수리부 대표
1978년 6월 30일	북한 기상수문국과 중국 수리전력부 사이의 압록강과 두만강의 수문사업에서 협조할 데 대한 협정	북한 기상수문국/ 중국 수리전력부
1998년 7월 8일	국경지역에서 국가의 안전과 사회질서 유지사업에서 상호 협조할 데 대한 합의서	북한 국가안전보위부/ 중국 공안부
1998년 11월 3일 (북한 평양)	북한정부, 러시아연방정부, 중국정부 사이의 두만강에서의 3개국 국경수역 경계선 확정에 관한 협정	북한, 러시아, 중국정부
2002년 6월 20일 (중국 베이징)	북한정부, 러시아연방정부, 중국정부 사이의 두만강에서의 북한과 러시아연방, 중국 국경접촉점에 관한 서술 의정서	정부 대표
2001년 11월 24일 (북한 평양)	중국정부와 북한정부 사이의 국경통과지점 및 그 관리제도에 관한 협정	정부 위임

자료: 中国外交部条约法律司编(2004)에 기초하여 작성.

에 대한 회의 의정서'에 따르면, 북측으로부터 16번째 철다리 기둥과 중국 측으로부터 13번째 철다리 기둥의 중심선까지 각각 경계를 획정하고 관리하기로 하고 있다(제1조). 북중 간 국경과 하천 등 관리를 위한 그간 이루어진 협정을 정리하면 〈표 3.5〉와 같다.

한편, 북한, 중국, 러시아 3자가 접하는 지역이 있다. 국경 수역 경계선을 확정하기 위해 1998년 11월 3일 〈북한, 러시아, 중국의 두만강에서 3개국 국경 수역 경계선 확정에 관한 협정〉을 체결하였다. 협정에 따르면, 3자가 접경하는 지점은 두만강에서 북중 공동 국경 수역이 끝나는 지점이면서 북한과 러시아의 국경이 시작되는 곳이다(제1조 1항과 2항). 3자 경계가 교차하는 두만강의 접촉점에는 표식물을 설치하지 않는 대신에 두만강 기슭에 3개의 국경 수역 경계선의 표식물을 세운다는 데에 합의하였다. 첫 번째 표식물은 중국과 러시아 국경 제423호 푯말을 이용하고, 두 번째와 세 번째 표식물은 각각 두만강 우측 기슭 북한 측 영토와 두만강 좌측 러시아 측 영토에 세웠다(제3조 1항).

2. 북중 접경 지역 통관구

2001년 11월 중국과 북한 간에 '변경 통관구 및 관리제도에 관한 규정(中华人民共和国政府和朝鲜民主主义人民共和国政府关于边境口岸及其管理制度的协定)'을 통해 북중 접경 지역에 총 15개의 국경 통관구 설립을 합의하였다(〈표 3.6〉 참조). 해당 협정에 따르면, 국경 통관구(口岸)란 국제 여객 화물 수송 통과 지점, 쌍방 여객 화물 수송 통과 지점, 공무 통로, 임시 통과 지점으로 나뉜다. 각 통로에서는 도

표 3.6_ 북중 통관구 현황

	북한측	중국측	종류	개통년도	비고
1	평북 신의주	랴오닝성 단동(丹东)시	여객화물도로	1955	여권, 사증/ 국경통행증
			여객화물철도	1954	
2	평북 신의주항	랴오닝성 단둥시 단지부두(丹纸码头)	화물배	–	–
3	평북 삭주군 방산리	랴오닝성 관전만주족자치현 타이핑만(太平湾)	여객화물배	–	여권, 사증/ 국경통행증
4	자강도 만포시	지린성 지안(集安)시	여객화물철도	1954	여권, 사증/ 국경통행증
			도로	2014	–
5	자강도 위원군	지린성 지안시 라후초(老虎哨)	여객화물배	–	여권, 사증/ 국경통행증
6	자강도 중강군	지린성 린장(临江)시	여객화물도로	1950	여권, 사증/ 국경통행증
7	양강도 혜산	지린성 창바이(长白) 조선족자치현	여객화물도로	1950	여권, 시증/ 국경통행증
8	양강도 대홍단군 삼장리	지린성 화롱시 구청(古城)리	여객화물도로	1953	여권, 사증/ 국경통행증
9	양강도 삼지연군 쌍두봉	지린성 안도현 쑤앙무펑(双目峰)	공무통로	2009	–
10	함북 무산군 칠성리	지린성 화롱시 덕화진 난핑(南坪)촌	여객화물도로	1951	여권, 사증/ 국경통행증
11	함북 온성군 삼봉구	지린성 룽징시 카이산툰(开山屯)진	여객화물도로	1930	여권, 사증/ 국경통행증
12	함북 회령	지린성 룽징시 산허(三合)진	여객화물도로	1930	여권, 사증/ 국경통행증
13	함북 온성군 남양구	지린성 투먼(图们)시	화물철도	1954	–
			화물도로	1941	여권, 사증/ 국경통행증
14	함북 새별(赛别尔)	지린성 훈춘시 사튀쯔(沙坨子)	여객화물도로	1985	여권, 사증/ 국경통행증
15	나선시 원정리	지린성 훈춘시 추안허(圈河)촌	여객화물도로	1998	여권, 사증/ 국경통행증

자료: 中国外交部条约法律司编(2004, 456-457; 464-471); 国家口岸管理办公室, 中国口岸协会(2017) 자료를 참조하여 정리.

'–' 는 관련 정보가 표기되어 있지 않거나 확인이 안 된 경우임로, 철도, 항만 등을 통해 공민, 공무 인원, 운수기재, 화물, 물품 등을 통과시키고 있다. 도로와 철도 모두 통관구를 운용하고 있는 곳은 신의주–단둥, 자강도 만포–지안, 함북 남양–지린성 투먼 통관구이다. 중국 측에서 보면, 랴오닝성의 단둥과 타이핑만, 평안북도 신의주와 삭주군에 각각 철도 · 도로와 항만이 연결되어 있다. 나머지 통관구는 중국 지린성 맞은 편인 북한의 자강도, 양강도, 함경북도에 위치해 있다. 이들 통관구 일부는 부두를 이용한 항만과 공무적 목적으로 사용되고 있다. 통관구 중에서 2018년 11월 중국은 사퉈즈(沙坨子), 구청(古城), 창바이(长白) 도로 통관구를 국가급 통관구로 승격하였다(中国吉林网 2018/11/01, http://news.cnjiwang.com/jwyc/201811/2755626.html).

북한과 육지로 인접한 통관구 중에서 주요한 통관구로는 신의주–단동(丹东), 만포–지안(集安), 중강–린장((临江), 칠성–난핑(南坪), 삼봉–카이산툰(开山屯), 회령–산허(三合), 남양–투먼(图们), 원정–추안허(圈河)이다. 이에 대해 간략히 살펴보면 다음과 같다.[2]

1) 신의주–단둥 철도 · 도로 통관구

랴오닝성에 위치한 단둥 통관구는 육상, 해상, 항공 운송과 지하 수송관 등 4개의 통관구 기능을 담당하고 있다(中国新闻网 2015/01/12, http://www.chinanews.com/gn/2015/01-12/6959129.shtml). 단둥은 중

---

2 만포–지안(集安), 중강–린장((临江), 칠성–난핑(南坪), 삼봉–카이산툰(开山屯), 회령–산허(三合), 남양–투먼(图们), 원정–추안허(圈河) 통관구에 대해 별도의 인용 없이 기술된 내용은 国家质量监督检验检疫总局(2012)을 참조하여 작성.

국의 대북 무역 최대 육로 통관구이면서 북중 교역량의 상당 부분을 담당하고 있다. 단둥 철도 통관구는 중국 내에서 제일 큰 철도 통관구 중 하나로 단둥역이 있다. 에볼라 바이러스 차단을 목적으로 북한에서 해외 여행객들의 입국을 금지하면서 2014년에는 10만 명 감소한 32만여 명이 출입국하였다. 2014년 단둥 통관구에서 진행된 검역 차량은 14만 대, 열차 1만2천 대이다(中国新闻网 2015/01/12). 중국은 2015년 3월 입국 금지를 해제하고 여행객들의 출입을 재개하였다. 한편, 단동과 신의주를 잇는 압록강철교의 경우 도로 부분이 부식되는 등 사고 위험이 있어 중국 측이 건설비용을 전액 부담하여 2010년 신압록강대교를 착공하였다. 2014년 9월 중국 측 도로와 연결되어 있으나, 북측과는 아직 연결되지 않은 것으로 알려져 있다.

2) 만포－지안(集安) 철도 · 도로 통관구

북한 자강도 만포와 연결된 지안 철도 통관구는 중국의 북한에 대한 무역과 관광의 3대 주요 통관구 중 하나로 북한 관광과 물품 교역의 중요한 통로이다. 해당 통관구의 연간 화물 처리 능력은 100만 톤이다. 1946년 1월 해외 운송점을 설치하였고, 1954년 4월부터 국제 운송 업무를 시작하였다. 당시 처리 화물은 23만 톤으로 중국 내 최고 수준이었다. 1964년 이전에는 지안 근처 부두를 통해 강을 건넜으나, 1964년 1월부터는 철도로 승객을 수송하게 된다. 당시 하루 2차례 당일 돌아오는 일정의 열차를 통해 승객과 화물을 운송하였다. 2000년 10월 통관구 통행의 불편을 개선하기 위해 통관구 건물을 새로 건설하였다. 중국의 경우 지안시 인민정부 통관구 판공실에서 관리하고 있다.

만포-지안 간 도로 통관구도 왕복 4차선으로 2019년 4월 8일 개통되었다. 철도도 새롭게 신축한 것으로 알려져 있다(통일교육원 2019, 145-146). 2012년 북중이 합의하여 2016년 완공되었으나, 국제 사회의 대북 제재 등 여러 가지 이유로 개통이 지연되었다. 건물도 새롭게 조성하였다. 총 2억8천만 위안을 투자한 건물의 총 면적은 1.39만 평방미터 규모이다. 동북 3성 중에서 면적과 건설 규모 면에서 최대이다. 연 화물 수용량 50만 톤, 출입경 수용 인원 20만 명이다(中国新闻网 2019/04/08, http://www.chinanews.com/cj/2019/04-08/8803024.shtml). 2019년 5월에는 출입국 자동 심사 시스템을 도입하여 전자 여권의 경우 출입국 심사 절차가 최대 6초, 평균 8초면 완료된다(央广网 2019/05/16, http://news.cnr.cn/native/city/20190516/t20190516_524615190.shtml).

3) 중강-린장(临江) 도로 통관구

북한 자강도 중강군과 중국 지린성 린장 도로 통관구는 압록강의 국경 도로 교량으로 연결되어 있다. 린장 통관구는 1950년에 건설되었다. 개혁 개방 이전에는 운수, 공무원, 국경지대 친인척들의 통행을 위해 제한적으로 이용되었다. 개혁 개방 이후에는 인적 이동뿐 아니라 국경지대 무역에도 활용되었다. 입출 차량이 하루 최대 260여 대에 이르는 경우도 있었다. 중국 측에서는 린장시 인민정부 통관구 판공실에서 관리하고 있다.

4) 칠성–난핑(南坪) 도로 통관구

함경북도 무산군 통관구와 지린성 화룽시 난핑 간에 두만강을 가로지르는 임시 도로 교량이었다. 난핑 통관구는 북한 무산군으로부터 12km, 북한 청진시로부터 150km 떨어져 있다. 이 통관구는 1951년 정식 개통되었고 2009년 홍수로 무너져 일시 폐쇄한 바 있다. 현재는 북한과 영구적인 국경 간 교량 건설을 위해 협상 중인 것으로 알려져 있다. 중국 측에서는 화룽시 인민정부 통관구 판공실에서 시설을 관리하고 있다.

5) 삼봉–카이산툰(开山屯) 도로 통관구

북한 함북 상봉구와 중국 지린성 룽정시에서 동부로 36km 떨어진 카이산툰 간에 두만강을 가로질러 도로와 철도가 교량으로 연결되어 있었다. 철도는 1933년 건설되었으나 1949년 신중국 건국 이후 여러 가지 이유로 사용이 중단되었다. 카이산툰 통관구에서 북한 청진항까지는 120km, 나진항까지는 96km이다. 이 통관구는 북중 접경 지역의 친지 방문과 변경 무역을 위해 1930년대 건설되었고 1950년에는 공동연합검사기구를 설립하였다. 연간 2만여 명의 승객을 수용할 수 있으며, 연간 2만 톤의 화물 수송 능력을 갖고 있다. 연간 5천 대가 통과할 수 있다. 중국 측에서는 룽징시 통관구 판공실에서 관리하고 있다.

6) 회령–산허(三合) 도로 통관구

함경북도 회령 통관구와 중국의 지린성 산허 도로 통관구는 두만강의 도로 교량으로 연결되어 있다. 중국 산허 통관구는 1930년대 건설되었다. 1950년에 들어 북중 간 우호 왕래와 변경 무역의 편리를 제공하기 위해 산허 통관구 연합조사기구를 구성하였다. 산허 통관구는 북한의 청진항과 83km 떨어져 있으며 동해와 태평양으로 진입하는 데에 이상적인 통로로 평가받고 있다. 산허 통관구의 연인원 처리 능력은 8만 명, 연간 화물 처리 능력은 40만 톤이다. 연간 통과 가능 차량은 1만5천 량이다. 중국의 경우 룽징시 통관구 판공실에서 관리하고 있다.

7) 남양-투먼(图们) 철도 · 도로 통관구

함북 남양구와 지린성 투먼시를 연결하는 두만강 철도 통관구는 북중 무역 운송의 중요한 통로로 역할을 하고 있다. 철도의 경우 1954년 국제 운송을 시작하였다. 화물은 궤도 위에 상판을 얹어 차량이 이동하는 방식으로 북한의 나진항과 청진항까지 운송할 수 있다. 또한 나진을 거쳐 러시아의 광궤를 이용하여 러시아 극동철도 운송망과도 연계되어 있다. 두만강 철도 통관구의 연간 화물 처리 능력은 300만 톤으로 북중 간 두 번째로 큰 통관구이다. 투먼철도 통관구는 국제 화물 통관구로서 여객 수송 기능은 없었으나, 2000년대 초반 중국의 제10차 5개년 규획을 통해 북한의 나진 국경까지 여행객을 운송하는 관광 열차를 개통한 바 있다. 한편, 1941년 북중을 연결하는 500여 미터의 교량을 건설하여 투먼 도로 통관구를 개통하였다(〈그림 3.8〉 참조). 도로 통관구는 국가 1급 통관구이다. 중국의 경우 투먼시 인민정부 통관구 판공실에서 관리하고 있다.

그림 3.8_ 남양-투먼 도로, 철도 통관구(google earth)

8) 원정-추안허(圈河) 도로 통관구

북한의 나선시 원정리와 지린성 훈춘시 추안허를 연결하는 통관구는 도심에서 40km, 북한 나선시에서 51km 떨어져 있다. 북중 간에 교량을 통해 도로가 연결되어 있으며 북한의 나선 경제 무역 지대와 직접적으로 연결되어 있는 유일한 통로이기도 하다. 추안허 통관구는 역사상 중요한 무역 통관구로서 해방 이후 줄곧 중국의 2급 통관구로서 북중 접경 지역의 친인척 방문을 위한 중요한 통로로 역할을 해왔다. 1981년 9월 제13차 북중 공안안보대표 회의에서 1982년 1월 1일을 기점으로 일시 폐쇄를 합의한 바 있다. 두만강 하류 시역의 국제 협력 개발에 대한 수요가 증가하자 1995년 9월 4일 지린성 인민정부의 승인을 통해 추안허 공무 통로를 재개통하였다. 같은 해 북한 나진항에서 한국의 부산까지 연결하는 육해 수송 경로가 개설되었다. 이어 중국 훈춘과 북한 나진 간 2일 관광 일정이 만들어지기도 하였다. 1997년 1월 추안허 공무 통로를 통해 제3국인의 통행도 가능해졌다. 1998년 12월 27일 국무원은 추안허 통관구의 설립을 정식 비준하면서 2001년 10월 국가 1급 통관구로 개장하였다. 이 통관구의 연간 화물 처리 능력은 60만 톤, 여객 수용 능력은 60만 명이다. 2016년 10월 추안허 통관구와 북한의 원정리를 연결하는 길이 549m, 폭 23m인 왕복 4차선 신두만강대교를 개통하였다(임강택 외 2017, 125~126).

훈춘 추안허 통관구를 통한 북한과 무역 거래의 경우 과거 300~500대의 차량의 통행하였으나, 대북 제재로 인해 2018년 초반의 경우 10~20대로 줄었다는 증언도 나오고 있다(북한경제연구협의회

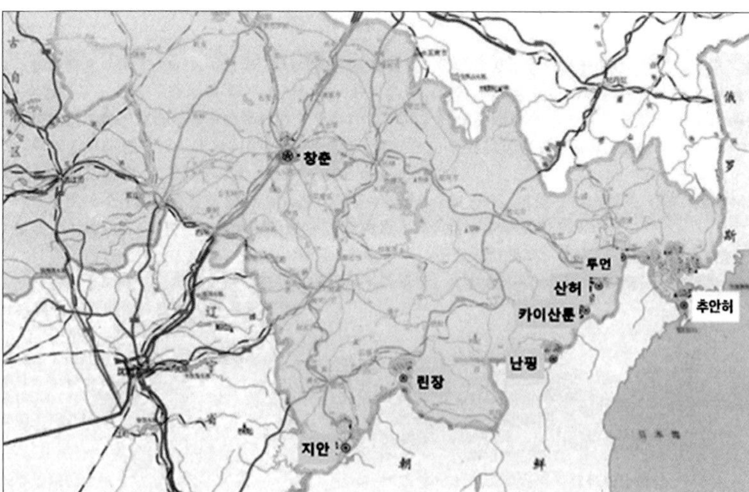

그림 3.9_ 지린성에 위치한 북중 접경 지역 통관구 위치

자료: 国家质量监督检验检疫总局(2012)에서 일부 수정.

2018). 중국의 경우 훈춘시 인민정부 통관구 관리 판공실에서 관리하고 있다. 2019년 추안허 통관구에서는 자동 출입국 심사 시스템을 도입하여 사용하고 있다(延边网 2019/06/26, http://www.yb983.com/world/p/95857.html). 〈그림 3.9〉는 지린성에 있는 북중 접경 지역 통관구의 대략적 위치를 나타냈다.

3. 북중 인적 교류

북중 접경 지역은 인적 통로로 기능하고 있다. 북중 접경 지역은 정상급 지도자들 뿐 아니라 근로자, 탈북자들의 이동 경로이기도 하다. 북한 역대 지도자들의 경우 철도를 통해 중국, 러시아를 방문한 바 있다. 2019년 하노이에서 개최된 미북 정상회의에 참석하기 위해 북한 김정은 위원장은 기차를 타고 북중 접경 지역을 거쳐 간 바 있다.

중국으로 출국한 북한 인원과 관련하여 1998년부터 2015년까지의 추세를 살펴보면 2006년에서 2010년 출국 인원이 감소하였다가 이후 점차 다시 상승하는 추세를 보여준다. 2017년에는 2000년 대비 약 3배 이상 증가한 229,800명의 북한인들이 중국을 오갔다. 2015년 기준 연령별 출입국 현황을 보면 45세에서 64세의 연령대가 99,700명으로 비중이 가장 높다. 다음으로 25세에서 44세로 72,400명이다. 성별 출입국 인원은 남자가 158,200명으로 여자 30,200명에 비해 압도적으로 높다. 여행 목적별로 살펴보면, 근로자와 승무원의 교류가 가장 많다. 2015년의 북중 인적 교류 현황에서는 전체 인원 188,400명 중 근로자와 승무원이 94,200명으로 절반에 달한다. 근로자의 경우 건설, 광산, 벌목, 직물, 식당 등의 분야에 취업하여 일하는 경우이다. 승무원의 경우 선박, 비행기, 기차, 트럭 등에 해당될 수 있다. 다음으로 교육 등의 인적 교류를 포함하는 기타 교류 인원은 66,700명이다. 회의/비즈니스로 25,900명, 관광/레저 1,500명, 친지 및 친구 방문은 100명이다.

대북 제재가 본격화되기 이전의 경우 중국 내 북한 근로자는 식당, 건설 현장, 산업 연수생 형태로 최대 8만 명으로 추산하고 있다(북한전략센터 · 코리아정책연구원 2012; 김정우 2017). 또한 선양, 단둥 등지에는 인터넷 프로그램, 만화 등 관련한 업종의 북한 인재들이 활동하고 있다(察哈尔学会 2018). 이들은 대북 제재 이전의 기간 동안 연간 5억 달러를 벌어들인 것으로 알려져 있다. 북한의 근로자는 교육 수준과 소양이 높지만 인건비가 저렴하여 중국의 공장에서 적극적으로 활용하고 있다. 중국의 한 보고서에 의하면, 랴오닝성과 지린성 옌볜 지구에 북한 근로자들이 각각 2만여 명과 1만5천여 명이 거주하고 있는 것으로 알려져 있다. 북한과 인접한 지린성 훈춘(珲春)시의 경우 약 6천여 명의 북한 노동자가 거주하고 있는데, 그 중 중국 의류업체로 알려져 있는 야거얼(雅戈尔)의 경우 3,070명의 북한 근로자를 고용하고 있다. 업체 관계자에 따르면, 훈춘시에 공장을 건립한 주요 이유 중 하나는 저렴하고 우수한 북한 노동력 때문이라고 설명하고 있다. 2014년 야거얼이 공장을 막 가동하였을 당시 북한 근로자의 월급은 미화 200달러였으며, 2018년 기준으로 약간 상승하였으나 인민폐 2,000위안을 넘지 않는다는 것이다. 중국 현지 공장 관리자에 따르면, 북한 근로자의 교육 수준은 중국인 직업중고등학교 졸업자 수준으로 베트남과 미얀마의 근로자 소질보다

표 3.7_ 중국으로 출국한 북한 총인원 현황(2000~2017년) (단위: 명)

	2000	2001	2002	2003	2004	2005	2006	2007	2008	2009	2010	2011	2012	2013	2014	2015	2016	2017
북한의 해외 출국 총인원	76,385	77,051	79,253	77,140	112,052	125,800	110,095	113,674	101,824	103,880	116,382	152,300	180,573	206,617	184,400	188,300	210,400	229,800
나이																		
14세 이하	—	—	—	—	—	—	1,116	890	695	900	800	1,300	1,300	1,500	1,500	1,200	—	—
15–24	—	—	—	—	—	—	6,127	7,717	6,302	5,900	7,300	11,200	18,900	23,800	15,300	13,200	—	—
25–44	—	—	—	—	—	—	56,113	53,261	45,203	6,500	49,100	64,800	6,300	88,500	72,000	72,400	—	—
45–64	—	—	—	—	—	—	44,744	49,684	7,926	48,600	57,000	72,900	81,700	90,600	93,500	99,700	—	—
65세 이상	—	—	—	—	—	—	1,995	2,122	1,698	1,900	2,200	2,100	2,400	2,300	2,100	1,900	—	—
성별																		
남	—	—	—	—	—	—	97,147	100,122	89,272	91,800	102,000	130,500	141,200	157,500	150,800	158,200	—	—
여	—	—	—	—	—	—	12,948	13,552	12,552	12,100	14,400	21,800	39,400	49,100	33,500	30,200	—	—
교통 수단																		
바다	—	—	—	—	—	—	28,229	—	36,928	35,800	45,100	62,200	68,100	79,000	77,400	80,900	—	—
하늘	—	—	—	—	—	—	25,126	—	27,587	27,800	30,000	33,900	38,100	33,200	31,900	32,600	—	—
철도	—	—	—	—	—	—	16,491	—	19,202	21,900	16,800	19,100	18,500	37,000	37,200	39,400	—	—
차량	—	—	—	—	—	—	35,704	—	14,325	14,600	19,800	31,800	50,300	49,400	31,800	29,700	—	—
도보	—	—	—	—	—	—	4,545	—	3,782	3,800	4,700	5,200	5,600	7,900	6,000	5,900	—	—
여행 목적																		
회의/상무	—	—	—	—	—	—	26,926	20,605	18,266	19,400	25,300	39,000	55,200	55,100	33,900	25,900	—	—
관광/레저	—	—	—	—	—	—	5,350	7,922	4,869	4,100	4,300	4,600	4,500	2,900	1,500	1,500	—	—
친지 및 친구 방문	—	—	—	—	—	—	1,539	294	685	300	400	100	200	300	100	100	—	—
근로자/승무원	—	—	—	—	—	—	50,764	54,183	46,811	52,100	53,900	75,300	79,600	93,300	89,100	94,200	—	—
기타	—	—	—	—	—	—	25,516	30,670	31,193	28,000	32,400	33,300	41,100	55,000	59,700	66,700	—	—

자료: WTO, China Statistical Yearbook, CNTA: http://cnta.gov.cn/zwgk/lysj/; North Korea in the World 웹사이트(https://www.northkoreaintheworld.org) 에서 재인용ww

각각 30%, 60% 이상 뛰어나다고 평가하고 있다(察哈尔学会 2018).

2017년 유엔 안보리가 결의한 북한 해외 노동자에 대한 신규 노동 허가 발급 금지(유엔 대북제재 결의 2375호) 조치와 북한 노동자 전원을 24개월 내 송환을 의무화한 조치(유엔 대북제재 결의 2397호)로 중국 연길과 북한 나진에 설립된 공장의 경우 인력 파견의 어려움을 겪으면서 장기 휴업 상태인 것으로 알려져 있다(북한경제연구협의회 2018, 27). 그럼에도 불구하고 중국 내 북한 근로자들의 수는 달라지지 않았다는 주장도 있다. 신의주를 맞대고 있는 단둥의 경우 현지 중국인 감독관에 따르면, 한 달 관광비자로 중국에 입국하여 일하고 북한으로 돌아가는 방식으로 일을 하는 등 편법을 통해 유엔 제재를 피하면서 일하고 있기 때문이라는 것이다(송창섭 · 김지영 2018).

한편, 북중 접경 지역은 탈북자들의 주요 루트이기도 하다. 통일부의 통계에 따르면, 한국에 정착한 탈북자의 79.7%가 북중이 접경하고 있는 함경북도, 양강도, 평안북도, 자강도 출신이다. 이 중에서 함북과 양강도의 경우 각각 60.1%, 16.3%를 차지하고 있다. 반면에 평북과 자강도의 경우 각각 2.6%, 0.7%로 지극히 적다(〈표 3.8〉 참조). 함경북도와 양강도의 인구(2008년 기준)는 각각 2,327,362명과 719,269명으로 합계는 대략 300만여 명에 불과해 북한 전체 인구의 약 13%를 차지하지만, 한국에 정착한 탈북자의 76.4%가 이들 지역 출신으로 차지하고 있다. 반면에 평안북도와 자강도의 인구(2008년 기준)는 각각 2,728,662명과 1,299,830명으로 약 400만여 명에 달하고 있으나 탈북자의 숫자는 지극히 낮다. 함경북도와 양강도의 탈북자가 많은 것은 평안북도와 자강도와 달리 강폭이 좁은 두만강을 두고 있다는 지리적 요인에 기인한 것으로 여겨진다. 평안북도와 자강도의 경우 강폭이 넓고 물살이 빠른 압록강을 두고 있다(양희정 2017). 탈북자들의 주요 루트는 역으로 탈북자들의 재입북 경로의 역할을 한다고 볼 수 있다.

표 3.8_ 탈북자들의 출신 지역별 현황 (단위: 명)

구분	강원	남포	양강	자강	평남	평북	평양	함남	함북	황남	황북	개성	기타	계
남	219	69	1,371	68	443	365	414	768	4,802	265	177	45	88	9,094
여	374	81	3,876	154	627	481	318	2,030	14,489	191	269	30	104	23,024
합계	593	150	5,247	222	1,070	846	732	2,798	19,291	456	446	75	192	32,118
비율 (%)	1.9	0.5	16.3	0.7	3.3	2.6	2.3	8.7	60.1	1.4	1.4	0.2	0.6	100

자료: 통일백서(2019, 207).

중국을 통한 탈북자의 증가는 장기적인 관점에서 볼 때 중국 접경 지역에서의 사회 불안 요인이 될 수 있다. 탈북자의 많은 경우 다른 국가로 가기 위해 중국을 경유하지만 그렇지 못한 일부 탈북자들의 경우 중국 내 잔류하여 범죄와 연루되거나 성매매와 같은 불법 경제 활동으로 사회에 정상적으로 편입되지 못하게 되면 사회 치안에 위협이 될 수 있다. 이러한 이유로 중국 당국은 탈북자들을 불법 이민자로 간주하고 단속을 강화하고 있는 추세이다.

4.
북중 접경 지역의 경제

1. 북중 교역

북한의 수출입 총액은 2000년 19.7억 달러에 불과하였으나 2010년 41.9억 달러에서 2014년에는 76.1억 달러로 최고의 성적을 거둔 바 있다. 이처럼 북한의 전체 교역량은 2017년 이전까지는 일부 약간의 하락세가 있으나 전반적으로는 상승 추세를 보여주었다. 그러나

표 3.9_ 연도별 북한의 대중 및 전체 수출입 현황 (단위: US 백만 달러)

연도	수출액		수입액		총액		무역수지	
	대중국	전체	대중국	전체	대중국 (비중%)	전체	대중국	전체
2000	37	556	451	1,413	488(24.4)	1,969	−414	−857
2002	271	735	467	1,525	738(32.3)	2,260	−196	−790
2004	582	1,020	795	1,837	1,377(47.9)	2,857	−213	−817
2006	468	947	1,232	2,049	1,700(55.7)	2,996	−764	−1,102
2008	754	1,130	2,033	2,686	2,787(72.8)	3,816	−1,279	−1,556
2010	1,188	1,513	2,278	2,660	3,466(83.0)	4,173	−1,090	−1,147
2012	2,485	2,880	3,528	3,931	6,013(87.0)	6,811	−1,043	−1,051
2014	2,841	3,164	4,023	4,446	6,864(90.1)	7,610	−1,182	−1,282
2015	2,484	2,696	3,226	3,555	5,710(91.3)	6,251	−742	−859
2016	2,634	2,820	3,422	3,710	6,056(92.4)	6,530	−788	−890
2017	1,650	1,772	3,608	3,778	5,258(94.75)	5,550	−1,958	−2,006
2018	221	240	2,589	2,600	2,810(98.94)	2,840	−2,368	−2,360

자료: 2000~2017년 자료는 통일교육원(2019, 134~135); 2018년 자료는 KOTRA(2019)와 North Korea in the World 웹사이트 자료(https://www.northkoreaintheworld.org/china-dprk/total-trade)에 기초하여 작성.

본격적인 대북 제재가 시행되던 2017년부터 하락하는 추세를 보여주고 있다. 2017년에는 북한의 전체 교역량이 15% 감소하다가 2018년에는 전년 대비 약 절반 정도 감소하여 약 28.4억 달러를 기록하였다. 이는 2004년도 북한 교역량과 비슷한 수치이다(〈표 3.9〉 참조). 참고로 한국의 2018년 수출입 총액은 1조 1,405억 달러이다(산업통상자원부 2019).

2017년 북한의 교역량 중에서 중국이 차지하는 비중은 94.75%로 중국에 대한 의존이 절대적이다. 북한과 중국 간의 전체 교역량의 추이를 살펴보면, 북한의 전체 교역량 추이와 비슷한 양상을 보여준다. 2000년부터 2009년까지 완만하게 증가하고 2009년 들어 빠르게 증가하다가 2017년 들어 국제 사회의 연이은 대북 제재로 교역량은 급격히 낮아졌다. 2018년의 교역량은 2008년 십여 년 전 수준으로 하락하였다. 북한은 중국으로부터 수입이 수출보다 많은 무역 구조이다. 2010년 이전까지는 수입이 수출보다 2배 이상 많았으나 2011년부터는 수출이 수입의 약 2/3에 육박하는 수준까지 성장하였다. 그러나 2017년부터 중국에 대한 북한의 수출이 수입의 절반 이하로 떨어지고 2018년도에는 중국으로부터 수입한 금액과 비교하여 중국에 대한 북한의 수출액이 약 1/11로 추락하였다. 북한의 대외 무역에서 북중 무역의 비중은 꾸준히 증가해왔다. 2000년에는 전체 무역에서 약 1/4 정도 차지하였으나 꾸준히 증가하여 2006년 절반을 넘었고 2018년에는 98.94%로 거의 모든 수출입을 중국에 의존하고 있는 실정이다. 이는 유엔 대북 제재 강화, 남북 경협 중단, 중국 동북 3성 지역 경제와 북한 경제의 상호 의존성 증대, 중국의 대북 전략 등 요인이 종합적으로 작용한 결과로 분석된다(통일교육원2019, 134).

2017년을 기준으로 중국 이외 국가들은 러시아, 인도, 필리핀, 스리랑카 등 순이며 이들 국가가 교역에서 차지하는 비중은 5.25%로 매운 낮은 수준이다(〈표 3.10〉 참조).[3] 2018년도에는 북한의 이들 국가 간 교역량은 매우 미미한 수준으로 떨어져 있다.

표 3.10_ 북한의 상위 10대 무역 교역 국가(2017년) (단위: US 천 달러, %)

순위	국가명	북한의 수출		북한의 수입		수출입 합계		비중	전년 순위
		금액	증감률	금액	증감률	금액	증감률		
1	중국	1,650,663	−37.3	3,608,031	5.4	5,258,694	−13.2	94.75	1(−)
2	러시아	3,664	−58.6	74,177	9.0	77,841	1.2	1.40	2(−)
3	인도	13,442	−8.4	41,692	−5.9	55,134	−6.5	0.99	3(−)
4	필리핀	5,700	−64.7	13,841	−52.0	19,541	−56.5	0.35	5(↑1)
5	스리랑카	9,663	7.9	2,160	−38.8	11,823	−5.3	0.21	9(↑4)
6	파키스탄	11,341	−55.9	0	−	11,341	−55.9	0.20	6(−)
7	홍콩	6,072	61.8	3,145	−50.0	9,217	−8.2	0.17	13(↑6)
8	멕시코	6,103	−9.2	487	−21.1	6,590	−10.2	0.12	18(↑10)
9	에티오피아	5,213	139.3	924	−34.2	6,137	71.3	0.11	28(↑19)
10	모잠비크	5,897	−31.3	115	71.6	6,012	−30.5	0.11	14(↑4)

자료: KOTRA(2017, 12).

중국에 대한 북한의 주요 수출입 품목을 살펴보면 다음과 같다(〈표 3.11〉과 〈표 3.12〉 참조). 우선 중국에 대한 북한의 주요 5대 수출

3 통계마다 차이를 보이고 있는데, CIA World Fackbook(2018)에 따르면, 2017년 기준으로 북한의 전체 수출량과 수입량 중에서 중국이 차지하는 비중은 각각 86.3%과 91.9%라고 밝히고 있다.

품목 중에서 의류/부속품(메리야스, 뜨개질 편물 외)의 경우 2017년 전체 수출 비중의 약 1/3에 미치지 않는다. 다음으로 광물성 연료, 광물유가 25%를 차지하는 데 2016년과 비교해볼 때, 65.2% 감소하였다. 광, 슬랙스 및 회의 경우는 11.36%를 차지한다. 특히 석탄(HS 2701)과 아연(HS 2608)의 수출은 2016년 대비 각각 66.0%와 98.7% 감소하였다. 이는 유엔안보리결의안 2321호(2016년 11월)와 2317호(2017년 8월)의 시행 결과로 여겨진다. 다만, 철광석(HS 2601)의 대중국 수출은 유엔안보리결의안 2317호로 인해 북한 철광석의 수입이 전면 금지되기 전까지는 '민생 목적의 수입'으로 유지되어 전년 대비 소폭 상승(1.3%)하였다. 이러한 이유로 광, 슬랙 및 회 품목의 경우 전년 대비 감소율이 16.8%에 그쳤다. 어류, 갑각류, 연체동물 등도 유엔안보리 2317호 결의에 따라 수입 금지 조치가 내려지면서 전년 대비 14.3% 감소하였다. 다만, 식용 과실, 견과류는 전년 대비 55.2% 성장하였으나, 전체 수출 비중은 4.78%로 크지 않다(KOTRA

표 3.11_ 북한의 대중 주요 5대 수출 품목(2017년) (단위: US 천 달러, %)

품목명	HS CODE	2016년	2017년		
			금액	증감률	비중
의류/부속품 (메리야스, 뜨개질 편물 외)	62	611,500	496,741	−18.8	30.09
광물성 연료, 광물유	27	1,187,115	412,722	−65.2	25.00
광, 슬랙 및 회	26	225,351	187,493	−16.8	11.36
어류, 갑각류, 연체동물 등	03	190,094	162,822	−14.3	9.86
식용 과실, 견과류	08	50,833	78,893	55.2	4.78

자료: KOTRA(2018, 15).

2018, 16~17).

한편, 2017년 북한의 중국에 대한 주요 수입 품목을 살펴보면 수출 품목과 달리 어느 한 품목이 전체 비중에서 상당 부분을 차지하고 있지 않다. 광물성 연료, 광물유는 전년처럼 최대 수입 품목이지만 소폭 감소(−5.9%)하여 전체 비중에서 9.69%를 차지한다. 광물성 연료, 광물유를 보다 자세히 살펴보면, 원유로 한정한 석유와 역청유(HS 2709)는 2016년 대비 21.7% 증가하였고, 원유를 제외한 석유와 역청유(HS 2701), 석유 코크스(HS 2713)는 전년 대비 각각 58.1%, 11.5% 감소하였다. 원자로, 보일러와 기계류도 전년 대비 소폭 하락하였다. 그 밖에 북한은 전자 및 IT 기기, 음향, 영상 설비 및 부분품, 플라스틱 및 그 제품, 인조 필라멘트 섬유 등을 수입하고 있으며 이는 2016년에 비해 증가하였다.

표 3.12_ 북한의 대중국 주요 5대 수입 품목(2017년) (단위: US 천 달러, %)

품목명	HS CODE	2016년	2017년		
			금액	증감률	비중
광물성 연료, 광물유	27	371,569	349,506	−5.9	9.69
전기기기, 음향, 영상 설비 및 부분품	85	315,479	338,133	7.2	9.37
원자로, 보일러와 기계류	84	268,607	267,599	−0.4	7.42
플라스틱 및 그 제품	39	204,533	231,388	13.1	6.41
인조 필라멘트 섬유	54	187,042	218,834	17.0	6.07

자료: KOTRA(2018, 16).

북한과 접경하고 있는 중국의 랴오닝성과 지린성의 대북 교역량은 2016년 기준으로 북중 전체 교역량 61.06억 달러에서 59.2%에 달하고 있다(〈표 3.13〉 참조). 이 중 랴오닝성이 41.9%로 절대적 비중을 차지하고 있다. 〈표 3.9〉의 연도별 북한의 대중 및 전체 수출입 현황에서 2016년 교역량 65.30억 달러와 약간 차이를 보이는 것은 원유 수출액을 포함한 것으로 추정된다.

표 3.13_ 중국 주요 지역의 북한과 수출입 현황(2016년)

		억 달러	비중(%)
랴오닝성	대북 수출액	10.35	
	대북 수입액	15.24	
	총액	25.60	41.9
지린성	대북 수출액	3.78	
	대북 수입액	6.77	
	총액	10.55	17.3
	대북 수출액	12.20	
그 외 성	대북 수입액	12.70	
	총액	24.90	40.8
전체	대북 수출액	26.34	
	대북 수입액	34.72	
	총액	61.06	100.0

자료: North Korea in the World 웹사이트 자료(https://www.northkoreaintheworld.org/china-dprk/chinese-provincial-trade-north-korea)를 수정 · 보완.

랴오닝성과 지린성의 경우 2000년부터 2016년까지의 수출입 현황을 살펴보면, 2009년과 2015년에 북중 무역량이 다른 해와 달리 큰 폭으로 감소하는 것을 제외하고는 지속적 성장세를 보여준다(〈표

3.14〉 참조). 2009년의 경우 다른 해와 달리 수출입 증감률이 두 자릿수로 감소하게 된 원인은 세계 경제 위기의 영향으로 추정된다. 랴오닝성의 경우 −28.1%, 지린성의 경우 전년 대비 약 절반(−48.7%)에 육박할 정도로 감소하였다. 2010년에는 천안함 사건 등으로 5.24

표 3.14_ 연도별 랴오닝성과 지린성의 대북 수출입 현황 (단위: USD 백만, %)

연도	랴오닝성			지린성		
	수출입 합계		수지	수출입 합계		수지
	금액	증감률		금액	증감률	
2016	2,559	1.6	489	1,055	5.1	299
2015	2,518	−7.9	393	1,004	−15.5	192
2014	2,735	8.2	457	1,187	37.7	323
2013	2,528	12.4	321	862	27.2	190
2012	2,250	6.9	348	678	1.5	160
2011	2,105	44.5	299	669	59.2	117
2010	1,457	106.4	479	419	32.1	81
2009	706	−28.1	190	317	−48.7	193
2008	982	29.4	296	619	128.8	231
2007	759	32.0	239	269	14.5	37
2006	575	1.4	163	235	−2.1	−17
2005	567	−4.9	81	241	20.4	35
2004	596	24.9	−182	100	35.7	−10
2003	477	35.1	−169	147	28.4	49
2002	353	23.4	−83	114	−1.0	48
2001	286	79.9	60	115	28.1	67
2000	159	16.1	129	90	30.3	54

자료: 한국무역협회 통계; 이정균(2017, 86, 88)에서 재인용.

대북 제재 조치가 취해졌음에도 불구하고 그해 5월과 8월에 북한 국방위원장 김정일의 연이은 방중 등으로 랴오닝성과의 교역량은 전년 대비 106.4%로 최고 성장률을 보여주고 있다. 2015년에는 〈표 3.9〉의 북중 수출입 현황에서도 확인하듯이 수출입 총액이 감소하고 있는데, 랴오닝성과 지린성의 북한과의 교역에서도 반영되었다. 북한 경제에 실질적 영향을 미치게 되는 대북 제재는 2016년 9월 9일 북한이 진행한 5차 핵 실험과 일련의 도발에 대응하여 유엔안보리결의안이 연이어 발표되었다. 2016년 11월 30일 ① 북한의 석탄 수출 상한제 도입, ② 북한의 수출 금지 광물(은, 동, 아연, 니켈) 추가 및 조형물(statue) 수출 금지 조치를 포함한 결의안 제2321호가 채택되었다(외교부 2016). 2017년에는 유엔안보리 대북 제재 결의안이 4차례 채택되었다. 3월 2일 제2356호, 8월 5일 ① 기존 결의상 예외가 인정되었던 북한의 석탄, 철, 철광석 수출을 전면 금지하고, ② 납, 납광석, 해산물 수출 금지 ③ 북한 해외 노동자 고용 제한 조치를 새로이 담고 있는 제2371호를 채택하였다(외교부 2017a). 이어 9월 11일 ① 대북 정유 제품 공급량에 연간 상한선(2017년 10월~12월간 50만 배럴/ 2018년부터 연간 200만 배럴)을 부과하고, ② 대북 원유 공급량을 현 수준으로 동결하는 한편, ③ 콘덴세이트 및 액화천연가스 공급 전면 금지 ④ 북한의 섬유 수출 금지 ⑤ 북한 해외 노동자에 대한 신규 노동 허가 발급 금지를 담은 제2375호를 채택하였다(외교부 2017b). 마지막으로 12월 22일 대북 유류 공급 제한 조치 강화, 북한 해외 노동자 24개월 내 전원 송환, 대북 수출입 금지 품목 확대, 해상 차단 조치 강화, 제재 대상 개인 · 단체 추가 지정을 담은 제2397

호를 채택한다(외교부 2017c). 일련의 유엔안보리 대북 제재 조치로 북중 전체 교역량은 2017년부터 감소하게 된다. 2017년부터 2018년까지 성(省)별 관련 통계 조사가 미비하여 숫자로 확인하는 것이 여의치 않으나 랴오닝성과 지린성의 북한과의 교역량도 총교역량 감소를 반영하는 것으로 추정할 수 있다.

중국의 북한 수출 품목은 대체로 경공업 품목에 집중되어 있다. 랴오닝성의 통계가 확인되지 않아 지린성의 경우를 들어 살펴보면, 2002년부터 2014년까지 북한에 대한 수출 품목은 대부분 경공업 품목에 집중된 경향을 보이고 있다. 2014년 지린성의 대북 수출 10대 품목은 ① 편물 의류(HS61) 7,556만 달러, ② 신발류(HS64) 4,702만 달러, ③ 기계 · 컴퓨터(HS84) 3,797만 달러, ④ 플라스틱(HS39) 3,696만 달러, ⑤ 어류(HS03) 3,485만 달러, ⑥ 전기 제품(HS85) 3,219만 달러, ⑦ 담배(HS24) 2,912만 달러, ⑧ 곡물(HS10) 2,208만 달러, ⑨ 편물(HS60) 2,205만 달러, ⑩ 음료(HS22) 2,077만 달러였다. 상위 5개 품목의 비중은 2002년 53.95%에서 2014년 30.61%, 상위 10개 품목의 비중은 2002년 69.27%에서 2014년 47.31%로 상위 품목에 대한 집중도가 완화되었으며, 100만 달러 이상 수출 품목도 HS 2단위 기준으로 2002년 19개 품목에서 2014년 55개 품목으로 증가했다(전병곤 외 2015, 92).

북중 접경 지역에서는 공식 교역뿐 아니라 밀무역과 비공식적 송금도 이루어지고 있다. 1990년대 북한의 심각한 경제난 타개를 위한 식량 조달 목적의 밀무역이 주를 이루었다. 그러나 2000년 들어 북중 접경 지역에 대한 단속이 강화되면서 밀무역은 조직적이고 은밀하게 진행되는 것으로 알려져 있다. 북한 장마당이 활성화면서 중국 측 대형 무역회사, 지역 조직 폭력배, 변방 부대, 북한 측 군부와 주민들이 관여하는 밀무역으로 발전하고 있다(이정균 2017).

한편, 북중 접경 지역에는 장기간 공식 · 비공식 무역 거래를 통해 쌓은 신뢰를 바탕으로 형성된 비공식적인 결제 시스템을 활용하여 북한에 대한 송금이 가능하다고 한다. 비공식 중개업자 간 네트워크를 통해 중국의 정보통신망, 유통망, 결제망을 활용하면서 20~30%의 수수료를 지불하면 24시간 전후로 수취인에게 송금이 직접 전달된다(정은이 2017). 이러한 이유로 인권단체의 조사에 따르면, 실제로 한국에 정착한 탈북자들의 10명 가운데 6명 정도는 북한에 송금한 경험을 갖고 있으며, 1회 평균 송금액은 2,460달러였다는 것이다. 북한인권정보센터가 2019년 414명의 탈북자를 대상으로 한 조사에서 256명(62%)이 한 차례 송금한 바 있으며 한해 대북 송금액은 30만 달러에 달한다고 밝혔다(목용재 2019). 3만 명 탈북자 시대에 62% 정도가 상기 금액을 송금한다고 단순 계산하면 약 4천5백만 달러에 달할 것으로 추정된다.

2. 북중 접경 지역의 북한 경제개발구

북한은 경제 특구 지정을 통해 외자 유치 활동을 벌이고 있다. 2018년 발표된 〈조선민주주의인민공화국 주요 경제 지대들〉에 따르면, 북한은 총 27개 경제 지구를 지정한 상태다. 경제 특구로는 6개, 중앙급 경제 개발구는 4개, 지방급 경제 개발구는 17개이다(〈그림 3.10〉 참조).

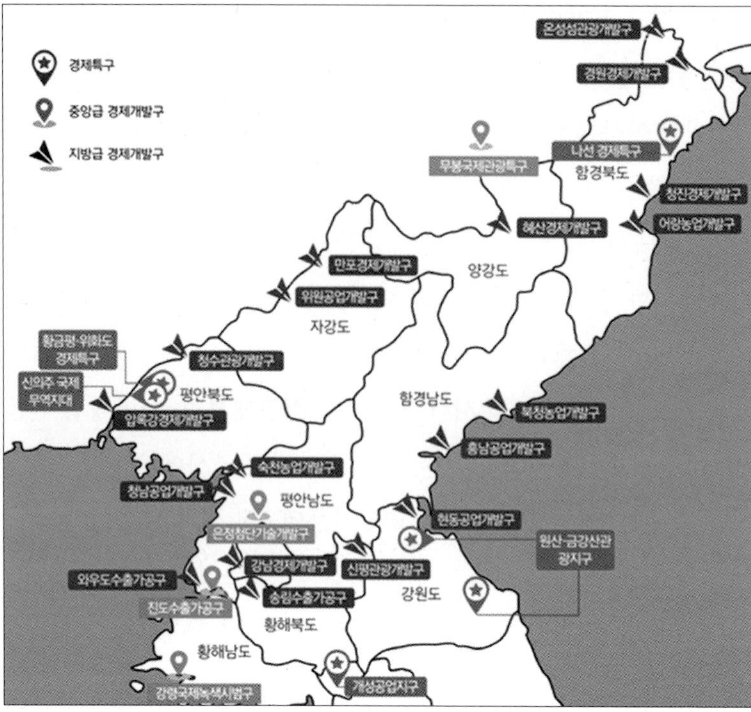

그림 3.10_ 북한의 경제 특구와 경제 개발구

자료: 통일교육원(2019, 148).

북한은 북중 접경 지역에 7개의 경제 지대/개발구와 3개의 관광 특구/개발구 총 10개의 개발구를 계획하고 있다. 7개 경제 지대/개발구는 황금평-위화도 경제 지대, 신의주 국제 경제 지대, 압록강 경제 개발구, 위원 공업 개발구, 만포 경제 개발구, 혜산 경제 개발구, 경원 경제 개발구가 있다. 북중 접경 지역에 지리적으로 위치하지는 않지만, 북중 협력의 중요한 경제 지대/개발구로서 나선 경제 무역 지대가 있다. 이중 황금평 · 위화도 경제 지대, 신의주 국제 경제 지대, 나선 경제 무역 지대는 국가 중앙급 특구로 지정되어 있다. 3개 관광 특구/개발구로는 청수 관광 개발구, 무봉 국제 관광 특구, 온성섬 관광 개발구가 있다. 북중 접경 지역에는 북한의 동부와 서부 지역과 달리 농업 개발구와 수출 가공구가 없다. 그리고 북한에서 구상 중인 총 14개 경제 지대/개발구와 총 6개 관광 특구/개발구 중에 절반이 북중 접경 지역에 몰려 있다는 점이 눈에 띈다. 북한은 경제 개발구의 투자업체들에 대해 10년간 기업 소득세를 감면하고 최대 50년간 토지 임대를 보장하는 등의 편의를 제공할 것으로 알려져 있다. 이러한 계획에도 불구하고 2013년 12월 장성택의 숙청과 일련의 북한의 핵 실험과 미사일 발사 등 도발에 따른 국제 사회의 대북 제재 강화로 경제 개발구의 개발은 여전히 별다른 진척을 보이고 있지 않다(통일교육원 2019, 144).

북중 접경 지역에 위치한 경제 특구 중에서 국가 중앙급 특구인 황금평–위화도 경제 지대, 신의주 국제 경제 지대, 나선 경제 무역 지대를 중심으로 살펴본다.

1) 황금평 · 위화도 경제 지대

평안북도 신도군에 속하는 황금평과 위화도는 압록강 하구에 위치한 섬으로 각각 16.0km²와 12.2km² 규모의 북한 섬이다(〈그림 3.4〉 참조). 2010년 지정된 황금평 · 위화도 경제 지대 조성을 위해 2011년 5월 북중은 '나선과 황금평 · 위화도 경제 지대 공동 개발 및 공동 관리에 대한 협정'을 체결하고 '조 · 중 나선 경제 무역 지대와 황금평 경제 지대 공동 개발 총 계획 요강'을 발표하였다. 요강에 의하면, 황금평 · 위화도 경제 지대는 16km², 약 500만 평에 상업센터를 건설하고 정보, 관광 문화, 현대 농업, 가공업 등 4대 산업 단지를 조성할 계획이다. 이를 위해 황금평과 신의주 사이의 여객 및 화물 부두를 건설하고 그물망 형식의 도로 건설, 단둥과의 사이에 2개의 출입도로를 건설하는 등 중국 단둥과 연결된 항구, 도로, 전력 수급과 통신망 등 인프라 시설 구축 계획을 담고 있다(임강택 외 2017, 122).

2011년 6월 북한 측 국방위원회 부위원장 장성택 등과 중국 측 상무부장 천더밍(陳德銘) 등이 참석한 가운데 황금평 · 위화도 경제 지대와 나선 경제 무역 지대의 착공식이 개최되었다(통일부 2011, 7~8).

2011년 12월 초 '황금평 · 위화도 경제 지대법'을 제정하였으나 법의 구체적인 내용은 공개되지 않다가 2013년 12월 25일 경제 특구를 담당하던 장성택이 처형된 약 2주일 후에 조선중앙통신을 통해 알려지게 되었다. 본 경제 지대에서는 정보 산업, 경공업, 농업, 상업, 관광업을 기본으로 개발할 것이라고 명시하고 있다(제3조). 외국의 법인이나 개인은 물론 재외동포의 투자도 가능하도록 하고 외국 투자자의 소득과 권리를 보호하고 신변 안전도 보장한다고 밝히고 있다(제8조와 9조). 기업은 토지를 임대받아 종합적으로 개발 및 경영하는 방식으로 개발하고 토지 임대 기간은 50년까지이고 갱신이 가능하도록 규정하고 있다(남성욱 2016, 28~30).

국제 사회의 대북 제재로 황금평 · 위화도 경제 지대의 경우 지금까지 공동관리위원회 건물만 건축되었을 뿐 실질적인 추진은 없다

(통일교육원 2019, 144). 이와 더불어 황금평과 위화도 사이에 착공된 신압록대교는 중국 측이 약 20억 위안(약 한화 3,800억 원)을 투자하여 착공 4년 후 2014년 10월 완공되었으나 개통은 미뤄지고 있다. 북측의 접속 도로 연계 미비 등의 이유로 지연되고 있는 것으로 알려져 있다(임강택 외 2017, 123).

표 3.15_ 황금평 · 위화도 경제 지대 개발 계획 개요

구분	항목	내용
개발 목표	중점 항목	• 신의주, 단둥과의 연계 특성 발휘하여 정보 산업, 관광 문화 사업, 현대 시설 농업, 경공업 발전
	발전 목표	• '1중심 4단지'의 지식 밀집형 신흥 경제구역으로 건설
산업 발전 방향과 산업 배치	상업센터	• 단기: 조중 공동시장 • 장기: 쇼핑, 휴식, 사무, 전람, 금융 서비스 등이 결합된 첨단 상업센터 건설
	정보 산업	• 단둥시와의 연계, 소프트웨어 주문 서비스
	관광 문화 사업	• 아리랑 등 문화 공연, 만화, 영화 음악, 공예품, 회화, 관광 기념품
	현대 시설 농업	• 우량 품종 육종, 관개시설 정비, 태양에너지온실, 채소, 과일, 화초생산, 농업기술 연구교류센터 건설
	피복 가공업	• 피복 공장 유치하여 주문 생산, 유연성 생산, 장기적으로 자체 피복 상표 개발
기초시설 (SOC) 건설	항구	• 황금평, 신의주 사이의 여객 및 화물 부두 건설 • 단둥 대동항을 이용
	도로	• 그물망 형식 도로 건설, 단둥과 2개 출입도로 건설
	기타	• 단둥공항 활용, 단둥에서 전력 공급, 오수 처리 시설 건설, 인터넷망, 통신망 건설

자료: 민족 21 편집부(2011, 42).

2) 신의주 국제 경제 지대

북한은 2002년 9월 신의주를 특별 행정구로 지정하고 같은 해 7월 1일자로 '신의주 경제 특별 행정구 기본법'을 채택하였다. 당초 계획은 북한의 경제 시스템과는 완전히 별개의 시장 경제 시스템으로 운영되는 특구로서 금융 기능과 도시 개발까지 포함하는 종합적인 경제 특구를 개발하는 것이 목표였다(양문수 외 2015, 40). 이를 위해 2002년 초대 행정장관에 네덜란드 국적의 화교 양빈(楊斌)을 임명하였으나 중국이 탈세 혐의로 체포하면서 개발은 중단되었다(남성욱 2016, 24~27).

십여 년이 지난 2014년 7월 북한 최고인민회의 상임위원회 결정에 따라 신의주 국제 경제 지대로 변경되었다. 국내 언론사가 공개한 신의주 국제 경제 지대 투자 안내서에 따르면, 부지 38km²에 35만 명이 거주하는 경제 특구 내에 최신 정보 기술 산업, 생산 및 가공 산업, 물류, 무역 및 금융, 관광 산업 등 4개 분야를 배치할 계획이다. 특구 운영은 평양시에 위치한 신의주지구개발총회사가 맡는다. 신의주 특구는 산업 지역, 주민 지역, 도로 및 광장 지역, 공공건물 지역을 각각 29%, 16%, 13%, 11%로 구상하고 있다. 중국의 일대일로를 염두에 둔 것으로 보이는 고속철도가 연결되며 전력 문제 해결을 위한 40만kw 규모의 급열식 화력발전소를 건설하고 압록강 홍수 방지를 위해 길이 8km, 폭 100m의 운하도 건설한다는 계획이다(고수석 2016).

3) 나선 경제 무역 지대

북한은 1991년 12월 '정무원 결정 제74호'에 따라 함경북도 나진항, 선봉항, 청진항을 자유 무역항으로 지정하고 일대를 '자유 경제 무역 지대'로 선포하였다. 북한 역사상 처음 등장한 경제 특구이다. 당초 북한의 목표는 단순한 자유 무역 지대가 아니라 국제적인 중계 무역 화물 수송 기지로 육성하는 것을 목표로 수출 가공 기지, 관광 · 금융 · 서비스 기지로 발전시킨다는 계획으로 추진되었다(양문수 외 2015, 24~25). 이후 1998년 '자유' 글자를 빼고 '나진 · 선봉 경제 무역 지대'로 명칭을 변경하였다(남성욱 2016, 17~18). 2000년 들어 나진과 선봉이 나선시로 통합되었고 2006년 나선직할시로, 2010년 1월 함경북도에서 분리되어 나선특별시로 승격되었다(이영훈 2015, 3). 2011년 12월 3일 '나선 경제 무역 지대법'을 개정한 이후 북한은 중국과 함께 '조중 나선 경제 무역 지대와 황금평 경제 지대 공동 개발 총 계획 요강(2011)'을 작성하였다. 요강에 따르면 나선 국제 경제 지대 470km²에 원자재업, 장비업, 첨단 기술업, 경공업, 서비스업, 현대 고효율 농업 등 6대 중점 산업 육성과 중국과 러시아를 연결하는 도로 · 해상 · 항공 교통망과 전력, 급수, 통신 등 인프라 시설을 구축하여 동북아 지역 국제 물류 중심, 지역 관광의 중심 지역으로 개발한다는 계획을 담고 있다(임강택 외 2017, 124~126; 박용석 2014, 16). 2011년 6월 북측에 국방위원회 부위원상 상성택과 합영투자위 위원장 이수용 등, 중국 측에서는 상무부장 천더밍(陳德銘) 등이 참석한 가운데 나선 경제 무역 지대 착공식을 거행하였다. 나선 경제 무역 지대 조중 공동 개발 1차 착공 대상으로 나진항–원정

표 3.16_ 나선 경제 무역 지대 개발 계획 개요

<table>
<tr><th>구분</th><th>항목</th><th>내용</th></tr>
<tr><td rowspan="2">개발 목표</td><td>중점 항목</td><td>• 중국, 러시아와의 연계 특성 발휘하여 기초 시설, 공업단지, 물류망, 관광의 공동 개발과 건설</td></tr>
<tr><td>발전 목표</td><td>• 선진 제조업 기지, 동북아 지역 국제 물류 중심, 지역적인 관광 중심으로 건설</td></tr>
<tr><td rowspan="8">산업 발전 방향과 산업 배치</td><td>산업 배치</td><td>• 적지 배치, 산업 집약, 대상 집중의 원칙 '1대 4편 10구역' 연해 벨트 산업 지대 형성
• 나진: 창고 보관 및 물류, 장비 제조, 첨단 기술, 피복 및 식료 가공
• 선봉: 원자재 공업, 방직 피복, 장비 제조, 농수산물 가공
• 웅상: 종합 목재 가공 단지
• 굴포: 현대적인 고효율 농업 시범구</td></tr>
<tr><td>원자재업</td><td>• 원유화학업: 원유 가공 공장(승리화학)의 정상화
• 야금업: 광물 자원 개발 및 가공
• 건재업: 시멘트, 유리, 건축 도자기
• 산림업: 목재 가공 공장, 제지 공장, 가구 공장, 연필 공장, 합판 공장</td></tr>
<tr><td>장비업</td><td>• 자동차 및 기계: 단기적으로 선봉 지역에 트럭 공장, 금속 제품, 건설용 금속 자재, 자전거 등 경공업 기계, 장기적으로 건설 기계, 농업 기계
• 조선업 및 배 수리: 나진조선소, 창평 배 수리공장 개조</td></tr>
<tr><td>첨단 기술 산업</td><td>• 전자업: 컴퓨터(PC), 통신(전화기), 가전(세탁기, 냉장고, 컬러TV 등)
• 생물 의약: 인삼, 녹용 등 자원 활용한 고려 의약 기술 개발, 약초 재배 기지</td></tr>
<tr><td>경공업</td><td>• 임가공, 보상무역 등 발전시켜 경공업 산업기초 형성, 국내 수요 및 수출 확대
• 방직 피복: 피복, 신발, 모자
• 식품 가공업: 쌀/잡곡/버섯/과일 채소/수산물/축산물 가공, 주류 및 광천수 생산</td></tr>
<tr><td>서비스업</td><td>• 창고 보관 및 물류: 나진항 활용, 수출입 물류, 동북아 중계 무역
• 관광: 조/중/러 국경 지역 동시 관광, 연변/나선/청진/칠보사/금강산/블라디보스톡/사할린/니이가타/삿포르/속초/부산 등 국제 관광</td></tr>
<tr><td>현대 고효율 농업</td><td>• 현대 농업 시범구 창설: 굴포 지구</td></tr>
<tr><td>기초 시설(SOC) 건설</td><td>1중추 3방향 5통로</td><td>• 나선(나진, 선봉, 웅상항)이 중추
• 북 방향: 중, 러 / 남 방향: 청진 / 동 방향: 동해
• 육상 통로(훈춘, 투먼, 하싼, 청진), 해상 통로(동해)</td></tr>
</table>

구분	항목	내용
	항구	• 나진항: 종합 화물항, 1–3호 부두 개조, 5만 톤급 이상 정박 가능, 컨테이너 전용 부두 건설 • 선봉항: 원유 화학 제품, 벌크 화물항 • 웅상항: 목재 등 벌크 화물항
	도로	• 단기: 원정–나진, 선봉, 웅상항 도로망 정비, 원정–추안허 국경 다리 개조, 관광 도로 개조 • 장기: 나진–원정 고속도로, 나진–청진 고속도로, 나진–두만강 고속도로 신설
	철도	• 단기: 나진–선봉–남양 철도 개건 • 장기: 나진–원정 고속도로, 나진–청진 고속도로, 나진–두만강 고속도로 신설
	공항	• 청진시 심해리에 민간 공항 건설
	전력	• 단기: 석탄화력발전소 건설 • 장기: 100만kW 발전 능력 조성
	정보 통신	• 전화 통신망 강화, 광섬유망 연결, 국제 연계 실현

자료: 민족 21 편집부(2011, 43).

도로 건설, 아태 나선 시멘트공장과 조선 나선시–중국 길림성 고효률 농업 시범구 착공식, 나진항을 통한 중국 국내 화물 중계 수송 출항식, 자가용차 관광 출발식을 선포하였다(통일부 2011, 7~8).

2012년 10월 26일 조중 나선 경제 무역 지대 공동관리위원회를 출범하고 현판식을 나선시에서 진행하면서(림금숙 2013, 140) 추진 의욕을 대외적으로 천명하였다. 그러나 이후 국내적 정세와 국제 사회의 대북 제재 등으로 별다른 진척이 없었다. 2013년 5월 기준으로 외자 유치는 약 4.1억 유로(약 4.8억 달러)만 유치했을 뿐이다(통일교육원 2019, 145).

위에서 살펴본 황금평 · 위화도 경제 지대, 신의주 국제 경제 지대, 나선 경제 무역 지대의 현황을 비교하여 정리하면 〈표 3.17〉과 같다.

표 3.17_ 북중 접경 지역에 위치한 북한의 중앙급 경제 특구 비교

		황금평 · 위화도 경제 지대	신의주 국제 경제 지대	나선 경제 무역 지대
위치		평안북도	평안북도	함경북도
면적		황금평: 16.0km^2 위화도: 12.2km^2	132km^2	약 470km^2
지정일		2010	2002.9 특수경제 지대 2013.11	1991.12 특수경제 지대 2010.1
유형		경제 무역 지대	홍콩식 특별행정구	경제 무역 지대
관련법		황금평 · 위화도 경제 지대	과거: 신의주특별행 정구기본법 현재: 경제개발구법	나선 경제 무역 지대법
주요 기능		정보, 관광 문화, 현대 업, 경공업	금융, 무역, 상업, 공업, 첨단 과학, 오락, 관광 지구 개발	원자재 공업, 장비 공업, 첨단 기술 산 업, 경공업, 봉사업, 현대 고효율 농업
자치권		행정	입법, 행정, 사업	행정
토지	소유 주체	국가	국가	국가
	개발 주체	개발업자	개발업자	개발업자
	임차 기간	50년	50년	50년
사용 화폐		북한 원/외화	외화	북한 원/외화
기업 소득세		면세/감면	특별행정구 결정	면제/감면
비자 여부		무비자(출입증명서)	비자 발급	무비자(출입증명서)

자료: 박용석(2104, 14).

5.
북중 접경 지역의 생태 환경

접경 지역에 대한 북한 측의 자료의 접근이 용이하지 않다는 점에서 중국 측에서 조사한 접경 지역 현황에 기초하여 환경 관련한 이슈를 몇 가지 간략하게 검토한다.

1. 두만강 오염

1990년 이후 두만강 유역의 공업화와 도시화가 가속화되면서 오염이 심해지고 있는 것으로 알려져 있다. 생활 도시 폐수 처리 시설의 미비뿐 아니라 무산 탄광, 회령 제지 공장, 중국 펄프 공장 등에서 나온 폐수들로 수질 오염은 점차 심각해지는 것으로 알려져 있다. 두만강 지역을 현지 답사한 결과에 기반한 연구에 따르면, 무산철광에서 채굴과 정제 과정에서 나오는 폐철석이 두만강으로 유입되면서 환경오염을 유발하고 있다고 지적하고 있다. 폐철 가루는 모래와 함께 두만강 하류 인근 온성 지역까지 퇴적되어 있다. 하류뿐 아니라 상류 지역에서도 퇴적된 모래와 폐철에서 경제적 목적으로 철을 선별하여 재활용하는 과정에서 강이 다시 오염되고 탁도가 높아지면서 용존 산소량을 감소시켜 수생태계에 부정적인 영향을 미치고 있다(이민부 · 김남신 · 조용찬 · 차진열 2016, 765~768). 이러한 이유로 인한 것이라고 단정할 수는 없으나 2018년 중국 지린성에서 발표한 자료에 의하면 두만강의 오염은 지린성 경내를 지나는 다른 강들보다는 인, 암모니아, 과망간산칼륨 등으로 오염이 심한 것으로 평가되고 있다. 2010년과 비교하여 대체로 개선되고 있으나 일부 지역에서는 오염이 심화되었다. 11개 수질 모니터링 단면 중에서 2급 수질 단면은 1개(9.1%), 3급 수질 단면은 3개(27.2%), 4급 수질 단면 4개(36.4%), 5급 수질 단면 2개(18.2%), 5급 초과 수질 단면 1개(9.1%)이다. 지린성에서 제시하고 있는 수질 관리 목표치 충족률은 45.5%에 불과하다.

반면, 지린성에 인접한 압록강의 수질은 상대적으로 양호한 것으로 평가하고 있다. 13개 수질 모니터링 단면 중에서 2급 수질 단면은 10개(76.9%), 3급 수질 단면은 3개(23.1%)이다. 13개 단면 모두 수질 관리 목표치를 달성한 것으로 평가하고 있다(吉林省环境保护厅 · 吉林省水利厅 2018).[4]

2. 산림 파괴와 멸종 위기 동식물

북중 접경 지역에서 북한 지역의 산림 지역의 훼손은 심각한 수준이다. 산지의 대부분의 산림은 없고 산림을 훼손하여 경작지로 개간되어 이용하고 있다. 일부 남은 산림의 경우 식량 목적이거나 또는 경제적 목적으로 벌채하여 중국으로 수출하고 있다. 국경 지역 산간 마을의 경우 팔기 위한 목재를 적재하고 있거나, 북중 접경 지역 해관(주: 세관의 중국 명칭)에서는 목재를 운반하는 차량이 다니고 있다(이민부 외 2016, 769).

---

4 중국 지표수환경질기준에 따르면, 1급은 수원지, 2급은 음용지표수원지 1급보호구, 3급은 음용지표수원지 2급보호구, 4급은 공업용수, 5급은 농업용수로 구분하고 있다.

북중 접경 지역에 대한 자연 생태 환경은 국내에 잘 알려져 있지 않다. 다만 접경 지역의 중국 지역에 대한 생태 환경 현황을 중국 측에서 정리한 내용에 기초하여 접경 지역에서 백두산 지역에 대한 야생 동물 자원과 야생 식물 자원과 멸종 위기 현황을 살펴본다.

우선 백두산 지역의 야생 식물 자원의 경우 73목 246과에 속하는 2,277종의 식물이 있다. 이 중 하등 식물은 17목 59과 550종이고 고등 식물은 56목 187과 1,727종이 있다. 고등 식물 중 36종은 멸종 위기에 처해 있다. 그중 인삼의 경우 국가 1급 보호 식물이고 그 밖에 국가 2급과 3급 보호 식물과 성1급 보호 식물로 지정되어 있다. 국가 또는 성 단위 보호 식물은 약용, 식용, 관상, 공예 등에 사용되어 경제적 가치가 크다.

산림이 우거져 있는 백두산 지역의 야생 동물 자원은 73목 219과에 속하는 1,225종의 동물이 있는 것으로 현재 알려져 있다. 국가 중점 보호 동물은 50종으로 국가 1급 보호 동물은 백두산 호랑이, 아무르 표범, 꽃사슴 등이 있다. 그 밖에 승냥이, 사향노루, 반달가슴곰 등은 국가 2급 보호 동물로 지정되어 있다. 이들 동물들은 약용 15종, 식용 14종, 모피용 2종, 관상용 1종이 있다(강택구 외 2013, 20~29; 吉林省长白山保护开发区管理委员会 2016).

3. 자연 재난으로 인한 피해 현황[5]

기반 시설이 부족한 북한에서는 자연 재난에 취약하고 이로 인해 식

5 Kang et al(2019)와 강택구 외(2016)를 참조하여 작성

량난이 가중되고 개인 위생과 보건에도 영향을 미치고 있다. 2015년 북한 주민의 10명 중 7명이 가뭄과 홍수 등 자연 재해로 피해를 입었다(UPI April 6 2016, http://www.upi.com/Top_News/World-News/2016/04/06/North-Koreans-hardest-hit-by-natural-disasters-study-shows/7401459955485/). 자연 재난에 취약한 대응은 북한의 식량 안보뿐 아니라 보건에도 영향을 미쳐 식량 정책 연구 기관이 발표한 북한의 기아 지수는 2015년 28.8로 심각 단계이다(International Food Policy Research Institute 2015, 9; 18).[6] 북한의 우선순위가 식량 안보, 영양, 보건, 물과 위생이라고 유엔기구의 보고서가 지적한 것처럼, 식량 위기는 영양과 보건과도 긴밀히 연계되어 나타나고 있다(UN Country Team in DPRK 2016). 유엔 세계식량계획(World Food Programme: WFP)의 보고서에 따르면, 북한의 경우 2세 영아의 85%와 임신부, 수유부의 50%가 섭취 음식의 다양성이 불충분한 상태에 처한 것으로 나타나고 있다(WFP 2016, 4).

북한의 자연 재난 대응해 중국도 지원하고 있다. 2015년 9월 나선시의 심각한 홍수 피해 복구를 위해 중국은 10만 달러를 지원한 바 있다(新华网 2015/9/15). 한편, 기후 변화에 따른 자연 재난이 빈번하게 발생함에 따라 북한은 2016년 파리에서 개최한 제21차 유엔기후변화협약 당사국 총회에서 기후 변화에 영향을 미치는 온실가스 배출량을 1990년 대비 37.4% 줄이기 위해 산림 파괴와의 전쟁을 선포

6 글로벌기아지수(Global Hunger Index)에 따르면, 낮음(≤ 9.9), 보통(10.0~19.9), 심각(20.0~34.9), 우려(35.0~49.9), 매우 우려(50.0≤)로 구분하고 있다.

할 것이라는 입장을 밝힌 바 있다(노동신문 2015/12/9; 통일부 2015, 39에서 재인용). 북한에서 기후 변화는 빠르게 진행되고 있다. 예를 들어 지난 100년간 북한 지역의 기온은 1.9℃ 상승하였는데, 이는 전 지구 기온 상승 평균의 0.75℃의 2배가 넘는다(조은정 2012). 이를 반영하듯, 세계기후위험지수 2013년에 따르면 1992년부터 2011년까지 입은 피해에 근거해 볼 때 북한이 세계 7위를 기록한 바 있다(Sven Marmeling and Eckstein 2012).

2001년부터 2015년까지 15년간 북중 접경 지역의 자연 재난 발생 건수는 북한의 내륙 지역에 비해 상대적으로 적은데[7] 이는 북한 보도 통제에 기인하는 것도 하나의 이유일 수 있을 것이다. 접경 지역 양상도의 인구(2008년도 기준)는 북한 전체에서 3.08%에 불과하고 산간 지역으로 이루어진 지리적 특성과 교통 인프라 미비 교통 등으로 접근성이 떨어져 자연 재난으로 인한 피해를 대외적으로 공개하지 않는 것으로 추정된다.

북중 접경 지역을 중심으로 살펴보면 다음과 같다. 평북은 총 35건 중 호우 11건, 황사가 4건 발생하였다. 태풍(3건), 홍수(8건), 강풍(3건)과 호우를 함께 포함할 경우 평북에서 발생한 재난 중에서 약 71.4%에 이른다. 특히 중국의 랴오닝성과 인접한 평북은 황사 4건으로 평양, 평안남도, 황해남도 다음으로 황사가 자주 발생하고 있다.

---

7 북한 자연재난 현황은 2001년부터 2015년까지 북한에서 발간하는 간행물과 국내 및 국제기구에서 발간하는 매체와 자료를 교차 분석하였다. 관련 내용은 강택구 외(2016)를 참조. 물론 북한 자료 접근의 한계와 더불어 북한 매체 내부의 보도 통제 등의 이유로 자연재난의 통계가 정확하지 않을 수 있다.

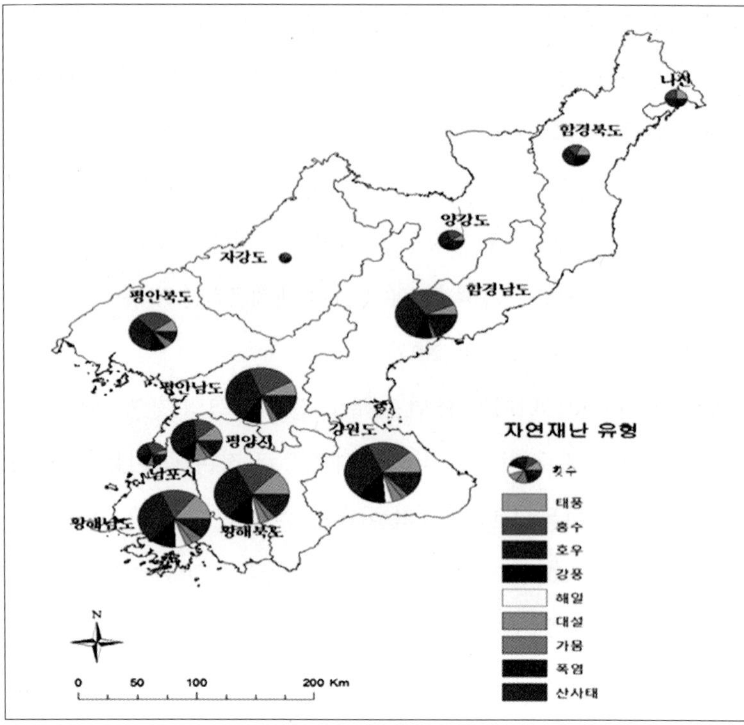

그림 3.11_ 북한의 지역별 자연재난 발생 유형과 횟수

자료: 강택구 외(2016, 30)에서 재인용.

자강도의 경우 총 8건으로 황사가 4건이다. 홍수, 호우, 강풍, 지진이 각각 1건이다. 양강도는 13건으로 호우와 황사가 각각 3건 발생하였다. 그밖에 홍수와 붕괴 및 낙석이 각각 2건이다. 태풍, 강풍과 30℃ 이상 고온 현상이 나타난 폭염이 한 차례 발생하였다. 함경북도의 경우 총 13건으로 호우가 4차례 발생했다. 태풍, 홍수, 강풍이 각각 2차례이고 황사와 붕괴 및 낙석이 각각 1차례이다. 나선에서는 총 8차례로 태풍, 홍수, 호우가 각각 2차례이고 강풍과 붕괴 및 낙석이 1차례 발생했다(〈그림 3.11〉 참조).

북중 접경 지역에서 발생한 자연 재난 중 호우로 인한 피해는 북중 간 다른 양상을 보여주고 있다. 2010년 8월 발생한 호우로 압록강이 범람하면서 평안북도 신의주시와 그 일대가 침수되어 14명이 사망하고 1만 5,000가구가 집을 잃었으며 6만 4천여 명이 긴급 대피한 것으로 추정되고 있다. 평안북도 신의주에서 2,458헥타르의 농경지가 침수되었고, 신의주시의 상단리에 위치한 7호와 9호 펌프장이 침수돼 시내 여러 지역에 음료수 공급이 중단되었다(조선중앙방송 2010/8/7; 8/24; 조선중앙통신 2010/8/21; 정아름 2010). 2010년 9월에는 제7호 태풍 곤파스로 인한 추가 피해가 발생하여 수십여 명이 사망하고, 3만 297.52헥타르의 농경지가 침수·매몰·유실되었으며 주택, 공공건물·생산건물, 도로, 철길 등이 파괴되었다(조선중앙방송 2010/9/3~4; 조선중앙통신 2010/9/15). 또한 일부 지역에서 송전선들이 끊어지고 수원지와 상수도망들이 파괴되어 전기와 식수 공급이 중단되었으며 교통이 끊긴 바 있다. 그러나 신의주와 압록강을 사이에 두고 중국 단둥에서도 비슷한 호우가 내렸으나 북한과는 달리 피해가 크지 않은 것으로 알려져 있다. 이는 수방 시설의 차이와 북한의 산 대부분이 민둥산이기 때문인 것으로 평가되고 있다(김준호 2010).

제 4 장

평양

북한의 지배 체제

어현철
국민대학교

1.
정치 체제로서의 평양

일제 식민지로부터의 해방의 기쁨을 누리는 것도 잠시, 한반도는 6 · 25 전쟁이라는 동족상잔의 비극을 경험했다. 1948년, '조선민주주의인민공화국'은 스탈린 체제를 표방하는 소련의 지도 아래 단독 정권을 수립하였다. 소련군의 점령 정책에 의해 탄생한 북한은 구소련의 위성 국가로서 그 제도를 이식하였고, 구소련의 제도와 동일한 공산당 중심의 일당 지배 체제, 국가 소유 제도, 계획 경제 체제를 채택하였다.[1] 이후 북한의 정치 체제는 북한만의 특수한 요인에 의해 수정 · 변화를 거쳐 발전하게 되었고 초기 건국 시절의 사회주의 체제와는 상당한 차이를 나타내고 있지만, 북한은 여전히 자신들의 체제를 사회주의라고 주장하고 있다.

조선민주주의인민공화국 국장　　　　구소련의 국장

그림 4.1_ 북한의 국장과 구소련의 국장

1 이 시기 북한의 사회주의는 과거 마르크스와 엥겔스가 주장했던 사회주의가 아니라 스탈린식 사회주의 체제라고 할 수 있다. 〈그림 4.1〉에서처럼 북한의 국장과 과거 구소련의 국장을 비교해볼 때 유사성을 충분히 파악해 볼 수 있다.

자료: 데일리NK

자료: 통일뉴스

그림 4.2_ 북한의 공민증과 시민증

북한의 정치 체제의 이해를 돕기 위해서는 평양을 중심으로 운영되는 북한에 대한 이해가 필요하다. 북한에서의 평양은 '최고 존엄'의 상징이며 정치 · 경제 · 사회문화 · 군을 비롯한 국가 권력의 중심이다. 국가의 모든 중앙기관이 평양에 위치하고 있고, 교육기관과 의료기관, 문화 예술 부문에 이르기까지 국가 운영에 필요한 조직 기구들이 밀집되어 있다. 즉, 북한의 정치 체제는 사실상 평양 중심의 정치 체제라고 할 수 있겠다.

평양 중심의 정치 체제는 북한 시민이 누리는 권리에도 영향을 미친다. 평양 시민들에게는 일반 주민들이 가지고 있는 '공민증'과는 달리 '평양시민증'이 주어진다. '평양시민'이라는 지위만으로 시민의 권리가 지극히 제한되는 북한에서도 다양한 혜택을 누릴 수 있다. 반면, 공민증을 소지한 북한의 일반 시민들은 국가의 승인이 없이는 평양에 거주할 수 없을 뿐 아니라 평양으로 여행조차 갈 수 없다.

이상의 북한의 평양 중심 정치 체제는 북한이 철저한 신분제 사회임을 보여준다. 교육 기회와 직업 선택의 자유는 출신 성분에 따라 차별적으로 주어진다. 예를 들어, 고등학교를 졸업할 때 출신 성분이 좋은 졸업생들은 대학에도 가고, 군대에도 갈 수 있지만 출신 성분이 좋지 않은 졸업생들은 국가에서 '집단 배치'해 주는 곳으로 가야 한다. 다행히 군에 입대한다 해도 '공산당 입당'과 같은 승진의 기회에 있어서 철저하게 배제된다. 즉, 평양의 특권층, 엘리트 간부들의 정치 사회화 수준은 일반 주민들과 양극화로 표현될 만큼 격차를 보이고 있는 것이다(유호열 2015).

우리가 북한 체제를 이해하는 데 있어서 주목해야 할 또 다른 특성은 북한의 이중성이다. 우리에게 북한은 협력의 대상이자 경계의 대상이다. 다시 말해, 북한은 민족 공동체 건설을 위해 함께 협력해야 하는 '동반자'이지만 동시에 대한민국의 생존권을 위협하는 '안보 위협의 대상'인 것이다.

북한을 민족 공동체로서 우리의 동반자로 이해하는 시각은 오랜 역사 속에 단일 민족이라는 개념과 같은 문화와 생활 습관 등의 공통적인 역사성과 당위성에 근거를 둔 시각이다. 1990년대 사회주의권 국가들의 붕괴와 더불어 냉전이 종식되면서 남북 간에도 화해와 협력의 분위기가 조성되었고, 남북 간 교류 협력이 활발해지기 시작하면서 북한은 우리에게 적대적 존재에서 벗어나 '동포'로 인식되기 시작했다. 특히 2000년 남북정상회담 이후 민족 화해 분위기 속에 남북 관계가 개선되면서 이전까지 경색되었던 북한에 대한 인식이 석내 관계의 대상만이 아닌, 평화를 위한 공존의 대상으로 변화하였다.

북한을 우리의 적으로 인식하게 된 원인으로는 남과 북이 분단 이후 서로 다른 체제 속에서 정치 · 군사적인 대결을 지속해왔음을 들 수 있다. 한반도는 탈냉전 시대의 고도(孤島)로 남아 군사적으로 첨예한 대치 상태를 이어왔다. 북한은 동족상잔의 비극인 6.25전쟁을 시작으로 수많은 군사적 도발과 위협으로 대한민국 국민들의 생존권을 위협해 왔다. 한반도의 분단된 구조하에서 남과 북은 적대와 대결을 지속해 왔고 이 과정에서 남과 북의 구성원들은 서로를 적으로 인식하는 것에 익숙해진 것이다(김응수 2012).

따라서 역사적으로 북한은 우리 민족이라는 거국적 차원에서 화해와 협력을 위한 동반자인 동시에 대한민국이라는 자유민주주의 체제를 위협하는 안보 위협 세력으로 이해할 수 있다. 북한과 우리는 전쟁이라는 역사적 아픔을 간직한 채 서로 다른 이념과 체제 속에서 분단 상황을 마주하고 있는 것이다. 특히 북한은 우리의 안보를 현실적으로 위협할 수 있는 핵무기와 비대칭 전력을 유지하고 있다. 그러므로 북한을 이해하는 데 있어서 가장 중요한 것은 '우리 민족'이라는 이상적인 측면과 함께 분단의 역사 속에서 '남북 대치 상황'이라는 현실적인 상황을 정확하고 올바르게 인식하는 것이다.

2.
북한의 사상 체계

1. 북한 지배 이념의 역사적 배경

1948년 9월 9일 북한은 3.8선 기준 이북 지역을 중심으로 소련의 위성 국가인 '조선민주주의인민공화국'을 수립하였다. 정권 초기 김일성은 북한의 정치 지도 이념으로 맑스 · 레닌주의를 채택하고, 소련식 사회주의의 토대를 마련하기 위한 작업에 착수하였다. 당시 북한의 지도 이념은 '반제반봉건 민주주의 혁명 완수'였다. 북한은 정전협정이 체결된 날(1953년 7월 27일)을 전승절이라고 규정하고, 이후 "모든 힘을 전후복구에로"라는 국민 선전선동성 구호를 제시하고 소련식 농업협동조합의 결성에 집중하였다.

1953년 한국전쟁 이후 북한은 1958년까지 농업협동조합(꼴호즈)을 전국적으로 확대하며 맑스 · 레닌주의식 사회주의 혁명 건설 단계에 접어들었다. 이 시기에 김일성은 반대파들 즉, 중국에서 활동한 연안파, 소련의 소련파, 박헌영의 남로당파 등에 대한 대대적인 숙청작업을 진행시키면서 다른 한편으로는 스탈린의 우상화 작업을 시작하였는데 구소련식 표현인 '어버이 수령', '어머니 당'이라는 용어들을 통해 파악할 수 있다.

1960년대에 들어서면서부터는 '맑스 · 레닌주의의 기치 아래 사회주의 건설' 노선이 북한의 지도 이념으로 자리 잡았다. 1960년대 당시 북한을 둘러싼 국제 환경과 남북 관계의 긴장이 높아지면서 사회주의 진영 내부에서는 북한의 동맹국들이자 사회주의 양대 강국이었던 중국과 소련의 갈등이 심화되었다. 북한은 1960년대 초에는 소련과 갈등 양상을 띠게 되었고, 1960년대 후반에는 중국과 격렬하게 대립하게 된다. 이러한 갈등으로 인해 이 시기 북한 내부에서는 구소련식 사회주의 건설 노선을 대치할 수 있는 이론적 틀을 마련하기 위한 작업이 시작된다.

이처럼 사회 · 정치적 배경으로 말미암아 소련과 중국과의 전통적인 우호 · 협력 관계에서 갈등 · 대립 관계로의 전환을 맞이하게 된 북한은 새로운 사회주의적 대중 지도 방식을 강조하며 '자립적 민족경제'라는 용어를 사용하기 시작했다. 그러나 이러한 시도는 큰 틀에서 반제반봉건 민주주의 혁명의 성격을 벗어나지 못했다는 점에서 한계가 있다. 특히 1960년대 북한에서는 과다한 군사비 지출과 사회체계의 동원화로 인해 전시 동원 체제가 완성된 것처럼 보였지만, 전체 예산의 30% 이상이 국방비에 사용되는 등 경제 성장의 지속 가능성을 확보하는 데 실패하게 된다. 이러한 연유에 따라 북한은 소련의 지원과 비호 아래 소련식 경제 발전 모델의 길을 택하게 된다.

2. 주체사상의 태동과 이론적 고찰

1960년대의 복잡한 대외 환경에 대응해나가면서, 북한에서는 점차 '주체사상'이라는 새로운 용어가 사용되기 시작했다. 북한에서 '주체의 확립'이라는 말은 1950년대 중반부터 사용되었지만, '주체사상'이라는 용어는 1962년경이 되어서야 등장하였다. 그해 12월『로동신문』은 무기명 논설을 통해 "주체에 대한 사상은 우리 당이 자기 행동에서 확고하게 견지하고 있는 근본 원칙"이라고 단언하며 "주체를 확립할 데 대한 김일성 동지의 사상과 그의 관철을 위한 투쟁"이 북한 사회주의 건설에서 "혁명적 대고조, 위대한 천리마운동의 사상적 준비로 되었다"고 주장했다.[2]

2 이 논설은 "조선 혁명 수행에서 주체를 확립한다는 것은 조선 혁명의 주인은 조선노동당과 조선 인민이라는 주견을 가지는 것이며 마르크스-레닌주의의 일반적 원칙을 우리나라의 구체적 현실에 창조적으로 적용하며 모든 것을 조선 혁명의 성과적 수행에 복무하게 한다는 것을 의미한다"고 규정했다.

1966년 8월 북한의『로동신문』은「자주성을 옹호하자」라는 논설에서 "다른 당의 지도 이론을 가지고서는 결코 자기 나라의 혁명을 영도하여 나갈 수 없다"며 "우리 당은 마르크스-레닌주의를 조선 혁명의 현실에 창조적으로 적용하여 자기의 독자 이론을 확립하였다"고 천명했다. 이는 당시 중국 지도부가 문화대혁명의 광풍 속에서 마오쩌둥의 사상을 강조하고, 그에 기초해 교조적 태도를 보이며 자기 노선과 다른 길을 가려는 북한을 압박해오는 것에 대응하는 성격도 지니고 있었다. 즉 북한도 중국이 강조하는 마오쩌둥 사상과 같은 수준의 주체사상을 확립했으니 북한의 노선에 왈가왈부하지 말라는 것이었다. 이런 맥락에서 북한 지도부는 '맑스 · 레닌주의의 원리와 결합된 우리 당의 혁명사상'(주체사상)을 강조하기 시작한다.

1967년 12월에 열린 최고인민회의 제4기 1차 회의에서 주체사상은 국가 활동의 지도 이념으로 공식 채택되었다. 이 회의에서 김일성은 국가 활동의 중점 실행 당면 과업을 밝힌 공화국 10대 정강을 발표하며, '주체사상을 모든 부문에 훌륭하게 구현'하는 것을 제1조항으로 내세웠다. 하지만 주체사상이 기본적으로 맑스 · 레닌주의를 대체한 보편적 정치 사상은 아니었다. 즉, 주체사상은 독자적인 사상이 아닌 맑스 · 레닌주의를 보완시킨 정치 · 사회 · 경제 발전에 창조적으로 적용하기 위해 내세운 국가 활동의 지도적 원칙 정도로 이

주체사상에 대한 최초의 정식화는 1965년 4월에 이루어졌다. 당시 반둥회의 10주년을 기념하여 인도네시아를 방문 중이던 김일성은 한 연설에서 주체 확립과 관련해 "사상에서의 주체, 정치에서의 자주, 경제에서의 자립, 국방에서의 자위, 이것이 우리 당이 일관되게 견지하고 있는 입장"이라고 설명했다. 이상의 내용이 북한 지도부가 주체사상에 대해 내린 최초의 정식화된 내용이다.

해되고 있었다.

오늘날 주체사상(김일성 · 김정일주의)은 북한의 모든 정책과 활동의 기초가 되는 조선노동당의 유일지도사상이다.[3] 북한은 "사람이 모든 것의 주인이며 모든 것을 결정한다"는 명제를 내세워 주체사상이 "인간 중심의 새로운 철학 사상"이라고 주장하고 있다. 이러한 주장들을 종합해 볼 때, 주체 확립의 의지와 실천성을 강조한다는 점에서 주체사상은 통치적 목적의 지도 이념이라 할 수 있다.

북한에서 주장하는 주체사상에서의 주체란 "모든 것을 북한의 실정에 맞게 해나가며, 맑스 · 레닌주의의 일반 원리와 다른 나라의 경험을 북한의 실정에 맞게 창조적으로 적용해 나간다는 것"을 의미한다. 북한은 주체사상을 "자기 운명의 주인은 자기 자신이며, 자기 운명을 개척하는 힘도 자기 자신에게 있다는 사상이다. 다시 말하여 혁명과 건설의 주인은 인민 대중이며 혁명과 건설을 추동하는 힘도 인민 대중에게 있다"로 정의하고 있다.

이상의 논리에 입각하여 북한의 '사회주의 혁명과 건설에서의 주체적 확립'이라는 명제가 나온다. 북한에서 '주체적 확립'에 대한 용어는 1970년 노동당 제5차 대회에서 규정되었다. '주체적 확립'의 핵심 개념은 "모든 일에서 주인다운 태도로 자주적 입장을 견지하고, 창조적으로 활동하며, 자기의 힘으로 혁명과 건설을 해나가야 한

3 북한의 주체사상은 1926년 10월 김일성이 결성하였다고 주장하는 '타도제국주의동맹'에서 주창되기 시작하여, 1930년 6월 카륜회의에서 주체사상을 지도 사상으로 하는 주체형(主體型)의 당 조직을 조직했다고 밝히고 있다. 말하자면 김일성이 14세 때 주장하기 시작하여 18세에 이르러 그 원리를 공식적으로 천명하게 되었다는 주장이다. 그러나 이와 같은 주장은 1982년에 이르러 김정일이 김일성의 위상을 높이려는 의도적인 조작에서 나온 주장이며, 실제로는 그렇지 않다.

다"는 것이다. '주체적 확립' 개념에서 북한이 항상 주장하는 '자력갱생의 정신'도 나오게 된다. 초기 북한에서 주장한 주체사상은 북한의 실정에 맞는 경제 발전 노선이었다.

주체사상은 1970년대 이후 북한 내 정치 철학자들에 의해 맑스 · 레닌주의와 동격으로 격상되면서 철학적 형태를 갖추게 된다.[4] 주체사상의 핵심 철학은 '인간 중심'이다. 즉, 인간의 생명을 '육체적 생명'과 '사회정치적 생명'으로 구분하고, '육체적 생명은 유한하지만 사회정치적 생명(사회 정치적으로 결합된 집단의 생명)은 무한하다'는 주장이다. 조국을 위해 희생된 영웅의 육체적 생명은 끝났으나 사회정치적 생명은 조국과 더불어 영생한다는 논리이다. 이후 북한은 1972년 기존 헌법을 '사회주의헌법'으로 개정하여 사회주의 체제와 유일 체제를 헌법에 명문화시키게 된다. 따라서 북한의 주체사상은 국가 통치를 위한 지도 이념이라기보다는 수단에 더 가깝다고 할 수 있다. 북한 주민들을 통치하기 위한 선전 선동의 수단으로 활용되는 북한의 주체사상의 기능을 정리하면 다음과 같이 볼 수 있다.

첫째, 주체사상은 북한의 경제 발전을 위한 정치적 지도 이념이라고 할 수 있다. 북한은 '혁명과 건설에서의 주체적 확립'이라는 명제에서 '자력갱생 정신'을 창안하였고 이를 경제건설의 정신적 지지 수단으로 활용하였다.

둘째, 사회정치적 생명의 영생론은 국민적 희생을 강요하는 선진

---

4 황장엽에 따르면 1960년대 말부터 맑스 · 레닌주의를 개량하기 위한 새로운 사상 연구를 시작하였고, 이후 1972년 일본 마이니치신문에 기고한 '주체사상과 조선로동당의 대내외 정책'이라는 논문을 통해 대외에 처음으로 발표하게 되었다.

선동의 기능을 수행하고 있다. "하나는 전체를 위하여, 전체는 하나를 위하여"라는 구호도 바로 이러한 사상적 배경에서 기인한다. 즉, 전체주의 사회의 모순을 교묘하게 포장하는 구호라고 할 수 있다.

셋째, '영생하는 정치적 생명은 조국과 당과 수령에 의해 담보'된다는 명제를 통해 '수령 · 당 · 대중의 일심단결, 혼연일체'를 강조하고 있다. 이어서 수령 우상화를 위한 '수령복, 장군복, 인민복'이라는 용어의 사용을 통해 주체형 인간상을 제시한다.

정리하면, 북한의 정치 철학과 정치사상, 지도 이념은 북한 인민을 주체형의 인간으로 만들기 위한 수단일 뿐, 철학적 성찰과 고뇌에 기반하여 제창된 것으로 보기는 어렵다. 주체사상은 북한의 경제 발전과 체제 안정, 수령 우상화를 위한 선전 선동 수단으로서 북한 주민의 사상을 무장시키고, 정치적 통합을 수월하게 하는 이데올로기적 정치사상 및 지도 이념이라고 할 수 있겠다.

3. 선군 사상의 등장

북한의 선군 정치는 포스트 김정일 시대를 대표하는 상징이다.[5] 북한에서 '선군'이라는 용어는 1997년 10월 7일 조선중앙방송과 12월 12일 노동신문을 통해 처음으로 등장하였다. 1998년 5월 26일 노동신문은 선군 정치를 '당 중심의 위기 관리를 보완하기 위해 군대를 동원한 새로운 위기 관리 방식'으로 규정하였다. 이후 1999년 6월 16

5 2016년 5월 8일 북한은 제7차 당대회 결정서를 통해 "선군 정치는 총대중시, 군사 선행의 원칙에서 군사를 모든 사업에 앞세우며 인민군대를 핵심으로 주력군으로 하여 혁명의 주체를 강화하고 그에 의거하여 사회주의 위업을 승리적으로 전진시켜나가는 김정일 동지식 사회주의 기본 정치 방식이다."라고 밝혔다.

일 북한은 노동신문과 공동 사설을 통해 선군 정치에 대한 공식적인 개념을 규정하면서 선군 사상의 이론적 체계를 갖추기 시작했다.

북한은 2001년 12월 15일 노동신문의 사설을 통해 선군의 시작이 1995년 1월 1일 김정일의 군 시찰에서 시작되었다고 밝혔다.[6] 이후 2003년 3월 21일 북한의 노동신문은 사설을 통해 선군 사상을 "군사 선행의 사상이자 군대를 혁명의 기둥, 주력군으로 내세우는 전략 전술"이라고 정의했다. 김정일 시대 북한은 국방위원장이 실질적으로 통치하는 유일 지배 체제로서 비상 위기 관리 체제의 제도화와 일상화를 통해 '군사 국가'를 지향하게 된다.[7]

특히 북한은 2009년 4월 최고인민회의 10기 1차 회의 헌법 개정을 통해 '선군 사상'을 '주체사상'과 함께 지도 이념으로 승격시켰다. 이는 김정일의 정치적 위상을 높이고 김정일의 선군을 주체사상과 함께 통치 이념으로 제시했다는 증거라고 할 수 있다. 이러한 '선군'의 강조는 군을 우선시하는 군사 국가의 성격이 헌법으로 명문화되었다는 점에서 제도상 선군 정치의 상징성을 각인시킨 것으로 이해할 수 있다. 김정일이 김일성 사망 이전부터 북한의 모든 권력을 총괄하고 있었다는 점을 고려한다면 선군 정치 전략은 김일성의 통치 시기부터 오랫동안 축적되어 왔다고 보는 것이 타당하다.

---

6 북한 로동신문은 선군의 시작이 "1995년 1월 1일 장군님의 다박솔 중대 현지 지도에 있었다"며 "그 나날에 우린 다 몰랐다. 오직 한 분 장군님께서만이 알고 계셨다"고 밝히면서 선군이 사전에 계획된 것이 아니라 사후 규정된 것임을 간접적으로 언급하였다.

7 1998년 9월 최고인민회의 제10기 1차 회의에서의 헌법 개정 내용을 살펴보면 국방위원회가 국가 주권의 최고군사지도기관으로 명시됨으로써 최고 통치기관으로, 국방위원장이 최고통수권자이자 사실상의 국가 원수가 되었다. 2009년 4월 최고인민회의 제12기 1차 회의 헌법 개정(9차 개헌)을 보면, 국방위원장에 관한 절을 신설함으로써 국방위원장의 절대 권력을 법제화하였다.

한편, 이상에서 서술한 것과는 달리 클레어(Michael T. Klare 1980, 36)에 따르면 북한의 선군정치를 김정일 시대의 새로운 지도 이념으로 보지 않는 시각도 존재한다. 이러한 시각은 북한의 '군사주의(militarism)'를 '국가의 군사 기구가 시민들의 일상생활과 행동에 대한 통제력을 획득하고, 문화·교육·미디어·정치·경제 등 전반에서 군사적 목표(전쟁 준비, 무기체계의 획득, 군수 산업의 발전)와 군사적 가치(권위의 중앙 집중, 계층화, 훈육과 일체화, 호전성 및 이민족 혐오)가 우세해지는 경향'으로 정의한다. 이는 1960년대 김일성이 북한 내부의 수정주의 사조를 차단하고 수령 유일 지배를 공고화하기 위해 군인들의 정치사상적 무장에 관심을 기울였다는 사실을 발견할 수 있다.

그럼에도 불구하고 선군 정치라는 용어가 김정일 시대에 등장한 점, 김정일의 현지 시찰[8] 등을 종합했을 때 선군 사상은 김정일 시대의 대표적인 지도 이념이라고 규정할 수 있겠다. 북한은 1995년, 경제난과 식량난이 시작되자 불안해진 국내 정세를 타파하고 대외적으로 정권의 안정성을 보여주기 위해 '선군 정치'라는 구호를 제시하였다. 즉, 북한은 김정일 시대에 들어서면서부터 내부적으로는 민심을 달래고, 외부적으로는 강력한 군사력을 바탕으로 안보적 상황을 유지하기 위해 군을 우선시하는 선군 정치를 등장시킨 것이다.

---

8 특정 공간에 대한 현지 시찰은 지도자와 해당 공간에 상주하는 객체를 통합하는 기능과 최고지도자가 획득한 권력의 정통성과 정당성을 널리 알리고 공고히 하는 기능을 수행한다. 이를 군사 부문 장소에 적용해보면, 높은 비율을 보이고 있는 김정일의 군 현지 시찰은 군 내부 객체, 즉 군인들과 공동의 기억을 공유함으로써 그들의 지지와 신뢰를 확보케 하는 도구가 된다. 이때 최고지도자가 가지는 권위를 보여주는 것은 말할 것도 없다. 북한은 위기를 전략적으로 극복하고자 하는 목적으로 '선군 정치'라는 정치 언어를 확립하였다.

4. 김일성 · 김정일주의

북한은 김정일 사망 이후 2012년 4월 헌법 개정을 통해 "김일성을 영원한 주석으로 김정일을 영원한 국방위원장으로"라는 문구를 헌법 서문에 명시하였으며, 2012년 4월과 2016년 5월 당 규약 개정을 통해 '김일성 · 김정일주의'를 당의 지도적 지침으로 내세웠다. 또한, 김정은은 2012년 11월 제4차 당대표자회에서 '김일성 · 김정일주의'를 당의 지도적 지침으로 채택한다고 발표하였다. 이로써 북한의 통치이념이 주체사상에 뿌리를 둔 김일성 · 김정일주의임을 분명히 알 수 있다.[9]

김일성 · 김정일주의는 '인민대중 제일주의'를 본질로 한다. '인민대중 제일주의'는 인민 대중의 자주성을 실현하기 위한 혁명 사상으로서 사회 변혁을 위한 구성 체계와 내용을 포함하는 동시에 사회 변혁의 주체인 인민 대중의 이익을 옹호하기 위한 지도 방법이다. 특히, 김일성 · 김정일주의는 총대를 인민 대중의 자주성을 실현하기 위한 혁명 투쟁의 만능의 보검으로 내세우는 선군 혁명 사상을 밝혀주고 사회주의 강성국가 건설 이론을 독창적으로 제시한 자주시대의 지도 사상이라고 주장하고 있다.

이상의 '온 사회의 김일성 · 김정일주의화' 통치 논리는 '김정일 애국주의'를 통해 구체적으로 나타내고 있다. 김정은은 이른바 '김정일 애국주의의 교과서(로동신문 2012.08.03)'라고 알려져 있는 당중앙

9 2014년 4월 24일 북한의 노동신문에서 "김일성 · 김정일주의는 주체사상을 진수로 하는 혁명 사상", "인민 대중 중심의 혁명리론과 령도 방법을 포괄하고 그 사상리론들이 하나의 전일적인 체계를 이루고 있는 혁명 사상이다"라고 밝혔다.

위원회 담화 "김정일 애국주의를 구현하여 부강조국건설을 다그치자(로동신문 2012.07.26)"를 통해 처음으로 김정일 애국주의를 공식화하였다. 여기서 김정은이 강조한 것은 김일성 · 김정일주의화를 위해 김정일의 조국관, 인민관, 후대관 등을 핵심으로 한 김정일 애국주의를 실천하는 논리이다. 김정은은 제4차 당대표자회에서의 당규약 개정과 함께 체제 결속과 유일영도체계를 확립하기 위한 당 조직의 역할 강화를 시도하였다. 이를 위해 2012년 10월 22일 내각전원회의 확대회의에서 김정일 애국주의의 철저한 구현을 제시하였고 2015년 신년사에서는 김정일 애국주의를 '5대 교양'[10]의 하나로 강조하게 된다.

이후 김일성 · 김정일주의는 '당 대회의 기본 정신'이며 '영원한 지도 사상'으로 정립된다. 북한은 2016년 3월 10일 노동신문에서 "김정일 애국주의는 조국 번영의 위력한 사상 정신적 무기"로 표현하였고, 제7차 당대회 이후에는 '김일성 · 김정일주의'를 집중적으로 강조하면서 '온 사회의 김일성 · 김정일주의화는 우리 당의 최고 강령(로동신문 2012.05.17.)'이라고 명시하였다. 통일교육원의 자료에 따르면 2017년 10월 1일 북한의 노동신문은 '김정일 애국주의'를 "조국에 대한 사랑의 최고 정화"로 표현하면서 김일성 · 김정일주의와 김정일 애국주의를 체제 구현의 이념임을 분명히 했다.

---

10 김정은 체제가 들어서면서부터 북한에서 강조되고 있는 '5대 교양'은 △김일성 가계의 위대성을 강조하기 위한 교양, △김정일 애국주의 교양, △신념 교양, △반제계급 교양, △도덕 교양을 일컫는다.

3.
북한의 통치기구

1. 당

북한에서 당은 "수령의 혁명 사상을 지도 지침으로 하고, 수령의 유일적 령도 밑에 혁명과 건설을 진행하는 노동자, 농민의 우수한 인재들로 구성된 혁명의 전위조직"이다. 2010년 개정된 노동당 규약에 따르면 북한의 당은 '수령의 당(黨)'으로서 '위대한 수령 김일성 동지의 당'으로 규정하고 있다. 또한 김정일은 노동당을 '사회주의 사회의 유일한 향도적 역량'이라고 규정하고 당의 지위와 역할은 다른 어떤 정치 조직도 대신할 수 없다고 강조했다. 그것은 김정일이 "사회주의 사회에 대한 영도권을 노동계급의 당이 아닌 다른 정당의 수중에 넘기는 것은 결국 사회주의를 포기하는 것"이라고 보았기 때문이다. 이렇게 볼 때, 노동당은 수령 체제 내에서 수령의 영도를 받아 인민 대중에 대한 지도적 역할을 수행하는 조직이라 할 수 있다. 수령은 뇌수, 노동당은 몸통, 인민 대중은 팔과 다리의 역할을 기능한다는 주장이 여기에서 나오게 된다.

2. 국무위원회와 최고인민회의

국무위원회는 북한의 최고 권력기관이라고 할 수 있다. 국무위원장은 최고인민회의에서 선출되며, 김정은을 위원장으로 하고 있다. 국무위원회는 하부 조직이 없다는 점에서 기타 중앙정부 기관과 차별성을 가진다.

국무위원회는 김정일 시대의 북한 최고 군사 기관이었던 국방위원회에서 기인한 것으로 볼 수 있다. 국방위원회는 1998년 4월 사회주의 헌법 개정을 통해 국가 주석직이 폐지되며 최고 국가 기관으로 등극하였는데, 김정일이 위원장을 맡으며 국가 전반을 통치하였다. 김정일의 사망 이후, 국방위원회는 국방위원회에 제1위원장 직제를 새로 규정하여 김정은을 정점으로 그 밑에 1인의 제1부위원장, 3인의 부위원장과 8인의 위원이 보좌하는 형태로 새롭게 편성되었다. 2014년 4월, 김정은은 국방위원회 제1부위원장으로 등극하였지만, 이후 북한은 2016년 6월 헌법을 개정을 통해 국무위원회를 새롭게 신설하고 김정은을 국무위원장으로 추대하였다. 가장 최근인 2019년 4월 12일 치러진 북한의 최고인민회의 제14기 제1차 회의에서 김정은은 국무위원장에 재추대되었다.

최고인민회의는 공식적인 북한의 최고 입법 기관이다. 최고인민회의는 대의원으로 구성되어 있고 대의원의 임기는 5년이다. 대의원 정수는 대의원 선거 시 인구 증가율에 따라 결정하며 통상 인구

제2절 조선민주주의인민공화국 국무위원회 위원장

- **제100조** 조선민주주의인민공화국 국무위원회 위원장은 조선민주주의인민공화국의 최고령도자이다.
- **제101조** 조선민주주의인민공화국 국무위원회 위원장의 임기는 최고인민회의 임기와 같다.
- **제102조** 조선민주주의인민공화국 국무위원회 위원장은 조선민주주의인민공화국 전반적 무력의 최고사령관으로 되며 국가의 일체 무력을 지휘통솔한다.
- **제103조** 조선민주주의인민공화국 국무위원회 위원장은 다음과 같은 임무와 권한을 가진다.
  1. 국가의 전반사업을 지도한다.
  2. 국무위원회사업을 직접 지도한다.
  3. 국가의 중요간부를 임명 또는 해임한다.
  4. 다른 나라와 맺은 중요조약을 비준 또는 페기한다.
  5. 특사권을 행사한다.
  6. 나라의 비상사태와 전시상태, 동원령을 선포한다.
  7. 전시에 국가방위위원회를 조직지도한다.
- **제104조** 조선민주주의인민공화국 국무위원회 위원장은 명령을 낸다.
- **제105조** 조선민주주의인민공화국 국무위원회 위원장은 자기 사업에 대하여 최고인민회의앞에 책임진다.

그림 4.3_ 북한의 사회주의 헌법(2016년 6월 개정 헌법)

3만 명 당 대의원 한 명의 비율을 유지한다. 최고인민회의는 1년에 1~2회에 걸쳐 정기회의를 개최한다.

최고인민회의는 헌법 제91조에 근거하며 주요 권한은 다음과 같다. 첫째, 헌법과 법령을 제정 또는 수정 보충하며, 대내외 정책의 기본 원칙을 세운다. 둘째, 국방위원회 제1위원장과 위원, 최고인민회의 상임위원장과 위원, 내각총리 이하 주요 행정 각료, 중앙재판소장 등을 선출 및 소환한다. 셋째, 조약을 비준 또는 폐기한다.[11]

이처럼 최고인민회의는 입법권을 행사할 수 있는 북한의 최고 주권 기관이지만, 실제로는 노동당에서 결정한 사안을 추인하는 역할만을 수행하며 헌법에 명시된 것보다 훨씬 제한적인 역할만을 수행하고 있다.

---

11 최고인민회의 권한

1. 헌법을 수정, 보충한다.
2. 부문법을 제정 또는 수정, 보충한다.
3. 최고인민회의 휴회 중에 최고인민회의 상임위원회가 채택한 중요 부문법을 승인한다.
4. 국가의 대내외 정책의 기본원칙을 세운다.
5. 조선민주주의인민공화국 국방위원회 제1위원장을 선거 또는 소환한다.
6. 최고인민위원회의 상임위원회 위원장을 선거 및 소환한다.
7. 조선민주주의인민공화국 국방위원회 제1위원장의 제의에 의하여 국방위원회 제1부위원장, 부위원장, 위원들을 선거 또는 소환한다.
8. 최고인민회의 상임위원회 부위원장, 명예부위원장, 서기장, 위원들을 선거 또는 소환한다.
9. 내각총리를 선거 또는 소환한다.
10. 내각총리의 제의에 의하여 내각 부총리, 위원장, 상, 그 밖의 내각 성원들을 임명한다.
11. 중앙검찰소 소장을 임명 또는 해임한다.
12. 중앙재판소 소장을 선거 또는 소환한다.
13. 최고인민회의 부문위원회 위원장, 부위원장, 위원들을 선거 또는 소환한다.
14. 국가의 인민경제발전계획과 그 실행정형에 관한 보고를 심의하고 승인한다.
15. 국가예산과 그 집행정형에 관한 보고의 심의 및 승인한다.
16. 필요에 따라 내각과 중앙기관들의 사업정형을 보고받고 대책을 세운다.
17. 최고인민위원회의 제기되는 조약의 비준, 폐기를 결정한다.

3. 내각과 검찰 사법 기관

2019년 북한에서 내각의 지도는 경제 발전을 위한 과제에 총 집중되고 있다. 북한의 내각은 3개의 위원회로 구성되어 있으며, 31개의 성 등 39개의 부서로 구성이 되어 있다. 그러나 내각의 수장들은 인사권과 재정 자율권을 갖고 있지 않다. 즉, 현실적으로 북한에서 내각은 막중한 책임과 역할만 있을 뿐 국가 권력 기구로서의 실질적인 위상과 권한은 없는 것으로 파악된다.

내각의 임무와 권한은 헌법 125조에 명시되어 있으며 주요 권한은 국방 분야를 제외한 대부분의 행정 및 경제 관련 사업을 주도하고 관장하는 것이다. 내각의 수장은 내각총리이며 최고인민회의에서 선출되고 정부를 대표한다. 내각총리는 부총리와 위원장, 상, 그밖에 내각 성원의 임명에 관한 권한을 갖는다. 내각에 소속된 각 위원회 성은 해당 분야별 집행 관리 기관으로 내각의 지도하에 자기 사업을 지도, 관리하며 추진한다.

북한의 검찰소는 우리와 달리 헌법 기관으로서 재판소와 유사하게 조직된다. 북한 헌법은 제153조부터 제158조까지 검찰기관의 구성, 임무 및 내부 관계 등에 관한 자세한 규정을 두고 있다. 북한 헌법이 검찰에 관하여 이와 같이 구체적으로 명문화된 규정을 두는 것은 사회주의 국가에서 검찰 기관이 갖는 특수한 기능 때문이다. 즉 북한의 검찰은 사회주의적 사법 감시와 더불어 체제 수호를 담당하는 통치 기구로서 중요한 기능을 수행한다.

북한의 검찰 기관은 중앙검찰소를 정점으로 그 밑에 도직할시, 시구역, 군, 검찰소 및 특별검찰소를 두고 있다. 중앙검찰소는 검찰 사업을 통일적으로 지도하며, 모든 검찰소는 지방 주권 기관에 소속되지 않는다. 하급 검찰소는 상급 검찰소에 절대적으로 종속되며 검찰 사업은 독립적이고 통일적으로 수행된다. 이러한 특성은 업무 수행의 일체성과 신속성을 보장하는 한편, 당의 사법 정책과 법령 해석의 통일성을 확립하고 당 지도 체제를 강화하는 데 활용된다. 중앙검찰소장은 최고인민회의에서 선출하고 각급 검찰소의 검사는 중앙검찰소장이 임명한다. 중앙검찰소는 최고인민회의와 그 휴회 중에도 최고인민회의 상임위원회 앞에 책임을 진다.

북한의 재판 기관은 조선노동당의 사법 정책을 집행하는 역할을 담당하며, 전적으로 당에 예속되어 있어서 객관성 있는 사법적 판단을 실현하기 어렵다. 북한 재판 기관의 구성은 검찰 기관과 동일하게 중앙재판소를 정점으로 그 밑에 도 재판소와 지방 인민재판소, 그리고 군사재판소, 철도재판소 등의 특별재판소를 설치하고 있다. 재판은 판사 한 명, 인민참심원 두 명이 수행하고 특별한 경우에는 판사 세 명으로 구성할 수 있다.

중앙재판소는 최고인민회의에서 선출된 소장과 최고인민회의 상임위원회에서 선출된 판사와 인민참심원으로 구성되며, 북한의 최고 재판 기관으로서 하부 기관의 재판 사업을 감독하고 사법 행정 사업을 지도 감독한다.

중앙재판소는 확정된 판결 판정에 대한 비상 상소 사건의 심리와 도 재판소, 군사재판소 및 철도재판소의 상소 항의 사건의 심리를 수행한다. 헌법 제168조에 의하면 중앙재판소는 3권 분립의 원칙에 따라 구성하는 것이 아니라 민주적 중앙 집권제 원칙에 따라 최고인민회의 앞에 책임을 진다.

도 재판소는 도 인민회의에서 선출된 판사와 인민참심원(參審員)으로 구성되는데, 임기는 최고인민회의의 임기와 같다. 도 재판소는 관할 지역 내 인민재판소의 재판을 감독하며 제1심 판결 판정에 대한 상소 항의 사건을 재판한다. 최하급 재판 기관인 인민재판소는 수 개의 시 군을 모은 단위 지역별로 설치되어 일반 범죄 사건 및 민사 사건을 취급하며, 중재 법령해설 자료 해석 법률 상담 등 군중 정치 사업을 수행한다.

헌법 제161조에는 특별재판소의 소장과 판사는 중앙재판소에서 임명하며, 특별재판소의 인민참심원은 해당 군무자회의나 종업회의에서 선임한다고 명시되어 있다. 군사재판소는 군 및 사회 안전 기관 소속 인사의 범죄를 관장하고, 철도재판소는 철도 운수 부문의 종업원 및 철도 운수 사업 관련 범죄를 취급한다.

4.
북한의 군부 통치 체계

1. 북한군의 형성 과정

북한군의 창설은 1945년 8월 광복 직후 소련군이 한반도에 진주하면서 '건당, 건군, 건국'이라는 3대 과제의 하나로 추진되었다.[12] 북

12 당시 북한 주둔 소련군 사령부는 김일성을 내세워 정치 조직인 당을 최우선으로 결성하고 1945년 10

한은 북한 지역의 치안을 목적으로 1945년 10월 21일 소련군 출신의 한인 2,000여 명을 중심으로 적위대와 보안대를 조직하였다. 이를 토대로 군 내 정치 장교와 군사 간부 양성을 위해 1945년 11월 '평양학원', 1946년 6월 '보안간부학교' 등 군 교육 기관을 설립하였다. 북한은 각 지역에 조직된 보안대를 통합 · 지도하기 위해 1946년 8월 15일 평양에 보안간부 훈련대대부를 창설하고, 1947년 5월 이를 인민집단군총사령부로 개칭하였다.

북한은 1948년 2월 4일 북조선인민위원회 내에 현재 인민무력부의 전신인 '민족보위국'을 신설하였고, 2월 8일 '인민집단군'을 '조선인민군'으로 개칭하여 정규군으로 선포하였다. 이렇게 북한은 정권수립보다 약 7개월 앞서 군대를 창설하였다.

북한의 해군은 1946년 6월 5일 원산에서 수상보안대 사령부를 원산에 창설(동해 수상보안대-원산, 서해 수상보안대-남포)한 데서 비롯되었다. 1946년 8월 사령부를 평양으로 이전 · 확장하였고, 1946년 12월 수상보안대를 해안경비대로 개칭하였다. 이후 1947년 6월 원산에 해안경비대 간부학교를 세우게 되는데, 이것은 훗날 해군군관학교가 된다. 해안경비대는 1949년 8월 20일에 창설하여 내무성 관할에서 민족보위성의 관할로 이관된다. 북한의 정규 해군은 1949년 8월 28일 창설된 '어뢰정대'를 기반으로 발족하였다.

한편, 북한의 공군은 1945년 10월 25일 민간 기구로 발족한 신의

월 12일 "북한 지역 내에 있는 모든 무장대를 해산시킬 것, 모든 무기, 탄약, 군용물자들을 군경무사령관에 바칠 것, 평민 중에서 사회질서를 유지하기 위하여 시도위원회들은 소련군 사령부와의 협의하에 기정된 인원 수의 보안대를 조직함을 허가한다"는 내용의 성명을 발표하였다.

주 항공대가 1946년 6월 7일 '평양학원' 예하 항공 중대로 편입되면서 군사 조직으로 발전하였다. 1947년 8월 20일 소련 유학을 마치고 온 신의주항공대 출신 300여 명을 중심으로 창설된 비행대는 1948년 2월 8일 북한군 창설과 함께 항공대대로 증편됨으로써 정규 공군으로 발전하였다. 북한은 1972년 5월 20일 최고인민회의 상임위원회 정령에 의해 비행대를 창설(1947.8.20.)한 날짜를 '공군절'로 정하였다. 2012년부터는 김일성이 '새 조선의 항공대를 창설하자'라는 제목의 연설을 한 날짜(1945.11.29.)를 '항공절'로 정하여 기념해 오고 있다.

2. 북한군의 성격, 기능, 역할

북한은 조선로동당 규약과 헌법 등을 통해 북한군을 '수령의 군대', '당의 군대', '혁명의 군대' 등으로 규정하고 있다. 통일교육원 자료에 따르면 북한군의 기본적인 임무는 일반적인 국가의 군대와 같이, 자신들의 영토를 보존하고, 주민의 생명과 재산을 보호하는 안전 보장 임무이다. 하지만 북한군은 이러한 기본적인 임무 외의 최상의 임무로서 수령을 '결사 옹위'해야 할 임무를 가지고 있다.

북한군에 있어서 국가의 안보에 못지않게 중요한 사명 중 하나가 '수령 결사 옹위 정신'이다. 북한의 모든 군부대와 군사 시설, 군사 지역을 포함한 군과 관련된 기관에는 '결사 옹위'라는 선전 문구가 설치되어 있을 정도이다. 북한의 최고지도자는 당의 최고수뇌부로서 국가 전반의 운영을 책임지고 결정하는 수령의 지위에 있다. 그러므로 북한의 군대는 수령의 군대이자 당의 군대, 혁명 무력의 규정된다. 즉, 북한에서 군은 대내적으로는 '당의 군대', '혁명의 군대', '수령의 군대'로서 최고 존엄을 수호하고, 대외적으로 '자위' 및 '남조선 혁명과 해방'을 통한 '전 한반도의 적화 통일'이라는 당 및 수령의 정치 목적을 실현하기 위한 무력 수단으로 이용되고 있다.

북한의 최고 통치자는 북한 체제와 자신의 생존을 유지시킬 수 있는 유일한 수단은 군대뿐이라고 생각하고 각별한 관심과 특혜를 통해 군의 지지와 복종을 유도하고 있다. 물론 북한의 최고 통치자는 자신에게 충성하는 군대를 무엇보다 우선적으로 배려할 수밖에 없다. 이를 통해 북한은 군 권력을 더욱 안정적으로 행사하며 공고화하는 것이다. 이처럼 과거 김정일 시대 북한의 '선군 사상'도 바로 이러한 맥락에서 이해할 수 있다.

북한이 정권 수립(1948.9)보다 7개월 먼저 군을 창건(1948.2)한 사실에서 보듯이 북한에서는 군을 수령과 당의 혁명 통일 무장력으로서 최우선적으로 배려하며 양성하고 있다. 북한이 북한군을 혁명의 군대라고 지칭하는 것은 향후에도 권력 기반을 군대에 두면서 무력에 의한 한반도 적화 통일을 포기하지 않을 것임을 반영하는 것으로 볼 수 있다. 이러한 목표 수행을 위한 북한 군사 정책 기조는 '4대 군사 노선'이다. 북한 헌법에서는 "국가는 군대와 인민을 정치사상적으로 무장시키는 기초 위에서 전군 간부화, 전국 현대화, 전면 무장화, 전국 요새화를 기본 내용으로 하는 자위적 군사 노선을 관철한다"고 이를 명문화했다.

1992년 개정 헌법에서는 국방위원장이 일체의 무력을 지휘, 통솔하도록 하였고, 나아가 1998년 개정 헌법에서는 국방위원회가 국방

관리를 총괄하는 기관으로서 국방 사업 전반을 지도할 수 있도록 국방 부문 중앙 기관의 신설, 폐지 권한을 보유하게 하는 등 권한을 강화시켰다. 북한 헌법에서 말하는 일체의 무력이란 정규군 119만여 명은 물론 교도대 60만여 명, 노농적위군 570만여 명, 붉은청년근위대 100만여 명, 보위사령부와 인민보안부 및 속도전 청년돌격대 등 준군사 부대 40만여 명 등을 포함한 동원 가능한 예비 병력 770만여 명을 망라한 무력 개념이다. 또 국방 관리 전반은 정치, 군사, 경제 역량의 총체를 통솔, 지휘함을 뜻한다.

2010년 9월 당 대표자대회에서 개정된 당 규약 전문에서는 선군정치를 사회주의 기본 정치 방식으로 확립하고 선군의 기치 아래 혁명과 건설을 유도한다고 규정하고 있다. 이 회의에서 김정은이 당 중앙군사위원회 부위원장으로 선임됨으로써 군을 장악할 수 있는 명분과 토대가 구축되었다. 통일교육원의 자료에 따르면 김정일 사망 직후 2011년 12월 30일 개최된 당 정치국 회의에서 김정은은 김정일 유훈(2011.10.8.)에 따라 최고사령관, 2012년 4월 11일 제4차 당 대표자회에서 당 제1비서 및 당 중앙군사위원회 위원장, 4월 13일 최고인민회의에서 국방위원회 제1위원장으로 각각 추대되었다.

김정일 시대에는 국방위원회가 사실상 국정을 운영하는 등 군의 역할이 매우 크게 확대되었지만 김정은 시대에 들어서면서 군대의 역할은 점차 작아지는 추세를 보이고 있다. 대표적으로 김정은 정권은 선군 시대 군이 차지했던 각종 경제 사업의 이권을 내각에 돌려주는 방향의 정책을 추진하고 있다. 하지만 여전히 북한에서 군은 중요한 역할을 맡고 있다. 이는 북한에서 군대는 유류 공급 등에서 상대적인 우선권을 부여받으며, 군대에 의존해야만 운송 및 물류가 가능한 상황이기 때문이다.

3. 북한군의 지휘 체계와 군사력 구성

북한의 주요 군사 기구로는 당중앙군사위원회, 인민무력성, 군 총참모부, 국무위원회(前 국방위원회) 등을 들 수 있다. 국무위원회는 국방 건설 사업을 비롯한 국가의 중요 정책을 토의 · 결정하는 최고 정책 지도 기관이고, 국무위원장은 전반적 무력의 최고사령관을 겸임하며 일체의 무력을 지휘 · 통설하는 역할을 맡는다. 총정치국은 군의 당 조직과 정치사상 사업을 관장하고, 총참모부는 군사 작전을 지휘하는 군령권을 행사한다. 대외적으로 군을 대표하는 인민무력성은 군 관련 외교 업무와 군수, 재정 등 군정권을 행사한다.

2011년 12월 30일 개최된 노동당 중앙위원회 정치국 회의에서 김정은은 김정일의 유훈에 따라 인민군 최고사령으로 추대되었다. 군

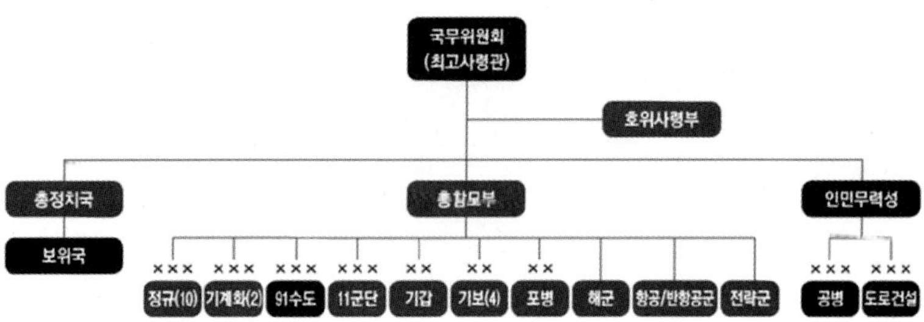

• 국무위원회 : 구(舊) 국방위원회, 인민무력성 : 구(舊) 인민무력부, 보위국 : 구(舊) 보위사령부, 91수도방어군단 : 구(舊) 평양방어사령부
×××: 군단, ××: 사단

그림 4.4_ 북한의 군사 지휘 기구도

출처: 2018 국방백서

최고사령관은 총정치국, 총참모부, 인민무력성 등 군사 조직을 지휘·통제하고 호위사령부에도 직접 지시를 내린다. 호위사령부는 김정은 일가와 노동당 고위 간부의 경호, 평양 내 주요 시설 경비 임무 등을 맡고 있다. 통일부 통일교육원의 자료에 따르면 현재 김정은 위원장은 인민군 최고사령관, 당위원장, 당중앙군사위원회 위원장, 공화국 원수, 국무위원장으로 무력 일체를 장악하고 군정권과 군령권을 행사하고 있다.

2018년 12월 기준 북한의 상비 전력은 육군 110만여 명, 해군 6만여 명, 공군 11만여 명, 전략군 1만여 명 등 총 128만여 명으로 추정된다. 이는 한국의 총 병력 59.9만여 명의 배가 넘는 규모이다. 2019년 국방백서에 따르면 북한의 지상군은 총참모부 예하에 10개의 정규 정·후방 군단, 2개의 기계화군단, 91수도방어군단(평양방어사령부), 고사포군단, 11군단(전략적 특수부대, 일명 폭풍군단), 1개 기갑사단, 4개 기계화보병사단, 1개 포병사단 등으로 편성되어 있다.

총참모부는 지휘정보국을 신설하는 등 조직을 개편하여 통합 전

육군		
	부대	
13개(해병대 포함)	군단급	17개
40개(해병대 포함)	사단	81개
31개(해병대 포함)	여단(독립여단)	131개
	장비	
2,300여 대	전차	4,300여 대
2,800여 대	장갑차	2,500여 대
5,800여 문	야포	8,600여 문
200여 문	다연장 방사포	5,500여 문
발사대 60여 기	지대지유도무기	발사대 100여 기(전략군)

그림 4.5_ 남북한 육군 규모 비교

술 지휘 통제 체계를 구축하고 있으며, 최근에는 사이버전 수행 능력도 강화하고 있다. 최근 개발이 완료된 300mm방사포를 일부에 배치하고, 122mm 및 200mm 견인 방사포를 추가 생산하여 전방과 해안 지역에 집중 배치하고 있으며, 사거리 연장 탄 및 정밀 유도탄 등 다양한 특수 탄을 개발하여 운영하고 있다. 지상군 전력의 약 70%를 평양–원산 이남의 전방 지역에 전진 배치하고 있으며 최근 요인 암살 작전을 전담하는 특수작전대를 창설하고 20만 여명에 달하는 특수전 부대의 위상을 강화하기 위해 '특수작전군'을 별도의 군종으로 분류하고 있다.

북한의 해군은 해군사령부 예하 동 · 서해 2개 함대사령부, 13개 전대, 2개의 해상저격여단으로 구성되어 있다. 해군 전력의 약 60%는 평양–원산선 이남에 전진 배치되어 있지만, 유도탄정, 어뢰정, 소형 경비정 및 화력 지원정 등 대부분 소형 고속 함정 위주로 편성되어 원해 작전 능력이 제한적인 것으로 볼 수 있다. 최근 북한은 신형 중대형 함정과 다양한 종류의 고속 특수 선박을 배치해 수상 전력을 강화하고 있다. 특히 북한은 최근 잠수함 발사 탄도미사일(SLBM) 탑재가 가능한 고래급 잠수함을 건조하는 등 수중 전력을 증강하고 있다.

북한의 공군은 항공 및 반항공사령부 예하 5개 비행 사단, 1개 전술 수송 여단, 2개 공군 저격 여단, 방공 부대 등으로 구성되어 있다. 전투 임무기 중 40%는 평양–원산선 이남에 배치되어 있고 정찰 및 공격용 무인기와 경항공기도 생산 · 배치하고 있다. 방공을 위해 전방 지역과 동 · 서부 지역에 지대공 미사일을 배치하고 있으며,

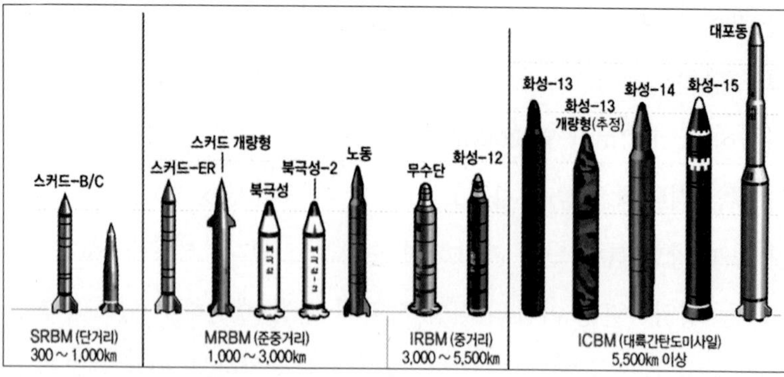

그림 4.6_ 북한의 미사일 사거리(2018 국방백서)

GPS 전파 교란기를 포함한 다양한 전자 교란 장비를 개발하여 대공 방어에도 운용하는 것으로 알려져 있다. 레이더의 탐지 정확도를 향상하고 탐지 시간을 단축하기 위한 자동화 방공 지휘 통제 체계를 구축시킨 것으로 판단된다.

북한은 상대적 비대칭 전략의 일환으로 전략로케트사령부를 전략군으로 확대 · 개편하여 별도의 군종사령부로 운용하고 있으며 사령부 예하에 9개 미사일 여단을 편성하고 있는 것으로 전해졌다. 북한은 수차례의 5MWe 흑연 감속로 사용 후 연료봉 재처리를 통해 핵무기를 만들 수 있는 플루토늄을 50여kg 보유하고 있으며, 무기급 고농축 우라늄(HEU)도 상당량을 보유한 것으로 추정된다. 특히, 북한은 6차례에 걸친 핵 실험을 통해 핵무기 소형화 능력도 상당한 정도로 갖춘 것으로 판단된다.

북한은 전략 무기 확보를 위해 핵무기와 탄도미사일을 지속 개발해 왔다. 대외적으로 군사력 우위를 확보하여 이를 협상 수단으로 활용하는 한편 내부적으로 체제 결속을 도모하려는 의도로 분석된다. 북한은 2006년 10월 1차 핵 실험을 시작으로 2009년 5월, 2013년 2월, 2016년 1월과 9월, 2017년 9월 등 총 6차례 핵 실험을 감행하였고, 이어서 장거리 미사일 실험 발사도 지속해 오고 있다. 하지만 최근 들어 미국과의 관계에 있어서 미묘한 변화를 보이고 있다. 북한은 핵 · 미사일 개발의 완성만으로 체제 생존이 보장되는 것이 아니며, 경제 발전의 필요성을 더 이상 부정할 수 없는 현실에 직면하고 있다(김학성, 2018).

김정은 시대 들어서면부터 북한이 추진하고 있는 국방 정책과 군사 전략은 초기 경제 · 핵 무력 병진 노선을 바탕으로 이를 합리화 · 정당화하면서 대내외적으로 안보에는 문제가 없는 군사력을 유지해 나가는 것이 핵심이다. 이제는 병진 노선을 내려놓고 경제에 매진하면서 비핵화를 내세우고 있다는 점에서, 재래식 군사력의 선별적 강화와 정치사상적 무장을 더욱 중요시할 것이라는 측면에서 '4대 강군화 노선'과 '3대 과업'은 당분간은 계속 유효하게 작동할 것으로 생각된다.

표 4.1_ 북한 핵실험 일지

구분	1차	2차	3차	4차	5차	6차
일시	2016.10.9	2009.5.25	2013.2.12	2016.1.6	2016.9.9	2017.9.3
지진 규모 (mb)	3.9	4.5	4.9	4.8	5.0	5.7
추정 위력 (kt)	약 0.8	약 3~4	약 6~7	약 6	약 10	약 50

마지막으로 북한의 군 복무에 대해 살펴볼 필요가 있다. 북한의 모든 남자는 만 14세가 되면 초모 대상자(招募對象者)로 등록하고, 군 입대를 위한 두 차례의 신체검사를 받으며, 고급중학교 졸업 후 사단 또는 군단에 입대하게 된다. 신체검사 합격 기준은 신장 150cm, 체중 48kg 이상으로 기준을 조정했다. 특수 분야 종사자 및 정책 수혜자(안전원, 과학 기술 산업 필수, 예술 교육 행정 요원, 군사학 시험 합격 대학생, 특수 영재학교 학생, 부모가 고령인 독자 등)는 정책상 이유로 입대 대상에서 제외된다.

북한은 1958년 내각 결정 제148호에 의해 군 복무연한을 지상군 3년 6개월, 해 · 공군은 4년으로 정하고 있었으나 실제로는 5~8년간의 복무연한을 유지했다. 그러나 통일부 통일교육원의 자료에 의하면 1993년 4월부터 김정일의 지시에 따라 '10년 복무 연한제'를 시행하였으며, 2003년 3월 제10기 제6차 최고인민회의에서 '군사복무법'을 제정하고 이에 따라 '전민 군사 복무제'를 시행함으로써 군 복무기간을 남성 10년, 여성 7년으로 발표하였다. 북한군 병사는 주요 특수 부대를 제외하고 평균 군 복무 기간의 3분의 1에서 2분의 1의 기간 동안 건설, 영농 등 비군사 노동 활동에 종사한다. 북한군 병사들은 경제적인 부수입이 많은 국가보위성 예하 국경 경비대 배치를 선호하며, 생필품과 부식 보급의 부족으로 군대를 일탈하는 상황이 잦은 것으로 알려져 있다.

5.
북한의 당 지도 체계

1. 당의 위상, 성격, 조직

북한 헌법은 "조선민주주의인민공화국은 조선로동당의 령도 밑에 모든 활동을 진행한다"고 명시하고 있다. 즉, 북한에서 당은 헌법상 독점적인 권력을 가지는 북한 권력의 산실이라 할 수 있다. 당은 북한의 여타 기관보다 우위에 있는 권력 구조로서 "근로 대중의 모든 조직들 가운데서 가장 높은 형태의 혁명 조직"이며, 기타 각종 정치 조직들을 영도하는 주체인 것이다.

김정일 사후 북한은 김정은의 유일영도체제를 공고화하기 위해 제4차 당대표자대회를 개최하였다. 제4차 당대표자대회에서는 당 규약을 개정하여 노동당을 김일성과 김정일의 당으로 규정하였고 김일성의 주체사상과 김정일의 선군 정치를 아우르는 포괄적 지도 지침으로서 김일성 · 김정일주의를 유일지도사상으로 내세웠다. 또한, 김정은의 영도에 따라 주체혁명의 위업을 달성할 것을 제시하였다.

북한 주체사상의 수령론이나 사회정치적 생명체론은 유기체적 사회 구성의 논리를 바탕으로 어버이와 같은 수령의 지도력에 과도한 역할을 부여하고 있다. 그 결과 수령은 인민 대중을 의식화 · 조직화하여 하나로 통합 · 단결하는 정치적 역량을 발휘하며 인민 대중의 혁명투쟁을 승리로 이끌어가는 영도의 중심에 서게 된다. 그러나 통일부 통일교육원의 자료에 따르면 수령의 지도력이 이처럼 확대되면 상대적으로 당의 자율성은 제약될 수밖에 없다. 여기서 모든 노동자를 대변하는 당에 의한 다수 독재의 원칙은 수령의 1인 지배로 대체되기에 이른다.

한편, 북한의 노동당은 한편으로 북한 주민들을 지도하는 상급 기관이며, 다른 한편으로는 수령의 영도를 받아야 하는 하급 기관으로서의 위상을 가진다.

북한 노동당의 조직 운영은 상의하달의 중앙 집권제 원칙을 우선시하고 있다. 이것은 수령의 영도를 실천하는 조직으로서의 역할에 큰 비중을 두고 있기 때문이다. 노동당의 영도적 역할은 당 생활 지도와 당 정책 지도로 구분되고, 당 생활 지도는 다시 조직 생활, 지도와 사상 생활 지도로 세분화된다. 여기서 조직 생활 지도는 정무국(前 비서국) 산하의 전문 부서 중 '조직 지도부'에서 담당하고 사상 생활 지도는 '선전선동부'에서 담당한다. 북한의 당 규약에서의 유일 지배 이념 강조, 당 위원장(前 총비서 및 제1비서)의 우월한 지위, 조직지도부를 통한 당무 지배 등을 감안할 때, 노동당은 최고지도자를 위해 봉사하며 최고지도자가 모든 전권을 가지고 있는 조직으로서의 성격을 갖는다고 볼 수 있다.

2. 당중앙위원회, 정치국, 상무위원회, 정무국, 당중앙군사위원회

북한의 당중앙위원회는 최고지도기관의 역할을 대행하며 모든 당 사업을 주관한다. 당중앙위원회는 전원회의를 1년에 1회 이상 소집하도록 되어 있으나, 전원회의가 개최되지 않는 기간에는 그 권한이 당 정치국과 당 정치국 상무위원회로 위임된다. 당중앙위원회는 당대회에서 선출된 위원과 후보 위원으로 구성되며 이들이 모두 참여한 중앙위원회 전원회의는 당 내외 문제들을 논의하고 의결한다.

전원회의는 정치국과 정치국 상무위원회, 당중앙위원회 부위원장들 및 당중앙위원회 검열위원회를 선거하며, 정무국과 중앙군사위원회를 조직하는 권한도 부여받고 있다. 그러나 전원회의도 1993년 제6기 제21차 회의를 마지막으로 2010년 9월 전원회의 개최 전까지 공개적으로 열리지 않고 있었다. 그러던 중 김정일의 건강이상설이 확산되고 향후의 정권 안정을 위해 3대 세습의 공식화와 이를 위한 제도적 기반을 마련하기 위해 2010년 9월에 제3차 당대표자회 및 당중앙위원회 전원회의를 개최하였다. 당시 당대회를 개최한 지 30년이 지나는 동안 당중앙위원회 위원은 60여 명만 남아 있었는데, 다시 제3차 당대표자회를 통해 총 124명을 선출하였다. 그리고 그동안 공석이었던 당중앙위원회 정치국 상무위원회와 정치국 구성원을 선출하고 당중앙위원회 정무국과 당중앙군사위원회 등을 조직하였다.

한편, 2013년 3월 31일에는 당중앙위원회 전원회의가 개최되어 경제 건설 및 핵 무력 건설 병진 노선을 채택하였다. 제7차 당대회 기간 중인 2016년 5월 9일 당중앙위원회 전원회의 개최를 통해 정치국과 정치국 상무위원회, 당중앙위 부위원장 선거 및 정무국 조직, 당중앙군사위원회 소식 등을 시행하였다. 그리고 2017년 10월 7일 제7기 2차 전원회의를 개최하여 경제 · 핵 무력 병진 노선의 지속적인 추진과 자력갱생을 통한 대북 제재 극복이 강조되었다. 또한 당중앙위원회와 당중앙군사위원회에 대한 인사가 시행되었다. 2018

년 4월 20일에는 제7기 제3차 전원회의를 개최하여 '새로운 전략 노선'을 내놓았는데, 기존의 경제 핵 무력 병진 노선의 승리를 선언하고 경제 건설에 집중할 것임을 밝힌 것으로 볼 수 있다.

당대회나 당중앙위원회 전원회의가 장기간 열리지 않는 상황에서 당내 의사결정을 담당하는 권력 기구는 1980년 제6차 당대회에서 신설된 당중앙위원회 정치국과 정치국 상무위원회이다. 그러나 김정일 정권하에서 정치국은 사실상 거의 운용되지 않았지만 김정은 집권 이후, 리영호 · 장성택 숙청과 같은 주요 안건들을 당 정치국 회의 또는 정치국 확대회의를 통해서 결정할 만큼 그 위상은 복원되었다. 정치국은 2016년 제7차 당대회를 통해 정치국 상무위원이 김정은, 김영남, 황병서, 박봉주, 최룡해 등 5명으로 새롭게 조직된 바 있다. 2018년 4월 9일 조선노동당 중앙위 정치국회의가 개최되었고 여기서는 2018년 남북정상회담에서 합의한 내용을 공개했으며 북 · 미 대화에 대해서 논의하였다.

북한에서 당중앙위원회 정무국(前 비서국)은 당대회와 당대회 사이 모든 당 사업을 조직 · 지도하는 실질적인 집행 기관이다. 과거 당 내 모든 정책 결정을 주도하는 핵심 권력 기구는 당 정치국과 정치국 상무위원회였지만 김일성과 오진우가 사망한 이래 정치국 상무위원회는 김정일 단일 상무위원 체제로 전락하여 그 기능이 사실상 중단되어 있었다. 하지만 김정일 시대에 들어와서는 정치국 상무위원회를 대신하여 당비서국이 당중앙위원회를 실질적으로 주도하는 상황이 전개되었다. 당비서국은 수령제 확립과 김정일 후계 체제 확립을 위한 1966년 10월 12일 제2차 당대표자회 및 제4기 제14차 당중앙위원회 전원회의에서 신설되어 지속되어 왔다.

이후 2016년 제7차 당대회를 거치면서 당비서국은 정무국으로 개편되었다. 북한의 당중앙위원회 정무국은 당 내부 사업과 그 밖의 실무적 문제들을 토의 · 결정하고 그 집행을 조직 · 지도하는 당내 핵심 부서이다. 정무국은 2018년 현재 김정은 당 위원장 외에 11명의 당중앙위원회 부위원장으로 구성되어 있다.

북한에서 노동당 내에 군사위원회를 설치한 것은 1962년 12월 당중앙위원회 제4기 제5차 전원 회의에서 김일성이 제시한 '4대 군사노선'을 채택하는 등 국방력 강화에 대한 결정을 한 이후에 이루어졌다. 당중앙위원회 산하 기구였던 군사위원회는 1982년 승격되어 당중앙 군사위원회로 개칭되었다. 통일부 북한지식사전에 따르면 당중앙군사위원회는 북한 전역을 병영 체제화하는 4대 군사 노신 수행에 있어 핵심 역할을 담당했으며 전국적으로 도 · 시 군 단위에 각급 군사위원회를 두고 있다고 명시되어 있다.

북한의 당중앙군사위원회는 2010년 9월 이전까지는 크게 주목받지는 못했지만 이 시기에도 군 간부에 대한 인사권과 함께 군대의 지휘 및 군사 정책과 관련된 단독 지사 명령, 결정 권한은 가지고 있었다. 2010년 제3차 당대표자회에서 김정은이 당중앙군사위원회 부위원장에 임명된 후부터는 상설 최고 군사 지도 기관으로 격상되었다. 특히 김정은 정권에 들어와 당중앙군사위원회는 안보 및 군사 문제에 관한 최고 지도 기관으로서의 면모를 보이기 시작했다.

북한의 노동당중앙군사위원회는 당의 군사 노선과 정책을 관철하기 위한 대책을 토의 · 결정하며 혁명 무력을 강화하고 군수 공업을 발전시키기 위한 사업을 비롯하여 국방 사업 전반을 당적으로 지도한다. 2010년 당 규약 개정 이후 당중앙군사위원회는 당대회와 당대회 사이에 군사 분야에서의 모든 사업을 당적으로 조직 · 지도하는 권한을 부여받았다. 김정은 정권하에서 당중앙군사위원회(확대회의)는 2013년, 2014년, 그리고 2015년(8.20., 8.28.)에 걸쳐 빈번하게 개최되면서 북한 정치의 중요한 정책을 결정하고 있는 것으로 보인다. 2018년에는 5월 17일 당중앙군사위원회 제7기 제1차 확대회의가 개최된 바 있으며, 여기서는 4월 전원회의에서 제시한 '새로운 전략노선' 관철에 군이 수행해야 할 역할을 강조하였다.

3. 당 지방 조직, 당대회, 당대표자회

북한의 노동당 지방 조직은 전국적으로 형성되어 있으며 수직과 수평의 지배 관계가 함께 구조화된 다층 집권 체제의 형태를 취하고 있다. 각급 당위원회는 상하의 당위원회에 대해 철저한 위계 구조를 형성하면서 다른 한편으로 동급의 여타 기관이나 사회 단체에 대해 절대적 지배력을 행사한다. 이 같은 중첩적 위계 구조는 당의 조직력 강화에 효율성을 부여할 수 있는 반면에 조직의 경직성을 가져오는 약점을 지니고 있다.

당중앙위원회 밑에는 도 · 시 및 군 당위원회를 거쳐 초급 당위원회, 분초급 당위원회, 부문 당위원회, 그리고 당원 5~30명으로 구성된 최하 기층 조직인 당 세포가 존재한다. 각 단위별 당위원회는 해당 관할 지역 내에서 중앙당의 축소판인 자체 조직을 운영하며 절대적 권력을 행사한다. 각 단위 지역 내 권력은 해당 당위원회의 위원장에게 집중되는 것이 일반적이다.

북한 노동당의 공식적 최고 의사 결정 기구는 당대회이다. 당대회에서는 당 규약을 개정 하며 당 노선과 정책 및 전략 전술에 관한 기본 문제를 결정(총화)하도록 규정하고 있다. 그러나 실제로는 당중앙위원회나 정치국이 내리는 결정을 사후적으로 추인하는 형식적 기능만을 수행하고 있다.

6.
김정은 시대의 지배 체제

김일성 체제에서 김정일 체제로의 전환은 20년이라는 장시간에 걸쳐 진행되었다. 이처럼 장시간에 걸쳐 진행된 체제 전환은 김정일이 김일성의 카리스마적 리더십을 물려받았을 것이라는 기대감을 낳게 하며 북한 주민들로부터 절대적인 복종과 숭배를 끌어내는 요인으로 작용하였다.

고유환(2011)은 북한 정치 권력 승계 과정의 측면에서, 김정일은 김일성에 대한 우상화를 권력 승계의 확실한 담보로 활용하며[13], 우상화 작업을 통해 후계 체제 구축에 정당성과 당위성을 부여받고자

---

13 김정은 역시 김정일의 후계자로 공식화되기 전인 2009년 하반기에 노동당 중앙당 간부들과 당원들을 대상으로 한 "청년대장 김정은 동지에 대한 위대성 교양자료"는 김정은을 '청년대장', '김대장'으로 부르면서 '백두산형의 장군'으로 묘사하고 있다. 특히, 이 선전자료를 통해 김정은을 김정일의 "선군혁명위업을 충직하게 받들어" 나가는 '군사의 영재'란 점을 부각시키면서 '장군형의 위인'이라고 주장하고 있다.

하였다. 또한, 김정일은 체제 전환 과정에서 자신의 견제 세력들에 대한 수차례의 숙청을 진행하였다. 이를 통해 김정일은 권력을 완전히 장악하였으며, 1994년 김일성 사망 이후 큰 무리 없이 권력을 이양 받을 수 있었다.

김정일 체제의 견고화는 김일성 시대에 다져진 사상적 기반으로 인하여 안정적으로 이어질 수 있었다. 김정일 정권은 통치 구조와 정치적 신념 체계는 기존의 김일성 시대에 기반한 채 지속되어 왔고, 의사결정 구조와 정책 집행 구조에 있어서도 김정일 1인의 절대적인 통치가 이어졌다. 즉, 김일성 · 김정일 체제는 수령–장군으로의 1인 숭배 체제로 이어지며 큰 틀에서는 동일하다고 볼 수 있다.

김정은은 1990년대 중반의 '고난의 행군'의 경험을 통해 시장의 중요성(장마당)을 체험하고 자본주의 시장적 요소가 잠재되어 있는 상태에서 정권을 물려받았다. 북한 주민들 속에서 한국 드라마나 노래가 유행하고, 한국 제품을 선호하게 되면서부터 사회주의에 대한 사상적 의식이 '동요'를 넘어서 '동경'으로 확산되고 있는 추세이다. 따라서 김정은 정권은 그들의 용어대로라면 사상적으로 불건전한 주민 의식이 내재되어 있는 상태에서 체제 전환을 이루었다고 볼 수 있는 것이다. 즉, 김정일 정권이 사상적으로 건전한 주민 의식을 바탕으로 했다면, 김정은 정권은 자본주의 시장 원리에 익숙하고 문화적으로 서방 세계에 개방된 주민 의식을 바탕으로 자리 잡고 있다.

북한의 김정은 정권은 체제 안정을 최우선의 가치로 삼고 있는데, 출범 이후 지난 8년간 김정일이 신임한 군 관료들을 제거하고 파격적인 인사와 조부인 김일성처럼 인민들과 정서적인 교감을 중시하는 정책과 대내외 활동을 언론에 공개, 경제 개선을 위한 내각 기능의 활성화 등 개혁적인 정책을 그 수단으로 활용하고 있다.

오늘날 북한은 '핵 대국'임을 밝힘으로써 비대칭 전력의 공백을 형성하고 이를 담보로 경제적 실리를 챙기는 외교 정책 노선을 고수하고 있다. 최근 2차례의 북미회담과 남북회담 또한 김정은의 '핵 담보 외교'를 잘 보여주는 사례라고 볼 수 있다.

이처럼 북한의 '핵 담보 외교'는 핵 보유로 인해 돌아오는 국제 제재와 경제 위기를 외부 세력의 책임으로 전가하기 위한 명분이자 수단이라고 할 수 있는데, 현재 북한은 자신들의 핵 무장화를 김정은의 통치 성과로 과대 포장하여 수령 우상화 전략으로 활용하고 있다.

현재 북한에게 핵무기는 김정은 정권 유지를 위한 유일무이한 담보로 기능하고 있다. 김정은은 김정일 사망 이후 핵을 헌법에 명시함으로써 '핵보유국'을 선포하였고, 핵 문제를 중심으로 미국과 남북 관계를 풀어가고 있다. 김정은 정권은 경제 발전을 통한 인민 생활의 향상보다 정권 안정을 최우선적인 정책 기조로 삼고 있는 것으로 보이며 핵 · 경제의 병진 노선이 북한의 가장 중요한 정책 결정이며, 정책 집행을 위한 최후의 보루로서 유지하는 것으로 보인다. 북한의 김정은에게 있어서 핵은 결코 포기할 수 없는 절대적 존재의 이유이자 가치를 가지는 것으로 평가할 수 있겠다.

김정은 시대의 지배 체제의 특징은 다음과 같이 정리할 수 있다. 첫째, 김정은 체제는 '공고화(consolidation)' 과정에서 대외적인 위기에 봉착해 있다는 점이다. 외부적으로 국제 사회의 경제 제재가 압박해 오고 있고 내부적으로 자본주의 시장 의식의 확산이 막을 수 없는 단계에 접어들고 있다. 하지만 2019년에 들어서면서 핵 · 경제 병진 노선과 함께 군부와 당의 권력 인사 이동을 통해 정권의 핵심 엘리트들을 김정은 자신의 측근들로 교체하면서 체제 공고화에 박차를 가하고 있다. 둘째, 김정은 정권은 과거 김정일 정권에서 고수해온 '선군정치(이상우, 2008)'의 연속선상에서 핵 · 경제 병진 노선을 유지하고 있다. 이것은 북한에서 군인들이 북한의 주요 건설 현장에 투입되고 있는 것을 보면 미루어 짐작할 수 있다. 특히 핵·경제 병진 노선에서의 '핵'은 '군'을 아우르고 있음을 의미하며 이는 군 중심의 경제 발전과 밀접하게 연관되어 있다고 판단된다. 셋째, 김정은 정권은 시장 친화적인 성격을 띠고 있다. 최근 들어 북한은 평양을 비롯한 주요 도시들에 대형 쇼핑몰을 대대적으로 건설, 운영하고 있다. 주민 시장의 활성화 및 확대 정책을 펴고 있고, 외부 투자 유치에 집중하고 있다. 핸드폰 시장의 전국적인 확대가 김정은 정권의 시장 친화 정책을 잘 입증해주고 있다.

김정은 시대 북한의 지배 체제는 과거 김일성 · 김정일 시대의 지배 체제와 분리하여 생각할 수 없다. 그러므로 북한의 지배 체제의 변화 과정은 김일성 · 김정일 · 김정은 체제 전반을 볼 필요가 있다. 일반적으로 체제 변화는 한 국가 내에서 정치적 리더십의 교체나 공공 정책의 내용이 변화에 초점이 맞추어져 있다. 이때 국가는 통치 구조, 정치적 신념 체계 및 주요 정책의 처리 과정은 비교적 안정되어 있는 상태를 전제로 한다(Andrain, 1988). 북한의 통치 구조와 정치적 신념 체계는 비교적 안정적이라고 볼 수 있다. 김정은의 정치적 영향력이 신격화되어 있고, 독재국가의 면모를 유지하고 있는 상황에서 주요 정책들의 처리 과정 또한 결과와는 별개로 순조롭게 진행되고 있다.

체제 간 변화는 정책 형성 과정과 정책 처리 과정상의 변화에 주목할 때 파악할 수 있다. 정책 결정과 정책 집행 과정에서 일어나고 있는 환류 작용에 의한 정책 형성에 영향을 미치는 다양한 요인들에 주목해야 할 필요가 있다. 그러나 북한의 경우 정책 결정 과정이 김정은 1인에 의한 결정이 절대적 우위를 보이고 있는 상황에서 이상의 분석은 적합하지 않을 것으로 사료된다.

그럼에도 불구하고 과거 북한 정권이 김일성에서 김정일로, 김정일에서 김정은으로 세습되는 과정에서 보여준 체제 간 변화를 분석하는 것은 매우 중요하다. 북한 체제의 역사적 변천 과정을 시대별로 분석하는 데에 있어 체제 간 변화는 중요한 변수라고 할 수 있다. 분단 이후 70여 년 동안 북한 체제는 김일성 · 김정일 · 김정은으로 세습되어 왔다. 이 과정에서 북한의 통치 구조와 정신적 신념 체계는 한 번도 바뀐 적이 없었다. 물론 정책 결정자는 김일성에서 김정일로, 김정일에서 김정은으로 바뀌었지만 정책 집행 과정은 변화되지 않았다. 이는 북한이라는 국가가 세습 독재국가이기 때문에 가능하다고 볼 수 있다.

결론적으로 북한 체제 간 변화를 김일성 · 김정일 · 김정은 시대로 구분하여 본다면 통치 구조와 이념 체계에서 큰 변화는 목도되지 않고 있다. 다만 정책 결정과 정책 집행 과정에서 수뇌부의 변화만이 존재한다. 그 이유는 앞서 살펴본 바와 같이 북한 체제가 1인 독재 권력을 중심으로 결집되어져 있으며, 그렇기 때문에 북한은 지난 수십 년간 사회 구조적으로 폐쇄적인 사회의 모습을 유지할 수 있었던 것이다.

그러나 북한 체제 내 변화의 모습을 보면 최근 급격한 변화의 모습들을 발견할 수 있다. 예를 들면, 국내 400여 개가 넘는 시장과 400만 대를 넘어서고 있는 핸드폰 보급이다. 이러한 시장의 확대와 정보 통신 기기의 보급은 북한의 정책 결정자에 대한 신뢰에 결정적인 영향을 미치는 요인으로 작동할 수 있다. 또한, 시장의 확산은 북한의 10대와 20대의 정신적 신념 체계에 자본주의 시장에 대해 환상을 심어주는 요인으로 작용하고 있다. 이는 김정은 체제가 직면한 가장 큰 위협 요인이기도 하다.

제5장

판문점

남북 대화

배광복
대구가톨릭대학교

1. 판문점과 남북 관계

2018년 4월에 들어서부터 판문점이 다시 뉴스의 초점이 되고 있다. 문재인 대통령과 김정은 국무위원장이 군사 분계선을 사이에 두고 손을 맞잡으며 남과 북을 넘나들고 처음으로 판문점에서 정상회담을 개최했다. 이듬해 6월 말 트럼프 대통령도 여기서 김정은과 만났다.

판문점 지역은 과거 널문리로 불렸으며, 현재 남한의 행정구역상 서울에서 약 60km 떨어진 경기도 파주시 군내면 조산리에 있다. 북한의 행정구역으로는 개성시 판문군에 속한다. 오늘날 우리가 판문점으로 부르는 지역은 6 · 25 전쟁의 정전협정에 따라 유엔군 측과 북한 · 중국 측으로 구성된 군사정전위원회가 설정한 공동경비구역(Joint Security Area)이다.[1] 정전협정으로 남북 간에는 38선을 주변으로 한반도 서쪽에서 동쪽으로 가로지르는 군사 분계선이 생겨났으며, 이 군사 분계선을 중심으로 남과 북 각 2km 범위의 비무장지대가 설정되었다. 그리고 군사정전위원회와 중립국감독위원회가 설치되었다. 군사 분계선을 가로 질러 군정위 회의실과 소회의실, 중감위 회의실, 북측 경비병 휴게실 등이 있다. 이 회의실 사이의 군사

---

1 정전협정이 맺어질 당시의 판문점은 지금의 공동경비구역에서 개성 쪽으로 1km 정도 떨어진 곳에 있었다(남북회담사무국 1995b, 9).

분계선 앞에서 문 대통령과 트럼프 대통령이 김정은 위원장과 처음으로 만났다.

군사정전위원회는 유엔 측과 공산 측이 임명한 각 5명(장성 3명, 대령급 2명)의 인원이 정전협정의 준수 여부를 감시하고, 그 위반 사항을 협의하는 기구이다. 중립국감독위원회는 비무장지대 내에서의 군사력 증강 등 정전협정 위반 사항을 감독 · 감시하여 그 결과를 군사정전위원회에 보고하는 기구로서, 유엔 측이 지명한 스위스와 스웨덴, 공산 측이 지명한 폴란드와 체코 등 4개국으로 구성되었다. 그러나 북한은 핵 문제로 남한 정부와 갈등하는 상황에서 한반도 문제를 미국과 직접 협상으로 풀어나가겠다는 의지를 강화했다. 1991년 3월 유엔군 측이 군정위 수석대표로 남한군 장성을 임명하자, 북한은 군정위 가동을 거부하는 한편, 1994년 4월 28일 외교부 성명을 통해 "정전협정을 평화협정으로 바꾸고 현 정전 기구를 대신하는 평화 보장 체계를 수립"할 것을 미국에 요구하면서, 군정위에서 북측 대표단을 철수시키고 5월에 조선인민군 판문점 대표부를 일방적으로 설치했다. 이에 따라 그해 10월 중국 측 대표단도 군정위에서 철수했다. 그 결과 이제는 유엔 측의 군정위와 북한군이 판문점에서 연락하고 협의한다. 북한은 체코공화국이 분리되는 것을 계기로 1993년 4월 체코 대표단을 중립국감독위원에서 철수시키고 1995년 2월에는 폴란드 대표단마저 철수시켜 중감위를 유명무실화시켰다.

판문점에는 정전협정 기구와 함께 남북 사이의 연락과 회담을 하는 시설도 있다. 남측 시설로는 자유의 집과 평화의 집, 북측 시설로는 판문각과 통일각이 있다. 군사 분계선을 사이에 두고 마주보고

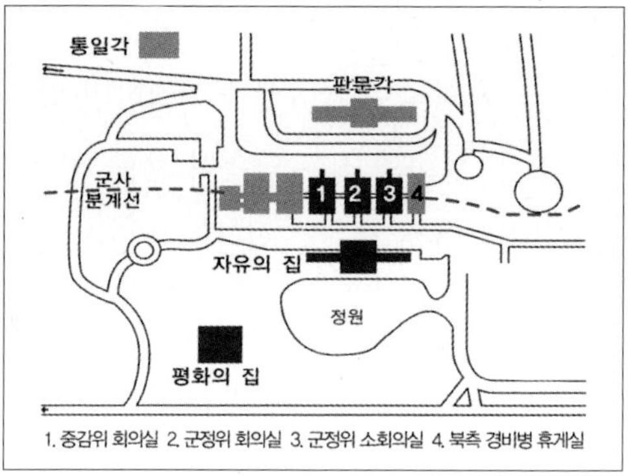

그림 5.1_ 판문점 요도

있는 건물이 남측의 자유의 집과 북측의 판문각이다(남북회담사무국 1995b, 16−21).

남측 자유의 집은 1965년 6월에 세워졌다. 1964년 북한이 지금의 판문각 자리에 육각정을 세운 데 자극받은 것이다. 1971년 남북 대화가 시작되자 그해 9월 이 건물에 남북적십자 상설연락사무소가 설치되었다. 그리고 1992년 남북기본합의서 체결에 따라 당국 간 연락 기구인 남북연락사무소도 이 건물에 설치되었다. 여기에는 남북 직통전화가 설치되어 북측과 공휴일을 제외하고 매일 오전 9시와 오후 4시에 남북 연락관이 서로 통화를 하고, 남북 회담 제의 등 연락 사항이 있을 경우는 수시로 통화하고 중감위 회의실에서 만나 협의하거나 문건을 진달하기도 한다. 1970년대에는 이 자유의 집이 남북 회담 장소로 사용되기도 했다. 자유의 집은 1998년 지상 4층의 건물로 확장되었다. 여기에는 남북연락사무소와 회의실 등이 있다. 여기에 있는 대회의실은 당초 건물 설계 당시는 남북 이산가족 상봉

장으로도 사용할 것에 대비하여 마련되었으나, 6 · 15 남북정상회담 이후 이산가족 면회 장소 협의 당시 북측이 금강산을 고집하여 판문점에 면회소가 설치되지 못하였다. 평화의 집은 남측이 전용 회담장으로 1989년 12월에 세운 건물이다. 3층 건물로 회담장, 기자실, 연회실 등이 있다.

북측은 1964년 판문각을 육각정으로 세운 후, 1969년 9월에 육각정을 헐고 2층 건물로 신축하였다. 북측은 1994년 5월 조선인민군 판문점 대표부를 설치하고는 그해 8월 판문각을 3층으로 증축하여 12월에 완공했다. 통일각은 북측의 전용 회담 시설로 지하 1층, 지상 1층 건물이다.

남북 회담 공간으로서 판문점의 역할은 1971년 8월 12일 남측이 남북적십자 대표회의 개최를 제의함에 따라, 1971년 8월 20일 대한적십자 총재의 8 · 12 제의 문건과 북한적십자회 위원장의 편지를 서로 전달하는 '남북적십자 파견원 접촉'부터 시작되었다. 문재인 정부 이전까지 판문점에서 개최되는 회담들은 대부분 남북조절위원회 회의, 남북고위급회담, 남북정상회담, 남북장관급회담 등 고위급회담을 성사시키거나 이 회담들의 결과를 이행하는 문제를 협의하는 실무적 회담들이었다. 그러나 이러한 회담들도 북한의 변덕에 따라 판문점이 아닌 다른 지역에서 개최되는 경우도 많았다. 북한의 기분에 따라 남북 직통전화가 차단되는 경우도 빈번했다. 김일성 사망 당시 김영삼 대통령의 조문 불허 등의 조치에 대해 불만을 품은 김정일은 김영삼 정부 시기인 1995년부터 김대중 정부 시기인 1999년까지의 회담은 한반도 자체에서는 개최되지 못하도록 했다. 2000

년 제1차 남북정상회담 이후 노무현 정부까지는 김정일이 판문점 남측 지역은 미군의 점령 지역이라며 군사 분야 실무회담 이외에는 개성, 금강산 등에서 개최하도록 했다. 군사 분야 회담도 때때로 판문점 이외의 지역에서 개최되기도 했다. 이명박 정부에 들어와 군사 분야 외에 판문점에서 개최된 첫 회담은 2013년 6월에 개최된 남북 당국회담을 위한 실무접촉이다. 이때부터 적십자회담 등도 판문점에서 개최되기 시작했다. 그 후 문재인 정부에서는 남북정상회담도 판문점에서 개최된 것이다.

2.
남북 관계를 보는 관점[2]

남한과 북한은 해방 공간에서 통일 정부 수립에 실패하고, 1948년 8월 15일과 9월 9일 각기 독자적인 정부를 수립한 이후 한 차례를 전쟁을 경험하면서 대결과 경쟁, 갈등과 협력을 계속해 오고 있다. 이러한 남과 북의 행위의 밑바탕에는 '누가 과연 한반도에서 진정한 주인인가'를 타투는 정통성 경쟁이 내재해 있다. 이러한 정통성 경쟁에는 기본적으로 국가의 힘(power)을 바탕으로 자기 체제를 보존하면서 상내빙 체제를 변형, 타도하는 것을 궁극의 목표로 하고 있다. 따라서 남과 북의 당국은 남북 대화 등 상호 작용의 과정에서 자

2 여기부터 '4. 노태우와 김일성의 남북 대화'까지의 서술은 배광복(2018)의 26–383쪽 및 397–399쪽을 바탕으로 재구성(재인용 포함)한다.

기 측의 행위를 정당화하고 상대방의 행위를 제어하거나 자기 측에 유리하게 유도하기 위해 여러 수준과 형태의 개념, 논리, 범주 등으로 담론(discourse)을 유포한다. 아울러 이러한 남북한의 행위에는 국제 정세와 남북 각기의 내부 정세, 남북 정상의 정치적 이익 등이 영향을 준다.

남과 북은 이러한 정통성 경쟁의 구도에 따라 〈그림 5.2〉에서 보는 바와 같이, 1950년대와 1960년대에는 북한의 국력이 남한의 국력을 능가하는 상황에서 북한이 기도하는 남한 체제 변경과 남한 측의 체제 수호의 사분면에서 북한의 '남조선 혁명' 담론과 남한의 '반공' 담론 아래 상호 작용이 일어났다. 1970년대에는 남북한의 국력이 엇비슷하기 시작하여 남한의 국력이 북한을 능가하는 가운데 남과 북이 서로 상대방의 체제를 변경시키려는 사분면에서 북한의 '남조선 혁명'과 남한의 '북한 개혁 · 개방' 담론 아래 상호 작용이 일어났다. 1980년대 이후에는 남한의 국력이 북한을 압도하는 가운데 남한 측의 북한 체제 변경과 북한 측의 체제 수호 사분면에서 남한의 '북한 개혁 · 개방'과 북한의 '주체 · 자주 · 우리민족끼리' 등의 담론 아래 남북 관계가 전개되고 있다.[3]

이러한 정통성 경쟁 구도 아래 남북 대화는 궁극적으로는 한반도의 평화통일 달성을 위해 기능한다. 당면하게는 한반도의 상황을 자기 측에 유리하게 조성할 수 있도록 하는 기능을 할 뿐만 아니라 상

3 문재인 정부는 이 구도에서 벗어나는 행위를 보이고 있는 것 같기도 하나, 김정은의 북한은 여전히 이 구도 안에서 행동하고 있다.

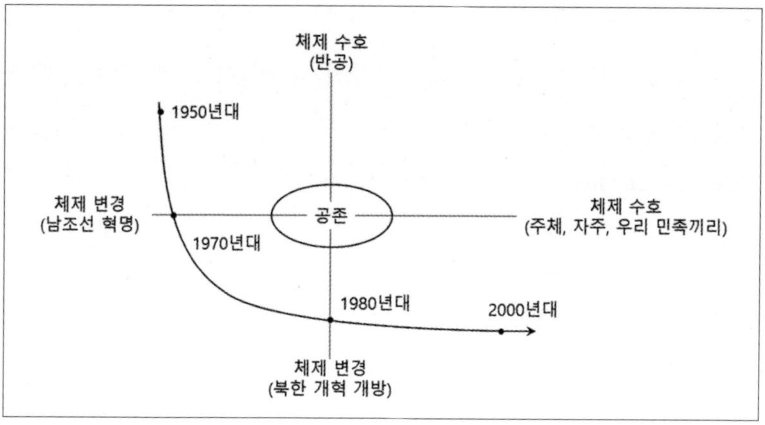

그림 5.2_ 남북 간 정통성 경쟁 구도

대측을 자기 측의 제도와 문화에 조응할 수 있도록 변화시키려는 기능도 한다. 한편, 북한은 정통성 경쟁, 힘의 효율적 관리 등의 측면에서 남북 대화에 미국과의 직접 대화를 개입시키려는 노력을 끊임없이 전개한다. 남북 간의 모든 문제를 '자주'의 이름 아래 쇼비니즘의 관점에서 보는 북한은 여전히 남한을 미국의 '예속 정권'으로 보기 때문이다.

3.
남북 대화의 역사

1. 남북 대화 개시 이전, 1960년대 말까지의 남북 관계

남과 북은 1948년 각기 단독 정부를 수립한 이후 어느 쪽이 한반도에서 유일 합법적인 정치체인가를 다투는 정통성 경쟁을 해왔다. 이러한 경쟁은 정치, 군사, 이데올로기적 층위에서 경쟁 · 갈등 · 대결을 낳게 되었다.

정치적 층위에서 대결은 동맹 관계의 강화와 국제 무대에서의 경쟁으로, 이데올로기적 층위에서는 각기 자본주의 · 사회주의 체제의 우월성 선전, 통일의 방식과 비전 제시 등으로 표현되었다. 무엇보다도 남북한 대결의 가장 노골적이고 극단적 표현은 군비 증강, 군사 도발 등 군사적 대결이다. 특히 북한의 침략을 경험한 남한의 입장에서는 북한의 군사적 도발이 정책 결정의 최우선적 고려 요소가 되었다. 1970년대 이후의 현재까지의 남북 관계에서도 이러한 대결은 층위별로 대결의 강약과 폭과 깊이에서 차이가 있을 뿐 지속되고 있으며, 정치체(polity)로서 남과 북 사이에서 일어나는 정통성 경쟁의 속성상 통일 국가 수립 전까지는 완전히 사라질 수는 없을 것이다.

국제 무대에서의 경쟁과 대결은 유엔 무대에서 시작되었으며, 남북한 정부의 한반도에서의 '유일 합법성' 문제와 연관되어 있었다. 2차 대전 종전 후 1945년 12월 미 · 영 · 소 3국의 외무장관 회담인 소위 모스크바 3상회의를 개최하여 12월 27일 '조선에 관한 모스크바 3상회의 결정(모스크바 협정)'을 채택하였다. 이 협정은 '임시 조선 민주주의 정부(a provisional Korean democratic government)' 수립을 상정하고 이를 돕기 위해 '미소공동위원회'를 설치하여 5년간 미 · 소 · 영 · 중 4개국의 신탁통치를 실시한다는 것이다. 이에 따라 1946년 3월 20일부터 개최된 미소공동위원회는 5월 6일까지 통일 정부 수립

협의에 참가할 정당 · 단체의 참가 자격 문제를 놓고 협의하였으나 미소 간 합의에 실패하여 일단 무기 휴회로 돌입하였다. 1947년 5월 21일부터 다시 열린 미소공동위원회는 미소 간 냉전이 격화되어감에 따라 7월 초부터 결렬의 길로 접어들게 되었다.

이렇게 미소 간 협조와 협상에 의해 조선의 통일 정부 수립이 불가능하다고 판단한 미국은 1947년 9월부터 소련의 반대에도 불구하고 '조선의 독립 문제(The problem of the independence of Korea)'를 유엔에 이관했다(*Bulletin* 17, 618–620; DOS 1947, 15–16). 그 결과 1947년 11월 14일 제2차 유엔총회는 조선 문제 토의에 선출된 조선 대표를 초청하는 것, 그러한 대표가 정당하게 선출되는 것을 감시하는 유엔 임시위원단을 설치하는 것, 국회를 구성하고 정부를 수립할 수 있는 조선 대표를 선출할 선거를 늦어도 1948년 3월 31일 이전에 실시할 것을 권고하는 내용으로 하는 '조선의 독립 문제' 결의문을 통과시킨다(*Bulletin* 17, 1031–1032). 이러한 유엔 결의에 따라 설치된 유엔 조선임시위원단은 1948년 1월 초 서울에 도착하여 활동을 개시하였으나, 소련이 북한 지역에 들어오는 것을 거부함에 따라 유엔 소총회의 결의에 의해 남한 지역에서의 총선거를 1948년 5월 10일에 실시하기로 결정했다(국회도서관 1965, 62–66; *Bulletin* 18, 297–298; Cho 1967, 184–190).

이에 따라 5 · 10 선거를 실시한 남한에서는 5월 31일 제헌국회가 소집되어 7월 17일 헌법을 공포하고 7월 20일에는 이승만을 초대 대통령을 선출함으로써, 8월 15일에는 대한민국 정부가 수립되었다. 북한도 1947년 12월 20일 헌법 초안을 확정하고 1948년 2월 8일에는 조선인민군을 창설하였다. 이어 8월 25일 최고인민회의 구성을 위한 대의원 선거가 실시되어 212명의 대의원이 선출되었다. 9월 8일부터 10일까지 개최된 최고인민회의에서는 헌법이 채택되고 내각을 비롯한 정권 기관이 구성되고 9월 9일에는 김일성을 수상으로 하는 정부가 수립되었다.

대한민국 정부가 수립되자 1948년 제3차 유엔총회는 12월 12일 결의문을 통해 5 · 10선거와 관련한 임시위원단 보고서의 결론을 승인하고, (1) 임시위원단이 감시하고 협의할 수 있으며 한반도 주민의 절대 다수가 살고 있는 한반도 일정 지역에 효과적인 통제권과 관할권을 가진 합법적인 정부로서 대한민국 정부가 수립되었고, (2) 이 정부는 임시위원단의 감시하에 그 지역 유권자들의 자유 의사가 유효하게 표출된 선거를 기반으로 수립되었으며, (3) 이 정부가 한반도에서 유일하게 그렇게 수립된 정부임을 선언했다. 아울러 총회는 임시위원단을 대체하여 '유엔 한국위원단(UNCOK: United Nations Commission on Korea)'을 설치하여 임시위원단의 활동을 계승하도록 결의했다(*Bulletin* 19, 760).

이후 유엔 무대에서의 남북한 대결은 한반도 문제에 대한 토의에 남북 어느 쪽이 초청되는가 하는 문제와 유엔총회 결의안 내용 문제와 관련된 것이었다. 1948년부터 1970년까지 유엔 정치위원회에서의 한반도 문제 토의에 남북한이 동시에 초청된 경우는 1960~1961년간의 제15 · 16차 총회 기간뿐이며 그 외는 모두 남한이 단독으로 초청되었으며, 한반도 통일 문제 결의안은 남한이 바라는 바대로 유엔 감시하의 인구 비례에 의한 남북 총선거를 골자로 채택되었다(국회도서관 1973; 외무부 1963, 41–52; 외무부 1976).

남북 간 이데올로기 층위에서의 대결에는 자본주의·자유주의 생활양식과 사회주의 생활양식 사이의 우월성과 상대방 체제의 폭압성·예속성 선전이 항상적으로 일어나는 가운데 통일의 방식과 통일 국가의 모습에 대한 비전, 즉 통일 국가의 미래상에 대한 경쟁이 최정점을 이루고 있다. 이승만 정부 당시 남한은 북진통일론의 입장에서 통일 방안으로 유엔 감시하에 선거가 실시되지 못한 북한 지역에서만 선거를 실시하는 것이 대한민국의 국시라는 입장이었다(국회 1954.11.11). 반(反)이승만 세력인 민주당은 집권 후 1960년 8월 기존의 유엔 감시하의 남북한 총선거 입장을 재확인하며 북진통일론을 폐기했다. 박정희 정권도 기존의 반공을 "국시의 제일의로 삼고" 유엔 감시하의 남북한 총선거에 의한 통일 정부 수립이라는 유엔 결의를 지지하는 한편, 1950년대 후반 이후 산발적으로 제기 되어 왔던 소위 '실력 배양론', '선 건설·후 통일' 담론을 더욱 분명히 해 나가면서 통일 논의는 1970년대 후반에 가서야 본격적으로 다룰 수 있을 것으로 주장했다. 아울러 중립화통일론, 남북협상론, 남북교류론 등은 모두 국시 위반, 용공 이적 행위로 낙인찍었다(국토통일원 1987, 301, 304–306; 동아일보 1961.6.24; 박정희 1966.1.18, 1966.8.15, 1966.12.17; 홍석률 2001a, 226).

한편, 북한 외무상 남일이 정전협정에 따라 1954년에 개최된 제네바회담에서 남북 간 경제·문화 관계를 확립·발전시키기 위한 대책 강구 및 이행을 보장하는 '전 조선위원회' 구성을 제의한 이후(남일 1954.4.27; 1954.6.15), 1960년에 들어와 김일성은 남한이 공산화가 두려워 자유로운 남북 총선거를 받아들일 수 없다면 '과도적 대책'으로 '남북연방제'를 받아들일 것을 요구하고, 이것도 받아들일 수 없다면 남과 북의 실업계 대표들로 구성되는 '경제위원회'라도 조직하여 남북 간 물자 교역과 경제 건설에서 상호 협조 · 원조함으로써 "남조선 동포들을 굶주림과 가난에서 구원하여야 할 것"이라고 주장했다(국토통일원 1985a, 441-446). 박정희 정권 수립 이후 김일성은 1954년 제네바 회담 시 남일의 제안 이래 대남 제안의 기본 입장을 유지하는 가운데, 1964년 12월 4대 군사 노선과 경제 · 국방 건설 병진 노선을 채택한 데 이어 1964년 2월 당 중앙위 전원회의를 통해 남한의 '실력 배양,' '선 건설, 후 통일'에 대해 '3대 혁명 역량 강화'로 맞섰다. 김일성은 한반도에서 "미 제국주의자들을 몰아내고 민족해방 혁명을 완수하기 위하여서는 북한 · 남한 · 국제, 이 세 방면에서의 혁명 역량이 잘 준비되어야 한다"고 주장하면서, 남한에서 "미 제국주의자들을 몰아내기 위하여서는 먼저 남조선 인민들이 주동이 되어 일떠서도록 해야 한다"고 강조했다(김일성 1964.2.27). 이것은 김일성이 1945년 12월 조선공산당 북조선 분국 제3차 확대집행위원회에서 주창했던, 북한을 하루빨리 한반도 전체의 사회주의 혁명을 위한 민주 기지로 키워야 한다는 '민주기지론'이라는 내부 역량 강화론에 남한과 국제라는 두 요소가 덧붙여진 것이다.

동맹 관계와 관련하여, 미국의 협조와 지원 아래 탄생한 남한은 미국과 동맹 관계를 유지해 오고 있다. 한미 동맹은 6 · 25 전쟁 당시 미국의 참전 이후 1953년 한 · 미 상호방위조약으로 명확화되었다. 동맹의 강도는 군사적 측면에서 평가되어야 한다고 볼 때, 한미

동맹의 강도는 미국이 일본이나 유럽 국가들과의 동맹 관계와 비교해본다면 매우 허약한 수준이다. 남한의 베트남 전쟁 참전으로 한미동맹의 질적인 전환을 가져 올 수 있었지만, 1948년 정부 수립 이후부터 닉슨 독트린까지 주한미군의 철수와 군사 원조의 삭감은 지속적으로 제기되는 문제였다. 이것은 "미국의 한국에 대한 이익은 미국이 사활적이라고 생각하는 일본에 대한 이익으로부터 파생되어 나오는 것"일 뿐이기 때문이다(이춘근 2003, 232-240). 그러나 이승만 대통령과 박정희 대통령의 입장에서는 주한미군의 주둔과 군사원조는 북한에 대한 강력한 억지력인 동시에 자신들의 안정적인 국내 통치의 물적 자원이기도 했다.

한편, 북한은 해방 직후에는 소련의 후견으로 정권을 수립하였기 때문에 초기에는 소련과의 동맹 체제에서 움직였으나, 중국의 한국전쟁 개입 이후 중국의 영향력이 증대되는 가운데 중소 분쟁이 시작된 1956년부터 1961년 동안에는 중 · 소 등거리 노선을 취했다. 특히 1961년 11월 제22차 소련공산당대회를 앞두고 중 · 소가 북한의 지지를 확보하기 위해 격렬히 경쟁하는 것을 북한은 최대한으로 이용했다. 북한은 중 · 소로부터의 경제적 지원 외에 체약국 간 상호 방위를 주 내용으로 하는 안보 조약을 체결, 군사적 동맹 관계를 공고히 하였다(스칼라피노 · 이정식 1987, 728-733; 정규섭 1999, 217-235; 정진위 1985, 17-78). 북한은 1962년부터는 미국과 타협하는 '수정주의'를 강력히 비판하며 중국 · 인도 간 국경 분쟁, 쿠바 미사일 위기 등과 관련하여 노골적으로 중국의 입장에 서는 한편, 소련과 동유럽으로부터 원조가 끊어진 상황에서 경제 건설을 위해 '자력갱생'과

'주체'를 강조했다. 이러한 북한과 소련의 관계는 1964년 흐루쇼프가 당 제1서기직과 각료회의 의장직에서 해임되고 브레즈네프-코시긴 체제의 등장을 계기로 개선되기 시작했다. 그러나 중소 갈등의 와중에 '주체'를 강조해 왔던 북한은 1966년 10월에 이르러서는 자주 노선을 공식화하면서 소련의 수정주의와 중국의 교조주의를 "거의 똑같은 비중으로" 공격해 나갔다(스칼라피노 · 이정식 1987, 797). 그러나 북중 관계는 문화혁명이 마무리 단계에 접어든 시점인 1969년 4월 제9차 중국공산당 전국대표자대회 이후 점차 개선되기 시작했다. 북중 관계의 회복에 따라 북소 관계는 상대적으로 위축되었으나 1960년대 초기의 경우와는 달리 단절된 관계는 아니었으며 기본적인 접촉은 계속 유지되었다(정진위 1985, 152-160).

1950~1960년대 남북 관계를 가장 잘 보여주는 것이 남북 간 군사적 대결이다. 한국전쟁 이후 남북 간 군사적 대결은 군비 증강, 비무장지대 · 서해 5도 등 특정 지역에서의 총격 · 포격, 무장 세력, 간첩 등의 침투, 선박 · 항공기 납치 등의 테러 등을 들 수 있다.

1958년 중국이 북한에 주둔시킨 군대를 철수하자, 북한은 이듬해 노농적위대를 창설하고, 1960년대에 들어와 중소 분쟁의 와중에서 자력갱생과 주체를 강조하면서 군사 부문에 있어서도 '4대 군사 노선'을 채택하는 등 독자적으로 전쟁을 수행할 수 있는 군사력 건설을 위해 무력을 증강해 나갔다. 특히 북한은 한국군의 베트남 파병과 이에 따른 한국군 현대화 사업의 추진에 따라 군사비 지출을 급격히 늘려 나가는 한편, 대남 군사 도발도 증대시켜 나갔다. 이러한 북한의 행위 중 대표적인 것으로 1967년 1월 동해에서 어로 작업을 보호 중이던 해군 함정 격침 사건, 11월의 어선 10척 피랍 사건, 1968년 1월 21일의 청와대 습격 미수 사건, 1월 23일 미 푸에블로호 나포 사건, 11월의 울진 · 삼척 무장 게릴라 침투 사건, 1969년 4월 미 정찰기 EC-121기 피격 사건, 12월 KAL기 납북 사건 등을 들 수 있겠다. 남한도 북한 내부를 교란하기 위해 게릴라를 침투시켰다(홍석률 2001b, 185).

2. 1970년대 박정희와 김일성의 남북 대화

1) 남북 대화의 시작

1970년대 남과 북이 대화에 나서는 데에는 국제 정세의 변화와 남과 북 각기의 내부 정세가 영향을 주었으며 미국과 중국의 남과 북 각각에 대한 남북 대화의 종용도 한몫을 했다. 국제 정세 변화의 첫 번째 사항은 1969년 7월에 나온 닉슨 독트린이다. '아세아 문제는 아세아인에게'라는 슬로건으로 표현되는 이 독트린을 당시 미 대통령 안보보좌관 키신저는 다음 세 가지로 요약했다. (1) 미국은 조약상의 모든 공약을 지킬 것이다, (2) 핵 국가가 미국의 동맹국의 자유를 위협하거나, 위협받는 국가의 생존이 미국 안보와 지역 전체의 안보에 사활적으로 중요한 국가의 자유를 핵 국가가 위협하는 경우, 미국은 그러한 국가에 핵우산을 제공할 것이다, (3) 상기와 다른 형태의 침략을 받은 경우, 미국은 요청을 받고 적절하다고 판단되면, 군사 · 경제적 원조를 제공할 것이나, 미국은 위협을 직접 받은 나라가 자체 방위를 위해 인력을 조달하는 일차적인 책임을 질 것을 기대한다는 것 등이다(Kissinger 1979, 224–225). 이러한 닉슨 독트린에 따라 미국은 한국 정부의 강력한 반대에도 불구하고 1971년 3월 주한 미군 2만 명 감축을 완료하게 된다. 대신 미국은 미군 감축에 따른 1억 달러 상당의 미군 군사 장비를 한국군에 이양하고, 한국군 현대화를 위해 추가로 15억 달러 상당의 원조를 하기로 하는 등의 합의를 해주었다(국방부 1988, 136-137; 외무부 1979, 132; 조선일보 1971.1.27; NYT 1971.1.27).

국제 정세 변화의 두 번째는 미중 화해이다. 미소 데탕트를 추진하던 미국은 중소 갈등을 이용하여 중국과의 화해를 통해 미소 데탕트를 가속화하고자 했다(Spanier 1992, 196). 이에 따라 1971년 7월 드디어 키신저가 비밀리에 중국을 방문하고, 7월 15일 닉슨이 이듬해 5월 안에 중국을 방문하겠다고 밝힌 후 1972년 2월에 실제로 중국을 방문함으로써 미중 간 데탕트는 급속히 진전된다.

남과 북의 내부 정세와 관련하여, 남한의 경우 미국의 데탕트 정책 추진에 따라 1970년대는 '통일의 연대'라는 언론 등 남한 사회의 광범위한 인식, 1971년 4월 대통령 선거를 앞두고 김대중 후보와 박정희 대통령과의 정책 경쟁, 박 대통령 세력의 정권 유지 욕구, 남한 경제력이 북한과 대등하게 성장했다는 자신감 등이 영향을 주었다. 북한의 경우, 1960년대 초 4대 군사 노선과 경제 · 국방 병진 노선 아래 군사비를 과도하게 지출함으로써 제1차 7개년 경제계획(1961~67)을 3년간 연장하지 않을 수 없는 사정으로 남북 간 군비 경쟁을 약화시켜야 하는 사정, 미소 · 미중 데탕트 정세 아래 평화 공세를 통해 궁극적으로 주한미군을 완전히 철수시키려는 욕구 등이 작용하였다.

이러한 대내외 정세와 함께 미중 화해의 과정에서 남과 북은 각각 미국과 중국으로부터 남북 대화를 종용받게 된다. 미국은 1969년 말부터 남북 대화 개시 등 한반도에서의 긴장 완화 조치와 관련하여 "조용히 토론"하는 과정을 계속해나간다(Amembassy Seoul A-001,[4] 1970.1.2; Amembassy Seoul 949, 1971.2.18; U.S. Senate 1970, 1680-1681). 닉슨 대통령도 1972년 2월 저우언라이(周恩來) 수상을 베이징에서 만나 남과 북의 "호전성이 '미국과 중국'을 당황케 하는 사고를 일으키지 않도록 영향력을 행사하는 것이 중요하다"는 점을 상기시키고 저우 수상도 여기에 맞장구를 친다(*FRUS* 1969~1976a, 732-733). 특히, 중국은 미중 간 대화의 내용을 북한에 즉시에 전달해줄 뿐만 아니라 북한의 미국에 대한 요구 사항도 전달해주는 노력도 한다(박건영 · 박선원 · 우승지 2003; 이종석 2000, 257; 王泰平 1999, 39-40). 이와 함께 중국은 북한에게 경제 · 군사 원조도 추가적으로 보장한다(정진위 1985, 158).

이러한 상황에서 박정희 대통령은 1970년 신년사를 통해 "70년대에는 국토 통일 방안을 적극적으로 모색 추구해 나가겠다"는 의지를 밝히고, 8 · 15 경축사('8 · 15 평화통일 구상 선언')를 통해 북한이 "유엔의 권위와 권능을 수락한다면, 유엔에서의 한국 문제 토의에 북한

---

4 미국 국무부에서 발간한 외교 문서집, *FRUS*에 포함되지 않은 미국 외교 전문은 상기 본문에는 발신자와 발신 번호, 발신 날짜를 표기하고, 참고문헌에는 발신자와 발신 번호, 발신 날짜, 수신자, 문서 제목, 문서 분류 기호, 소장처 순으로 표기한다. *The Chicago Manual of Style*에서도 본문 인용 및 참고문헌에 '저자-날짜 체제(Author-Date System)'를 사용하는 경우에 있어서 외교 전문에 대한 명확한 규정이 없기 때문이다. 그리고 이러한 방식이 독자가 문서의 성격을 일견하고 원문을 찾아보는 데 더 편리할 것으로 보기 때문이다.

의 참석을 반대하지 않을 것"이며, 이제는 남북 "그 어느 체제가 국민을 더 잘살게 할 수 있으며, 더 잘살 수 있는 여건을 가진 사회인가를 입증하는 개발과 건설과 창조의 경쟁을 하자"고 제의했다(국토통일원 1985c, 232–233). 이러한 박 대통령의 선언에 대해 김일성은 1970년 11월 제5차 당 대회까지는 부정적인 입장이었으나, 중국과 긴밀한 협의를 거친 후 1971년 8월 남한의 민주공화당과도 대화할 용의가 있다는 입장을 천명하게 된다. 이에 따라 남한이 1971년 8월 12일 남북 이산가족을 찾기 위한 남북적십자회담을 제의하여 판문점에서 9월 20일부터 남북적십자 예비회담이 개최됨으로써 본격적인 남북 대화가 시작된다.

2) 7 · 4 남북공동성명

7 · 4 남북공동성명은 1971년 11월 3일 제7차 남북적십자 예비회담에서 남측의 정홍진 대표가 북측의 김덕현 대표에게 제의한 것을 시발로 생산되었다. 이 비밀접촉('남북 실무자 간 비밀접촉')이 시작된 11월 20일 당시는 키신저가 제2차 방중(1971.10.20~10.26)을 끝내고 돌아간 뒤, 베이징을 방문(11.1~11.3)한 김일성에게 저우언라이가 키신저와 한 회담 내용을 직접 설명하고 서로 정책을 조율할 때였다.

남과 북은 1971년 11월 20일부터 11차례의 비밀접촉을 추진하면서 정치 회담에 대한 쌍방의 의지를 확인하고 최고위급이 신임하는 인사, 즉 남측의 이후락 정보부장과 북측의 김영주 로동당 조직지도부장 간 회담을 평양과 서울을 오가면서 개최하기로 합의하게 된다. 이에 따라 이후락이 1972년 5월 2일부터 5일까지 평양을 방문하여 김일성, 김영주와 각각 2차례 회담하고 김영주를 대신하여 박성철이 5월 29일부터 6월 1일까지 서울을 방문하여 이후락과 2차례, 박 대통령과 1차례 회담한다. 남과 북은 이 비밀 방문을 통해 토의 · 합의한 사항을 공동성명 형태로 정리하여 국내외에 공포키로 하여 실무적인 문안 작업을 거쳐 6월 29일 최종 합의하여 7월 4일 오전 10시 서울과 평양에서 동시에 발표하였다(국토통일원 1988a, 58–60).

7 · 4 남북공동성명은 7개 항으로 구성되어 있다. 제1항에서 조국통일의 원칙으로 통일은 자주적이고 평화적으로 실현하며, 민족적 대단결을 도모할 것을 합의하였다. 자주 · 평화 · 민족 대단결의 3원칙('통일 3원칙')은 향후 남북회담에서 북한이 남측을 압박하는 좋은 도구가 되고 있다. 자주는 주한미군 철수, 평화는 군축, 민족 대단결은 국가보안법 등 반북적 법 · 제도의 철폐의 논리로 사용해 오고 있다.[5] 그 외 남과 북은 상대방에 대한 비방 · 중상과 무장 도발을 중지하고(제2항), 다방면적인 제반 교류를 실시하고(제3항), 남북적십자 회담에 적극 협조하며(제4항), 서울–평양 간 직통전화를 설치하고(제5항), 이후락 · 김영주를 공동위원장으로 하는 '남북조절위원회'를 구성 · 운영하기로 하면서(제6항), 합의 사항을 성실히 이행하기로 약속하였다(제7항).

5 '자주'와 관련하여 김일성은 7 · 4 공동성명이 발표된 이후 처음으로 가지는 대외 인터뷰인 일본 마이니치신문과의 회견을 통해 "털어 놓고 말하여 나라를 자주적으로 통일한다는 것은 미제가 남조선에서 나가도록 하며 그밖에 다른 나라 세력이 우리나라의 통일문제에 간섭하지 못하도록 하여야 한다는 뜻"임을 분명히 했다(김일성 1972.9.17).

3) 남북조절위원회 회의

남과 북은 7 · 4 남북공동성명에서 합의한 바대로 공동성명의 합의사항 이행 문제, 남북 간 현안과 통일 문제 등을 협의하기 위해 1972년 10월부터 11월까지 3차례의 남북조절위원회 공동위원장 회의, 11월부터 이듬해 6월까지 3차례의 남북조절위원회 본회의로 진행했다. 1973년 8월 28일 북한의 남북조절위 회의 중단 성명 이후에는 1973년 12월부터 1975년 3월까지 새롭게 이루어진 10차례의 남북조절위원회 부위원장 회의로 진행했다.

남북조절위원회 공동위원장 회의

남북조절위 공동위원장 회의에서는 7 · 4성명 제6항의 '남북조절위원회 구성 · 운영 합의서' 채택 문제 협의와 함께 7 · 4 남북공동성명의 성격 문제가 가장 중요한 논의 주제가 되었다. 이 문제는 조절위 본회의, 부위원장 회의를 관통하는 핵심적인 논쟁점이기도 했다. 남측은 공동성명을 남북 관계 개선과 통일을 위한 이정표로 보았다. 따라서 공동성명이 채택되었다고 해서 남북 간 대결 관계가 해소된 것으로 보지 않았다. 공동성명은 이러한 대결 관계를 대화를 통해 해소해 나가는 지침이었으며 조절위는 그러한 통로였다. 따라서 남측으로서는 공동성명 채택 당시 남북 관계를 대화가 막혀 전쟁의 불확실성이 매우 높은 대결의 시대에서 "대화 있는 대결의 시대"가 열린 것으로 보고, 앞으로 남과 북이 대화를 통해 대결을 해소하여 전쟁의 불확실성 낮춰 나가는 것이 과제였다. 그러나 북한은 공동성명으로 남북 간 대결은 청산되었고 공동성명을 남북 간 합작을 위한 구체적 실천 계획으로 보았다. 남한 측이 남북 대화를 체제 간 대화로 인식한 반면, 북측은 통일전선의 차원에서 민족 간 대화로 규정한 결과이다.

북한은 이러한 입장에 따라 제1차 공동위원장 회의에서부터 7 · 4 공동성명의 통일 3원칙과 결부하여 남한 측의 정책 변경을 요구하고 나섰다. 우선 유엔을 외세로 보지 않고 미군의 남한 주둔을 주장하는 것은 자주의 원칙에 위배되고, 실력 배양을 위한 총력안보 강화, 국군 현대화, 대규모 군사 훈련은 평화의 원칙에 위배된다는 것이다. 그리고 남한의 반공 정책은 민족 대단결 원칙에 위배된다는 것이다. 따라서 북한은 통일 3원칙에 합의한 이상, 반공 정책 포기 및 공산주의 허용, 통일과 관련하여 자유민주주의 체제 옹호 중지, 유엔의 한반도 문제 개입 저지, 주한미군 철수, 국군의 전력 증강 및 군사 훈련 중지 등의 남측 조치가 필요하다고 주장했다(국토통일원 1988a, 66−67). 북한은 여기서 나아가 제2차 공동위원장 회의에서는 남북 간 '합작'에 위배되는 정책을 추진해서는 안 된다고 주장하면서 반공 교육 · 반공 선전 등 반공 정책 중지, 공산주의 비방 · 중상 · 탄압 중지, 주한미군 철수, 일본 재침 방지, 언론 · 출판 · 집회 · 결사 · 시위 등 대중의 정치적 자유와 정당 활동 보장, 반공법 · 국가보안법 위반자 등 정치범 석방, 평화통일 반대론자 활동 중지 등을 요구했다(국토통일원 1988a, 68; 송종환 1976, 20).

남북조절위원회 본회의

조절위 본회의에서의 핵심적인 쟁점은 북한이 요구하는 군축 등 군사적인 문제였다. 북한은 제1차 회의에서 남북 간 상호 신뢰의 표시로서 군비 경쟁 · 무력 증강 중지, 병력 축소를 제의하는 데서 나아가, 제2차 회의에서는 남북 간 긴장 완화와 대치 상태 해소를 위한 대책으로 5개 항의 협의 의제를 제시했다. (1) 무력 증강과 군비 경쟁 중지, (2) 쌍방 군대의 각기 10만 또는 그 이하로 축소 및 군비 대폭 축소, (3) 외국으로부터의 일체의 무기, 작전 장비, 군수 물자 반입 중지, (4) 미군을 포함한 일체의 외국 군대 철거, (5) 이상 문제의 해결과 상호 무력 불행사를 보장하는 남북 간 평화협정 체결 등을 제시했다. 그리고 북한은 이 5개 항이 남북 관계 개선의 선결 조건이라고 강조했다. 그러나 남한 측은 정치 · 군사 문제 해결 사업은 해결이 용이한 경제, 사회, 문화 분야의 구체적 사업 실현으로 상호 신뢰 분위기가 조성된 후 착수할 문제라는 입장이었다(국토통일원 1988a, 70−73; 박성철 1973.3.15; 송종환 1976, 29−35). 북한은 제3차 조절위 회의에서도 군사 5개 항 우선 토의, 조절위와 별도의 남북 정당 · 사회단체 대표 연석회의 개최 등의 주장을 함으로써 쌍방의 입장은 좁혀지지 않았다(국토통일원 1988a, 70−75; 박성철 1973.3.15; 송종환 1976, 29−38).

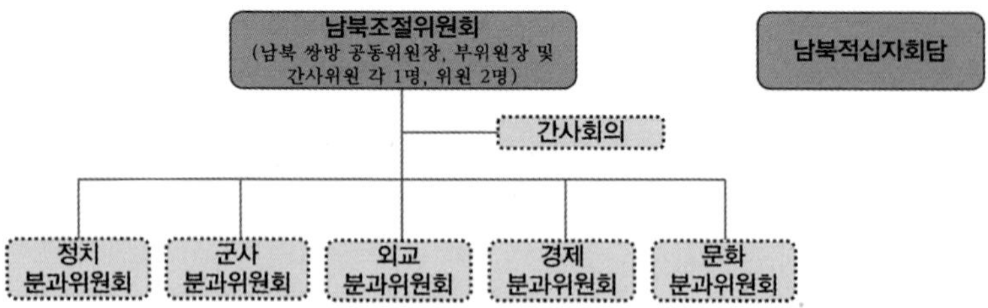

그림 5.3_ 7 · 4 남북 공동성명 추진 체계

〈그림 5.3〉은 7 · 4 남북공동성명 추진 체계이다. 남북조절위원회의 간사회의와 각 분과위원회는 합의만 되었지 운영되지는 못했다.

4) 남북적십자회담

남북적십자 예비회담

남북적십자 예비회담은 1971년 8월 12일 대한적십자사 총재의 남북적십자회담 제의에 따라 판문점에서 9월 20일부터 이듬해 8월 11일까지 25차례 개최되어 적십자 본회담에서 합의한 의제 5개 항을 확인 · 채택하였다. 그것은 (1) 남북으로 흩어진 가족들과 친척들의 주소와 생사를 알아내며 알리는 문제, (2) 남북으로 흩어진 가족들과 친척들 사이의 자유로운 방문과 자유로운 상봉을 실현하는 문제, (3) 남북으로 흩어진 가족들과 친척들 사이의 자유로운 서신 거래를 실시하는 문제, (4) 남북으로 흩어진 가족들의 자유의사에 의한 재결합 문제, (5) 기타 인도적으로 해결할 문제 등이다(국토통일원 1988a, 45; 남북회담사무국 1995a, 285–286). 이 의제 문제 토의는 북한이 사업 대상에 이산가족뿐만 아니라 그 친척, 친우까지 포함시킴으로써 예비회담의 대부분을 소진하면서 확정되었다.

남북적십자 본회담(1차~7차)

남북적십자 본회담은 1972년 8월부터 북한의 1973년 8월 28일 남북조절위원회 회의 중단 선언의 여파로 중단되기까지 7차례에 걸쳐 진행되었다. 남과 북은 제1 · 2차 회담을 축하 회담 형식으로 진행하면서 제1차 회담에서 예비회담에서 합의한 의제 5개 항을 확인 · 채택하고, 제2차 회담에서는 북한의 주장에 따라 의제 해결 5원칙(민주주의 원칙, 자유로운 원칙, 남북공동성명 정신, 동포애, 적십자 인도주의 정신)에 합의한 후 제3차 회담부터 의제에 대한 본격 토의를 진행하려 했으나 제7차 회담까지 의제에 대한 실질적인 토의가 이루어지지 못했다.

제3차 회담부터는 의제 제1항, '남북으로 흩어진 가족들과 친척들의 주소와 생사를 알아내며 알리는 문제'에 대한 토의가 진행되었으나, 이와 관련하여 북측이 제7차 회담까지 의제 해결 5원칙에 입각하여 의제 제1항의 해결을 위해서는 남한에서 모든 법률적 · 사회적 장애가 제거되어야 하며, 당사자들과 협조자들이 민주주의적으로 자유롭게 의사 표시할 수 있고 활동할 수 있는 조건과 환경이 조성되어야 한다고 주장했기 때문이다. 의제 제1항의 실천을 위한 남북 간 구체적 합의는 제4차 회담에서 '남북적십자 공동위원회'와 '남북적십자 판문점 공동사무소'를 설치하기로 합의한 것뿐이었다. 북한이 적십자 본회담도 사실상 남북조절위원회 회의에서와 마찬가지로 남북 합작의 원칙에 따라 운영하려했기 때문이었다(국토통일원 1988a, 75-102; 남북회담사무국 1995a, 35-42, 283-284, 290-291; 송종환 1976, 93-111).

5) 남북 대화의 중단, 6 · 23 선언과 8 · 28 성명

북한은 1973년 김영주 명의의 8 · 28 성명을 통해 중앙정보부의 김대중 납치 행위를 비난하는 한편, 남측 당국자들이 7 · 4 공동 성명 3원칙을 "유린하고 … '반공' 파쇼 정책을 어느 때보다도 강화"하여 왔으며, 6 · 23 선언(평화통일외교 특별선언, 1973.6.23)을 통해 "두 개의 조선 노선을 공개적으로 선포하는 데 이르렀다"고 비난했다. 이와 함께 남북조절위에서 이후락 제거, 7 · 4 공동 성명 원칙 존중, 두 개 조선 노선(6 · 23 선언) 취소, 통일 운동가 탄압 중지, 인민들의 민주주의적 자유 및 정당 · 단체들의 활동 자유 보장, 김대중을 비롯한 체포 · 투옥 인사 석방, 남북조절위에 당국을 포함 남한의 각 정당 · 단체, 각계 인사 대표들의 참가 등을 요구했다(김영주 1973.8.28).

이러한 북한의 8 · 28 성명은 합작 방식으로 남한을 묶어 두려 했던 북한의 시도가 먹혀 들어가지 않는 데 대한 불만의 표출이었다. 북측이 남북 합작이 더 이상 가능하지 않을 것으로 판단한 결정적인 계기는 박 대통령의 6 · 23 선언일 것이다. 이 선언은 (1) 평화 통일 노력 경주, (2) 한반도 평화 유지, 남북 상호 간 내정 간섭 및 침략 중지, (3) 남북 공동 성명 정신에 입각한 남북 대화의 구체적 성과 거양 노력 지속, (4) 북한의 국제기구 참여 불반대, (5) 남북한 유엔 동시 가입 불반대 및 유엔 가입 전 남한 대표가 참석하여 한반도 문제를 토의하는 국제회의에 북한 측 초청 불반대, (6) 호혜평등 원칙하에 모든 국가에 문호 개방, 남한과 이념 · 체제를 달리하는 국가들도 남한에게 문호를 개방할 것을 촉구, (7) 남한 우방들과 기존 유대 관계 공고화 등 7개 항의 내용을 담고 있다(박정희 1973.6.23, 453-457). 무엇보다 북한에게는 힘의 하락 국면에서 (5)항의 유엔 동시 가입 불반대와 (6)항의 남북한 교차 승인 문제가 남북 간 정통성 경쟁에서의 우위 확보에 큰 걸림돌로 인식되었다. 따라서 북한은 '두 개의 조선' 반대라는 담론으로 이를 극력 저지하고자 했다.

6 · 23 선언 당일 한반도에서는 남북 간에 통일의 담론이 격렬하게 부딪힌다. 김일성은 남한이 오전에 6 · 23 선언을 발표하자, 그날 오후 8시 체코슬로바키아 후사크 당 총서기 등 체코 당 · 정부 대표단을 환영하는 평양시 군중대회를 통해 소위 '조국 통일 5대 방침'을 내놓았다. 이것은 그동안 북측이 남북조절위 등을 통해 주장해 온 것을 재정리한 것으로 (1) 남북 간 군사적 대치 상태의 해소와 긴장 완화, (2) 남북 간 다방면적인 합작과 교류 실현, (3) 남북 각계각층 인사와 각 정당 · 사회단체 대표로 구성되는 대민족회의 소집, (4) 단일 국호(고려연방공화국)에 의한 남북연방제 실시, (5) 단일 국호에 의한 유엔 가입 등을 그 내용으로 하고 있다(김일성 1973.6.23). 특히, 김일성은 그 이튿날 당 중앙위 정치위원회 확대회의를 통해 8 · 28 성명과 마찬가지로 6 · 23 선언의 유엔 동시 가입 안을 민족 분열 조치의 표상으로 강하게 비난했다(김일성 1973.6.25).

요컨대 북한은 남북 대화를 통해 주한미군을 철수시키고 군축 등을 통해 경제 회생을 도모하려는 정치 · 군사적 합작과 함께 남북조절위를 '전 민족회의' 방식으로의 개편을 시도했다. 그러나 이러한 시도가 여의치 않자, 북한은 김대중 납치 사건과 6 · 23 선언을 계기로 8 · 28 성명을 통해 남북조절위 개편과 6 · 23 선언의 철회를 요구하며 당국 간 대화의 중단을 선언했다. 이에 따른 여파로 남북적십자회담도 중단되었다.[6]

---

6 이와 함께 북한은 1973년 10월 말부터 북방한계선(NLL)에 대한 영해권을 주장하고 군함을 파견하여 남측 어선을 위협하면서 서해상에 긴장을 조성하기 시작한다.

6) 남북 대화의 재개, '대화 있는 대결'의 지속

북한의 8 · 28 성명이 나온 지 두 달 반이 지난 1973년 11월 15일 남한이 키신저의 중국 방문(1973.11.10~14)이 끝난 다음 날인 남북조절위 라인과 적십자 라인을 통해 남북 대화 재개를 제의함으로써 북한의 대화 중단 선언 석 달 만에 대화가 재개된다. 제8차 남북적십자 본회담을 위한 대표회의가 11월 28일 개최되고, 제1차 남북조절위원회 부위원장회의가 12월 5일 개최된다.

남북조절위 부위원장 회의는 1975년 3월 14일까지 10차례 개최되었다. 여기서는 대개 조절위원회 개편 문제와 북한의 어선 납치 문제, 육영수 여사 저격 사건 등 남북 간 현안, 이 두 문제를 협의했으나 성과는 없었다. 1977년 12월까지 이어진 제8차 적십자 본회담을 위한 대표회의 및 실무회의도 성과가 없기는 마찬가지였다(국토통일원 1988a, 105-109; 송종환 1976, 41-62).

8 · 28 성명이 나온 지 두 달 반 만에 남북이 대화 재개를 모색하게 된 것은 남북 각기 대화에 대한 수요가 있었던 것으로 보인다. 우선 박 대통령의 입장에서는 유신 체제의 지속, 안정화를 위해서는 남북 대화가 계속되어야 했다. 그는 유신 체제 수립 구실의 하나로 남북 대화를 내세웠다. 김일성은 남한과의 정치 · 군사적 합작이 의도한 대로 되지 않음에 따라 '담담타타(談談打打)' 전술의 구사 차원에서 대화가 필요했던 것으로 보인다.[7] 이미 남북 대화를 하고 있는

---

7 공격을 가하면서도 화평을 열망하는 체하고, 화평을 내걸면서도 공격을 가하는 打打談談, 談談打打 전술은 마오쩌둥(毛澤東)의 것이다. 이에 대해서는 김상협(1976)의 176-183쪽을 참조.

동안인 1972년 후반에 남침용 땅굴을 팔 것을 명령한 김일성은 이제 정치 · 군사적 문제는 미국과 풀기로 결심하고, 미국과의 대화를 제의하며 남한과 대화하는 모양새를 가지는 가운데 남측을 물리적으로 타격하기로 했다. 북한은 그동안의 남북 간 평화협정 요구에서 선회하여 1974년 3월 25일 미국에 대해 평화협정 체결을 제의하고, 병력을 급격히 늘리면서 땅굴을 파고 1974년 8 · 15에는 박 대통령 저격을 기도했다. 1976년 8월에는 판문점에서 초소 부근의 미루나무 가지치기를 감독하는 미군을 도끼로 살해한다(북한 최고인민회의 1974.3.25; 함택영 1998, 234; 허담 1974.3.25; Oberdorfer 2001, 56–59). 당면적으로 김일성은 유엔에서의 유화적 이미지가 필요했다. 60년대 말부터 유엔에서 표 대결을 회피하고자 했던 한국 측과 달리 북한은 제3세계의 유엔 가입 확대에 따라 공세적인 유엔 정책을 취해왔다. 1973년 5월 WHO에 가입하여 옵서버 자격을 얻은 북한은 제28차 유엔총회에 적극적으로 참가하여 그동안 서방 주도의 한반도 문제 결의를 저지하고 주한미군 철수, UNCURK 해체 등 그들의 주장을 담은 결의안을 통과시키고자 했다. 남측이 대화를 제의한 때는 유엔 정치위원회를 앞둔 시점이었으므로 북한으로서는 대화를 재개할 충분한 이유가 되었다고 볼 수 있겠다.

그러나 조절위 부위원장 회의는 1975년 5월 30일 개최키로 한 제11차 회의를 하루 앞두고 북한이 남북 직통전화로 부위원장 회의를 당분간 연기할 것을 제의함으로써 남북조절위는 사실상 막을 내리게 되었다. 이때는 김일성으로서는 정세에 대한 자신감을 가지게 되는 때였다. 베트남은 1975년 4월 30일 베트콩에게 무조건 항복했다.

그 직전 4월 18일부터 26일까지 중국을 방문한 김일성은 "중국 수뇌부에 현 국제 정세가 우리에게 매우 유리하게 발전하고 있으므로 통일을 위해 독자적으로 행동하겠다"고 밝혔다(동아일보 1975.5.16). 방중 첫날 중국이 열어 준 연회에서의 김일성은 "남조선에서 혁명이 일어나면 … 남조선 인민들을 적극 지원할 것이다. 만일 적들이 무모하게 전쟁을 일으킨다면 우리는 전쟁으로 단호히 대답할 것이며 침략자들을 철저히 소멸할 것이다. 이 전쟁에서 우리가 잃을 것은 군사 분계선이고 얻을 것은 조국 통일일 것이다"라고 주장했다(김일성 1975.4.18).

7) 1970년대 남북 대화의 폐막, 박대통령의 1 · 19 제의와 변칙 대좌

1978년 3월 제8차 적십자 본회담을 위한 제26차 실무회의가 무산된 이후 남과 북은 약 1년 동안 대화 테이블에 마주 앉지 않았다. 여기에는 북한이 주한미군 철수 등 그들이 바라는 한반도 문제 해결에 있어서 남북 대화의 유용성에 한계를 느끼면서 북미 직접 협상을 모색하는 데에도 원인이 있었던 것으로 보인다.

이미 1973년에 미국과의 직접 접촉을 시도한(Kissinger 1973.8.23; Ambassador Habib Seoul 818, 날짜 미상) 북한은 1974년 3월 25일 외교부장 허담의 최고인민회의 보고를 통해 평화협정 체결을 위한 북미간 직접 대화를 제의했다(허담 1974.3.25). 특히, 김일성은 1974년 8월 문세광의 육영수 여사 저격 사건 직후에는 루마니아를 통해 북미간 비밀접촉을 제의했다(이완범 2017, 46–47; *FRUS* 1969–1976b). 북한은 1976년 12월 파키스탄 부토 수상을 통해 당시 카터 미 대통령

당선자에게, 1977년 들어서는 가봉의 봉고 대통령, 유고슬라비아의 티토 대통령 등을 통해 북미 직접 대화의 희망을 미국에 전달하고, 이듬해 5월 화궈펑(華國鋒) 당 주석의 평양 방문 환영 연설을 통해 북미 직접 협상을 재차 요구했다(김일성 1978.5.7; 동아일보 1977.9.28; 1978. 4.3; 1978.5.8; 이완범 2017, 56–93). 9월 말 비동맹회의 참석을 위해 미국에 간 허담도 대미 관계 개선 희망을 밝혔다(동아일보 1977.9.29). 그러나 이 당시 미국은 남 · 북 · 미 3자회담 방식은 긍정적으로 검토하였으나 북미 직접 접촉은 반대한다는 입장을 여러 차례에 걸쳐 분명히 했다(동아일보 1977.5.26, 1977.9.28, 1978.1.13, 1978.4.3, 1978.4.8; 이완범 2017, 33–152).[8]

이러한 상황에서 박 대통령은 1979년 1월 19일 연두 기자회견에서 "어떠한 시기, 어떠한 장소, 어떠한 수준에서든 남북한 당국이 서로 만나서 전제조건도 없이 허심탄회하게 … 그동안 남북한이 제시해 온 모든 분야의 문제들을 직접 논의하기 위해서 대화를 가질 것을 촉구"함으로써 남북 간 정상회담을 개최할 용의도 있음을 표명했다(박정희 1979.1.19). 박 대통령은 이미 1974년 연두 기자회견을 통해 남북한 불가침협정 체결을 제의하였으며, 1975년 연두 회견에서 휴전협정 존속을 전제로 유엔사령부 해체를 반대하지 않는다는 입장을, 1977년 연두 회견에서는 남북불가침협정이 가능하다면 주한

8 1979년 6월 30일부터 7월 1일까지 열린 한미정상회담 당시 카터의 고집에 따라 남 · 북미 고위 당국 대표회의 (남 · 북 · 미 3당국회의)를 북한에 제의하는 것으로 결론을 내고 이를 정상회담 공동성명에 포함시켰으나, 북한은 이를 거부했다. 박 대통령이 이러한 안을 받아들인 것은 북한이 어차피 거부할 것이며, 카터의 심기를 건드리지 않고 주한미군 철수를 막을 수 있다고 판단했기 때문이라는 것이다(이완범 2017, 53–245).

미군 철수에 반대하지 않는다는 입장을 천명했다. 따라서 이번 제의는 당시 남북 간 상황과 국제적인 상황의 변화에 적극 대처하기 위한 방안, 즉 남한의 남북 관계 주도 역할이 훼손당하는 것을 방지하기 위한 방안인 동시에 남북 대화를 지속하면서 유신 체제를 안정적으로 유지하려는 박 대통령의 정치적 이익과 결합된 것으로 평가할 수 있다. 박 대통령의 1 · 19 제의에 영향을 준 상황의 변화는 남측이 정치 · 군사 문제의 우선적 해결, 특히 주한미군 철수에 소극적인 데 대한 북한의 불만, 이에 따라 1974년부터 남북 간 평화협정에서 북미 간 평화협정으로 선회한 북한의 전략, 1975년 제30차 유엔총회에서 유엔군 사령부 해체, 주한 외국군 철수, 정전협정의 평화협정으로의 대체 등을 내용으로 하는 북한 측 결의안이 이에 상반된 남한 측 결의안과 함께 채택된 사건, 1977년에 들어선 미 카터 행정부의 주한미군 철수 입장, 남 · 북 · 미 3자회담 가능성, 미중수교(1979.1.1) 등을 꼽을 수 있다.

이러한 남측의 제의에 대해 북한은 조국통일민주주의전선(이하 조국전선) 중앙위원회 명의의 성명으로 반응을 보였다. 조국전선은 북한의 제 정당 · 사회단체 연석회의(1979.1.23)가 그해 박 대통령의 1 · 19 제의에 대해 "조국 통일 문제를 평화적으로 해결하기 위하여 미국과의 대화의 문도 열어놓고 있고 남조선의 당국자들, 각 정당들과의 대화의 문도 열어 놓고 있다"는 김일성의 정권 창건 30주년 연설(1978.9.9)에 대한 "긍정적 반응으로 간주하였다"고 밝혔다. 이와 함께 조국전선은 "남조선 당국자의 의사 표시를 두 개 조선으로 분열하려는 과거 입장을 포기하고 새롭게 출발하려는 것으로 믿으려

한다"고 하면서, 7 · 4 성명 본래의 이념과 원칙에 되돌아가는 입장에서 2월 1일 10시를 기하여 쌍방 당국이 7 · 4 성명의 이념과 원칙을 재확인하며 엄숙히 준수한다는 것을 공식 표명할 것, 남북의 각 정당 · 사회단체가 그해 9월 초에 평양이나 서울에서 '전민족대회'를 개최하기 위해 6월 초에 예비회담을 가지질 것 등을 제의했다(조국전선 1979.1.23).

이후 남북 간에는 접촉의 형식과 의제에 대해 수차례 공방을 계속한 후, 제4차 '남북조절위 개최 문제'를 협의하러 나온 남측 대표와 '민족통일준비위원회 설치 문제'를 협의하러 나온 북측 대표 간의 변칙적인 대좌가 1979년 2월 17일, 3월 7일, 3월 14일 3차례에 걸쳐 판문점 중감위 회의실에서 이루어졌으나 아무런 성과를 내지 못함으로써, 1970년대 남북 대화는 막을 내리게 된다.[9]

3. 1980년대 전두환과 김일성의 남북 대화

1) 남북한 내부 사정과 전두환 · 김일성의 정치적 이익

1980년대 남북 대화의 동력은 국제 정세에서 나오기보다는 남북 모두 내부 정세와 두 정상의 정치적 이익에서 발원되었다고 볼 수 있다. 남한은 소련과 레이건 정부의 신 냉전 정책 아래 견고한 한미동

9 이 변칙 대좌가 진행되는 기간에 평양에서 개최되는 제35회 세계탁구선수권대회(1979.4.25~5.6)에 남북 단일팀 구성 출전 문제를 협의하기 위한 남북탁구협회 회의가 2월 27일부터 3월 12일까지 4차례 개최되었으나, 이 회담은 사실상 북한이 남측 탁구팀의 참가를 저지하기 위한 것이었으므로 합의를 이루지 못했다(국토통일원 1988a, 131-136; Kim 1980, 55). 이 회담은 7 · 4 공동 성명 이후 처음 열린 체육 분야 회담이지만, 국제 사회에서의 남북 간 경쟁 과정에서 북한이 체육 분야에서 남북 대화를 정치적으로 이용한 최초의 사례로 기록될 것으로 평가된다.

맹을 시현하고 있었고, 북한도 1980년대 중반까지 중국 · 소련과의 유착 관계는 변화를 거듭했지만, 동맹 관계는 큰 흔들림이 없었다.

박 대통령 사후 국내의 민주화 요구를 억압하고 등장한 남한의 신군부 정권은 내부의 정통성 기반이 매우 취약했다. 따라서 전두환은 국내외적으로 대통령으로서 권위와 위엄을 상징적으로 보여줄 수 있는 구체적 정책 프로그램의 개발이 절실했다. 이를 위한 가장 좋은 자원이 통일 문제였다. 민족 문제는 대통령이 담당해야 할 가장 적합한 의제이기도 했다. 따라서 전 대통령은 취임한 지 넉 달 만인 1981년 1월의 남북 당국 최고책임자 상호 방문 제의, 그 1년 뒤의 '민족화합민주통일방안' 천명 및 20개 시범 실천 사업 제시, 그 이듬해 2월 북한의 정당 · 사회단체 연석회의에 대응한 남북한 당국 및 정당 · 사회단체 대표회의 제의, 1984년 8월의 남북 간 물자 교역 및 경제 협력 제의, 대북 기술 · 물자 제공 용의 표명 등 연속적으로 공세적인 대북 제의를 해 나간다. 이러한 가운데 1984년 여름에 발생한 서울의 수해 피해에 대한 북한의 대남 수재 물자 제공 제의를 수락함으로써 남북 대화의 물꼬를 트게 된다.

김일성은 1980년 10월 6차 당 대회를 통해 새 통일 방안, 북한이 그리고 있는 미래의 한반도 청사진으로 '고려민주연방공화국 창립 방안'을 천명했다. 당시 김일성으로서는 남한의 정통성 없는 군부 정권을 상대할 이유는 없었으며, 통일 문제는 남한에 민주 정권이 들어섰을 때 협의하면 되는 것이었다(김일성 1981.7.3, 211-212). 따라서 1980년대 초 북한은 남한의 신군부 정권을 대화 상대로 인정하지 않고 원색적으로 비난하는 가운데 남한 내부에서의 반정부 투쟁을 조장한다.[10] 한편, 김일성에게는 6차 당대회를 계기로 후계자로 전면에 부상한 김정일이 권력 기반을 확고히 다질 수 있도록 제2차 7개년 계획(1978~1984)의 차질 없는 수행이 중요했다. 다른 한편, 혁명 원로들로부터 혁명 가극 제작 등으로 문화 예술 분야에서 능력을 인정받은 김정일은 세습에 의한 권력의 기반을 다지는 과정에서 내부적으로, 특히 군부 세력에게 담대한 지도자로서의 자질을 검증받을 필요가 있었던 것 같다. 이러한 면모를 과시하기 위해 김정일은 1983년 10월 9일 버마에서 아웅 산 묘지를 참배하려는 남한 대통령의 살해를 기도하여 정부 각료 등 남측 인사 17명을 살해했다.

그러나 북한은 제2차 7개년 계획(1978~1984)도 목표 달성에 차질을 빚기 시작했다. 이러한 조짐은 과거와 달리 초과 목표 달성을 선전하지 않는 데서 나타났으며, 중앙통계국이 김정일 생일인 1985년 2월 16일에 이 계획이 완료되었다고 슬그머니 발표한 데서 알 수 있다(통일부 2003, 230; Kihl 1984, 74). 결국 북한은 앞의 경제 계획들과 마찬가지로, 제3차 7개년 계획에 앞서 1985~1986년을 '조정기'로 설정했다. 따라서 김일성으로서는 대외 전략의 수정이 불가피했다. 더구나 당면하게는 1983년 10월의 아웅 산 묘지 폭파 테러 사건에 따른 국제적 비난과 외교적 고립에서 우선 탈출해야 했으며, 심각해진

---

10 북한은 박 대통령이 서거하고 1979년 12월 21일 최규하 정부가 출범하자 1980년 1월 12일자로 북한 정무원 총리 이종옥 명의로 "대한민국 국무총리 신현확" 앞 서한을 통해 직접 만나 대화할 것을 제의했다. 이에 따라 '남북총리회담을 위한 실무대표접촉'이 1980년 2월 6일부터 8월 20일까지 10차례 진행되었으나, 기본적으로 북한이 10 · 26 사건 이후 남측의 유동적인 정세하에서 새로운 정치 세력과의 합작의 가능성을 파악하기 위한 차원에서 시작하였기 때문에, 전두환 군부 세력으로 정권의 향배가 정해지는 단계에서 북한은 더 이상 회담을 진행하지 않았다.

외채 지불 불능 문제와 서방으로부터의 신규 차관 도입 부진 등 경제난 해소를 위해 추진 중인 합영법(1984.9)을 통한 해외 자본 유치를 위해서는 한반도에서의 평화 분위기 조성이 어느 정도 필요했다고 본다. 이러한 상황에서 김일성은 1984년 5월 17일부터 7월 1일까지 소련과 동유럽 7개국을 순방하며 경제적 지원을 확보하는 한편, 그해 9월 서울에서의 홍수를 계기로 한 수재 물자 제공 제의를 남측이 수락하자, 이를 적극 이용하여 북한이 선도적으로 남북회담의 개최 의지와 필요성을 제기하면서 적십자회담, 경제회담, 국회회담 등을 성사시킨다.

그러나 북한은 그동안 남북 간 군사적 대결로 초래된 경제적 자원 배분의 비효율성을 극복하기 위해서는 그들이 당면한 모순의 핵심 고리부터 풀어야 했다. 이를 위해 북한은 1983년 10월부터 남한도 미국과 함께 "오늘 조선에서의 긴장 상태 격화에 책임이 있는 다른 일방"이라는 이유를 내세우며, 남한도 북한 · 미국과 "동등한 자격을 가지고 참가"하는 '3자회담' 형식을 통한 대미 접촉을 추진했다(북한 중앙인민위원회 · 최고인민회의 상설회의 연합회의 1984.1.10a; 1984.1.10b). 3자회담, 특히 남한이 북한 · 미국과 동등한 자격으로 참가하는 회담은 그동안 북한이 거부해왔던 것이다. 그러나 남한과 미국이 이번 북한의 3자회담 제의를 수용하지 않음에 따라, 김일성은 1985년 신년사를 통해 남 · 북 · 미 3자회담과 남북 사이의 "폭넓은 협상과 다방면적인 합작과 교류를 실현하기 위해 매진하겠다"고 천명한 후, 1986년 이후부터는 정치 · 군사 중심의 다방면적 합작 노선으로 전환한다. 이에 따라 북한은 1986년 1월 20일 경제 · 적십자 · 국회회담 대표단 공동 성명을 통해 팀 스피리트 훈련을 이유로 모든 남북 대화의 중단을 선언한다. 그러나 북한은 남북 대화의 문을 완전히 닫지는 않았다. 성명에서 북한은 미국과 남한이 "끝끝내 대규모적인 군사 연습을 강행하려는 현 실정에서 부득이 지금까지 진행하여 오던 북남회담들을 팀 스피리트 86 합동군사연습이 끝난 후 회담 분위기가 좋게 마련되는 때에 가서 계속할 것"이라는 입장을 표명했다(로동신문 1986.1.20).

한편, 북한은 1986년 아시아경기대회에 이어 1988년 서울올림픽을 통한 남한의 대내외적 힘의 상승을 저지하기 위해 초기에는 남한에서의 올림픽 개최를 저지하는 운동을 벌이다가 쿠바 카스트로의 조언에 따라 IOC 중재를 통한 남북한 올림픽 공동 개최라는 무임승차 전략을 추진했다. 그러나 이것도 뜻대로 되지 않자 남한 당국에 대한 보복과 남한 정세 전환의 차원에서 남한의 대통령 선거를 보름 앞둔 1987년 11월 28일에 중동에서 귀환하는 남한 노동자가 대거 탑승한 KAL기를 폭파하는 테러를 감행하게 된다.

2) 남북경제회담

남북경제회담은 북한의 수재 물자 인도 · 인수 직후인 1984년 10월 14일 남측의 제의로 성사되었으며, 회담 진행 과정에서 제시된 제안 사항들은 1970년대의 한정된 영역에서 제안된 경제 합작보다 훨씬 폭넓고 체계적으로 제시되었다. 쌍방은 제1차 회담(1984.11.5)에서부터 남북 간 교역과 경제 협력에 대해 구체적인 안을 제시함으로써 제4차 회담(1985.9.18)에서는 각기 남북 간 물자 교류 및 경제 협력, 남북경제협력기구 설치에 관한 종합적인 합의서 안을 제시했다. 쌍방은 이 합의서 안에서 물자 교류 및 경제 협력 사업 추진 방법에 관해서만도 20개 항에 걸쳐 구체적으로 제시했다(국토통일원 1988a, 264–293). 이때 제시된 합의서 안은 최종 합의는 보지 못했지만, 추후 남북기본합의서의 토대가 되었다.

3) 남북적십자회담

적십자회담은 북측이 남측의 경제회담 제의(1984.10.14)를 수락한 후, 1984년 10월 29일 적십자 본회담 개최를 위한 예비접촉을 제의함으로써 성사되었다. 1985년 5월 27일부터 30일까지 서울에서 개최된 제8차 적십자 본회담에서는 '남북 이산가족 고향 방문단 및 예술단 교환 방문'을 실시하는 데 합의함으로써, 9월 21일부터 2일까지 평양에서 남측 이산가족 35명이 평양에서 재북 가족 35가구 41명을, 북측 이산가족 30명이 서울에서 재남 가족 30가구 51명을 상봉했다(남북회담사무국 1995a, 100–108).

4) 남북국회회담 예비접촉

남북국회회담 예비접촉은 북한 측이 1985년 4월 9일 남북 간 '불가침에 관한 공동선언' 채택 문제를 협의하자고 제의함으로써 성사되었다. 북측 제의에 대해, 남측은 6월 3일자로 불가침 문제는 쌍방 당국 간 협의 과제이며, 당시 시점에서 남과 북의 입법 기관이 해야 할 중요한 일은 통일 헌법을 제정하는 일임을 지적하고, 이를 위한 예비접촉을 7월 중에 열자고 제의했다. 7월 23일과 9월 25일 2차례 개최된 예비접촉에서 쌍방은 절차 문제에는 거의 대부분 의견 일치를 보았으나, 국회회담 의제 문제인 실질 문제에 있어서는 의견 접근을 보지 못했다. 남측이 '민족화합민주통일방안'에 따라 국회회담 의제로 통일 헌법을 기초하기 위한 민족통일협의 기구를 구성하는 문제와 이에 따른 통일 기반 조성에 필요한 사항으로 하자는 입장을 보인 반면, 북측은 통일 헌법 제정 문제 협의에 반대하지 않는다는 입장을 취하면서도 불가침 공동선언 채택 문제를 우선적으로 협의·해결해야 한다는 입장을 고수했기 때문이었다(국토통일원 1988a, 293-304).

국회회담의 진행이 어려웠던 남한 측 사정은 전두환 대통령의 정치적 이익과 관련이 있다. 국회회담이 진행되던 동안 남과 북은 남북정상회담을 위한 비밀접촉을 진행하고 있었다. 북측이 국회회담 차원에서 협의하길 원하는 남북 간 불가침협정 체결 문제는 정상회담을 준비하고 있던 전 대통령으로서는 받아들일 수 없는 사안이었다. 이 문제는 당연히 정상회담에서 다루어야 할 문제이기 때문이었다. 따라서 제2차 국회회담 예비접촉(1985.9.25)을 앞둔 9월 12일 청와대에서 박동진 통일원 장관이 국회회담에 대한 보고를 하자, 전 대통령은 국회회담을 지연시킬 것을 지시했다. "불가침 선언은 정상들 간에 선언을 해도 구속력이 없는데, 국회에서 하는 것은 전략적 명분을 위한 것일 뿐"이라는 것이다. 그리고 회담 대표의 비중도 양형섭 등 몇몇을 제외하고는 보잘 것 없다며 "적절한 시기에 국회회담을 끊어버리는 것이 좋겠다"는 입장이었다(박철언 2005a, 179).

5) 남북정상회담을 위한 비밀접촉

남북 간 국회회담 예비접촉 문제가 논의되고 있는 상황에서 1985년 김일성 신년사를 시발로 7월 11일부터 남북 간에는 남북정상회담을 위한 비밀접촉이 시작되었다. 이 접촉은 '한반도에서의 평화와 통일을 위한 정상회담 준비를 위한 차관급 비밀회담'으로 박철언 안기부장 특보와 김정일 측근으로 알려진 한시해 사이에 1985년 7월부터 1991년 12월까지 총 42차례 진행되었으며, 이 중 전두환 정부 기간 동안 33차례 진행되었다.

이 비밀접촉은 이산가족 고향 방문단 협의를 촉진하는 역할을 했으며, 팀 스피리트 훈련으로 당시 진행되던 공개 회담이 중단되는 가운데서도 1986년 3월 20일에는 남북 간 비밀 직통 핫라인이 설치되어 가동되기 시작했다(박철언 2005a, 216; 2005b, 77). 따라서 1985년 10월 방북 직후인 10월 20일 부산 청사포 앞바다에서의 북한 간첩선 격침을 계기로 "극우 세력의 영향을 받은" 전 대통령으로부터 "정상회담을 성사시키려고 노력하지 마라"는 지시를 받았지만, 남북 간 비밀접촉은 계속 진행되어 평화 공존, 평화 통일 방안과 남북 간 현안이 계속 토의되었다고 한다(박철언 2005a, 202−204, 206). 그렇지만 이 비밀접촉이 진행되고 있는 가운데서도 1987년 11월 29일 중동에서 돌아오는 남한 노동자들이 대거 탑승한 KAL기가 북한 공작원에 의해 폭파되는 사건은 일어난다.

6) 남북 간 고위급회담을 위한 모색

경제회담 등 3개 회담 중단 이후 남북 사이에는 전두환 정부 말까지

기존 회담의 재개나 신규 회담의 성사는 이루어지 않는 가운데 정치 · 군사 문제를 중심으로 일련의 제의와 역제의만 계속된다. 이 과정은 수재 물자 제공을 계기로 남북이 모두 서로를 대화의 상대로 인정하기는 했으나, 서로 상대방을 한반도 평화의 위협 세력으로 다시 인식해가는 과정이기도 하다. 이것은 역설적으로 한반도 평화의 중요성이 부각됨으로써 남북고위급회담 성사의 밑거름이 된다.

국회회담 예비접촉부터 정치 · 군사 문제 우선 해결 입장으로 선회한 북한은 1986년 6월 17일 남 · 북 · 미 '3자 군사회담'을 7월 중에 개최하여 "긴장 완화와 전쟁 위험의 직접적인 원인으로 되고 있는 군사 연습과 무력 증강을 중지하는 문제, 병력과 군비를 축소하는 문제, 조선 정전협정을 원안의 요구대로 준수하는 문제 등을 협의하자"고 제의했다. 그러나 남측은 진행 중인 대화를 중단시켜 놓고 새 회담을 하자는 것은 사리에 맞지 않는다며 북측의 제의를 거부했다(국토통일원 1988a, 347–352). 남측은 북한의 제의가 '3자 군사회담'을 '3자회담'으로 발전시키고, 1986년 8월 말부터 짐바브웨에서 개최되는 '비동맹 정상회의'와 9월 초 평양에서 개최되는 '한반도 평화 비핵지대화 국제회의'를 겨냥해 팀 스피리트 훈련 중지, 주한미군 철수 등에 대한 국제적 지지를 확보하고자 하는 등의 저의가 있는 것으로 보았다(국토통일원 1988a, 350).

남측이 기존 남북 대화 재개를 촉구하고 있는 가운데, 북한은 1986년 10월 21일 '대자연 개조'라는 이름하에 금강산 발전소 건설을 착수했다고 발표했다. 남측은 북측이 이 댐에 저수된 물로 남측을 공격할 수 있다는 이유로, 이 댐 건설의 중지를 촉구하는 한편,

11월 28일에는 '남북수자원당국회담'을 개최하여 남북 간 공유 하천의 합리적 개발 · 이용 문제를 협의하자고 제의했다(국토통일원 1988a, 331-337).

북측은 남측의 수자원당국회담에 대해서는 아무런 직접적인 입장 표명을 하지 않는 가운데, 1986년 12월 30일 최고인민회의 제8기 제1차 회의에서의 김일성 시정연설을 통해 '남북 고위급 정치군사회담'을 제의하면서, 이 회담이 결실을 맺어야 중단된 회담이 재개될 수 있고 최고위급회담도 열 수 있다고 주장했다(국토통일원 1988a, 352-353). 이 제의에 대해 남측도 1987년 1월 12일 전 대통령의 국정연설을 통해 기존 3개 회담(경제회담, 적십자회담, 국회회담 예비접촉) 재개를 촉구하는 한편, "남북한 당국 최고책임자 회담이 열리게 되면 정치 · 군사 회담 문제에 대해서도 협의할 용의가 있나"고 대응했다(국토통일원 1988a, 355).

쌍방이 성명, 서한 등을 통해 자기 측 수뇌의 제의를 수용할 것을 촉구하는 가운데, 1987년 3월 12일 박철언 · 한시해의 제24차 비밀접촉에서 남측은 남북총리회담을 제의하고(박철언 2005a, 250), 3월 17일자 국무총리, 국방장관 대북 서한을 통해 남북수자원회담과 기존 3개 회담 재개의 바탕 위에서 총리회담 개최를 정식 제의했다(국토통일원 1988a, 337-340). 이에 대해 북측은 고위급 정치군사회담 제의의 맥락에서, 3월 30일 남측의 제안 중 총리회담 개최에만 동의하면서 예비회담을 4월 23일 판문점에서 갖자고 제의했다. 그러나 남측이 국무총리 명의 대북 서한을 통해 기존 회담의 개최 일자를 제시하고, 이들 회담의 진전이 있으면 총리회담 개최도 가능할 것이라는 입장을 밝힘에 따라, 북측은 1987년 4월 24자 정무원 대변인 성명을 통해 총리회담을 포함하여 남북 대화를 전면 거부했다(국토통일원 1988a, 340−343).

이로써 비록 합의는 되지 않았지만 쌍방은 총리회담의 개최 필요성에 대해서는 서로 공감하는 상태에서 전두환 정부의 마감을 맞이하게 된다. 이것이 1989년 1월 남북고위당국자회담 제1차 예비회담의 토대가 되었다.

4. 노태우와 김일성의 남북 대화

1) 탈냉전의 여파

1990년대의 남북 대화는 탈냉전의 국제 정세와 이에 따른 남북 두 정상의 정치적 이익과 남과 북의 내부 정세가 영향을 미쳤다.

노태우 정부가 들어선 시점(1988.2)의 동서 양 진영은 1970년대보다 훨씬 내실화된 신데탕트 시대로 접어들었다. 이러한 동서 화해의 촉매는 1985년 출범한 고르바초프(Mikhail Sergeyevich Gorbachev) 정권의 페레스트로이카와 글라스노스트 정책이다. 미국과 소련은 1985년 11월 제네바 정상회담 이후 1988년까지 5차례의 정상회담을 개최하여 1987년에는 주 의제인 군축 문제와 관련하여 중거리 핵전력 폐기 협정(INF)을 체결하고, 1989년 몰타 미소 정상회담에서 부시(George H. W. Bush)와 고르바초프가 냉전의 종식을 선언한다. 아시아와 관련하여 고르바초프는 1986년 7월 28일 블라디보스토크 선언을 통해 중소 관계 개선, 극동 지역 개발, 일본 등 아시아태평양 국가들과의 경제 협력 등의 의지를 밝혔다. 서울올림픽 개최 전날인

1988년 9월 16일에는 크라스노야르스크에서의 연설에서 아시아·태평양 지역 7개 평화안을 제의하는 한편, 이 지역에서의 경제 협력 방안을 마련하고 있음을 밝히면서 "앞으로 남한과도 경제 교류를 가질 가능성이 열려 있다"고 선언했다(국토통일원 1988a, 372−375; 국토통일원 1988b, 41−55; Kort 1998, 81−90; McMahon 2003, 143−168). 고르바초프의 등장으로 그동안 악화되었던 중소 관계도 개선된다. 1989년 5월 중국을 방문한 고르바초프와 덩샤오핑(鄧小平)의 정상회담을 계기로 중국과 소련 사이에 국교 정상화가 이루어지게 된다(서진영 2006, 193−213).

한편, 1988년 12월 고르바초프가 유엔총회에서 소련군 50만 명을 일방적으로 감축하겠다고 선언한 것은 동 유럽에서의 소련군 감축과 바르샤바 조약국에 대해 필요하면 소련이 무력을 통해서라도 자기의 통제하에 두겠다는 '제한 주권론'('브레즈네프 독트린')의 포기를 가져왔다. 동유럽에 대한 소련 통제의 포기는 1989년 여름 폴란드에서의 민주 개혁을 시작으로 베를린 장벽의 붕괴, 그해 말 루마니아 초세스쿠 정권의 몰락에 이르기까지 동 유럽 공산 정권의 붕괴를 가져온다. 그리고 고르바초프의 협조로 독일은 1990년 10월 3일 드디어 통일을 성취하게 된다(CVCE 2015, 23−28; Gaddis 2005, 237−252; McMahon 2003, 165−166).

이러한 동서 화해의 분위기 속에서 남한에서는 한반도에서의 긴장 완화, 평화 구축은 당연히 대통령에게 요구되는 책무가 되었다. 노태우 대통령은 1988년 4·26 총선 결과로서 여소야대 국회와 5공 청산 문제로 약화된 정치적 기반을 북방 정책과 통일 정책 등 대외

정책의 성공으로 보완할 필요가 있었다. 특히 민주화를 막 시작한 단계에서 쏟아져 나오는 남북 관계 개선 요구를 적절히 수용하기 위해서도 정부가 앞서 나가지 않을 수 없었다. 탈냉전의 국제 정세 호기를 활용하여 대통령으로서의 대내외적 위상을 제고하는 것은 노 대통령의 정치적 이익이었다. 탈냉전이라는 국제적 환경의 변화는 노태우 정부로 하여금 상대적으로 우월한 국력을 가진 남한이 남북 관계에서의 역할 강화를 도모하면서 북방 정책과 남북고위급회담을 적극 추진할 수 있는 토양을 제공했다.

한편, 김일성은 경제적 실패, 남한의 1988년 서울올림픽 개최와 러시아 · 중국 · 동유럽 국가들과의 국교 수립 등으로 상당한 정치적 타격을 받게 되었다. 북한은 남한과 소련이 1990년 9월 30일(한국시간 10월 1일)자로 수교함에 따라 중국과의 관계를 강화하는 노력을 하였으나, 소련은 물론 중국으로부터도 남한의 유엔 단독 가입 저지에 대한 지지를 얻지도 못하였을 뿐만 아니라 한중 수교도 막지 못했다. 무역 결제에 있어서도 소련과는 1991년부터, 중국과는 1992년부터 종전의 우호 가격이나 청산 거래가 아닌 국제 시장 가격에 의한 경화 결제 방식을 적용받게 되었다. 이제 북한에게는 한반도에서의 정통성을 내세울 정치적 자원이 고갈되고 있었다. 김일성은 한반도에서 정통성을 내세울 자원을 보충해야 했다. 이에 따라 북한은 미국 · 일본과의 외교 관계 수립에 노력하는 한편, 남한에 대해서는 상하층 통일전선을 총 가동하려고 기도한다. 북한은 남한 당국과 고위당국자회담 예비회담, 국회회담 준비접촉 등의 대화를 하면서도 정당 · 사회단체 연석회의 방식을 통해 남한 당국을 고립 · 압박하면서 상하층 통일전선 형성을 위한 전략을 추진한다. 이와 함께 공산권 붕괴 등으로 인한 북한 주민들의 심리적 열세 극복, 남한 주민들의 친북화 등을 위한 남북 교류 행사 개최에도 적극적이었다. 다른 한편, 북한은 경제적 쇠락으로 재래식 무기에 의한 물리력 증대가 불가능한 상황을 보완하기 위해 핵무기 개발에도 발을 들여 놓게 된다.

2) 남북고위급회담

남북고위급회담은 (1) 이 회담의 의제와 진행 절차를 협의하는 예비회담(1~8차, 1989.2~1990.7), (2) 남북기본합의서[11] 채택 · 발효 회담(1~6차 본회담, 1990.9~1992.2), (3) 남북기본합의서에 따른 분야별 대책, 즉 부속합의서 협의 회담(정치 · 군사 · 교류협력 분과위원회, 1992.3~1992.9) (4) 화해 · 불가침 · 교류협력 부속합의서[12] 및 합의서 이행 · 실천 기구인 화해 · 군사 · 교류협력 공동위원회 구성 · 운영 합의서 채택 · 발효 회담(제7~8차 본회담, 1992.5~1992.9) 등의 단계로 구분된다. 이와 별도로 고위급회담 진행 과정에서 북한 핵 개발 문제가 제기됨에 따라 핵 문제 협의를 위한 대표접촉(1991.12.26~31, 3차례)을 통해 '한반도의 비핵화에 관한 공동선언'을 채택 · 발효시키고, 남북 간 핵 사찰 문제를 협의하는 핵통제공동위원회(1992.3.19~1993.1.25)가 진행되었다.

---

11 남북기본합의서의 정식 명칭은 '남북 사이의 화해와 불가침 및 교류 · 협력에 관한 합의서'이다.

12 3개 부속합의서의 정식 명칭은 '남북 사이의 화해와 불가침 및 교류 · 협력에 관한 합의서의 '제1장 남북화해'의 이행과 준수를 위한 부속합의서', '남북 사이의 화해와 불가침 및 교류 · 협력에 관한 합의서 '제2장 남북 불가침'의 이행과 준수를 위한 부속합의서', '남북 사이의 화해와 불가침 및 교류 · 협력에 관한 합의서의 '제3장 남북교류 · 협력'의 이행과 준수를 위한 부속합의서'이다.

남북고위당국자회담 예비회담

1984년 1월 남 · 북 · 미 3자회담을 제의했던 북한은 남한과 미국이 이에 호응하지 않자, 1986년 6월 3자 군사 당국자 회담을 제의했다. 그 후 김일성은 그해 12월 최고인민회의 제8기 제1차 회의 시정연설을 통해 군사 실권자가 참가하는 남북 고위급 정치군사회담 개최 필요성 제기하고, 이근모 정무원 총리와 오진우 인민무력부장의 공동 명의로 노신영 국무총리와 이기백 국방부 장관에게 이를 정식으로 제의한다. 이러한 움직임이 발단이 되어 전두환 정부의 남북총리회담 개최 제의(1987.3.17)와 이에 대한 북측의 예비회담 제의(1987.3.30)가 오갔으나 상호 간 입장 차이로 성사되지 못했다(국토통일원 1988a, 337−343, 347−359).

노태우 정부 들어 1988년 6월 남측은 다시 쌍방의 '각료급'을 수석대표로 하는 '남북고위당국자회담' 개최를 제의하였으나, 북측은 이 제의가 대화와 통일 논의를 독점하려는 좋지 못한 발상에서 나온 것으로, 남북연석회의의 준비를 위한 예비회의 형식으로는 고려할 용의는 있다고 폄하했다(국토통일원 1988a, 378−382; 남북대화 제44호, 43). 그러나 북측은 국회회담 준비접촉(1988.8.19~1990.1.24, 10차례) 과정에서 국회회담 의제는 남북 불가침 공동선언 발표 문제가 되어야 한다고 주장하고 있는 가운데, 1988년 11월 16일 "부총리급을 단장, 군총참모장급을 부단장으로 하는 7~9명 정도의 실권 있는 고위급 정치군사 대표"가 참가하는 '남북고위급정치군사회담'을 제의했다. 그리고 이와는 별도로 12월 20일에는 남 · 북 · 미 '3자회담' 개최도 제의했다(남북대화 제47호, 28−31).

남한 측은 1988년 12월 28일 북한의 이러한 두 제의에 대한 입장으로서 쌍방 '총리'를 수석대표로 하는 '남북고위당국자회담'을 제의했다. 이 회담에서는 상호 비방 · 중상 중지 문제, 상호 존중 및 불간섭 문제, 다각적인 교류 · 협력 실시 문제, 군사적 신뢰 구축 문제, 남북정상회담 개최 문제 등을 의제로 하고, 이와 함께 남북 간 당면한 신뢰 구축과 긴장 완화를 위해 북측이 제기하는 "실효성 있는 여타 방안들도 함께 토의될 수 있을 것임"을 밝혔다. 아울러 이와 관련한 절차 문제 협의를 위해 차관급 예비회담을 이듬해 2월 초순 판문점 남측 지역인 평화의 집에서 가질 것을 제의했다(남북대화 제47호, 24–27).

이에 대해 북측은 1989년 1월 16일 남측의 전년도 12월 28일자 제의가 북측의 남북고위급정치군사회담 개최 제의에 원칙적으로 동의한 것으로 간주한다면서 차관급 예비회담을 2월 8일 판문점 평화의 집에서 갖자고 제의한다. 이로써 남측이 말하는 '남북고위당국자회담', 북측이 말하는 '남북고위급정치군사회담'의 예비회담이 1989년 2월부터 1990년 7월까지 8차례 열리게 된다(남북대화 제47호, 27–28; 통일원 1993, 93).

예비회담에서는 본회담의 명칭과 의제, 대표단 구성 및 본회담 진행과 관련된 제반 절차적 문제 협의가 주 임무였다. 그러나 실제에 있어서는 북측이 남측의 팀 스피리트 훈련 문세, 문익환 · 임수경 등 밀입북자 구속 문제 등을 집중 제기함에 따라 제1차 회담에서 제3차 회담까지는 실질적인 논의가 이루어지지 못하다가 제5차 회담에 와서야 본회담 명칭, 대표단 구성, 본회담 의제 등이 가닥을 잡게 되었다(남북대화 제47호, 33–45; 남북대화 제48호, 81–88).

그 결과 제8차 회담(1990.7.26)에서 본회담 명칭은 '남북고위급회담'으로, 대표단은 총리를 수석대표로 7명으로 하되 대표는 장 · 차관급으로(군 대표는 참모총장급 1명을 포함하여 2명 이내로), 회담 의제는 남북 간의 정치 군사적 대치 상태 해소와 다각적인 교류 협력 실시 문제로, 회담 장소는 서울과 평양에서 번갈아 개최하는 것으로 합의를 보았다(남북대화 제51호, 25–32).

남북고위급회담

남북고위급회담에서는 남북기본합의서와 이 기본합의서에 따른 3개 분야(화해 · 불가침 · 교류협력)의 부속합의서가 채택 · 발효되었다. 남북기본합의서는 서문에 이어 남북 화해, 남북 불가침, 남북 교류협력 등 3개의 장으로 구성되어 있다. 서문에서는 남북 사이를 "나라와 나라 사이의 관계가 아닌 통일을 지향해가는 과정에서 잠정적으로 형성되는 특수 관계"로 규정한 것이 특징이다. 이것은 "상대방을 국제법상 완전한 '국가'로 인정함을 의미하지는 않으나, 남북한이 각기 상대방의 '실체성'을 인정한 것"이다(통일원 1992, 19). 제1장 남북화해에는 남북 간 체제 인정 · 존중, 내부 문제 불간섭, 파괴 전복 행위 금지, 현 군사정전협정 준수, 국제무대에서의 협력, 판문점 남북연락사무소 설치 · 운영 등이 규정되어 있다. 제2장 남북 불가침에서는 무력 불사용, 의견 대립과 분쟁은 대화와 협상을 통해 평화적으로 해결, 불가침 경계선과 구역은 정전협정의 군사 분계선과 지금까지 쌍방 관할 구역으로 함, 군사공동위를 통해 군사적 신뢰 구축과 군축

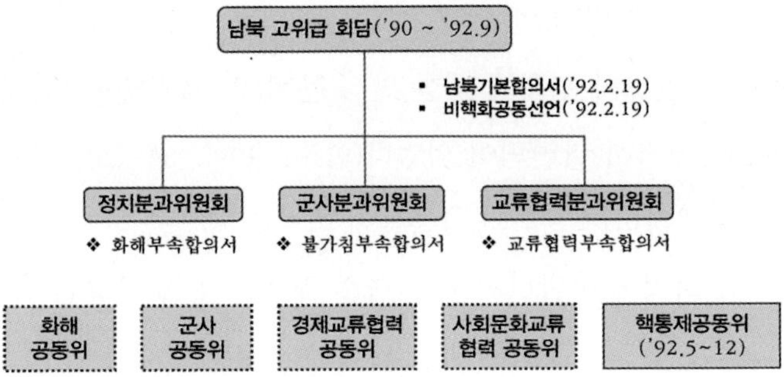

그림 5.4_ 남북고위급회담 추진 체계

문제 협의 등이 규정되어 있다. 제3장 남북 교류 · 협력에서는 남북 간 각종 교류 협력 사항과 이산가족 등 인도적 문제에 대한 대책 강구 등이 규정되어 있다. 그리고 3개의 부속합의서는 기본합의서 각 장별 조항에 대한 세부적인 이행 · 준수 사항이 규정되어 있다.

이렇게 마련된 남북기본합의서(부속합의서 포함)에 대해 남과 북은 "남북 관계를 정상적으로 발전시켜 나가기 위한 기본 틀"(남), "나라의 평화와 통일을 지향해 나가는 데서 하나의 이정표"(북) 등으로 평가했다(남북대화 제54호, 189; 남북대화 제56호, 25). 남측의 입장에서 더욱 구체적으로 평가하면, 남북기본합의서는 "평화 통일에 이르는 중간 과정으로서 … 화해 협력과 평화 정착을 이루어 나갈 기본 틀", 즉 한민족공동체 통일 방안에서 통일 과정의 제1단계인 화해 · 협력 단계에서 "남북 관계를 규율하는 기본 규범"이다(남북대화 제54호, 135; 통일원 1992, 26−27).

남북기본합의서를 어떤 형태와 내용으로 할 것인가부터 조항별 내용이 타결되기까지 남북 간에 일어난 핵심 쟁점은 남과 북의 상호 관계 규정 문제, 통일 방안 문제, 통일 논의 과정에서 당국의 역할 문제, 한반도 안보와 평화에 대한 인식 문제, 7 · 4 공동 성명의 해석 문제 등과 밀접히 관련되어 있었다(임동원 1997, 84–86). 이에 따라 남과 북이 주창하는 논리와 담론들이 격렬한 경쟁을 하게 되었다. 고위급회담 과정에서 남한의 기본 담론 체계는 (1) 남북 간 사상과 제도가 다른 현실을 인정하는 바탕 위에서 상대방 체제를 인정 · 존중하는 가운데 (2) 대화와 교류 · 협력을 통해 신뢰를 구축해 나가면서 (3) 남북 관계를 정상화하고 공존 · 공영 관계를 구축해 나감으로써 (4) 민족 공동체를 회복 · 발전시켜 (5) 궁극적으로 통일된 민족, 민주국가를 건설해 나가자는 것이다. 한편, 북한은 (1) 자주 · 평화 · 민족 대단결의 조국 통일 3원칙을 재확인하고 철저히 준수하는 것을 기본 담론으로 내세우면서 (2) 주체적 입장 견지, 이 입장에서 우리 실정에 맞는 합리적 통일 방안 모색, (3) 통일 지향적 자세 견지, (4) 불신의 근원 제거 등의 논리를 전개하였다. 남북 간 담론의 대립은 기본적으로 남북한이 모두 7 · 4 공동 성명의 통일 3원칙을 인정하면서도 이에 대한 해석을 달리하는 데서 출발한다. 따라서 7 · 4 공동 성명의 통일 3원칙에 대한 해석 문제는 남북 관계 주요 국면마다 등장한다. 남과 북은 남북조절위원회 제1차 공동위원장 회의(1972.10.12)에서부터 이에 대한 해석을 둘러싸고 격돌했다(강인덕 1990, 49).

북한 핵문제 협의를 위한 회담들

1991년 2월 걸프전 발발 직후 북한 핵 개발 문제가 표면화됨으로써,

남한 당국은 제4차 남북고위급회담(1991.10.22~25)에서부터 북한 핵 문제를 공식 거론하기 시작했다. 남측은 기조연설을 통해 북한이 NPT에 가입한 지 6년이 지나도록 핵 사찰 의무를 이행하지 않고 있으며, "비밀리에 핵무기를 개발하고 있다는 비난을 받고 있다"고 지적하며 핵 개발 중단과 국제적인 핵 사찰을 받으라고 촉구했다. 한편, 북한은 이 회담에서 한반도 비핵지대화를 주장하면서 '조선반도의 비핵지대화에 관한 선언' 초안을 제시했다(남북대화 제53호, 48-83). 이러한 북한의 태도를 고려하여, 남한 측은 북한 핵 문제에 대한 해결의 틀을 제공하는 차원에서 1991년 11월 8일 '한반도 비핵화와 평화 구축을 위한 선언(한반도 비핵화 선언)'을 천명했다. 북한이 제시한 한반도 비핵지대 안은 한반도 핵무기는 남한에만 있다는 인식에서 나온 것이다. 따라서 북한은 "남조선에 있는 미국 핵무기를 완전히 철거하는 것으로부터 '한반도 비핵지대화'가 시작되어야 하며, 바로 이것이 비핵지대화의 주된 내용으로 되어야 한다"는 것이다(남북대화 제53호, 78-83). 이에 남측은 한반도 비핵화 선언을 통해 핵무기를 제조, 보유, 저장, 배비, 사용하지 않을 뿐 아니라 핵연료 재처리 및 핵 농축 시설까지 보유하지 않기로 선언했다. 남측은 북한도 핵 재처리 및 농축 시설 보유를 포기하길 촉구하면서, 북한이 핵 안전 조치 협정에 조속히 서명하고 이러한 조치를 취하면, 고위급회담을 통해 핵 문제를 포함한 모든 군사 안보 문제를 협의해 나가겠다고 밝혔다(남북대화 제54호, 181-183).

이러한 입장에서 남측은 제5차 고위급회담(1991.12.10~12.13)에서 북한에게 조속히 핵 사찰을 수용하고 핵 개발을 포기하라고 촉구하면서 1991년 11월 18일의 한반도 비핵화 선언의 내용을 기본 틀로 하는 '한반도 비핵화 등에 관한 공동 선언' 안을 긴급 제안 형식으로 제시했다. 이 제안에서 한반도 비핵화 선언의 내용에 추가된 것은 "쌍방이 각기 필요하다고 인정하는 상대측 지역의 군사 시설과 민간 시설 그리고 물질과 장소에 대해서는 쌍방이 합의하는 방법으로 사찰을 실시하자"고 제안한 것으로 비핵화 공동선언 안의 주요 특징 중의 하나이다. 이에 따라 남측은 쌍방이 시범 사찰 대상을 선정하여 동시 사찰을 실시하자고 제의했다. 남측은 북측의 순천비행장과 영변의 핵 시설을 시범 사찰 대상으로 선정하면서 1992년 1월 31일 이전에 사찰이 이루어지기를 희망했다(남북대화 제54호, 52-57).

이에 대해 북한은 일방적으로 핵 사찰을 받는 것은 있을 수 없다는 입장에서, 제5차 고위급회담에서 한반도 핵 문제의 핵심은 남한에 배치된 미국 핵무기 문제임을 강조하면서, 남측의 일방적 한반도 비핵화 선언도 좋지만 그들이 제시한 비핵지대화 선언을 토대로 남과 북이 마주앉아 한반도 핵 문제 해결 방안을 협의하자고 제안했다. 이에 따라 남과 북은 '핵 문제 협의를 위한 대표접촉'을 1991년 12월 안에 갖는다는 데 합의했다(남북대화 제54호, 62-67, 83). 그 후 남과 북은 1991년 12월 26일에서 31일까지 3차례의 대표접촉을 진행하여 '한반도의 비핵화에 관한 공동선언(한반도 비핵화 공동선언)'을 생산했다(남북대화 제54호, 91-102). 제6차 고위급회담(1992.2.18~2.21)에서 발효된 한반도 비핵화 공동선언을 통해 남과 북은 핵무기의 시험, 제조, 생산, 접수, 보유, 저장, 배비, 사용의 포기(1항), 핵에너지의 평화적 목적에만 이용(2항), 핵 재처리 시설과 우라늄 농축 시설의 보유 포기(3항)를 약속하는 한편, 한반도 비핵화를 검증하는 방안으로 "상대측이 선정하고 쌍방이 합의하는 대상들에 대하여" 1개월 안에 구성될 '핵통제공동위원회'가 규정하는 절차와 방법에 따라 사찰을 실시(4항)하기로 합의했다(남북대화 제54호, 101). 이 합의 과정에서 제일 크게 논란이 된 것은 남측이 주장하는 '강제 사찰' 도입이었는데, 북측의 강력한 반대에 부딪혀 결국 "상대측이 선정하고 쌍방이 합의하는 대상들에 대하여" 사찰을 하는 것으로 절충되었다(임동원 2008, 236).

남과 북은 비핵화 공동선언의 합의에 따라 제6차 고위급회담 기간 중인 1992년 2월 19일부터 3월 14일까지 핵통제공동위원회의 구성 · 운영 합의서 마련을 위한 대표접촉을 7차에 걸쳐 진행하여 합의하고, 1992년 3월 19일부터 이듬해 1월 25일까지 핵통제공동위원회 본회의 13차례, 위원 접촉 6차례, 위원장 접촉 1차례 등을 통해 남북 간 핵 사찰 문제를 협의했으나 사찰 방식과 대상 등에 합의를 보지 못함으로써 실패로 끝났다.

한편, 1992년 5월 27일 핵통제공동위 제5차 회의가 진행될 때까지 북한 측은 최고인민회의에서 핵 안전 조치 협정을 비준하고(1992.4.9), IAEA 측에 '최초 보고서'로서 핵 물질의 초기 재고량 보고서와 사찰 대상으로 신고한 14개 핵 시설 명세 보고서를 제출했다(1992.5.4). 그러나 IAEA는 3차례의 임시 사찰(1992.5.25~6.5; 7.7~7.20; 9.1~9.11)을 마친 결과 북한이 제출한 최초 보고서와 임시 사찰 결과 사이에 '중대한 불일치', 즉 북한이 보고한 양보다 더 많은 플루토늄을 추출했다는 사실을 발견한다(Albright and O'Neill

2000, 18–19; Oberdorfer 2001, 270). 그리고 IAEA 측은 제3차 임시 사찰(1992.9.1~9.11)을 통해 핵폐기물 저장 시설로 추정되는 영변 지역 2개의 미신고 시설 중 '방사화학실험실' 인근의 군사 시설로 위장된 건물('Building 500')을 방문했으나, 북측이 군사 시설이라는 이유로 사찰관들의 시료 채취나 사진 촬영을 거부하고 사찰 장비도 충분하지 못해 지하 시설을 제대로 확인하지 못하고 돌아왔다(이용준 2010, 48–54; 이춘근 1995, 67; Albright and O'Neill 2000, 18–20, 100–101; Oberdorfer 2001, 267–271; Reiss 1995, 245).

한미 양국은 1992년 10월 8일 제24차 연례안보협의회를 통해 남북 간 "상호 핵 사찰 등에서 의미 있는 진전이 없을 경우 1993년 팀 스피리트 훈련을 위한 준비 조치를 계속해 나가기로 합의"했다(국방부 1992). 이에 따라 핵통제공동위 제6차 위원 접촉(1992.10.14) 이후에는 북한 측이 팀 스피리트 훈련 재개 철회를 요구하면서 핵통제공동위 회의는 실질적인 진전을 이룰 수가 없었다. 북한은 10월 27일 정부 · 정당 · 사회단체 연합회의를 통해 "팀 스피리트 군사 연습을 강행하는 조건에서 앞으로 남북고위급회담은 물론 각 부문별 공동위원회를 비롯한 모든 남조선 당국과의 대화와 접촉을 동결할 것"이라는 결정서를 발표하고 이를 실행에 옮겨 나갔다. 북한은 11월 3일 화해 · 군사 · 경제 · 사회문화 공동위원회 북측 위원장들의 연합성명을 통해 당시 11월 중에 예정되어 있는 화랑, 독수리 등 군사 훈련과 1993년도 팀 스피리트 훈련 재개 결정 등을 지적하면서 분야별 공동위 제1차 회의 불참을 선언했다. 12월 12일에는 제9차 고위급회담을 무기 연기시켰다. 핵통제 공동위도 1993년 1월 25일 제1차 위원장 접촉으로 종료된다(남북대화 제57호, 14–34, 47–66).

이렇게 모든 남북회담이 중단되는 가운데 IAEA는 제3차 임시 사찰 이후 최초 신고 내용의 불일치 문제를 해명하고, 2개 미신고 시설에 대한 특별 사찰 요구를 수용하라고 북측을 압박해 나갔다. 그러나 북측은 제6차 임시 사찰(1993.1.26~2.6)까지 2개 미신고 시설은 핵과 상관없는 군사 시설이라고 주장하며 샘플 채취나 사진 촬영을 거부하는 등 사찰관의 접근을 허용하지 않았다. 신고 내용 불일치에 대한 해명도 충분하지 못했다. 1993년 2월이 되면서 북한과 IAEA 간의 협의도 교착에 빠지게 되고 NPT 체제는 결국 위기로 발전한다. 여기에는 한미 양국의 팀 스피리트 재개 결정도 한몫한다. 1993년도 팀 스피리트 훈련 재개 결정 발표(1993.1.26) → IAEA의 2개 미신고 시설 특별 사찰 요구(2.9) → 주러 북한대사의 IAEA 특별 사찰 거부 발언(2.15) → 로동신문의 특별 사찰 강요 시 전쟁 초래 경고(2.21) → IAEA, 북한의 특별 사찰 3월 25일까지 수용 촉구 결의안 채택(2.25) → 북한의 팀 스피리트 훈련을 이유로 한 '준전시 상태' 선포(3.8) → 북한의 NPT 탈퇴 선언(3.12) 등으로 갈등이 고조되어 감으로써 '제1차 북핵 위기'가 발생한다(통일원 1994; Albright and O'Neill 2000, 20–21, 100–101; Oberdorfer 2001, 276–280).

3) 기타 남북고위급회담 전후 남북 회담

남북고위급회담 전후로 남북국회회담 준비접촉(1988.8.19~1990.1.24), 제11차 적십자 본회담 재개와 제2차 남북 이산가족 고향 방문단 및 예술단 교환을 위한 적십자 실무대표접촉(1989.9.27~

1990.11.8), 남북 이산가족 노부모 방문단 및 예술단 교환을 위한 적십자 실무대표접촉(1992.6.5~8.7), 베이징 아시아경기대회 단일팀 구성 · 참가를 위한 남북체육회담(1989.3.9~1990.2.7), 국제 경기 단일팀 참가 등을 위한 남북체육회담(1990.11.29~1991.2.12) 등이 진행되었다. 이 중 남북 간 합의를 이룬 회담은 마지막의 국제 경기 단일팀 참가 체육회담 뿐이다.

남북고위급회담 전후로 진행된 기타 남북 회담과 교류는 북한의 상대적 국력이 급격히 하락함에 따라 한반도에서 북한의 역할도 동반 추락하는 경향을 방지하기 위해 북측이 허세적으로 주도하는 성격의 것들이 많았다. 북측의 입장에서 보면 정치 · 군사 문제 해결의 중요성을 일깨우며 남측을 남북고위급회담으로 유도할 필요가 있었으며(국회회담 준비접촉), 김일성의 남북정치협상회의 소집 결과로 이루어진 문익환 · 허담 공동 성명 후속 조치도 취하면서 그들의 역할을 시현할 필요가 있었다(제2차 고향 방문단 및 예술단 교환 적십자 실무접촉). '하나의 조선' 슬로건에 따라 남측의 독자적인 국제적인 위상 제고를 받아들일 수 없을 뿐만 아니라(제11회 베이징 아시아경기대회 단일팀 구성 · 참가 체육회담), 독일 통일, 사회주의권 붕괴 등으로 인한 북한 주민의 심리적 충격을 완충시키기 위해 통일 열기도 고조시켜야 했다(제11회 베이징 아시아경기대회 공동 응원, 범민족음악회, 통일축구대회, 국제 경기 단일팀 구성 · 참가를 위한 체육회담, 범민족대회 등). 그리고 남북기본합의서 발효 축하를 명분으로 체제 선전도 필요했다(이산가족 노부모 방문단 및 예술단 교환을 위한 적십자 실무접촉). 물론 이러한 회담과 교류에는 남측의 꾸준한 요구와 호응으로 이루어진 결과이기도 한 것이 대부분이다.

5. 김영삼과 김일성 · 김정일의 남북 대화[13]

1) 북한의 '통미봉남'

김영삼 정부 시기 남북 대화는 북한 핵 문제의 강력한 규정력 아래 남북한 내부 정세와 정상들의 정치적 이익이 영향을 미쳤다. 한편, 김 대통령으로서는 정상으로서의 정치적 이익과 함께 반공 관념도 작용을 하면서 대북 정책의 혼선을 야기했으며, 김정일의 대남 정책에는 김일성 사망 시 김 대통령의 처신에 대한 감정도 상당한 작용을 했다. 그 결과 김일성 사후 개최된 남북 회담은 김대중 정부의 남북 정상회담 준비접촉 이전까지 판문점은 고사하고 한반도에서는 개최되지 못하기도 하였다.

북한 핵 문제는 북한의 NPT 탈퇴 선언 이후 3단계에 걸친 북미고위급회담(1993.6; 1993.7; 1994.7~1994.10)을 통해 '북미기본합의서(Agreed Framework)'를 타결함으로써 해결의 기초가 마련될 때까지 남북 관계와 한미 관계 모두에서 갈등의 요소가 되었다. 남북 간 갈등에는 북한의 NPT 선언 이후 북미 협상에 개입하여 남북 대화를 유도하려는 남한의 기도, 김일성 사후 남한의 전군 특별 경계령 하달과 김일성 조문에 대한 처벌 의지 표명, 북한 붕괴론 유포 등이 영향을 미쳤다. 김영삼 대통령은 때때로 미국의 대북 정책과 핵문제 협상 방안과 관련하여 미국과도 갈등했다.

---

13 이 부분은 배광복(2008)의 278-290쪽을 바탕으로 재구성(재인용 포함)한다.

한편, 북한은 제3차 7개년 계획(1987~1993) 목표 달성 실패에 이어 김일성 사후 자연재해 등으로 '고난의 행군'에 들어감으로써 살아남는 것이 국가 목표가 되었다. 따라서 북한은 핵 문제 협상에서 남측이 끼어드는 것을 참지 못해 남측을 배제하는 '통미봉남' 정책에 매진했지만, 경제적인 문제에서는 남한의 협조가 필요했다. 이에 따라 김영삼 정부에서의 남북 회담은 김일성 사망 전, 미국을 통한 대북 압박에 의한 회담기(남북 간 특사 교환을 위한 실무대표접촉)와 김일성 사망 후, 자연재해에 의한 회담기(북경 쌀 회담, 남북적십자 대표접촉 등)로 나누어 볼 수 있다.

한편, 한반도에서 경제적 주인 행세를 하는 것을 이미 포기한 북한은 군사적 측면에서는 여전히 자기의 의지대로 끌고 가고자 했다. 북한은 남한이 '미국이 만들어낸 핵 문제에 끼어들어' 미국과 "야합하여 [북한]을 반대하는 대규모 군사 연습을 빈번히 벌리고 [북한]의 핵 문제를 구실로 군사적 대응이니, 국제 공조 체제니 하면서 북남 관계를 위험한 국면에 몰아넣고 있는 것"으로 보았다(김일성 1994.1.1). 북한은 이러한 남한에게 한반도 군사 문제 해결의 주체는 북한과 미국이라는 것을 보여주고자 했다. 이에 따라 1991년 3월 군사정전위원회 유엔군사령부 측 수석대표에 한국군 장성의 임명을 빌미로 군정위 회의를 거부해 오던 북한은 1994년 4월 28일 군정위 북측 인원 전원 소환과 중립국감독위원회 폴란드 대표단의 철수를 유엔사에 통보하는 한편, 외무성 성명을 통해 미국 측에 정전협정을 평화협정으로 바꾸고 현 정전 기구를 대신하는 '새로운 평화 보장 체계'를 수립하는 대미 협상을 제의한다. "새로운 평화 보장 체계 수립을 위한 협상을 미국에 제기한 것은 정전협정 서명 당사자도, 현실적으로 남조선에서 군사 통수권을 쥐고 있는 것도 미국이라는 법률적 현실적 조건을 고려한 데 있다"는 것이다. 아울러 북한은 1994년 5월 24일 새로운 평화 보장 체계 수립을 위해 군정위를 대신하는 새로운 협상 기구로 '조선인민군 판문점 대표부'를 개설했음을 유엔사 측에 통보한다(통일원 1997, 75). 이에 따라 1994년 12월 군정위 중국 측 대표단이 완전 철수하고, 1995년 2월에는 중감위 폴란드 대표단이 북한의 강요로 철수하게 되었다. 5월 3일에는 판문점 중감위 사무실, 휴게실, 오락실 등을 폐쇄하고, 미군들과 기자들, 중감위 인원들이 허가 없이 판문점 공동경비구역 북측 지역으로 넘어오는 것을 일체 금지한다고 발표했다(통일원 1997, 209). 1996년에 들어와서는 북한의 압박은 계속된다. 2월 22일 북한은 한반도에서의 전쟁 위험 제거와 정전 상태의 평화적 유도를 위해 북미 간 잠정 협정 체결과 이 협정의 이행과 감독을 위해 판문점에 군정위를 대신하는 '조미군사기구' 설치를 제의했다(통일원 1997, 275−277). 나아가 북한은 4월 4일에는 비무장지대 남측 지역이 "북침을 위한 무장 지대로, 하나의 새로운 공격 출발 진지로 전변되었다"고 주장하면서 "자위적 조치로서" 정전협정에 의한 비무장지대 유지 · 관리 임무를 포기한다고 선언하기에 이르렀다(통일원 1997, 281−283). 그 다음날인 4월 5일부터 7일까지 3일간에 걸쳐 북한은 첫날은 200여 명 규모의 군대를 판문점 공동경비구역에 두어 시간씩 진입시켰다가 철수하는 도발 행위를 했다.

2) 특사 교환을 위한 실무대표접촉

김영삼 정부는 노태우 정부 시기 중단된 핵통제공동위의 연장선상에서 남북 간에 핵 문제 해결을 시도하는 노력의 일환으로 1993년 5월 20일 남북고위급회담 남측 수석대표인 황인성 국무총리 명의의 대북 서한을 통해 "민족 복리의 견지에서 핵 문제 해결의 돌파구를 마련하기 위해" 남북고위급회담 대표접촉을 갖자고 제의하였다(남북대화 제58호, 27−29). 그러나 북한은 이러한 남측의 제의를 무시하고, 남북정상회담과 남북 간 현안을 타결하기 위한 "최고위급의 중대한 전달하는 임무"를 수행하는, "각기 통일 사업을 전담하여 보는 부총리급"의 특사 교환을 제의했다(남북대화 제58호, 31−33). 그 이후 남과 북은 각기 자기 측의 회담 방식을 고집하는 전화 통지문을 수차례 교환하고, 남측이 미국을 통해 북에게 남북 대화에 나설 것을 압박한 결과, 북측이 9월에는 당초의 부총리급 특사 교환 제의를 철회하고 "쌍방 최고위급이 임명하는 임의의 급의 특사 교환도 무방하다"는 입장을 제시한 후, 10월에 가서야 그들이 내걸었던 대화의 전제 조건, '핵전쟁 연습' 중지와 국제 공조 체제 포기에 대해 남측이 "대답하리라 기대"한다면서, 남측이 새로 제시한 "핵 문제를 최우선적으로 협의 · 해결하고 그 밖의 남북 간 주요 현안 문제들을 함께 다루기" 위한 특사 교환 실무대표접촉을 수용했다(남북대화 제58호, 27−62, 남북대화 제59호 7−11).

그러나 1993년 10월 5일부터 시작한 이 접촉은 이듬해 3월 19일 제8차 접촉에서 결렬로 끝나게 된다. 북한은 제8차 접촉에서 남측이 제3차 북미고위급회담을 방해하기 위해 특사 교환 협의를 지연시켜 왔다고 비난하면서, 남측이 특사 교환을 할 것인지 여부에 대해 명백히 대답하고, 특사 교환을 하려면 그들이 내건 4가지 요구 사항('핵전쟁 연습' 중지, 국제 공조 체제 포기, 패트리어트 미사일 반입 중지, 김영삼 대통령 취임 100일 기자회견 시 발언[14] 취소)에 대해 명백한 태도 표명을 해야 한다고 주장을 계속했다. 이러한 가운데 북측 수석대표 박영수는 남측이 팀 스피리트 훈련을 재개하겠다고 하고 패트리어트 미사일을 도입하겠다고 하는 것 등은 명백한 '전면 대결 선언', '전쟁 선언'이라고 주장하면서, "전쟁을 바라지 않지만, 결코 남쪽이 전쟁을 강요하는 데 대해서는 피할 생각이 없다", "여기서 서울이 멀지 않다", "전쟁이 일어나면 불바다가 되고 만다" 등의 발언을 쏟아냄으로써 회담은 결렬되었다(남북대화 제59호, 87–92). 북측은 기본적으로 미국으로부터 떠밀려서 하는 남북 회담에 적극적일 수 없었다.

3) 남북정상회담 예비접촉

미국의 영변 핵 시설 폭격이 검토되고 있던 1994년 봄의 한반도 위기는 갈루치 차관보에게는 "전쟁으로, 그것도 대전으로 비화될 성질의" 위기, 페리 국방장관에게는 "실질적인 전쟁 위험의 단계에 진입한" 위기였다(Oberdorfer 2001, 306). 이러한 위기는 6월 15일 카터 전 대통령의 방북으로 해소된다. 카터–김일성 간 회담(6.16–6.17)으로 남북 간에는 정상회담이 성사되고, 북미 간에는 3단계 고위급회

14 '핵무기를 가진 상대와 악수할 수 없다.'

담이 개최(7.8)됨으로써 그해 10월 21일 북미기본합의서 채택의 길로 나아간다.

카터 전 대통령이 김일성에게 김영삼 대통령이 남북정상회담을 원한다고 전해주자, 김일성은 김영삼 대통령의 제의에 "고마움을 표시하면서 정상회담에 호응하겠다는 의사를 밝혔다." 이를 전해들은 김영삼 대통령도 한 시간도 안 돼서 "조건 없이 김일성 주석을 만나겠다"는 입장을 밝힌다(Oberdorfer 2001, 333–334; 남북대화 제60호, 8–9). 이에 따라 1994년 6월 28일 남북정상회담 개최에 따른 절차문제 협의를 위한 부총리급 예비접촉을 진행하여 1994년 7월 25일부터 27일까지 평양에서 남북정상회담을 개최하기로 하였다. 그러나 김일성이 묘향산에서 회담 준비를 하는 과정에서 7월 8일자로 사망함으로써 회담은 무산되었다.

4) 북경 쌀 회담과 대북 구호 물자 전달을 위한 적십자 대표접촉

북한에서는 김일성 사망 후 홍수(1995~6년), 가뭄과 해일(1997) 등 자연 재해로 식량난이 더욱 악화되었다. 북경 쌀 회담은 김일성 사후 가중된 북한의 식량난 해결에 도움을 주고 조문 파동 등으로 악화된 남북 관계를 완화시키려는 남측 의지의 결과로 개최되었다. 1995년 6월 17일부터 10월 1일까지 3차례 개최되어 북한에 15만 톤의 쌀이 무상으로 포대에는 일체의 표기가 없이 무상으로 제공되었다(남북대화 제63호, 3–40). 그러나 남측이 의도한 것은 아니지만, 북경 쌀 회담에 따른 쌀 전달 과정에서는 북한 측이 남측 수송선에 북한 인공기를 강제로 게양시킨 사건이라든지, 남측 수송 선원의 북측 항구 촬영을 이유로 억류한 사건 등이 벌어짐으로써 남한 주민들의 대북 적대감을 강화시키는 계기를 만들었을 뿐이었다.

적십자 대표접촉은 김영삼 정부 시기에는 1997년 5월 3일부터 12월 25일까지 4차례, 김대중 정부 초기인 1998년 3월 25일부터 27일까지 1차례 개최되었다. 남한 측은 북한이 1995년 8월 집중호우로 유엔에 긴급 구호를 요청한 데 따라 WFP 등 국제기구와 국제적십자사를 통해 지원을 해 오다가, 이러한 간접 지원 방식의 비용과 시간을 고려 1997년 4월부터 남북 간 직접 전달 방식을 추진한 결과로 이루었다. 그 결과 김영삼 정부에서는 옥수수 10만 톤이 지원되었으며, 김대중 정부에서는 옥수수 6천여 톤, 밀가루 13.5천 톤, 쌀 57톤, 비료 2.5천 톤 이외 식용유, 소금 등 다양한 품목이 지원되었으며 1998~1999년도에 추가 지원이 이어졌다(남북대화 제65호, 31–62; 남북대화 제66호, 73–89). 이 과정에서 북한은 남측이 제기한 분배 투명성 문제에 대해 성의 있게 대응하지 않는 등으로 하여 남북 간 정치적 신뢰 조성에 거의 기여하지 못했다.

6. 김대중 · 노무현과 김정일의 남북 대화

1) 대북 포용 정책과 평화 번영 정책

남한에서의 남북 관계 개선 의지와 남북 대화 추진의 동력은 김대중 · 노무현 대통령의 정치적 신념이 주로 작용했으며, 김정일에게 있어서는 경제 회생의 목표가 작용했다. 이러한 동력은 북한 핵 문제를 둘러싼 북미 갈등과 남한 당국의 대북 정책에 대한 야당 등 국내 보수 세력의 반발, 이를 정당화해주는 북한의 핵 무력 증강과 서해교전 등 북한의 무력 도발로 상당한 제약을 받았다.

김대중 정부는 대북 정책으로 '포용 정책'을 내세웠다. 당시 정부는 이것을 "체제 위기를 맞고 있는 북한이 개방과 변화의 길로 나올 수 있는 환경과 여건을 만들어 줌으로써 전쟁을 방지하고, 평화 통일의 기틀을 마련하자는 정책", "튼튼한 안보를 바탕으로 북한의 무력 도발을 억제하는 동시에 남북 간 화해와 교류 협력을 통해 남북 관계를 개선해 나가려는 … '강자'의 입장에서 펼치는 정책"으로 "싸우지 않고 평화적으로 통일을 이룩하자는 전략"으로 설명했다(통일부 1999, 5–9).

한편, 노무현 정부는 "한반도에서 평화를 정착시키고 남북한 공동 번영을 추구함으로써 평화 통일의 기반을 조성하고 동북아 공존·공영의 토대를 마련한다"는 '평화 번영 정책' 아래 대북 정책을 추진했다. 이에 따라 "남북기본합의서(1992)와 6·15 남북공동선언(2000)의 정신을 계승하여 평화 공존과 화해 협력의 남북 관계를 정착시키는 것을 우선적 목표"로 했다(국가안전보장회의 2004, 23). 이 두 정책 사이에 "본질적인 차이가 없음에도 불구하고" 노무현 정부의 김대중 정부 당시 대북 송금에 대한 특검의 여러 요인들이 겹쳐 북한은 두 정책의 승계에 대해 의심하게 되었다(김형기 2010, 298–299).

김일성 시대 주석제 아래 국방위원장으로서 김일성 사후의 북한을 통치해오던 김정일은 김일성 3년상을 치른 다음 1997년 10월 당 총서기에 오른 후 1998년 9월 헌법을 개정하여 국방위원장으로서 최고 통치자의 자리에 앉는다. 이때 김정일은 국가의 목표로 '강성대국'을 내걸고 모든 부문에서 군대가 앞장서는 '선군 정치'를 실시한다. 북한이 사상, 정치, 군사 부문에서는 강국이므로 경제 강국만 실현하면 강성대국이 될 수 있다는 것이다(로동신문 1998.8.22). 이에 따라 협동농장 운영 방식도 바꾸고(분조관리제 개선), 물가와 임금을 현실화하고 공장 · 기업소의 자율성을 확대하는 등의 조치(2002년 '7 · 1 경제 관리 개선 조치')도 취하면서 남한과의 대화를 통해 대북 지원 확보에 주력한다. 그러나 김일성 사망 직후 미국과 합의를 이룬 '북미기본합의서(1994.10)'가 2001년에 들어선 부시 정부에 들어와 부정됨으로써 결국은 제1차 핵 실험(2006.10)의 길로 나아가게 된다.

2) 남북당국대표회담과 남북차관급당국회담

남북당국대표회담은 김대중 정부 출범 직후인 1998년 4월 4일 남북간 비료 문제 등 상호 관심사 협의를 위한 차관급 회담을 제의함으로서 성사되었다. 1998년 4월 11일부터 17일까지 중국 베이징에서 열린 이 회담에서 "비료 지원 문제는 상호주의에 입각하여 이산가족 문제, 특사 교환 문제, 기본합의서 이행 문제 등 남북 관계 개선 방안과 연계 · 토의하자"는 남측의 주장에 대해 북측이 비료 지원 문제를 우선 타결할 것을 고집함에 따라 결렬되고 만다. 이산가족 면회소 설치 문제 협의를 위한 적십자 대표접촉에 동의하면 비료 20만 톤 지원을 합의서에 명기할 수 있다는 남측의 입장에도, 북측은 남측의 상호주의를 거부한다(남북대화 제66호, 21-40). 이 회담은 북측이 남측의 대북 포용 정책 내용을 파악하고 그 실행 의지를 시험하는 공간이었다.

남북차관급당국회담은 1년 뒤인 4월 23일부터 6월 3일까지 쌍방

간 비공개 접촉의 결과로 성사되었다. 이 접촉에서 남측은 1999년 6월부터 7월까지 비료 20만 톤을 북측에 제공하고 6월 21일부터 차관급당국회담을 개최하여 '이산가족 문제를 비롯한 상호 관심사로 되는 당면 문제'를 협의하되 이산가족 문제를 먼저 협의하기로 합의하였다(남북대화 제66호, 43–44). 이로써 남측은 그 동안 고수해온 상호주의를 좀 더 유연하게 적용하였다.[15] 그러나 차관급당국회담이 열리기 직전 돌발 상황이 발생한다. 6월 15일 서해 연평도 인근 해상에서 NLL을 침범한 북한의 꽃게잡이 어선을 단속하는 남측 함정과 북측 함정 사이에 교전이 발생하여 북한 함정 5척이 대파되고 1척이 격침되었다. 또한 회담 개최 예정 당일인 21일에는 북한이 금강산 관광객의 발언을 문제 삼아 억류시키는 사건이 발생하여, 남측은 금강산 관광객의 신변 안전이 보장될 때까지 관광 사업을 전면 중단하는 조치를 취했다. 북측은 21일 10시에 개최하기로 한 회담을 남측이 그날까지 제공하기로 한 비료 10만 톤 중 2만2천 톤이 북측 항구에 도착하지 않았다며 오후 3시로 연기했을 뿐 아니라 남측 기업 대우가 투자한 이유로 항상 걸려 있는, 회담 장소인 켐핀스키호텔 입구의 태극기도 내리라고 요구하기도 했다. 결국 회담은 6월 22일부터 26일까지와 7월 1일부터 3일까지 2차례 개최되었으나 성과 없이 끝나고 말았다. 북측은 이산가족 문제 토의는 외면한 채 서해교전이 남측의 고의적인 군사 도발이라며 남한의 사과와 재발 방지를 요구

15 남한의 국가안전보장회의 상임위원회는 1999년 1월 7일 상호주의를 비동시적 · 비대칭적 · 비등가적으로 탄력성 있게 적용한다는 방침을 발표했다(김형기 2010, 240).

하면서 북에 제공할 나머지 비료 10만 톤의 수송 계획을 내놓고 그 첫 배를 띄우는 동시에 이산가족 문제 토의에 착수하겠다는 입장을 고수함으로써 회담은 결렬되고 만다. 북측이 켐핀스키호텔의 태극기 게양을 시비하며 회담 진행에 장애를 조성함에 따라, 남측은 그 호텔의 태극기를 절대로 내릴 수 없다는 입장에서 1일차 회담을 제외한 나머지 회담은 차이나월드호텔로 옮겨 개최하는 것으로 조치했다(남북대화 제66호 41–71).

3) 제1차 남북정상회담

2000년 6월 13일부터 15일까지 평양에서 개최된 제1차 남북정상회담은 일본 경제인 요시다 다께시를 통해 남한 측의 정상회담 의사를 북측에 전달하여 남북 간 싱가포르 비밀접촉이 시작되고 김대중 대통령이 3월 9일 베를린 자유대학에서의 연설('베를린 선언')을 통해 북한에 대한 경제적 지원과 협력을 천명함에 따라 성사되었다.

정상회담 결과로 발표된 '6 · 15 남북공동선언'을 통해 남과 북은 (1) 통일 문제는 우리 민족끼리 힘을 합쳐 자주적으로 해결, (2) 남측의 연합제 안과 북측의 낮은 단계의 연방제 안이 서로 공통성이 있다고 인정하고 이 방향에서 통일을 지향, (3) 그해 8 · 15 즈음 이산가족 방문단 교환 및 비전향 장기수 문제 해결 등 인도적 문제 조속히 해결 (4) 경제 협력을 동한 민족 경제의 균형저 발전과 제반 뷰야의 교류와 협력 활성화 (5) 이상의 합의 사항을 실천에 옮기기 위하여 빠른 시일 안에 당국 간 대화 개최 등 5개 항에 합의하고 김정일이 적절한 시기에 서울을 방문하기로 했다(남북대화 제67호, 26).

4) 남북장관급회담과 분야별 회담

6 · 15 공동선언 제5항의 합의에 따라 남북장관급회담이 2000년 7월 27일부터 29일까지 서울에서 개최되는 것을 시작으로 노무현 정부의 제2차 정상회담 이전인 2007년 6월 1일까지 21차례 개최되었다.

이 남북장관급회담은 제2차 남북정상회담 이전까지 남북 간 현안을 협의 · 해결하는 총괄 회담으로 기능했다. 특히, 경제 · 사회 문제에 있어서는 남북장관급회담에서 1차적인 협의를 하고 차관급 회담인 남북경제협력추진위원회 회의를 거쳐 해당 국장급 회담으로 넘어 가거나 적십자회담 등으로 이관되었다. 군사 분야 회담도 회담의 개시 협의는 남북장관급회담을 통해 이루어졌다. 따라서 제1차 정상회담 이후 남북 회담 추진 체계는 〈그림 5.5〉와 같다(사회문화협력분과회의는 미 가동). 이와 같은 체계에서 여러 분야에서 남북 간 협의가 진행되어 개성공단이 건설되고 남북 간 철도와 도로가 연결되었다. 군사 분야 회담도 남북 간 긴장 완화와 군사적 신뢰 구축을 위한 실질적 조치보다는 남북 간 경제 협력이 원활히 이루어지도록 군사적인 보장 조치를 협의하는 회담이 대부분이었다. 남북장성급군사회담을 통해 합의한 '서해 해상에서 우발적 충돌 방지와 군사 분계선 지역에서의 선전 활동 중지 및 선전 수단 제거에 관한 합의서(2004.6.4)'의 경우, 북측이 간절히 바라던 군사 분계선 지역에서의 방송 시설과 선전 수단들은 완전히 철거되었지만, 서해 해상에서 남북 함정 간 충돌을 방지하기 위한 통신과 불법 조업 정보 교환 등의 합의는 북측에 의해 완전히 무시되었다. 이러한 북측의 행위는 이 합의 당시 남측 군부의 일부 반발에 대해, 남측이 북측에게 먼저 신

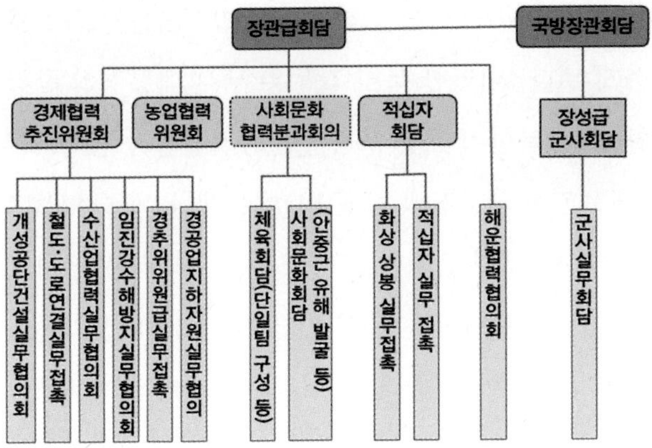

그림 5.5_ 제1차 정상회담 이후 남북 회담 추진 체계

뢰를 보내면 북측이 화답할 것이라는 남측의 어느 핵심 당국자의 기대와 정당화는 근거 없는 것임을 보여 주었다.

5) 제2차 남북정상회담

북한 핵 문제를 둘러싼 미북 간 갈등은 2005년 '9 · 19 공동 성명'으로 해결의 가닥을 잡는 듯했으나, 이 무렵 미 재무부가 북한의 불법적 자금을 취급해온 것을 걸어 방코 델타 아시아 은행(BDA)을 '제1차 돈세탁 업체(a primary money laundering concern)'로 지정하고 마카오 당국은 이 은행에 있던 북한 자금 인출을 금지시킴에 따라 다시 재연된다[16]. 북한은 미국의 독립기념일인 2006년 7월 5일(미국시

16 미 재무부는 제4차 제2단계 6자회담 기간(2005.9.12~19) 중인 9월 15일 보도 자료를 통해 이 사실을 발표하고 9월 20일 관보에 정식 게재했다. 이와 같은 미국의 금융 제재에 대해 당시 북한의 6자회담 수석대표 김계관은 "살점을 떼어내는 것과 같아서 결코 무시하고 넘어갈 수 없다"고 했다고 한다(송민순 2016, 202-203).

간 7월 4일) 7발의 미사일 발사 실험을 하고 10월 9일에는 처음으로 핵 실험을 강행하게 된다. 이러한 북미 갈등은 부시 대통령이 중간 선거 이후인 11월 20일 '북한이 핵을 포기하면 종전선언과 평화조약을 체결할 용의'를 표명한 후, 그해 12월 BDA 문제를 해결하고 그 다음해 '9 · 19 공동 선언 이행을 위한 초기 조치(2 · 13 합의)'가 나오면서 약화되기 시작한다. 이에 북한은 한편으로는 "2008년 미국이 대선 과정으로 들어가기 전에 서둘러" 북미 화해의 "여건을 조성할 필요"가 있었으며, 다른 한편으로는 "김정일의 업적으로 되어 있는 '6 · 15 공동선언'의 효과를 지속"해 나가기 위해서는 "남한의 차기 정부가 이를 계승하도록 못 박아 둘 필요성이 있었다"(김형기 2010, 333−334). 당시는 남한의 보수 세력이 2007년 남한 대선에서 승리할 가능성이 크다고 예상되었기 때문에 노무현 정부도 이러한 북한의 이해와 일치했다고 볼 수 있다.

이에 따라 2007년 7월 초 남측이 김만복 국정원장과 김양건 당 통전부장 간 접촉을 제의하여, 김 원장이 대통령 특사 자격으로 방북(8.2~8.3)하여 8월 하순 평양에서 정상회담을 하자는 북측의 제의를 받아 노무현 대통령에게 전달하고, 김 원장이 다시 방북하여 8월 5일 김양건 부장과 8월 28일부터 30일까지 평양에서 제2차 정상회담을 개최하기로 합의하였다. 그러나 8월에 북한에서 집중호우로 큰 수재가 발생하여 정상회담 일자는 10월 2일에서 4일까지 개최하는 것으로 조정되었다(김형기 2010, 334−335).

제2차 정상회담 결과 남과 북은 '남북 관계 발전과 평화 번영을 위한 선언(10 · 4 선언)'을 채택한다. 여기에는 남북 간 협력 사업이 상

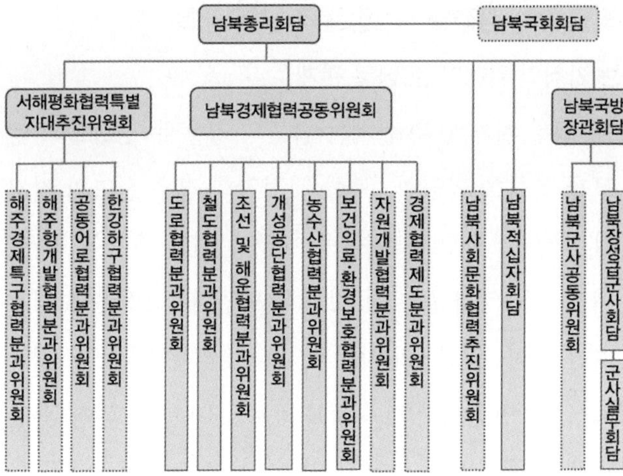

그림 5.6_ 제2차 정상회담 이후 남북 회담 추진 체계

당히 구체적으로 명기되었다. 특히 이 선언에서는 "남북 관계를 통일 지향적으로 발전시켜 나가기 위하여 각기 법률적 · 제도적 장치들을 정비해 나가기로" 하였으며, "현 정전 체제를 종식시키고 항구적인 평화 체제를 구축해나가야 한다는 데 인식을 같이 하고 직접 관련된 3자 또는 4자 정상들이 한반도 지역에서 만나 종전을 선언하는 문제를 추진하기 위해 협력해 나가기로" 합의했다. 아울러 6 · 15 공동 선언 이후 남북 장관급 아래의 차관급 '남북경제협력추진위원회'를 남북총리회담 아래 부총리급 '남북경제협력공동위원회'로 격상시켰다. 그 결과 10 · 4 선언 이후 노무현 정부의 남북 회담 추진 체계는 〈그림 5.6〉과 같이 변화되었다(점선의 회담체는 미 개최). 그러나 이명박 · 박근혜 정부에서는 이러한 남북 회담 추진 구도가 정지된다.

7. 이명박 · 박근혜와 김정일 · 김정은의 남북 대화

1) 서로 부르는 가격의 차이가 큰 남북 관계

이명박 · 박근혜 정부 시기 남북 관계는 남한의 경우 두 정상들의 정치적 신념에 크게 영향을 받았다. 북한 김정일의 경우는 그의 건강과 후계자 문제, 북한 경제 회생 문제 등 내부 문제와 북미 간 핵 협상 문제가 일차적으로 영향을 미친 것으로 보인다. 김정은의 경우 내부의 권력 기반 강화, 최고지도자로서의 대내외 위상 제고, 경제 건설과 핵 무력 건설 병진정책의 순조로운 추진이 주요 과제였다. 따라서 이러한 과제 해결에 부합하지 않는 한 남북 대화의 동력은 힘을 받을 수 없었다. 남한도, 북한이 그들의 이익만을 추구하고 남북 상호 호혜적 대화가 이루어지지 않는 한, 더 높은 차원의 대화로 발전시키지 않았다.

이명박 대통령은 김대중 · 노무현 정부 대북 정책의 "선의"를 북한이 "악용"한 결과, 이전 정부의 정책이 '대북 퍼주기'가 되어 결국 북한이 핵무기를 보유할 기회를 주게 되고 제1차 핵실험으로 나아가게 되었다고 인식했다(이명박 2015, 303–305). 이명박 정부는 지난 정부가 "우리의 지원과 협력에 상응하는 북한의 변화를 끌어내지 못했으며, 북핵 문제는 우리 국정의 최우선 과제로 다루어지지 않았다"고 지적하고, "남북 관계는 북한의 이중성, 남북 관계의 특수성, 보편적 국제 기준을 균형 있게 고려하면서 풀어나가야 한다"는 입장이었다(통일연구원 2007, 9–10). 이에 따라 이 정부는 "상생 · 공영의 남북 관계 발전"을 주창하며 북한 핵 폐기 과정에 상응하여 북한 경제 발전을 지원하여 10년 안에 북한 1인당 국민소득을 3,000 달러 수준으로 만들어 주겠다는 '비핵 · 개방 3000 구상'을 제시했으나,[17] 북한의 강력한 반발에 부딪힌다.

박근혜 정부의 대북 인식과 정책도 이명박 정부와 크게 다르지 않았으나, 담론적으로 남북 간 신뢰를 강조한다. 박근혜 정부는 "북한의 도발 → 위기 → 타협 → 보상 → 도발의 악순환이 반복됨으로써 불안정한 평화와 대결 구도가 지속되는 남북 관계를 이제는 타파해야 한다"면서 "북한의 도발과 잘못된 행동에 대해 강력히 대응하고, 북한이 국제적 기준과 모든 합의를 준수하도록 함으로써 지속 가능한 평화를 구축해나간다"는 '한반도 신뢰 프로세스'를 대북 정책으로 내놓았다. "튼튼한 안보를 바탕으로 남북 간 신뢰를 형성함으로써 남북 관계를 발전시키고, 한반도에 평화를 정착시키며, 나아가 통일의 기반을 구축하려는 정책"이다(통일부 2013, 5–6). 과거 김대중 · 노무현 정부가 남측이 먼저 북측에게 신뢰를 보이는 정책이라면, 이명박 · 박근혜 정부는 이제 북측이 먼저 남측에게 신뢰를 보이라는 것이다. 그러나 북한은 그동안의 대남 인식과 관행으로 보더라도 내부 사정으로 보더라도 전혀 그럴 의사가 없었기 때문에 남북 관계는 진전되지 못한다.

북한은 남한의 어느 정부 출범 초기보다도 이명박 정부에 대해 더 강하게 남한 길들이기를 한다. 김정일은 이명박 정부가 10 · 4 선언을 그대로 이행할 것을 바랄 뿐이었으며 핵 문제에 남측이 개입하

---

17 이명박 대통령은 3,000달러를 제시한 이론적 근거로 "파리드 자카리아(Fareed Zakaria)는 『자유의 미래(The Future of freedom)』라는 저서에서, 1인당 국민소득 3,000달러는 권위주의 독재 국가가 민주주의 국가로 성공적으로 전환하기 위한 필요조건이라 했다"는 데 두고 있다(이명박 2015, 307).

는 것은 용납될 수 없는 것이었다. 북한은 이명박 정부 출범 직후인 2008년 2월 29일 일본 조총련 기관지 조선신보를 통해 비핵 · 개방 3000 구상이 "비현실적"이며 "북을 모르는 소리"로서 "같은 민족을 모독하는 일"이고 "'핵 포기'와 '개방'이란 전제조건을 붙이는 것 자체가 제1차 핵 위기 이후의 교훈조차 살리지 못하고 있는 것"이며, 남북 관계에서 "실용주의는 큰 위험성을 띠고 있음을 절대로 간과할 수는 없다"는 입장을 내놓았다. 4월 1일자 로동신문에서는 이와 같은 논조에서 나아가 "'비핵 · 개방 3000'은 민족의 이익을 외세에 팔아먹고 대결과 전쟁을 추구하며 남북 관계를 파국으로 몰아넣는 반통일 선언"이라며 이 대통령의 실명을 거론하면서 비난했다. 그 후 북한은 '북한 핵 문제가 타결되지 않으면 개성공단의 확대가 어렵다'는 통일부장관의 발언(3.19)을 빌미삼아 개성공단에 상주하는 남측의 남북경제협력협의사무소 인원의 철수를 요구(3.24)하여 강제로 나가게 하는 한편, 판문점 연락사무소를 폐쇄하며 남북 직통전화를 단절(11.13)시키고 이명박 대통령의 방미(11.14~15)시 발언을 빌미로 군사 분계선 통행 제한, 개성 관광 중단, 남북 열차 운행 차단, 개성공단 · 금강산 상주 남측 인원 선별 추방 등의 조치(12.1)를 취하는[18] 등 남북 관계를 경색시켜 나간다. 나아가 정치 군사적 대결 상태 해소와 관련한 모든 합의 사항을 무효화하고 남북기본합의서와 부속합의서의 NLL 관련 조항을 폐기한다고 위협했다(2009.1.30 조평

---

18 북한이 이러한 조치를 취하는 이유로 이 대통령이 "미국 한복판에서 역사적인 6 · 15 공동 선언과 10 · 4 선언은 안중에도 없이 '자유민주주의 체제하에서 통일하는 것이 최후 목표'라고 공공연히" 밝힌 것을 들고 있다(로동신문 2008.11.25).

통 성명).

이러한 남북 관계는 이 대통령이 국회 개원 시정연설을 통해 남북 당국 간 전면적 대화 제의와 함께 6 · 15, 10 · 4 선언을 포함하여 7 · 4 공동 성명, 남북기본합의서, 비핵화공동선언도 함께 이행하는 문제에 대해 북측과 협의할 용의를 밝히는[19] 당일(7월 11일) 북한 초병이 금강산 관광객을 사살하는 사건이 발생하여 금강산 관광이 중단되고, 남북 함정 간 서해 대청도 해상에서의 교전(2009.11.10), 북한의 천안함 폭침 사건(2010.3.26)에 이어 연평도 포격(2010.11.23)으로까지 악화된다. 그리고 남측은 천안함 사건에 대해 남북 교역 전면 중단, 북한에 대한 신규 투자 불허 등의 조치(5 · 24 조치)를 취하게 된다. 그러나 북한의 남북 관계 악화는 이명박 정부의 정책에 대한 불만으로만 보기는 어렵다. 2008년 8월 뇌졸중으로 쓰러진 바 있는 김정일에게도 안정된 후계 구도 마련을 위해서는 남북 관계를 일정하게 경색시켜 나갈 필요가 있었다고 보인다.[20]

김정일 선군 정치 노선의 병영 국가를 물려받은 김정은도 집권 초기 강력한 군사 지도자로서의 배짱을 보여주기 위해 2012년 1월 2일 6 · 25 전쟁 당시 서울을 점령하여 중앙청에 인공기를 게양했던 '근위 서울 류경수 제105 땅끄사단'부터 방문하고 2월에는 연평도 포격 군부대, 백령도 인근 군부대를 시찰하면서 남한군이 0.001mm 침

---

19 이에 대해 이명박 대통령은 "김일성 주석 시절인 1991년 12월 31일 '한반도의 비핵화에 관한 공동 선언'이 합의됐다. 나는 북한이 주장하는 6 · 15 선언과 10 · 4 선언뿐 아니라 북한의 핵 폐기도 이행되어야 함을 밝힌 것"이라고 설명했다(이명박 2015, 311).

20 김정일은 2008년 하반기 뇌졸중에서 회복된 후 2009년 1월 김정은으로 후계를 내정하고, 중국의 장춘 · 지린 · 투먼 개발과 연계한 북중 경협을 강화하려는 노력을 전개했다.

범 시 강력한 보복 타격을 가할 것을 명령하고, 3월에 판문점 시찰에 이어 8월에는 연평도 포격 군부대인 장재도 방어대와 무도 방어대를 시찰하면서 북한 영토에 "단 한 발의 포탄이라도 떨어진다면 즉시적인 섬멸적 반타격을 안기고 조국 통일 대전으로 이어가라"고 명령했다. 조평통은 2011년 12월 31일자 성명을 통해 김정일 사망 시 조문을 불허하고 전군에 비상 경계령을 내린 남측 정부의 조치와 관련하여 "민족의 대국상에 칼질을 한 이명박 역적 패당은 준엄한 심판을 받고 파멸에 처하게 될 것"라고 비난을 시작했다(로동신문 2012.1.2). 이어 2월에는 국방위 정책국 공개 질문장을 통해 "이명박 역적 패당은 '북한'의 대화 상대가 될 수 있는가를 스스로 돌이켜 보아야 한다"며 김정일 사망 시 조치 관련 사과, 6 · 15, 10 · 4 선언 이행 의지 표명, 천안함 · 연평도 포격 관련 대북 비난 중지, 합동 군사 연습 중지, 한반도 비핵화, 반북 심리전 중지, 남북 교류 · 협력, 정전체제의 평화체제로의 전환, 국가보안법 등 철폐 등을 요구했다(로동신문 2012.2.3).

이후에도 한 · 미 합동 군사 훈련과 삐라 살포 등에 대해 위협과 강경 조치를 계속해 온 김정은은 박근혜 정부 초기에도 어김없이 남측 길들이기에 들어간다. 합동 군사 훈련부터 시비를 걸었다. 이와 관련하여 정전협정 백지화, 남북 간 불가침 합의 무효화, 비핵화 공동선언 무효화 등을 선언(2013.3.5; 3.8)하고 남북 직통전화(3.11)와 군 통신선(3.27)을 차단하면서 남북 관계는 "전시 상황에 들어가며 북남 사이에 제기되는 모든 문제들은 전시에 준하여 처리될 것"이라고 공언(3.30 정부 · 정당 · 단체 특별성명, 로동신문 2013.3.31)하는 한편, 개성공단 북한 종업원들을 전원 철수시킨다는 조치(4.8)도 취한다.

그러나 김정일과 김정은은 장거리 미사일 발사, 핵 실험 등으로 유엔 대북 제재가 가중됨에 따라 경제난을 극복해야 하고, 김정은의 경우 집권 초기 권위의 훼손을 방지하기 위해 삐라 살포 등을 우선 중지시켜야 했기 때문에, 그리고 이명박 · 박근혜 정부, 특히 박근혜 정부의 원칙 고수로, 이러한 문제들과 관련한 회담에 결국 그들 스스로 일으킨 문제를 수습하기 위해 나와야 하는 경우가 많았다.

핵 문제와 관련하여, 북한은 "모든 핵무기와 현존하는 핵 프로그램을 포기한다"는 2005년 9 · 19 공동 성명, 이를 이행하기 위한 조치(2007년 2 · 13 합의와 10 · 3 합의)에 합의한 후, 영변 원자로 냉각탑을 폭파(2008.6.27)하는 등 핵 불능화 조치를 취했으나 미국과 검증 방식 합의에 실패(2008.12)한 이후 핵 무력 고도화에 나서게 된다. 미국 오바마 정부 출범(2009.1) 후 오바마 대통령이 '핵 없는 세계'를 주제로 프라하에서 연설하는 동안 장거리 미사일을 발사(2009.4.5)한 김정일은 제2차 핵 실험(5.25)을 단행한다. 김정은은 집권 후 헌법에 '핵 보유국'임을 명시(2012.4.13)하고 경제 건설과 핵 무력 건설 병진 노선을 채택(2013.3.31)하는 가운데 4차례의 추가적인 핵 실험(제3차 2013.2.12, 제4차 2016.1.6, 제5차 2016.9.9, 제6차 2017.9.3)을 단행, 핵 능력 고도화에 매진하여 '화성 15'형이라는 ICBM급 미사일을 발사(2017.11.29)한 후 '국가 핵 무력 완성'을 선언한다.

2) 이명박 정부 시기 남북 대화

남북정상회담 관련 비공개 접촉

남한 당국에 대한 압박을 해 오던 북한은 2009년 8월 초부터 대남 유화적 태도를 보이기 시작한다. 2009년 5월 25일 제2차 핵 실험으로 유엔의 대북 제재가 가중(6.13)됨에 따라, 북한에게는 경제적 숨통을 열 필요가 있었을 것이다. 그러나 북한은 바로 당국을 통하지 않고 통일전선 전술을 통해 당국을 압박하려는 구습을 따른다. 김정일은 평양을 방문한(8.10~8.17) 현정은 현대 회장을 면담하고(8.16) 현대와 아태평화위원회 사이의 공동 보도문을 채택한다. 여기에는 (1) 금강산 관광 빠른 시일 안에 재개하고 비로봉 관광 시작, 김정일의 특별 조치에 따라 관광에 필요한 모든 편의와 안전 철저 보장, (2) 남측 인원들의 군사 분계선 육로 통행과 북한 지역 체류를 10 · 4 선언 정신에 따라 원상회복, (3) 개성 관광 재개 및 개성공단 사업 활성화, (4) 백두산 관광을 현대의 준비에 따라 시작, (5) 올해 추석에 금강산에서 이산가족 상봉 진행 등의 내용이 포함되었다(로동신문 2009.8.17). 이것은 북한이 남한 당국을 압박하기 위해 호기롭게 취한 조치가 결국 그들에게 경제적 손실로 귀결되고 있었다는 것을 말해 주는 것이다. 한편으로는 북측이 지난 시기 남북 교류 활성화로 남한 내부에 생성된 경제적 · 사회적 세력이 남한 당국에 가할 수 있는 힘을 믿고 있다는 것을 말해 주는 것이기도 하다.

남북 당국 간 대화는 2009년 8월 18일 김대중 전 대통령이 서거하여 북한의 조의 방문단이 온 것이 계기가 되었다. 8월 23일 이 대통령을 예방한 김기남 당 비서는 김정일의 인사를 전하고 남북정상회담의 의향을 전달했다.[21] 그 후 8월 28일 북한 통일전선 부장 김양건이 현인택 통일부장관 앞으로 남북정상회담을 희망하는 메시지를 전달함으로써 당시 임태희 노동부장관과 김양건 사이의 비공개 접촉(2009.10.17)이 싱가포르에서 이루어진다. 이 접촉에서 북한이 북한 핵 문제에 대해 "'폐기'라는 말을 쓰지 않고 한반도의 비핵화를 위한 '공동 노력' 차원에서 논의할 수 있다"는 태도를 보이고, 국군 포로 "한두 명을 '영구 귀환'이 아닌 '고향 방문'으로 할 수 있다"고 하면서 회담 분위기 조성을 위해 "쌀과 비료 등의 대규모 경제 지원 약속이 필요하다"는 입장을 보였다. 이에 대해 이 대통령은 임 장관에게 협의를 중단하고 "공식 라인에서 정상회담 개최 여부를 논의하는 통일부-통일전선부 회담의 날짜만" 정해 오도록 지시했다(이명박 2015, 325-331, 333-334).

이때 이명박 대통령은 남북정상회담을 국내 정치에 이용하지 않으며, 회담 성사 조건으로 대북 선 지원은 불가하고, 북핵 문제 진전과 남북 현안 해결의 중대한 계기, 납북자 · 국군 포로 등 인도주의 해결의 계기가 되어야 한다는 입장이었다. 그 후 천안함 폭침 사건 이후에는 이에 대한 북한의 사과가 있어야 한다는 입장이었다(이명박 2015, 331). 그러나 그 이후 진행된 통일부와 통전부 간 개성 접촉(2009.11), 국정원과 보위부 간 서울 · 평양 접촉(2010.7; 2010.9), 통일부 · 청와대와 국방위 간 베이징 접촉(2011.5) 등에서 북한이 사전

---

21 중국 원자바오 총리도 한 · 일 · 중 정상회담(2009.10)에서 '김정일이 정상회담을 기대하고 있다'고 전했다(이명박 2015, 331-332).

에 대규모 경제 지원을 요구하고[22] 천안함 폭침에 대해 분명한 사과를 하지 않음에 따라 정상회담은 성사되지 못한다(이명박 2015, 354–359).

남북군사실무회담

2008년 10월 2일에 개최된 제37차 군사실무회담은 북측이 남측 민간단체의 대북 전단 살포를 중지시키기 위해 요구한 회담이다. 북측은 전단 살포가 계속될 경우 개성공단 사업에 부정적인 영향을 줄 것이며 개성과 금강산 지역의 남측 인원 체류가 불가할 것이라고 위협했다. 남측은 대통령에 대한 비난 중지, 남북 당국 간 대화 재개, 금강산 관광객 총격 사건 진상 규명과 재발 방지, 관광객 신변 안전 보장 대책의 필요성을 제기했다. 쌍방은 각자의 입장으로 돌아가 검토하기로 하고 접촉을 종료했다. 아울러 북측은 동절기를 대비해 군 통신 정상화를 위한 통신 자재 · 장비 제공을 요청했다(남북대화 제74호, 17–20).

2010년 9월 30일에 개최된 제38차 군사실무회담은 북측이 '군사적 합의 이행과 관련한 현안을 협의하자'며 요구하여 개최되었다. 이 회담도 사실상 남측 민간단체의 삐라 살포를 저지하기 위한 것이 주목적이었다. 남측도 천안함 폭침 사건(2010.3.26)에 대한 북측의

---

22 통일부–통전부 간 개성 접촉에서 북한은 "정상회담을 하는 조건으로 우리 측이 옥수수 10만 톤, 쌀 40만 톤, 비료 30만 톤의 식량을 비롯하여 아스팔트 건설용 피치 1억 달러 어치를 제공하고 북측의 국가개발은행 설립 자본금 100억 달러를 우리 정부가 제공하는 것으로 되어" 있는 문서를 제시했다(이명박 2015, 335).

책임 있는 조치를 요구하고 있는 상황에서 북측과 대화가 필요했다. 회담에서 남측은 천안함 폭침사건에 대한 시인 · 사과, 책임자 처벌 및 재발 방지 대책 수립, 서해 해상에서의 군사적 위협과 적대적 도발 행위 중단, 남측 당국에 대한 비방 · 중상 중지 등을 요구했다. 북측은 천안함 조사 결과를 부정하면서 삐라 살포 중지와 가담 주범 및 단체 처벌, 북측이 NLL 이남에 그들 마음대로 그은 '경비계선' 침범 금지 등을 요구하면서 '남측이 반공화국 삐라 살포와 해상 침범 행위를 어떻게 대하는가'가 향후 남북 관계를 좌우할 것이라고 위협함으로써 회담은 합의 없이 끝났다(남북대화 제75호, 27–29).

2011년 2월 8~9일에 개최된 제39차 군사실무회담은 북측이 남북고위급군사회담과 이를 위한 예비회담 개최를 제의함으로써 성사되었다. 이때는 천안함 폭침(2010.3.26)에 이어 연평도를 포격(11.23)한 지 겨우 두 달이 지난 때였다. 이 당시는 북측이 여전히 남북정상회담을 위해 노력하는 중이었으며 천안함 시인과 사과 문제로 진전이 없는 상황이었다. 아울러 북측의 정부 · 정당 · 단체는 연합으로 남측 당국을 포함한 정당 · 단체들과 대화와 협상을 하자고 제의(2011.1.5)한 데 이어 조평통은 남북 당국 간 대화를 무조건 재개하자며 적십자, 금강산 관광, 개성공단 관련 회담을 제의(1.8)했다. 따라서 이 회담은 북한 군부 차원에서 남북 관계 진전의 장애가 되고 있는 천안함 폭침, 연평도 포격 문제를 해결하려는 노력을 그들 상부에 보여주기 위한 것으로 보인다.

남측은 남북고위급군사회담 의제는 천안함 폭침과 연평도 포격 문제가 되어야 하고, 이 고위급회담에서 이 문제가 우선 다루어져

이에 대한 책임 있는 결과가 도출되어야 북측이 제기하는 문제를 협의할 수 있다는 입장이었다. 북측은 회담에서 천안함 폭침은 자신들과는 무관하다는 입장을 고수하면서 "미국의 조종하에 남측의 대북 대결 정책을 합리화하기 위한 특대형 모략극"으로, 연평도 포격은 남측이 "연평도를 도발의 근원지로 만들었기 때문에 발생한 것"이라고 주장했다. 북측은 2일차 회담에서 남측이 입장 변화를 보이지 않는 데 대해 비난하면서, 천안함과 연평도 문제에 대한 그들의 입장을 일방적으로 밝히고 회담장을 떠났다(남북대화 제75호, 30–33).

개성공단 관련 실무회담

이 회담은 2009년 6월부터 7월까지 사전 접촉을 포함하여 4차례 진행되었다. 북한이 그해 1월 30일 조평통 대변인 성명을 통해 정치 군사적 대결 상태 해소와 관련한 모든 합의 사항을 무효화하겠다고 선언하고 5월 15일에는 개성공단과 관련한 기존의 계약을 무효화한다고 선언한 후 남측을 압박하기 위한 회담이었다. 북한은 "변화된 남북 관계와 현실 조건에 맞게" 그 동안의 개성공단에 대한 특혜를 재검토하고 재협상하겠다는 것이었다. 당시 조성된 1단계 100만 평에 대한 토지 임대료 5억 달러, 근로자 임금 월 300달러(연간 임금 인상률 10~20%)로 인상하겠다는 것이었다.[23] 결국 쌍방은 합의 없이 차기 회담에 대한 일정도 잡지 못하고 회담을 종료하였다(남북대화 제

23 2009년 당시 개성공단 북한 근로자 월 최저 임금은 57.881달러였으며, 2010년에는 5% 오른 60.775달러였다.

74호, 29–42).

그러나 8월 초부터 남한에 대해 유화적으로 나오던 북한은 8월 13일 그동안 개성공단에서 발언을 문제 삼아 억류해 오던 남측 근로자를 석방한 데 이어, 현대–아태 간 합의(8.17)와 남북정상회담 개최 요구에 따라 8월 20일에는 2008년 12월 1일부터 시행한 육로 출입 · 통행 제한 조치도 해제한다고 발표하고 25일에는 판문점 연락사무소 운영과 남북 직통전화도 복원시켰다. 개성공단에 있는 남북경제협력협의사무소도 9월 초부터 정상 운영되었다(남북대화 제74호, 42).

남북 각기 10명의 공동 시찰단이 중국과 베트남의 공단 시찰(2009.12.12~22)을 마친 후,[24] 2010년 2월에 재개된 개성공단 관련 당국 간 실무회담에서 쌍방은 남북군사실무회담을 열어 남측이 제기한 3통(통행 · 통신 · 통관) 문제를 협의한 후[25] 개성공단 근로자 숙소와 임금 문제 등은 당국 간 실무회담을 통해 계속 협의하기로 합의하였다(남북대화 제75호, 37–40).

이에 따라 진행된 3통 문제 실무접촉(3.2)에서는 북측이 개성공단의 서해 지구와 금강산의 동해 지구에서의 3통 문제 해결을 위한 자재·장비 제공을 요청하고, 삐라 살포 문제, 합동 군사 훈련 문제들을 제기했다. 그러나 그 이후 북한의 천안함 폭침(3.26), 연평도 포격(11.23)으로 개성공단 관련 접촉은 중단되었다(남북대화 제75호, 45–48).

---

24 북한이 개성공단의 기존 합의 무효화를 선언함고 토지 임대료와 근로자 임금 인상을 요구하자, 이명박 대통령이 "지금 전 세계가 불황으로 각국은 해외 기업을 유치하기 위해" 어떻게 경쟁을 벌이고 있는지 북한이 눈으로 보라고 북한에 제안할 것을 지시한 것이었다(이명박 2015, 322–323).

25 북한 측이 3통 문제는 군부의 소관 사항이라고 주장했기 때문이다.

임진강 수해방지 실무회담

이 회담은 2009년 10월 14일 남측의 요구로 개최되었다. 9월 6일 새벽 북측이 사전 통보 없이 임진강 북측 지역 댐에서 물을 방류하여 남측 국민 6명이 사망하는 사건이 발생했기 때문이다. 북측은 댐의 수위가 높아져 긴급하게 방류하였다고 해명할 뿐, 남측의 사망 사고에 대한 유감 표명과 사고 원인 해명 및 사전 방류 계획 통보 요구에 아무런 응답이 없다가 10월이 되어서야 회담에 응해 유가족에 조의를 표명하고 방류 계획 사전 통보를 약속했다(남북대화 제74호, 43-45). 이때는 임태희-김양건 간 싱가포르 접촉을 앞둔 상황이었다.

금강산 · 개성 관광 관련 실무회담

금강산 관광은 2008년 7월 11일 남측 관광객 총격 사망 사건으로, 개성 관광은 북한의 12월 1일 조치에 의해 중단되었다. 그러나 제2차 핵 실험에 따른 유엔 대북 제재로 경제적으로 곤란한 북한은 2009년 8월 현대-아태 간 합의를 바탕으로 2010년 1월 금강산 · 개성 관광 재개 문제 협의를 위한 실무접촉을 제의했다.

2010년 2월 8일 개최된 접촉에서 남측은 관광 재개 3대 조건(관광객 사망 사건 진상 규명, 재발 방지 대책 마련, 신변 안전의 제도적 보장 장치 마련)이 선행되어야 한다는 입장이었다. 그러나 북측은 사망 사건은 본인 불찰이며 사건 진상은 해명되었고, 재발 방지와 신변 안전 문제는 김정일이 현정은 회장을 만났을 때 확고히 보장해준 만큼 이미 해결된 문제라는 입장을 반복했다(남북대화 제75호, 40-43). 특히 남측에서는 재발 방지와 신변 안전 문제에 대해 김정일이 남측의 민간 사업자에게는 보장하면서 남측 당국에게 보장해주지 않으려는 태도는 절대 수용할 수 없는 것이었다. 결국 접촉은 합의 없이 종료된다.

이 회담 결렬 이후, 북측은 목표 달성을 위해 남측을 압박하는 전술을 구사한다. 남측의 사업자와 당국 간의 갈등을 유발시키는 전술이다. 북한은 완벽한 신변 안전 보장 아래 3월부터는 개성 관광, 4월부터는 금강산 관광의 문을 열어 놓을 것이며, 남측이 금강산 · 개성 관광 재개를 방해할 경우 관련 계약을 파기하겠다고 위협(2010.3.4 아태 대변인 담화)한 후, 남측 정부 자산인 금강산면회소와 소방대, 관관공사 소유 문화회관, 온천장, 면세점 등을 동결하고 관리 인원 추방, 현대와의 관광 합의와 계약 무효로 새로운 사업자에 의한 관광 시작, 남측 당국이 대결로 나아가는 경우 개성공단 사업도 전면 재검토한다고 발표했다(4.8). 이어 북한은 금강산 관광지구 부동산 동결 및 몰수 조치와 최소 인원(16명) 외 관리 인원 추방을 통보했다(4.27~30). 이때는 김정일이 김정은을 후계자로 내정(2009.1)한 후 경제를 회생시켜 안정된 후계 체제를 물려주기 위해 마음이 급한 때였다. 대규모 경제 지원 획득을 위한 남북정상회담 논의는 진전이 없는 상황에서 김정일은 2010년 5월 베이징을 방문하여 후진타오 주석과 정상회담을 하고 3개월 뒤인 8월에 다시 후진타오를 창춘에서 만나 북중 간 경제 협력을 협의했다. 8월 방중 시에는 김정은을 데리고 김일성의 항일 활동 지역을 순례하고 중국 지도부에 인사를 시켰다고 알려지고 있다(안문석 2016, 62-164).

남북적십자회담

북측이 2009년 8월 초 현대와 금강산 관광 재개와 추석 계기 이산가족 상봉에 합의한 데 따라, 이것이 남북 당국 간 합의는 아니지만 이산가족 문제라는 인도적 사안에 적극 임한다는 입장에서, 남측은 대한적십자사를 통해 북한적십자회에 이산가족 상봉 등의 문제를 협의하기 위한 적십자회담을 제의하여 8월 26일부터 28일까지 개최되었다. 그 결과 쌍방은 9월 26일부터 10월 1일까지 금강산에서 각기 100명 규모의 이산가족 상봉을 실시하고, 이산가족 등 인도주의 문제를 계속 협의하기로 하였다(남북대화 제74호, 49-52).

추석 계기 이산가족 상봉이 끝난 후, 남측이 적십자회담의 합의(8.28)에 따라 이산가족 상봉 등 인도주의 문제를 협의하기 위해 적십자 실무접촉을 제의하여 10월 16일 개최되었다. 그러나 북측이 이산가족 상봉 문제에는 별 관심을 보이지 않고 대북 지원 문제만 제기함으로써 성과 없이 끝났다(남북대화 제74호, 52-53).

이로부터 거의 일 년이 다 되어 갈 무렵인 2010년 9월 10일 북한은 추석을 계기로 이산가족 상봉을 협의하기 위한 적십자 실무접촉을 제의해 왔다. 이에 따라 9월 17일 접촉이 재개되어 10월 1일까지 3차례 진행되었다. 금강산 관광 재개를 위해, 북한은 남측 자산 동결 · 몰수(2007.4)로 압박하는 전술이 통하지 않자 이산가족 상봉을 고리로 문제를 풀어보려고 했다. 따라서 북측 적십자 대표는 상봉을 금강산에 하자고 하면서도, 남측이 요구하는 '금강산 이산가족 면회소 사용은 권한 밖의 사항으로 해당 기관에서 별도로 협의해야 할 문제'라고 주장하며, 이 문제 해결을 위한 당국 간 접촉이 선행되어야 한다고 주장했다. 그러면서도 결국 북측은 일단 상봉을 10월 30일부터 11월 5일까지 진행하고 10월 26~27일에는 적십자회담을 개최하기로 합의했다(남북대화 제75호, 51–56).

이어 개최된 적십자회담(10.26~27)에서 북측은 '인도주의적 협력사업' 활성화라는 명분으로 쌀 50만 톤과 비료 30만 톤 지원을 요청했다. 남측이 요구하는 상봉 정례화를 위해서는 상봉 장소 문제가 풀려야 한다면서 금강산 재개 회담이 조속히 개최되어야 한다고 주장했다. 남측은 대규모 지원은 당국 차원에서 검토되어야 할 문제이며 상봉 정례화와 금강산 관광은 별개 문제로서 직접 연계해서는 안 될 문제라는 입장을 밝혔다. 쌍방은 11월 25일에 이 문제들을 계속 협의하기로 하였으나, 북한이 23일에 연평도를 포격함에 따라 남측은 회담을 무기 연기시켰다(남북대화 제75호, 57–60).

3) 박근혜 정부 시기 남북 대화

남북당국회담 실무접촉

박근혜 정부 출범 직후 남측의 합동 군사 훈련부터 시비하던 북한은 급기야 개성공단 북측 근로자들을 전원 철수시키는 조치를 취했다(2013.4.8). 이에 남측이 개성공단 정상화를 위한 당국회담 개최를 촉구해 온 데 대해, 북측은 6월 6일 조평통 대변인 특별 담화 형식으로 6 · 15 계기 개성공단 정상화와 금강산 관광 재개를 위한 남북당국회담을 제의했다. 여기에는 개성공단 · 금강산관광지구에 대한 남한 기업인들의 방문과 접촉 실현, 남북 민간단체들의 내왕과 접촉, 협력 사업 적극 추진, 6 · 15 공동 성명 발표 13주년을 민족 공동 행사로 하고 7 · 4 공동 성명 41주년을 남북 당국 참가하에 공동으로 기념할 것 등이 포함되어 있었다. 박근혜 정부의 대북 정책을 민간을 통해 흔들어 보겠다는 전술이었다. 이에 대해 남측은 장관급 회담을 제의했으나, 북측이 남북당국회담을 위한 실무접촉을 제의하여 6월 9~10일 개최되었다.

쌍방은 남북당국회담을 6월 12~13일 서울에서 개최하는 것에는 의견의 일치를 보였으나, 수석대표의 급과 회담 의제에 대해 합의에 이르지 못했다. 남측은 남북 간 현안을 실권을 가지고 협의할 수 있는 통일부장관과 통일전선부장을 수석대표로 할 것을 요구했으나, 북측은 장관급 당국자가 수석대표로 나갈 것이라고 하며 수석대표가 조평통 서기국장임을 시사했다. 의제는 남측이 개성공단 정상화, 금강산 관광 재개, 이산가족 상봉 등 당면하게 긴급히 해결해야 할 문제로 제시했으나, 북측은 6월 6일자 조평통 특별 담화에 제시된 사항을 모두 담으려고 했다. 따라서 쌍방은 각자의 입장을 담은 발표문을 각기 발표하기로 하고 회담을 종료하였다(남북대화 제76호, 15-20).

북측은 6월 15일 서울에서 개최될 당국회담 대표단 명단을 남측에 전해주는 것을 계속 미뤄, 쌍방은 11일 오후 1시30분에 동시에 교환하기로 했다. 명단 교환 결과 남측은 통일부차관을, 북측은 조평통 서기국장을 수석대표로 통보했다.[26] 이에 불만을 품은 북측은

---

26 남측이 차관을 내세운 것은 북측이 조평통 서기국장을 내세울 것으로 예상했기 때문이다. 남측은 조평통 서기국장이 남측의 장관급에 해당하지 않는다고 보았다. 당시 남측 정부에서는 남북회담의 수석대표의 실제적인 급에 매우 예민하게 반응했다.

결국 회담에 나오지 않았다(남북대화 제76호, 20-21).

개성공단 남북당국실무회담

북한이 2013년 4월 8일 개성공단 북한 근로자를 전원 철수시키는 조치를 단행함에 따라, 남측 당국은 개성공단 정상화와 자재와 완제품 반출 문제를 논의하는 당국회담을 제의하였으나, 북한이 계속 거부해오다가 6월 9~10일에 당국회담을 위한 실무접촉이 개최되었다. 그러나 결국 당국회담이 무산됨으로써 장마철 설비 · 자재 피해를 막는 대책이 필요했다. 북측은 7월 3일자로 개성공단 관계자들의 방북을 허용하고 필요한 협의를 하자는 통지문을 개성공단 관리위원회와 입주기업협회에 전달했다. 이에 남측 정부가 당국 간 실무회담을 제의하여 7월 6일부터 8월 14일까지 7차례 개최된다. 제1차 회담(7.6~7)에서 쌍방은 (1) 장마철 피해를 줄이기 위해 남측 기업 관계자들이 7월 10일부터 개성공단에서 설비 점검 및 정비 진행, (2) 남측 기업들의 완제품 및 원 · 부자재, 설비 반출 허용, (3) 준비되는 대로 기업들이 공단 재가동하며, 개성공단 정상화를 위한 후속 회담을 7월 10일에 개최 등에 합의했다(남북대화 제76호, 25-28).

이후 2~7차 회담에서 남측이 공단 가동이 재개되기 위해서는 '북한의 일방적인 가동 중단에 대한 책임 있는 입장 표명'과 '재발 방지에 대한 북한의 분명한 약속과 가시적인 조치'가 있어야 한다고 강조함으로써, 이 문제가 계속 논란이 되었다. 결국 제6차 회담(8.14) 후 남측은 통일부장관의 성명을 통해 '다시는 정치 · 군사적인 이유로 개성공단 가동이 중단되어서는 안 되며, 국제적인 기준에 따라 자유로운 기업 활동이 보장되어야 한다'면서 북한이 재발 방지에 대한 명확한 답을 주지 않으면, '부득이하게 중대한 결단을 내리지 않을 수 없다'고 경고했다. 이에 북한은 조평통 대변인 특별 담화를 통해 잠정 중단 조치 해제와 출입 전면 허용, 북한 근로자 정상 출근 보장, 신변 안전 및 재산 철저 보호, 중단 사태 재발 방지 및 정상 운영 보장 등을 밝히면서 제7차 회담을 8월 14일에 개최할 것을 제의했다(남북대화 제26호, 29-38).

그 결과 제7차 회담(8.14)에서 쌍방은 "통행 제한 및 근로자 철수 등에 의한 개성공단 중단 사태가 재발되지 않도록 하며, 어떠한 경우에도 정세의 영향을 받음이 없이 남측 인원의 안정적 통행, 북측 근로자의 정상 출근, 기업 재산 보호 등 공단의 정성적 운영을 보장" 하기로 합의했다. 그 외, 신변 안전 보장, 투자 자산 보호, 통행 · 통신 · 통관 문제 해결, 국제적 수준의 기업 활동 보장 및 국제 경쟁력이 있는 공단으로의 발전, '개성공단 남북공동위원' 구성 · 운영 및 산하에 필요한 분과위 설치, 출입 · 체류 및 투자 자산 보호를 위한 제도적 장치 마련 등에 합의했다(남북대화 제76호, 38-40).

그 후 개성공단 남북공동위원회 회의가 9월 2일부터 2015년 7월 16일까지 6차례 개최되고, 그 사이에 투자 보장 및 관리 운영(1차례), 국제 경쟁력(2차례), 출입 · 체류(4차례), 통행 · 통신 · 통관(4차례) 등 4개 분과위원회가 열렸다. 공동위 제2차 회의(2013.9.10~11)에서는 '개성공단 남북공동위원회 사무처 구성 및 운영에 관한 합의서'를 채택하여 동 사무처를 9월 30일에 개소하였으며, '개성공단에서의 남북상사중재위원회 구성 · 운영에 관한 합의서 이행을 위한 부속합의서'도 채택하였다(남북대화 제76호, 40–56; 남북대화 제77호, 45–57).

남북적십자 실무접촉

적십자 실무접촉은 2013년 8월 15일 박근혜 대통령의 광복절 경축사를 통해 추석 전후 이산가족 상봉 제의를 북측이 수용하여 8월 22일 개최되었다. 북측은 이를 통해 금강산 관광 재개를 위한 회담으로 연결시키려고 했던 것 같다. 남측 통일부가 8월 16일자로 적십자 실무접촉을 8월 23일 판문점 남측 지역 평화의 집에서 가지자고 제의한 데 대해, 북측 조평통은 23일 적십자 실무접촉 장소를 금강산으로 수정 제의하며, 그 전날인 22일 금강산 관광 재개 실무회담을 금강산에서 먼저 가질 것을 제의했다. 남측이 북측의 거듭된 제의를 수용하지 않은 채 적십자 실무접촉 8월 23일 평화의 집, 금강산 관광 실무회담 9월 25일 금강산으로 제의하자, 결국 북측은 적십자 실무접촉에 대해 남측의 제의를 수용하면서 금강산 관광 회담은 8월 말에서 9월 초 사이에 금강산에서 개최하자고 제의한다. 이에 남측은 금강산 관광 회담 일자는 검토 후 북에 통보하겠다고 전달했다(남북대화 제76호, 78–79).

8월 23일에 열린 적십자 실무접촉에서는 추석 계기 이산가족 상봉은 남북 각기 100명씩 9월 25일부터 30일까지 금강산에서 진행하기로 합의했다. 그런데 남측은 금강산 관광 실무회담 날짜를 기존에 제의한 9월 25일에서 10월 2일로 수정 제의하고, 이에 북측이 유감을 표명하자 수정 제의 날짜(10.2)를 재검토하겠다고 통지했다. 이러한 상황에서 이산가족 상봉을 위한 협의 과정에서 북측은 이산가족 숙소로 남측이 관례대로 요구한 외금강호텔과 금강산호텔에 대하여 금강산 관광 예약으로 사용할 수 없다며 해금강호텔과 현대생활관을 사용할 것을 제의하기도 한다. 그 후 북측은 상봉을 나흘 앞둔 8월 21일 조평통 대변인 성명을 통해 "대화와 협상이 진행될 수 있는 정상적인 분위기가 마련될 때까지" 이산가족 상봉과 금강산 관광 회담을 연기할 것을 통보한다(남북대화 제76호, 79-81). 북측은 금강산 관광에 대한 남측의 태도에 실망하고 이 회담의 성과를 기대할 수 없다고 판단했을 것이다. 아울러 조평통 성명에서 밝혔듯이 개성공단 정상화 이후 남측 언론에 보도된 내용에 대해 강한 불만, 특히 김정은을 건드린 내용에 대해 실무자로서 그냥 있을 수는 없을 것이다.[27]

남북적십자 실무접촉과 남북고위급접촉

2014년 적십자 실무접촉의 발단은 박근혜 대통령이 신년 기자회견(1.6)에서 "북한이 이산가족 상봉으로 첫 단추를 잘 풀어서 남북 관계에 새로운 계기를 만들었으면 한다"고 언급한 데 있다(중앙일보

---

27 조평통 성명의 일부를 인용하면 다음과 같다(로동신문 2013.9.22). "오늘 우리의 성의 있는 대화 제안과 적극적인 노력에 … 괴뢰들은 이른바 '한반도 신뢰 프로세스의 결과'니, '원칙 있는 대북 정책'이 누구를 '견인'하고 있다느니 하면서 북남 관계에서 이루어지고 있는 일련의 성과들이 저들의 그 무슨 '원칙론'의 결실인 것처럼 떠들어 대고 있다. 또한 민족 공동의 사업인 금강산 관광에 대해서는 그 누구의 '돈줄'이니 뭐니 하고 중상하는가 하면…" 북한은 개성공단 북측 근로자 철수 조치(4.8) 때에도 남측 언론에 보도된 '개성공단이 북한의 돈줄이기 때문에 쉽게 이를 쉽게 폐쇄하지 못할 것'이라는 발언들을 조치 사유의 일부로 들었다(로동신문 2013.4.5, 2013.4.9).

2014.1.7).[28] 김정은도 신년사에서 남북 사이에 "관계 개선의 분위기를 마련해야" 한다고 언급했다(로동신문 2014.1.1). 이에 통일부는 적십자 실무접촉을 제의(1.6)했으나 북측은 합동 군사 훈련을 거론하며 거절(1.9)하고 조평통 담화(1.15), 국방위 중대 제안(1.16) 등을 통해 합동 군사 훈련 중단, 상호 비방·중상 중지 등을 요구하고 있었다. 그리고 전년도 12월에 장성택을 '반당·반혁명 종파분자'로 숙청·처형한 김정은으로서는 그의 권위를 훼손하는 남측 민간단체의 삐라 살포 등은 간과할 수 없는 것이었다. 그렇지만 장성택의 처형에도 김정은 체제가 흔들리지 않는다는 것도 대외적으로 보여줘야 했다. 따라서 북한 적십자회는 1월 24일자로 설 이산가족 상봉을 제안하여 2월 5일 이를 위한 실무접촉을 개최했다. 그 결과 쌍방은 이산가족 상봉을 남북 각기 100명씩 2월 20일부터 25일까지 금강산에서 진행하기로 했다(남북대화 77호, 61-65).

그러나 북한은 2월 6일자 국방위 정책국 대변인 성명을 통해 김정은과 북한 체제에 대한 비방·중상, 미국의 B-52 핵전략 폭격기의 한반도 상공 비행 등을 언급하면서 "지난 시기 전쟁으로 생겨난" 이산가족들의 상봉 행사를 "핵전쟁 연습 마당에서 치른다는 것은 말도 되지 않는다"며 상봉 행사 무산을 시사한 후, 2월 8일 남북고위급접촉을 긴급 제의했다(로동신문 2014.2.7).

고위급접촉(2.12 및 2.14)에서 남과 북은 이산가족 상봉은 예정대

28 박근혜 대통령은 이 기자회견에서 "통일은 대박"이라고 했고, 김정은이 신년사에서 남북 관계 개선을 언급한 데 대해 "그 자체에 대해서는 환영한다"고 말할 뿐 아니라 "한반도 평화와 통일시대 준비를 위해 필요하다면 북한의 지도자와 언제든지 만날 수 있다"고 했다(중앙일보·서울경제 2014.1.7).

로 진행하고, 상대방에 대한 비방과 중상을 하지 않으며, 상호 관심사로 되는 문제들을 계속 협의하기로 합의했다(남북대화 제77호, 15-19). 이후 남측은 제2차 고위급접촉을 8월 19일 개최하여 추석 계기 이산가족 상봉 등 상호 관심사를 논의하자고 제의했으나, 북측은 계속 삐라 살포 문제부터 해결하라며 접촉을 거부했다.

인천 아시아경기대회와 남북 고위급회동

북한은 2014년 5월 23일 아시아 올림픽평의회에 제17회 인천 아시아경기대회(9.19~10.4) 참가를 공식 통보하고 7월 17일 남측과 이를 위한 실무접촉을 개최했다. 여기서 북한은 선수단과 응원단을 보내려고 했으나, 선수단 참가 비용 문제와 인공기 게양 문제로 협의가 결렬되어 선수단만 보내기로 결정하고 273명의 선수단을 보내 역도 4개, 체조 2개, 여자 축구 1개 등 11개의 금메달을 획득, 7위를 하는 성과를 올렸다.[29] 집권 후 체육을 주요 국위 선양 사업으로 규정한 김정은에게 있어서는 북한 선수들이 인천 아시아경기대회에서 좋은 성적을 거둔 것은 훌륭한 내부 정치적 소재가 되었다.[30] 이에 김정은은 갑자기 북한의 고위급 3명, 황병서 총정치국장, 최룡해 당 비서,

---

29 남측은 과거 정부에서와 달리 북한 선수단과 응원단의 참가 비용을 국제 관례를 들어 북측이 부담하게 하고, 대회 개최 도시에 참가국 국기를 게양하는 국제 관례를 무시하고 인공기가 게양되지 못하도록 모든 참가국의 국기를 모두 게양하지 못하도록 하는 결정을 내렸다(남북대화 제77호, 65-68; 로동신문 2014.7.20; 세계일보 2014.9.24).

30 북한은 2012년 11월 4일 당 정치국 회의를 통해 북한을 "체육 강국의 지위에 올려 세우는 것은 국력을 백방으로 강화하고 선군 조선의 불굴의 기상과 존엄을 만방에 떨치며 천만 군민이 크나큰 민족적 긍지와 자부심에 넘쳐 사회주의 강성국가 건설을 힘 있게 다그쳐 나가도록 하기 위한 중대한 사업"으로 규정하고 "체육 사업 전반에 대한 통일적인 지도"를 담당하는 '국가체육지도위원회'를 설치했다(로동신문 2012.11.5).

김양건 당 비서를 대회 폐회식(10.4)에 참가시키겠다며 남으로 보냈다. 이를 계기로 그날 이루어진 남북 사이의 고위급회동에서 쌍방은 남측이 제안(8.11)했던 제2차 고위급접촉을 10월 말에서 11월 초에 개최하기로 하고 세부 사항은 실무적으로 협의해 나가기로 했다.[31] 그러나 이 고위급접촉은 특히 대북 전단 살포 문제로 개최되지 못한다(남북대화 제77호, 20–24).

남북군사당국자접촉

인천 아시아경기대회 폐회식에 참가한 북측 고위급 3명과 회동이 있은지 사흘 만인 10월 7일 북측 경비 함정이 NLL을 침범함으로써 남북 함정 간에 교전이 발생했다. 이에 북측이 긴급 접촉을 제의하여 10월 15일 쌍방 군사 당국자들이 접촉했다. 여기서 북측은 그들이 기존 NLL 이남에 마음대로 그은 '경비계선' 안으로 남측 함정의 진입 금지를 요구하고 민간단체의 전단 살포 중단, 언론을 포함한 대북 비방 · 중상 중지 등을 요구했다. 결국 쌍방은 입장 차이를 좁히지 못하고 접촉을 종료했다(남북대화 제77호, 39–41).

남북고위당국자접촉

2015년 8월 4일 파주 지역 군사 분계선 남측 비무장지대에서 수색작전 중이던 장병 2명이 북한이 매설한 목함지뢰에 부상당하는 사

31 고위급회동에 통일부장관 · 차관, 청와대 국가안보실 실장 · 제1차장 등이 참석했다. 소위 북한의 '3인방'이 방남하자, 국무총리, 새누리당 대표, 새정치민주연합 비상대책위원장도 이들을 만났다.

건이 발생했다. 남한 측은 8월 10일 북한에 사과와 책임자 처벌을 요구하고, 그날 오후 5시부터 군사 분계선 일대에 북한이 가장 민감하게 반응하는 대북 확성기 방송을 시작했다. 이에 북한은 8월 20일 남측 확성기를 향해 포격을 가하고 전선 지대에 준전시 상태를 선포하는 한편, 국방부 앞으로 "48시간 내 심리전 방송을 중단하고 방송수단을 철거하지 않는다면 확전까지 예견한 강력한 군사 행동을 개시"하겠다는 최후통첩을 보냈다(남북대화 제77호, 24-25).

다음 날 김양건 당 비서가 남측 국가안보실장과의 접촉을 제의하고 남측의 수정 제의를 거쳐 북측의 황병서와 김양건, 남측의 국가안보실장과 통일부장관 사이의 고위당국자접촉이 8월 22일부터 24일까지 개최되었다. 이 접촉을 통해 쌍방은 서울 또는 평양에서 빠른 시일 내 당국회담 개최, 북측의 부상 장병에게 유감 표명, 군사분계선 일대에서 모든 확성기 방송 중단, 추석 계기 이산가족 상봉 진행 및 이를 위한 적십자 실무접촉의 9월 초 개최, 다양한 분야에서 민간 교류 활성화 등을 발표(8 · 25 합의)했다(남북대화 제77호, 26-28).

남북적십자 실무접촉

남북고위당국자접촉 합의(8 · 25 합의)에 따라 2015년 9월 7~8일 개최된 적십자 실무접촉에서는 추석 계기 이산가족 상봉을 관례대로 남북 각기 100명씩 10월 20일부터 26일까지 금강산에서 진행하는 것으로 합의했다(남북대화 제77호, 69-72).

제1차 남북당국회담

8 · 25 합의에 따라, 남측은 2015년 9월 21일 남북당국회담 개최를 위한 예비접촉을 제의하였으나, 북측은 대북 전단 살포, 북한 인권법 제정 논의, 북한 도발설 확산 등을 거론하며 접촉을 거부했다. 남측이 접촉을 다시 제의하자 북측은 11월 20일에 와서야 실무접촉을 11월 26일에 개최할 것을 제의했다. 실무접촉에서 남과 북은 제1차 남북당국회담을 12월 11일 차관급을 수석대표로 개최하기로 합의했다.

제1차 당국회담에서 8 · 25 합의의 성실한 이행 필요성을 역설하며, 이산가족 문제 해결, 민간 교류 확대, DMZ 세계생태평화공원 추진, 개성공단 3통 문제 해결, 핵 문제 해결 필요성 등을 거론했으나, 북측은 금강산 관광 문제 해결에 집중했다. 북측은 남북 관계 개선의 '분위기 조성'을 역설하며, '동시 추진, 동시 이행' 원칙에 입각하여 "금강산 관광 실무접촉과 남북적십자회담을 동시에 개최하고, 이후 금강산 관광 재개와 이산가족 상봉 행사를 동시에 실시"할 것을 제의했다. 남측이 이 두 사안을 연계할 수 없으며, 관광 재개를 위해서는 관광객 신변 안전 보장, 금강산 현지 남측 재산권 회복 등 북측의 책임 있는 조치가 선행되어야 함으로, 실무회담을 통해 이 문제를 협의하자는 입장을 견지하자, 북측은 금강산 관광에 대한 기대를 접고 서둘러 회담장을 떠나버렸다(남북대화 제77호, 30–35).

8. 문재인과 김정은의 남북 대화

1) 핵 무력 건설을 완료한 김정은의 전술 변경

문재인 정부의 대북 정책은 "평화를 최우선으로 추구"하고 "상호 존중의 정신에 입각한 정책"으로 요약할 수 있다. "평화 없이는 아무것도 할 수 없다"는 인식 아래 "평화를 우리가 추구해야 할 최우선의 가치이자 정의이며, 번영을 위한 토대"라고 밝힌다. 이를 바탕으로 "남과 북이 서로를 존중하고 협력하면서, '함께 잘 사는 한반도'를 만들어 나가겠다"는 것이다(통일부 2017, 6-7). 이러한 기조하에 문재인 정부는 우선 북한 핵 문제를 해결하기 위해 미국과 북한 사이에서 중재자로서의 노력을 적극 전개하고 있다.

김정은은 집권 초기인 2012년 4월 15일 김일성 생일 100주년 기념 열병식 연설을 통해 "자주의 길, 선군의 길, 사회주의 길을 따라 곧바로 나아가는 여기에 우리 혁명의 백년대계의 전략이 있고 종국적 승리가 있다"고 선포하면서, "우리 인민이 다시는 허리띠를 조이지 않게 하며 사회주의 부귀영화를 마음껏 누리게 하자는 것이 우리 당의 확고한 결심"이라고 천명했다(로동신문 2012.4.16). 김정은은 '선군의 길'을 따라 2013년 3월 31일 당 중앙위를 통해 '경제 건설과 핵 무력 건설의 병진 노선'을 채택하고, 제7차 당대회(2016.5)에서 이 노선을 "항구적으로 틀어쥐고 나가야 할 전략적 노선"으로 재확인하는 가운데 2013년 2월부터 2017년 9월까지 4차례의 추가적인 핵 실험을 강행한다. 이어 미국 본토에 도달 가능한 ICBM급 '화성 15'형을 발사(2017.11.29)한 후, 김정은은 "국가 핵 무력 완성의 역사적 대업, 로케트 강국의 위업이 실현되었다"고 선언한다(북한 정부 성명). 이러한 가운데 미국 트럼프 대통령과 전쟁을 불사하는 듯한 말 폭탄을 주고 받으면서도 2018년 신년사를 통해 남한의 평창 동계올림픽에 북한 대표단을 파견하고 대북 대화를 할 용의를 표명함으로써 한반도와 북미 관계 정세 변화의 계기를 마련한다. 이에 김정은은 남북정상회담(4.27)과 북미정상회담(6.12)을 앞두고 4월 20일 당 중앙위 전원회의를 통해 경제 · 핵 무력 건설 병진 노선의 승리를 천명하고 '사회주의 경제 건설 총력 집중'을 새로운 전략 노선으로 선포한다.

2) 남북정상회담

남측은 김정은이 2018년 신년사에서 밝힌 대남 제의를 환영(1.1)하면서 북한의 평창 동계올림픽 참가 문제 협의를 위한 고위급 남북회담을 제의(1.2)함에 따라, 1월 9일 고위급회담을 개최하여 평창 동계올림픽대회 및 동계패럴림픽대회의 성공적 개최에 적극 협력, 군사적 긴장 상태 해소를 위한 군사당국회담 개최 등에 합의하였다. 북측 대표단의 평창 올림픽 참가 후 3월 5~6일간 남측 대북 특사가 김정은을 면담하여 4월 말 판문점 평화의 집에서 제3차 남북정상회담 개최에 합의하고, 여기서 김정은은 비핵화 문제 협의 및 북미 관계 정상화를 위한 미국과의 대화 용의를 표명했다.[32] 이후 남과 북은 남북정상회담 개최 문제와 관련한 고위급회담을 열어 '2018 남북정상회담'을 4월 27일 판문점 남측 지역 평화의 집에서 개최하기로 합의했다.

---

32 특사단으로 간 정의용 안보실장은 미국을 방문하여 3월 9일 트럼프에게 김정은이 조기에 그를 만나고 싶어 한다는 것을 전달하고, 트럼프는 항구적인 비핵화 달성을 위해 김정은과 5월까지 만날 것이라고 언급했다.

제1차 남북정상회담에서는 '판문점 선언'이 채택되었다.[33] 여기에는 민족 자주의 원칙 확인, 기존 남북 간 선언 · 합의 철저 이행, 10 · 4선언 합의 사업 적극 추진, 1차적으로 철도 · 도로 연결 및 현대화, 상대방에 대한 모든 적대 행위 전면 중지, 비무장지대의 평화지대화, 상호 군사적 신뢰의 실질적 구축에 따라 단계적으로 군축 실현, 올해 종전선언, 항구적 평화 체제 구축을 위한 3자 또는 4자 회담 개최, 한반도의 완전한 비핵화, 핵 없는 한반도 목표 확인 등 13개 항이 포함되어 있다.

이 판문점 선언에서 눈에 띄는 것은 '단계적 군축' 합의이다. 남과 북은 '항구적이며 공공한 평화 체제 구축'의 요소로서 불가침 합의의 재확인과 함께 "군사적 신뢰가 실질적으로 구축되는 데에 따라 단계적으로 군축을 실현해 나가기로" 합의하였다. 이 선언에 군축까지 포함시킨 것은 완결된 평화 선언으로서 모양새는 좋으나 전략적으로 유용한 합의인가는 의문이다. 이 합의는 핵을 가진 북한, 핵을 포기할 것인지 불확실한 북한이 재래식 군비에 있어서 남측 힘의 상승을 저지하려는 그들의 목표에는 부합되지만, 판문점 선언 제1조 제1항을 통해 '민족 자주의 원칙을 확인'한 남과 북 모두는 통일된 한반도를 상정하지는 못한 합의를 했다는 비판을 면하기는 어려울 것이다.

주지하다시피, 남과 북은 분단과 전쟁 이후 주민들의 복리를 크게 훼손하면서까지 국방력 증강을 지속해왔다. 이러한 국방력 증강은 어떤 때는 상대방을 복속시키기 위해서, 어떤 때는 자기 방어를 위

---

33 문재인-김정은 간 첫 정상회담은 사실상 제3차 정상회담이라고 불러야 하나, 문재인 정부는 제1차 정상회담으로 명명하기 때문에 이에 따른다. 북측은 제3차 정상회담으로 부른다.

해 추진된 것이나, 현재의 결과로는 남북 쌍방 간 군사력 균형을 통해 평화를 유지하는 것이 목표가 될 수밖에 없는 상황에 도달하였다고 본다. 따라서 남과 북이 현 단계에서 목표로 삼아야 하는 것은 군사적 신뢰 구축을 추진하면서 일방이 타방을 압도할 수 없도록 군사력의 각 영역에서 균형을 추진하는 것은 타당할 것이다. 그런데, 이러한 군사력의 균형을 이루는 방식에는 군축의 방식만 있는가라는 것이다. 여기서 우리는 우선 동북아시아에서, 나아가 지구상에서의 국가가 남한과 북한만 존재하는 것이 아니라는 너무나 당연한 사실을 상기할 필요가 있겠다. 현재 동북아 주변국들은 각기 군사력을 증강시키면서 신 냉전 체제 형성의 길로 나아가고 있는 상황이다. 따라서 남북 간 평화 유지는 신뢰의 바탕 아래 쌍방 간 군사력의 균형을 이루도록 하고, 군축은 동북아 주변국들의 군사력을 함께 고려하면서 추진하도록 하는 것이 '자주적' 평화 유지 방식이 아닐까? 한반도 주변국들은 군사력을 증강시키고 있는 상황에서, 그동안 남북한 주민들의 엄청난 복리적 희생으로 이룩해 놓은 군사력을 '한반도 평화'의 이름 아래 이런 식으로 쉽게 허물어뜨리면서 '평화 체제'를 구축하면 한반도에 평화가 올 것인지는 의문이다. 앞으로 남과 북이 동북아시아에서 제대로 된 통일 국가로 성장하기 위해서는 앞으로 군축 문제와 관련하여 남과 북의 당국자들과 군사 전문가들은 '자주'와 '평화' 사이에서 다시 한 번 심각한 고민을 할 필요가 있다고 본다 (경남대 극동문제연구소 2018, 21 일부 수정 재인용[34]).

34 경남대 극동문제연구소(2018)의 '1. 남북관계와 한반도'(3–34쪽)는 필자가 초안을 작성했다.

제2차 정상회담은 5월 26일 김정은의 요청으로 긴급하게 판문점 북측 지역 통일각에서 개최되었다. 당시는 북미정상회담을 앞두고 미국 측에서 북한에 대한 완전한 비핵화를 압박하는 언급("만약 김정은이 비핵화에 합의하지 않으면 리비아 모델처럼 결말을 맞게 될 것"이라는 5.21 펜스 부통령 폭스뉴스 인터뷰 등)이 나오고, 이에 북한이 북미정상회담을 재고하겠다고 반발(5.16 김계관, 5.24 최선희 담화)하고, 트럼프가 회담을 취소한다고 발표(5.24)하자, 김정은은 남북정상회담을 통해 대미 메시지를 전달하여 사태를 수습하고자 했다.

9월 18일부터 20일까지 평양에서 개최된 제3차 남북정상회담에서는 '9월 평양공동선언'이 발표되고 '판문점 선언 이행을 위한 군사분야 이행 합의서'가 채택되었다.

9월 평양공동선언에는 남북은 군사적 적대 관계 종식과 한반도의 전쟁 위험 제거, 상호호혜에 기반, 교류 협력을 확대하고 민족 경제 발전을 위한 실질적 대책 강구, 이산가족 문제의 근본적 해결을 위한 인도적 협력 강화, 다양한 분야의 협력과 교류 적극 추진, 한반도 비핵화를 위한 실질적 진전을 조속히 이루어나가는 데 대한 인식 공유 등의 영역에서 14개의 세부 합의가 담겨져 있으며, 김정은은 가까운 시일 내에 서울을 방문하기로 했다. 특히, 한반도 비핵화 영역에서는 북측이 동창리 엔진 시험장과 미사일 발사대를 유관국 전문가 참관하에 영구 폐쇄하기로 하고, 미국의 상응 조치에 따라 영변 핵 시설의 영구적 폐기와 같은 추가적 조치 지속하기로 한 합의도 담겨져 있다.

'판문점 선언' 이행을 위한 군사 분야 이행 합의서에는 모든 공간에서 군사적 긴장과 충돌의 근원이 되는 일체의 적대 행위 전면 중지, 비무장지대를 평화지대로 만들어 나가기 위한 실질적 대책 강구, 서해 북방한계선 일대 평화 수역 조성, 교류 협력 및 접촉 왕래 활성화에 필요한 군사적 보장 대책 강구 등이 포함되어 있다.

이러한 정상회담 합의에 따라 여러 분야에서 실무회담이 개최되었다. 그 결과 2018년 이후 한반도는 제법 조용해졌다. 풍계리 핵실험장은 폭파되고 북에서 오는 지진파는 감지되지 않고 있으며 ICBM도 날지 않고 있다. 판문점 공동경비구역에서 화기도 철수되고 지뢰도 제거되어 병사들은 항상적인 긴장감이나 2017년 11월 북한군 병사가 남으로 넘어올 때와 같은 공포감 없이 권총도 차지 않은 채 자유롭게 군사 분계선을 넘나들고 있다. 휴전선 일대의 선전스피커는 철거되었고 서로를 감시하던 일부 GP도 인원과 장비를 모두 철수한 다음 해체되었고, 땅과 하늘과 바다에서 무력시위와 같은 서로에 대한 적대 행위도 없어졌다, NLL 일대에서는 매일 남과 북의 함정들이 제3국 선박의 불법 어로에 대한 정보도 교환하고 있으며 한강 하구의 공동 이용을 위한 현지 조사를 마친 것을 보고 '서부전선도 이상 없다'는 것을 느끼게 된다(경남대 극동문제연구소 2018, 4 일부 수정 재인용).

그런데 이러한 상황들은 2018년 12월 말까지의 상황이다. 2019년 7월 현재 남북 간 평화는 더 이상 크게 진전하지 않고 있다. 판문점 선언과 군사 분야 이행 합의서로 남측의 발목을 묶어 놓은 북한은 탄도 미사일 발사, 잠수함 건조 등을 계속하면서도 남측의 축소된 합동 군사 훈련조차 시비하고 무기 도입도 시비한다.

김정은은 2018년 신년사를 통해 "북남 사이에 제기되는 모든 문제는 우리 민족끼리의 원칙에서 풀어나가려는 확고한 입장과 관점을 가질 것"을 남측에 주문했다. 그러나 남측이 아직까지 미국의 대북 제재에 묶여 판문점 선언을 통해 합의한 '민족 자주의 원칙'을 실천하지 못하고 있는 데 실망하고, 남측에게 이제는 북미 간 중재자의 역할에서도 빠지라고 요구하고 있다. 북미 관계 개선, 나아가 김정은의 대외적 위상 제고와 관련하여 남한의 용도는 이제 끝났다는 것이다. 이것은 또한 북한이 항상 남북 관계를 북미 관계에 종속시켜 온 대남 전략 기조를 노골화하고 있음을 보여주는 것이다. 북한이 말하는 '우리민족끼리'는 북한 요구에 항상 남측이 순응하는 것이다. 이에 대해 김정은은 2019년 4월에 개최된 최고인민회의 시정연설에서 이렇게 말했다.

> 남조선 당국은 추세를 보아가며 좌고우면하고 분주다사한 행각을 재촉하며 오지랖 넓은 '중재자', '촉진자' 행세를 할 것이 아니라 민족의 일원으로서 제정신을 가지고 제가 할 소리는 당당히 하면서 민족의 이익을 옹호하는 당사자가 되여야 합니다. … 남조선 당국이 진실로 북남 관계 개선과 평화와 통일의 길로 나아갈 의향이라면 우리의 입장과 의지에 공감하고 보조를 맞추어야 하며 말로써가 아니라 실천적 행동으로 그 진심을 보여주는 용단을 내려야 합니다. (로동신문 2019.4.13)

북한에게 여전히 유효한 남한의 용도는 남한이 '우리민족끼리' 정신과 '민족 자주의 원칙' 아래 경제적 영역에서 북한과 협력하고 북한을 지원하는 것이다. 이에 대한 남한의 태도에 불만이 쌓이고 남한에게 압박을 가할 때가 되었다고 생각되면, 북한은 대남 '성명'이나 '담화'를 내고, 나아가 '공개 질문장' 이나 '통고문' 같은 것을 발표한 후 (아니면 이런 것들 없이) 어느 날 갑자기 판문점 남북 직통전화를 받지 않게 될 것이다.

4.
남북 대화의 기능과 성격

1971년부터 2019년까지 진행된 남북 대화의 역사에 비추어 남북 대화의 기능과 성격에 대해 분석해보면 다음과 같이 정리해볼 수 있겠다. 표면적으로 남북 대화는 한반도 위기 상황을 관리하면서 남북 간 현안을 해결하고 평화 통일의 기반을 조성하는 기능을 하는 것으로 인식되고 있다. 그러나 남북 대화는 사실상 평화 통일이라는 명분으로 남과 북이 자기 체제의 보존, 상대방 힘의 상승 제어, 상대방 체제의 변형을 목표로 추진되었다. 결국 남북 대화도 남북 간 정통성 경쟁의 구도에서 이루어지기 때문이다. 예를 들어, 1970년대 초기 남북 이산가족 문제 해결을 위한 적십자회담의 경우, 북한은 자기 체제를 선전하고 하층 통일전선을 확대하는 한편, 남한의 반공법 철폐 등 친북 세력의 활동을 원활하게 할 수 있는 남한의 모든 '법률적 · 사회적 장애' 제거를 목표로 했다. 남측도 이산가족 교류를 통해 북한 주민과의 접촉 공간을 넓혀 나가면서 북한을 변화시킨다는 목적에는 변함이 없었다. 남북 간 체육회담에 있어서도 북한의 경우 '두 개 조선' 반대의 입장에서 남한이 단독으로 출전하지 못하게 하기 위한 목적이, 남한에게는 남북 주민 간 교류 확대의 목적이 앞섰다. 2000년대 체육회담의 경우 남과 북 모두 상대방 체제를 변형(남은 북한 주민의 사고 변화, 북은 남한 주민에게 '우리 민족끼리' 정신 전파)을 의도했다. 1980년대 이후, 특히 2000년대 이후 경제회담의 경우, 북한은 경제력 하락에 따라 남측의 경제적 지원 등을 통해 힘을 보존·상승시키는 차원에서, 남한은 남북 경협을 통한 북한 체제의 변형 차원에서 진행되었다. 그리고 북한 핵 문제와 관련한 회담은 남한은 핵을 통한 북한의 힘의 상승을 제어하는 차원에서, 북한은 체제 보존의 차원에서 이루어진 것이다. 1970년대 7·4 공동 성명을 탄생시킨 비밀접촉과 남북조절위회담, 1980~1990년대 남북고위급회담, 2000년대의 남북장관급회담 등은 이 세 가지 차원이 모두 개입된 회담이라고 볼 수 있겠다.

이러한 남북 대화는 일정하게는 남북 관계를 진전시키는 기제로서 그 역할을 인정받고 있지만, 이 제도 자체가 남북 관계를 추동시키는 결정적인 기제는 되지 못한다. 이것은 당연히 '제도(institution)'가 가지는 한계이기 때문이다. 자유주의적 제도주의자들(liberal institutionalists)은 "제도가 국가의 선호를 변화시켜 국가의 행위도 변경시킨다", "제도는 국가로 하여금 그 국가가 취하는 각각의 행위가 타국에 대한 상대적인 힘의 관계에 기초하여 자국의 이익을 계산하도록 하지 않는다", "제도는 독립변수로서 국가로 하여금 전쟁을 피

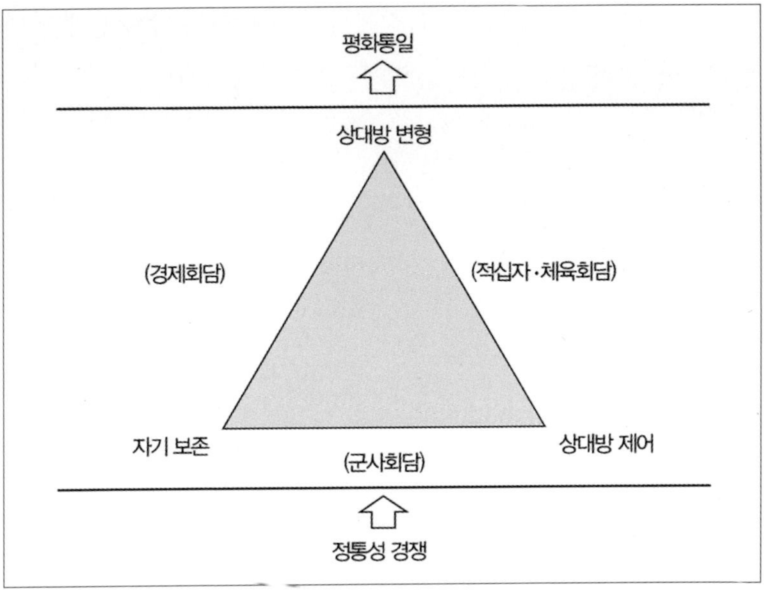

그림 5.7_ 남북 대화의 기능

하게 하는 능력을 가지고 있다"는 등의 주장을 한다. 반면, 현실주의자들에게 제도는 기본적으로 국제적인 힘의 분포를 반영한 것에 불과한 것이다. 제도는 강대국의 이해관계의 계산에 의해 창출된 것으로 국가 행위에 어떠한 독립적인 영향도 가하지 못한다는 것이다(Mearsheimer 1994/1995).

남북 대화라는 제도도 결국 현실주의자들이 보듯이 남북 간 힘의 관계 속에서 남북 각기의 이해관계가 반영된 것일 뿐이다. 따라서 자유주의적 제도주의자들이 보듯이 남북 대화라는 제도가 남과 북의 선호를 변화시켜 각기의 행위를 변화시키는 것이 아니라, 남과 북의 힘의 관계가 반영된 정통성 경쟁이 독립변수로서 남북 관계의 전개를 결정짓고 있으며, 이 과정에서 남북 대화는 남북 관계의 매개 수단일 뿐이다.

제6장

백두산

자연재해, 급변 사태, 환경 협력

정기웅
한국외국어대학교

* 본고는 정기웅(2014)과 정기웅(2017)을 바탕으로 내용을 추가하고 수정 · 보완하여 재구성한 것임을 밝힙니다.

1.
한민족과 백두산

한민족에게 있어 백두산은 매우 특별한 의미를 갖는다. 백두산은 민족의 생활 터전인 한반도에서 가장 높은 산인 동시에 수많은 전설과 신화가 깃들어 있는 민족의 영산이다. 백두산과 천지는 스스로를 하늘의 후손이라고 믿는 한민족을 하늘과 연결시켜주는 신령스러운 곳으로 여겨지며, 백두산에 대한 관심과 숭앙은 민족의 역사와 함께 해왔다.

백두산은 지리적으로는 북위 41°01', 동경 128°05'에 위치해 있다. 해발 고도는 2,750m로 한반도에서 가장 높은 산이다. 정상부에는 화산 분화로 형성된 칼데라 호수인 천지가 있다. 천지의 너비는 3.58km이고, 면적은 9.18km^{2}이다.

북한으로의 자유로운 여행이 불가능한 현 상황에서도 중국 쪽 통로를 활용하여 등반이 가능한 까닭에 통일을 염원하는 수많은 한국인의 발길이 끊이지 않고 있기도 하다. 그러나 오늘날 백두산을 등반하는 관광객들은 백두산을 오를 때 한 가지 가능성을 염두에 둘 필요가 있다. 바로 백두산의 화산 분화 가능성이다.

21세기 들어 일단의 연구자들이 백두산 화산 분화 가능성을 언급하였고, 이와 관련된 여러 연구가 진행되었다. 이들 연구의 결론은 백두산 화산은 분명히 분화할 것이라는 데 모아지고 있다. 단 의견이 갈리는 부분은 '언제' 그리고 '얼마만큼의 규모'로 폭발할 것인가의 문제이다.

'백두산 화산이 머지않은 시일 내에 반드시 분화할 것'이라고 전제한다면, 그에 따른 많은 대비가 필요하다. 이 장에서는 백두산 화산 분화의 문제를 세 가지 측면에서 접근하고자 한다.

첫 번째는 자연재해로서의 백두산 화산 분화이다. 백두산 화산 분화 자체로 인한 직접 피해로서 화쇄류와 화산 이류, 홍수, 화산재 등에 의한 피해가 예측된다. 분화에 의한 직접적이고도 물리적인 영향 이외에도, 간접적 혹은 파급적 영향으로서 교통 · 통신망의 마비, 농작물 피해, 산업단지 피해와 같은 사회 · 경제적 피해와 정치적 파급 효과 또한 감안되어야 할 것이다. 이러한 관점에서 자연재해로서의 백두산 화산 분화가 초래할 수 있는 피해와 그 영향력 등에 관해 기존의 연구를 중심으로 간략히 정리한다.

두 번째는 백두산 화산 분화가 초래할 수 있는 정치 · 사회 · 경제적 파급 효과로 인해 발생 가능한 상황들, 그중에서도 특히 북한 급변 사태 발생 가능성에 관해 검토한다. 분화로 인한 재해의 직 · 간접적 영향이 광범위할 경우 이는 북한 정권의 통치 능력에 영향을 끼칠 수밖에 없다. 만약 분화에 대비하는 북한 정권의 대처가 적절치 못할 경우, 대규모 난민 발생과 통치권의 붕괴로 인한 급변 사태 발생 가능성이 존재한다. 북한 급변 사태는 상황에 따라서는 한반도 통일로까지 이어질 수 있는 사안이다. 따라서 이러한 예측이 현실화될 경우 우리의 대처는 어떠해야 하는지에 관한 고려가 필수적이라고 할 수 있다.

세 번째는 백두산 화산 분화의 직 · 간접적 영향권하에 있는 동북아 국가들과의 협력에 관한 검토이다. 이는 두 가지 차원에서 접근할 수 있다. 하나는 백두산 화산 분화가 초래할 수 있는 환경적 영향에 대비하기 위한 협력의 차원이다. 또 다른 하나는 북한 급변 사태 대비를 위한 협력의 차원이다. 백두산 화산 분화로 인한 직 · 간접 피해의 규모가 광범하고 지속적으로 진행됨으로써 북한 급변 사태가 진행될 가능성이 있고, 그렇지 않은 경우라고 할지라도 급작스러운 상황 변화에 따른 대규모 북한 이탈 주민의 발생 가능성이 존재한다. 이는 필연적으로 주변 국가의 통치 상황에 영향을 미치게 될 것이며, 결국에는 동북아 안정과 안보 환경에 부정적 영향을 미치는 변수로 작동할 수 있다. 이러한 맥락에서 백두산 화산 분화 시 발생 가능한 여러 상황들에 대비하기 위한 동북아 주변 국가들과의 협력 방안 등에 대해 검토할 필요가 있다.

이 장의 구성은 먼저 백두산 화산 분화의 역사와 현황을 검토한 후, 상기한 바와 같은 세 가지 측면에서의 백두산 화산 분화의 결과와 영향을 살펴보고, 마지막으로 백두산 화산 분화에 대비하기 위한 정책 방향에 대해 언급할 것이다.

2.
백두산 화산 분화의 역사와 전망

1. 역사

윤성효 교수는 "백두산의 역사 시대 분화 기록에 대한 화산학적 해석"이라는 연구를 통해 현재 남아 있는 문헌들을 추적하여 백두산의 분화 기록을 정리하고 화산학적으로 해석한 바 있다. 그의 연구에 따르면 백두산 분화는 939년, 946년, 947년, 1014년, 1016년, 1017년, 1018년, 1019년, 1124년, 1199년, 1200년, 1201년, 1265년, 1373년, 1401년, 1403년, 1405년, 1573년, 1597년, 1654년, 1668년, 1673년, 1702년, 1898년, 1903년, 1925년 등에 일어났다(윤성효 2013, 456-469).[1] 분화의 규모는 무시하고 분화와 분화 사이의 시간적 간극만을 감안한다면 백두산은 10세기 이후 매 세기마다 한 번도 거르지 않고 분화하였음을 발견할 수 있다. 이러한 규칙성을 받아들일 때 백두산의 마지막 화산 분화가 20세기에 이루어졌음을 감안한다면, 21세기에 또 한 번의 분화가 이루어질 것이라고 예측할 수 있을 것이다.

역사 속에서 백두산 분화는 강한 흔적을 남기고 있다. 미국 스미소니언 연구소(Smithsonian Institution)는 서기 1000년경 백두산이 분화하였으며, 이는 1만 년 이내 지구상에서 분화한 가장 큰 화산 활

---

1 윤성효 교수의 주장과는 달리 미국 스미소니언연구소(Smithsonian Institution)의 Global Volcanism Program은 백두산의 마지막 분화를 1903년으로 기록하고 있다. https://volcano.si.edu/volcano.cfm?vn=305060 (검색일: 2019. 7. 15).

동 중 하나라고 주장한다.[2]

기록에 남아 있는 가장 큰 화산 분화는 1815년 4월 발생한 인도네시아의 탐보라(Tambora) 화산 분화인데 화산폭발지수(VEI: Volcanic Explosivity Index) 7의 대폭발을 일으켰다. 이때 분출된 화산재는 약 150억 톤으로 추정되는데, 이는 인도네시아 전역을 뒤덮었고 성층권까지 뚫고 올라가 전 세계에 퍼졌다. 이로 인해 그 다음해인 1816년은 '여름 없는 해'가 되어 여름이 오지 않았다고 기록되어 있다(Evans 2002).

탐보라 화산 분화를 이야기하는 것은 10세기에 이루어진 백두산 분화의 규모를 짐작해보기 위해서이다. 명확한 기록이 남아 있지 않은 까닭에 백두산 분화의 규모를 정확히 파악하기 힘들지만, 백두산 분화의 규모가 탐보라 화산 분화와 비슷하거나 그 이상이었던 것으로 추정된다. 2019년 4월 15일 국회의원회관에서 더불어민주당 심재권 · 이상민 의원이 개최한 '깨어나는 백두산 화산 어떻게 할 것인가'라는 토론회에서 한국지질자원연구원은 "946년 백두산에서 발생한 '밀레니엄 대분화'는 남한 전체를 1m 두께로 덮을 수 있는 엄청난 양의 분출물을 쏟아 냈으며, 이는 과거 1만 년 이래 지구상에서 가장 큰 규모의 분화 사건에 속한다"고 발표한 있다. 같은 토론회에서 이윤수 포항공대 환경공학부 교수는 "백두산의 과거 분화는 2010년에 아이슬란드 화산 분화량의 천 배 이상 규모였다"고 주장하였고(권태훈 2019), 또 동년 4월 22일 SBS와의 인터뷰에서 "946년의 백두

2 https://volcano.si.edu/volcano.cfm?vn=305060 (검색일: 2019. 7. 15).

산 분화가 역사 이래 가장 큰 규모의 화산 폭발"이라고 주장하면서 "그 에너지가 히로시마 원폭 16만 개가 한꺼번에 백두산에서 터진 것과 같다"고 언급한 바 있다.[3]

이러한 주장들이 맞다고 전제할 때, 만약 백두산이 또 한 번 그와 같은 규모로 분화할 경우 그것이 가져올 파급 효과가 어마어마할 것이라는 우려를 갖게 한다. 정치 · 사회적으로는 당사국과 주변국들의 정치 상황과 사회 안정에 영향을 미칠 것이고, 경제적으로는 당사국과 주변국뿐만 아니라 세계 경제 전체에 영향을 미칠 것이다. 오늘날 세계의 경제가 밀접히 연관되어 있으며 일종의 국제 분업이 이루어지고 있음을 감안할 때, 교통 · 통신의 마비로 인한 물류의 중단과 산업 시설의 가동 중단은 세계경제에 막대한 부정적 영향을 끼칠 것임을 쉽게 예측할 수 있다.

2. 전망

현재 백두산 분화와 관련한 가장 긴급하고도 주요한 질문은 바로 "백두산 화산은 또 다시 분화할 것인가?"이다. 이 문제에 대해 관련 분야의 많은 학자들은 '거의 확실하다'라는 입장을 취하고 있다. 특히 중국과 일본의 전문가들이 백두산 화산 분화에 대해 많은 우려를 표명하고 있다.

예컨대 일본 도호쿠(東北)대학 명예교수(화산학)인 다니구치 히로

3 https://news.naver.com/main/read.nhn?mode=LPOD&mid=tvh&oid=055&aid=0000726272 (검색일: 2019. 7. 15).

마쓰(谷口宏充)는 2012년 5월 일본 지구과학학회(日本地球惑星科学連合) 학술회의에서 연구 발표(日本の巨大地震と白頭山噴火活動との時代的相関)를 통해 2011년 발생한 동일본 대지진의 지각 판 운동 영향으로 백두산 화산이 분화할 가능성은 2019년까지 68%, 2032년까지 99%의 가능성을 갖는다고 주장하였다.[4] 다행스럽게도 2019년 7월 현재까지는 아직 분화하지 않았지만, 그렇다고 해서 앞으로도 분화하지 않을 것이라고는 확신할 수 없다.

중국 지진국 활화산연구소(Department of Active Volcano Research Institute of Geology)의 조사 분석(Stone 2010)에 의하면 백두산 화산 활동은 2003~2005년도에 들어서 활발해졌는데 평소에는 약 100회 년$^{-1}$ 미진이 있었던 것이 2003년도에 들어서는 1,293회 년$^{-1}$의 미진으로 늘어났다. 이 미진과 동시에 해발 고노는 약 6.8cm 상승했고 [헬륨–3: 헬륨–4]의 비율이 거의 두 배 상승했다. 헬륨–3은 발생지가 맨틀이므로 흔히 이 두 원소의 비율이 마그마 활동의 척도로 이용된다. 2006년도 이후에는 비교적 소강 국면으로 접어들었으나 다시 2010년 들어 1월 한 달에 58회의 미진이 관측되었다. 중국 지진국 활화산연구소장 슈지안동(許建東) 박사는 향후 몇 년 안에 백두산이 활동기에 접어들 수 있다고 전망했으며, 일본 지진 전문가인 미야모토도 차기 분출이 '밀레니엄 대분화'보다 규모가 작을 수는 있지만 활동 재개 가능성은 매우 높다고 주장하였다(이길하 · 김성욱

---

4 다니구치 교수는 2016년에는 백두산 화산활동과 2011년 일본 도호쿠 지방 지진과의 상관관계를 분석한 연구결과를 발표하였다. https://confit.atlas.jp/guide/event/jpgu2016/subject/SCG62–P02/detail?lang=ja (검색일: 2019. 7. 15).

2013, 454; Stone 2006; Stone 2010).

위와 같은 주장에 대해 국내의 지진 전문가들도 일반적으로 동의하고 있으며, 일부 연구자들은 백두산 화산 분화 가능성에 대해 "시기와 규모의 문제일 뿐, 분화할 가능성이 높다"고 주장하고 있다. 이에 따라 백두산 화산 분화를 예측하기 위한 전조 현상 관측과 대응 방안 마련을 위한 여러 연구가 진행되고 있지만(윤성민 · 오창환 2014, 8) 만족스럽지 못한 형편이다.

1990년대 이전 초등교육을 받은 많은 사람들이 백두산을 휴화산으로 기억하고 있지만, 1996년 국제지질대회(중국 북경) 이후 백두산은 잠재적 분화 위험이 있는 활화산으로 규정되었다(강주화 외 2013, 537). 또한 역사의 기록이 보여주듯이 백두산은 수차에 걸쳐 분화한 바 있고, 그중 한 번은 매우 강력하게 분화하였으며, 가까운 시일 내에 또 다시 분화할 가능성이 높은 것으로 예측되고 있다. 더욱이 근 시일 내에 발생할 것으로 예측되는 이번 분화는 10세기에 발생한 분화의 재현인 '밀레니엄 분화'가 될 가능성이 높다는 전망이 나오고 있다. 따라서 현시점에서 중요한 것은 백두산 화산 분화 가능성 여부에 대한 논쟁이 아니라, 화산 분화를 기정사실로 전제하고(물론 그 시기와 규모에 대해서는 다양한 의견이 존재하지만) 화산 분화 시 발생 가능한 정치 · 사회 · 경제적 파급 효과 및 그 대비책에 대한 연구를 진행하는 것이라고 할 수 있다.

3.
백두산 화산 분화에 대한 다면적 접근

이 장의 논의는 백두산 화산 분화가 다시 이루어질 것이라는 전제하에 이루어진다. 백두산 화산 분화 가능성에 대한 예측이 이루어지고 있는 지금, 화산 분화가 근시일 내 발생할 경우 초래할 수 있는 여러 상황들에 대한 예측과 대비가 반드시 필요하기 때문이다.

그러나 화산 분화 가능성을 인정하고 그 시기가 멀지 않았다고 전제하더라도, 백두산 화산 분화의 규모 및 그에 따른 피해가 어느 정도가 될 것인가에 대한 예측과 대비는 쉽지 않다. 화산 분화 시 직접적인 화산 재해는 크게 화쇄류와 화산 이류 및 홍수, 화산재, 쓰나미 등이 있다. 그러나 폭발의 강도, 화산 분화의 종류, 바람 · 습도 · 온도와 같은 기후적 조건, 계절적 요인, 2차 피해의 범위에 대한 규정 등에 따라 매우 복잡하고도 광범한 계산에 따라 각기 다른 결과가 산출될 수밖에 없다.

기실 백두산 화산 분화와 같은 자연재해의 발생은 완벽한 예방이 불가능하다. 화산 분화뿐 아니라 지진, 해일, 태풍 등의 자연재해에 대해 현재의 과학 기술로는 재해 자체를 없애는 것은 물론 그 정확한 예측마저 불가능하다. 단지 우리는 그것이 초래하는 파괴의 효과를 감소시키거나 그 위험에 내비하기 위해 최선을 다할 뿐이다.

21세기에 들어서도 자연재해는 예측 불가한 것으로 여겨지지만, 동시에 국경을 초월한 국제적 문제로 취급되고 있다. 일부 학자들은 비전통 안보의 한 분야인 인간 안보의 개념에서 접근하기도 하며, 또 다른 학자들은 비전통 안보의 독립된 분야로서 취급하기도 한다. 또 다른 한 편으로는 '신흥 안보'의 개념이 제기되기도 하였다. 신흥 안보란 '미시적 안전'이 양적으로 늘어나고 질적으로 연계되면서 어느 순간에 '거시적 안보'로 창발하는 안보 문제를 지칭한다(김상배 2016).

이러한 맥락에서 접근하였을 때 백두산 화산 분화는 그것을 어떻게 프레이밍(framing)하느냐에 따라 그 의미와 대응책 및 해결 방안이 달라질 수밖에 없다. 특히 백두산 화산 분화의 문제를 자연재해가 끼치는 직접적이고도 물리적인 피해의 측면에서 접근할 것인지, 아니면 간접적 · 파급적 효과까지도 포함하는 정치 · 경제 · 사회적 문제까지를 염두에 둘 것인지에 따라 그 대응 범위와 대응 주체 및 방법에 많은 변화가 초래될 수 있다. 이러한 점들을 감안하여 이 장에서는 백두산 화산 분화의 여러 측면들을 크게 세 분야로 나누어 자연재해, 급변 사태, 환경 협력의 관점에서 접근한다.

1. 자연재해

1) 자연재해와 백두산 화산

한반도에서 발생하는 자연재해의 종류는 매우 다양하다. 이 장에서 '재해'는 '재난'으로 인하여 발생하는 피해를 의미한다. '재난 및 안전관리 기본법' 제3조 1호는 '재난'을 "국민의 생명, 신체, 재산과 국가에 피해를 주거나 줄 수 있는 것"으로 정의하고 그 종류를 자연 재난과 사회 재난으로 구분하며, '재해'는 "재난으로 인하여 발생하는 피해"라고 규정하고 있다. '재난 및 안전관리 기본법' 제3조 1호 가목에서는 "자연 재난이란 태풍, 홍수, 호우, 강풍, 풍랑, 해일, 대설,

낙뢰, 가뭄, 지진, 황사, 조류 대발생, 조수, 화산 활동, 그밖에 이에 준하는 자연현상으로 인하여 발생하는 재해"라고 규정하고 있다. 제3조 1호 나목에서는 "사회 재난이란 화재 · 붕괴 · 폭발 · 교통사고(항공 사고 및 해상 사고를 포함한다) · 화생방 사고 · 환경 오염 사고 등으로 인하여 발생하는 대통령령으로 정하는 규모 이상의 피해와 에너지 · 통신 · 교통 · 금융 · 의료 · 수도 등 국가 기반 체계의 마비, '감염병의 예방 및 관리에 관한 법률'에 따른 감염병 또는 '가축전염병예방법'에 따른 가축 전염병의 확산 등으로 인한 피해"라고 규정하고 있다.

자연재해 중 우리에게 익숙한 것은 주로 태풍과 홍수, 호우로 인한 재해이며, 근래 들어서는 황사와 미세먼지 또한 일상에 자주 등장하는 용어가 되었다. 사실 꽤 오랜 기간 동안 한반도의 생활인들에게 태풍과 홍수 이외의 자연재해는 익숙하지 않은 낯선 것들이었다고 말할 수 있다. 그러나 2016년과 2017년 발생한 두 건의 지진, 즉 2016년 9월 경주를 강타한 규모(MI: Magnitude Index) 5.8의 지진과 이로 인해 피해를 입은 경주의 모습, 그리고 2017년 11월 포항에서 발생한 규모 5.4의 지진은 태풍과 홍수 이외의 원인으로 인한 자연재해에 사실상 무관심하다시피 했던 우리의 관심을 환기시키는 계기가 되었다. 특히 포항에서 발생한 지진은 그 규모가 경주의 것보다 적었지만, 진원 깊이가 경주 지진보다 지표면에서 더 가까웠던 까닭에 체감 위력과 그 피해는 훨씬 컸다. 여기에 첫 지진 이후 규모 4.6의 여진이 이어지는 등 수십 차례의 여진이 계속되면서 지진에 대한 관심과 우려를 극대화시켰다.

백두산 화산 분화는 이와 같은 매우 이례적인 재해 발생 가능성의 연장선상에 존재한다. 특히 이 땅 한반도에서는 지난 100여 년 동안 한 번도 경험하지 못한 화산 분화인 까닭에 그 실현 가능성에 대하여 많은 사람들이 회의적일 수밖에 없다. 이는 백두산 화산 분화 가능성에 대한 학계의 주장이나 우려가 대중의 지속적인 관심을 끌지 못하고 일회적이거나 단기적인 것으로 그치게 되는 주원인이기도 하다.

21세기 이후 한국 사회에서 백두산 화산 분화가 여론의 집중적인 관심을 받게 된 것은 지난 2010년 아이슬란드의 에이야프얄라요쿨(Eyjafjallajökull) 화산이 분화하면서였다. 이 분화는 대량의 화산재 분출로 인해 아이슬란드뿐만 아니라 유럽 전역의 항공 운항에 영향을 끼침으로써 화산 분화 및 그 피해에 대한 세계적 관심을 불러일으켰다. 한국에서도 아이슬란드 화산 분화 이후 일부에 의해 제기된 백두산 화산 분화 임박설이 학계와 대중의 관심을 집중시켰고, 이와 관련한 일련의 논쟁을 불러일으켰으며, 화산 분화로 인해 발생 가능한 재해에 대한 우려 또한 높아졌다. 그러나 가까운 시일 내에 백두산 화산이 분화할 가능성은 희박하다는 주장 또한 만만치 않아(지헌철 2010, 44-45) 화산 분화에 의한 재해설은 수면 아래로 가라앉는 듯하였다. 그러나 2013년 8월 18일 일본 가고시마(鹿兒島)현의 사쿠라지마(櫻島) 화산 분화, 2014년 9월 27일 일본 나가노현(長野縣)과 기후현(岐阜縣)의 경계에 위치한 온타케산(御嶽山)의 분화, 후지산(富士山, 3,776m) 분화 가능성 제기 등은 화산 분화에 대한 대중의 관심을 지속적으로 환기시키고 있다. 더불어 20세기 후반과 21세기 초반에 걸쳐 세계 각 지역에서 발생한 화산 분화로 인한 재해는 백두산 화산 분화와 그에 따른 피해 가능성에 관한 연구의 필요성을 강력히 제기한다. 그럼에도 불구하고 백두산 화산 분화에 대한 일반의 관심이 크다고 말하기는 힘든 상황이며, 백두산의 지리적 위치와 남북 관계로 인한 접근과 연구의 어려움은 분화에 대비하는 현실적 방안 마련을 더욱 어렵게 하고 있다.

2) 백두산 화산 분화와 재해 규모 예측

백두산 화산 분화가 초래할 수 있는 피해의 양상과 규모는 연구자에 따라 각기 다른 모습으로 제시된다. 이는 화산 분화가 초래할 수 있는 재해의 양상이 매우 다양한 까닭이다. 화산 분화 시 직접적인 화산 재해는 크게 화쇄류와 화산 이류 및 홍수, 화산재, 쓰나미 등이 있다. 그러나 폭발의 강도, 화산 분화의 종류, 바람 · 습도 · 온도와 같은 기후적 조건, 계절적 요인, 2차 피해의 범위에 대한 규정 등에 따라 매우 복잡하고도 다양한 계산에 따라 각기 다른 결과가 산출될 수밖에 없다.[5]

백두산 화산 분화가 초래할 수 있는 피해에 관해 지금까지 여러 연구 결과가 발표되었다. 그러한 연구 결과들 중 가장 큰 주목을 받은 것은 2015년 발표된 부산대 지구과학교육과 윤성효 교수 팀의 연구 결과이다. 윤성효 교수 팀은 국민안전처의 연구 용역 과제인 '화

---

5 백두산 화산 분화 가능성 및 피해 예측 등에 관한 다양한 연구는 『국제지역연구』의 2014년 특별호인 18권 3호를 참조하기 바란다. 이 특별호에서는 백두산 화산 분화에 따른 경제적 피해 예측 시뮬레이션(이윤정 외 2014), 항공 산업의 경제적 피해 예측(김수도 외 2014), 산업 부문 피해액 산정(최은경 외 2014), 화산성 지진에 의한 조적조 건축물의 피해 예측(백은림 외 2014) 등에 이르기까지 다양한 연구 결과가 제시되고 있다.

산 재해 피해 예측 기술 개발'의 연구 결과를 발표하였는데, 이에 따르면 VEI 8단계 중 5단계 이상의 폭발이 발생하고 북동풍이 분다고 전제할 경우 백두산 분화로 인해 '농작물 피해 4조 5,189억, 제주공항을 제외한 모든 공항 최장 39시간 이상 폐쇄로 인한 피해액 611억, 화산 폭발로 인한 지진의 영향으로 서울과 부산 등 한국 주요 대도시에 있는 10층 이상 건물 유리창과 외벽 등이 파괴되면서 입는 간접적 피해 등을 합하여 직간접 피해액 합계가 총 11조 1,895억 원'에 이른다는 것이다(민영규 2015). 반면 4단계 이하의 폭발일 경우 북한 지역은 극심한 피해를 입는 데 반해 남한 지역은 별다른 피해가 없을 것이라고 주장하였다. 백두산 화산 분화로 인한 한국 측 피해액이 11조 1,895억에 달한다는 윤성효 교수 팀의 연구 결과는 국내외 언론에 대대적으로 소개되면서 커다란 사회적 반향을 초래하였고, 예측의 정확성 및 현실성 여부를 둘러싼 논쟁으로 이어진 바 있다. 부정적 견해를 표출한 한 사례로서는 〈조선일보〉에 게재된 최보식(2015) 선임기자의 이윤수 박사 인터뷰를 제시할 수 있을 것이다.

또 전술한 바와 같이 2019년 4월 15일 국회의원회관에서 더불어민주당 심재권 · 이상민 의원이 개최한 '깨어나는 백두산 화산 어떻게 할 것인가'라는 토론회와 같은 해 6월 26일 역시 같은 의원실이 주최한 '백두산 화산 연구 남북 교류 활성화를 위한 政 · 官 · 學 컨퍼런스' 등에서도 한국지질자원연구원을 비롯한 일단의 전문가들이 백두산 화산 분화의 가능성과 그 규모에 대해 주장한 바 있다.

이미 지적한 바와 같이 화산 분화가 초래할 수 있는 피해의 양상과 규모에 대한 예측은 연구의 전제조건에 따라 달라질 수밖에 없다. 따라서 윤성효 교수 팀의 연구 결과를 둘러싼 논쟁은 어쩌면 너무나 당연한 것일 수도 있다. 일각에서는 윤성효 교수 팀의 연구가 지나친 과장이라는 비판을 제기하고 있기도 하다. 그러나 백두산의 1,000년 전 분화가 VEI 7 이상으로 추정된다는 점을 감안한다면, 윤성효 교수 팀의 연구가 VEI 5 이상을 상정한 것은 충분히 설득력이 있다. 연구의 진행에 있어 최악의 상황을 상정하는 것은 매우 합리적 접근 방법 중의 하나이기 때문이다.

어떠한 상황을 전제하건 간에, 백두산이 분화하였을 경우 발생 가능한 여러 가지 피해들 중에서 한국이 당할 수 있는 가장 가능성 있는 직접적 피해는 화산재에 의한 것이 될 것이라는 예측이 일반적이지만, 그 범위에 대해서는 다양한 예측이 가능하다(김성욱 외 2013, 479-491). 다음 절에서는 백두산 화산 분화 시 화산재가 한반도 및 주변 국가에 미칠 수 있는 영향에 대한 기존의 연구를 소개한다.

3) 백두산 화산 분화 시나리오

〈그림 6.1〉은 VEI 7일 경우 화산재의 확산 경로를 시뮬레이션한 것이다. 이 연구는 2011년 1월 30일 09시 백두산이 VEI 7로 분화하는 것을 전제로 이 시기의 기상장을 적용하여 시간에 따른 PM10(지름 10㎛ 이하인 미세먼지)[6]의 유입 농도와 그 확산 경로를 계산한 것이다

---

6 PM10은 사람의 폐포까지 깊숙하게 침투해 각종 호흡기 질환의 직접적인 원인이 된다. 특히 연소 작용에 의해 발생하므로 황산염, 질산염, 암모니아 등의 이온 성분과 금속화합물, 탄소화합물 등 유해물질로 이루어져 있기 때문에 일반 먼지보다 더욱 엄격하게 규제되고 있다. 국가에 따라서는 지름 2.5㎛ 이하인 PM2.5를 따로 관리하는 방안도 검토되고 있다.

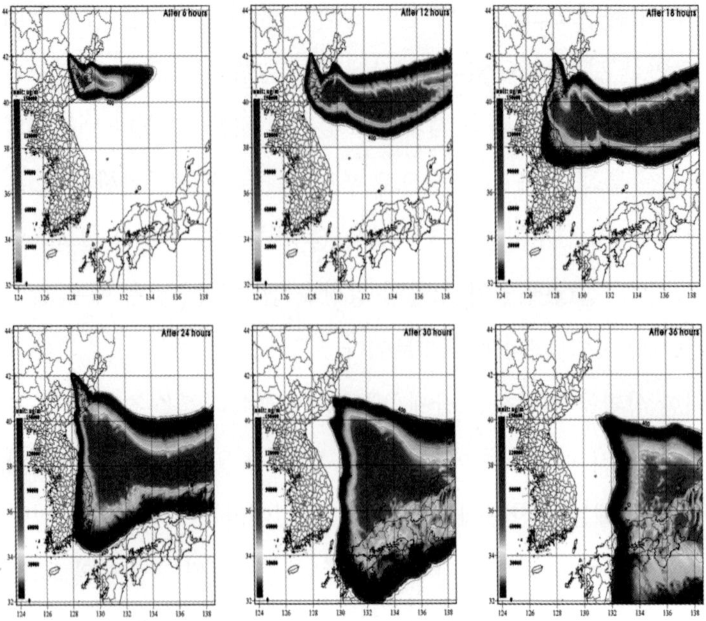

그림 6.1_ VEI 7 시나리오의 경우 PM10 확산 경로(단위: ㎍/㎥)
출처: 최은경 외(2014, 162).

(최은경 외 2014, 145−168).

〈그림 6.1〉에서는 시간의 경과에 따른 화산재의 진행 방향을 확인할 수 있다. 시간의 경과에 따라 분출된 화산재는 먼저 한반도의 동쪽 측면을 강타한 후 일본 열도 대부분에까지 영향을 미친다. 한국의 경우 18시간 경과 후와 24시간 경과 후의 화산재 피해 지역에 속한다. 이 시기 화산재가 영향을 미치는 피해 예상 영역에 많은 산업단지들이 집중되어 있다는 점을 감안하면 그 피해 규모가 결코 적지 않을 것임을 예측할 수 있다. 최악의 경우 화산재에 의해 원자력 발전소 및 첨단산업단지가 가동을 멈추게 될 경우 그 파급 효과는

막대할 것이다.

그러나 〈그림 6.1〉에서 제시하는 것은 수많은 경우의 수 중 하나에 불과할 뿐, 바람의 방향 및 기상 상태에 따라 화산재 피해 범위와 강도는 얼마든지 변동 가능함을 인지할 필요가 있다. 즉 피해 범위가 매우 한정적일 수도 있다는 것이다. 그러나 반대로 한반도 전체가 그 피해 범위에 속하게 됨으로써 피해의 규모가 상상도 못할 정도로 확대될 가능성 또한 존재한다는 것을 부인할 수 없다.

4) 북한 핵 실험과 백두산 화산 분화 연관성

북한의 핵 실험은 백두산 분화와 관련된 상황을 더욱 복잡하고 어렵게 만드는 또 다른 요인이다. 북한은 2016년 9월 9일 5차 핵 실험을 강행함으로써 함경북도 풍계리 일대에 규모 5.0의 인공 지진을 초래하였다. 또 2017년 9월 3일 감행된 6차 핵 실험은 규모 6.3의 인공 지진을 초래하였다. 이는 이미 경색되어 있는 남북 관계를 더욱 얼어붙게 만들었을 뿐만 아니라, 동북아 정세 불안, 국제적 제재 강화와 더불어 핵 실험에 기인한 백두산 화산 분화라는 반갑지 않은 가능성을 추가시켰다.

이와 관련하여 북한의 핵 실험이 백두산 화산에 영향을 끼칠 수 있다는 연구 결과가 이미 제시된 바 있다. 2016년 2월 17일 홍태경 연세대 지구시스템과학과 교수 연구팀은 "북한 핵 실험에 따른 백두산 화산의 지진동과 동적 응력 변화 예측"이라는 논문을 Scientific Reports 온라인 판에 발표하였다. 이 논문에 따르면 백두산과 북한 풍계리 핵 실험장의 거리는 120km로 중규모(규모 3 이상 7 미만) 이상 지진이 충분히 영향을 미칠 수 있는 거리라고 설명하면서, 북한이 더 큰 규모의 핵 실험을 진행하면 활화산인 백두산이 폭발할 가능성이 있다고 예측하였다.

홍태경 교수는 VOA(Voice of America)와의 인터뷰에서 북한의 1~3차 핵 실험의 파형 자료를 활용해 앞으로 북한 핵 실험 규모가 커질 것이라고 가정했을 때의 최대 지반 가속도(지진에 의해서 땅이 흔들리는 정도)와 응력(백두산 아래 마그마가 모여 있는 공간에 가해지는 압력)을 계산했다고 밝혔다.[7] 홍태경 교수는 "(북한 4차 핵 실험 때의) 규모 5.1의 인공 지진은 (백두산에)강력하지 않은 지진파를 전달한다"면서도 "하지만 (백두산 아래) 마그마가 발달한 상태라면 (규모 5.1의 지진에서 비롯된)낮은 압력에도 화산이 분화할 수 있다"고 말해 북한 핵 실험과 백두산 화산 분화의 연계 가능성에 대해 예측하였다. 더불어 2016년 1월 북한의 4차 핵 실험으로 발생한 지진 규모는 4.8을 기록했지만 백두산 밑에 마그마가 있는 공간의 개수와 규모 등 다른 조건들이 갖춰진다면 7 이하에서도 백두산 화산이 분화할 가능성이 높다고 주장하였다(안병욱 2016).

홍태경 교수 연구팀이 발표한 결과에 대해서도 논란이 존재한다. 그러나 이러한 예측의 정확성에 대한 논의 여부는 차치하고라도 한 가지 무시할 수 없는 것은 북한 핵 실험이 백두산 화산 분화를 촉진시킬 수 있는 개연성이 존재한다는 것이며, 이러한 개연성이 존재하는 한 그러한 상황의 발생을 예방할 수 있는 대응책 마련은 필수적

---

7 http://www.voakorea.com/a/3196265.html (검색일: 2019. 7. 15).

이라고 할 수 있다.

화산 분화 촉진은 물론 한반도의 평화와 장기적으로는 통일까지를 감안했을 때 북한 핵은 해결해야 할 문제임에 틀림없다. 그러나 이러한 위험성과 당위성에도 불구하고 현재로서는 실질적으로 북한을 통제하거나 북한의 협력을 유도할 수 있는 방안이 존재하지 않는다는 것은 상황에 대한 비관적 예측을 피할 수 없게 한다.

2. 북한 급변 사태

1) 북한의 취약한 방재 시스템과 남북 협력의 어려움

백두산 화산 분화가 미치는 피해가 강력하고 광범위하다고 전제할 때 그에 대한 대비는 세 가지 측면에 집중될 수 있다. 첫째, 화산 분화 자체로 인한 직접 피해로서 화쇄류와 화산 이류 및 홍수 등에 의한 피해, 둘째, 화산 분화가 야기하는 간접적 피해로서 화산재 분출로 인한 교통 · 통신망의 마비, 농작물 피해, 산업단지 피해와 같은 경제적 피해, 셋째, 화산 분화로 인한 직 · 간접 피해의 규모가 광범하고 지속적으로 진행됨으로써 당사국 및 주변 국가의 통치상황에까지 영향을 미치는 경우 등이다.

첫 번째와 두 번째의 경우 상황을 더욱 어렵게 만드는 것은 북한의 재난 대비 태세가 매우 취약하다는 것이다. 북한의 취약한 방재 시스템과 이로 인한 북한 인민들의 피해 상황에 관해서는 이미 많은 보고가 이루어진 바 있다. 독일환경단체인 Germanwatch는 세계기후위험지수 2013(Global Climate Risk Index 2013) 보고서에서 1992

년부터 2011년까지의 기간을 계산했을 때 북한은 (Long-Term)CRI score 26.00으로 세계 7위를 기록하고 있다고 지적하였다(Harmeling and Eckstein 2012, 7). 국제적십자사(IFRC: International Federation of Red Cross and Red Crescent Societies 2015)의 통계에 따르면 지난 1995년에서 2014년에 이르는 기간 동안 자연재해로 인한 전 세계의 사망자 수 총계는 2,126,856명이었으며, 이중 북한에서 발생한 사망자의 수는 612,141명으로 전체의 28.8%를 차지한다. 이 시기가 북한이 소위 고난의 행군이라고 일컫는 특별한 어려움을 경험한 기간과 겹친다는 점을 감안하더라도 자연 재난과 이로 인한 재해에 대처하는 북의 준비가 충분치 않음을 쉽게 짐작할 수 있다.

이러한 상황에서 백두산 분화가 VEI 5 이상으로 발생한다면 북한이 입는 피해는 자칫 궤멸적일 수 있다. 북한 또한 이러한 피해에 대해 우려하고 있는 것으로 보이며, 이와 관련한 남북 간 접촉이 이루어지기도 하였으나, 그 결과는 전무하다. 북한은 2007년 12월 개성에서 개최된 남북보건환경회담에서 남한 정부에 지진계 설치를 요청하였을 뿐만 아니라 백두산 화산 공동 연구 추진을 요청하였다. 당시 북한은 일본에도 도움을 요청한 것으로 알려졌다. 북한의 요청에 대하여 한국은 두 차례의 비공개 회의 개최 후 지진계 설치 요청을 수락했으나 남북 관계 경색으로 무산되었다. 백두산 문제와 관련하여 남북의 접촉은 2011년 3월 다시 이루어졌다. 이때 남측은 북측에 백두산 내부 마그마 움직임에 대한 공동 연구를 제의하였으며, 남북 학술 토론회 개최에 합의하였다. 그러나 이는 핵 실험 지진파까지 감지하는 지진계 설치로 인해 남한에 군사 정보가 넘어갈 것을 우려한 북측에 의해 무산되었으며, 이후 백두산 문제를 포함하여 어떠한 분야에서도 남북한 간에 환경 및 자연 재난과 관련한 협의가 이루어진 바 없다. 이러한 상황하에 백두산 화산 분화에 대비하기 위한 남북한 협력체의 출범은 고사하고, 백두산 화산 분화 가능성 연구를 위한 최소한의 과학적 협조마저 이루어지지 않고 있다.

그러나 북한 정부도 나름대로 백두산 화산 분화에 대해 대비하고 있는 듯 여겨진다. 북한은 2011년 11월 지진 화산 피해 방지 및 구조법을 제정하여 지진 화산 피해로부터 인민의 생명과 재산을 보호하기 위한 조치 등을 입법하였다(백민호 외 2013). 또한 영국 과학계와의 협력 움직임 또한 관찰되었는데(김재영 2014), 북한은 영국 케임브리지대학 연구팀과 2011년부터 2015년까지 백두산 분화에 관한 공동 연구를 수행한 바 있다. 2019년 5월에는 김혁 북한 지진청 분과장이 영국 왕립학회가 개최한 '제4회 한영 리서치 컨퍼런스'에서 "2016년부터 2018년까지 백두산 주변에서 모두 10회의 지진이 발생하였으며, 백두산 땅 속의 민감도가 증가하고 있다"고 발표함으로써 백두산 화산 분화에 대비한 연구의 필요성을 촉구한 바 있다.[8]

2) 백두산 화산 분화와 북한 급변 사태, 그리고 통일 시나리오

백두산 화산 분화는 상황에 따라 북한 급변 사태로 연결될 수도 있다. 백두산 화산 분화 시기 및 규모에 대한 예측이 어려운 상황에서 북한 급변 사태 가능성을 논하는 것이 일견 무리해 보일 수도 있으

---

8 http://www.donga.com/news/home/article/all/20190530/95773866/1 (검색일: 2019. 7. 15).

나 그에 대한 대비는 반드시 필요하다고 여겨진다. 백두산 화산 분화로 인해 북한이 광범위한 범위에 걸쳐 직접적인 물리적 타격을 받거나, 직접적인 물리적 타격이 아니라고 할지라도 화산 분화로 인해 발생 가능한 여러 직 · 간접적 후과로 인하여 북한의 행정력이 마비되거나 이탈 주민이 급격히 증가할 경우, 이는 북한 급변 사태로 연결될 가능성이 상존하기 때문이다(박정란 · 강동완 2011; 이진우 · 이기완 2019; 정기웅 2014).

북한에 급변 사태가 발생한다면 이는 역내 세력 구도에 매우 복잡미묘한 연쇄 작용을 불러일으킬 것이다. 북한 급변 사태 가능성에 주목하는 것은 백두산 화산 분화의 파급 효과가 북한의 통치 상황에 실질적 영향을 끼칠 수도 있다고 파악하기 때문이며, 이러한 위기 상황 발생 시 남측으로서는 주도적 문제 해결자로서 나서는 것이 쉽지 않은 까닭이다. 백두산은 이 땅 한반도에 존재하고 있지만 남쪽에 위치해 있지 않고 북쪽에 위치해 있는 까닭에 실질적으로는 북한의 관할구역에 속하며, 그나마도 온전히 북한의 영토가 아니라 중국이 그 소유권 중 일부를 갖고 있고,[9] 화산 분화 및 그에 따른 재해의 파급 효과가 남한뿐 아니라 주변 여러 국가들에 미치는 경우, 그 관할권과 문제 해결의 주체를 쉽게 확정지을 수 없는 매우 복잡한 국

---

9 백두산의 영토적 분할에 관해서 규정하고 있는 것으로서 1962년 10월 12일 북한과 중국 사이에 체결된 조중변계조약이 있다. 이 조약에 따르면 천지의 54.5%는 북한에 45.5%는 중국에 속한다. 그러나 이 조약은 북한과 중국 양국이 모두 그 체결을 공식적으로 인정한 바 없는 비밀 조약에 속하는 까닭에 한반도 통일 과정이나 그 이후에 국경 분쟁의 불씨가 될 가능성이 존재한다고 볼 수 있다. 이와 관련하여 대한민국 국회는 1983년 9월 16일 김영광 외 54인의 의원이 『백두산 영유권 확인에 관한 결의안』을 제안한 바 있다. http://likms.assembly.go.kr/bill/jsp/BillDetail.jsp?bill_id=009738 (검색일: 2019. 7. 15).

제 정치적 문제로 작동할 수밖에 없기 때문이다.

이러한 맥락에서의 접근은 북한 급변 사태가 남북한 통일의 가능성과 연결되어 있기 때문이기도 하다. 지금까지 남북한 통일과 관련하여 매우 다양한 시나리오들이 제시되어 왔으며, 북한의 붕괴 혹은 급변 사태로 인한 통일을 상정하고 진행된 연구들도 다수 존재한다(박창희 2012; 이환범 2012; 한국행정학회 2012; 홍현익 2013; Cha and Kang 2010; Cha and Kang 2011). 그러나 이들 연구들 중에서 백두산 화산 폭발로 인한 북한 급변 사태 가능성과 이로 인한 통일 가능성 및 대비책을 언급하고 있는 연구는 찾기 힘들다.

지금까지 제시된 여러 통일 시나리오들을 검토해보았을 때 〈표

표 6.1_ 통일 시나리오들

	1단계	2단계	3단계	4단계	
A	현)2국가 2체제	북한의 개혁 개방	2국가 1체제	1국가 1체제	4단계 통일 방안
A'	현)2국가 2체제	북한의 개혁 개방	2국가 1체제	1국가 1체제 (특별행정구역)	4단계 통일 방안 (특별행정구역)
B	현)2국가 2체제	북한의 개혁 개방 / 남북 연합		2국가 1체제	민족 공동체 통일 방안
C	현)2국가 2체제	북한의 개혁 개방		사실상의 통일 ??	햇볕정책
D	현)2국가 2체제		2국가 1체제	2국가 1체제	북한의 급변 사태 이후 체제 변환(동구권)
E	현)2국가 2체제			2국가 1체제	북한의 급변 사태로 인한 통일
F	현)2국가 2체제	북한의 개혁 개방			북한의 개혁 개방 이후 분단 장기화(중국, 베트남)
G	현)2국가 2체제				현상태 지속/중국에 예속

출처: 최진욱 외(2011, 17).

6.1〉과 같이 범주화하여 정리할 수 있다. 이 장에서 상정하는 화산 분화와 그로 인한 통일의 모습을 이 시나리오들 중에서 선택한다면 E 유형에 속한다고 할 수 있다. 문제는 백두산 화산 분화로 북한에 급변 사태가 발생하고 이로 인해 E 유형의 통일이 진행된다고 전제했을 때, 한반도 통일을 달성하기 위해서는 그 과정에서 주변국들의 협조가 반드시 필요하다는 것이다.

한반도 분단과 통일의 국제성을 차치하고라도, 백두산 화산 분화로 인해 북한에 급변 사태가 발생했을 경우 주변국들과의 협력은 필수적이다. 세 가지 이유를 제시할 수 있다. 첫째, 백두산은 그 관할권이 북한과 중국 양측에 나뉘어져 있다. 따라서 백두산 화산 분화로 인한 재해가 발생할 경우 중국은 당사국이 된다. 둘째, 백두산 화산 분화로 인해 재해가 발생한다면 그 직접적인 피해 범위에 러시아와 일본도 포함될 수 있음이 지적되어야 한다. 이는 러시아와 일본으로 하여금 백두산 화산 재해 및 그 이후의 통일 과정에 간여할 수 있는 명분을 제공할 수 있다. 셋째, 북한에서의 급변 사태 발생 및 이에 따른 통일 가능성의 대두는 동북아 지역 안보 구도와 밀접한 관계를 가질 수밖에 없는 바, 동북아의 주요한 행위자 중 하나인 미국은 이 사태에 반드시 개입하고자 할 것이다.

상기한 바와 같은 사안들을 감안하였을 때 설혹 백두산 화산 분화로 인해 북한에 급변 사태가 발생하여 그것이 통일로 연결된다고 할지라도 그 과정에서 남한이 주도적으로 상황을 이끌고 나갈 수 있는 여지가 매우 제한되어 있음을 알 수 있다. 특히 한반도 통일과 관련한 많은 국제법 및 국제 정치적 문제들(Shin 2010)의 조율은 지극히

난해한 과정이라고 할 수 있다. 한미동맹조약과 북중동맹조약(박병광 2011), 그리고 한반도 정전협정(김재한 2018a; 박명림 2006; 양문수 2018; 이기범 2018; 이상근 2019; 이상현 2006; 전재성 2006; 제성호 2013; 황지환 2019; Eberstadt and Ellings 2001) 등을 어떻게 처리할 것인가 하는 문제 등은 그 해법과 관련하여 매우 다양한 의견이 존재하며 순조롭게 합의에 이르기가 쉽지 않은 사안들이다.

이러한 맥락에서 백두산 화산 분화와 그에 따른 재해 가능성, 이에 기인한 북한 급변 사태 발생, 그리고 급작스러운 통일 등을 전제했을 때, 상황이 발생하였을 경우 남과 북의 성공적 통합을 위해서는 사태 발생 전에 외교적 정지 작업을 통해 한국 주도의 통일이 가능할 수 있도록 국제적 환경을 미리 조성해 놓을 필요가 있다고 지적할 수 있다. 만약 이와 같은 사전 정지 작업이 미리 이루어지지 않았을 경우, 북한의 급변 사태가 남과 북의 통일이 아닌 전혀 기대치 않았던 방향으로 전개될 수도 있기 때문이다. 특히 〈표 6.1〉의 시나리오들에는 포함되어 있지 않지만, 급변 사태 이후 상황 전개에 따라 북한이 중국에 예속됨으로써 상황이 종결되는 시나리오 또한 상정 가능할 것이며, 이는 우리로서는 가장 피하고 싶은 상황 중 하나라고 할 수 있다. 그러나 안타깝게도 미 · 중 갈등, 한 · 일 갈등, 중 · 일 갈등 등 여러 갈등이 혼재하고 이해관계에 따른 주요국들의 이합집산이 중층적으로 발생하고 있는 현재의 급박하고도 혼란스러운 동북아의 정세를 감안하였을 때, 북한 급변 사태와 한반도 통일을 예비할 수 있는 이와 같은 선제적 조치의 실현이 쉽지 않을 것이라는 데 문제의 어려움이 있다.

3) 북한 급변 사태 발생 시 조치 사항과 역할 분담

백두산 화산 분화와 북한 급변 사태를 전제한다면, 급변 사태의 진행과 관련하여 크게 두 가지 가정이 필요하다. 하나는 백두산 화산 분화의 규모와 정도가 크고 강력하여 북한 정권이 급작스럽게 모든 통치력을 상실하는 경우이다. 다른 하나는 북한 정권이 최소한의 통제력을 유지하는 경우이다. 어떤 상황이 닥친다고 할지라도 정책 결정자로서는 가능한 모든 경우의 수를 감안할 필요가 있으며, 이 경우 희망적 사고보다는 최악의 경우를 상정해 두는 것이 상황 발생 시 문제의 해결을 더욱 용이하게 할 것이다.

따라서 백두산 화산 분화로 인하여 화산 재해가 발생하고, 그 강도에 따른 피해 규모가 광범위할 경우, 또 이러한 화산 재해로 인해 북한에 급변 사태가 발생함으로써 남한이 긴급히 개입해야 할 상황이 발생하였다고 전제하였을 때 한국 정부가 취해야 할 조치의 대상은 크게 세 가지 방향으로 범주화할 수 있다.

첫 번째는 대내적 조치이다. 백두산 화산 분화가 이루어지는 즉시 그것이 야기할 수 있는 재해에 대응하기 위한 컨트롤 타워를 가동함과 동시에 북한 내부에서 발생 가능한 여러 사태들에 대비하기 위한 남한 내부의 준비가 이루어져야 한다.

두 번째는 대외적 조치이다. 대외적 조치는 다시 두 가지로 나눌 수 있다. 하나는 백두산 화산 분화로 인한 직 · 간접적 피해에 대처하기 위한 주변국 협조의 확보이다. 피해의 규모와는 별개로 직 · 간접적 피해를 최소화하기 위한 주변국과의 협조는 필수적이다. 특히 화산재로 인해 항공과 해양 수송 및 통신 등에 문제가 발생할 경우, 이러한 문제들을 해결하기 위한 주변국과의 긴밀한 협조는 아무리 강조해도 지나치지 않는다. 다른 하나는 북한의 급변 사태를 대비한 외교적 조율 및 현안 점검이다. 이는 백두산 화산 분화의 규모에 따라 달라질 수 있을 것이다. 화산 분화가 소규모로 이루어졌을 경우에는 그 파급 효과가 그다지 크지 않을 것이므로 특별한 대외적 조치가 필요하지 않을 수도 있다. 그러나 화산 분화가 대규모로 이루어지거나, 그에 따른 재해의 규모가 광범위할 것으로 예측될 경우 북한의 급변 사태를 상정한 주변국과의 외교적 협조가 이루어져야 할 것이다.

세 번째는 대북한 조치이다. 화산 분화가 발생하였을 경우 북한이 입을 수 있는 직접적 피해를 원조하기 위한 준비는 물론 북한 내부에 급변 사태가 발생하였을 경우, 북한 이탈 주민 및 북한 행정력의 마비 및 주민 통제 상실로 인한 소요 사태 등에 효과적으로 대처하기 위한 외교 안보 컨트롤 타워가 가동되어야 한다. 이러한 점들을 감안하여 상황의 흐름과 시기에 따른 필요 대비 사항들을 정리하면 〈그림 6.2〉와 같이 나타낼 수 있을 것이다.

〈그림 6.2〉는 세 가지 단계를 상정하고 있다. 첫 번째 단계는 화산 분화가 관찰되고 그 규모를 파악하는 시기이다. 이 시기에는 위기 관리 컨트롤 타워의 가동에 집중함으로써 추후 발생 가능한 사태에 대비한다. 두 번째는 화산 분화로 인한 피해가 대규모로 진행됨으로써 북한 내부에 급변 사태가 발생하는 경우이다. 이 시기에는 무엇보다도 남한이 문제 해결의 주도권을 확보하고 남과 북, 그리고

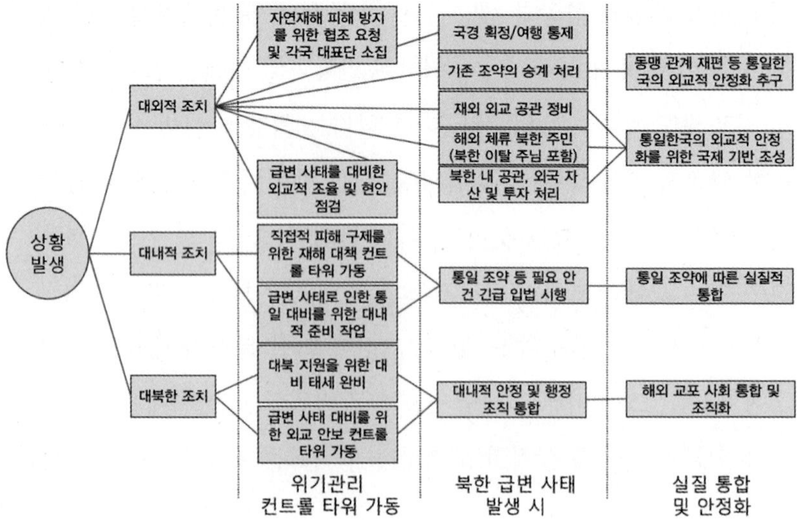

그림 6.2_ 화산 분화 및 급변 사태 발생 시 대내외적 단계별 조치 사항

국제 사회와의 사이에 발생 가능한 문제들을 조절하고, 통일을 위한 주변국의 협조를 이끌어냄과 동시에, 북한과의 실질 통합을 추진할 필요가 있다. 세 번째는 실질 통합 및 안정화 단계이다. 이 시기에는 통일 과정에서 발생한 문제들을 처리하고, 동맹 관계 재편 등을 통해 통일한국의 외교적 안정을 꾀하며, 국제적 조율을 마무리 하고, 북한과의 실질 통합을 마무리 하는 단계이다.

〈그림 6.2〉와 같은 상황의 흐름도에 근거하여 주장할 수 있는 것은 무엇보다도 위기 관리 컨트롤 타워를 가동함으로써 직접적인 피해에 대비하고 안보에 만전을 기하는 것이 필요하다는 것이다. 관련 행위자들 및 국가들의 적절한 역할 분담과 재해로 인한 피해를 최소화시킴으로써 재해가 빠른 시일 내에 수습될 경우, 상황은 일단 종

료되는 것으로 볼 수 있지만, 그 파급 효과가 북한 급변 사태를 발생시킬 경우 남한 정부로서는 결코 관찰자로만 머무를 수는 없게 된다. 이때 사태 해결의 주도권을 확보하고 각 상황에 따른 대응 방안을 실시함으로써 통일을 이루어낼 필요가 있다. 이 과정에서 반드시 필요한 몇 가지 조치들은 〈그림 6.2〉에 정리된 바와 같으며, 이와 같은 과정을 거쳐 북한과의 통일 조약이 체결되었을 때 실질 통합 및 안정화 과정에 접어들 수 있을 것이다. 〈그림 6.3〉은 이 과정에서의 역할 분담 및 대내외적 조치들을 도식화한 것이다.

사실 백두산 화산 분화가 고강도 · 대규모로 진행된다고 할지라도 직접적 피해 영향권 안에 있는 북한과 중국을 제외한 주변국들의 피해는 직접적인 것이라기보다는 항공 운송 수단 불통과 화산재 피해 등의 간접적인 것들에 그칠 가능성이 많다. 그러나 새해로 인하여 한반도에 예기치 않은 상황이 발생할 경우 동북아 지역 안보와 직결

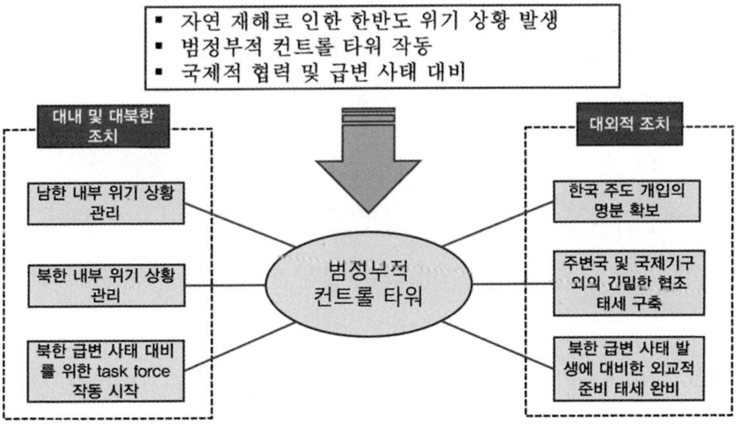

그림 6.3_ 백두산 화산 분화 및 급변 사태 발생 시 역할 분담

될 수밖에 없는 까닭에 이해관계국들은 이 과정에 적극 개입하고자 할 것이다. 결국 우리가 할 수 있는 것은 가능한 모든 경우들에 대한 시나리오의 상정과 그에 조응하는 행동 계획(action plan)을 수립하고, 이를 총합적으로 조정하고 통제할 수 있는 위기 관리 컨트롤 타워(crisis management control tower)를 미리 마련해 놓는 것이다.

이와 같은 노력은 이 땅 한반도에서의 재해에 대한 사전 대비일 뿐만 아니라, 세계 사회 전체의 공동선 증진을 위한 선의적(善意的) 접근이라고 할 수 있으며, 이와 같은 자연재해 피해 감소를 위한 대비책 수립과 국제 협력의 경험은 유사한 자연재해가 발생했거나 발생 가능한 타국에의 경험 전수로도 이어질 수 있을 것이다.

4) 국제 대비 태세 구축

백두산 화산 분화로 인해 북한에 급변 사태가 발생했을 경우 북한이 처할 수 있는 여러 상황들이 예측 가능하다. 그중에서도 특히 북한 내에서 어떠한 세력도 주도권을 획득하지 못함으로써 전반적인 통치의 공백 상태가 발생할 경우 이에 대한 수습은 결코 쉽지 않은 일이 될 것이다. 그러나 자연재해로 인해 수많은 주민들이 북한을 탈출하고 이로 인해 체제가 붕괴되는 급변 사태가 발생했을 경우 한국 정부는 이 기회를 결코 놓치지 않고 통일로 연결시켜야만 한다. 이때 가장 먼저 관심을 기울여야 하는 것은 한국의 주도권 확보를 위한 외교적 노력을 기울이는 것이다.

북한 급변 사태 발생 시 국제적 차원의 대응 및 수습 방안을 놓고 한국의 주도권에 관한 다양한 문제의 제기가 예상된다. 북한은 유엔의 정식 회원국이며 국제법상 주권 국가로 사실상 인정되고 있고 주변국들의 통일 한국에 대한 입장이 불투명한 상황에서 국제사회가 한국의 주도권을 완벽히 인정할 것이라고는 장담하기 힘들다.

한국의 주도권을 주장하기 위한 몇 가지 명분의 제시가 가능하다.

첫째는 남북 간의 특수 관계를 주장함으로써 모든 과정에서 한국 정부가 주도적 위치를 확보하는 것이다. 한국 정부는 남북한 기본합의서에서 남북한이 남북 관계를 나라와 나라 간의 관계가 아니라 '특수 관계'로 합의하였고 어떤 국내법도 북한을 국가로 인정한 적이 없다는 점을 내세워 대한민국의 헌법을 근거로 한국 주도의 북한 지역 관할권을 적극적으로 설파할 필요가 있다. 이런 맥락에서 대한민국의 현행 헌법의 해석상 북한의 영토에 대한 남한의 관할권 문제는 이를 통치권(imperium)과 지배권(dominium)으로 구분하여 급변 사태 이전까지는 남한의 통치권이 미치지 않는 남한의 미수복 지역으로 간주하되, 북한이 무정부 상태에 빠지면 북한 지역에 대한 지배권이 자동적으로 발생하는 것으로 해석하는 것이 타당하다(이기동 2009, 57).

둘째, 첫 번째 방법이 여의치 않을 경우 급변 사태 수습 과정에서는 국제 사회의 일원으로 참여하되, 수습 이후 관할권은 한국이 독자적으로 갖는 타협안을 국제 사회에 적극 제기하여 국제 사회와의 협력과 우리의 독자적 관할권을 모두 충족시키는 방향으로 나아가는 것이다. 이는 급변 사태 발생 시 일단 이해관계국과 유엔을 비롯한 기타 국가들과 공동의 협력을 꾀함으로써 급변 사태 수습에 노력하되, 사태가 어느 정도 진전이 될 경우 한국 주도의 관할권을 천명하고, 이에 대한 국제사회의 이해와 협조를 구하는 것이다.

셋째, 북한 급변 사태로 인한 피해 규모에 따른 역할 조정을 꾀하는 것이다. 즉 북한 급변 사태 발생으로 가장 많은 피해를 볼 가능성이 있는 국가가 한국이라는 점을 내세워 상황의 주도권 확보를 꾀하는 것이다. 그러나 이러한 방법을 사용할 경우 한국이 북한 급변 사태로 인해 가장 많은 피해를 입게 된다는 것을 실질적으로 증명할 방법이 없으며, 주변국들 또한 똑같은 논리로 자국 주도의 상황 해결을 주장할 수 있는 빌미를 제공한다는 점에서 많은 위험성을 내포하고 있다고 하겠다.

결국 북한 급변 사태 발생 시 한국의 주도권 확보를 위해서는 사

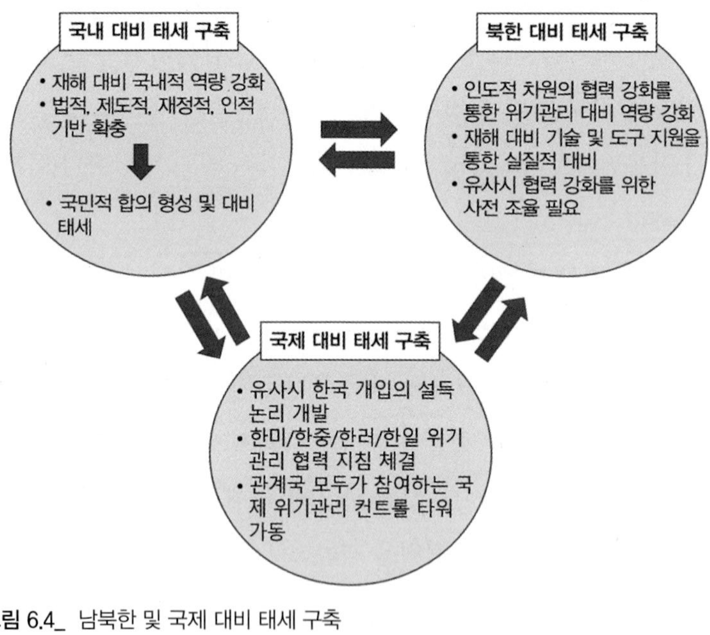

그림 6.4_ 남북한 및 국제 대비 태세 구축

태 발생 이전의 국제 협력을 통한 조율과 사태 발생 이후 남북한의 특수 관계를 앞세운 남한 주도의 국제 협력하의 해결이라는 방안을 제시하는 것이 가장 현실성 있는 접근법이라고 볼 수 있다. 이상 논의한 바와 같은 대비 태세 구축 과정과 내용을 도식화하면 〈그림 6.4〉와 같이 정리할 수 있을 것이다.

3. 남북 협력과 동북아 환경 협력

상기한 바와 같은 논의를 바탕으로 했을 때 백두산 화산 분화의 문제는 남북한 양국의 문제인 동시에 대단히 국제적인 문제임을 파악할 수 있다. 그렇다면 이에 대한 대비 또한 남북한 협력을 바탕으로 국제적 협력의 틀(framework)을 구성함으로써 보다 효율적으로 이루어질 수 있을 것이다. 이 절에서는 이에 관해 논하고자 한다.

1) 남북한 협조 체제 구축

전술한 바와 같이 자연 재난 대비 태세 구축과 핵 실험 중단은 매우 시급히 해결되어야 할 문제임에 분명하다. 그렇지만 화산 분화로 인한 직 · 간접 피해의 규모가 광범하고 지속적으로 진행됨으로써 당사국 및 주변 국가의 통치 상황에까지 영향을 미치는 경우야말로 가장 파급력이 큰 사안이라고 할 수 있다. 물론 이는 백두산 화산 분화의 강도가 궤멸적일 정도로 강력한 경우에야 발생 가능한 사안이기는 하다.

백두산 화산 분화가 강력하고 광범위한 피해를 야기함으로써 북한 내부에 급변 사태를 초래할 수 있다는 것은 배제할 수 없는 가능성이다. 이는 화산 분화와 그 파급 효과를 단순한 자연 재난과 재해의 문제로만 취급해서는 안 된다는 것을 의미한다. 북한 급변 사태는 발생 가능한 여러 시나리오 중 하나에 불과하지만, 실제적으로 발생하였을 경우 이는 남북한의 정치 상황, 통치 구도, 통일, 동북아 지역 안보 구도 등 매우 복잡다기한 국제적 사안으로 변화될 가능성이 있기 때문이다. 그리고 이러한 사태가 실제로 발생하였을 경우 이에 대처할 수 있는 기본적인 시스템이 구축되어 있는가의 여부는 상황의 전개가 긍정적 결과를 가져올 것인가 혹은 부정적 결과를 가져올 것인가를 결정짓는 핵심적 요인으로 작동할 것이다. 상황에 대비하는 남북한 협조 체제 구축의 필요성은 바로 이로부터 제기된다.

기실 지금까지 백두산 분화를 적시한 남북한 협력이 이루어진 적은 없지만, 포괄적 차원에서의 남북한 환경 협력 필요성에 관해서는 여러 연구들이 진행된 바 있다. 몇 가지 연구 결과들을 살펴볼 때 홍규덕(2005)은 남북한 환경 협력의 중요성을 강조하고 북한 환경의 질적 향상을 위한 대안을 제시하고자 하였고, 안득기(2011)는 북한 지역 환경 문제에 대한 남북한 협력의 필요성을 제기한 바 있다. 김종선 외(2014)는 북한 환경 기술 연구 현황과 남북 과학 기술 협력 방안 연구를 통해 기술적 측면에 초점을 맞춘 남북한 환경 협력을 연구한 바 있다. 국립재난안전연구원(2014)은 한반도 재난 위험도 평가 및 대응 기반 기술 구축을 위해 한반도 재난 위험도 평가 체계를 구축하고자 하였다. 조아영(2015)은 북한의 환경 관련 법제를 중심으로 남북한 환경 협력 필요성에 대해 강조하였다. 박상현 외(2014)는 북한과의 환경 협력 추진을 위한 국제기구의 활용 방안을 제시하였으며, 강택구 외(2016)는 통일을 대비하기 위해 북한 지역의 자연재해 대응 실태를 연구하고 이에 기반을 둔 남북한 협력 방안을 제시하고자 하였다. 이들 연구들의 공통점은 남북한 환경 협력의 필요성을 강조하고, 이를 위한 현실적 추진 방안 및 국제적 협력의 활용 방안 등을 제시하였다는 점에 있다. 그러나 이들 중 어떤 연구도 '백두산 화산 분화'를 명시적으로 연구의 범위에 포함시키지 않고 있다는 점은 백두산 화산 분화의 문제에 대한 남북한 협조 체제 구축 필요성에 관한 학계와 대중의 관심이 높지 않다는 것을 보여준다. 거의 유일한 연구로서 정기웅(2017)의 "백두산 화산 분화에 대비한 남북 협력 체제 구축 필요성의 제기"를 제시할 수 있다.

2019년 현재 남북한 관계는 매우 미묘한 상황에 처해 있다. 수차에 걸친 남북정상회담과 미북정상회담, 그리고 평화 체제 구축을 향한 한국 정부의 강한 의지와 노력에도 불구하고 핵 문제의 명확한 해결이 이루어지지 못한 까닭에 어떤 명확한 돌파구가 보이지 않고 있다. 동시에 북한은 자국에 대한 제재 해제를 요구하면서 미국과 국제 사회에 대한 도발적 태도를 견지하는 것을 포기하지 않고 있다. 이런 상황에서 백두산 화산 분화를 적시한 남북한 협력의 틀을 모색한다는 것은 현실적으로 쉽지 않은 일이라고 여겨진다.

이러한 어려움을 극복하기 위해 백두산 문제의 국제성을 강조할 필요가 있다. 즉 백두산 화산 분화가 단지 남북한만의 문제가 아닌 주변국 모두의 문제라는 점을 강조하여 주변국의 주의를 환기시키고 협력을 유도한다면, 백두산 문제를 국제화함으로써 북한을 비롯한 관련국들을 협력의 장으로 유인할 수 있는 가능성이 생겨날 것이라고 생각한다. 이러한 맥락에서 동북아 환경협력의 현황을 검토해 볼 필요가 있다.

2) 동북아 환경 협력

지금까지 동북아 환경 협력을 논의하기 위한 많은 시도가 있었으며, 그 구체적 결과로서 많은 국제회의와 제도들이 조직되었다. 현재 동북아에서의 환경 협력을 위한 국제적 협력의 결과들을 검토할 때 정부 수준에서는 한중일 3국 환경장관회의(TEMM: The Tripartite Environmental Misters Meeting among Korea, Japan and China), 동북아 환경협력 고위공무원 회담(SOMECNEA: Meeting of Senior Officials on Environmental Cooperation in Northeast Asia), 동북아환경협력계획(NEASPEC: North-East Asian Subregional Programme for Environmental Cooperation), 북서태평양보전실천계획(NOWPAP: Northwest Pacific Action Plan), 동아시아국가 간 산성비 모니터링 네트워크(EANET: Acid Deposition Monitoring Network in East Asia), 동북아환경협력회의(NEAC: Northeast Asian Conference on Environment Co-operation), 동북아 장거리 이동 대기 오염 물질 공동 연구(LTP: Long-range Transboundary Air Pollutants in Northeast Asia), 아태환경회의(Eco Asia: Environment Congress for Asia and the Pacific) 등이 존재한다. 지역단체 수준에서는 동북아시아지역자치단체연합(NEAR: Association of Northeast Asia Regional Governments)이 있다. NGO 수준에서의 환경 협력을 위한 국제적 노력으로서는 동아시아대기행동네트워크(AANEA: Atmospheric Action Network in East Asia)와 한중일 환경교

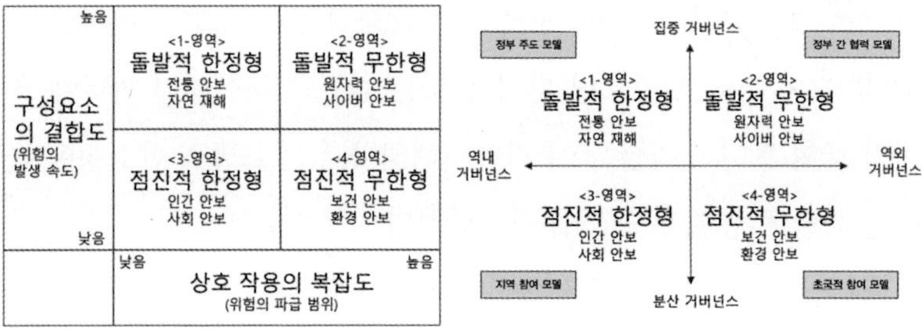

그림 6.5_ 위험 발생의 유형과 거버넌스 형태
출처: 김상배(2016, 91–92).

육네트워크(TEEN: Tripartite Environmental Education Network) 정도가 눈에 띄는 노력이라고 할 수 있을 것이다.

상기한 바를 감안할 때 동북아 환경 협력의 현 상황은 공공 부문 행위자인 정부, 그것도 중앙정부에 고도로 집중된 특성을 노정한다는 것을 발견할 수 있다. 그러나 동시에 레짐 형성과 환경 거버넌스, 다자간 환경 협력의 노력들도 존재하고 있다. 한 가지 특징적인 것은 지금까지 추진된 다양한 노력에 비해 그 결과가 썩 만족스럽다고 하기는 힘든 수준에 머물러 있다는 것이다. 그렇다면 동북아 환경 협력의 효율적 확장을 위해서는 어떤 접근법을 취해야 할 것인가?

〈그림 6.5〉에서 볼 수 있듯이 김상배(2016, 89–93)는 기술 시스템과 거버넌스 구조의 상관관계에 대한 키첼트(Kitschelt 1991)의 논의를 바탕으로 위험의 발생 속도에 관한 구성 요소의 결합도와 위험의 파급 범위에 관한 상호 작용의 복잡도를 기준으로 위험 발생의 유형을 네 가지로 구분하고(돌발적 한정형, 돌발적 무한형, 점진적 한정형, 점진적 무한형) 각 위험 유형에 적합한 거버넌스의 형태(정부 주도 모

델, 정부 간 협력 모델, 지역 참여 모델, 초국적 참여 모델)를 제시한 바 있다. 그의 분류에 따르면 환경 안보는 점진적 무한형인 까닭에 초국적 참여 모델이 적합하고, 자연재해의 경우는 돌발적 한정형에 속하는 까닭에 정부 주도 모델이 적합하다.

백두산 화산 분화의 경우 자연재해에 속하지만, 광범위한 의미로는 환경 안보의 문제로도 파악될 수 있다. 그렇다면 (김상배의 분류를 받아들일 때)백두산 화산 분화에 대비하는 우리의 전략적 선택은 전통적인 정부 주도 모델에서 시작하여 초국적 참여 모델로 확산시켜 나아가는 것이 적합할 것이라고 여겨진다. 즉 동북아 환경 협력의 궁극적 모델은 다층 거버넌스(multi-level governance) 혹은 메타 거버넌스(meta-governance)의 형태를 띠게 될 것이지만, 그 시작은 정부 주도 모델로부터 시작하는 것이 보다 효율적일 것이라고 볼 수 있다.

이태동 · 정혜윤(2019)은 국가 간 환경 협력을 진행하기 위해서는 협력의 목적과 목표, 주체와 방안이 구체적일 필요가 있다고 지적하였다. 협력의 구체적인 목적과 목표를 공유하고, 구체적인 협력 주체들이 구체적인 방안을 논의하고 실행하는 것이 환경 협력의 구체성이며, 이러한 구체성은 추상적이고 규범적인 선언을 넘어 실질적인 협력 주체가 실현 가능한 방안을 논의하여 문제 해결의 방안을 모색하고 시행하기 위해 필요하다는 것이다. 백두산 화산 분화는 이러한 협력의 목적과 목표, 주체와 방안을 구체화하는데 대단히 효율적인 아젠다(agenda)로 작동할 수 있을 것이라고 기대한다.

문제는 상황에 대한 각국의 이해관계가 상이한 까닭에 협력하였을 경우 창출 가능한 공동의 이익이 명확히 존재함에도 불구하고 협

그림 6.6_ 지역 환경 협력의 진전 과정

출처: 예종영(2010, 155)의 그림을 수정

력에 이르기가 쉽지 않다는 것이다. 국제 협력/협상에서는 합의 결과의 양면성으로 인해 협상의 담당자들이 곤경에 처하는 경우가 자주 발견된다(Putnam 1988). 이는 협상 사안이 중대하면 중대할수록, 또 이해 당사자들이 많으면 많을수록 빈번히 발생한다. 특히 백두산 화산 분화와 같이 그 현시적 위협이 명확하게 강력하지 못하고, 상황 발생 시의 피해 환경이 결정적으로 다를 수밖에 없으며, 그에 따른 국내 · 국제 정치적 환경 변화까지 가능한 상황에서는 모두의 이해관계가 다를 수밖에 없고 이런 현실에서 상황이 발생하기 이전에 모두가 동의하는 어떤 협력의 방법을 도출해 내는 것은 매우 지난한 작업이라고 할 수 있다.

〈그림 6.6〉은 지역 환경 협력의 진전 과정을 보여준다. 백두산 화산 분화와 관련된 협력도 이와 같은 협력의 진전 과정을 거칠 것이라고 전제한다면, 지금 우리는 현재 어디만큼 와 있는가? 사실 확인 단계? 과학적 지식 축적 단계? 아니면 인식의 고양 단계? 현실은 어쩌면 과학적 지식 축적은 고사하고 사실 확인의 단계에서도 벗어나지 못하고 있는 것인지도 모른다. 즉 백두산 화산 분화와 관련한 국제적 협력은 그만큼이나 초보적 단계에 머물러 있다는 뜻이다. 그러나 안타깝게도 환경 협력의 움직임은 대개의 경우 국가 정책의 우선

순위에서 최상위를 차지하고 있지 못한 것이 현실이며, 화산이나 지진 같은 자연재해의 경우 그 위협이 현시적이지 않을 경우 검토의 대상이 되기조차 힘든 것이 사실이다.

그러나 백두산 화산 분화의 경우 현재 문재인 정부의 정책 방향을 감안할 때 정부의 집중적 지원을 받을 수 있는 가능성도 존재한다고 판단된다. 남북 관계 증진을 통한 평화적 공존이라는 정부의 정책 목표와 백두산 화산 분화 대비는 같은 선상에 존재할 수 있기 때문이다.

더불어 복합적이고도 갈등적인 지역적 · 세계적 안보 구도는 우리의 선택이 신중해야 함을 경고한다. 미 · 중의 갈등과 선택적 협력, 지역 강자로서의 일본 및 러시아의 태도, 미 · 일, 미 · 중, 미 · 러 관계의 복합성, 한 · 일 갈등, 한 · 중 갈등, 북한의 도발적 태세 유지 등으로 표출되고 있는 국제적 긴장 상태는 협력의 문제를 더욱 어렵게 만든다.

4.
백두산 화산 분화의 대비 자세

이 장에서는 백두산 화산 분화와 관련된 여러 문제들을 세 가지 측면에서 검토하였다. 자연재해로서의 백두산 화산 분화, 급변 사태 유발 요인으로서의 백두산 화산 분화, 동북아 환경협력 촉진 기제로서의 백두산 화산 분화가 그것이다.

상기한 바와 같이 만일의 사태에 대비하기 위한 국제적 협력은 매우 중요하지만 이루기 힘든 것이기도 하다. 그러나 이러한 어려움이 국제적 협력의 필요성을 감소시키거나 무용화시키지는 않는다. 오히려 이러한 국제적 협력을 성사시키기 위한 대안 제시의 필요성을 강력히 제기한다.

국제적 협력의 달성을 위해서는 무엇보다도 각 이해당사국들의 민감성과 상호 불신을 완화시키고 원활한 국가 간 소통을 확보해야 한다. 국제 협력에서 행위자가 많아질수록, 그리고 그 협력의 대상이 일회적인 것일수록 협력의 가능성이 낮아진다는 것이 일반적인 평가이다(Oye 1986). 이러한 어려움을 극복하기 위해 제안되는 것이 국제기구 혹은 제도라고 할 수 있다(Axelrod and Keohane 1986). 그러나 제도의 창출 자체가 협력/협상의 대상이 되어야 할 경우 그와 같은 과정은 지난할 수밖에 없다. 대안으로서 다자가 동시에 참여하는 협력 확보가 어려울 경우 양자적 관계에 기초한 협력 강화가 그 시발점이 될 수 있겠지만, 한반도를 둘러싼 여러 문제들은 그와 같은 접근이 어려움을 수차에 걸쳐 증명한 바 있다.

국제 사회와의 협력에 앞서 지적되어져야 할 다른 하나는 바로 무엇보다도 북한과의 협력이 우선적으로 이루어져야 한다는 점이다. 현재 백두산 화산 분화에 대한 연구는 남과 북의 관계 개선에도 불구하고 백두산 영역에 대한 북한 측의 접근 제한으로 인하여 그에 관한 정보 획득이 지극히 한정되어 있다. 중국을 비롯한 다른 국가들로부터 간접적인 정보를 얻고는 있지만, 그것만으로는 적절한 연구와 분석을 행하기에 어려운 형편이다. 이와 같은 정보 획득의 어려움에 대해서는 백두산 화산 분화에 대해 연구하는 거의 모든 학자들이 이구동성으로 같은 견해를 피력하고 있다.

북한 스스로도 백두산 화산 분화의 위험성을 인지하고 있음은 분명하다. 그럼에도 불구하고 이를 위한 남북 협력 나아가 국제적 협력이 이루어지지 않고 있다는 것은 단지 화산 재해에 대비하는 과정에서의 소외와 준비 부족을 뜻할 뿐만 아니라, 화산 연구와 관련한 우리의 과학적 지식을 진일보시킬 기회 자체를 상실하고 있다는 의미로도 해석될 수 있다. 따라서 남북 간의 정치 · 경제적인 상황의 진전과는 별개로 백두산 화산 자체에 대한 순수한 과학적 접근을 통한 공동의 연구가 신속히 추진되어야 한다.

현재 한반도가 처해 있는 상황에 대해서는 정반대의 시각들이 공존하고 있다. 하나는 한반도가 매우 첨예한 긴장 상태하에 있다는 시각이요, 또 하나는 평화를 향한 안정된 길에 들어섰다는 시각이다. 판단하기 힘든 남북 관계만큼이나 복잡한 지역적 · 세계적 안보 구도는 한반도의 상황에 대한 판단을 더욱 복잡하게 만든다. 미 · 중의 갈등과 선택적 협력, 지역 강자로서의 일본 및 러시아의 태도, 미 · 일, 미 · 중, 미 · 러 관계의 복합성 등으로 표출되고 있는 국제적 긴장 상태는 이 땅 한반도를 둘러싼 지역 역학의 구도가 얼마나 복잡한 것인지를 강력히 보여주며, 북한과의 협력을 쉽지 않은 것으로 만든다.

북한의 자연 재난에 대한 인도적 협조와 도움은 남북 관계의 증진에 효과적일 수 있다. 그러나 일방적 시혜나 도움은 장기적 관계 구축에 전혀 도움이 되지 않는다는 것을 우리는 남북 관계의 역사 속

많은 사례들에서 이미 경험한 바 있다. 특히 경우에 따라서는 북한이 우리 측의 조건 없는 도움조차 거절한 사례를 찾아볼 수 있다.

박상현 외(2014, 270)는 대북 환경 협력의 이론적 기초를 제공하기 위해 아젠다 분석을 통해 대북 환경 협력의 추진 방향을 제시하고 남북 양자와 국제기구를 활용한 대북 환경 협력 추진 전략을 제시하였다. 그들은 연구의 결론으로서 "남북 환경 협력은 '공동 이익'이 극대화 될 수 있도록 추진되어야 하며, 협력이 용이한 것에서부터 시작하여 점진적으로 확대될 필요가 있고, 비대칭적 상호주의가 필요함"을 강조하면서 그 추진 방향으로서 "안보적으로 민감하지 않은 이슈부터 추진하고, 단기적으로 성과를 보일 수 있는 이슈를 선정하고, 환경 악화 원인 규명이 가능한 이슈부터 추진하며, 환경과 비환경 이슈들의 연계를 통한 보상을 추진함과 동시에, Tit For Tat을 바탕으로 한 상호주의 구현"을 주장하였다.

그러나 이러한 방향성은 남북 관계가 최소한 일상적 정상성을 보일 때 추진될 수 있을 것이다. 특히 안보적 민감도의 경우 이를 어떻게 측정하고 조정할 것인가라는 쉽지 않은 문제가 남는다. 이러한 맥락에서 북한과의 환경 협력이라는 광범위한 목표를 설정할 경우 이는 북한으로 하여금 아젠다의 모호성에 기인한 필요 이상의 민감도를 갖게 함으로써 부정적 태도를 갖게 만들 수 있다는 지적이 가능해진다. 따라서 현재의 상황에서는 모호하고 광범위한 대상보다는 구체적이고 즉시적인 것들로부터 시작할 필요가 있다. 백두산 화산 분화 대비는 이러한 맥락에서 남북 협력의 시작을 위한 매우 적절한 아젠다로서 검토될 필요가 있다. 즉 백두산 화산 분화라는 하나의 구체적이고도 특별한 목표를 제시함으로써 북한의 거부 반응을 최소화하고, 이것이 성공적으로 작동할 경우 여타의 환경 협력 문제로까지 그 범위를 넓혀 나갈 필요가 있다는 것이다.

결국 현재의 상황에서 백두산 화산 분화 대비의 문제는 한반도의 평화 구축 및 동북아 환경협력을 이끌어 낼 수 있는 구체성을 띤 유인 요소를 탑재한 실현 가능한 아젠다로서 검토될 필요가 있으며, 이는 다자간 접촉보다는 남북한 양자 접촉을 통한 협력으로부터 시작될 필요가 있다. 이러한 접촉과 협력이 성공적일 경우, 장기적으로는 관련된 국가들의 참여와 국제 협력으로 확대될 수 있을 것이다. 궁극적으로는 관련 당사국들의 참여하에 가능한 모든 경우들에 대한 시나리오의 상정과 그에 조응하는 행동 계획(Action Plan)의 수립이 필요할 뿐만 아니라, 이를 총합적으로 조정하고 통제할 수 있는 위기 관리 컨트롤 타워(Crisis Management Control Tower)의 구축, 나아가 동북아 환경 협력 다층 거버넌스의 구축으로까지 확대될 수 있을 것이다. 그러나 이 모든 목표를 위한 한 걸음의 시작이 아직은 어려운 것 같다.

이 장에서 사용한 접근법은 한 가지 근본적 한계를 가질 수밖에 없다. 백두산 화산 분화의 발생 시기와 그 규모를 특정할 수 없는 상태에서 막연히 그것이 가져올 여러 상황들을 전제로 하고 문제에 접근하는 것은 많은 경우 억측에 불과할 뿐이라는 주장 또한 가능하기 때문이다. 그러나 어떠한 재해의 가능성이 조금이라도 존재할 경우, 그리고 그와 같은 재해와 상황의 진전이 매우 극적인 결과를 가져올 것이 확실시 될 경우, 그에 대한 대비는 아무리 강조해도 지나치지 않다고 생각한다. 이 장의 역할이 이와 같은 상황에 대한 경각심과 대비를 강조하는 하나의 노력으로서 받아들여지기를 기대하며, 우리의 총합적 지성과 전략적이면서도 긍정적인 사고가 어느 때보다 절실히 요구된다.

제7장

북한 숲

남북한 환경 협력

엄태일
한림성심대학교

1.
공유지의 비극

환경이라는 단어는 '생활하는 주위의 상태'라는 의미로 더 많이 활용되고 있으나 본연의 정의는 '생물에게 직 · 간접으로 영향을 주는 자연적 조건'을 말한다. 환경의 뜻을 후자로 정의하고 남북한의 환경 협력에 대한 내용을 논해보고자 한다.

환경은 공공재나 공유재이지 사유재가 아니며, 문제가 발생하는 경우 개인의 노력만으로 해결하기가 어렵다. 남북한 간의 기후 변화에 따른 환경 문제도 그러하다. '공유지의 비극(tragedy of commons)'처럼 모두에게 나쁜 결과가 나올 수도 있다. 남북한의 대표적인 공유지는 비무장지대(DMZ: demilitarized zone)이다. 공유지의 비극은 미국의 생물학자 하딘(Hardin 1968)이 환경 문제의 심각성을 강조하기 위해 만든 개념으로, 공유재를 계속 과소비할 경우 종국에는 자원의 고갈로 그 공유재의 공급이 중단되고 만다는 논리이다. 공유재 또는 공공재에 관한 문제를 해결하기 위해서는 한쪽의 노력이 아닌 공동의 노력이 필요하다. 결국 비무장지대에 발생하는 문제는 남한 혹은 북한 한쪽의 노력만으로는 문제 해결이 불가능하며 남북한 공동의 노력으로만 해결할 수 있다.

하지만 남한과 북한은 분단과 긴장으로 인해 환경 문제 해결을 위한 공동의 노력이 쉽지 않다. 남북한의 환경 문제 해결을 위한 협력은 더욱 발전적인 화해·협력으로 진전, 즉 그린데탕트(Green Detente)가 가능할 수도 있다. 그린데탕트는 환경 협력으로 정치 군사적 데탕트를 유도하자는 개념으로 남북한 간의 환경 공동체로 긴장 완화는 물론 통일 사회를 대비하는 데에 기반이 될 수 있다.

남북한의 환경 협력을 위해, 북한의 환경 현황 분석을 통해 남북한 간 환경 협력 가능성에 대한 검토 후에 환경 문제에 대한 국제적 협력 방안을 살펴보고, 이에 대한 북한의 반응 및 남북한 간의 협력 방안을 모색하고자 한다. 또한 북한의 환경 문제에 대한 인식 및 정책 방향을 통해 그린데탕트의 가능성을 살펴보도록 한다. 마지막으로 게임이론을 통해 대북 지원의 한계성을 살펴보고, 이를 극복하기 위한 추진 방향을 제시함으로써 남북한의 그린데탕트 가능성을 제시해보도록 한다.

2.
북한 산림의 황폐화

남북 분단 이후 북한은 국토의 4/5인 산림 및 지하자원을 적극 활용하며 경제 체제를 구축하는 등 산림의 경제적 기능을 극대화하였다. 사회주의 체제인 북한은 산림 역시 국유화하여 경영하였으나 환경이라는 공유재 또는 공공재의 딜레마에 봉착하여 관리 및 지원이 소홀해지고, 부족한 농작환경으로 인해 산림 파괴가 심화되었다.

〈그림 7.1〉은 한국임업진흥원에서 공개한 남북한 숲에 대한 자료

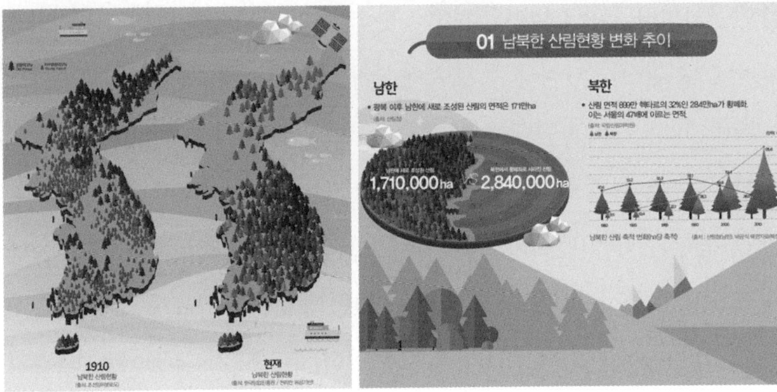

그림 7.1_ 1910년 대비 2015년 남북한 숲 현황
출처: 한국임업진흥원블로그(https://kofpi.tistory.com/m/609)(검색일: 2019. 7. 18).

이다. 자료에 따르면 1910년에는 북한의 산림 여건이 뛰어났다는 것을 살펴볼 수 있으며, 특히 북부 백두산을 근저로 발달되어 있는 것을 볼 수 있다. 남한의 산림은 북한에 비해 황폐화되어 있고 중부 지방인 경기도 남부, 충청도, 전라북도 북부, 경상남도 북부에는 산림이 거의 존재하지 않는 것으로 나타난다. 반면 2015년 기준 북한의 산림은 대부분 황폐화되어 자강도, 양강도, 함경북도 일부를 제외하고는 숲이 존재하지 않는 것으로 나타나고 남한의 산림은 대부분의 지역에서 풍성하게 발달된 것으로 나타난다. 대부분의 언론과 연구들에서는 북한 산림 황폐화의 원인을 농지 부족과 목재 수출을 위한 나무 벌채로 들고 있다. 이는 북힌만의 문제가 아닌 한반도의 산림 황폐화 문제로 볼 수 있다.

산림 황폐화 문제는 탄소 배출 문제로 이어진다. 이우균(2018)에 따르면 1980년대부터 30년간 남북한의 탄소 수지를 분석한 결과,

남한은 1980년대 1.09tC/ha(tC: 탄소톤, 온실가스의 단위로 온실가스를 탄소로 환산해 나타낸 무게로 온실가스 흡수 · 배출량) → 1990년대 1.09tC/ha → 2000년대 0.66tC/ha으로 1980년대와 1990년대는 비슷한 수준을 유지하였으나 2000년대에는 0.43tC/ha가 감소하였다. 반면 북한은 1980년대 0.83tC/ha → 1990년대 0.23tC/ha → 2000년대 0.04tC/ha으로 1980년대에서 1990년대 0.60tC/ha가 급격히 감소하고 2000년대 0.19tC/ha가 감소하였다. tC/ha가 온실가스 배출량에 정비례하고 산림 면적에 반비례한다는 것을 고려할 때, 1990년대 이후 탄소 수지 감소 원인은 남한의 경우 급격한 공업화로 인한 탄소 배출량 증가, 북한의 경우는 산림 면적의 감소, 즉 지속적인 산림 황폐화로 추측된다.

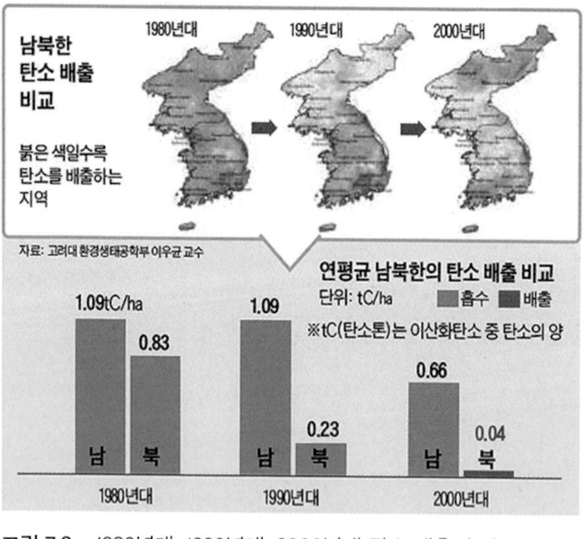

그림 7.2_ 1980년대, 1990년대, 2000년대 탄소 배출의 비교

출처: 조선일보 2014/05/27(http://nk.chosun.com/news/articleView.html?idxno=157276) (검색일: 2019. 7. 19).

탄소 수지 배출 비교 지도를 살펴봐도, 북한은 1980년대에 전 지역이 녹색으로 되어 있어 탄소가 적게 배출되었던 반면, 2000년대에는 북부 대부분의 지역이 붉은색으로 나타나 탄소 배출량이 늘어났다는 것을 확인할 수 있는데, 북한 산림의 황폐화가 심각하다는 것을 추측하게 한다. 지도에서 비무장지대는 1980년대는 녹색으로만 되어 있던 것이 2000년대는 노란색으로 바뀌어 황폐화가 진행되고 있다고 짐작할 수 있다. 〈그림 7.2〉에서 나타난 것처럼 북한 산림의 황폐화는 지속적으로 심각해지고 있는데, 탄소지수에 따르면 최악의 상태이다. 북한과 접근한 비무장지대 역시 이러한 사정은 유사하며 지속적인 황폐화가 진행되고 있다. 이를 해결하기 위한 방법은 결국 남북한 간의 협력 즉, 그린데탕트의 시작이다. 북한 및 비무장

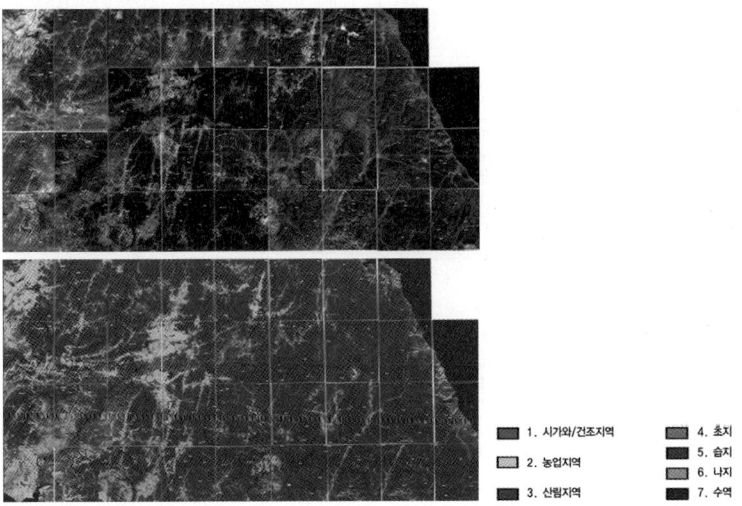

그림 7.3_ 1980년대 DMZ 인근 지역 위성 사진 및 토지 피복도
출처: 김재한 · 엄태일(2009).

지대의 황폐화를 지속 선행 연구 자료 및 위성 지도를 통해 파악해 보자.

〈그림 7.3〉은 1980년대 DMZ 인접 지역의 위성 지도 및 토지 피복도이다. 토지 피복도를 비교해봤을 때, 산림지역이 많고 DMZ를 따라 초지가 형성되어 있음을 알 수 있다(김재한 · 엄태일 2009). 한편 서쪽은 초지 인근으로 농지가 다수 존재한다는 것을 알 수 있다. 아쉽게도 1980년대를 제외하고 다른 기간 비무장지대에 대한 토지 피복도를 구하기 어려워 위성 지도로만 비교한다.

〈그림 7.4〉와 〈그림 7.5〉는 2009년 위성 지도와 2016년 위성 지도 사진이다. 위성 지도 사진은 구글어스를 통해 검색한 자료로 과거 지도를 검색하면 매년 12월을 기준으로 위성 사진이 검색되고 2016년 자료가 최신 자료로 검색되어 2009년과 2016년 사진을 비교할 수 있다. 위성 지도라는 한계로 인해 토지 피복도처럼 토지 용도별로 정확한 면적이나 크기를 알 수 없고 사진 촬영 조건의 차이로 인해 일반화가 어려우나, 1980년대와 2009년에 비해 2016년의 지도에서는 황색 부분이 상당히 증가한 것을 확인할 수 있다. 물론 겨울인 12월인 것을 감안해야 하지만 2009년에 비해 황색 부분이 상당히 증가한 것으로 보아 황폐화가 진행되었다고 추측할 수 있다. 북한 산림의 황폐화는 농경지의 탄소 저장 기능 저하, 물 공급 능력 저하, 생산성 저하로 이어져 북한 경제에도 큰 영향을 미치고 있다. 이처럼 북한의 황폐화는 북한 전역과 남북한의 공유지인 비무장지대로 번지고 있으며 북한의 기후 변화 대응 및 경제 발전에도 부정적인 영향을 주고 있다. 남한 역시 온실가스 배출 목표 감축에 대한 어려움

그림 7.4_ 2009년 DMZ 인근 지역 위성 사진
출처: 구글어스(https://www.google.com/intl/ko/earth/)(검색일: 2019. 7. 30).

그림 7.5_ 2019년 DMZ 인근 지역 위성 사진
출처: 구글어스(https://www.google.com/intl/ko/earth/)(검색일: 2019. 7. 30).

을 겪는 것을 감안하면, 남북한의 기후 변화 대응 즉 공동의 환경 문제 해결에 많은 문제점이 산재되어 있다고 할 수 있다.

3.
환경 문제의 협력 체제

환경에 대한 국제 협력 체제는 미국 대통령 도널드 트럼프의 파리 기후변화협약 탈퇴 입장 표명으로 냉각되어 있다. 한 국가가 다른 국가들과 정반대의 선택을 한다면 이유가 있을 확률이 높다. 미국은 온실가스 배출 2위 국가로 온실가스 배출 목표 감축에 따른 부담을 가질 수 있다. 온실가스 배출 감축 노력이 자국의 경제 발전에 부정적 영향을 주거나 도입 자체에 따른 어려움이 있을 수 있다는 의미이다. 북한 역시 국가 경제 문제, 환경 문제 해결을 위한 비용 문제 등 경제적 피해에 따른 우려로 환경 문제 해결에 대한 방어적 선택을 할 수 있다. 남한은 MB 정부 때 남북한 공동 대응으로 녹색 성장을 하겠다는 의지를 표명한 이후 후속 사업들이 유지되어 현재 문재인 정부까지 이어지고 있다. 하지만 북한에 관한 환경 협력 사업에 대해서 천안함 사태 이후 10년 동안 별다른 성과를 내고 있지 못하다. 그린데탕트는 녹색 한반도 개발 계획 및 남북 냉전 완화를 위해 정책이 보다 다각화되어야 한다는 생각에서 출발한다. 또한 정책의 다각화에 앞서 합리적 판단, 즉 경제와 연관된 합목적적 판단이 보장되어야 한다.

1. 국제 협력

1979년 세계기후회의를 통해 전 세계가 환경에 관심을 가지게 된 이래 환경에 대한 관심은 점점 확대되었다. 그 후 1985년 비엔나협약에서의 오존층 보호를 위한 기본 골격과 1992년 브라질 리우데자네이루에서의 온실가스에 대한 범지구적 차원의 공동 대응 논의, 1995년 독일 베를린에서의 기후변화협약에 대한 첫 당사국 총회 이후 지금까지 환경에 대한 범지구적 차원의 대응이 논의되고 있다. 남한은 1993년 12월에, 북한은 2005년 4월에 기후변화협약을 비준하여 대응하고 있다. 환경에 대한 관심이 예전에 비해 증가하게 된 가장 큰 계기라면 교토의정서, 보다 구체적으로는 교토메커니즘(Kyoto Mechanism)을 들 수 있다. 교토메커니즘은 시장 원리에 입각해 온실가스를 상품처럼 거래할 수 있도록 한 것으로 배출권 거래제도(ETS: Emission Trading Scheme), 공동이행제도(JI: Joint Implementation), 청정개발체제(CDM: Clean Development Mechanism) 등을 규제 방안을 마련하였다. 공공재로서의 환경에 대한 관리 책임만을 강조하던 기존의 방식에서 벗어나 관리를 통해 이익을 발생하도록 하는 제도로, 환경 관리를 통해 국가에 이익을 제공하는 제도를 만든 것이다. 교토메커니즘이 어떤 특징들을 가지고 있는지 살펴봄으로써 그린데탕트에 활용 가능한 방식이 무엇이 있는지 살펴보자.

〈표 7.1〉을 살펴보면, 교토메커니즘 중 청정개발체제(이하 CDM) 사업은 온실가스 감축 의무를 갖지 않은 국가가 참여할 수 있는 사업으로 남한도 참여 가능한 사업이다. CDM 사업 추진을 통해 탄소배출권(CER: Certificated Emissions Reduction)을 얻을 수 있으며 배출권을 거래할 수 있다. 배출권거래제의 기본 개념은 기후변화협약 참여 국가가 온실가스 목표 감축량을 설정하고 온실가스 감축을 위한 사업을 실시하는데, 이를 통해 목표 감축량을 초과 달성하는 양을

표 7.1_ 교토메커니즘의 비교

구분	배출권거래제	공동이행제도	청정개발체제
거래 대상	배출권(allowance) 거래	크레딧(Credit) 거래	크레딧 거래
거래 기준	할당량(quota)	프로젝트(사업)	프로젝트
거래 당사자	다자/양자 간	양자 간	다자/양자/단독
예치 가능 여부	공약 기간 중 가능	공약 기간 중 가능	2000년부터 가능
시행 시기	2008년	2000년	2008년
흡수 포함 여부	흡수 포함	흡수 포함	흡수 언급 없음
참여 대상국	배출 한도를 가진 국가(부속서 B국가)	부속서 I 국가	공약하지 않은 나라도 포함

다른 부속서 국가와 거래할 수 있도록 하는 제도이다. 즉, 탄소 배출 예상량 대비 실제 탄소 배출량이 감소하면 그에 따라 확보된 CER을 판매하여 이익을 얻는 구조이다. 이는 환경 보호 노력에 경제적인 요소를 접목한 환경 협력을 유인하는 제도이다.

〈표 7.2〉는 미국 에너지정보청(EIA: U.S. Energy Information Administration)에서 제공한 2015~2050년 국가별 이산화탄소 예상 배출량이다. 미국, OECD 유럽 국가, 중국 순으로 배출량이 많은 것을 알 수 있으며 중국, 인도에서 특히 증가될 것으로 나타난다.

미국 에너지정보청(EIA)의 1990~2040 세계 에너지 관련 이산화탄소 배출 증가 자료에 따르면, 비OECD 국가에서 지속적인 온실가스 배출 증가가 예상되는데, 〈표 7.2〉를 참고했을 때 대규모 온실가스 배출 국가(중국, 미국, 인도 등)들의 행태도 크게 변하지 않을 것으로 예측할 수 있다. 결국 국가 간 CDM 사업은 OECD 국가가 비

표 7.2_ 2015~2050년 국가별 이산화탄소 예상 배출량

지역	2015	2020	2025	2030	2035	2040	2045	2050	연평균 변화율 (2015~50)
OECD									
OECD America	2,891	2,917	2,834	2,739	2,713	2,755	2,828	2,915	0.0
United States	2,294	2,345	2,261	2,164	2,127	2,151	2,208	2,278	0.0
Canada	302	296	286	281	280	281	284	289	-0.1
Mexico and Chile	295	277	287	294	306	323	335	347	0.5
OECD Europe	1,855	1,841	1,759	1,733	1,721	1,712	1,684	1,672	-0.3
OECD Asia	939	895	893	898	903	911	921	939	0.0
Japan	498	433	422	410	398	384	371	362	-0.9
South Korea	274	293	291	300	309	320	330	339	0.6
Australia and New Zealand	167	168	180	188	196	207	220	238	1.0
Total OECD	5,685	5,653	5,486	5,370	5,336	5,378	5,433	5,526	-0.1
Non-OECD									
Non-OECD Europe and Eurasia	779	779	752	735	740	735	725	715	-0.2
Russia	502	496	482	472	469	462	448	433	-0.4
Other	277	283	270	263	271	274	277	282	0.0
Non-OECD Asia	3,257	3,698	4,112	4,470	4,834	5,218	5,565	5,822	1.7
China	1,552	1,775	1,987	2,100	2,165	2,185	2,179	2,107	0.9
India	518	639	693	787	916	1,069	1,207	1,310	2.7
Other	1,187	1,284	1,432	1,583	1,754	1,964	2,179	2,405	2.0
Middle East	1,082	1,205	1,177	1,145	1,208	1,288	1,375	1,439	0.8
Africa	578	621	613	656	722	810	913	1,037	1.7
Non-OECD Americas	857	867	917	951	993	1,051	1,113	1,179	0.9
Brazil	352	341	372	390	405	426	446	467	0.8
Other	505	526	544	561	588	625	667	712	1.0
Total Non-OECD	6,552	7,170	7,572	7,957	8,496	9,103	9,691	10,192	1.3
Total World	12,237	12,823	13,058	13,327	13,832	14,480	15,123	15,718	0.7

출처: EIA(2017)(https://www.eia.gov/outlooks/ieo/pdf/ieotab_11.pdf) (검색일: 2019. 7. 29).

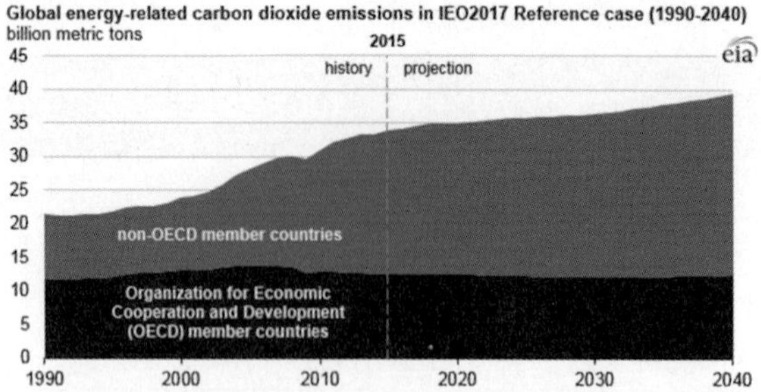

그림 7.6_ 1990~2040 세계 에너지 관련 이산화탄소 배출 증가

출처: EIA(2017)(https://www.eia.gov/todayinenergy/detail.php?id=33772) (검색일: 2019. 7. 20).

OECD 국가에게 온실가스 배출량 감축 기술을 지원하고 비OECD 국가는 기술 이전을 취하는 구조가 서로 간의 이익을 발생시키는 환경 협력의 좋은 구조가 될 것이다. 사업 도입 초기에 비해 탄소배출권 가격이 많이 떨어져 있지만 점차 온실가스 배출 증가에 의한 CER 수요 증가에 따라 가격 상승의 여지는 있다. 한편 파리 기후변화협약의 메커니즘으로 인해 개도국도 감축 목표 달성과 개선이 의무화되어 가격 상승은 불가피해 보인다.

〈그림 7.7〉은 2019년 세계은행에서 제공한 국가별 탄소배출권의 가격 계획이다. 그래프에서 나타나듯 막대의 높이가 지속적으로 증가됨을 확인할 수 있는데, 이는 국가별 CER 거래 가격의 상승을 나타낸다. 특히 2019년의 그래프에는 중국이 추가되어 배출권 거래 시장에 탄소배출권 공급이 늘어나 활성화될 확률도 높아진다. 이를 적절히 활용하여 그린데탕트를 탄소배출권과 연계시켰을 때 남북한 모두 지속적인 이익을 확보할 가능성도 있다.

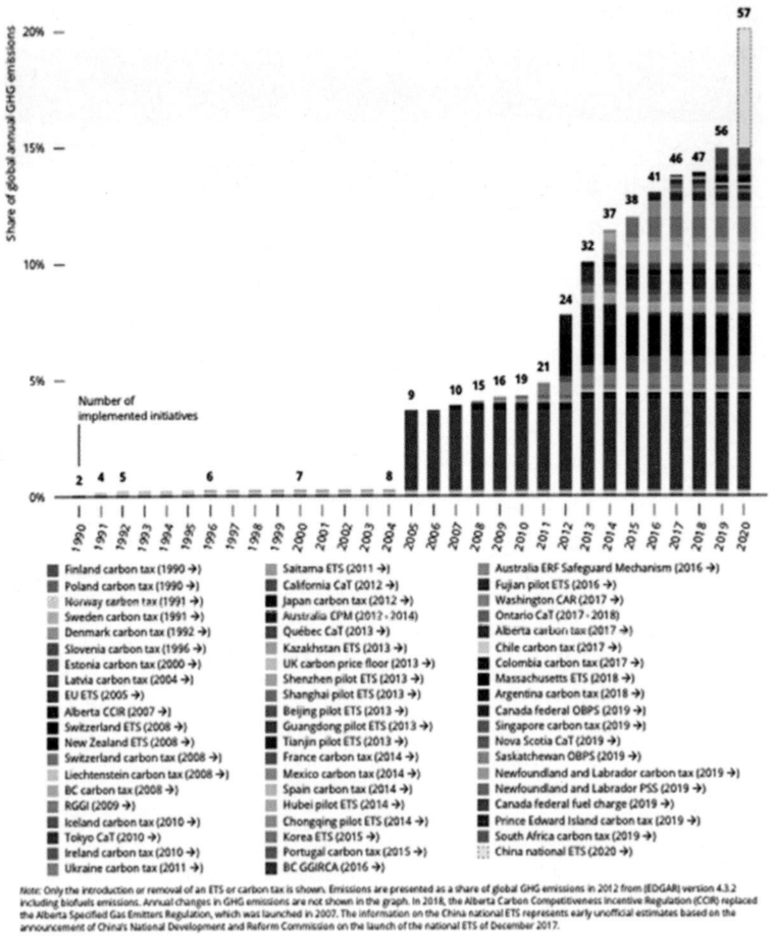

그림 7.7_ 국가별 탄소 배출 거래 계획

출처: WorldBankgroup(2019, 25).

2. 남북한 협력

그린데탕트는 남북한 협력의 일환이다. 현재 남북한의 협력 현황을 통해 협력의 방향을 생각해보자. 또한 환경-경제 협력의 일환인

표 7.3_ 연도별 남북협력기금 통계

연도	정부 출연금	정부 외 출연금	공자기금 예수금	운용 수익 등	총 조성액
2018	63,711	11	278,400	12,153	354,275
2017	183,000	1	765,000	9,631	957,632
2016	92,500	1	207,000	27,399	326,900
2015	93,203	238	90,500	19,863	203,804
2014	93,400	–	228,600	47,304	369,304
2013	105,500	3	530,000	162,300	797,803
2012	112,800	2	400,000	51,236	564,038
2011	–	2	104,400	38,276	142,678
2010	–	–	875,000	51,238	926,238
2009	–	56	81,000	74,354	155,410
2008	650,000	52	147,500	49,274	846,826
2007	500,000	75	584,591	38,859	1,123,525
2006	650,000	15	940,000	36,619	1,626,634
2005	500,000	33	460,000	31,178	991,211
2004	171,400	1	310,000	38,372	519,773
2003	300,000	1	823,000	46,515	1,169,516
2002	490,000	77	505,000	42,035	1,037,112
2001	500,000	1,079	310,000	29,406	840,485
2000	100,000	542	254,852	30,393	385,787
1999	–	3	149,831	23,013	172,847
1998	–	–	–	40,280	40,280
1997	50,000	288	–	27,874	78,162
1996	100,000	132	–	18,409	118,541
1995	240,000	119	–	14,589	254,708
1994	40,000	1	–	9,387	49,388
1993	40,000	3	–	4,778	44,781
1992	40,000	–	–	5,118	45,118
합계	5,115,514	2,735	8,044,674	979,853	14,142,776

출처: 국가지표체계(http://www.index.go.kr/)(남북교류협력기금 조성 추이)

CDM 사업 도입 및 기후 변화 적응 정책에 대해 검토한다.

〈표 7.3〉은 남북협력기금 통계로 남북 협력에 관한 정부 사업이 전부 포함되어 있지는 않지만 흐름을 파악하기 위해 활용하였다. 2009년 이후 나타난 남북협력기금에 대한 정부 출연금의 감소는 남북 관계에 대한 정부의 직접 개입의 축소로 이해할 수 있다. 다만, 1999년 이후 공공자금 관리기금 예수금이 처음 생기고 정부 외 출연금이 다시 증가되는 등 남북 협력의 다각화로 남북 협력이 발전될 것으로 기대된다.

표 7.4_ CDM 사업 UN 등록 현황(2018년 기준)

구분	2008.12.29. 현재	2012.12.31. 현재	2018.1.22. 현재	2012년 대비 증감률(%)
CDM 등록(건수)	1,284	7,164	7,791	8.8
– 중국	340	3,682	3,763	2.2
– 인도	378	1,369	1,656	21.0
– 브라질	146	300	342	14.0
– 베트남	–	243	255	4.9
– 멕시코	110	180	192	6.7
– 기타 국가	291	1,300	1,491	14.7
– 남한	19	90	92	2.2
남한 점유율(%)	1.48	1.26	1.18	–6.0
예상 CER (천tCO2/yr)	241,817	741,706	1,004,487	35.4
– 중국	130,622	486,432	1,004,629	22.5
– 인도	32,484	75,496	596,082	54.0
– 브라질	19,515	26,916	116,291	83.0
– 기타 국가	44,597	132,796	49,261	67.8
– 남한	14,599	20,067	222,816	0.6
남한 점유율 (%)	6.04	2.71	20,179	–25.8

출처: CDM 인증센터(http://www.koreacdm.com/)의 자료를 편집(검색일: 2019. 7. 14).

〈표 7.4〉에 따르면 2008년부터 2012년까지 국제적인 CDM 사업 등록 건수가 점차 증가하였으나 2012년을 기점으로 현재까지는 정체되어 있다. 남한 역시 비슷한 성향을 가지고 있으나 주목할 점은 남한의 점유율이 지속적으로 감소하고 있다는 점이다. 이는 남한 CDM 사업의 새로운 개발 및 시도의 필요성을 말하는 것으로 남북 간 그린데탕트는 그런 시도에 있어 좋은 기회가 될 수 있다.

표 7.5_ 전 세계적 CDM 분야별 추진 현황(2018년 기준)

	과제 분야	사업 수(건)	비중(%)
1	풍력(wind power)	2,456	31.6
2	수력(hydro power)	2,095	27.0
3	바이오가스(biogas)	615	7.9
4	바이오매스(biomass)	579	7.4
5	메탄 회수 및 이용 (methane recovery & utilization)	374	4.8
6	폐가스/열 이용(waste gas/heat utilization)	367	4.7
7	태양광(PV: photovoltaic)	353	4.5
8	에너지 효율(energy efficiency)	261	3.4
9	메탄 저감(methane avoidance)	140	1.8
10	연료 교체(fuel switch)	140	1.8
11	N2O 분해(N2O decomposition)	104	1.3
12	기타 재생에너지(other renewable energies)	80	1.0
13	조림 및 재조림(afforestation & reforestation)	66	0.8
14	시멘트(Cement)	55	0.7
15	수송(Transportation)	27	0.3
16~21	기타(HFC 저감, 누출 저감, SF6 대체, PFC 저감 및 대체, 재료 이용, 바이오연료)	60	0.8

출처: 유엔기후변화협약(https://cdm.unfccc.int/)(검색일: 2019. 7. 14).

남북의 좋은 기류에 더해 CDM 사업을 도입하면, 남한은 사업 운영을 통해 CER을 확보하여 북한에서의 감축량 일부가 남한의 감축으로 인정받게 되어 서로 이득이 될 수 있다. 남한이 북한에 기술 이전을 많이 할수록 탄소배출권이 증가하여 배출권 거래에 사용할 수 있는 이익이 발생하고 북한은 향상된 시설 및 환경을 제공받게 되는 것이다.

〈표 7.5〉는 전 세계적 CDM 분야별 추진 현황을 나타낸 것으로, 2018년 1월 기준 21개 분야 총 7,772건이 추진되었으며 풍력(31.6%), 수력(27.0%), 바이오가스(7.9%), 바이오매스(7.4%) 등의 순으로 추진되었다. CDM 사업 중 조림 및 재조림 사업은 북한의 산림 황폐화를 해결하고 그린데탕트를 이끌 수 있는 사업으로, CDM 사업에 있어서의 비중은 낮게 나타나지만 2008년 0.08%의 비중에서 2018년 기준 0.8%로 10배 증가하여 앞으로 발전 가능성이 높다고 할 수 있다.

표 7.6_ 남한 CDM 분야별 추진 현황(2018년 기준)

분야	사업 수	CER 발행량
N2O 분해	6	115,860,818
메탄가스 복원/사용	5	18,612,112
SF6 대체	6	3,893,588
풍력	13	2,952,408
기타 재생에너지	4	1,398,261
연료 교체	4	286,071
수력	18	277,133
PV 태양광	31	181,234
바이오가스	2	408
신규 조림/재조림(A/R)	1	0
바이오매스	1	0

출처: CDM 인증센터(http://www.koreacdm.com/)의 자료를 편집(검색일: 2019. 7. 14).

2018년 기준, 남한이 실시한 CDM 사업은 11개 분야 총 92개 사업으로 총 143,462,033 CER을 발행하였다. 이에 따라 남북한 간의 그린데탕트는 현재 논의되는 조림 사업 외에 추가적으로 10개 분야를 도입할 수 있다. 즉, 산림 개선 외에 다른 환경 협력 방안도 있으며 이를 통해 그린데탕트를 발전시킬 가능성도 높다고 할 수 있다는 것이다.

북한 역시 CDM 사업에 대한 관심을 가지고 수력발전소 관련 CDM 사업을 시행 중이다. 북한은 체코의 토픽 에네르고사와 협력하여 수력 발전소를 건설함으로써 안정적 전력 공급 기반을 갖추고, 체코는 이를 통해 CER을 얻는 방식이다. 북한의 CDM 사업에 대한 관심은 앞으로 그린데탕트 가능성에 밝은 전망을 제시하고 있다. 이어서 북한의 환경 문제에 대한 인식 정도와 정책 방향을 살펴보자.

4.
북한의 환경 문제 및 정책

1. 북한의 환경 문제

2018년 여름, 전 지구적으로 폭염 피해가 있었고 북한 역시 폭염으로 사상자가 발생하였다.[1] 한편 북한은 2016년 대홍수로 598명의 사망자가 발생했는데, 이는 중국(1,151명), 인도(884명), 에콰도르(686

---

1 연합뉴스 2018/08/11(https://tv.naver.com/v/3801303). (검색일: 2019. 7. 23)

그림 7.8_ 북한 평안남도 안주시 홍수 피해
출처: 연합뉴스 2012/08/10(https://www.yna.co.kr/view/AKR20120810048200009) (검색일: 2019. 7. 20).

명)에 이어 네 번째로 많은 수치였다.[2] 대홍수의 원인으로 대규모 벌목이 지적되었다. 이처럼 북한은 폭염, 홍수 등의 다양한 자연재해로 환경 문제에 대한 관심을 가질 수밖에 없는 상황이다.

북한의 환경 문제에 대한 관심은 2016년 8월 파리 기후협정 비준으로 이어졌다. 북한은 온실가스 배출 전망치(BAU: Business As Usual) 대비 8% 무조건 감축 및 선진국에서 지원할 경우 최대 40%까지 감축하겠다는 목표를 소개하고 국제적인 지원을 요청하였다. 북한이 부족한 재정, 기술 및 능력을 국제적 지원을 통해 해결하겠다는 것으로 해석된다. 또한 자체적으로도 신림 복구 운동을 실시하고, 구체적으로 10년간 63억 그루의 나무를 심겠다는 계획을 표명한

2 연합뉴스 2016/12/29(https://www.yna.co.kr/view/AKR20161229090000014). (검색일: 2019. 7. 23)

그림 7.9_ 북한의 민둥산

출처: 그린포스트코리아(http://www.greenpostkorea.co.kr/news/articleView.html?idxno=89777) (검색일: 2019. 7. 28).

점 등은 북한이 산림자원을 기후 변화 대응의 수단으로 강조하고 있다는 점에서 그린데탕트 가능성의 호재이다. 물론 현실적으로 북한의 산림 복구에 대한 계획 이행은 현실적으로 불가능하며 성공이 어려울 것으로 보인다. 하지만 이러한 과정이 한편으로는 그린데탕트의 시작으로 남한이 북한에 대해 CDM 조림 및 재조림 사업을 실시할 수 있는 가능성을 높이는 계기로 작용할 수도 있다.

〈표 7.9〉에 따르면 2000년대 북한의 온실가스 순 배출량은 65,714천 tCO2eq.로 1990년대 배출량(193,489천 tCO2eq.)의 1/3 수준으로 감소하였는데, 남한 배출량(470,100천 tCO2eq.)의 1/5 수준도 안 된다. 남한의 2000년 배출량이 1990년 배출량(269,508천 tCO2eq.) 대비 1.7배 증가된 것과 비교하면 북한의 온실가스 배출량은 현저히 줄어들었다고 할 수 있다. 이를 GDP(국내총생산)당 배

표 7.7_ 1990년과 2000년 남북한의 온실가스 순 배출량 비교

구분		1990	2000	증감률
온실가스 순 배출량 (천 tCO2eq.)	북한	193,489	65,714	-66.0
	남한	269,508	470,100	74.4
1인당 온실가스 순 배출량 (tCO2eq.)	북한	9.2	2.9	-69.0
	남한	6.3	10.0	58.7
GDP당 온실가스 순 배출량 (tCO2eq./1,000US$)	북한	8.5	6.2	-26.8
	남한	0.75	0.69	-8.0

출처: 김성균 외(2014, 85).

출량과 비교하면 경제 발전에 따른 비교가 가능하다. 북한의 2000년 GDP당 온실가스 순 배출량은 6.2tCO2eq./1,000US$로 1990년(8.5tCO2eq./1,000US$) 대비 3/4 수준이 안 된다. GDP당 온실가스 순 배출량의 극심한 감소는 북한 경제의 위축을 짐작하게 한다. 한편, 남한 역시 2000년 GDP당 온실가스 순 배출량이 1990년 GDP당 온실가스 순 배출량에 비해 감소했으나, 그 감소폭이 적고 전체 온실가스 순 배출량의 증가와 대비하면 비교적 온실가스 배출 관리를 잘했다고 볼 수 있다.

〈표 7.8〉에서 1번은 에너지, 2번은 산업 공정, 3번은 농업 · 산림 · 토지 이용, 4번은 폐기물이다. 북한의 2000년 부문별 온실가스 배출량은 에너지 부문(73.4백만 tCO2eq.)이 제일 많고, 산업 공정(4.8백만 tCO2eq.), 폐기물(1.1백만 tCO2eq.) 순으로 이어진다. 농업 · 산림 · 토지 이용을 통해 13.7 백만 CO2eq.를 흡수하는 것으로 나타났다. 이는 1990년 대비 에너지는 1/2 수준 이하, 산업 공정은 1/5 수준으로 줄어든 수치로 북한의 경제가 많이 쇠약해지고 있다는 것을

표 7.8_ 북한의 부문별 온실가스 배출량 비교(1990~2000)

부문	연도	CO2	CH4	N2O	PFCs (CO2e)	CO2eq
1 ENERGY	1990	156,964	987	3	–	178,730
	2000	64,226	410	2	–	73,417
2 IPPU	1990	21,717	0	7	0	23,792
	2000	4,477	0	1	3	4,840
3 AFOLU	1990	–13,726	155	1	–	–10,078
	2000	–16,633	130	1	–	–13,686
4 WASTE	1990	33	38	1	–	1,045
	2000	38	42	1	–	1,143
Total	1990	164,989	1,181	12	0	193,489
	2000	52,108	582	4	3	65,714

출처: 2012 DPR Korea's Second National Communication on Climate Change(2012, 51).

나타낸다. 특이한 점은 농업 · 산림 · 토지 이용에 의한 흡수량이 소폭 향상되었다는 점이다. 이 부문에 대해서는 북한의 산림에 대한 관심이 지속적으로 이루어지고 있다고 생각해볼 수 있다.

표 7.9_ 북한의 부문별 온실가스 배출량 전망(2000~2020년)

부문	2000	2005	2010	2015	2020	증감율(%) (2000~2020)
ENERGY	73,417	80,023	98,270	114,922	131,982	3.0
IPPU	4,840	5,341	9,412	11,887	14,949	5.8
AFOLU	–13,686	–14,071	–19,246	–23,559	–27,124	3.5
WASTE	1,143	1,175	1,215	1,294	1,396	1.0
Total	65,714	72,468	89,649	104,544	121,203	3.1

출처: 2012 DPR Korea's Second National Communication on Climate Change(2012, 109).

〈표 7.9〉에서 북한은 2000년부터 2020년까지 에너지와 산업 공정에 대한 온실가스 배출량을 제시하였는데, 이를 통해 1990년 대비 3/4 수준으로 배출량이 증가될 것으로 전망하였다. 또한 농업 · 산림 · 토지 이용을 통한 흡수는 2배 이상 향상시킬 것으로 제시하였다. 가능 여부를 제외하고 북한의 경제 발전에 대한 의지와 산림 복구에 대한 의지가 느껴지는 부분이다.

2. 북한의 환경 정책

CDM 사업과 산림에 대한 관심은 남북 모두 높은 관심을 가지고 있다. 남한 경기도는 2007년부터 북한 개성시 개풍동에 양묘장을 조성 · 지원하였고, 연천읍 차탄리에 대북 양묘장 '평화의 숲'을 조성하여 천안함 사태 이후 단절된 남북 교류 재개를 대비하고 있다. 북한도 양묘장 양성에 힘써 김정은이 직접 방문하여 지도하는 등 많은 관심을 가지고 있다. 남한의 강원도도 양묘장 조성을 통한 남북한 산림 협력 참여에 관심을 가지고 있어 산림을 통한 협력 구도의 가능성이 높다.[3]

북한은 김정은 집권 이후 국가적 차원의 산림 건설 총 계획(2013~2042)을 수립하여 인공 조림 및 자연 갱신 녹화, 지역별 양묘장 조성 추진 등을 통해 산림 녹화 동원 운동을 전개하고 있다. 특히 김정은은 2015년 신년사를 통해 신림 복구 노력에 대하여 '산림복

3 강원도민일보 2019/07/17(http://www.kado.net/?mod=news&act=articleView&idxno=978338). (검색일: 2019. 7. 25).

표 7.10_ 김정은의 북한 산림 관련 발언

일자	내용	
2012년 4월 27일	당 관계자 담화	산림 조성과 보호 관리 사업을 결정적으로 혁신하여 10년 안에 벌거숭이산들을 모두 수림화하여야 한다.
2014년 1월 1일	신년 공동 사설	지하자원과 산림자원, 해양자원을 비롯한 나라의 귀중한 자원을 보호하고 적극 늘여나가며 나무 심기를 전군중적 운동으로 힘 있게 벌여 모든 산들에 푸른 숲이 우거지게 하여야 합니다.
2014년 11월 11일	양묘장 현지 지도	중앙양묘장을 현지 지도하시고 온 나라를 수림화, 원림화하는 데 나서는 강령적인 과업들을 제시하시였다.
2015년 1월 1일	신년 공동 사설	전후에 복구 건설을 한 것처럼 전당, 전군, 전민이 떨쳐나 산림 복구 전투를 힘 있게 벌여 조국의 산들을 푸른 숲이 우거진 황금산으로 전변시켜야 합니다.
2015년 2월 26일	당 관계자 담화	전당 · 전군 · 전민이 산림 복구 전투를 힘 있게 벌여 조국의 산들에 푸른 숲이 우거지게 하자
2015년 5월 6일	당 대회 사업 총회	산림 복구 전투를 연차별 계획대로 끈기 있게 내밀어 나라의 산들을 황금산, 보물산으로 전변시켜야 합니다.
2015년 5월 29일 2015년 12월 23일 2016년 5월 15일	양묘장 현지 지도	인민군대에서 새로 꾸리고 있는 종합 양묘장을 현지 지도하시었다.
2016년 1월 1일	신년 공동 사설	전당 · 전군 · 전민이 산림 복구 전투를 본격적으로 벌여야 합니다. 도시와 농촌, 일터와 마을들을 알뜰하게 꾸리며 나라의 자원을 보호하고 대기와 강하천, 바다 오염을 막기 위한 적극적인 대책을 세워야 합니다,
2017년 1월 1일	신년 공동 사설	국토 관리 사업에 온 나라가 떨쳐나서야 합니다. 도들에 현대적인 양묘장을 꾸리고 산림 복구 전투를 끈기 있게 밀고나가며 강하천 관리와 도로 보수, 환경 보호 사업을 계획적으로 진행하여 국토의 면모를 더욱 일신시켜야 합니다.
2018년 1월 1일	신년 공동설	산림 복구 전투 성과를 더욱 확대하면서 이미 조성된 산림의 보호 관리를 잘 하는 법과 함께 도로의 기술 상태를 개선하고 강하천 정리를 정상화 하며 환경 보호 사업을 과학적으로 책임적으로 하여야 합니다.
2018년 7월 24일	양묘장 현지 지도	강원도 양묘장을 현지 지도하시었다.

위대한 수령 김일성동지와 위대한 령도자 김정일동지 혁명사상 만세!

로동신문

조선로동당 중앙위원회기관지

당의 령도따라 내 나라, 내 조국을 더욱 부강하게 하기 위해 힘차게 일떠나가자!

경애하는 최고령도자 김정은동지께서 강원도양묘장을 현지지도하시였다

그림 7.10_ 노동신문에 실린 김정은 양묘장 현지 지도

출처: 한겨레 2018/07/24 재인용(http://www.hani.co.kr/arti/politics/defense/854594.html) (검색일: 2019. 7. 14).

구전투' 라고 명명하고 당 · 군 · 정 공동 결정서 채택으로 전당 · 전군 · 전민에 대한 산림 복구 전투 총동원을 결정한 바 있다.

〈표 7.10〉의 내용에 의하면 2012년부터 북한은 산림 복구에 대한 강한 의지를 가지고 있는 것으로 보인다. 이를 잘 활용하면 남북 간 산림에 대한 협력이 가능할 것이다. 결국 북한의 자연재해와 산림 파괴 문제는 연관되어 있으며 기후 변화 대응 차원의 조림 및 재조림을 통해 극복할 수 있을 것이다. 이는 그린데탕트와도 연관될 수 있다.

5. 남북 환경 협력

1. 대북 지원의 한계성

앞서 살펴본 남북 간의 그린데탕트는 합목적성에 따라 남북한 양자 간의 이익만 고려하면 실현 가능성이 높을 것이다. 남한은 통일에 대한 의지와 CDM 사업을 통한 CER 취득으로 이익을 취하고, 북한은 지속 가능한 경제 재도약 기회와 산림 복원이라는 이익을 가져올 수 있기 때문이다. 또한 MB 정부 이후 경직되어 있는 남북 관계는 박근혜 정부의 그린데탕트 추진 선언, 문재인 정부의 남북정상회담으로 이어지며 협력의 범위가 지속적으로 확대되고 있다. 하지만 일부 전문가는 그린데탕트 추진에 대한 한계를 지적하고 있다. 김재한(2014)은 남북한 간의 환경 협력이 남북 간의 다른 협력보다 추진이 용의하나 '공유지의 비극' 이론 등을 통해 환경 공동체 형성이 쉽지 않음을 지적하였으며, 안득기(2011) 역시 남북 간의 환경 문제에 대한 인식, 이해, 대처 능력의 차이로 협력이 어려울 것이라고 하였다. 경제희 · 김재한(2014)은 그린과 데탕트가 남북의 공동 이익이 될 수 있으며, 이의 추진을 위한 상호 신뢰 관계 구축을 전제로 그린데탕트에 대한 조건을 제시하였다.

대북 지원에 대한 국민 여론은 '퍼주기 아니냐?', '지원 물품 팔아 미사일 만드는 거 아니냐?', '핵 만드는 데 도움주지 마라' 등 여러 부정적인 인식이 팽배하다. 이러한 인식의 기반에는 북한에 대한 미움보다는 북한 주민을 돕기 위한 지원이 북한 정권을 돕는 데 쓰는 것 아니냐는 의심에서 시작된 것이라 생각한다. 결국 그린데탕트 문제는 서로 간의 신뢰 문제 해결이 제일 중요한 것이다. 남북 간의 협력을 게임 이론적으로 분석한 연구 중 남북 관계를 '죄수의 딜레마(Prisoner's Dilemma)' 게임으로 제시한 연구가 있다. 김재한(1996)은 기존의 죄수 딜레마 게임을 극복하여 남북 협력에 대한 방안을 게임 이론을 통해 분석한 시도 중 초기적 연구로 남북 협조에 대한 가능성을 논하였다.

표 7.11_ 죄수의 딜레마 게임

을(행위자)			
갑(행위자)		협조	배반
	협조	(3,3)	(1,4)
	배반	(4,1)	(2,2)

죄수의 딜레마 게임에 대해서 간단히 소개하면, 개인적인 입장으로는 배반의 경우가 자신에게 최선의 선택이 될 수 있다. (x, y)에서 x를 자신의 행위, y를 상대방의 행위에 따른 선호도로 정하면, 상대 행위자에게는 최악의 상황이 될 수 있지만 자신에게는 최선의 선택(4, 1)이기 때문이다. 이는 상호 간 협조한다는 신뢰가 없다면 협조를 선택하는 것이 자신에게 최악의 선택(1, 4)이 될 수 있기 때문이다(표 7.11). 하지만 쌍방이 배반하는 것(2, 2)보다 협조하는 것(3, 3)이 모두가 더 선호하는 선택일 수 있다. 이처럼 개인적 이익을 판단 기준으로 하는 것을 내쉬 균형(Nash equilibrium), 공적 이익을 판단 기준으로 하는 것을 파레토 최적(Pareto-optimal)이라고 한다. 하지만

실제 상황에서의 신뢰 문제는 더 어렵다. 신뢰하고 있다고 생각하지만 배반이 이루어는 경우도 많기 때문이다. 실제로 2018년 이후 남북 교류가 순풍을 맞는 시기라고 인지하고 있는 상황에도 2019년 7월에는 한미연합훈련이나 F-35 전투기 수입에 대해 북한이 미사일 발사를 강행하는 경우가 나타났다.

경제희 · 김재한(2014)에 따르면, 그린(환경)은 공공재로 비배재성과 비경합성으로 인해 무임승차가 가능하기 때문이다. 비배재성이란 투자에 대한 혜택이 선택적이 아니라 모두에게 돌아갈 수밖에 없는 것을 의미하는 것으로, 비용을 제공한 자나 그렇지 않은 자 모두에게 그린에 따른 혜택이 주어져 비용 제공은 꺼리면서 수혜는 누리려는 무임승차 현상이 발생하는 것이다. 비경합성은 생산된 환경적 혜택을 소비하는 자가 있더라도 다른 자 역시 환경적 혜택을 소비할 수 있다는 것이다. 비무장지대에 대한 혜택은 남한 또는 북한이 한정적으로 활용하는 것이 아니라 양자 공히 혜택을 받는 것이다. 따라서 그린데탕트는 적대적 관계에서도 혜택을 누리기 위한 협력을 가능하게 해준다.

표 7.12_ 녹색 성장과 그린데탕트

		정치군사 관계	
		냉전	데탕트
환경 문제	갈등	환경 갈등/정치군사냉전	환경 갈등/정치군사데탕트
	협력	환경 협력/정치군사냉전	환경 협력/정치군사데탕트

← 그린데탕트 (협력 행)

녹색성장 (냉전 → 데탕트)

출처: DMZ학술원(2013. 9).

죄수의 딜레마 게임 상황에서 볼 수 있는 것처럼 공유재 또는 공공재의 관리에 둘 다 협조함으로써 더 나은 결과를 얻을 수 있음에도 불구하고 더 나쁜 상황을 선택해야만 하는 비합리적 상황이 유발된다. 죄수의 딜레마 상황에서 더 좋은 상황으로 갈 수 있는 협조는 서로 간의 신뢰가 있을 때 가능하다. 신뢰가 단순 가치일 수도 있지

표 7.13_ 2인 대칭게임

(i)	상대방의 선택과 관계없이 협조하는 것이 유리하기 때문에 비합리(상호 손해) ④가 발생할 가능성이 거의 없는 게임 유형 남: ① 〉③ 〉② 〉④ , 북: ① 〉② 〉③ 〉④ 남: ① 〉② 〉④ 〉③ , 북: ① 〉③ 〉④ 〉② 남: ① 〉② 〉③ 〉④ , 북: ① 〉③ 〉② 〉④ 남: ② 〉① 〉④ 〉③ , 북: ③ 〉① 〉④ 〉② 남: ② 〉① 〉③ 〉④ , 북: ③ 〉① 〉② 〉④
(ii)	①이 모두에게 최선의 결과임에도 불구하고 비합리 ④가 발생할 가능성이 낮게나마 존재하는 게임 유형 남: ① 〉④ 〉② 〉③ , 북: ① 〉④ 〉③ 〉②
(iii)	①이 모두에게 최선의 결과임에도 불구하고 비합리 ④가 발생할 가능성이 낮지 않은 게임 유형(사슴 사냥 게임) 남: ① 〉③ 〉④ 〉② , 북: ① 〉② 〉④ 〉③ 남: ① 〉④ 〉③ 〉② , 북: ① 〉④ 〉② 〉③
(iv)	상대방의 선택에 따라 게임 결과가 달라지기 때문에 모두에게 최악의 결과인 비합리 ④의 발생 가능성이 낮게나마 존재하는 게임 유형 남: ② 〉③ 〉① 〉④ , 북: ③ 〉② 〉① 〉④
(v)	상대방의 선택에 따라 게임 결과가 달라지기 때문에 모두에게 최악의 결과인 비합리 ④의 발생 가능성이 낮지 않은 게임 유형(치킨 게임) 남: ③ 〉② 〉① 〉④ , 북: ② 〉③ 〉① 〉④ 남: ③ 〉① 〉② 〉④ , 북: ② 〉① 〉③ 〉④
(vi)	비합리 ④가 발생할 가능성이 높은 게임 유형(죄수 딜레마 게임) 남: ③ 〉① 〉④ 〉② , 북: ② 〉① 〉④ 〉③

출처: 김재한(1998).

만 서로의 이익을 생각하는 마음이라고도 할 수 있다. 이는 앞서 본 바와 같이 그린데탕트가 경제적으로 가치 있다고 생각할 때 서로에게 이익이 된다고 생각할 수 있으며 신뢰 역시 쌓일 수 있다고 할 수 있다.

〈표 7.13〉 2인 대칭 게임의 여러 유형을 봤을 때 그린데탕트는 어느 점에 속해 있을지 생각해보자. 우선 남북한이 서로 협조했을 때 서로 간에 경제적 이익과 남북 공통 과제인 통일에 기여할 수 있다는 점을 생각한다면 둘 다 협조하는 것이 가장 좋은 판단이다. 만약 남한이 협조하고 북한이 배반하였을 때는 남한은 노력에 대한 성과가 없기에 최악이고 북한은 남한의 협조를 받았으므로 차선책은 된다. 또한 남한이 배반하고 북한이 협조하는 상황은 위의 상황과 정반대로 남한에게는 차선책이 되고 북한에는 최악이다. 마지막으로 남북 모두가 배반하면 둘 다 제공할 노력이 없으므로 피해 또한 없다. 이를 2인 게임으로 만들면 〈표 7.14〉와 같다.

표 7.14_ 그린데탕트의 게임

	북한		
남한		협조	배반(비협조)
	협조	(4,4)	(1,3)
	배반(비협조)	(3,1)	(2,2)

〈표 7.13〉에서 그린데탕트와 같은 결과를 찾아보면 (iii) 유형 '① 이 모두에게 최선의 결과임에도 불구하고 비합리 ④가 발생할 가능성이 낮지 않은 〈표 7.14〉와 같은 게임 유형(사슴 사냥 게임)'과 같음

을 알 수 있다.

사슴 사냥 게임은 루소(Jean J. Rousseau)의 게임 유형으로 유명한데, 사슴을 사냥하기 위해서는 두 사람의 협조를 필요로 한다. 사슴 사냥 게임 역시 둘의 협조가 최선의 결과를 가져오며 한쪽의 배반이 한쪽에는 최악의 결과를, 둘 다 배반할 시에는 두 번째 차선책이 된다. 사슴 사냥 게임에서 파레토 최적과 내쉬 균형을 찾으면 파레토 최적은 둘 다 협조하는 것, 내쉬 균형 역시 둘 다 협조하는 것이다. 하지만 iii) 유형 '①이 모두에게 최선의 결과임에도 불구하고 비합리 ④의 발생 가능성이 낮지 않은 게임 유형'에서도 나와 있듯 만약 다른 쪽이 협조한다는 확신 혹은 믿음이 없다면 자신에게 좋지 않은 상황이 닥칠 우려가 있으므로 서로 간 배반의 발생 가능성이 다소 있다.

앞서 본 바와 같이 남북 환경-경제 협력 문제는 사슴 사냥 게임과 유사한 구조를 가지고 있다. 양자 간 협조가 최선의 결과를 가져오지만 양자 간 배반 게임이 될 수 있는 여지가 있는 것이다. 결국 그린데탕트가 최선의 결과를 가져올 수 있으나 남북 간의 협력이 깨질 확률도 있다는 의미이다.

2. 추진 방향

그린데탕트의 추진 방향 중 가장 중요한 것은 서로 간의 신뢰이다. 신뢰를 얻기 위해 가장 중요한 점은 서로 간의 신뢰를 위해 너무 서두르지 말아야 한다는 것이다. 신뢰라는 것은 너무 빨라도 혹은 느려도 불신으로 돌아갈 수밖에 없다. 현재의 남북 관계처럼 100%의 신뢰를 쌓지 못한 상황에서의 대규모 지원은 남북 간의 신뢰는 물론 남한 내부에서도 신뢰를 얻지 못할 수 있다. 북한에서 원하는 수준에서 혹은 그보다 조금 더 지원하는 경우는 실패하더라도 남한의 그린데탕트를 위한 노력으로 또는 평화적, 인도적 차원의 협력으로 평가받을 수 있다. DMZ학술원(2013)에 의하면 나무 심기 사업과 농산물 생산 관련 사업의 추진이 데탕트 유도에 상대적으로 가장 효과적이고 실시 가능성이 높은 것으로 나타났다. 때문에 그린데탕트의 시작은 조림 및 재조림 사업으로 시작하는 것이 가장 좋을 것이라고 생각되며 남북 간 공동 지역인 비무장지대로부터 시작되어야 한다고 생각한다.

북한의 산림 황폐화 문제는 매우 심각하며 북한 역시 개선을 위한 의지를 가지고 있다. 때문에 데탕트 유도에 효과적인 분야라고 생각되며 가장 먼저 추진하는 것이 바람직하다. 하지만 북한 내부적으로 기아가 발생하고 에너지가 부족하여 어려움을 겪고 있다는 것을 고려했을 때 좀 더 다각적이고 넓은 범위의 지원을 동시에 실시할 필요가 있다. 조림 및 재조림 사업은 북한에서도 관심을 많이 가지고 있는 양묘장 사업이나 나무 심기 사업을 통해 시작되어야 하며, 식량이나 에너지(땔감) 문제에 대한 해결책도 병행되어야 2차 산림 황폐화로 이어질 확률이 낮아 성공 확률이 높아진다. 특히 CDM 사업을 통해 환경 협력과 경제 발전의 두 마리 도끼를 잡을 수 있음을 북한과의 협상 카드로 활용하고 강조하고 필요가 있다.

결론적으로 그린데탕트 사업은 저비용 사업부터 시작해야 하고 소극적으로 시작할 필요가 있다. 그린데탕트의 중요성이 낮아서가 아니라 신중하게 추진하고 이를 통해 상호 신뢰 관계를 구축해야 하기 때문이다. 이를 통해 그린데탕트가 확립되고 군사 데탕트로 연계되면 점차 사업을 확대하면 된다. 이를 통해 남한은 체크의 사례처럼 북한에 CDM을 활용하여 지속적인 이익을 얻고 북한은 경제 재부흥의 기회를 가진다면, 남한이나 북한 한쪽의 이익이 아닌 양자간의 상호 이익으로 이어질 수 있기 때문에 그린데탕트를 넘어 진정한 남북 화해 협력의 길로 이어질 것으로 생각된다.

제8장

원산

동해안 관광협력

김범수
강원연구원

1.
동해권의 지정학적 의미

근대에 들어서 한반도 동해권은 일본의 제국주의적 야망과 조선을 침탈하는 과정에서 개항되었다. 1870년 초중반 일본은 조선의 쇄국 정책에 대응하여 해양 조사를 핑계로 동해를 거쳐 강화도에서 운요호 사건을 일으켰다. 이를 빌미로 조일수호조규, 즉 강화도조약을 체결하여 조선은 1880년 원산을 개항하기에 이른다. 이후 동해는 열강들의 묵인하에 러시아와 일본의 각축장으로 변하며 동북아 정세는 격랑 속으로 빠졌다.

1894년 일본이 청일전쟁을 일으키며 동해의 원산항은 군 병력 수송과 군수 지원 항로로 사용되었다. 이후 일본은 러시아와의 전쟁을 준비하면서 독도를 무단 점령하여 통신 및 감시 기지를 구축하였다. 1904년 기습적으로 러일전쟁을 일으킨 일본은 동해에서 1905년 5월 발틱 함대를 괴멸시키면서 러일전쟁을 승리로 마무리했다. 이후 동해는 일본의 식민지 수탈과 만주로의 진출에 없어서는 안 될 최단거리 접근로로 활용되었다.

1945년 해방과 동시에 38도선을 사이에 두고 북쪽은 소련과 북한이, 남쪽은 미국과 남한이 통제하던 동해는 김일성의 6 · 25 남침으로 다시 격랑과 혼란의 바다가 되었다. 북한 지역 해안에 국제연합군의 상륙을 지지하기 위한 소련제 기뢰가 부설되자, 미국과 일본이 소해 작전을 벌이면서 수많은 군함이 침몰했다. 현재도 일본은 러시와는 사할린 섬 문제로, 대한민국과는 독도 문제와 동해 명칭 문제로 계속 갈등 중이다.

2018년 남북 관계는 북한의 핵미사일을 매개로 많은 변화가 일어났다. 3차에 걸친 남북정상회담은 북한의 비핵화에 의미 있는 진전을 이루었고 이를 계기로 2차례에 걸친 미북정상회담으로 확대되었다. 특히 2018년 4월 27일 2018년 1차 남북정상회담 '판문점 선언'에서는 한반도 신경제 구상과 연계되는 경제 협력 내용을 비롯하여 남북 간 철도 · 도로 연결 및 현대화 사업 추진 등이 논의되었다. 이를 통해 남북 관계 발전에 따른 금강산 관광 재개 등 남북 관광 및 남북 교류 협력 사업의 활성화에 대한 기대감이 형성되었다. 2018년 5월 26일 2차 남북정상회담에 이어 6월에 있은 남북고위급회담에서는 '판문점 선언'의 조속한 이행 의지를 확인하였으며 판문점 선언의 합의사항 실천을 위한 분야별 후속 회담 일정을 협의하였다. 이에 강원도는 남북 교류 및 북방 협력 대비 인프라 구축의 추진으로 남북의 교통망 연결 및 개설을 위한 철도 및 도로의 확충과 하늘길과 바닷길의 개설을 통한 설악~금강 관광 자유 지대 조성을 위한 동해안 철조망 철거 등 적극적인 남북 교류 협력 사업 추진 의지를 표명하였다(육동한 2018, 1).

2018년 3차 남북정상회담은 2018년 9월 18일부터 20일까지 2박 3일 평양에서 개최되었다. 문재인 대통령과 김정은 위원장은 남북 관계를 지속 발전시켜 나가려는 조치로 '판문점 선언'의 철저한 이행을 비롯하여 남북 관계를 새로운 높은 단계로 진전시켜 나가기 위한 실천 대책을 심도 있게 논의한 결과 '9월 평양 공동선언'에 합의하였다. 특히 공동선언 제2조에는 남북 교류 협력 증대를 통한 민족 경제의 균형적 발전을 위한 실천 과제를 명시하였으며 그중 ②항에 "남과 북은 조건이 마련되는 데 따라 개성공단과 금강산 관광 사업을 우선 정상화하고, 서해 경제 공동 특구 및 동해 관광 공동 특구를 조성하는 문제를 협의해나가기로" 했다. 이는 남북 교류 협력의 확대를 통한 민족 경제의 발전의 토대 위에 비핵화 달성을 통한 한반도 평화 정착을 위한 큰 그림을 구상한 것이다.

남북은 현재 공동 점검 · 조사 등을 토대로 철도 · 도로 연결을 추진하기로 합의하였다. 특히 북한의 비핵화 진전 및 제재 완화 등 여건을 보아가면서 중단된 개성공단 및 금강산 관광의 재개와 함께, 해주, 원산 등 다른 지역으로 특구 개발을 확대하는 문제도 지속 협의하기로 하였다. 이를 통해 서해 경제 공동 특구 및 동해 관광 공동 특구를 조성하는 문제에 대한 협의가 원만하게 추진된다면 남과 북의 강원도 동해안이 평화 중심지 및 국제 관광 거점으로 부상할 것으로 기대되고 있다.

2.
동해와 원산의 역사성과 갈등

1. 원산항의 개항과 열강들의 각축

1868년 메이지유신(明治維新)을 단행한 일본은 근대 국가 체제와 군사력을 갖추고 청나라로부터 조선의 영향력을 확보하고자 지속적으로 교섭을 요청했다. 그러나 흥선대원군이 척화비를 세우며 추진한 위정척사(衛正斥邪) 운동으로 일본의 시도는 매번 허사로 돌아갔다. 기회를 엿보고 있던 일본은 흥선대원군이 하야하자 1875년 9월에 강화도에 운요호(雲揚號)를 출동시켜 수비병들의 포격을 유도하였다. 그리고 곧바로 그 대응 조치를 구실로 강화도에 함포를 쏘며 상륙하여 살육과 방화, 약탈을 자행했다.

일본은 자신들이 먼저 도발을 유도하고 조선의 사죄를 요구하여 그 전제 조건으로 조선 영해의 자유 항해와 치외법권, 3포 개항 등을 내세웠다. 결국 1876년(고종 13년) 2월 27일 강화 연무당(鍊武堂)에서 전체 12조로 작성된 '조일수호조규(朝日修好條規)'를 체결하였다. 조일수호조규는 일본과 강제로 체결한 불평등 조약으로 병자수호조약(丙子修好條約)이라고도 하지만 일반적으로 강화도조약이라고 더 널리 알려졌으며 제4조와 제5조에 의거 부산(釜山)과 인천(仁川), 원산(元山)의 3개 항을 개항하게 된다.

그 이후 조선은 1876년 7월, 일본과 조일수호조규 부록과 조일 무역 규칙을 추가로 조인하면서 일본에 수신사를 파견했다. 당시 일본이 염두에 둔 개항장 중 부산은 일본과 가장 가까운 항구로 단거리로 조선에 접근하여 수탈할 목적이었다. 인천은 한양과 가까워 조선의 정치와 군사적 간섭을 목적으로 했다. 한편 조선을 개항시키기 전 일본이 러시아로부터 1861년 2월 쓰시마를 점령당하는 사건이 발생하였는데, 당시 러시아 군대를 퇴거시킬 힘이 없던 일본은 결국 영국의 동양함대의 힘을 빌려 철수시켰다. 원산은 이미 20여 년 전

러시아의 남하 정책을 경험한 일본이 러시아의 남하를 막고자 개항시켜 후일 군항(軍港)으로 만들고자 했다. 원산항은 일본이 개항하기 전에 이미 블라디보스토크 항로가 개설되어 있어 과거부터 부동항을 찾아 남하하고자 하는 러시아의 의도를 파악하고 있었으므로 경계할 필요성이 있었다. 더불어 향후 중국으로의 진출을 위한 전진기지로서의 필요성도 있었다. 결국, 일본은 가상의 적인 러시아와 청나라에 대한 군사적 대응을 최우선으로 동해의 원산을 개항장으로 정했다.

원산항은 부산에 이어 1880년 7월 두 번째로 개항되었다. 그로부터 11년 후인 1910년 1월 원산매일신문 기사에는 '개항 이전 원산 바닷가에는 갈대와 억새가 한 면에 자라고 습윤한 땅이었으며 때때로 보이는 것이라고는 먹이를 잡는 호랑이와 늑대가 있었을 정도의 적막한 해변이었다'라고 기술한 것으로 보아 원산은 개항 이후 큰 변화와 발전이 있었던 것으로 보인다. 야생의 맹수들이 출몰하는 '적막한 해변'이었던 원산은 일본의 조선 침탈과 러시아를 봉쇄하고 대륙 진출의 교두보로서 정치적, 경제적 필요에 따라 개항 이후 비약적으로 발전하였다. 개항 후 원산에는 일본인 거류지가 만들어지고 일본영사관이 설치되었으며, 일본 상인들이 대거 상륙하여 일본영사관 경찰의 보호 아래 상업 활동을 시작하였다. 이후 맺은 부속조약으로 개항장 내 일본인 거주 지역을 설정하고 일본 화폐를 통용하게 하였다.

1915년경 자료에 따르면 원산은 원산진과 원산항으로 구분되어 있었는데, 원산진은 종래의 조선인 시가의 명칭이고 원산항은 개항장 시가의 일본 전관 거류지 명칭으로 하천을 경계로 조선인 시가와 일본을 포함한 외국인들 중심의 개항장 시가로 구분하였다. 식민지 시대에 일본은 식민지 도시를 조선인 거리와 일본인 거리로 분리하면서 지배 권력의 통치 이념을 구체적으로 가시화하였다. 원산이 항구와 도시 기능을 갖추면서 각처에 일본인 거류민단이 조직되고 운영되어 모든 행정을 장악하면서 일본인이 조선인을 능가하여 지배하는 체계가 일본인에 의해 일본인 위주로 이루어졌다. 하루가 다르게 원산은 근대 도시의 면모를 갖추고 식민지 조선의 대표적인 상업지 · 휴양지의 면모를 거치고, 청나라와 러시아와의 전쟁 총력전의 중요 기지인 군항이자 공업 도시로 변모해 나가고 있었다(허병식 2013, 251–253).

2. 동학농민 봉기의 나비효과

1894년 1월 조선의 동학농민운동은 국제적으로 엄청난 파장을 몰고 왔다. 농민군이 전라도와 충청도 일대를 장악하자 명성황후는 그녀의 척족 민영준을 청나라의 원세개에게 보내 진압을 요청했다. 임오군란과 갑신정변에서 일본과 사사건건 충돌하던 청나라는 조선으로 군사를 움직이려는 기회만 보고 있었던 터였다. 톈진조약에 묶여 청이 조선으로 군사를 움직이면 일본도 군사 행동을 할 수 있어 부담스러웠던 터에 조선으로부터의 출병 요청은 좋은 명분이 되었다. 이를 기회로 일본 군대 역시 인천으로 상륙하여 경복궁을 접수하고 김홍집을 내세워 '청에 대한 독립'을 골자로 하는 갑오개혁을 단행하였다. 이에 따라 조선에 대한 종주국으로 존재감이 없어진 청과, 기선을 장악한 일본의 충돌은 아산만 앞바다 풍도에서 청의 함대에 대한 일본의 습격과 다시 천안 성환에 집결한 청군에 대한 공격으로 일본이 의도한 대로 1894년 6월 청일전쟁이 본격화되었다. 평양성 탈환에 이어 황해에서 청이 자랑하던 북항함대를 궤멸시킨 일본군이 요동과 산둥성 일부를 점령하면서 양국은 화의에 이르게 되었다. 청의 이홍장이 직접 나서 '청국은 조선국이 완전한 자주독립국임을 인정한다'와 랴오둥반도(遼東半島)와 타이완(臺灣) 및 펑후섬(澎湖島) 등을 할양한다는 내용으로 굴욕을 겪으며 1895년 4월 17일 일본과 시모노세키조약을 체결하였다.

한편 러시아는 1891년부터 태평양에 진출하고자 장장 5천5백 마일의 대륙 횡단 시베리아철도를 부설하고 이를 통해 부동항을 확보하고 이시아 진출을 계획하고 있었다. 극동의 상황을 예의주시하던 러시아는 일본의 팽창을 저지하기 위해 프랑스와 독일을 끌어들이는 삼국간섭을 주도하여 시모노세키조약에 따른 청의 영토 할양을 막아 일본의 의지를 좌절시켰다. 이는 19세기 말 한반도에서 러시아를 중심으로 하는 청나라 · 프랑스 · 독일과 일본을 앞세운 미국과 영국 등 7개국이 벌인 열강들의 각축전이었다. 삼국간섭을 통해 러시아의 존재감이 드러나자 조선에서는 고종부터 친러파가 득세하는 환경이 만들어졌다.

그 후 일본이 러시아와의 결전을 위해 1902년 1월 영일동맹을 체결하자 러시아는 그해 4월 러 · 청 철병협정을 맺고 1차 철병 후 다시 봉천성 일부와 길림성을 점령하였다. 조선과 청을 사이에 둔 일본과 러시아의 갈등은 결국 1904년 2월 8일에 일본 함대가 여순항을 기습한 데 이어 인천 앞바다의 러시아 군함 2척을 격침시키며 러일전쟁이 본격화되었다. 일본은 영국과 미국의 후원 아래 동해에서의 해전을 준비하며 독도를 무단 점령하여 망루와 해군 기지를 설치하는 등 치밀한 계획을 세웠다. 러시아는 에스토니아에 있던 발틱(Baltic)함대를 무려 9개월 만에 대한해협 일대로 이동시켰다. 1905년 5월 일본과 러시아는 조선의 동해에서 '동해대해전'을 벌였으나 러시아의 발틱함대는 완전히 격파당하였다. 그 후 미국의 주선으로 9월 5일 일본은 러시아와 '조선에서의 일본의 우월권을 승인한다'라는 조선의 운명이 서두에 명시된 포츠머스조약을 맺으며 아시아의 패자로 등극하였다.

이렇듯 일본은 청나라와 러시아와 전쟁에서 모두 승리하며 국제무대에서의 영향력을 확대했다. 미국은 1905년 7월 29일 가스라-태프트 밀약으로 일본의 조선 지배권을 묵인했다. 포츠머스조약 이후 일본은 조선에 대한 지배권을 세계열강들로부터 완전히 인정받게 되었다. 일본은 1895년 10월 8일 민비를 시해하고 1905년 11월 17일 을사늑약을 강요해 조선의 외교 및 군사권을 강탈하였다.

일본은 러일전쟁을 하면서 조선의 주권과 동해의 강탈을 병행 추진하여 1905년 2월 22일 '시마네 현 고시 제40호'로 독도를 시마네현에 편입하였다. 결국, 한민족이 약 2,000년 전부터 사용해온 바다 동해(East Sea)가 일본해(Sea of Japan)로 강탈 표기되기 시작했다.

3. 6 · 25전쟁과 원산 폭격

6 · 25전쟁을 도발한 북한에 대하여 가장 먼저 미 공군이 개입하였

다. 1950년 6월 26일 민간인 철수 준비를 하는 미군 수송기를 북한의 야크기가 공격하자 미 공군이 출격하여 북한 전투기 3대를 격추시켰다. 전선이 확대되고 북한군의 남진이 이뤄지면서 미 극동 공군사령부는 차례차례 폭격의 강도를 높여나갔다. 전쟁 초기 미 공군의 북한 지역 폭격은 '차단 작전(interdiction)'과 '전략 폭격(strategic bombing)'으로 전개되었다. 따라서 북한 철도와 도로 교통의 중심지였던 평양, 원산, 함흥, 청진, 나진 등 대도시가 공중 폭격의 핵심 목표가 될 수밖에 없었다. 미 공군의 일차적인 공격 대상은 원산과 평양이었다(임영태 2017. 2. 14)

평양은 북한의 수도로서 상징적인 공격 목표였으나, 원산은 북한 동부 최대의 철도 기지인 원산조차장을 가진 한국 3대 간선 철도 노선의 중심점이었다. 원산의 기관차 공장은 북한에서 두 번째로 큰 기관차 공장으로 1,000여 명의 노동자들이 근무했다. 또한, 북한 최대의 정유공장과 항구에 인접한 조선소에서도 많은 노동자가 선박을 건조하고 있었다. 이런 조건의 원산은 당연히 미 공군의 가장 중요한 전략 폭격 목표가 되었다. 1950년 7월 6일과 7일, 각각 9대와 11대의 B-29 중폭격기 편대가 원산의 정유공장과 항만 시설을 공습했다(박흥수 2015). 7월 13일 다시 대규모 폭격에 B-29기 56대가 동원되었는데 미 극동 공군 폭격기사령부 비행기의 98%가 동원된 대규모 공중 폭격 작전이었다(임영태 2017).

미 공군은 전선이 굳어지는 1950년 말부터 중공군과 북한군이 미군의 공중 폭격을 피해 땅굴 속으로 피하면서 폭격 대상이 확대되었다. 폭격은 군사 기지나 보급창 외에 민간 거주지까지 확대했다. 미군이 6 · 25전쟁 3년 동안 쓴 폭탄의 양은 63만5천 톤으로, 태평양전쟁 때 쓴 50만3천 톤보다 많았다. 6 · 25전쟁이 휴전되었을 때, 북한의 주요 도시는 완전히 파괴되어 삶의 터전이 남은 것이 없었다. 미 공군의 통계에 따르면, 북한의 22개 도시가 네이팜탄 공격을 받았는데, 흥남 시가지 85%, 원산 80%, 신의주 60%, 사리원은 95%가 파괴됐다(김득중 2018). 1950년 8월 5일 북한 외무상 박헌영은 유엔 안전보장이사회 의장 말리크에게 7월 13일의 원산 폭격에 관련된 공식 항의 서한을 보냈다. 이 시기 박헌영은 사망자와 부상자를 합해 4,000명 이상의 민간인 피해자가 발생했다고 주장했다. 사실 여부를 떠나 당시 북한 수뇌부들이 느꼈던 충격과 공포는 엄청났을 것이다(임영태 2017).

평양은 6.25 전쟁 기간 공군의 폭격만 당했지만, 원산은 항구 도시 특성상 미 해군의 함재기 폭격과 각종 함포 사격이 추가되는 등 쏟아진 화력의 크기가 더 크다 보니 모든 시설이 완전히 파괴되었다. 원산에 대한 미 공군과 해군의 폭격은 1953년 7월 27일 정전협정 시행 2분 전까지 시행되었다. 실제로 휴전이 시행되는 시각은 오후 10시였다. 6 · 25전쟁 기간 북한의 전략적 요충지이자 교통 · 군수 · 산업 시설이었던 원산에 대한 미 공군과 해군의 장기간에 걸친 폭격으로 온전한 건물은 단 두 채뿐인 이 일대가 다시 석기시대로 돌아갔다고 했을 정도였다. 이후 원산 폭격은 전후 국군에게 전이되어 지금은 금지되었지만, 우리 군에서 시행되던 가학적 징벌이자 군기 잡기인 '원산폭격'의 기원이 되었다.

4. 미국 푸에블로호 강제 나포

1968년 초부터 북한의 김일성은 두 건의 무모한 도발을 계획하였다. 첫 번째 도발은 무장간첩의 대통령 암살 시도 사건인 1 · 21 사태(일명, 김신조 사건)이며, 두 번째 사건은 미 해군 정보함인 푸에블로호 강제 나포 사건이다.[1]

첫 번째 사건은 대한민국 군인과 경찰이 비상경계 태세를 발령하고 군경 합동 수색전을 통한 소탕 작전 결과, 무장간첩 31명 중 29명이 사살되고 1명(김신조)은 생포되었으며, 1명은 북으로 도주하면서 사건은 종료되었다.

이틀 후 1968년 1월 23일 북한의 원산 인근 해상에서 북한의 전투태세를 갖춘 해군 함정과 항공기를 동원하여 미군의 정보 수집함 푸에블로호를 나포하였다. 1968년 1월 11일 푸에블로호는 일본 사세보항을 출항하여 북한 연안으로 이동, 1월 16일 청진항 인근에서 최초 임무 수행을 하였다. 이후 성진항 남쪽 마양도 인근 임무 수행 중 북한 잠수함 4척을 식별하였으며, 마양도 인근에서 북한 대잠함이 푸에블로호 450여m까지 접근하였다. 1월 22일 원산항 외곽 지역 임무 수행 중, 북한 트롤선 2척이 근접 접근하다가 복귀하였으며, 원산 웅도 인근 약 25km 지점에서 임무 수행 중, 북한 대잠함 1척이 접근하여 약15분 간 대치하던 중 북한 어뢰정 3척과 전투기(MIG-

---

1 푸에블로호(USS Pueblo)는 공식적으로 '해양, 전자기와 관련된 기술적인 연구 임무를 수행하며, 바다에 대한 이해를 돕기 위해 운용되는 해양조사선'이었다. 하지만 실제 운용 목적은 '북한과 소련의 전자정보를 감청 및 수집하고, 청진, 원산 등 북한 항구 연안에서의 북한 해군활동과 통신정보를 수집하는 것'으로서 미 해군의 정보수집함이었다. 함에는 중령 함장을 포함 장교 6명, 병사 75명, 민간인 2명 등 83명이 타고 있었다.

21) 2대가 접근하면서 1월 23일 14시 33분 푸에블로호는 북한 해군에 나포되어 원산항으로 끌려갔다. 이에 1월 27일 북한의 협상 의사 표명에 따라 2월 2일 미국과 북한은 협상 테이블에 앉았다. 북한 대표는 적반하장으로 더 거칠게 응하며 회담에서 대화가 아니라 독설을 퍼부었다.

미국은 북한 해안에서 16마일 떨어진 공해상에서 항해하고 있었다고 주장했고, 북한은 미국 간첩선이 불법적으로 영해에 침투했다고 맞섰다. 당시 베트남전을 수행하던 미국으로서는 사상 처음으로 해군 함정이 나포되는 치욕에 북한 응징 카드를 협상으로 바꾸었다. 이후 11개월 동안 29차례에 걸쳐 협상이 교착되는 과정에서 미국은 협상 대표단을 교체하는 수모를 겪으며 12월 17일 미국의 협상안을 북한이 수락하고, 12월 23일 09시에 미국의 우드워드 장군의 성명 발표 및 협상 문건에 서명하면서 11시 30분에 푸에블로호 승무원(사망 1명, 생존 82명)들이 판문점 돌아오지 않는 다리를 통해 송환되었다. 북한은 어떤 의도로 세계 최강대국인 미국에 대하여 무모한 도발을 감행했을까? 푸에블로호 사건은 단순히 북한이 미국에 대해 저지른 도발이 아니었다. 북한은 푸에블로호 사건을 통해 미국과 국제 사회로부터 국가로 안정받고자 하였으며, 북한이 미국을 상대로 단독 협상한 최초 사건이다.

결국 1968년 12월 17일, 미국은 북한의 주장을 부인하는 성명을 발표하면서도 북한이 작성한 사과문에 서명하겠다는 안을 받아들이면서 협상은 타결되었다. 12월 23일 9시, 미국의 협상대표 우드워드 장군은 '오직 승무원 송환을 위한 서명'이며 서명 내용은 부인한다는 성명을 발표하고, 북한이 제시한 문서에 서명하면서 승무원 송환 협상이 마무리되었다(박지수 2019, 115-119).

1968년 1월 23일 북한 해군에 의해 강제로 끌려간 푸에블로호는 아직까지 미국으로 귀환하지 못한 상태이다. 북한은 1995년부터 푸에블로호를 원산항에서 공개하다 1999년 평양 대동강 근처로 옮겨 미국을 비난하며 반미 적대 사상을 고취하는 데 활용하고 있다.

1950년부터 1953년까지 북한은 공중과 해상 폭격을 통해 원산을 초토화했던 미군들과 함정을 무력을 동원하여 강제로 원산으로 끌고 갔다. 푸에블로호 사건에 대해 "미군이 푸에블로호를 이용하여 북한 영해를 침범하여 적대 행위를 했다"는 북한의 주장과 "북한 해안 16마일 공해상에서 항해하고 있었다"라는 미국의 주장이 상충하였다. 어느 쪽 주장이 사실일까 하는 것보다 6 · 25 남침 이후에도 계속되는 북한의 도발을 통해 합리적 판단만 할 뿐이다. 그러나 원산 앞바다는 그 진실을 알고 있을 것이다.

5. 북한 지도부와 원산의 인연

1) 김일성의 원산 귀국

1945년 9월 19일 원산항에 소련 군함 '푸가초프호'가 닻을 내리고 소련군 복장으로 하선하는 한 무리 중에 김일성(당시 김성주)이 있었다. 항구에서는 원산시 경무사령관 V. 꾸추모프 대좌와 일부 국내 공산주의자들의 마중 나와 있었다(한국역사연구회 2004).

김일성은 1945년 8월 15일 일본의 무조건 항복 이후 소련공산당 중앙위원회 정치국원 겸 서기 쥬다노프와 소련군 극동군 사령관 바

실리예프스키 원수, 제1방면 군 군사위원 스티코프 등 당시 소련 공산당과 적군의 유력한 인사들을 만나 향후 활동에 대해 긴밀히 의논한 것으로 알려졌다. 이런 과정을 통해 김일성은 북한에 들어오기 전에 이미 스탈린과 소련군의 강력한 후원을 받았다. 이런 준비 과정이 마무리되어 김일성과 동행한 일행은 차후에 북한 정권의 주역이 될 인물들이었다(임영태 2017).

김일성에게 원산은 해방 이후 처음 밟은 조국이라는 의미가 있었다. 오랜 유랑생활을 거쳐 해방 이후 첫 추석을 보내는 김일성에게는 앞으로의 권력 투쟁을 위한 고뇌의 밤이 광복의 날보다 더 길었을지도 모른다. 이후 김일성은 북한의 주석으로서 1961년에 이어 1964년 현지 방문에서 원산의 유원지 개발을 지시하였다. 1972년에 원산을 국제적 관광 호텔과 현대식 수영장 등을 갖춘 국제적 문화 휴양 항구도시로의 건설을 지시하여 4개 지구로 나누어 휴양 구역이 개발되었다. 또한, 1978년 9월에는 정권 수립 30주년에 즈음해 평양–원산 간 관광 도로가 개통되었다. '평양–원산 관광도로'는 190km 길이의 북한 최초의 고속도로로 당시 개통식에는 김일성 및 북한 당 · 정 · 군의 주요 인사들이 참석했다(조정훈 2014).

2) 김정일의 원산 개발 및 금강산 관광

김정일은 김일성이 원산에 대한 각별한 애정을 가지고 있는 것을 잘 알고 있었다. 2009년 4월 27일 김정일은 원산 해안광장에 김일성 동상과 강원도 김일성 혁명사적 관을 세웠다 이 과정에서 단순히 김일성 우상화 작업만 한 것이 아니라 원산 시내 도시 정비 및 재생 사업

결과와 송도원 야외극장을 현지 지도했으며, 원산시가 도시전망계획에 따라 건설을 적극적으로 추진하고 도시 경영 사업을 개선해 거리들을 변모시킨 데 대해 '만족'을 표시했다고 조선중앙통신이 전했다. 또한, 김정일은 "원산시는 우리 인민과 외국인들이 즐겨 찾는 곳이므로 도시 경영 사업에 특별한 관심을 돌려야 한다"라며 "모든 건물과 거리에 대한 관리를 우리 인민의 문화 정서적 요구와 미풍양속에 맞게 진행하여 항구 문화 도시로서의 면모를 더 잘 갖추게 하여야 한다"라고 보도했다. 김정일은 바닷가에 있는 송도원 야외극장을 돌아보며 이용 실태를 살펴본 후 "이채로운 불 장식으로 불야성을 이룬 원산시의 전경을 부감"하면서 "불 장식을 훌륭히 완성한 데 대하여 커다란 만족을 표시"했다고 통신은 전했다(아시아투데이 2009년 4월 27일). 이상의 조선중앙통신 보도 내용으로 보아 김정일은 원산 시내의 대대적인 도시 정비 사업을 추진하였으며 송도원 유원지 일대에도 대대적으로 개발한 것으로 보인다.

김정일의 원산 초대소(특각)는 함경남도 원산시 무남리 바닷가의 전망 좋은 곳에 위치해 있다. 김정일의 요리사였던 일본인 후지모토가 자신의 수기에서 사진과 함께 공개한 내용에 따르면 원산초대소는 산책길이 훌륭하고 900m 길이의 승마장과 330m 규모의 롤러 스케이트장, 그리고 사우나 시설과 대형 영화관이 갖춰져 있다. 김정일과 측근들은 이곳에서 김정일 전용 배를 타고 바다에 나가 낚시도 하고 겨울에는 바다오리 사냥도 했던 것으로 알려졌다. 김정일의 처조카 이한영에 따르면 원산초대소는 바닷가 백사장에 호텔식 건물과 빌라식 건물 한 동이 각각 지어져 있으며, 부지가 넓어 그 안에서 작은 자동차를 타고 다닐 정도이며 김정일과 가족들만이 이용했다고 했다(이수경 2007).

김정일과 현대그룹의 대북 사업은 1998년 6월 고(故) 정주영 명예회장의 '소떼 방북'이 물꼬를 텄다. 그로부터 4개월 후 금강산 관광 사업에 관한 합의서가 체결됐고 1999년 그룹의 대북 사업을 전담할 현대아산이 설립됐다. 2003년 2월 역사적인 금강산 육로 관광이 시작됐지만 5년 만인 2008년 7월 관광객 박왕자씨가 북한군이 쏜 총에 맞아 숨지면서 금강산 관광은 전격 중단됐다. 김정일도 나름 최소의 투자로 최대의 효과를 내는 관광 사업에 나름대로 공을 들였다. 뿐만 아니라, 김정일도 원산을 중심으로 금강산을 잇는 관광 개발에 관심을 보여 왔다는 점에서 김정은 시대의 '원산–금강산 국제 관광지대' 개발은 김정은 제1위원장 개인사에 국한되기보다는 김일성–김정일을 잇는 관광 경제 개발 사업의 연장선이라고 보는 것이 더 정확한 시각일 것이다(조정훈 2014).

3) 김정은의 원산 사랑

2013년 12월 22일 북한에서는 강원도 원산시 해안광장에서는 김일성과 김정일의 대형동상을 새로 세우는 동상 제막식이 진행되었다. 과거 김정일이 김일성 사후 2009년에 김일성 동상과 강원도 김일성 혁명사적관을 세웠으나 김정은은 약 10년 만에 김일성 동상이 있던 자리에 김일성과 김정일 동상을 나란히 세운 것이다. 원산에 없던 김일성 동상을 아들 김정일이 세우고 그 할아버지 동상을 없애버린 자리에 자신의 조부와 부친의 동상을 나란히 세우는 김정은에게 원산은 어떤 의미일까에 대해 의문이 든다.

북한의 주장대로라면 지난 2018년은 김정은에게 대 사변이 일어난 해이다. 4월부터 2차에 걸친 남북정상회담에 이어 6월 12일 싱가포르 미북정상회담과 그 직후 이뤄진 북중정상회담을 했다. 이어서 김정은은 6월 말부터 시작하여 약 한 달간 북한 북부 지역 경제 시찰을 원산에서 끝났다. 이후 김 위원장은 부인과 세 자녀 등과 함께 원산 특각(전용 별장)에 머물며 여름 휴양을 보냈다. 원산 지역에서 휴양 중에도 대형 건설 공사가 한창 진행 중인 갈마해안관광지구에 각별한 관심을 보였다.

갈마해안관광지구란 원산시 동쪽의 갈마반도를 지칭하며 갈마반도에는 군용 갈마비행장을 해외 자본을 끌어들여 민영 국제공항으로 개발하였다. 공항 앞쪽은 명사십리해변으로 갈마해안관광지구는 바로 명사십리 해변을 연하여 개발되고 있다.

북한은 2016년 7월 갈마반도 일대를 세계적 관광지로 조성하겠다면서 호텔과 해양 체육 및 문화 오락 시설 등을 건설할 계획이라고 공개한 바 있다. 현재 대북 정보 당국과 북한 핵심층에서 나온 정보에 의하면 원산에 대한 김정은의 각별한 애정은 잘 알려져 있다. 실제 김정은이 원산과 관련된 사업이나 공사 자재 지원은 무조건 최우선순위에 놓아야 한다는 생각이며 이에 언론도 앞장서기 때문에 그러한 김정은의 생각이 북한 선역에 퍼져 있다는 것이다.

이러한 김정은의 원산 사랑 배경에는 재일교포 출신인 생모 고용희가 북송선 만경봉호를 타고 내린 곳이 원산이기 때문이라는 점이다. 또한, 김정은이 유년 시절을 원산에서 보냈기 때문에 특별한 감정을 가진 게 아니냐는 말도 있으며 그러한 연유로 한때 북한 권력 내부에서는 고용희를 '원산댁'으로 불렀다는 첩보도 있다(이영종 2018). 그러다 보니 김정은에게 원산이란 유년기의 추억과 향수가 묻어나는 고향과 같은 감정이 들었을 것이다. 또한, 원산에서 모친과 살아왔던 기억과 그리움이 어쩌면 원산에 집착하게 했을지도 모를 일이다. 김정은이 원산의 기억에 대한 보은으로 김정일에게 정권을 넘겨받으면서 실행에 옮겨 짧은 시간 내에 마식령스키장과 울림폭포지구 건설과 갈마비행장을 민영 국제공항으로 재건축했다고도 볼 수 있다.

특히 김정은의 원산에 대한 애정은 갈마해안관광지구 건설 현장을 시찰 횟수에서도 볼 수 있다. 최근 들어 원산 갈마 해안 관광 지구를 현지 지도한 것은 2018년 5월 26일과 8월 중순과 10월 말에도 잇달아 방문해 공사 진행 상황을 직접 챙겼으며 2019년 4월 6일에도 찾았다. 관련하여 북한 관영 조선중앙통신은 김정은이 원산관광지구를 찾아 "올해 당 창건기념일까지 바삐 그 무엇에 쫓기듯 속도전으로 건설하지 말고 공사 기간을 6개월간 더 연장하여 다음 해 태양절(4월15일)까지 완벽하게 내놓자"라고 말했다고 보도했다. 김정은은 "당에서 인민들을 위해 막대한 자금과 노력을 들여 마음먹고 건설하는 대상인 것만큼 50년, 100년 후에도 손색이 없게 매 건물들의 요소요소, 구석구석에 이르기까지 시공의 질을 최상의 수준에서 보장해야 한다"고 강조했다고 전했다. 이와 관련하여 김정은이 원산관광지구 완공 목표 시점을 6개월 더 늦춘 배경에는 김정은이 추구하는 실용주의 노선과 유엔 대북 제재에 따른 어려운 경제 현실이 복합적으로 맞물려 있다는 시각이 지배적이다(노지원 2019). 김정은의 원산 사랑이 유난하고 각별한 것만은 사실이다.

3.
원산–금강산 국제 관광 지대 개발과 여건

2011년 1월, 북한은 앞으로 10년 안에 농업과 국가 기간산업을 육성하겠다는 '국가경제개발 10개년 전략계획'에 관한 내각 결정(2010. 1. 15)을 북한 조선중앙TV를 통해 공개하였다. 2010년부터 2020년까지 농업 개발 등 하부 구조 건설과 전력 등 기초 공업, 그리고 지역 개발을 핵심으로 하는 12개 사업 분야[2]의 국가 경제 개발의 전략적 목표를 확정하고 총 1,000억 달러를 유치하는 것을 목표로 하고 있다. 동서 전역을 '신의주–남포–평양'의 서남 방면과 '나진–선봉–김책'으로 이어지는 동북 방면의 양대 축으로 개발하겠다는 구상이다. 이와 연계하여 외국의 투자 활성화를 위한 대외경제 관계를 발전시켜 '원산–금강산 국제 관광 지대'에서 적극적인 관광 유치를 통해 경제 발전을 도모하겠다는 것이다. 실제 북한은 2013년 경제개발구법을 제정하여 현재 27개 경제개발구가 설치 · 운영하고 있다. 한

2 북한의 국가경제개발 10개년 전략계획의 12개 사업 분야로는 '농업 개발, 5대 물류산업단지 조성(라선, 신의주, 원산, 함흥, 청진), 석유에너지 개발, 2천만t 원유 가공, 전력 3천만kW 생산, 지하자원 개발, 고속도로 3천km 건설, 철도 현대화 2천600km, 공항. 항만 건설, 도시 개발 및 건설, 국가개발은행 설립, 제철 2천만t 생산이며 이 가운데 1차적 과제는 농업 개발이다.

예로 관광 특화 지역인 원산 금강산 관광 지구를 한국과 중국, 일본, 러시아 등의 관광객을 대상으로 하는 국제적인 관광지로 특화 발전시키는 방안을 추진하고 있다(김성윤 외 2018, 3–5).

북한이 국제 관광 지대를 구상하며 원산을 주목한 것은 원산 일대가 관광 자원이 풍부하고 교통 접근성, 주요 시장 인접성 등이 우수한 지역이며 과거 김일성과 김정일도 관심을 보였던 지역으로 김정은의 집권 이후 적극적인 개발과 투자 유치로 계획 도시로 개발을 추진하고 있기 때문이다.

1. 원산–금강산지구 총 계획

북한 당 전원회의는 지난 2013년 3월 '원산–금강산 지구를 관광 지구로 꾸리고 관광을 활발히 펼칠 새로운 정책'을 결정하면서 2013년 11월, '원산–금강산 지구 총 계획'이라는 이름으로 비준하였다.

2014년 6월에 발표된 북한 최고인민회의 상임위원회 정령 48호에 따르면 원산–금강산 지구 총 계획의 영역은 모두 4만 3,600여ha이다. 대상 지역은 원산 지구, 마식령스키장 지구, 울림폭포 지구, 석왕사 지구를 통천 지구와 금강산 지구를 연결하여 대규모 관광 벨트 개발 계획으로 추진하는 것이다.

총 계획에 따르면, '원산–금강산 국제 관광 지대' 일대에는 142개 역사 유적과 11개의 백사장, 7개 해수욕장, 9개의 자연 호수, 676개의 관광 명소, 4개의 광천 자원과 신경통, 장염 치료에 특효가 있는 328여 만t의 감탕 자원을 가진 것으로 알려져 있다.

해외에서의 접근성은 러시아와 중국, 일본 등 인접 나라의 항공기로 원산시 일대까지 1~2시간 이내에 도착할 수 있으며, 3~4시간이면 홍콩, 상해, 대만을 비롯한 인구 100만 명 이상의 여러 나라의 도시들로 오갈 수 있는 거리에 위치하고 있다(조정훈 2019).

원산시는 북한에서 동해와 서해 지구를 연결하는 철도의 주요 분기점으로 서부로는 평양과 신의주를 거쳐 중국의 요령성 단동시와 연결되고 북쪽으로는 함흥, 청진을 거쳐 러시아의 하산과 연결되어 있다.

특히 '원산–금강산 국제 관광 지대'의 핵심 지역인 원산은 유원지와 명승지 명사십리 해변 등 주요 관광 자원과 약 1,000실 이상의 고급 숙박 시설을 갖추고 있으며, 반경 50Km 내외에 마식령스키장, 울림폭포, 석왕사 유원지로 연계되도록 '원산 지구' 일대의 권역화를 추진, 개발할 예정이다. 이를 통천 및 금강산 일대와 연결함으로써 '원산–금강산 국제 관광 지대'를 '풍부한 관광 자원과 휴양 및 치료와 레저'로 연계, 홍보한다는 계획이다.[3]

2. 원산시

1) 지명의 유래 및 일반 현황

원산시는 함경남도와 강원도 사이에 있는 원산만 서남쪽에 위치한

3 북한 최고인민회의 상임위원회 정령 48호에는, '원산–금강산 국제 관광 지대'는 원산지구, 마식령스키장지구, 울림폭포지구, 석왕사지구, 통천지구, 금강산지구 등이 포함된다. 그러나 2013년 말표된 총계획'에 따르면, 원산–금강산 지구는 원산지구와 통천지구, 금강산지구로 크게 구분하였다. 최초에 발표된 '총계획'에는 갈마반도지구가 포함됐지만, 2014년 5월 2일 북한의 양각도 국제 호텔에서 있었던 '경제개발전문가토론회'에서 나온 「2015년 원산–금강산 국제 관광 지대 투자대상안내서」에는 빠져있는 것은 2015년 이후, 갈마비행장을 갈마국제공항으로 개발한 것과 연계하여 갈마반도내의 명사십리 개발에 반영되어 개발대상에서 빠진 것으로 보인다.

항구도시로서 현재 북 강원도의 도청 소재지이다. 항구 문화 도시로 동서 6km, 남북 18km이고 총면적은 약 320km²에 달한다. 남동부는 안변군, 남서부는 법동군, 북서부는 문천시와 접해 있다. 원산 시내의 지형은 평탄하나, 마식령산맥으로 서남, 서북 방면 내륙에는 낮은 산들이 많다. 앞바다에는 여도, 신도, 대도 등 11개의 작은 섬(총 4km²)이 있다. 지명은 둥글게 생긴 산을 낀 고장이라는 뜻에서 유래했다. 해안선의 굴곡이 복잡하지 않고 높이 1.5~2m의 사취가 넓게 퍼져 있다.

기후는 북서쪽 준봉들이 차가운 기류를 막아주고 동쪽 바다로부터의 난류를 받아 동일 위도상에 있는 평양보다도 기후 변화가 심하지 않아 겨울에도 삼한사온의 기온이 잘 유지된다. 해양성 기후의 영향으로 여름과 겨울 간 기온 차가 심하지 않다. 연평균 기온은 10.4℃, 1월 평균 −3.6℃, 8월 평균 23.2℃이다. 연평균 일조 시간은 약 2,422시간이고 연평균 일조율은 56%이다. 연평균 강수량은 약 1,400mm, 연평균 상대습도는 67%, 연평균 풍속은 2.2m/s이다. 이 같은 기후 조건은 관광지로서 탁월한 요소이다.

교통 접근성으로는 1800년 원산항 개항 이후 경원선 철도가 개통되었고, 북한 최초로 평양과 2시간 거리의 평양−원산 고속도로가 건설되었다. 최근에는 원산갈마비행장이 국제공항급으로 증 · 개축되었는데 남북 및 시베리안 철도(TSR)까지 연결되면 원산은 주요 물류 거점지로서의 성장 가능성과 관광지로서의 접근성을 동시에 보유할 수 있게 된다. 즉, 남북 경협을 통해 관광 사업이 활성화된다면 13.8억 명의 중국, 1.4억 명의 러시아 및 1.3억 명의 일본 인구를 모두 끌어안을 수 있는 유리한 조건을 고루 갖추게 되는 것이다(김성윤 외 2018, 1–7).

2) 관광 자원 및 명소[4]

원산은 아름다운 경치 덕분에 북한에서도 이름난 휴양지이며 국제 무역항이다. 최근 북한은 항만 시설 확충과 도시 미화에 집중 투자를 하고 있으며 국제공항 및 항구도시와 문화 휴양 도시 조성을 목표로 신시가지 개발, 노후 도시의 환경 미화, 고층 아파트 건설, 대단위 공원 및 위락 시설 건설을 추진하고 있다. 그 대표적인 사례가 관광 자원이 많은 원산이다. 원산시의 자랑은 맑은 모래가 십리길이라 하여 붙여진 이름의 명사십리와 사시사철 푸른 솔밭이 펼쳐진 송도원 해수욕장의 수려한 경관이다(NK chosun 2013년 11월 1일). 관광지로 개발하면서 북한 최근 해변의 풍광을 즐길 수 있는 갈마호텔, 새날호텔 등 1,030여 개의 최고급 객실을 보유한 숙박 시설을 준공하였다.

명사십리

원산 시내 동남쪽의 갈마반도에 위치한 4km 길이의 모래 해변이 바로 명사십리이다. 모래사장은 해면보다 1~6m 높고 폭은 700~1,300m이다. 북한 천연기념물(지리부문) 제193호이기도 한 명

4 원산시 관광 자원 및 명소, 천연기념물 등 기본지료는 한국관광공사에서 발간한 『북한관광』 자료를 주로 활용했다.

사십리는 해당화와 푸른 소나무를 배경으로 윤기 나는 흰모래와 동해의 파도가 어우러지며 황홀한 경관을 연출한다. 특히 명사십리는 흰 모래밭과 함께 해당화로 유명하다. 이 갈마반도는 내륙 안변 남대천과 여러 하천의 퇴적 작용과 바다 쪽에서의 해수 작용 때문에 생성된 것으로 보인다. 옛 문헌 기록에 연도(連島)라고 기술한 것을 보더라도 원래 반도가 아님을 알 수 있다. 옛날에는 이 반도를 단순히 연도 즉 육지로 이어진 섬이라고 '육계도'라고만 표현하고 사장에 대한 구체적 언급이 없다. 다만 백사평포(白沙平鋪), 명사(鳴沙)라는 표현만 눈에 띈다. 백사평포는 오늘날 비치(beach)에 해당하는 말이고 명사는 모래알이 곱고 가늘어서 맨발로 딛고 걸어가면 발아래에서 부드러운 마찰음이 들린다고 지어진 말이다. 옛 기록에는 밝을 명(明), 모래 사(沙)보다도 울 명(鳴)에 모래 사(沙)를 더 많이 사용되다 근세에 들어오면서 밝을 명, 모래 사(明沙)십리로 바뀐 것이라고 한다.

원산시 일원의 해수욕장은 서쪽 송도원지구를 먼저 개발하여 각종 휴양, 위락 시설을 설치하였고 그 다음 단계로 이곳 명사십리 일대를 개발하고 있다. 이곳 해수욕장의 입지 조건은 송도원의 경우처럼 예부터 백사청송, 배산임해 요건을 갖추어 긴 모래사장과 배후지의 송림과 해당화 숲, 얕고 넓은 해변이 갖추어져 있어 숙박 여건과, 교통로 이용이 쉬운 이점을 가지고 있다.

과거 일제 강점기 일본인들은 서쪽 송도원 해수욕장을 이용하고, 우리나라 사람들은 명사십리를 찾았다고 한다. 명사십리는 여름철 해수욕장으로서의 진가 외에도 저녁 무렵 잔잔히 해면 위에 붉게 타오르는 저녁노을과 찬란한 물빛, 그리고 사위가 조용한 달 밝은 밤 금물결 이루는 해변이 절경이라고 얘기된다.

이곳 동편 낮은 산에 오르면 동북 방면 가까운 바다에 작은 섬(여도, 웅도, 신도, 소구비도, 대구비도, 장덕도, 황토도, 사도 등)들이 수평선상에 떠있고 북쪽으로는 호도반도의 남쪽 끝 방구미(만굽이)해변이 보인다. 명사십리에 설치된 관광 관련 시설은 각종 위락 시설, 화원, 경기장이 있다(한국관광공사 2004, 619−620).

송도원 구역

송도원은 원산만 서쪽 해안 일대로 명사십리와 함께 원산의 2대 명소이다. 위치는 시내에서 서북쪽 3km 떨어진 해안에 자리 잡고 있으며 동쪽으로 명사십리를 마주 보고 있다. 휴양지로서 천혜의 조건을 갖춘 송도원 휴양지는 면적 437만m²이며 신적천에서 양일천에 이르는 구역이다. 이 일대의 수려한 경치와 백사장을 휴양지로 처음 이용한 사람들은 1930~1940년대 일본인들이었다. 1945년 이후 북한은 1961년, 1964년에 김일성이 현지 방문에서 지시하면서 개발에 착수했다. 그 당시에는 솔밭과 연못, 등산로를 만들어 근로자 휴식 장소로 가꾸고 유원지에는 유실수, 화초를 심어 공원으로 조성했다. 이 구역에는 1974년부터 공원을 비롯한 각종 위락 시설, 야영장, 숙박 시설의 개발에 착수하여 1980년대에 완공되었다. 4개 지구로 나누어 개발한 휴양 지구는 일반인 유원지 구역, 소년단 야영 구역, 배나무골 휴양 구역, 외국인 전용 휴양 구역 등으로 구성되어 있다.

일반인 유원지 구역은 문화 교양 사업구와 일반 유람구가 있다.

문화 교양 사업구에는 해수욕장(너비 50~60m, 길이 1,200m), 탈의실, 해당화 조경로(너비 10m), 동물원, 식물원, 야외극장(5,000석), 화초원 (야생식물 100여종), 산책로, 대중오락시설, 일반 유람구에는 아동놀이 공원, 솔밭(소나무 32,000그루), 휴양시설(호텔, 여관, 음식점, 편의시설)이 있다.

소년단 야영 구역에는 국제 청소년 야영소가 있다. 이 구역은 야영장, 야영각(8동), 수영장, 편의시설이 갖추어져 있다. 매년 4~10월에 북한소년단원과 외국 소년단원들이 함께 야영 활동을 한다.

외국인 휴양구역은 북한에 체재하는 외국인 및 외국 관광객들의 하계 피서 장소로 이용된다. 이 구역에는 보트타기, 해수욕, 일광욕, 수영장이 있다. 이들은 인근 원산 시내 호텔에서 숙식한다. 원산 시내 숙박 시설에는 송도원여관(164실), 송도원관광호텔 (83실), 동명여관(53실)이 있고 전문 음식점은 송도각, 동해관이 있다.

현재까지 개발된 면적은 42.7만m^{2}이며 1961년 개발을 시작하여 1976년 1단계 공사를 완료하였고, 1978년부터 2단계 확장공사를 하였다. 입지는 동쪽 명사십리와 같이 모래사장은 약 4km에 이르고 폭은 100m 내외이며 배후지에 송림, 해당화 숲, 잔디밭, 계곡이 있다. 이곳에 수용된 시설과 공간은 유원지(27,000m^2), 송림(50,000m^2), 꽃동산(26,000m^2), 림간 레크리에이션 시설, 구기장, 노천극장, 동물원, 식물원, 해수욕장, 야영장, 휴양소, 송도원호텔, 동방식 공원(인공호수, 유선장, 수중정자, 교각 등) 등이며 1980년대 이후 확장공사 및 추가로 개발로 해수욕장, 인공호수, 순환도로, 경마장, 장덕산(휴식공간), 장덕도(유원지), 대규모 탁구장(3,000m^2), 송천계곡을 유원지

로 만들었다(한국관광공사 2004, 620-623)

원산 일원 관광지

원산 일원에는 명사십리와 송도원 이외에도 장덕산을 포함 많은 곳이 있다. 장덕산은 원산 시내에 있는 산(116m)이며 이곳에는 수십 km에 이르는 산책로를 비롯하여 휴게소, 동식물원이 있다. 송도원 해수욕장에서 산책로를 따라 장덕산에 오를 수 있다.

여도는 원산 항구에서 동북쪽에 위치한 해상에 있다. 섬(2km^2) 가운데에는 여도산이 있고 이 섬에는 소나무, 포플러, 밤나무, 과일나무가 자라고 섬 주위에서 해삼, 조개, 미역, 낙지, 가자미, 우럭, 명태가 잡힌다.

명적사는 원산 시내 영삼리에 있으며 시내에서 서북쪽으로 10km 떨어진 문천군 경계에 있다. 조선조 영조 47년(1771년)에 세운 사찰이며 현재 대웅전과 심검당이 있다.

용주리는 옛날 덕원읍 남쪽 10리 지점이라고 기록한 것으로 미루어 오늘날 원산 시내 적전동에 해당한다.

천연기념물

대도는 갈마반도 용천리에 속하며 백로, 왜가리 서식지이다. 북한에서는 왜가리 서식지로 천연기념물(제194호)로 지정 관리하고 있다. 원산 츄립 나무도 천연기념물(제197호)로 송천동 도로변에 있는 활엽수이다. 1923년에 심은 이 나무의 높이는 30m, 둘레는 3m이다. 5월에 꽃이 피고 10월에 솔방울 모양의 붉은 열매를 맺는다. 송흥

동 구상나무는 원산식물원에 있다. 원산식물원에는 구상나무 외에도 모두 1,600여 종의 식물을 재배, 청소년들의 식물 교육 공간으로 활용하고 있다. 이 나무는 상록수로 높이는 15m이며 천연기념물(제198호)로 지정 관리하고 있다. 원산 칠엽나무는 천연기념물(제199호)로 송천동에 있다. 이 나무는 1929년에 심었으며 잎사귀가 손바닥을 편 것처럼 일곱 갈래로 갈라진 모양이다. 5월에 개화하고 10월에 결실한다. 나무 높이는 18m이고 둘레는 2m이다. 원산 감나무는 영삼리에 있는 세 그루의 감나무 고목이다. 1800년경에 심은 이 감나무는 높이 19m, 둘레 3m이다. 감나무 한 그루에서 수확하는 감의 양은 40 ~ 50kg이다. 천연기념물(제201호)로 지정 관리하고 있다. 원산시 용천동 갈마반도 동쪽 2km 해상의 대도(大島)에 있는 백로와 왜가리 서식지가 천연기념물(제194호)로 지정되어 있다(한국관광공사 2004, 623–625).

3) 주요 산업 및 특산물

원산시에는 대형 선박 기지인 조선소가 있으며, 신문지, 장판지, 포장지 등 제조업이 원산시의 주요 산업이다. 특산품으로는 원산술, 송도술, 금강술이 유명하며, 과일로는 감이 많이 생산된다. 중청동에는 전기, 기계류 공장이, 화공업 관련 공장은 신성동, 조선 · 선박수리, TV, 자동차와 트랙터 공장은 해안동, 객차, 유리, 시계, 제지, 신발, 어구류, 어로 장비 등의 공장은 갈마동, 북한 내에서도 비중이 큰 편직공업과 방직, 의류, 식료품, 일용품, 담배 등의 경공장은 복막동, 옥수수 가공, 음료, 식품 등의 공장은 내원산동에 분포돼 있다. 원산은 또한 동해안 주요 수산업 기지의 하나로 수산물 가공업도 활발하다(NK chosun 2013년 11월 1일).

4) 관광 접근성

원산은 동해와 서해를 연결하는 철도의 주요 분기점이다. 강원선의 역인 문천역, 옥평역이 있다. 옥평역과 문천항 사이에는 룡탄역과 고암역이 있다. 현재의 원산-금강산 사이의 120km 구간 철도를 개건하면서 앞으로 화물 수송용으로 이용하고 원산-금강산 관광 도로와 병행하여 90km 구간의 새로운 고속 관광 철길을 건설할 예정이다. 원산~함흥 사이, 옥평~수동을 잇는 도로가 있으며 문천~답촌, 문전~원신, 고압~원산 사이에는 뱃길이 있다. 서부로는 평양과 신의주를 거쳐 중국 단동까지 갈 수 있다. 북쪽으로는 함흥과 청진을 거쳐 러시아 하산까지 갈 수 있다(NK chosun 2013. 11. 1).

평양에서 원산은 200km 상당의 고속도로가 있어 2시간 거리이며 금강산이 있는 고성까지도 약 100km 구간의 고속도로가 있어 1시간 30분이면 오갈 수 있다. 함흥까지는 약 111km 상당의 고속도로가 있고 1시간 40분 정도 소요된다. 현재 원산-금강산 관광 도로(107km)를 현대화하여 그대로 이용하면서 새로운 원산-금강산 도로를 주민 지구와 관광 개발 지대를 우회하는 방향에서 건설하게 된다. 또한, 국제적인 관광 도시의 성격에 맞게 원산시 중심부 도로를 확장하고 원산-마식령 스키장 도로(25km), 마식령스키장-울림폭포 도로(22km), 원산-석왕사 도로(47km)를 개건 현대화하면서 지구별로 순환망을 형성하고 있다.

원산항은 송도원 북쪽과 갈마반도 북쪽을 연결한 일직선 안이다(항만 너비 3.2km, 부두 연장 900m, 최대 수심 6m).[5] 원산항에는 원산공원 전면에 여객 부두가 있고 만경봉 92호가 접안해 있지만, 운항은 중단된 상태이다(해양수산부 2018, 333). 원산항에는 최대 선형 1만 톤급 이하의 화물선이 드나드는데, 북한은 기존의 항을 안변군으로 이설하고 하역 능력을 연간 200만 톤으로 높일 계획이다. 대신 갈마반도 주변 해안가에 연간 25만 명을 수용하는 여객 부두 정박장 건설을 추진한다(이계환 2014).

북한은 관광객 유치를 위해 기존에 군용 비행장이었던 갈마비행장도 여객기 12대를 계류할 수 있는 대형 활주로를 건설하여 국제공항으로 재건하여 활용 중이다. 현재 평양 순안공항에서 정기적인 노선을 운항하고 있으며 약 40분이 소요된다.

5) 원산 지구 개발 계획

원산은 북한의 2013년 11월에 비준한 '원산-금강산 지구 총 계획'을 보면, 원산시 중심부와 마식령스키장, 울림폭포, 석왕사유원지, 금강산 지구를 연결하는 현존 도로들을 전반적으로 개건 확장하여 국내 및 국제 관광 노정을 형성한다. 또한, 원산시 중심부에 있는 숙박 및 봉사 시설들을 개건하거나 새로 건설하며 국제박람회장 구역과 체육 중심, 상업 중심 구역을 비롯하여 관광에 필요한 공공봉사 중

---

5 원산항 서쪽에 위치한 장덕섬(방파제에 의해 육지와 연결)을 기준으로 남쪽 수역을 내항, 북쪽 수역을 외항으로 구분한다. 1호 부두(무역항 추정), 2호 부두(국내항 추정), 여객부두로 구성된다.

심들을 먼저 개발하는 사업이 추진된다. 원산-금강산 국제 관광 지대 총 계획 중 1단계(2013~2017년)로 지정되어 있다. 원산 지구 개발은 원산 도심, 마식령스키장, 울림폭포, 석왕사 휴양지, 원산국제공항 등을 활용하여 사계절 종합 관광 지구로 조성할 계획이다. 송도원-명사십리-갈마반도 일대는 여름 휴양지로, 마식령은 겨울 휴양지로의 종합 개발을 목표로 한다(이계환 2014).[6]

원산 도심(갈마반도) 개발

원산시의 시내 중심부에는 송도원 해수욕장과 송도원 국제소년단 야영소, 조선식 공원과 유원지, 동물원, 식물원, 장덕도 유람구 등 관광 문화 휴식터와 350ha의 녹지면적을 가지고 있다. 그리고 현재 송도원려관과 동명려관을 비롯하여 1,910여 개의 관광 숙박 시설들을 갖추고 있다.

원산 지구 개발 영역은 총 7천4백여ha에 해당한다. 도시 중심 개발을 주요 목표로 도시 중심축 건설, 살림집 지구 건설, 산업 지구 건설, 녹지 조성 및 관광 시설 건설, 숙박 시설 현대화 계획 등이다. 도시 중심축은 원산시 삼봉산 기슭에서 해안가까지 길이 8백m, 너비 150m의 도로를 중심으로 주변에 상업, 문화, 과학 기술 지역을

---

6 본 '원산 지구 개발계획'은 북한의 '조선신보'가 2014년 5월 22일발 기사에서, 2014년 5월 2일 북한의 양각도 국제 호텔에서 '경제개발전문가토론회'가 열렸다고 했다. 토론회 후, 조선경제개발협회 윤용석 서기장은 "토론회를 통해 투자가들의 요구에 따른 우대 정책, 지정학적 요구, 구획 설정 등에서 앞선 방법에 대해 이해를 깊이 하였다"면서 "개발구들을 도시화의 방향에서 개발할 것, 생태 환경을 보존하는 방향에서 산업을 배치할 것들이 확인되었다"고 밝혔다. 토론회에는 중국, 인도, 캐나다, 필리핀, 미국의 권위 있는 특수 경제 지대 전문가들이 참가하였다.

배치한다는 계획이다. 살림집 지구는 방하산, 삼봉산, 두남산 주변에 평균 7~12층 높이 건물과 체육공원을 건설할 예정이다. 상업 지구는 해안가에 위치한 상점을 재정비하고 통합해 방하산과 룡봉산 사이 갈마천을 중심으로 관광을 위한 상업 지구를 조성한다. 또한, 해안가를 따라 관광 시설과 공공건물을 조성하며, 송도원 해수욕장에는 1만2천여 명을 동시에 수용할 수 있는 시설을 증설할 방침이다. 갈마반도의 총 개발 계획은 1,400여ha로 숙박구, 회의 및 전시 박람구, 체육 경기구, 경제 개발구, 상업 편의 봉사구로 구성된다. 명사십리에는 10만 명을 동시에 수용할 수 있는 해수욕장과 각종 유희장, 자연 공원, 별장구, 물놀이장을 계획 중이다. 숙박 시설은 현재 1,030여 객실에 9,070여 실을 추가하여 1만1천여 객실을 조성할 예정이다. 또한, 갈마반도 앞바다의 섬들도 관광지로 개발하면서 거대한 관광, 휴양 도시가 조성될 전망이다(이계환 2014).

원산은 기존 금강산 관광과 달리 도심 중심부를 개발하여 시내 투어를 제공한다는 점에서 새로운 매력을 제공할 수 있을 것으로 보인다. 또한, 갈마반도를 해안 관광 지구, 해양 공원 등으로 지칭하고 "원산 갈마 해안 관광 지구는 명사십리 해변을 따라 두 개의 휴양구역으로 나뉘어 건설되는데 여기에는 호텔과 민박 숙소 등 각종 봉사 건물을 비롯한 수백 동의 건축물들이 자연 환경과 잘 어울리면서도 대상별 특성과 수용 능력"에 맞게 건설되고 있다고 밝혔다(김영란 2018a).

마식령스키장 지구

원산시에서 서북쪽으로 25km 떨어진 마식령 산줄기에는 2013년에 개장된 관광 시설들과 국제 경기를 운영할 수 있는 종합적인 마식령 스키장이 있다. 강원도 법동군 일대 2,200여ha이며, 활강장 총 연장 49.6km인 10여 개 스키주로(슬로프)와 야외 스케이트장, 야외 수영장을 비롯한 호텔 객실 300여 개를 보유하고 있다.

스키장 지구에는 아담하면서도 산골 맛이 나게 잘 꾸려진 300여 석의 숙박 시설을 갖춘 마식령호텔이 있으며 앞으로 숙박 시설과 관광 시설들을 더 확장된다.

북한은 '2015년 원산-금강산 국제 관광 지대 투자 대상 안내서'에서 구체적인 투자 계획을 공개하지 않았지만, 외국 관광객 유치를 위해 마식령스키장에 새로운 투자자를 찾고 있는 것으로 보인다.

울림폭포 지구 개발

울림폭포 지구는 원산시로부터 서북쪽으로 68km 떨어진 강원도 천내군과 문천시 일대 울림 명승 구역을 말한다. 이곳에는 1,000여ha의 면적에 길이 75m의 울림폭포와 진주폭포, 비단폭포 등이 있다.

석왕사 지구 개발

석왕사 지구는 원산시로부터 47Km에 위치한 강원도 고산군 일대 1,500여ha 면적의 석왕사를 주변으로 기존 호텔 시설과 주변 관광지를 개선한 곳이다. 석왕사-보문암에 이르는 등산로를 새로 만들고, 현재 있는 숙박 시설 1,000여 실과 주변 관광 요소들을 개건 현대화할 계획이다.

3. 통천군[7]

1) 지명의 유래 및 일반 현황

북 강원도 통천은 1998년 6월 소떼와 함께 북한 방문길에 나섰던 고 정주영 현대 명예회장의 고향으로 잘 알려진 곳이다. 통천은 고성에서 원산에 이르는 북 강원도 동북 방면에 위치하여 동서 47km, 남북 17km이고 총면적은 약 600km^{2}에 달한다. 통천군은 동해안을 마주하여 긴 장방형 형태의 지형을 보이며, 서쪽 산간 지대에는 태백산맥이 남쪽으로 뻗어 내리면서 동서를 구분하고 있다. 통천이라는 지명은 역사적으로 고구려 영토에 속했으며, 당시 교통의 중심지로 사방으로 통하는 길목에 있는 고을이라는 뜻이다. 지리적으로 서쪽에 높은 산줄기가 있어 겨울철 찬 공기, 북서풍을 차단하며 또한 남쪽으로부터 해안선을 따라 북상하는 난류에 의하여 겨울철에는 비교적 온난하다.

연평균 기온은 11℃, 1월 평균 −2.4℃, 8월 평균 23.7℃이다. 연평균 일조율은 52%, 연평균 강수량은 약 1,221mm, 연평균 상대 습도는 67%이다. 바람은 남서풍이 우세하고 연평균 풍속은 3.1m/s이다. 대체로 해양성 기후를 띠며 무덥지 않고 또한 내륙 지방과 달리 혹한이 없어 관광지로서 입지적 조건이 양호한 편이다. 평야 지대는

---

7 통천군 관광자원 및 명소, 천연기념물 등 기본지료는 한국관광공사에서 발간한 『북한관광』 자료를 주로 활용했다.

북부 해안 평야와 군 중앙부에 해당하는 통천 해안과 하천 유역을 중심으로 통천평야가 있다. 산림 면적은 군 면적의 약 70%를 차지하며 주로 소나무와 참나무가 자란다. 거주 인구는 약 9만여 명이며 관광객을 위한 1천여 실의 숙박 시설이 서중호 휴양지에 있으며 호텔은 남쪽 고성군 외금강 구역에 있다(이계환 2014. 5. 22).

2) 관광 자원 및 명소

통천은 원산시에서 남쪽으로 52km 떨어진 곳에 위치하고 있으며 아름다운 해안, 절벽, 도서, 호수가 즐비하여 옛부터 경치가 좋은 곳으로 이름 높았다. 조선 관동 8경의 하나로 불리는 총석정 지구와 자연 호수인 동정호와 시중호가 있고 시중대와 칠보동(대), 국도, 학호, 압용단, 송전해수욕장, 금란굴 등이 있다(한국관광공사 2004, 638−647).

총석정(叢石亭)

관동 팔경 중 하나의 명성에 맞게 북한에서 명승지 제13호, 천연기념물(지리 부문) 제214호로 각각 지정되어 있다. 총석정은 본래 총석단 바위 절벽 위에 세운 정자를 지칭한다. 이 정자가 있었던 곳은 '통천 금강'이라고 부르며 이곳에서 북쪽으로 해안선을 따라 올라가면 바위산 위에 환선정 터가 있고, 또한 시내 건너 남쪽에 의상대 터가 있다.

통천 해변의 지질은 현무암으로 되어 있고 동해의 바닷물이 오랜 세월 침식 작용으로 기암 절벽을 만들어 놓았다. 그리고 총석정 일대의 바위들은 거의 모두 모난 돌기둥이 수직으로 서 있다. 이는 '주상절리(柱狀節理)' 현상으로 지각 형성이 이루어지던 시기에 용암이 바깥에 노출되면서 식어서 육각 주상암이 다발 모양으로 서 있게 된 것이다.

해변에 서 있는 돌기둥의 묶음 형태의 총석은 서 있는 형태, 비스듬히 서 있는 형태, 돌기둥이 무너져 주저앉은 형태가 있다. 이 가운데 아름답고 웅장한 입총이 서 있는 사선봉(四仙峰)은 가장 빼어난 곳이다. 사선봉은 옛날 신라 화랑 4명이 찾은 곳이라 하여 붙여진 이름이다.

동정호(洞庭湖)

강원도 북부 지역에서 가장 큰 자연호이며 면적은 4.84km^{2}이다. 이 호수는 동해안의 해수 작용에 의하여 생성된 긴 모래톱(sand bar)이 해면의 일부를 가로막으면서 만들어진 것이다. 수심은 얕고 맑으며 북편 호반에는 바위들이 병풍처럼 솟아 있으며 남편 쪽으로 좁은 수로를 통하여 천아포(天鵝浦)와 연결된다. 이 호수에는 인어, 새우, 농어, 도미, 황어 등 고기가 살며 양식장으로도 이용하고 있고 겨울 철새들이 찾아오는 곳이다. 동정호 바로 북쪽의 압용단(鴨龍端)은 '압용곶'이라고도 불리며 통천군 최북단 해안에 있다. 굴곡이 심한 해안 절벽이 늘어서 있으며 주위에 소나무 숲이 있어 경치가 아름답다.

시중호(侍中湖)

시중호의 면적은 약 2.4km^2, 수심 3.4m로 해안으로부터 300m 떨어진 이 자연호이다. 주위에는 푸른 수초와, 잔잔한 수면, 앞바다의 흰 모래, 주위 송림, 붉게 핀 해당화, 가을철에 붉게 물든 단풍과 붉은 감나무는 호수의 아름다움을 더해준다. 그리고 호수에는 가물치, 잉어, 붕어 등 민물고기가 잡히며 호수 바닥에는 감탕(진흙 청)이 있다.

북한은 이 호수를 자연 명승지 제14호, 천연기념물(지리부문) 제212호로 지정하였고, 호수 주변에 휴양지(56만m2)를 조성하여 해수욕장, 일광욕장, 유선장, 낚시터, 감탕 피부 미용실, 물리치료실, 휴식 공간, 숙박 시설, 요양소를 설치하였다. 특히 시중호 감탕은 검은 진흙을 몸에 바르거나 몸을 담가 신병 치료, 건강 관리, 미용에 이용한다. 질병에는 내분비 질환, 신경통, 위장염, 간염, 대장염 치료에 효과가 있다고 알려져 있다.

시중대(侍中臺)와 칠보동(七寶洞)

송전해수욕장 북쪽 위치한 정자인 시중대는 앞바다의 섬들을 멀리 잘 볼 수 있고 송림이 우거지고 전망이 좋은 곳에 지었다. 예부터 시중대의 아름다운 풍광으로 잔잔한 호수, 백사장, 송림, 푸른 바다, 멀리 바닷가에 떠 있는 솔섬 등이 어울려 조화를 이루는 자연미를 두고 '협곡 시중대'라고 했다.

칠보동(七寶洞)은 통천 동북쪽 해변 일대의 경치가 아름다운 곳으로 앞바다에 있는 일곱 개의 작은 섬(천도, 난도, 모도, 승도, 송도, 석도, 백도)을 지칭하는데, 그 아름다움이 마치 일곱 개의 보석 같다 하여 붙여진 명칭이다.

학호(鶴湖)

다른 말로 학포(鶴浦)라고도 부른다. 이곳으로부터 남쪽에 위치한 시중대(侍中臺)는 원산의 명사십리와 송도원이 알려지기 이전에는 더 많은 사람이 찾던 명소였다. 이 호수는 동해안의 해수 작용에 의하여 형성된 석호(潟湖)이며 해변 방향으로 기다란 모래사장과 그 안쪽으로는 담수호가 있다. 관광지로서 유망한 것은 주변에 바다, 모래사장, 담수호, 송림, 낮은 산을 끼고 있기 때문이다. 자연적 특징은 동부 방면의 백사장(sand bar)에 의하여 둘러싸인 자연호(lagoon)가 있고 호수 안에 바위섬이 있으며 주위에 소나무 숲, 바위들이 호수를 둘러싸고 있다. 모래사장의 길이는 약 4km, 폭 100m 정도 된다.

국도(國島)

학호에서 바다 쪽으로 북쪽 3km 해상에 있는 기암 절벽으로 된 바위섬이 국도이다. 통천군 최북단 해안에서 약 3km 거리에 있는데 현재 북한에서는 이 섬을 천연기념물 213호(지리 부문)로 지정하였다. 섬의 형태는 금강산 총석정 일대 기암을 닮았다. 옛날에는 해중도라고도 불렀으나 현재 북한에서는 국도라고 부르고 있다. 바위암벽으로 된 이 경승지는 섬 둘레(750m)가 빗살 모양의 흰 수직 암벽이 병풍처럼 밀집해 있으며 높이는 평균 30~40m이다. 바위섬 위에는 풀이 자라는 넓은 공간이 있으며 서편 해변에는 소나무와 모래사장이 있다. 동쪽 벼랑에는 자연 석굴이 있다(한국관광공사 2004, 641).

송전해수욕장

총석정에서 북쪽으로 약 8km 해안선 위에 위치한 송전해수욕장은 1930년 이후 개설하여 이용해오고 있다. 이곳은 유명한 시중호의 바로 남쪽에 위치하고 있다. 해수욕장은 해변 모래사장이 약 10만 평에 이르며 배후지에는 울창한 송림이 있다. 이 송림은 송전평야의 농작물 보호를 위해 강한 바닷바람을 막기 위해 조성한 방풍림, 방사림이다.

금란굴(金蘭窟)

통천읍 동남쪽 4km 떨어진 금란리 금란산에 있는 동굴이다. 이 굴은 동해안에 면한 바위 절벽에 있으며 총석정에서 해안을 따라 남쪽으로 약 7km 떨어진 해변에 있다. 해안 절벽에 형성된 이 천연 동굴은 천장 높이 5~7m, 너비 3~4m, 깊이는 15m이다. 굴속에는 8개의 돌고드름이 매달려 있으며 천정에는 풀(속칭 불노초)이 자란다. 옛 기록에 의하면 굴속에 황금색 가사(법의)를 입은 불상(노란색을 띤 석회암을 의미하는 듯함) 모습이 있으며 이 황금색 가사, 즉 금란의 석불이 있다고 하여 '금란산'으로 명명했다고 한다. 북한은 이 일대를 관광 명소 금란지구로 지정하여 관광 개발을 계획하고 있다. 금란굴은 북한 천연기념물(지리부문) 제215호로 지정되어 있다.

3) 주요 산업 및 특산물

통천군은 강원도의 곡창 지대로 유명하며 통천평야에서는 질 좋은 통천쌀이 생산되며 경지 면적은 약 20%이다. 이 중 논 면적이 50%

이며 주곡은 쌀, 옥수수이며 근년에 축산업, 과수업, 수산업도 활발하다. 과일은 감(통천 고종시)으로 유명한데, 한 개에 무게가 180~200g으로 크고 과즙이 많으며 과당 함양도 12.5~16.7%로 비교적 높다. 사과, 배, 복숭아, 살구도 유명하다.

통천에는 수산업 · 농업이 주를 이루며 전력 산업과 석탄 공업, 선박 수리와 소형 조선업도 발달하여 있다. 수산업으로는 연해어업(명태, 꽁치, 이면수, 송어, 방어, 가자미, 도루묵, 문어, 미역, 해삼, 다시마 등)이 발달하였다. 내륙에는 수력발전소 3개소가 있고 읍내에서는 소규모 제조업, 식품 가공업을 하고 있다(NK chosun 2013. 11. 1).

4) 관광 접근성

통천군으로 연결되는 교통망은 도로 교통과 해운 교통을 중심으로 원산–금강산 간 고속도로가 통과하고 안변–통천, 통천–금강 도로가 개통되어 있다. 버스는 고성–원산, 통천–장전, 통천–고성, 통천–중전, 통천–가산 간 정기적으로 운행된다. 고저항에서 원산, 고성 간 정기 여객선이 운항하고 있으며 통천항에는 일반 국내 화물을 취급하고 있다.

구읍리 비행장은 군용 비행장이지만 2014년 7월에 중국 여행사에게 구읍리 비행장을 이용하도록 허가한 바 있다. '금강산 1단계 개발 총 계획'에 따르면 통천군 금란리 일대에 하루 3천~4천 명이 이용하는 국제공항을 건설할 계획이다(최성원 2015, 9–10).

5) 통천 지구 개발 계획 및 결과[8]

통천은 원산–금강산 국제 관광 지대 총 계획 중 2단계(2018~2025년) 계획에 포함되어 있다. 통천 지구의 총 계획 영역은 9,000여㏊이고 크게 동정호 관광지 구역, 시중호 관광지 구역, 총석정 자연농원의 세 구역으로 구분된다(이계환 2014. 5. 22).

동정호 구역은 5,600여 실의 숙박 시설과 관광 및 서비스 시설을 개발한다. 시중호 구역은 건강 및 치료 중심 기지이다. 호텔 1천여 석과 요양 시설 1천여 석을 개건 · 신설하고 건강 시설, 운동 시설을 갖춘 관광지로 조성한다. 총석정에는 해수욕장, 배놀이장, 여객 부두를 비롯한 관광 지원 시설을 건설할 계획이다(안윤석 2015).

북한의 시중호 골프장 투자 안내서에 따르면 북한은 원산시에서 남쪽으로 52km 떨어진 지점에 있는 시중호를 기반으로 골프장을 개발하여 원산 해수욕 관광을 연계할 방침이다. 북한의 평천 지구 시중호 관광 지구 개발은 해수욕장 구역, 종합 치료 구역, 종합 오락 구역, 장재 늪 관광 구역, 체육 운동 및 상업 봉사 구역, 송전 종합 봉사구, 휴양 및 요양소 구역으로 개발된다.

시중호 골프장의 총 부지 면적은 약 125만m2로서 통천군 강동리와 송전리 사이에 있는 야산 지대다. 북한은 골프장과 골프연습장이 건설되면 국제 경기도 진행할 수 있도록 표준화된 18개 홀로 구성하고 골프장과 연계해 5성급 호텔을 만드는 방안도 고려하고 있다. 골

---

8 북한 원산지구개발총회사 명의로 공개 발표된 '2015년 원산–금강산 국제 관광 지대 투자 대상 안내서'의 내용을 보도한 '통일일보' 기사를 참고하여 작성.

프장과 골프연습장을 하루 300명 대상으로 연간 200일 정도 운영하고 호텔과 식당은 300일 운영할 계획이다.

현재 시중호 동쪽에 원산–금강산 도로와 철도가 있으며 서쪽에 새로운 원산–금강산 고속도로와 고속 철도를 건설하는 방안을 북한은 고려하고 있다. 북한은 연간 골프장 수익이 2,104만 달러가 될 것으로 추정하면서 약 1억2,320만 달러의 투자를 받아 20년 운영권을 보장해줄 방침이다(강진규 2018).

4. 남북 동해안 관광 협력의 의미

현대그룹 정주영 명예회장의 오랜 노력과 김대중 행정부의 햇볕 정책과 맞물려 1998년 11월 18일부터 시작되었던 금강산 관광은 2008년 7월 11일 금강산 관광을 갔던 박왕자씨가 북한군에 의해 사살되면서 중단되었다. 과거 금강산 관광은 당국 간의 정치적 목적과 맞물리다 보니 수단 방법을 가리지 않고 단순히 달러를 내고 북한의 금강산 일대를 돌아보는 사업에 국한되었다. 그러나 2018년 3차 남북정상회담 결과 '9월 평양공동선언'이 북한의 경제 특구 개발 계획과 문제인 정부의 '한반도 신경제 지도' 구상이 맞물리면서 공감대를 형성하였다. 앞으로 북한의 비핵화 진전과 이에 대해 미국과의 관계가 긍정적으로 개선되면 남북 경제 협력은 급물살을 탈 것으로 보인다. 따라서 북한의 핵 문제 해결을 통한 남북의 화해 협력과 평화의 시대를 준비하면서 그 상징적인 사업으로 남북이 국제 사회와 함께 공동으로 동해안 일대를 국제 관광 지대화하는 사업 추진이 요구되고 있다.

지금까지 남북 경제 협력 사업으로 개성공단과 금강산 관광 사업은 남북이 모두 인정하는 성공적인 경제 협력 모델이다. 그러나 이번 '9월 평양공동선언'의 경제 협력 후속 조치가 실현된다면 지금까지와는 차원이 다른 실질적으로 확대될 것으로 보인다.

북한 지역에서 추진된 남북 경협의 시범 사업은 금강산 관광객 살해 사건에 이어진 천안함에 대한 북한 잠수함의 미사일 공격으로 중단되었다. 앞으로 추진 여건이 성숙되어 개성공단과 금강산 일대를 2개의 공동 특구로 그 규모를 확대한다면 쉽게 확장 시킬 수 있을 것이다.

다행스러운 점은 이러한 남북 경제 협력 구상과 의지를 남북 정상이 평양공동선언문에 담았다는 점에서 앞으로 북한이 비핵화에 대한 구체적 방안을 제시하고 유엔의 대북 제재가 완화된다면 실현 가능성이 아주 크다.

정부가 추진하고자 하는 한반도 신경제 지도 구상에서의 남북 공동 특구 개발은 실물 경제를 중심으로 한 산업과 물류 중심의 '환황해벨트'는 개성공단과 서해 경제 공동 특구가 포함된다. 또 관광 사업에 주력하는 '환동해벨트'는 강원도 금강산에서 원산을 잇는 남북의 동해 관광 개발 지역과 일치한다. 문 대통령은 지난 2018년 3차 평양정상회담 전 8 · 15 경축사에서 이미 '통일 경제 특구' 조성 계획을 밝혔듯이 이번 2018년 3차 평양정상회담을 통해 남북 경협을 위한 새로운 청사진에 합의할 가능성을 이미 내비쳤었다. 이에 두 정상은 이날 '평양공동선언'에서 "남과 북은 상호 호혜와 공리 공영의 바탕 위에서 서로 간의 교류와 협력을 더욱 확대하고, 민족 경제의 균형적 발전과 이를 위한 실질적인 대책들을 마련해나가기로 했다"라고 발표하였다.

남북이 서해 축과 동해 축에서 공동 특구를 개발하는 계획은 북한의 대외 개방을 통한 경제 발전 전략의 하나기도 하다. 김정은의 '국가 경제 개발 10개년 계획'은 지역 특성에 맞게 다양한 형태의 소규모 개발 구역을 지정해 외자 유치 등 대외 개방을 통해 북한 전역의 균형적인 경제 발전을 꾀한다는 게 뼈대이다. 이를 위해 외자 유치 관련 법령을 정비하고, 사회간접자본(SOC) 기반 조성에 외부 자본을 유치한다는 목표도 발표했다. 이를 위해 북한으로서는 이 난국의 유일한 돌파구가 남–북, 북–미 관계 개선과 문재인 정부와 손잡고 펼칠 새로운 남북 경협이다. 그리고 남북 정상은 9 · 19 평양 정상회담에서 공동선언문으로 그 돌파구를 열었다고 볼 수 있다(박순빈 외 2019).

북한이 추진하고자 하는 원산–금강산 국제 관광 지구 추진 계획과 연계하여 강원도가 추진하고자 하는 동해 관광 특구 조성 사업은 합목적인 방향으로 추진되어야 한다. 남북이 공동의 노력과 협력을 통해 상호 관광으로 인한 인적, 물적 교류 협력을 하면 한반도 안정과 평화를 추구하는 데 절대적으로 이바지할 수 있기 때문이다. 따라서 남북 강원도의 국제 관광 특구 협력은 단순 관광 산업에서 탈피하여 남북한이 공동 번영을 위한 경제적 부수 효과를 기대할 수 있다. 나아가 원산–금강산 지역에는 각국이 참여하는 국제 투자를 통해 한반도 평화를 보장하는 효과를 낼 수 있을 것이다. 이러한 국제 투자는 남북의 군사적 긴장을 완화 및 해소하면서 그동안 우리가 북한 쪽으로만 찾아가던 관광 사업에서 남북의 교차 관광을 위한 인프라 구축을 통해 원산–금강산–설악산–강릉 관광권을 연계하여 상호 보완적인 관광 상품을 개발해야 할 때이다. 남북 강원도 관광 협력을 위해서는 먼저 법적 제도적 측면과 국내외 민간 그룹의 개발 참여를 적극적으로 유도하는 관광 교류 협약을 체결, 재원 조달 방법과 아울러 동해 지역 관광 특구 조성 시, 체류형 관광지 조성과 교통 등 관광 인프라의 구축도 필요하다. 북한 당국으로서는 관광 산업을 위한 출입 및 외환 관리 정책의 변화가 필요하며, 특히 원산–금강산–설악산–강릉 관광 지구로의 관광객 유인책과 관광과 쇼핑을 동시에 충족하기 위해 구매 욕구를 자극하는 적극적 관광 쇼핑 정책이 요구된다(안제노 외 2019).

북한은 2013년 2월 12일 '원산 지구 개발 계획' 발표 이후 2014년 6월 14일 정령 48호를 발표하면서 '원산–금강산 국제 관광 지대' 개발을 공식화했다. 정령에는 "세계적인 관광지로 변모되는 원산 지구와 조선의 명산 금강산을 비롯한 동해 명승지들에 대한 국제적인 관광을 더욱 활성화하기 위하여"라며 '원산–금강산 국제 관광 지대' 선정 이유를 밝혔다. 따라서 북한의 관광 특구 개발 발표는 3차 핵실험 이후 열린 '노동당 중앙위원회 전원회의 결과'를 통해 확인되었다. 북한은 2013년 2월 12일 3차 핵 실험을 마치면서 핵에 대한 자신감과 경제 상황 극복을 위해 김정은의 주도하에 경제 건설과 핵 무력 건설을 동시에 추진하겠다는 이른바 '경제 개발–핵 무력 건설 병진 노선'을 국가 정책의 한 축으로 발표했다. 물론 김정은의 의지는 현 상황에서 많은 제약과 제한 사항으로 넘어야 할 산이 있는 것은 사실이다. 그러나 현재 김정은이 야심차게 추진하는 환태평양권의 관광객 유입을 염두에 둔 '원산–금강산 국제 관광 지대' 개발은 현재 진행 중인 남북 및 미북 정상회담의 결과 긍정적인 효과가 더해진다면 더욱 탄력 있게 추진될 것으로 보인다.

북한의 핵 문제는 1985년 핵확산금지조약(NPT)에 가입하였다가 1993년 3월 탈퇴를 선언하면서 핵과 미사일 도발이 계속되자 유엔 안보리는 지금까지 모두 11건의 대북 제재를 결의했다. 현재에도 남북 및 미북회담을 통해 민생 경제 회복을 빌미로 대북 제재 해제를 요구하고 있다. 그러는 한편으로 김정은의 핵미사일에 대한 집착 또한 변함없다는 사실은 비핵화 의지가 없다는 사실을 말해준다. 국제사회의 북한 제재를 주도하고 있는 미국으로서는 비핵화에 대한 북한의 의미 있는 진전이 있어야만 대북 제재를 해제할 수 있다는 점에서 미북 간 갈등 요인이 되고 있다. 따라서 원산–금강산 국제 관광 지대가 설악산과 강릉을 연계하는 관광 지대 개발을 통한 관광사업으로 활성화되기 위해서는 북한의 비핵화 관련 의미 있는 진전이 있어야 할 것이다. 또한, 북한에 대한 우리의 대규모 투자나 합작사업이 이루어지기 위해서는 금강산 관광객 사살 사건과 천안함 사건에 대한 책임자 처벌과 재발 방지책 문제로 야기된 5.24조치의 해제가 선행되어야 할 것이다.

현재까지 남북 경제 협력 제한 사항의 해소는 북한의 비핵화에 대한 책임 있는 조치의 선행이다. 이러한 조치가 선행된다는 가정하에 앞으로 남북 강원도 관광 경제 협력을 위한 제언을 하면 다음과 같다.

첫째, 법과 제도적인 보장이 있어야 한다. 남북 강원도가 안전한 사업 추진과 관리를 할 수 있도록 당국 간에 법적 보장이 선행되어야 한다. 이후 동해안 국제 관광 지대의 공동 개발을 위해 북한의 원산–금강산 관광 지대와 연계할 설악산에서 강릉에 이르는 관광 지구 지정이 선행되어야 한다. 또한, 과거 박왕자 사건에서 보듯이 신변 안전이 보장되어야 관광 사업의 지속성이 보장될 것이다. 둘째, 남북 교류 협약 및 특별관광지구개발위원회(가칭) 구성을 통한 종합 통제 기구가 마련되어야 한다. 원산에서 강릉까지 남북이 공동으로 개발하기 위해서는 제도적으로 이러한 총괄 기구를 통해 특구 개발을 위한 조사 및 분석 사업의 타당성을 검토하고 남북 연계 상품 개발지원 등을 포함하는 종합 마스터플랜이 수립되어 추진되어야 한다. 셋째, 투자 유치 기관 설립 및 금융 운영 시스템이 구축되어야 한다. 각국과 기관 간의 컨소시엄을 통한 재원 조달 방법이 강구되어야 하며, 특별 관광 지구 개발을 위한 기금 확보 노력과 해외 및 민간 투자를 유치할 금융기관 설립 및 관련 기구의 설비를 통한 투자 유치 시스템이 구축되어야 한다. 넷째, 남북 협력 사업 추진과 시행 간 활용할 기본 인프라의 구축이다. 수도권~강원도 간 육상 교통망 완성이 최대 선결 과제이다. 서울에서 속초에 이르는 고속화철도 및 평화도로의 연결은 평화 관광 플랫폼 기능을 강화한다. 1단계로 서울에서 동해안 거점 도시까지 개설하고, 2단계로 철도 관광 상품으로 목적지에 이르도록 해야 한다. 공중으로는 양양국제공항에 정기 노선을 개설하여 북한 지역 동해 관광 공동 특구와 연계된 정기 노선의 취항을 준비해야 한다. 해상으로는 크루즈 중심의 해양 관광 비즈니스를 확대하기 위해 속초와 동해, 원산과 나진, 블라디보스토크, 일본 크루즈항들과의 크루즈 및 여객선 운행 등이 준비되어야 한다(육동한 외 2018, 9-10).

따라서 북한이 비핵화에 대한 책임 있는 결단을 하면 김정은의 관광 사업 의지는 '원산-금강산 국제 관광 지대'를 넘어 설악산과 강릉 일대까지 확장되는 동해안 국제관광 지대로 이루어질 것이다. 이렇게 만들어진 국제 관광 지대에서 기업과 개인의 자유롭고 안전한 경영 활동을 보장함으로써 한반도 동해안 관광 경제권이 하나의 시장으로 연결되어 통합되는 시작점으로의 역할을 담당하게 해야 한다. 동해에서 시작된 남북 갈등이 해소되고 동해안 국제 관광 지구가 협력을 통해 원활하게 운영된다면 원산과 강원도의 관광 협력은 환동해권 갈등을 해소하며 나아가 동북아 평화와 공동 번영을 달성하는 데 크게 기여할 것이다.

제9장

해주

서해안 평화 번영 구상

황지욱
전북대학교

1.
강화–해주의 교류 · 협력, 평화로 가는 길

1. 서해평화협력특별지대의 건설

2007년 노무현 대통령과 김정일 국방위원장은 제2차 남북정상회담 이후 10.4 남북공동선언을 발표하였다. 이 발표문에는 해주 지역과 주변 해역을 포괄하는 '서해평화협력특별지대'를 설치한다는 내용을 담고 있다. '서해평화협력특별지대'는 분쟁과 갈등이 끊임없던 서해 지역을 평화와 경제를 바탕으로 하는 남북 공동 번영의 평화공간으로 탈바꿈시키자는 구상이었다. 주요 내용으로는 남북 공동어로 구역과 평화 수역 설정, 해주 경제 특구 건설, 해주항의 평화적 활용, 민간 선박의 해주 직항로 통과, 한강 하구 공동 이용 등을 들 수 있다. 이 중 해주 경제 특구 건설은 해주 지역에 경제 특구를 개발하고 북측 선박의 해주 직항로 이용을 통해 개성–해주–남측 간 산업 연계를 강화해 나가도록 하는 구상안이다. 이 서해평화협력특별지대의 건설이 획기적인 것은 바로 서해상에서의 군사적 대립과 갈등이 얼마나 첨예하였는지를 살펴보면 알 수 있다. 또한 평화 정착이 육상의 DMZ에서만이 아니라 민간 어로 활동이 활발한 남북한의 해역에서 평화적 협력이 이뤄질 수 있도록 보장함에 따라 남북의 안정적인 평화 공존을 통해 정전협정을 종결하고 평화협정을 체결하기까지 나아갈 첫 번째 시금석이 될 만한 과제였기 때문이다.

표 9.1_ 해주 특구 관련 남북 주요 합의 일지

날짜	구분	합의 내용
2007.10.4	제2차 남북정상회담 (10 · 4 공동선언)	• 해주 지역과 주변 해역을 포괄하는 '서해평화협력특별지대' 설치, 경제 특구 건설과 해주항 활용, 민간 선박의 해주 직항로 통과 등 추진
2007.11.16	남북총리회담 (서울)	• 해주 지역에 '경제협력특별구역(해주경제특구)'을 건설하고, 개성공단과의 연계를 통해 점차 발전시켜 나갈 것 • '해주경제특구' 건설에 따른 해상 물동량의 원활한 처리를 위해 해주항을 민족공동의 이익에 부합되게 활용 • '해주경제특구'와 해주항 개발을 위한 실무 접촉과 현지 조사를 금년 중에 실시하여, 2008년 내 구체적 사업 계획 협의
2007.12.29	서해평화 특별협력지대 추진위원회 회의 (개성)	• 2008년 상반기 내 '해주경제특구협력분과위원회' 개최 – 단계적 추진, 시범 단지 조성, 개성 지구 보완 실현 등 협의하기로 함 • 해주 지역 및 해주항에 대한 현지 공동조사를 2008년 1월 31일경 실시 • 2008년 상반기 내 '해주항개발분과협력위원회' 개최 – 현존 부두 개보수와 항로 확보, 단계별 부두 확장 착수 시기 등
2018.4.27	2018년 제1차 남북정상회담 (판문점 선언)	• 남과 북은 민족 경제의 균형적 발전과 공동 번영을 이룩하기 위하여 10.4선언에서 합의된 사업들을 적극 추진

출처: 대한민국정책브리핑(2007/10/10), 이현숙(2019, 59)에서 재인용.

이러한 점에서 2007년 당시 남북의 움직임은 숨 가쁘게 진행되었다. 10월4일 남북정상회담이 진행된 이후 11월 16일 총리회담이 서울에서 진행되었고, 12월29일에는 추진위원회 구성을 위한 회의가 개성에서 개최되면서 해주 지역 및 해주항에 대한 현지 공동 조사를

2008년 1월에 실시하기로 합의하였다. 거의 한 달 간격으로 진행된 회담의 계획 내용은 하나, 수도권, 둘, 개성공단과 인접한 입지 조건 그리고 셋, 해주항의 세 곳을 연계·활용한 해주–개성 제조업 벨트, 해주–인천 물류벨트 등 서해안 산업 벨트를 구축하는 것이었다. 그리고 북측의 생산 인력 확보 정도, 사회 간접 자본 시설 실태 등을 감안하여 사업을 단계적으로 추진해가려는 실천성이 확보되어 있었다. 1단계에는 개성–해주 간 도로 및 철도 개보수, 해주 항만 확충 등 기반 시설의 설치와 개성공단과 연계한 생산 부품 조립, 농기계, 농수산물 가공 산업 등의 우선 유치를 합의하여 전체적 밑그림도 그려놓고 있었음을 알 수 있다. 당시에 이뤄진 합의 사항을 근거로 주요 사업과 추진 방향을 정리해보면 〈표 9.2〉에 기술된 것과 같다.

표 9.2_ 서해평화협력지대의 주요 사업, 추진 방향 그리고 기대 효과

구분	내용
해주 경제 특구 건설	• 남측에게는 기업의 활로이자 신성장 동력, 북측에게는 산업 발전의 토대 마련 • 중장기적으로 해주–개성–인천을 연결하는 '서해 3각 경제 벨트' 형성
해주항 활용	• 단기적으로 물자 수송로 확보 및 남북 항만 간 교류 촉진 • 중장기적으로 해주와 남측을 연결하는 물류 네트워크 형성
한강 하구 공동 이용	• 남측에게는 골재 난 해소, 북측에게는 경제적 수익 • 골재 채취로 인한 수위 저하 효과(1.03m), 만성적 임진강 수해 방지에 도움 • 준설을 통한 내륙 뱃길 확보, 개성공단의 해상 수송로 확보
민간 선박의 해주 직항로 통과	• 해주–남측 항로 단축으로 인한 물류 비용 절감 • 남북 해군 및 해운 당국 간 협력을 촉진하고, 해주 경제 특구 활성화에 기여
공동 어로 구역과 평화 수역	• 조업 구역 확대와 수산 협력을 통한 남북 어업인의 직접적 소득 증대 • 남북 군사력의 해상 완충 수역 형성, 서해 평화 정착에 기여 • 제3국 어선의 불법 조업 방지, 민족 자원 보호 효과

출처: 공용득(2012, 21).

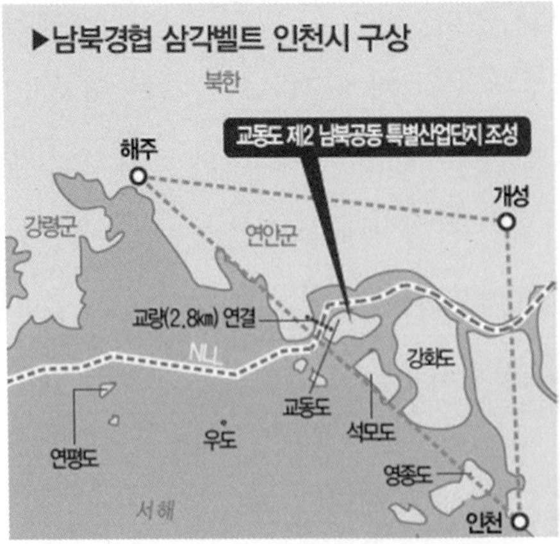

그림 9.1_ 남북경협 삼각벨트, 인천시 구상
출처: 매일경제신문(2011/8/4), 공용득(2012, 29)에서 재인용.

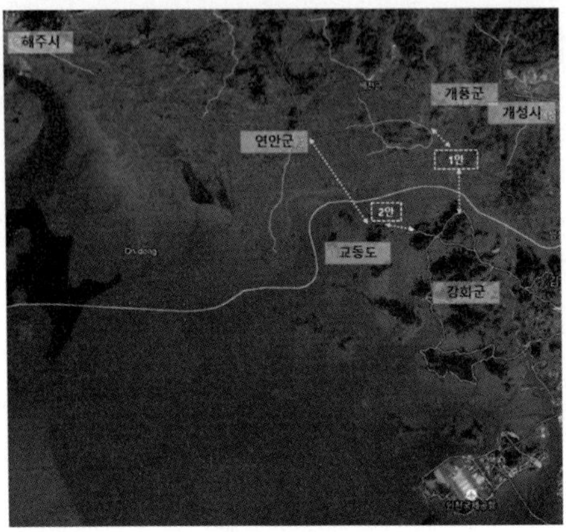

그림 9.2_ 강화-해주 연육교 설치 가능 안

다섯 가지의 주요 사업을 성공적으로 수행하려면 공통적으로 꼭 이뤄져야 할 후속 조치가 있다. 그것은 물리적 기반 시설을 구축하는 것이며, 제도적으로 남북 간 협력·공조 시스템을 구축하는 것이다. 기반 시설로는 어획물의 신선한 저장과 신속한 처리를 위해 필수 불가결한 요소에 해당하는 항만, 항구 및 냉동 저장 · 보관 · 처리 시설의 건설과 남북을 연결하는 항로 및 통과 도로 · 교량의 건설이다. 협력 시스템은 어로 활동이 안정적이고 평화로운 상태에서 지속적으로 이뤄질 수 있도록 관리 · 운영 · 지원하는 제도적 장치를 마련하는 것이다. 이를 보완하기 위해서 인천시에서는 〈그림 9.1〉에서 볼 수 있듯이 인천–강화–교동도–연안군–해주를 잇는 연육교 건설 구상을 내놓기도 했다. 물론 〈그림 9.2〉에 표시하였듯이 남북을 잇는 방안으로 두 가지 정도의 연육교 안을 생각해볼 수 있다. 하나는 강화도에서 곧장 남북의 해협을 가로질러 해주와 개성의 중간에 위치한 개풍군 쪽으로 2km 미만의 연육교를 놓는 안 하나와 강화에서 교동도를 거쳐 연안군으로 이어지는 2.8km의 연육교를 놓는 또 다른 안으로 나누어 생각해볼 수 있다. 첫 번째 안의 경우는 강화에서 개풍군 방향으로 연육교를 놓은 뒤 개풍군에서 해주시에 이르기까지 약간의 우회로를 거치거나, 우회하지 않는 방안으로는 례성강을 가로지는 다리를 추가로 건설하는 보완 작업이 필요하다는 단점이 있으나, 개성과 인접성을 확보하고, 기존의 노후화된 도로 교통 노선의 직선화와 현대화를 추구한다는 점에서 장점으로 부각될 수도 있다. 2안의 경우는 강화군에서 교동도 사이에 놓여 있는 연도교를 넘어 연안군 쪽으로 연육교를 놓는 것이다. 이 경우에는 해주시와의 접근성이 전자보다 뛰어나며, 인천시가 교동도에 제2의 남북 공동 특별 산업 단지를 조성하여 남북 교류의 거점으로 활용하려는 계획도 수립하고 있으므로 우리 편에서 빠르게 추진할 수 있다는 장점이 있다. 특히 교동도는 접경 지역 최북단에 속한 섬 중의 하나로 북측에서 남북 간에 제한된 형태의 인적 교류에 무게를 두고자 할 때는 보이지 않는 장점이 될 수도 있다. 다만, 교동도의 공간 개발은 근본적으로 확장성에 제약이 크며, 수많은 섬들이 휴양 · 관광을 위한 장소로서의 성격을 강하게 내포하고 있다는 점에서 산업 기지로 개발하는 데 부정적인 입장이 대두될 수 있다. 무엇보다 교동도가 육지와 해양의 교류점으로 육상의 담수 생태계가 해양 생태계로 전환되는 생태적 완충 지대로서 생태적 보고라고 볼 수 있어, 자연 환경의 보호와 보전 그리고 개발 사이의 갈등이 날 서게 대립할 수도 있다. 어쨌든 연육교의 필요성은 어획물을 산지에서 신속하게 소비시장으로 보내기 위해 필수 불가결한 교통 기반 시설이다. 이러한 연결 체계는 단순히 어획물의 신속한 수송을 위해서만이 아니라 우리나라 근대사에 있어서 북쪽의 해주–연안–배천–개풍–개성과 남쪽의 교동–강화가 하나의 이루어왔던 역사적 생활 공동체를 회복하는 계기로 작용할 수도 있다. 교동도가 행정구역으로는 강화군에 속한 교동면이지만 1945년 8 · 15 해방 전까지만 해도 강화읍보다는 거리상 가까운(대략 12km 정도) 서해도 연백(연안군과 배천군)을 생활권으로 삼았었다는 사실과, 6 · 25 전쟁 이후 고향으로 돌아가지 못하고 자리를 잡은 연백군 연안읍 출신의 실향민들이 지금도 살아가고 있다는 점만 보더라도 남북 통합의 시사점은 상당히 크다고 볼 수 있다.

바로 이러한 사항은 남북 접경 지역에 위치한 서해를 앞으로 경제적 교류를 매개로 남북이 다시 하나되는 평화의 공간으로 만들고, 장기적으로 인천–개성–해주를 잇는 삼각 벨트로 탈바꿈시키겠다는 뜻을 표명한 것이라고 볼 수 있다. 즉, 공동 이익 창출이 핵심 목표가 됨에 따라 국지적으로 발발할 수 있는 군사적 분쟁 가능성은 근원적으로 차단될 것임을 의미하기도 한다. 그래서 한국토지공사는 한 발짝 더 나아가 강령군과 해주시 해주항 일대에 공단을 조성하여 개성공단, 인천과 연계한 서해평화협력지대의 중심지로 도약하도록 하며, 장기적으로 대중국 및 동북아 물류 허브 지역으로 개발한다는 계획을 수립하기도 하였다.

여기서 우리가 주목해야 할 또 하나의 사실은 2007년을 기점으로 남과 북이 남북 경제 공동체의 형성을 위한 상호 호혜적 사업의 기틀을 다지기 시작했다는 것이다. 과거에 남북의 경제 협력은 남측의 경제적 우위를 기반으로 북측의 경제적 위기 상황을 타개하도록 지원하는 대북 지원 정책에 초점을 맞추고 있었다. 그래서 '대북 지원 사업은 일방적 퍼주기 사업'이라는 비난을 많이 받아왔다. 그러나 이제 남북의 경제 교류는 상호 호혜적 성격을 띠는 사업으로 전환하기에 이른 것이다. 서해의 기능이 남북의 장점을 결합한 경협의 장

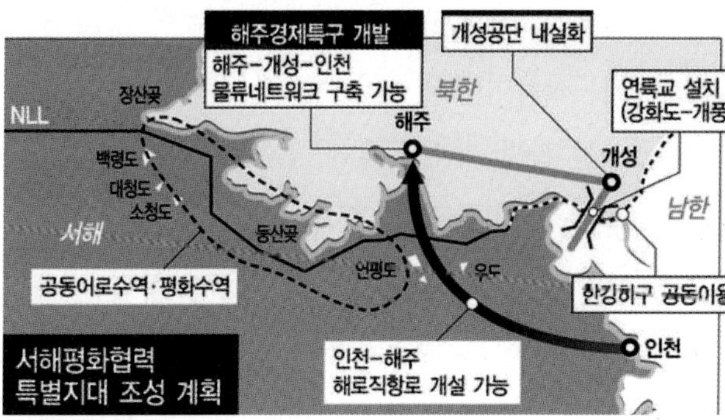

그림 9.3_ 서해 평화 협력 특별 지대 조성 계획

출처: 경향신문(2010/12/1), 공용득(2012, 22)에서 재인용.

으로 만들어 경제적 측면에서 상호 이익을 극대화시킬 수 있도록 하겠다는 것이고, 이를 통해 '남북 역사 공동체를 회복할 때 평화는 더욱 가까이 다가올 수 있음'을 암시했다고 볼 수 있다. 그러나 2008년 남측에 새로운 정권이 들어서 대북 정책의 기조가 바뀌었고, 2011년 김정일 국방위원장이 사망하면서 쌍방의 대화 당사자 변화와 같은 변동 사항이 발생하면서 남북 관계는 깊은 경색 국면으로 빠져들게 되었다. 물론 이전의 모든 계획은 수면 아래로 표류하기 시작했다.

2. 판문점 선언과 평양 공동 선언

2007년 말 이후 10년이 넘게 표류해온 서해 평화 특별 협력 지대 사업은 2018년 4월 27일 문재인 대통령과 김정은 국무위원장의 남북 정상회담 이후 발표된 판문점 선언을 통해 다시 수면 위로 부상하기 시작했다. 이때 남북 정상은 2007년 10.4선언 합의 사항을 적극 추진하기로 합의하였다. 그리고 이어진 2018년 9월 19일 평양에서 개최된 남북정상회담에서는 서해 공동 경제 특구와 더불어 동해 공동 관광 특구 개설까지 합의를 도출해내었다. 현재까지 남북 공동 특구에 대한 정부의 구체적인 계획이 명확히 알려지지는 않았으나, 통일부가 "개성공단 및 금강산 관광 재개와 함께 향후 남북 관계 상황을 보면서 해주, 원산 등 다른 지역으로 특구 개발을 확대하는 문제도 지속 협의하겠다"고 밝힌 것에 비추어보면 해주는 개성과 함께 서해 공동 경제 특구의 중요 거점 역할을 하게 될 것이 분명하다고 판단할 수 있다. 이런 점에서 해주가 이렇게 주목받는 이유는 무엇이며, 과연 어떤 곳인지 다시 한 번 짚어볼 필요가 있다.

2.
해주의 현황과 미래 모습

1. 해주에 대한 이해

해주시(海州市)는 황해남도의 도청 소재지에 해당한다. 남쪽으로 서해에 맞닿은 항구 도시이며 동쪽은 청단군, 서쪽은 벽성군, 북쪽은 신원군과 접해 있다. 한반도를 놓고 보면 중앙의 서부에 위치하여 주요 대도시와의 접근성이 뛰어나 직선거리로 따져볼 때 평양과는 110km, 서울 120km, 남포 80km, 개성 75km, 인천 20km가 떨어져 대략 한 시간 거리권 내에 한반도의 대도시와 연결되어 있는 느낌을 준다. 동북아에 있어서도 한반도와 중국 산둥성 웨이하이(威海)를 연결하는 최단 거리로 중국으로 연결되는 해상 교통의 요충지라고도 볼 수 있다. 지형적으로 살펴볼 때 북쪽으로 수양산, 설류봉, 장대산 등을 등지고 남쪽으로 해주만(灣)에 면하여 우리나라의 전형적인 취락 입지 조건인 배산임해(拜山臨海)를 이룬다. 광석천, 신광천 등 여러 개의 작은 하천과 온천이 있으며, 산림은 시 면적의 약 40%를 차지하며, 기후는 연평균 기온 11℃, 1월 평균기온 −4.4℃, 8월 평균기온 24.3℃인 해양성 기후로, 여름철에는 시원하고 겨울철에는 대체로 온난하다. 행정구역상 면적은 약 217km^2로 26개의 동과 5개의 리로 구성되어 있고 인구는 2008년 인구 센서스 기준 약 27만 명에 달한다. 이는 황해남도 인구의 약 12%에 이르는 수준이다.

그림 9.4_ 황해남도의 행정구역

출처: NK조선지리, 이현숙(2019, 55)에서 재인용.

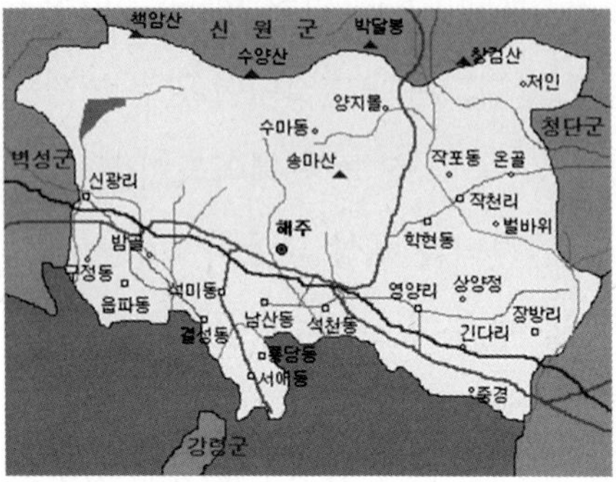

그림 9.5_ 해주시의 행정구역

출처: NK조선지리, 이현숙(2019, 55)에서 재인용.

해주는 북한 최대의 곡창 지대로 남북한 수도권, 개성공단과 거리상 가깝고, 북한 최남단 부동항인 해주항의 활용이 가능하다. 이러한 입지 조건의 장점과 더불어 개성에 비해 상대적으로 풍부한 노동력이 거주하고 있다. 개성의 노동력이 대체로 남북 산업 협력을 위해 특별히 이주한 이주 노동력에 해당했다면, 해주의 경우는 이미 이곳에 정착해 살고 있는 지역민들로 구성된 산업 인력을 활용할 수 있어 안정적인 인력 수급이 가능하다는 장점을 지니고 있다. 그러므로 해주항, 개성-해주 간 육상 교통 등을 정비한다면 해주항-개성공단-대한민국의 수도권은 하나로 연계된 제조 · 농업 · 물류 특구로 개발될 가능성이 충분하다는 것을 느낄 수 있다. 이렇게 되면 해주는 남북 정상이 합의한 서해평화협력특별지대의 실현을 위한 교두보 및 중심지 역할을 수행하고, 나아가 개성과 남측 수도권과 삼각 경제 협력 벨트를 구축하여 한반도 신경제 구상 환서해 벨트의 중심 지대로 발전할 수 있을 것으로 보인다. 특히 이것이 가능한 것은 과거로부터 남북이 하나의 생활권을 형성해 왔다는 점에서 찾을 수 있다. 실례로 지금도 강화도의 읍내와 교동도에는 연안식당, 연백고무신집, 연백가구점, 연백양화점, 그리고 백천집 등의 이름을 간판에 내걸고 장사를 하는 가게와 상점들이 다수 존재하고 있다. 이것은 해주나 연백군 출신의 실향민 그리고 그 가족들이 경영하지 않고서는 내세울 수 없는 상점의 간판 이름인 것이다. 이런 점에서 서해를 중심에 놓고 남쪽의 섬과 북쪽의 육지는 바로 하나의 생활공동체를 형성해왔던 곳이며, 이렇기 때문에 깊은 공동체의식을 다시 꽃피울 수 있는 공간이 될 수 있다는 것이다. 무엇보다 이곳에서 안중근, 김구와 같은 독립운동가가 배출되었다는 사실을 인식할 필요가 있다. 이는 해주가 우리나라의 뼈아픈 근대사를 중심으로 역사적 공감대와 민족의식을 하나로 묶어 군은 결속력을 다져낼 수 있는 장소성을 보여주고 있기도 하다.

2. 해주를 중심으로 펼쳐질 서해안 평화 지대의 미래상

1992년 김우중 당시 대우그룹 회장은 북한에 가서 김일성 주석을 면담하고, 해주에 200만 평 규모의 경공업 단지를 조성하는 합의를 체결하였으며, 1999년 현대그룹도 해주에 '서해안 공단'을 건설하는 마스터 플랜을 수립하고 북한에 제안한 적이 있다. 그러나 당시에 군사적 제약성이 강력하게 대두되어 결국 계획 입지는 개성으로 바뀌게 되었다. 이런 해주와 주변 지역 그리고 서해안 남북 해역을 중심으로 앞으로 남북이 함께 추진할 수 있는 협력 산업은 무궁무진하다고 하겠다. 해주 지역만 놓고 보더라도 전통 산업인 농수산업을 지원하는 트랙터 등 농기계, 비료, 농수산물 가공업을 선도 산업으로 내세울 수 있다. 이와 더불어 음식료, 섬유, 의류 등 북측의 고소득 시대를 대비한 고품질의 내수 및 수출용 생활 물품 등 소비재를 생산하는 제조업의 육성도 고려해볼 수 있다. 사실 해주를 놓고 이렇게 특정 산업 분야를 열거하는 것은 끝이 없을 수도 있다. 그 이유는 그만큼 풍부한 자원이 많고, 입지적으로 뛰어난 장소성을 보이고 있으며, 우수한 인적 자원이 배출되고 있기 때문이다. 역사 관광 자원의 활용 면에서 보더라도 개성과 연계한 관광 산업, 갯벌 등 해양 자원을 활용한 휴양 관광 산업, 수많은 방문객 등의 수요를 창출할 수 있는 전통 산업, 북한 지역의 본격적인 개발에 대비한 건자재 가공업 등도 선도 산업으로 충분히 제시되고 육성될 수 있다. 해주항 정비, 해주–개성 간 육상 교통 등이 확충된다면, 이를 활용한 물류 산업, 전기 · 전자 부품 및 완제품 등 개성공단과 연계된 산업도 생각해볼 수 있다.

김영윤(2008)은 '한반도 신경제 지도 구상의 실현 과제'라는 글에서 다목적 즉시 부두 설비의 설치를 활용한 남북 교류라는 아이디어를 제시하면서 다음과 같이 제안하고 있다. "다목적 즉시 부두 설비(Multi Prompt Port Facility) 설치는 남북 관계 정상화를 위한 기반 및 환경 조성을 위해 필요한 사업이라고 할 수 있다. 다목적 즉시 부두 설비는 복합 해양 플랜트다. 해운 침체로 야기된 초저가의 잉여 중고 선박을 발전 · 담수 기능을 갖춘 이동식 부두나 발전소 기능을 담당할 수 있는 설비로 개조해 부두로 사용함은 물론, 발전 · 담수 및 주요 자원의 저장, 항만 관제 또는 의료 시설로도 사용 가능하다. 경우에 따라서는 교육과 거주 · 관광에도 사용할 수 있다. 그야말로 다목적 해결(All in One Solution)이 가능하다. 이러한 사업은 북측의 항만과 전력이 부족한 지역에 맞춤형으로 개발할 수 있는 최적의 대상이다. 전 세계적으로 초과 공급되고 있는 선박을 구입, 수요자의 지역별 특성과 요구에 따라 맞춤식으로 개조하여 사회 기반 설비로 활용한다는 점에서 남측에도 아주 유리한 사업이다. 남측이 보유한 기술을 산업체와 연계, 이윤을 창출하고 이를 바탕으로 교육과 취업에 기여할 수 있기 때문이다. 기존의 항만 건설이나 발전소 건설에 드는 비용과 시간을 50% 이상 절약할 수 있으며, 비상시에는 설비의 국적 여부에 따라 철수할 수 있는 장점도 있다. 이동성을 보유하고 있기 때문에 북측으로 하여금 남북 관계가 악화되지 않도록 하는 데도 기여할 수 있을 것으로 본다. 설비를 통한 계속적 이익이 안정적인 남북 관계를 통해 확보할 수 있기 때문에 남북 관계를 안정적으로 관리할 수 있는 수단이 될 수 있다. 북측도 부두 시설이 극히 열악한 상태에서 다목적 즉시 부두 설비가 설치될 경우, 항만 개발에 획기적인 전기를 마련할 수 있다. 남북 경협 추진 시 즉각 '즉시 부두 설비'를 구축할 수 있는 협의를 추진하되, 북한이 설비를 구매할 경우, 그에 상응한 대가를 에너지 자원으로 받을 수 있도록 하는 것도 고려해볼 수 있다"(김영윤, 2017, 14). 장기적으로는 강령 녹색 시범구와 연계하여 친환경 바이오 산업의 육성도 가능할 것이다. 특히 강령군의 '강령 국제 녹색 시범 구역'은 북측에서 중앙급 경제 개발구로 지정한 곳이라는 점에서 정책적으로도 남북의 협력 개발에 대한 합의가 충분히 가능한 곳이다. 개발 과정에서 해주항 현대화, 해주-개성 간 도로 확충, 전력 등 필수 인프라 건설과 함께 증가하는 외부 노동력의 유입을 위해 출퇴근 도로, 주거 시설의 확충도 고려되어야 할 것이다. 무엇보다 '해주경제특구'라는 명칭이 뜻하는 바를 잘 살펴 보면서 개발 효과를 극대화시킬 필요가 있다.

'경제 특구'란 국가가 일정한 규모로 특정 지역을 지정하여 외국 기업에 개방하고, 그들이 가지고 있는 자본과 기술을 적극 유치하려고 각종 우대 조치를 부여하면서 설치하는 경제 구역을 뜻한다. 경제 특구는 무역 · 물류형, 제조 · 가공형, 복합형, 과학 기술형 등 다양한 유형으로 분류되는데, 우리나라도 선진국과 적극적인 교류를 추진하면서 경제 특구를 조성하여 우리에게 부족했던 투자 유치, 기술 도입, 선진적 경영 기법의 습득 그리고 자유시장경제의 시장 마인드를 받아들이는 데 심혈을 기울여 왔다. 특히 사회주의 체제 전환국들은 근본적으로 이러한 경제적 효과를 노리면서도 외국 자본이나 기업이 자국의 사회 깊숙한 곳까지 들어와 부정적 사회 현상이

표 9.3_ 체제 전환국의 특구 개발과 시사점

구분		중국	베트남	동독(통일 전)
경제 특구 / 통일 전 동서독 교통 협력	배경 및 추진 과정	• 1978년 11기 3중전회 • 1979년 4개 도시에 수출 특구 설치 • 1980년 수출 특구를 경제 특구로 변경 • 1984년 14개 연해 항만 도시 개방 결정 • 1988년 하이난 경제 특구 지정	• 1986년 도이모이 정책 • 1988년 수출 가공구 설치 • 기능과 성격의 차이에 따라 각기 공업 단지, 첨단 기술 단지, 경제 구역 등으로 분화 추진	• 1970년대 서독의 동방 정책 • 1970년 모스크바/바르샤바 조약 • 1971년 통과협정: 동서독 간 통행 제한 완화 • 1972년 교통조약, 동서독 연계 교통 논의 • 교통조약 추가 협약(1975, 1977, 1978, 1980)
	현황	• 5개 경제 특구 • 2006년 중국 GDP의 4.51%(9,518억 위안)	• 9개 경제 구역, 2007년 183개 경제 특구 • 2007년 말 외국인 투자 유치 총 293억 달러	• 1989년 국경 개방, 1990년 통일 • 통일독일교통프로젝트, 독일연방교통투자계획
	특징	• 체제 전환의 실험장 역할 • 점진적 개방 • 경제 특구 → 연해 항만 도시 → 전체 중국	• 대미 관계 개선, 전면적 개방 • 3대 도시(HCMC, 하노이, 하이퐁)에 집중	• 서독-서베를린 간 교통망 연계를 위한 서독 정부의 적극적 노력
교통 인프라	구축 전략	• 경제 특구 초기 교통 인프라 구축 상황이 매우 열악한 상태 • 단계적 구축 전략: 경제 특구 지역 → 연계 배후 지역 → 내륙 교통망	• 경제 특구 초기 인프라 구축 상황이 비교적 양호 • 교통 인프라가 비교적 양호한 지역에 경제 특구를 건설하고, 다시 교통 인프라에 투자하는 선순환 구조	• 동서독 간 연계 교통망 확충 및 정비 • 통과료, 도로 사용료의 서독 정부 일괄 지급 • 조세 지원 정책
	주요 재원	• 초기 국내 자본을 통해 집중적으로 구축, 점차 화교 및 해외 자본에 개방	• 국내 자본 및 해외 직접 투자 유치 • 1990년대 대미 관계 개선을 계기로 국제 금융기구의 양허성 차관 및 일본 등 국제 사회의 ODA 적극 활용	• 대부분 서독 정부의 무상 지원으로 구축됨
시사점		• 초기 국내 자본을 통한 인프라 구축 • 선진 배후 지역과의 연계에 중점 • 경제 특구의 발전 성과를 내륙에 전달하기 위한 내륙 교통망 정비	• 초기 비교적 발전한 교통 인프라 • 주요 접경 지역과의 연계 교통망 중시 • 다양한 재원 조달, 특히 국제 금융기구 및 국제 사회 ODA 적극 활용	• 협정 및 조약에 의한 교통 협력 • 동서독 간 연계 인프라 구축 재원의 서독 부담, 인프라 구축 대가로 서독의 정치적 요구 수용 • 동서독 연결은 물론 동유럽과의 연결이라는 장기적 관점에서 진행

출처: 원동욱 · 안병민(2008, 164).

나 사회적 격변을 일으키지 않도록 특정한 지역에 국한하여 경제 특구를 지정함으로써 점진적이면서도 단계적인 경제 개혁과 개방을 실험하는 실험장으로 삼아 왔다. 이것은 체제 전환의 길을 걸어온 중국에서도 그랬고, 베트남에서도 그랬다. 이러한 차원에서 북측에서도 해주 경제 특구라는 제한적인 공간에서 다양한 실험을 시행해 볼 수 있으며, 궁극적으로 경제적 기대 효과가 뚜렷하게 달성될 때 실험의 장을 지속적으로 확대할 수 있다. 즉, 궁극적인 경제 협력의 모델은 단순히 남북만의 경제 협력만이 아닌, 미국, 중국 등 다양한 국가의 기업이 참여하는 협력 모델을 구축하는 것이며, 이때 진정한 의미의 대외 개방과 시장경제 시스템이 갖춰져 나갈 것이다. 이것이 진정한 국가 경제의 성공 모델이기 때문이다.

무엇보다 외국의 관심과 투자 매력은 이미 개성공단의 성과를 통해, 그리고 기술 숙련도가 높은 인적 자원을 통해 충분히 입증된 바가 있다. 따라서 앞서 성공적으로 조성되었던 개성공단과 상호 보완 · 협력적 역할을 설정해가는 것도 중요해 보인다. 즉, 초기에는 남북이 계획 수립, 개발, 관리 · 운영에 이르는 전체 과정을 함께 추진하면서, 점차적으로 북측에서 개발 사업을 주도할 수 있도록 시장(Market)과 관련된 다양한 노하우를 전수하여 시장의 확대와 안정화를 도모할 수 있다.

3.
NLL, DMZ 및 접경 지역 전체의 변화

1. NLL의 변화

어쩌면 지금까지 해온 이야기가 그저 꿈같은 이야기로만 들릴지도 모르겠다. 남북이 서해상에서 NLL이라고 불리는 북방한계선(Northern Limit Line)을 해상 경계로 서로 대치하고 있는 상황만 보면 한치 앞이 보이지 않을 수 있기 때문이다. 1990년대 중반 이후 DMZ를 경계로 한 육지에서의 충돌과 갈등은 줄었으나, 서해상에서의 갈등 수위는 높아졌기 때문에 더욱 그렇다. 여전히 NLL을 대하는 남측의 입장과 북측의 입장이 첨예하게 갈리고 있기도 하다. 그도 그럴 것이 서해 5도 부근 해역은 '정전협정'에서 해상 경계선 획정이 이루어지지 못한 곳이다. 한국전쟁 당시 '정전협정'을 체결하기 위한 협상이 벌어졌을 때, 유엔사 측과 북한 측은 육상 군사 분계선에 대해서는 합의를 보았지만 해상 경계선을 둘러싸고는 이견을 좁히지 못하였다. 유엔사 측은 당시의 국제적 영해 관행에 따라 섬 둘레 3해리까지만 인정해야 한다고 주장한 반면, 북한은 12해리 영해선을 주장하였다. 결국 '정전협정'에서 해양 경계선을 설정하지 못하자, 1953년 당시 제해권을 완전히 장악하고 있던 유엔사 측은 북측과의 불필요한 해상 충돌을 막기 위해 한국 측 민간 선박은 물론 함정의 북상을 허용하는 한계선을 설정하였다. 그것이 바로 NLL이다. NLL은 자율적인 북상 한계선이었기 때문에 북측에는 통보되지 않았다. 그러나 이는 거꾸로 보면 북측도 이 경계선을 넘어서는 안 되는 남하 한계선이 되었던 것이다. 이 때문에 북측은 NLL이 유엔사가 일방적으로 그은 비법적인 선이라고 비난하고 이를 '해상 군사 경계선'으로 인정할 수 없다는 입장을 견지하고 있다. 그러다가 1991년 남북기본합의서를 통해 한반도 평화 상태가 이룩될 때까지 현 정전협정을 준수하고, 불가침 경계는 군사 분계선과 지금까지 쌍방이 관할해 온 구역으로 한다는 합의에 이르렀다(남북기본합의서 제11조). 물론 '쌍방이 관할해온 구역'에 대한 해석을 달리하면서 1999년과 2002년에 두 차례의 연평해전이 발생했으며, 이 결과 모든 합의가 무효화되는 길로 접어들게 되었다. 다시금 NLL 주변 해역이 분쟁 수역으로 나타난 것이다.

이런 NLL이 새로운 국제적 평화 교류 해역으로 바뀔 수 있는 가능성이 다시 대두되고 있다. 중요한 이유는 북측이 2013년 황해남도 강령군 경제 특구 계획을 발표한 때문이다. '경제특구개발법'에는 중앙급 경제 개발구만이 아니라 지방급 경제 개발구 건설이 가능하도록 되어 있다. 북측 정부는 해주의 남단에 위치한 강령군을 지방급 경제 개발구로 지정했다. 강령군은 연평도를 마주하며 NLL에 가장 인접한 최전방 지역이다. 이종석(2013)의 '북한의 황해남도 강령군 경제 특구 계획과 NLL'이라는 글에 나타난 강령군 특구 계획 요강을 살펴보면 강령군 경제 특구를 구상한 배경이 '교통의 편리성'으로 제시되어 있다. "… 서부는 서해를 사이에 두고 중국과 맞닿아 있고 동쪽으로는 해주항과 이어져 있으며 동남쪽으로는 남조선의 서울-인천 경제구와 연결되어 있다." 이 표현에 나타난 경제 특구는 중국과 대한민국의 연계성 속에서 발전시켜 나가겠다는 의지가 내

비쳐진 것으로 볼 수 있다. 그리고 강령군 경제 특구의 권역별 특화 계획을 명확히 나타내고 있다. "아시아 자유 항구 경제 구역을 중심으로 건설하며 농축업, 어업 생태 발전을 기초로 하고 물자 교류 정보 봉사, 금융 상무 봉사, 과학 교육 연구 개발, 국제 휴식 여행을 기둥으로 하는 '1+2+4'의 산업 방식으로 발전시키겠다." 이제 강령군은 5개의 권역으로 나뉘어 해주시에 인접한 강령반도 북부 지역은 첨단 과학 기술 개발구와 농업, 수산 생태 시범구로, 중부 지역은 항구 경제구와 금융 상무 봉사구로, NLL에 가장 근접해 있으며 북측의 최남단 해군기지가 있는 등산곶을 비롯한 등암(리) 지구 일대와 순위도는 국제 관광 휴식구로 개발하려는 것이다.

이러한 강령군 경제 특구 지정이 NLL에 시사하는 바는 무엇인가? 앞서 살펴보았듯이 강령반도는 남북 대결이 가장 첨예한 수역 내에 위치하고 있다. 그렇기 때문에 이러한 군사적 요충지의 성격이 변하지 않는 이상 민간 선박을 이용한 물류의 해상 이동이 자유롭게 이뤄지기를 기대하는 것은 쉽지 않다. 따라서 특구 계획의 실행을 위해서는 북측 최남단 해군기지인 등산곶의 폐쇄가 불가피할 수도 있다. 강령군에서 얼마 떨어지지 않은 사곶의 8전대도 기존의 기능을 변경할 수밖에 없을 것이다. 아니 계속 존치하더라도 규모를 축소하거나, 곳곳에 배치된 포 기지를 축소할 수밖에 없지 않을까 하는 생각이 든다. 이것은 남측의 요구에 따른 해군력 재배치나 축소가 아닌 북측의 자체적 필요에 의한 군사력 재배치와 축소에 해당할 것이다.

그림 9.6_ 북측의 서해 주요 해안포 기지 및 포 사거리
출처: 연합뉴스(2010/02/19).

이렇게 되면 남북 간의 긴장은 자연스럽게 완화될 수 있으며, 우리도 진일보한 평화 수역 계획을 수립할 수 있게 될 것이다. 그러나 무엇보다도 특구 계획의 실행은 남북 그리고 UN의 합의에 따라 NLL 인근을 완벽하게 공동평화수역으로 선포할 때 가능한 구상이다. 이런 점에서 NLL의 평화 수역화는 남측이든 북측이든 서로의 평화와 번영을 위해 꼭 필요한 과제인 것이다. 이미 우리 정부는 2007년 10.4 남북정상선언에서 서해평화협력특별지대 설치에 합의하면서 강령군을 해주 경제 특구 개발 지역으로 해주시와 인접한 강령반도를 남북 화해 시대의 경제 특구 대상 지역으로 지목하였고, 인천-개성-해주의 서해안 삼각벨트를 구상해 왔다. 그해 11월 6일 총리회담 합의문에는 이미 '공동 어로, 민간 선박 운항, 해상 운송 보장'이 들어 있다. 이는 서해를 분쟁의 바다에서 평화의 바다로 전환시켜 중국 성장의 핵심 지대인 중국 동부 해안의 발전 동력과 협력하면서 거대한 황해권 경제 지대를 만들어가는 것을 의미한다. 그리고 미국을 비롯한 다수의 국가들이 참여하는 국제 사회의 지지 속에 더 큰 그림을 그려갈 수 있다. 북한의 강령군 경제 특구도 이러한

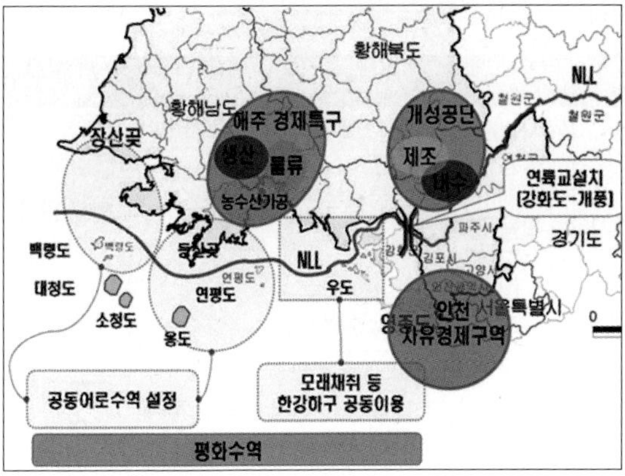

그림 9.7_ 서해안 삼각 산업 벨트 구상
출처: LH내부자료, 이현숙(2019, 60)에서 재인용.

황해 경제권의 비전 속에서 바라보면 서해평화지대가 왜 그토록 중차대한 것인가를 알 수 있다.

현재 NLL은 중대한 변화의 기로에 서 있다. 아니 NLL을 경계로 한 서해가 중대한 변화의 기로에 서있다. 서해 평화 수역 조성을 제대로 추진하기 위해서는 앞서 제시된 수많은 아이디어와 정책들을 적절한 시기에 적절한 방법으로 엮어서 진행해야 할 것이다. 물론 국제 사회의 제재가 완전히 걷히거나 완화되지 않은 상태에서는 어떤 행위도 제재 위반이 될 수 있다. 그렇다고 제재 해지나 완화만을 바라보고 있을 수만은 없다. 따라서 평화 수역 조성 추진 가능성을 찾아내는 난세직이고 체계적인 접근을 준비해두어야 한다. 이와 관련하여 한국해양수산개발원이 제시한 단계적 추진 시기의 시나리오는 눈여겨볼 만하다.

표 9.4_ 평화 수역 조성 추진 방향

분야	추진 방향	세부 내용	추진 시기
해양 공간 통합적 관리 체계 구축	해양 공간 및 자원 조사	• 사전 준비 → 조사 계획 수립 → 관리 및 활용 단계적 추진 • 국제기구, 곤련 국가 옵저버로 참여 • 활용 영역 – 구역 설정 – 이용 개발 타당성 검토 – 해양 공간 계획 수립	제재 완화 이전
	해양 보호 구역 지정 및 공동 관리	• 갯벌, 생태계, 수산자원 보호 • 람사르 협약, UNESCO 생물권 보전 지역 남북한 공동 지정 및 관리	제재 완화 이전
	초국경 해양 공간 계획 수립	• 보전, 이용 및 개발 수요의 조화와 균형을 위한 체계적 공간 할당	제재 완화 이전
	배후 공간과 연계 발전	• 접경 해역 배후 육지부, 수역(한강, 염화수로, 강화수로 포함)과 연계 발전 전략 수략	제재 완화 이전
수산 자원 보존 및 지속 가능한 이용	자원 보존 및 이용 방안 다각화	• 보호 수면 지정, 유상 입어 수역 설정, 공동 어로 구역 설정(단계적 확대)	제재 완화 이전/이후
	공동 어로 구역 운영 방안	• 수산자원 조사, 수산자원 조성 및 어장 환경 개선, 조업 안전 확보, 공동 어로 구역 관리 및 이용 계획 수립, 중국 어선 공동 단속 • 서해 5도 어민에게 공동 어로 구역 어획 우선권 부여	제재 완화 이전
해상 물류 네트워크 구축	한강 하구 항만 개발 타당성 검토 및 직항로 우선 추진	• 오두산 항만 개발 타당성 검토 • 인천~해주 적항로 개설 검토	제재 완화 이전
	항로 개설 수로 측량 공동 수행	• 해주항 직항로, 인천–해주 항로 대상	제재 완화 이전
	해주항 개발 타당성 조사 전문가 협의체 구성	• 경제, 물류 전문가 중심으로 구성	제재 완화 이전
	서해 남북 물류 네트워크 구축	• 해주 경제 특구, 해주~인천~국제 항로	제재 완화 이후
한강 하구의 지속 가능한 최적 이용	한강 하구 공동 조사 지속 및 생태계 · 자원 확대	• 2019년 공동 조사 재개, 종합 공동 조사 정착 • 모래, 채취, 향로 준설의 타당성 검증에 활용	제재완화 이전
	뱃길 복원 및 시범 관광 우선 시행	• 지형, 생태계에 영향이 적은 소형 선박 우선 운영 • 관광 프로그램 개발로 신뢰 구축	제재 완화 이전

출처: 남정호 외(2019, 102–103).

2. DMZ의 변화

NLL을 향한 평화의 꿈은 단순히 꿈이 아니다. 이것은 비무장지대(DMZ: Demilitarized Zone)가 남북 분단 이후 지난 70년간 어떻게 변화되어 왔는지를 살펴볼 때 확인할 수 있다. 그 이유는 이러한 변화가 평화 통일의 가능성을 가늠하고 판단할 수 있는 중요한 척도이기 때문에 주의 깊게 살펴봐야 한다는 것이다. 또한 수많은 평화 통일 정책은 DMZ를 배경으로 이뤄지고 있기 때문이기도 하다.

일반인들은 잘 느끼지 못했지만 어느덧 DMZ의 모습은 초기와 상당히 다른 형태를 보인다. 대표적 변화가 DMZ의 폭이다. DMZ는 기본적으로 4km의 폭을 유지해야 한다(군사정전협정, 1953, 제1조 1). 그러나 실제에 있어서 4km 이내에 북측이 민경 초소를 그리고 남측이 GP(Guard Post)를 설치하여 운영함으로써 정전협정 위반 사항이 발생하고 있다. 북측 민경 초소와 남측 GP 사이에 가장 좁은 곳 중 하나는 임진강 하구부 도라산의 0.9km(정확히 866m) 지점이며, 또 다른 한 곳이 동부 산악 지역의 가칠봉 지점으로 0.7km에 불과하다.[1] 이는 남북이 모두 DMZ 한계선의 안쪽으로 배치해 군사적으로 유리한 위치를 점하려 했기 때문으로 풀이된다. 이 때문에 실제로 수많은 소규모 총격전들도 발생하곤 하였다. 그러나 다른 한편으로 남북 간의 접촉 지점은 더욱 가까워진 것이라고 보는 해석도 존재한다. 이런 맥락에서 DMZ를 군사적 요충지에서 평화 지대로 자리매

---

1 김재한(2011, 127–128)은 DMZ가 철책선 위치와 관계없이 군사분계선으로부터 2km까지라는 사실을 지적한 바 있다.

김하도록 하는 근본적 변화의 협정이 이뤄진 것이라고 볼 수 있다. 2018년 9월 19일 대한민국 국방부장관과 조선인민민주의공화국 인민무력상은 평양 백화원 영빈관에서 남북 양국의 수반이 바라보는 가운데 '판문점 선언 이행을 위한 군사 분야 합의서'에 서명하였다. 먼저 합의서의 내용을 전체적으로 살펴보도록 하자.

판문점 선언 이행을 위한 군사 분야 합의서

남과 북은 한반도에서 군사적 긴장 상태를 완화하고 신뢰를 구축하는 것이 항구적이며 공고한 평화를 보장하는 데 필수적이라는 공통된 인식으로부터 한반도의 평화와 번영, 통일을 위한 판문점 선언을 군사적으로 철저히 이행하기 위하여 다음과 같이 포괄적으로 합의하였다.

1. 남과 북은 지상과 해상, 공중을 비롯한 모든 공간에서 군사적 긴장과 충돌의 근원으로 되는 상대방에 대한 일체의 적대행위를 전면 중지하기로 하였다.
   ① 쌍방은 지상과 해상, 공중을 비롯한 모든 공간에서 무력 충돌을 방지하기 위해 다양한 대책을 강구하였다.
   쌍방은 군사적 충돌을 야기할 수 있는 모든 문제를 평화적 방법으로 협의 · 해결하며, 어떤 경우에도 무력을 사용하지 않기로 하였다.
   쌍방은 어떠한 수단과 방법으로도 상대방의 관할구역을 침입 또는 공격하거나 점령하는 행위를 하지 않기로 하였다.
   쌍방은 상대방을 겨냥한 대규모 군사훈련 및 무력증강 문제, 다양한 형태의 봉쇄 차단 및 항행방해 문제, 상대방에 대한 정찰행위 중지 문제 등에 대해 '남북군사공동위원회'를 가동하여 협의해 나가기로 하였다.
   쌍방은 군사적 긴장 해소 및 신뢰구축에 따라 단계적 군축을 실현해 나가기로 합의한 판문점 선언을 구현하기 위해 이와 관련된 다양한 실행 대책들을 계속 협의하기로 하였다.

② 쌍방은 2018년 11월 1일부터 군사분계선 일대에서 상대방을 겨냥한 각종 군사연습을 중지하기로 하였다.

지상에서는 군사분계선으로부터 5km 안에서 포병 사격훈련 및 연대급 이상 야외기동훈련을 전면 중지하기로 하였다.

해상에서는 서해 남측 덕적도 이북으로부터 북측 초도 이남까지의 수역, 동해 남측 속초 이북으로부터 북측 통천 이남까지의 수역에서 포사격 및 해상 기동훈련을 중지하고 해안포와 함포의 포구 포신 덮개 설치 및 포문폐쇄 조치를 취하기로 하였다.

공중에서는 군사분계선 동 서부 지역 상공에 설정된 비행금지구역 내에서 고정익항공기의 공대지유도무기사격 등 실탄사격을 동반한 전술훈련을 금지하기로 하였다.

③ 쌍방은 2018년 11월 1일부터 군사분계선 상공에서 모든 기종들의 비행금지구역을 다음과 같이 설정하기로 하였다.

고정익항공기는 군사분계선으로부터 동부지역(군사분계선표식물 제0646호부터 제1292호까지의 구간)은 40km, 서부지역(군사분계선표식물 제0001호부터 제0646호까지의 구간)은 20km를 적용하여 비행금지구역을 설정한다.

회전익항공기는 군사분계선으로부터 10km로, 무인기는 동부지역에서 15km, 서부지역에서 10km로, 기구는 25km로 적용한다. 다만, 산불 진화, 지 해상 조난 구조, 환자 후송, 기상 관측, 영농지원 등으로 비행기 운용이 필요한 경우에는 상대측에 사전 통보하고 비행할 수 있도록 한다. 민간 여객기(화물기 포함)에 대해서는 상기 비행금지구역을 적용하지 않는다.

④ 쌍방은 지상과 해상, 공중을 비롯한 모든 공간에서 어떠한 경우에도 우발적인 무력충돌 상황이 발생하지 않도록 대책을 취하기로 하였다.

이를 위해 지상과 해상에서는 경고방송 → 2차 경고방송 → 경고사격 → 2자 경고사격 → 군사적 조치의 5개 단계로, 공중에서는 경고교신 및 신호 → 차단비행 → 경고사격 → 군사적 조치의 4개 단계의 절차를 적용하기로 하였다.

쌍방은 수정된 절차를 2018년 11월 1일부터 시행하기로 하였다.

⑤ 쌍방은 지상과 해상, 공중을 비롯한 모든 공간에서 어떠한 경우에도 우발적 충돌이 발생하지 않도록 상시 연락체계를 가동하며, 비정상적인 상황이 발생하는 경우 즉시 통보하는 등 모든 군사적 문제를 평화적으로 협의하여 해결하기로 하였다.

2. 남과 북은 비무장지대를 평화지대로 만들어 나가기 위한 실질적인 군사적 대책을 강구하기로 하였다.

① 쌍방은 비무장지대 안에 감시초소(GP)를 전부 철수하기 위한 시범적 조치로 상호 1km 이내 근접해 있는 남북 감시초소들을 완전히 철수하기로 하였다.

② 쌍방은 판문점 공동경비구역을 비무장화하기로 하였다.

③ 쌍방은 비무장지대내에서 시범적 남북공동유해발굴을 진행하기로 하였다.

④ 쌍방은 비무장지대 안의 역사유적에 대한 공동조사 및 발굴과 관련한 군사적 보장대책을 계속 협의하기로 하였다.

3. 남과 북은 서해 북방한계선 일대를 평화수역으로 만들어 우발적인 군사적 충돌을 방지하고 안전한 어로활동을 보장하기 위한 군사적 대책을 취해 나가기로 하였다.

① 쌍방은 2004년 6월 4일 제2차 남북장성급군사회담에서 서명한 '서해 해상에서의 우발적 충돌 방지' 관련 합의를 재확인하고, 전면적으로 복원 이행해 나가기로 하였다.

② 쌍방은 서해 해상에서 평화수역과 시범적 공동어로구역을 설정하기로 하였다.

③ 쌍방은 평화수역과 시범적 공동어로구역에 출입하는 인원 및 선박에 대한 안전을 철저히 보장하기로 하였다.

④ 쌍방은 평화수역과 시범적 공동어로구역 내에서 불법어로 차단 및 남북 어민들의 안전한 어로활동 보장을 위하여 남북공동순찰 방안을 마련하여 시행하기로 하였다.

4. 남과 북은 교류협력 및 접촉 왕래 활성화에 필요한 군사적 보장대책을 강구하기로 하였다.

① 쌍방은 남북관리구역에서의 통행 통신 통관(3통)을 군사적으로 보장하기 위한 대책을 마련하기로 하였다.

② 쌍방은 동 서해선 철도 도로 연결과 현대화를 위한 군사적 보장대책을 강구하기로 하였다.

③ 쌍방은 북측 선박들의 해주직항로 이용과 제주해협 통과 문제 등을 남북군사공동위에서 협의하여 대책을 마련하기로 하였다.

④ 쌍방은 한강(임진강) 하구 공동이용을 위한 군사적 보장 대책을 강구하기로 하였다.

5. 남과 북은 상호 군사적 신뢰구축을 위한 다양한 조치들을 강구해 나가기로 하였다.

① 쌍방은 남북군사당국자사이에 직통전화 설치 및 운영 문제를 계속 협의해 나가기로 하였다.

② 쌍방은 남북군사공동위원회 구성 및 운영과 관련한 문제를 구체적으로 협의 · 해결해 나가기로 하였다.

③ 쌍방은 남북군사당국간 채택한 모든 합의들을 철서히 이행하며, 그 이행상태를 정기적으로 점검 평가해 나가기로 하였다.

6. 이 합의서는 쌍방이 서명하고 각기 발효에 필요한 절차를 거쳐 그 문본을 교환한 날부터 효력을 발생한다.

① 합의서는 쌍방의 합의에 따라 수정 및 보충할 수 있다.

② 합의서는 2부 작성되었으며, 같은 효력을 가진다.

2018년 9월 19일

대 한 민 국 국 방 부 장 관 송 영 무

조선민주주의인민공화국 인 민 무 력 상 조선인민군 대장 노광철

내용 상당 부분이 DMZ를 중심으로 우발적 무력 충돌의 예방과 평화적 활동을 촉진하기 위한 사항이 가득 채워져 있음을 알 수 있

다. 합의서 1조2항은 DMZ와 그 주변에 이르기까지 군사 행위에 대한 포괄적 중지와 금지를 규정하고 있으며, 2조는 비무장지대를 평화 지대로 만들어가기 위한 실질적 강구 사항을 규정하고 있다. 구체적 사항이 2조1항에 기술되어 있는 1km 이내에 근접해 있는 남북 감시 초소를 완전히 철수하는 것이었다. 이것은 남북 간의 우발적인 군사적 충돌을 방지하고 긴장 완화를 추구하는 차원에서 이뤄진 것이다. 좀 더 눈여겨봐야 할 것은 2조3항과 4항의 내용으로 비무장지대 내에서 남북 공동 유해 발굴 진행과 역사 유적에 대한 공동 조사 및 발굴을 규정하는 것이다. 이것은 남북의 인적 교류, 접촉 지점의 개방 등과 같은 후속 조치를 반드시 수반하는 사항이다. 남북 정부가 합의문으로 DMZ에서의 평화적 교류 · 협력 행위를 지정한 것은 근본적이고도 획기적인 변화에 해당한다. 오랫동안 남북 정부가 유일하게 DMZ를 접촉의 공간, 개방의 통로로 활용했던 곳은 판문점뿐이었다. 그러다 김대중 정부에 들어서면서 개성공단의 조성에 따른 파주–개성의 도로 개통과 경평선 철도 노선의 개통, 그리고 금강산 내륙 관광을 위한 철도 및 도로의 개통으로 다원화되었다. 2000년 '6 · 15 공동선언'을 계기로 합의된 경의선 철도 연결 사업에 따라 문산~군사분계선~개성으로 이어지는 27.3km가 복원됐다. 노무현 정부 시절인 2007년 5월에는 경의선 27.3km, 동해선 25.5km 구간에서 시험 운행 후 기술적 장애를 극복하고 12월부터 문산~봉동(개성공단 입구)에 이르는 남북 철도의 정기 운행을 시작했다. 그러나 북핵 이슈가 부각되면서 남북 관계의 경색은 모든 노선을 폐쇄시키는 상황으로 치닫게 만들었고, 금강산 관광과 개성공단의 경제 협력

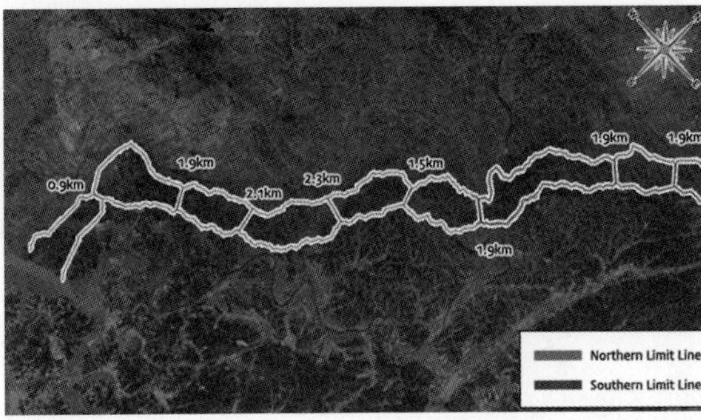

그림 9.8_ DMZ 남북 한계선의 실제 폭(서부 지역, 임진강에서 연천군까지)

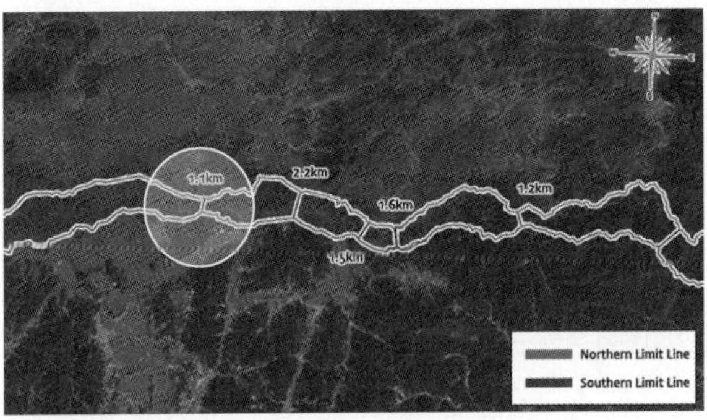

그림 9.9_ DMZ 남북 한계선의 실제 폭(중부 지역, 연천군에서 철원군까지)

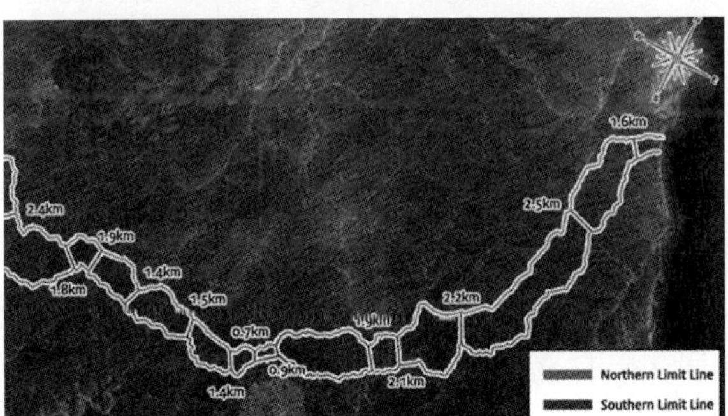

그림 9.10_ DMZ 남북 한계선의 실제 폭(동부 지역, 철원군에서 동해안 고성군까지)

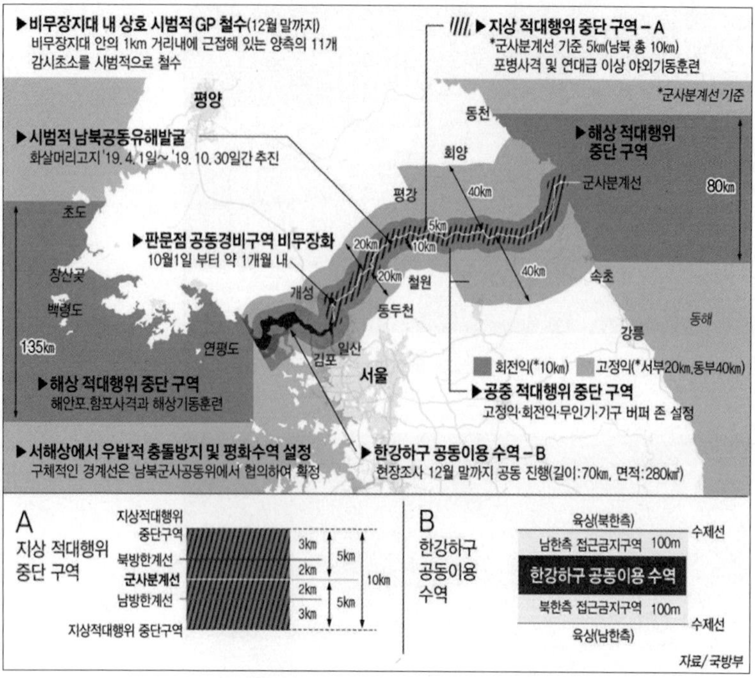

그림 9.11_ 판문점 선언이행을 위한 군사 분야 합의 내용

출처: 연합뉴스(2018/9/19), 남정호 외(2019, 46)에서 재인용.

김재한(2018b)은 위 국방부 공식 지도의 공중 적대 행위 중단 구역 범위가 군사 분계선을 기점으로 합의된 조문과 정확히 일치하지 않는다는 점을 지적한 바 있다.

사업마저도 문을 닫게 되었다.

이러한 '닫힘'이 다시 '열림'으로 돌아서게 된 것은 가장 최근의 일이다. 미국이 북핵과 탄도미사일 위기로 북측과 첨예한 대립을 이루던 바로 그 시점, 2018년 2월 평창 동계올림픽에 북측이 참여하면서 극적인 반전이 이루어졌다. 2018년 1월 1일 북측의 김정은 위원장은 신년사를 통해 핵으로 다른 나라를 위협하지 않을 것이며, 누구와도 대화와 접촉을 할 것이라고 말했다. 이를 계기로 2월 '평창 올림픽'

이라는 세계적 스포츠 행사에 북측의 고위급 인사와 선수단이 파견되었다. 나아가 민간과 공공 영역에서 다양한 교류가 진행되기 시작했으며, 쌍방 협의가 가능한 의제가 논의되며 다루어져왔다. 그리고 일사천리로 그해 4월 27일 문재인 대통령과 김정은 국무위원장은 판문점 정상회담을 가졌다.

곧이어 9월 18일부터 20일까지 평양에서의 정상회담으로 이어졌다. 그리고 이곳에서 '판문점 선언 이행을 위한 군사 분야 합의서'가 조인되었다. 그 후속 조치 중 하나가 공동 유해 발굴을 원활하게 추진하도록 강원도 철원군 '화살머리고지' 일대(〈그림 9.9〉의 동그랗게 표시한 부분)에서 남북 도로 개설을 연내에 완료하기로 합의한 것이었다. 이미 김대중 정부 당시에도 여러 형태의 개방이 이뤄졌지만, 이것이 특정 공간에 국한하여 통과를 위한 개방과 만남이었다면, 2018년 11월경에 이뤄진 남북 군인들의 만남은 DMZ 전체의 평화적 이용을 위한 합의문에 근거하여 이루어진 후속 행위에 해당하는 것이었다. 나아가 '군사적 대치'에서 평화적 행위를 위하여 길을 여는 '협력적 만남'이라는 의미도 띠고 있다.[2]

DMZ가 앞으로 어떻게 변화될지를 예측하는 것은 사실상 쉬운 일이 아니다. 물론 마티네즈(Martinez, 1994)는 과거 동구 유럽과 서구 유럽의 대립과 해빙을 분석하면서 국경의 기능이 '상호 작용'을 거치며 4단계의 변화 과정을 겪는다고 분석하였다. 궁극적으로 이것은 2000년대 유럽연합이 태동되면서 분명하게 확인할 수 있던 통합형

---

2 극적인 만남은 https://www.youtube.com/watch?v=eO6-aUyvHG4에서 확인할 수 있다.

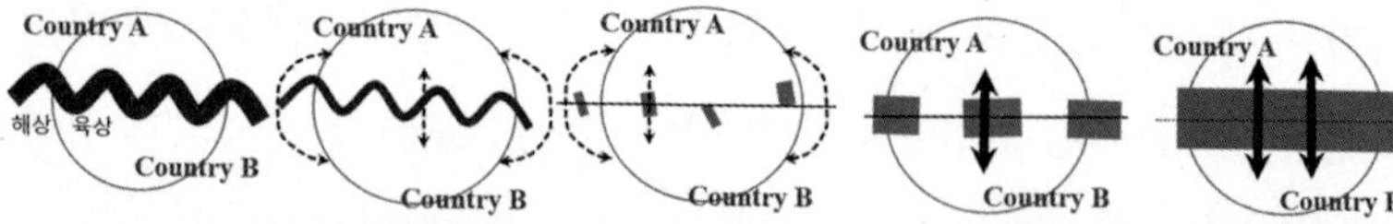

국경 폐쇄 및 배타적 접경 지역	국지 개방형 국경 및 제한 접촉의 접경 지역	비상시적 제한 교류의 국경 및 접경 지역	교류 및 협력적 국경 및 접경 지역	통합형 국경 및 접경 지역
Country A 와 B의 국경은 봉쇄되어 있으며 접경 지역은 상호 접촉이 금지된 폐쇄 공간에 해당함. 상시적으로 군사적 긴장과 충돌의 위험성에 노출되어 있음.	육상을 통한 국경 봉쇄 지속. 단, 특정 목적하의 제한적 접촉을 위하여 국경의 국지적 개방이 이루어짐. 해상 및 항공 교통을 이용한 접촉에 비하여 육상을 통한 접촉은 상대적으로 제한 요인이 강하게 작용함.	국경 긴장의 완화와 육상을 통한 교류 및 협력의 점진적 개선. 접경 지역에 대한 부분 개발의 협력과 합의가 이루어짐. Country A 와 B 간 주민의 점진적 교류의 시작. 단, 접경 지역의 토지 이용은 여전히 상당한 제약을 받음.	Country A 와 B 간의 국경 안정이 보장되며 상호 신뢰 구축을 기반으로 경제 및 사회적 협력이 보장됨. 교류 협력 사업의 활성화와 더불어 주민의 자유 왕래가 가능함.	국경의 전통적 기능 쇠퇴. Country A 와 B 간의 경제적 협력 사업의 강화 및 균형적 지역 발전을 위한 상호 협력 체계의 구축. 주민의 자유 왕래 및 재화의 자유 이동에 따른 물류 이동과 교역의 중심지로 전환. 일체화된 접경 지역의 개발

그림 9.12_ 국경 및 접경 지역 공간 구조의 5단계 변형 과정

출처: 황지욱(2004. 163)

국경의 모습이기도 하였다. 그러나 우리나라의 상황에 이를 그대로 적용하기란 쉬운 일이 아니었다. 현실의 격동과 다양한 사건의 부침을 보면 미래 상황의 예측이 그리 녹록한 일이라고 볼 수는 없기 때문이다. 그럼에도 불구하고 현시대에 우리는 '불가역적이고 항구적인 평화'를 추구하고 있기에 평화를 얻기 위해 앞으로 한걸음씩 내딛고 있다고 본다. 2000년대 초반부터 이뤄진 남북 교류 협력의 추세를 근거로 살펴보더라도 마티네쯔의 이론적 개념은 남북의 접경지역에도 충분히 대입 가능한 것으로 나타난다. 결과적으로 황지욱(2004)은 접경 지역의 도식화와 단계별 공간 특성의 변화를 분석하여 다음과 같은 5단계의 변화상을 보여주고 있다.

1단계에서 5단계로 갈수록 국경의 폐쇄성이나 배타성은 점점 열어지며, 평화로운 월경을 통한 협력과 교류가 강화되는 추세를 보이는 것이다. 국경이 통합된 공동체의 공간으로 변모하는 것이다. 그러나 이것은 그냥 가만있어도 자연스럽게 이뤄지는 현상은 아니다. 국경을 접한 상대국 간의 평화와 교류를 위한 부단한 노력과 상호작용이 지속적으로 이뤄질 때 가능하다. 그렇다면 2000년대 초반에 이르기까지 남북은 어느 단계의 국경 형태를 보여 왔을까? 그 모습은 거의 두 번째 단계를 벗어나지 못한 수준이었다고 볼 수 있다. 그리고 지금에 이르러서도 그 정도는 아직 세 번째 단계 즈음에 와 있는 수준이라고 볼 수 있다. 물론 남북의 경제 교류는 지속적으로 증대되어왔다. 하지만 다방면에서의 교류를 통해 앞으로 우리가 가야 할 길은 여전히 멀어 보인다. 네 번째 단계의 교류 및 협력을 성취하기 위해서는 더욱 줄기찬 노력이 필요하다는 것이다. 이러한 노력은 국경이라는 전통적인 폐쇄성의 장막을 걷어내고, 궁극적으로 균형적인 지역 발전, 자유로운 이동과 교류를 보장하는 진정한 의미의 평화 공간을 만들어가기 위해 꼭 필요하다. 이러한 노력의 결실이 NLL의 변화에서도 나타날 때 국경의 공간 구조는 네 번째 단계에 도달할 수 있을 것이다.

4.
통일의 길

1. '통일'을 향한 신뢰 회복과 평화 정착의 과정

1948년 한반도가 둘로 나뉜 이래 남과 북 사이에는 정치 · 외교적 갈등과 충돌, 그러면서도 막후의 교섭 · 협약 그리고 경제적 교류라는 행위가 혼재되어 이뤄져왔다. 극심한 갈등과 혼란의 시기에도 우리는 언제나 '통일이 되면…'이라는 이 하나의 꿈을 놓지 않고 미래를 계획해 왔다. 그런데 이 '통일'이라는 모습이 평화로운 미래를 꿈꾸는 것인지는 알겠지만, 과연 이를 얻기까지 우리가 가야 할 길이 얼마나 어려우며, 걷어내야 할 것이 무엇이고 얼마나 많은지, 그리고 그렇기 때문에 '통일'이라는 궁극적 목표점에 도달하기까지 얼마나 힘든 노력과 지난한 합의의 과정을 거쳐야 하는지 깊이 있게 생각해 봤는지 묻지 않을 수 없다. 그냥 그렇게 교육을 받았으니까, 묻지도 따지지도 말고 '통일'이라는 단어만 나오면 '꼭 돼야 하는 거야'는 식의 논조에 빠져버리곤 하지는 않았는지 말이다. '꼭 돼야 하는 거야'라는 당위성은 누구나 할 수 있는 말이자 알고 있는 사실이다. 다만, 이를 실현하기 위해서 펼쳐야 하는 노력과 앞에 놓인 장애물을 제거하기 위해 들여야 하는 노력이 정말로 힘들고 어려운 것이기 때문에, 이에 대한 합의에 이르기까지 무수한 논의가 필요하고 설득도 필요할 수도 있다는 것이다. 이런 점에서 단순히 DMZ의 지뢰를 제거한다고 통일이 되는 일도 아니고, 우리에게 위협이 되는 방사포만 제거한다고 통일이 될 일도 아니다. 일일이 열거하다보면 수만 가지가 드러날 수도 있고, 우리 쪽에서만 할 말이 있는 게 아니라 북측에서도 할 말이 무수히 많을 수도 있다. 그런데 이야기를 하다보면 선결해야 할 것이 너무 많아 갈등의 골만 더 깊어질 수도 있고, 또 공산주의자와 이야기하다가는 말려들 수 있으니 차라리 그냥 밀어붙여야 한다고 주장할 수도 있다. 그렇다면 이런 논의와 협의 없이 이

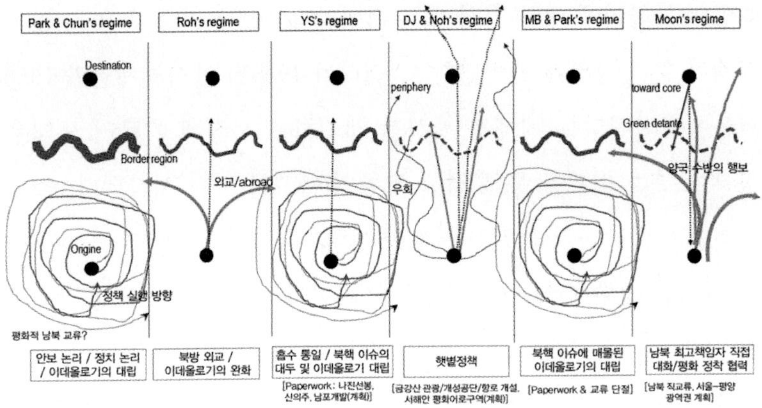

그림 9.13_ 대한민국의 대북 정책(박정희 정부부터 문재인 정부에 이르기까지)
출처: 황지욱(2019, 69).

뤄진 것이 과연 '통일'이냐는 것이다. 무엇보다 '평화 통일'이냐는 것이다. '통일'이란 단어는 언제나 '평화'와 함께 붙어 다닌다고 생각하기 때문이고, 남북 간에 '평화'를 정착시키려는 노력이 선행된 이후에야 '통일'의 물꼬가 터지기 때문이다. 그리고 이 과정으로서의 평화적 행위가 쌓이고 쌓여 마침내 신뢰 구축을 바탕으로 하는 평화 통일에 다다르는 것이므로 이는 우리가 꼭 거쳐야 할 '평화 행위'라고 말할 수 있는 것이다. 하지만 이런 복잡한 이유 때문이었는지, 지난 70년간 남북 간의 교류는 참으로 미묘한 형태로 나타났다.

대한민국의 대북 정책만 놓고 보더라도 그랬다. 보수를 주창하는 세력이 정권을 잡았을 때의 남북 통일 정책은 빙빙 맴돌기 일쑤였다. 정책적으로는 통일을 내세웠지만 북측과 실질적 협력이 이뤄질 수 있는 의제의 처리는 거의 없었다. 오히려 내부 결속을 다지는 차원에서 구호적 성격의 통일 정책이나, 체제 우월성을 강조하면서 상대방의 불합리에 대한 지적 또는 적대감과 경계심의 끈을 놓지 않는 정책이 훨씬 강하게 드러났다. 그러다가 1986년 아시안게임과 1988 서울올림픽이라는 세계적 행사를 개최하는 시점에 이르러 노태우 정부는 북방 외교를 통해 남북 교류의 물꼬를 트기 시작했다. 놀라우리만치 혁신적인 사고의 전환이 이뤄진 것이다. 그런데 이것이 다시 김영삼 정부에 이르러 '흡수통일론'이라는 통일 정책이 표방되면서 남북 관계는 얼어붙기 시작했다. 어느 한쪽의 우월성에 근거한 정책적 접근은 다른 한쪽에게는 자존심을 심각하게 상하게 하는 것이었기 때문이다. 급격한 정책적 전환은 진보적 정권의 김대중 정부가 들어섰을 때 이뤄진다. 남북 관계의 해빙이 도래한 것이다. 서로의 경제적 이해관계에 대한 합의를 통해 개성공단이 들어섰고, 금강산 관광이 시작되었다. 남북 수뇌부가 평양에서 서로 만나 '평화 통일'을 논의했으며, 노무현 정부에 이르기까지 남북 정상이 평양에서 만나 '서해안 평화 어로 구역과 서울-평양고속도로 개통'을 계획하는 협력 안이 구체화되기에 이르렀다. 신뢰가 회복되는 경제적, 문화적 교류가 빈번하게 이뤄졌으며, 정부 간의 접촉만이 아닌 민간의 교류가 활발히 진행된 것이다. 그러나 이러한 해빙의 물결은 '북핵'이라는 문제를 해결하지 못한 채 위태롭게 이어져 왔으며, '불안한 신뢰 회복'이라는 치명적 약점을 안고 있었다. '남남 갈등'은 계속해서 풀 수 없는 사회적 갈등처럼 노출되곤 하였다. 결국 보수 정권인 이명박 · 박근혜 정부가 들어섰을 때 '북핵'이슈는 남북 교류를 심각한 냉각기로 내모는 결정체가 되었다. 겉으로는 'DMZ세계생태평화공원'과 같은 계획이 발표되기도 하였지만, 이는 쌍방의 합의에 따른 결과물도 아니고, 실체도 불분명한 페이퍼워크(paper work)였다. 통일이란 상대방이 있는 것이고 상대방과의 협상과 협의가 꾸준히 이뤄져 그 합의의 결과물이 발표되는 것이어야 했지만, 어느 한쪽의 일방적 천명이나 상대방에 대한 일방적 요구가 있었을 뿐 대화는 그저 빙빙 맴도는 수준이었다. 이처럼 앞으로 가는가 하다 그냥 그 자리에서 맴도는 것처럼 보이는 것이 통일 정책이기도 하였다. 만약 이런 갈등 상태에서 통일이라는 것이 이뤄졌다면 과연 그것은 남북에게 어떤 파장을 가져다주었을까? 긍정적으로만 생각하기 어려울 수 있었으리라. 그런데 문재인 정부에 들어서서 다시 커다란 변화를 맞고 있다. 가장 기본적으로 남북 수뇌의 만남이 이뤄졌고, 대화가 이어졌으며, 일방적 요구만이 아닌 상호 이해와 협의가 있었다. 외교적 측면에서도 상당한 진전이 이뤄져왔다. 그리고 상대의 실체를 인정하는 가운데 더딘 듯 보였지만 평화 정착을 위한 상호 간 비방과 위협의 자제와 더불어 다방면에서의 협력과 개방도 이뤄져가고 있다.

이 과정에서 상호 신뢰의 토대가 쌓여갈 수 있게 되었으며, 먼 미래 같기만 했던 '평화 통일'은 다시 성큼 눈앞에 다가오는 듯 보이고 있다. 이것이 '통일'이라는 최종 지향점을 향한 '평화 행위'의 과정이다. 이처럼 행위로서의 과정이 있기에 결과물에 대한 기대가 자라날 수 있는 것이다. 어느 날 하늘에서 갑자기 황금이 뚝 떨어지기를 바라던 통일의 모습과는 사뭇 다르다는 것을 느낄 수 있다. 그러므로 과정은 결과를 만들어내는 가장 믿음직스런 행위이다. '평화의 과정'에 해당하는 정치 · 경제 · 체육 · 문화 등 수많은 인적 · 물적 교

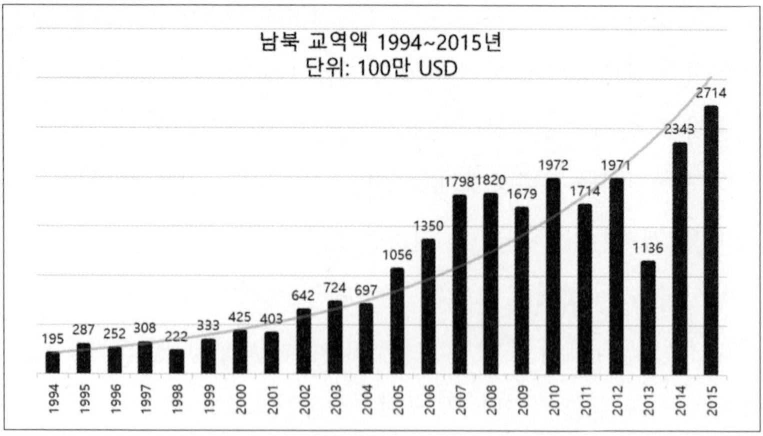

그림 9.14_ 남북 교역액 현황(1994~2015년)
자료: 박용석(2017, 17).

류는 결국 서로에 대한 이해를 깊게 하여, 서로에게 '평화 통일의 문호'를 열게 하는 열쇠가 될 것이다. 이러한 '평화의 과정'이 불가측성을 예측 가능성으로 바뀌도록 하는 행위이며, 돌발 상황의 발생을 미연에 방지할 수 있는 안전 장치에 해당한다. 특히, 경제적 교류·협력은 남북 양측의 경제 발전과 번영에 기여한다는 점 그리고 단순히 일회성 만남이 아니라 끊임없는 인적 교류와 물적 교환을 측정할 수 있는 평화 행위의 지표가 된다. 통일부가 제공하는 남북 교역액 현황의 통계 자료를 놓고 보면 이를 명확하게 확인할 수 있다.

경제 규모의 추이는 2015년 현재 1994년에 비해 10배 이상 늘어났다. 또한 경제 규모를 넘어 남북 협력 사업의 형태도 1991~2003년에는 사회 문화 협력 사업에 초점을 맞췄던 것에서, 2004~2016년에는 경제 협력 사업을 중심으로 전개되고 있다. 남북 교역 초기에는 북측에 대한 인도적 지원 등 비상업적 지원이 많았으나, 개성 공단이 본격화되면서 상업적 거래가 크게 증가하였다. 그리고 초기에는 남북 교역이 해외 중개상을 통한 간접 교역 형태로 시작되었으나, 1990년대 중반부터 교역 당사자 사이에 직접 계약을 체결하여 거래하는 직접 교역이 증가하여 왔다. 이러한 과정에서 경제 협력은 물품을 단순 반출입하는 일반 교역에서 원부자재를 반출하여 가공한 후 가공 제품을 재반입하는 위탁 가공 교역으로 발전하였고, 이후에는 기계 · 설비 등을 투자하는 단계로 발전하는 양상을 보였다(박용석 2017, 17). 이는 인적 교류가 얼마나 활발히 이루어졌으며, 인적 교류의 형태도 얼마나 세분화되어 변하고 있는지를 가늠할 수 있게 한다.

표 9.5_ 2009년 및 2015년 유형별 남북 교역 현황(단위: 천 달러, %)

구분		상업적 거래 구분					비상업적 거래		합계
		개성 공단	위탁 가공	일반 교역	금강산 관광	기타 경제협력	대북 지원	사회문화 협력	
2009	교역액	940,552	409,714	256,141	8,711	26,997	36,379	588	1,678,494
	구성비	56.0	24.4	15.3	0.5	1.6	2.2	0.0	100.0
2015	교역액	2,703,565	–	183	553	–	9,380	795	2,714,476
	구성비	99.6	–	0.0	0.0	–	0.4	0.0	100.0

출처: 박용석(2017, 17).

이러한 남북 간의 민간 경제 협력 사업이 꾸준하고도 안정적으로 성장하도록 하려면 원활한 물류 체계를 확보하는 것이다. 즉, 남북 간의 민간 경제 협력과 사회 협력 사업을 활발히 추진하려면 교통 SOC 등 관련 사회 간접 자본 시설 확충을 위한 건설 활동이 필연적으로 따라와야 한다. 앞서 해주–강화–개성으로 이어지는 삼각 경제 벨트에서도 교통 SOC 시설의 중요성이 강조되었듯이 말이다. 다양한 언론 보도를 통해서도 잘 알려져 있듯이 개성공단 사업과 금강산 관광 사업이 본격화되면서 육로를 통한 물자의 남북한 이동을 원활히 추진하기 위한 일환으로 남측 정부는 남북 출입 시설과 관련 인프라를 확충했다. 2002년 9월 남북은 동시에 경의선 및 동해선 연결 공사 착공식을 거행했으며, 남북 연결 철도는 2005년 12월에 궤도 부설 공사가 완료되었고, 2007년 5월에 시험 운행을 실시해 2007년 12월부터 문산~봉동 간 화물 열차 운행이 개시되었다. 또한 남북 연결 도로는 2004년 11월에 경의선 및 동해선 연결 공사가 완료되었다. 이러한 인프라 시설의 계획과 건설은 공간 계획 분야가 평화 통일을 실천해나가기 위해 얼마나 중요한 역할을 하고 있는지를 보여주는 단적인 사례이기도 하다.

2. '통일'의 또 다른 이름, '평화와 경제 공동체'

이런 만남과 개방이 DMZ의 영역을 넘어 남북 접경 해양 그리고 한반도 전역에서도 이뤄질 수 있도록 명문화되어 있다. 이미 2007년 대한민국 노무현 대통령과 조선민주주의인민공화국 김정일 국방위원장이 평양에서 만나 합의한 '남북 관계 발전과 평화 번영을 위한 선언'을 다시 한 번 살펴볼 필요가 있다.

남북 관계 발전과 평화 번영을 위한 선언

대한민국 노무현 대통령과 조선민주주의인민공화국 김정일 국방위원장 사이의 합의에 따라 노무현 대통령이 2007년 10월 2일부터 4일까지 평양을 방문하였다. 방문기간 중 역사적인 상봉과 회담들이 있었다. 상봉과 회담에서는 6.15 공동선언의 정신을 재확인하고 남북관계발전과 한반도 평화, 민족공동의 번영과 통일을 실현하는데 따른 제반 문제들을 허심탄회하게 협의하였다. 쌍방은 우리민족끼리 뜻과 힘을 합치면 민족번영의 시대, 자주통일의 새시대를 열어 나갈 수 있다는 확신을 표명하면서 6.15 공동선언에 기초하여 남북관계를 확대 · 발전시켜 나가기 위하여 다음과 같이 선언한다.

1. 남과 북은 6.15 공동선언을 고수하고 적극 구현해 나간다.
   남과 북은 우리민족끼리 정신에 따라 통일문제를 자주적으로 해결해 나가며 민족의 존엄과 이익을 중시하고 모든 것을 이에 지향시켜 나가기로 하였다.
   남과 북은 6.15 공동선언을 변함없이 이행해 나가려는 의지를 반영하여 6월 15일을 기념하는 방안을 강구하기로 하였다.

2. 남과 북은 사상과 제도의 차이를 초월하여 남북관계를 상호존중과 신뢰 관계로 확고히 전환시켜 나가기로 하였다.
   남과 북은 내부문제에 간섭하지 않으며 남북관계 문제들을 화해와 협력, 통일에 부합되게 해결해 나가기로 하였다.
   남과 북은 남북관계를 통일 지향적으로 발전시켜 나가기 위하여 각기 법률적 · 제도적 장치들을 정비해 나가기로 하였다.
   남과 북은 남북관계 확대와 발전을 위한 문제들을 민족의 염원에 맞게 해결하기 위해 양측 의회 등 각 분야의 대화와 접촉을 적극 추진해 나가기로 하였다.

3. 남과 북은 군사적 적대관계를 종식시키고 한반도에서 긴장완화와 평화를 보장하기 위해 긴밀히 협력하기로 하였다.
   남과 북은 서로 적대시하지 않고 군사적 긴장을 완화하며 분쟁문제들을 대화와 협상을 통하여 해결하기로 하였다. 남과 북은 한반도에서 어떤 전쟁도 반대하며 불가침의무를 확고히 준수하기로 하였다.
남과 북은 서해에서의 우발적 충돌방지를 위해 공동어로수역을 지정하고 이 수역을 평화수역으로 만들기 위한 방안과 각종 협력사업에 대한 군사적 보장조치 문제 등 군사적 신뢰구축조치를 협의하기 위하여 남측 국방부 장관과 북측 인민무력부 부장간 회담을 금년 11월중에 평양에서 개최하기로 하였다.

4. 남과 북은 현 정전체제를 종식시키고 항구적인 평화체제를 구축해 나가야 한다는데 인식을 같이하고 직접 관련된 3자 또는 4자 정상들이 한반도지역에서 만나 종전을 선언하는 문제를 추진하기 위해 협력해 나가기로 하였다.
남과 북은 한반도 핵문제 해결을 위해 6자회담 「9.19 공동성명」과 「2.13 합의」가 순조롭게 이행되도록 공동으로 노력하기로 하였다.

5. 남과 북은 민족경제의 균형적 발전과 공동의 번영을 위해 경제협력사업을 공리공영과 유무상통의 원칙에서 적극 활성화하고 지속적으로 확대 발전시켜 나가기로 하였다.
남과 북은 경제협력을 위한 투자를 장려하고 기반시설 확충과 자원개발을 적극 추진하며 민족내부협력사업의 특수성에 맞게 각종 우대조건과 특혜를 우선적으로 부여하기로 하였다.
남과 북은 해주지역과 주변해역을 포괄하는 〈서해평화협력특별지대〉를 설치하고 공동어로구역과 평화수역 설정, 경제특구건설과 해주항 활용, 민간선박의 해주직항로 통과, 한강하구 공동이용 등을 적극 추진해 나가기로 하였다.
남과 북은 개성공업지구 1단계 건설을 빠른 시일 안에 완공하고 2단계 개발에 착수하며 문산-봉동간 철도화물수송을 시작하고, 통행·통신·통관 문제를 비롯한 제반 제도적 보장조치들을 조속히 완비해 나가기로 하였다.
남과 북은 개성-신의주 철도와 개성-평양 고속도로를 공동으로 이용하기 위해 개보수 문제를 협의 · 추진해 가기로 하였다.
남과 북은 안변과 남포에 조선협력단지를 건설하며 농업, 보건의료, 환경보호 등 여러 분야에서의 협력사업을 진행해 나가기로 하였다.
남과 북은 남북 경제협력사업의 원활한 추진을 위해 현재의 〈남북경제협력추진위원회〉를 부총리급 〈남북경제협력공동위원회〉로 격상하기로 하였다.

6. 남과 북은 민족의 유구한 역사와 우수한 문화를 빛내기 위해 역사, 언어, 교육, 과학기술, 문화예술, 체육 등 사회문화 분야의 교류와 협력을 발전시켜 나가기로 하였다.
 남과 북은 백두산관광을 실시하며 이를 위해 백두산–서울 직항로를 개설하기로 하였다.
 남과 북은 2008년 북경 올림픽경기대회에 남북응원단이 경의선 열차를 처음으로 이용하여 참가하기로 하였다.

7. 남과 북은 인도주의 협력사업을 적극 추진해 나가기로 하였다.
 남과 북은 흩어진 가족과 친척들의 상봉을 확대하며 영상 편지 교환사업을 추진하기로 하였다.
 이를 위해 금강산면회소가 완공되는데 따라 쌍방 대표를 상주시키고 흩어진 가족과 친척의 상봉을 상시적으로 진행하기로 하였다.
 남과 북은 자연재해를 비롯하여 재난이 발생하는 경우 동포애와 인도주의, 상부상조의 원칙에 따라 적극 협력해 나가기로 하였다.

8. 남과 북은 국제무대에서 민족의 이익과 해외 동포들의 권리와 이익을 위한 협력을 강화해 나가기로 하였다.

※ 남과 북은 이 선언의 이행을 위하여 남북총리회담을 개최하기로 하고, 제1차 회의를 금년 11월중 서울에서 갖기로 하였다.

※ 남과 북은 남북관계 발전을 위해 정상들이 수시로 만나 현안 문제들을 협의하기로 하였다.

2007년 10월 4일 평양

대한민국 대통령 노 무 현

조선민주주의인민공화국 국방위원장 김 정 일

위에 제시한 합의문 중에서 제5조를 눈여겨 볼 필요가 있다. 그 이유는 여기에 실질적이고도 구체적인 평화 구현의 방법을 제시하고 있기 때문이다.

> 5. 남과 북은 민족경제의 균형적 발전과 공동의 번영을 위해 경제협력사업을 공리공영과 유무상통의 원칙에서 적극 활성화하고 지속적으로 확대 발전시켜 나가기로 하였다.
> 남과 북은 경제협력을 위한 투자를 장려하고 기반시설 확충과 자원개발을 적극 추진하며 민족내부협력사업의 특수성에 맞게 각종 우대조건과 특혜를 우선적으로 부여하기로 하였다.
> 남과 북은 해주지역과 주변해역을 포괄하는 〈서해평화협력특별지대〉를 설치하고 공동어로구역과 평화수역 설정, 경제특구건설과 해주항 활용, 민간선박의 해주직항로 통과, 한강하구 공동이용 등을 적극 추진해 나가기로 하였다.
> 남과 북은 개성공업지구 1단계 건설을 빠른 시일 안에 완공하고 2단계 개발에 착수하며 문산–봉동간 철도화물수송을 시작하고, 통행·통신·통관 문제를 비롯한 제반 제도적 보장조치들을 조속히 완비해 나가기로 하였다.
> 남과 북은 개성–신의주 철도와 개성–평양 고속도로를 공동으로 이용하기 위해 개보수 문제를 협의·추진해 가기로 하였다.
> 남과 북은 안변과 남포에 조선협력단지를 건설하며 농업, 보건의료, 환경보호 등 여러 분야에서의 협력사업을 진행해 나가기로 하였다.
> 남과 북은 남북 경제협력사업의 원활한 추진을 위해 현재의 〈남북경제협력추진위원회〉를 부총리급 〈남북경제협력공동위원회〉로 격상하기로 하였다.

이 5조에서 반복되고 있는 핵심어는 '경제 협력'이다. 평화가 없이는 경제 협력이 이뤄질 수 없고, 경제 협력이 이뤄지는 동안에는 평화로울 수밖에 없다. 바로 이렇게 평화가 이뤄진 상태, 이것이 우리가 그토록 염원하던 통일의 모습이 아니겠는가? 따라서 우리는 가시적인 통일의 동의어로 경제 협력과 평화를 가져다 써도 될 것이라고 판단한다. 동일한 맥락을 문재인 대통령이 2015년 8월 16일 당시 새정치민주연합 대표일 때 8 · 15광복 70주년 기념사에서 밝힌 '한반도 신경제 지도 구상'에서도 발견할 수 있다. 한반도 신경제 지도는 3대 경제 · 평화 벨트를 강조한다. 그것은 공간적으로 환동해 · 환황해 · 접경 지역을 다 포괄하는 것으로, 이러한 전역적 개발을 바탕으로 한반도의 균형 발전을 추구하는 것, 그리고 남북한 경제와 북방 경제의 연계를 통해 지속적인 성장을 도모하는 것임을 밝히고 있다. 여기에 나타난 3대 경제 · 평화 벨트의 핵심 내용은 다음과 같다.

첫째, 환동해 경제 벨트의 구축이다. '동해권 에너지 · 자원 벨트 구축'을 위해 금강산, 원산(관광), 단천(자원), 청진, 나선 지역(산업단지, 물류 인프라)을 남북한이 공동 개발하고 동해안과 러시아를 연결하는 것이다. 둘째, 환황해 경제 벨트의 구축이다. '서해권 산업 · 물류 · 교통 벨트 건설'을 위해 수도권(서울 · 인천 · 해주 · 개성)과 개성공단, 평양 · 남포 · 신의주를 연결하는 서해안 경협 벨트를 건설하는 것이다. 셋째, 접경 지역 평화 벨트의 구축이다(임을출 2017). 즉, 여기서 강조하는 핵심어도 '경제 협력'이다. 물론 경제 벨트라고 표현되었으나, 결과적으로 궁극적 추구 점은 경제 협력을 통한 평화의 구축이다. 이러한 평화의 구축 중 두 번째의 벨트에 해당하는 환황해 경제 벨트를 통해 단기적으로는 서해 평화 경제 지대 조성과 인천~개성~해주를 잇는 서해 복합 물류 네트워크를 구축하고, 장기

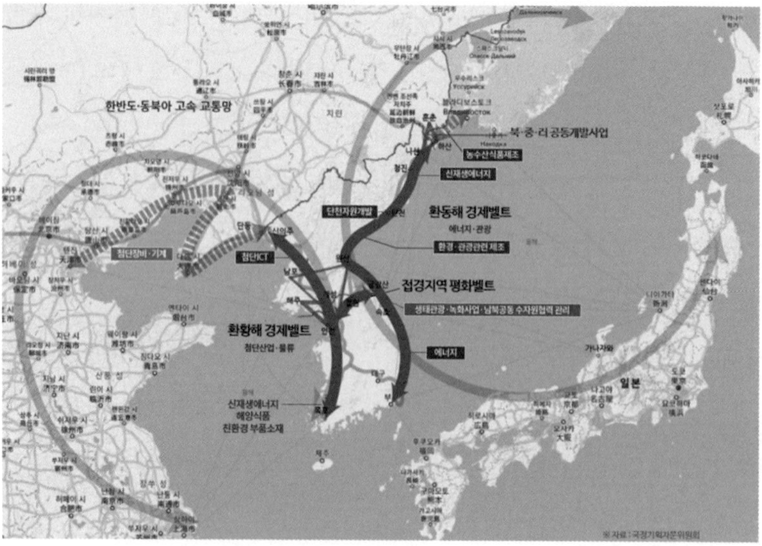

그림 9.15_ 한반도 신경제 지도 구상
출처: 건설신문(2017/11/29), 김영윤(2017, 6)에서 재인용

적으로는 중국의 도시들을 연결하기까지 환서해 물류망을 구축하는 원대한 경제 협력체를 구상하는 것이다.

평화 정착을 위한 과정으로써의 행위는 바로 민족 경제의 균형적 발전과 공동 번영을 위한 경제 협력 사업을 추진하는 것이다. 이것이 서로 '부강한 나라, 행복한 국민의 삶'이라는 목표에 부합하는 것이며, 우리뿐만 아니라 모든 국가가 그리고 모든 인류가 공통적으로 추구하는 지향점이기 때문이다. 따라서 그것이 서해 북방 한계선 일대를 평화 수역으로 만들어 우발적인 군사적 충돌을 방지하고 안전한 어로 활동을 보장하는 것이든, 공동 어로와 해상 양식을 통해 획득한 해산물의 신선 처리나 보관 · 배분 등을 위해 시설을 마련하고 배후 소비시장으로 신선하게 운송하는 교통로를 확보하는 것이든, 아니면 개성이나 해주나 그 어느 곳에서 어떤 형태를 갖춘 경제 협력 지구를 개발하든, 궁극적으로 공동 번영이라는 최종 지향점을 향한 평화적 행위라는 것이다. 따라서 남북이 경제적 협력을 통해 지역의 공동 발전과 번영을 이룰 수 있다면 이것이 우리의 통일에 다다르는 길이며, 바로 세계 평화에 기여하는 행위에 해당한다. 이처럼 평화를 일상화시키는 모습 속에서 어느새 통일은 그냥 우리 곁에 와 있게 될 것이다.

제10장

한반도 중앙

분단·통일의 고중세사

정원주
한국교통대학교

1.
단절에서 연결로의 길목 한반도 중앙

1953년 휴전 협정 이후 한반도는 둘로 나뉘어 남쪽은 대한민국민주공화국, 북쪽은 북조선인민공화국이라는 두 국가로 존재하게 되었다. 군사 분계선이 지나는 곳을 일명 38선이라고 하는데, 이는 한반도의 중간이 북위 38도선에 해당하며, 지금의 남북을 가르는 군사 분계선이 그 언저리를 지나기 때문이다. 이는 일제 식민지에서 벗어나게 된 1945년의 정세에 따라 임시로 설정된 38선을 기준으로 북에는 소련이 남쪽에는 미군정이 들어서면서 각기 추구하는 바에 따라 북에는 공산주의 정권이 남에는 자본주의 정권이 들어선 까닭이다. 이러한 상황을 고착화시킨 결정적 사건이 1950년 6월의 한국전쟁이다.

남북을 가르는 군사 분계선은 북쪽으로 임진강을 끼고 있는 파주를 시작으로 한탄강이 지나는 철원을 거쳐 금강산을 마주보는 강원도 고성으로 이어진다. 반공이 엄정한 시기에 이들 지역은 출입이 엄격히 통제되고 많은 제약이 있었다. 한반도를 관통해 남북을 연결하던 도로는 끊기고 열차는 운행을 중지해 역은 폐쇄되어 쇠락하고 다리는 통제되었다. 한때 이루어진 남북한 화해 분위기 조성에 따라 새로이 개설되었던 도라산역도 개성공단 폐쇄를 마지막으로 기능이 중지되어 또다시 열차가 멈춰 섰다.

그러나 2018년에 이루어진 남북 두 정상의 만남은 판문점에서 시작되어 평양으로 이어지면서 날로 경직되어가던 남북 간의 관계에 새로운 희망을 보여주었다. 이것을 계기로 비무장지대에서의 남북한 공동 지뢰 제거 작업이 일부 실시되었고 경의선과 동해선 철도와 도로 연결 및 현대화 착공식도 이루어졌다. 그러나 오랜 시간 멈추어 있던 남북 관계의 진전에는 아직 넘어야 할 산이 많다.

우선, 남북 간의 관계 정립에는 전쟁 없는 평화가 기본 바탕이 되어야 하므로 1953년 이래 유지되었던 휴전협정을 종전선언으로 바꿔야 할 것이다. 다만 한국전쟁이 남북 양측만이 아니라 미국과 중국 등의 이해관계가 얽힌 전쟁이며, 장기간에 걸친 휴전으로 주변국들과의 이해관계도 복잡 미묘하게 작용하여 쉽지 않은 문제이다. 무엇보다 70여년 가까운 시간을 다른 체제, 별개의 국가로 살아오면서 벌어진 심리적 · 사회적 · 경제적 차이 역시 남북 관계 진전에 많은 제약이 되고 있는 실정이다. 남북 간 평화 · 공존을 위한 방안으로서 먼저 끊어진 도로와 열차를 잇는 것에서 출발하는 경제 협력의 모색은 양측의 많은 기대를 갖게 하는 측면이 있다. 이로 인해 한때 파주를 비롯한 휴전선 인근의 땅값이 치솟는 우스운 상황이 벌어지기도 했다.

남북의 평화적 교류와 협력 관계의 구축을 통해 평화가 정착되면 서로에게 들이대던 무기들을 철수하고 남북을 가로막는 철조망을 걷어내고 파묻혀 있는 지뢰를 제거해 남북을 쉽게 오갈 수 있게 될 것이다. 비무장지대 주변 지역들은 군사 분계선을 유지하기 위한 제약과 통제에서 벗어나 오히려 남과 북이 연결되는 길목으로 번성할 수 있을 것이다. 통일 이후 철거된 베를린 장벽이 관광 상품화되어 전 세계 사람들을 불러 모으듯이 남북을 가로막던 분단의 철조망도

기념사진 속 추억으로 남게 될 것이다. 이를 위해서는 정권이 교체될 때마다 바뀌는 대북 정책도 이제 일관성을 유지해 평화와 상생을 위한 노력으로 배가되어야 할 것이다.

고대 삼국 시대에 이곳은 변경 지역으로서 백제와 고구려 간에 격렬한 전투가 벌어지기도 했고, 신라가 한강 유역을 차지한 이후에는 신라와 고구려가 치열한 접전을 펼친 곳이기도 하다. 또한 통일 전쟁 시기에는 고구려 유민들과 신라가 힘을 합쳐 당나라 군대와 격전을 벌인 곳이기도 하다. 이곳은 삼국의 각축장으로서 역사적 중요성이 부각되는 지역이자, 무엇보다 통일 전쟁을 완수하기 위한 거점 지역으로서의 역할을 수행하던 곳이다. 대립과 갈등의 공간이었던 임진강 유역은 남북이 분단되기 이전까지 뱃길을 이용한 활발한 물류와 사람의 이동으로 번영을 누렸고, 철원 역시 교통의 요충지로서 번성하였다. 남북을 연결하는 도로와 철도가 연결되고 폐쇄된 다리가 개방되고 끊어졌던 물길도 다시 이어진다면 남북을 잇는 가교로서 부활할 수 있을 것이다.

2.
파주, 삼국 쟁패의 장에서 통합의 장으로

1. 파주시의 연혁과 환경

파주시는 경기도 서북부에 위치하고 있으며 그 북쪽에는 군사 분계선이 지나고 있다. 또한 남방 한계선에 해당하는 지역이 다수 포함되면서 많은 군부대가 주둔하고 있어 예전에는 접근이 쉽지 않은 곳이었다. 현재는 통일로와 자유로가 개통되면서 서울과의 접근이 쉬워졌고, 통일 · 안보를 위한 현장 교육의 장으로 임진각, 통일전망대, 제3땅굴, 판문점과 자유의 다리 등이 개방되어 많은 사람들이 방문할 수 있게 되었다.

파주는 고구려 시대에 파해평사현(坡害平史縣)과 술이홀현(述爾忽縣)이 설치되었으며 파주라는 지명은 1460년 세조대에 목(牧)으로 승격되어 사용되면서 오늘에 이르게 되었다(육군사관학교 육군박물관 1999, 8). 북위 38도선 인근 지역이었기 때문에 1950년 한국전쟁 시 개전 초기부터 1953년 휴전협정이 맺어지기까지 많은 전투가 벌어졌던 곳이다. 한국전쟁 이후에는 경기도 최전방의 군사 도시로서 수도권 이북 지역의 군사 기능을 담당하고 있다.

파주시의 동부에는 감악산을 비롯한 500m 내외의 산들이 솟아 있고, 서쪽으로 가면서 점차 낮아져 200m대의 낮은 산들이 있는 구릉지로 변모한다. 파주시를 관통해 임진강이 동북쪽에서 서남쪽으로 흐르며 서쪽으로는 한강이 북으로 흘러들어와 교차하는 서부 지역과 임진강 중 · 하류 지역의 기름지고 넓은 충적평야가 곡창지대를 이룬다. 산과 넓은 들이 있고 큰 강이 양쪽에서 흘러들며, 바닷물이 임진강을 따라 육지 깊숙이 들어와 인간이 거주하기에 매우 적합한 자연 조건이다. 이로 인해 일찍부터 사람들이 살기 시작했는데 강가의 양지바른 낮은 구릉 지대에는 구석기와 신석기시대 유적들이 발견되고 있다. 또한 이곳은 남과 북을 잇는 서부 교통의 중심지였으며, 수도 서울의 방어와 밀접한 관련이 있어 삼국 시대부터 지금까

그림 10.1_ 파주 부근 고지도(19세기 중엽)
출전: 동여도

지 수많은 격전지가 되었다. 이를 증명하듯 이 지역에는 많은 성곽들이 강을 따라 배치되거나 부근의 교통로를 따라 곳곳에 설치되어 있다. 이러한 입지 조건으로 인해 임진왜란이 끝난 후인 조선 광해군 5년(1613)에 이의신(李懿信)에 의해 수도 한양의 왕기가 쇠하였으므로 길지인 파주의 교하로 서울을 옮기자는 '교하천도론'(광해군일기 5년 1월 3일조)이 제기되기도 하였다.

파주의 역사는 이 도시를 관통하는 임진강과 긴밀한 관계가 있다. 임진강은 함경남도 마식령에서 발원해 서남쪽으로 흐르다 연천군 전곡 근처에서 한탄강과 합쳐져 적성 부근에서 서남쪽으로 유로를 바꾸고 하류에서 한강과 만나 황해로 흘러간다. 임진강을 건너면 북쪽으로 개성 일대로 쉽게 접근할 수 있는데, 부근에 세워진 통일전망대에서는 날씨가 맑은 날에는 개성까지 관측할 수 있다. 남쪽으로는 한강의 수로를 이용하거나 육로로 양주를 거쳐 서울에 쉽게 도달할 수 있다(백종오 2007). 이러한 지리적 위치로 인해 임진강 유역은 북에서 남으로 진출하기 위한 교두보로 중시되었다.

한탄강과 임진강은 용암 대지로 깊게 패여 협곡을 이루며 곳곳에 현무암 단애부가 발달해 있다. 한국전쟁 이전에는 고랑포까지 배가 다녔고 소형 선박이 안협까지 운행할 수 있었다고 한다. 강폭은 하류의 경우 200m를 넘기도 하지만 중류로 갈수록 좁아져 마전까지는 50m 정도로 좁아진다. 비가 많이 오는 우기를 제외하고는 강폭이 좁고 수심이 얕아 어렵지 않게 강을 건널 수 있는 여울과 간단한 배나 뗏목 등을 이용해 강을 건널 수 있는 나루터가 많다. 나루터로는 당계나루–가여울[戊灘]–두지나루–고랑포나루–덕진나루–수내나루 등이 있다(백종오 2007, 283). 임진강을 두고 대립했던 삼국은 도강하는 적을 막기 위해 강과 접하여 많은 성곽들을 설치했으며, 오늘날에도 그 흔적이 곳곳에 남아 있다.

삼국 시대부터 한국전쟁에 이르기까지 임진강은 국방상으로 수도 방어를 위한 배후지로서 중요한 위치에 있었으며, 유사한 전술로 운용되었다. 한반도의 지형에 의해 추가령 구조곡이 지나는 한반도 중부에는 남북으로 이어지는 교통로가 정해져 있다.[1] 특히 임진강

---

1 한반도는 등뼈에 해당하는 백두대간이 백두산에서 지리산에 이르기까지 끊어지지 않고 이어지는 주산맥과 이 주산맥에서 분기되어 나오는 22개 산맥의 줄기와 이 줄기에서 나온 여러 산맥으로 이루어져 있다. 그리고 한반도의 허리에 해당하는 중부 지역에는 강원도 북서쪽에서 경기도 지역을

의 도하가 가능한 지역을 선정해 이곳을 방어할 수 있는 유리한 지형지물을 확보해 전초 기지를 설치하였다. 그 후방에는 군사적 거점에 해당하는 보다 규모가 큰 산성을 축조하여 상호 지원 가능한 방어 체제를 구축해 긴밀하게 연결되었다(서영일 1998; 이준선 2005; 백종오 2006).

2. 백제와 고구려의 접경

임진강 유역이 역사상 중요하게 부각되기 시작한 시기는 삼국 시대였다. 임진강은 구불구불하게 사행(蛇行)하여 흐르는 모습에서 칠중하(七重河)로, '표주박 형태를 가진 하천'이라는 뜻으로 호로하(瓠瀘河), 표하(瓢河)로 불렸다(단국대학교 매장문화재연구소 2001, 29). 임진강과 한탄강을 따라 많은 고대의 성곽들이 존재하는데 이는 삼국 시대 이곳이 변경으로서 서로 대치되어 다툼이 잦았던 곳이기 때문이다. 이곳에 대한 최초의 기록은 백제의 온조왕 18년(서기전 1년)으로

> 말갈이 갑작스레 습격해 오니 왕이 군사를 거느리고 칠중하(七重河)에서 맞아 싸웠다. 추장 소모(素牟)를 사로잡아 마한에 보내고 그 나머지 적들은 모두 구덩이에 묻어서 죽였다.
>
> (삼국사기 백제본기 온조왕 18년 10월조)

가르는 추가령 구조곡이 놓여 있다. 또한 이 산맥들을 따라 수많은 크고 작은 강들과 그 지류들이 흐르고 있다. 교통수단이 발달하지 못했던 과거에는 이러한 지형적 특색으로 인해 한반도 남부와 북부를 오가거나 서부 지역에서 동해안 방면으로 오가는 데 많은 제약을 받고 있었다. 따라서 고대의 교통로는 이러한 자연 환경에 따라 정해져 있었다.

백제의 온조왕은 말갈이 습격하자 칠중하, 지금의 임진강에서 맞아 싸워 추장 소모를 생포했다고 한다. 여기서 언급된 말갈은 한반도 중부 지역에 위치한 고대 종족으로 신라와 백제를 자주 공격했던 것으로 『삼국사기』에 기록되어 있다. 온조왕이 말갈의 공격을 칠중하에서 막았던 것으로 보아 백제 초기의 북방 방어선이 임진강 유역이었던 것으로 보인다.

『삼국사기』에는 고구려 광개토왕이 백제의 관미성(關彌城)을 쳐 함락했다는 기사가 있다.

> 겨울 10월에 백제 관미성(關彌城)을 쳐서 함락시켰다. 그 성은 사면이 깎은 듯 가파르고 바닷물에 둘러싸여 있었으므로, 왕은 군사를 일곱 방향으로 나누어 공격한 지 20일 만에야 함락시켰다.
>
> (삼국사기 고구려본기 광개토왕 1년 10월조)

김정호(金正浩)가 지은 『대동지지(大東地志)』교하 성지조[2]에서는 광개토왕이 함락했던 백제의 관미성을 파주의 오두산성으로 보았고, 현재 이 설을 지지하는 학자들의 많은 관심을 받고 있다(윤일녕 1990; 서영일 1999; 이재 1999; 최영희 2000). 오두산성은 파주시 탄현면 성동리에 위치한 오두산(해발 119m) 정상의 8부 능선을 따라 축조된 테뫼식 산성이다(경희대학교 고고미술사연구소 1992; 육군사관학교 육군박물관 1993; 국립문화재연구소 2000). 오두산은 임진강이 한강과 합류해 서해로 흘러드는 길목에 위치해 있으므로 서해안에서 한강

2 "烏頭城 臨津漢水會合處 本百濟關彌城 周二千七十里 尺四面峭絕崔東連山麓 三面環以海水."

을 따라 내륙으로 진입하는 적을 방어하기 좋은 위치에 세워진 성이다. '사면이 깎은 듯 가파르고 바닷물에 둘러싸여[四面峭絕 海水環繞]'라 하여 오두산성의 모습과 일치하는 면을 보이고 있다. 강가에 돌출되어 솟아 있는 오두산은 사면이 가파르며, 서쪽으로는 임진강이, 남쪽으로 한강이 흐를 뿐 아니라 동쪽 역시 최근까지 물이 드나들었던 흔적이 있는 마을이 있다(김성태 외 2005, 260).

백제와 고구려의 충돌은 두 나라 사이에 놓여 있던 낙랑군과 대방군이 축출되면서 시작되어, 고구려의 고국원왕이 전투 중에 사망하면서 백제의 승리로 일단락되었다. 이후 고구려와 백제의 대립이 본격화되어 서로 일진일퇴의 공방을 이어갔다. 이러한 상황을 반전시킨 것이 광개토왕이었으며, 그 포문을 연 것이 관미성 함락이라 할 수 있다. 광개토대왕은 군사를 동원해 일곱 방향으로 나누어 관미성을 공격하여 20일 만에야 함락하였다. 북변의 전략적 요충지를 함락하면서 광개토왕은 한강을 통해 백제의 수도인 한성으로 진입할 수 있는 전략적 요충지를 확보할 수 있었고, 마침내 백제 아신왕의 항복을 받아 '영원히 노객(奴客)'이 되겠다는 약조를 받아낼 수 있었다(윤일녕 1990).

오두산성의 위치는 북쪽에서 서해를 거쳐 한강으로 진입하거나 임진강을 너머 육로로 진격하기 위해 반드시 거치는 수륙 양방향으로의 군사적 요충지라 할 수 있다. 이 성에 대한 문헌 기록은 고려 시대부터 조선 시대 후기까지 각종 역사서와 지지자료에 언급되었는데, 멀리서 바라볼 때 '까마귀 머리'를 닮았다 하여 오두산성(烏頭山城), 오도성(烏島城)으로 불리기도 하고 '자라 머리'와 유사하다 하

그림 10.2_ 오두산성의 동쪽 성벽 모습
출처: 파주시

여 오두산성(鰲頭山城)으로 기술되기도 하였다(경희대학교 고고미술사 연구소 1992, 18−20). 현재는 사적 제351호 지정되어 있으나 정상부에 통일전망대가 설치되고 주변에 설치된 군사 시설로 인해 사적의 본 모습을 찾기 어렵다. 오두산성은 1992년 경희대학교 박물관에서 몇 차례에 걸쳐 기초 발굴 조사가 이루어졌고, 최근에 오두산성 성곽의 보수와 정비를 위한 동벽 유구의 조사를 통해 산성의 축성 방법과 잔존 실태를 확인하는 작업이 이루어지기도 했다(박영재 2008).

이 성은 내성과 외성으로 구성된 복곽성으로 외성 둘레 1,228m, 내성 둘레 1,240m의 석성(石城)과 호성석벽(護城石壁)의 토성을 갖추고 있다. 성은 전체적으로 북쪽을 위쪽으로 'ㄱ'자 형태를 이루고 있으며 현재 약 6군데의 성벽 흔적이 남아 있다. 노출된 성벽은 높이 1m 내외에 길이 10m 정도로 표면은 납작하고 길쭉한 할석으로 바른층 쌓기를 하고 뒷부분에는 잡석을 채워 넣었다. 성벽은 약 7~8

단의 석축으로 하단부 일부분까지 점성이 강한 적갈색 점토가 판축되었다. 최근 조사로 보축과 주공이 확인되었는데 보축은 약 145cm 떨어진 곳에 2단의 편편한 석재를 이용하였다. 주공은 210cm 정도 간격으로 면석과 10~29cm 떨어져 약 11개가 확인되었다. 성문으로 추정되는 북문지는 성으로 진입하는 주도로가 있는 지점에 있다. 출토된 유물에는 기와 조각, 토기 조각, 방추차(紡錘車) 등이 출토되었는데, 통일신라와 고려 시대의 것으로 보이는 것들이 거의 대다수를 차지하고 있다. 성의 축조 방식과 백제 시대 것으로 추정되는 기와 조각이 발견되어 축성 시기를 백제로 볼 수 있으며, 통일신라를 거쳐 고려, 조선 시대에 이르기까지 수차에 걸쳐 증축되어 사용되었던 것으로 보인다(경희대학교 고고미술사연구소 1992; 육군사관학교 육군박물관 1993; 국립문화재연구소 2000).

현재 이 오두산에는 통일전망대가 설치되어 있는데, 임진강 너머 북한 땅을 가까이에서 볼 수 있는 곳으로 고향을 떠나온 실향민들이 두고 온 가족과 고향에 대한 그리움을 담아내는 곳이자 분단의 현장을 확인하는 곳이다. 1991년 6월 4일 착공하여 1992년 9얼 8일 첫 개관하였다. 총 5,195평 부지에 연면적 2,654평으로 지하 1층, 지상 4층 구조로 지어졌다. 오두산 통일전망대에서는 북한과 안보와 관련된 자료를 제공하고, 분단의 실상을 올바르게 이해하고 통일 의지를 새롭게 가다듬을 수 있도록 다양한 전시 공간을 마련해 두고 있다. 1층은 통일 염원실과 상설 전시실로 이루어졌고, 2층은 그리운 내 고향이라는 테마관과 소극장, 3층과 4층은 전망실과 편의시설을 갖추고 있다. 지하 1층은 어린이 체험관과 어린이전용 전망대가 갖추어져 있다.

야외에는 팔각정 안에 통일 기원 북을 설치해 명절이나 경축일에 누구든지 북을 치며 통일을 기원하고 소원을 빌 수 있도록 하였으며 실향민들이 북녘 땅을 보고 제를 올릴 수 있도록 마련해 둔 망배단이 있다. 또한 통일 조국의 도약과 비상을 위한 평화의 상징탑과 일제 강점기에 독립 운동을 한 고당 조만식 선생의 동상이 건립되어 있다. 옥외에 전망대 및 영상 기기들이 준비되어 있는데, 무료로 20배율의 고성능 망원경을 이용해 북측을 관람할 수 있게 하였다. 북한 땅은 오두산 아래를 흐르는 임진강을 사이에 두고 손에 잡힐 듯 가까운 거리에 있다. 맑은 날에는 망원경이 없어도 송악산과 개성공단도 볼 수 있다고 한다.

1992년 경희대학교 고고미술사연구소(1992)는 이 오두산성에 대한 발굴 조사를 통해 6세기경 신라가 이곳을 차지했다고 보고했다. 백제와 신라의 연합 공격으로 충주까지 남하했던 고구려를 밀어내고 한수 유역 전체를 차지하게 된 최후의 승자는 신라였다. 신라는 이후 임진강을 두고 고구려와 대치하면서 역시 이 오두산성을 주요 거점지로 활용했다고 한다. 이 오두산성이 있던 파주는 한때 고구려의 영역에 속했던 것으로 보인다. 이곳은 신라 경덕왕 대에 교하군으로 개명되었으며, 그 이전에는 고구려의 천정구현(泉井口縣) 혹은 천정구성(泉井口城) 등으로 불리었다. 오두산성 출토 유물 중에는 '천(泉)', '천정(泉井)' 글자가 새겨진 기와편이 다수 있는 것으로 보아, 고구려도 이곳을 주요 거점 지역으로 활용했던 곳으로 보인다(김성태 외 2005, 261).

이로 보아 오두산성은 삼국 시대 고구려와 백제의 접경 지역이었으며, 신라가 한강 유역을 차지한 후에는 신라와 고구려의 접경 지역이었음을 알 수 있다. 출토 유물과 삼국의 변경 지역으로서의 전략적 위치로 볼 때 오두산성은 백제와 고구려, 신라 간 치열한 공방전이 있었던 곳이며 번갈아 이곳을 차지했던 군사적 요충지였을 것이다. 천오백 년 가까운 세월이 지난 지금 이곳은 또 다시 임진강을 사이에 두고 남북으로 나뉘는 접경 지역에 위치해 통일전망대를 통해 멀리 고향을 그리는 실향민의 아픔을 달래는 장소가 되었다.

3. 신라와 고구려의 접경

임진강 주변에는 우리 고대 문헌에 자주 등장하는 유명한 곳이 있는데 하류를 거슬러 물길이 크게 달라지는 곳에 위치한 칠중성이다. 칠중성이 위치한 적성 지역은 처음에는 백제에 속해 난은별(難隱別)이라 하였고, 고구려 점령 시에는 칠중성(七重城)으로 불리었으며, 신라가 차지한 뒤 경덕왕 16년(757)에 중성(重城)으로 고치고 내소군(來蘇郡)의 소속현으로 삼았다. 고려 시대에 들어 적성(赤城)으로 고쳐 오늘에 이른다(新增東國輿地勝覽 적성현 건치연혁조).

칠중성은 임진강 남안인 경기도 파주군 적성면 구읍리 중성산(해발 147m)의 8~9부 능성을 따라 축조된 테뫼식 석축성이다(한양대학교박물관 1986; 이재 외 1993; 육군사관학교 육군박물관 1994; 경기도박물관 2001 · 2005; 단국대학교 매장문화재연구소 2001). 중성산의 낮은 봉우리에 불과하지만 북쪽으로 임진강변에 이르기까지 평야 지대가 펼쳐져 있어 임진강을 둘러싼 남북일대의 평야지대가 한눈에 조망

그림 10.3_ 칠중성 정상
출처: 파주시

되는 지리적 위치에 있다. 칠중성 주변으로는 임진강과 그 지류 하천을 따라 성곽과 보루들이 집중적으로 분포하고 있다. 즉 칠중성은 임진강 주변의 성들과 연계해 적을 방어하는 거점 성으로서의 역할을 담당했을 것이다(이준선 2005, 175-193; 정원주 외 2014, 99).

산성의 외형은 말안장과 같은 형태를 취하고, 성의 전체 둘레는 603m 정도이며 남북 폭은 198m, 동서 폭은 168m로 남북이 긴 장방형이다. 전체 높이는 북동쪽이 가장 높고 서벽에 비해 동벽 부분이 현저히 낮은 형태이다. 성벽 일부에는 보축 성벽과 문지 3개소, 건물지 5개소, 우물지 2개소 등이 남아 있다. 유물은 신라의 유물이 대부분이고 일부 고구려와 백제계 토기와 기와편이 발견되었다. 그 가운데 '칠(七)'자가 양각된 명문기와 1점이 수습되어 '칠중성'이라는 성의 명칭과 관련되는 자료로 주목되고 있다(한양대학교박물관 1986; 이재 외 1993; 육군사관학교 육군박물관 1994; 경기도박물관 2001 · 2005; 단국대학교 매장문화재연구소 2001). 현재 이곳은 군사 시설로 인해 상당 부분 훼손되어 성의 원형을 찾기 어렵다.

칠중성은 임진강 중류의 남쪽 연안에 위치하고 있어 개성과 한강 유역을 연결하는 교통의 요지로 삼국 시대에 많은 전투가 있었다. 칠중성에서 내려다보이는 임진강변은 강줄기가 크게 휘돌아 흐르면서 만곡부에 퇴적물이 쌓여 물길이 얕아진 개울이 많은데 특별한 장비가 없이도 도강이 가능한 곳이다. 칠중성은 이러한 지역들을 전체적으로 감시하면서 장악할 수 있는 군사적 거점이 되는 곳이다. 따라서 신라와 고구려의 전쟁이 이 성을 중심으로 시작되었고, 신라의 삼국 통일 전쟁 시 나당 연합군에 의한 고구려 침공 때 중요한 역할을 수행했을 뿐만 아니라 나당전쟁 기간에는 신라와 당나라 간에 치열한 쟁탈전이 벌어졌던 곳이기도 하다.

한국전쟁에서도 북한군이나 중공군이 서울로 진입하기 위해 택한 길목이었으며 '설마리 전투'가 벌어졌던 곳이다. 설마리 전투는 1951년 4월 22일부터 24일까지 UN군으로 참전한 영국군 글로스터(Gloster) 연대가 중공군을 맞아 벌인 전투를 말한다. 중공군 3만여 명이 인해전술로 밀려 내려올 때 영국군 1개 대대 전원이 거의 전사 내지 포로가 되는 혈전으로 3일 동안 버텨냄으로써 수도 서울 방어에 큰 역할을 했는데, 칠중성에는 당시 A중대가 배치되었다. 이 당시 중공군은 칠중성 앞의 여울을 건너 공격해왔다. 영국군은 칠중성의 '성(城)'을 따서 칠중성을 '캐슬 고지'로 불렀다. 임진강 유역은 경계선이자 방어 전선의 역할을 수행하였던 것이다(강덕규 2004).

고구려는 전성기였던 5세기경에 남쪽으로 오늘날의 충주 지역까지 진출했는데, 그 흔적이 중원고구려비이다. 그러나 6세기 중반 백제와 신라 연합군의 공격과 내분으로 한반도 남부 지역에 구축했던 영역을 모두 잃고, 신라가 한수 유역 전체를 차지하는 최후의 승자가 되었다(노태돈 1976). 이후 잃어버린 한수 유역을 되찾으려는 고구려와 지키려는 신라 간의 충돌은 한강과 임진강 유역을 중심으로 이루어졌다. 특히 임진강은 고구려가 남하하는 길목으로서 주요한 곳이자 신라의 북상을 저지할 수 있는 주요 방어 전선이었다. 따라서 이 강을 따라 구축된 고구려와 신라의 성들이 이 당시 두 나라 간의 충돌이 얼마나 긴박하게 이루어졌는지를 보여준다.

선덕왕 7년(638)에 고구려에서 신라가 차지한 칠중성을 공격했다는 기록이 『삼국사기』에 보인다.

> 겨울 10월에 고구려가 북쪽 변경인 칠중성(七重城)을 침공하자 백성들이 놀라 동요하여 산골짜기로 들어갔다. 왕이 대장군 알천(閼川)에게 명하여 그들을 안정시키게 하였다. 11월에 알천이 고구려 군사와 칠중성 밖에서 싸워 이겨서 적을 죽이고 사로잡은 사람이 매우 많았다.
>
> (삼국사기 신라본기 선덕왕 7년조)
>
> 겨울 10월에 신라의 북쪽 변경인 칠중성(七重城)을 침략하였다. 신라의 장군 알천(閼川)이 칠중성 밖에서 맞아 싸워 우리 군사가 패하였다.
>
> (삼국사기 고구려본기 영류왕 21년 10월조)

고구려는 빼앗긴 한수 유역을 되찾기 위해 신라에 대한 공격을 멈추지 않았다. 이러한 고구려의 염원은 사신으로 간 김춘추에게 신라에서 빼앗아간 죽령[3] 이북의 땅을 돌려줄 것을 요구하며 억류하는 사건(삼국사기 신라본기 선덕왕 11년조)[4]에서도 잘 드러나고 있다.

한수 유역을 차지한 신라는 그 후 남쪽에서의 백제의 공격과 북쪽으로부터의 고구려의 공격으로 국가적 위기에 몰리자 강력한 외부 세력의 도움으로 이를 극복하고자 하였다. 당시 중국에는 수백 년간 분열되었던 중국을 통일한 수나라가 들어섰다가 단명으로 끝나고 당나라가 뒤를 잇고 있었다. 신라는 고구려와 백제를 견제하기 위해 수나라와 당나라에 접근해 그 존립을 도모했다. 특히 당나라와는 동맹 관계를 맺었는데, 그 동맹의 첫 행보가 백제의 멸망이었다. 신라와 당나라 연합군에 의해 백제가 멸망에 이르자 이에 위기를 느낀 고구려는 서둘러 신라를 공격하였다.

> 11월 1일에 고구려가 칠중성을 침공하여 군주인 필부(匹夫)가 전사하였다.
> (삼국사기 신라본기 태종무열왕 7년조)

당시 고구려가 신라를 공격했던 곳이 칠중성인 것으로 보아 이 당시 신라의 북변은 임진강이었던 것으로 보인다.

백제를 멸망시킨 다음해에 당나라는 고구려에 여러 방면으로 군대를 대거 투입해 대대적인 공격을 개시한다. 결국 고구려인들의 강력한 저항에 부딪쳐 실패하면서 당나라의 장수 소정방은 평양 부근

---

3 죽령은 충청북도 단양군과 경상북도 영주시 경계에 위치한 고개이다.

4 "麗王謂曰 "竹嶺本是我地分 汝若還竹嶺西北之地 兵可出焉" 春秋對曰 "臣奉君命乞師 大王無意救患以善鄰 但威劫行人 以要歸地 臣有死而已 不知其他" 臧怒其言之不遜 囚之別館"

에 고립된다. 당나라의 요청에 따라 신라에서는 김유신이 직접 칠중하를 건너 평양으로 식량을 조달하였다고 한다.

> 왕이 유신에게 명하여 인문(仁問)과 양도(良圖) 등 아홉 장군과 함께 수레 2천여 대에 쌀 4천 섬과 조(租) 2만2천여 섬을 싣고 평양으로 가게 하였다. 18일에 풍수촌(風樹村)에서 묵었다. 얼음이 얼어 미끄럽고 또 길이 험하여 수레가 나아갈 수 없으므로 [군량을] 모두 소와 말의 등에 실었다. 23일에 칠중하(七重河)를 건너 산양(蒜壤)에 이르렀다.
>
> (삼국사기 신라본기 문무왕 상 2년 1월조)

식량을 조달받은 당나라군은 그대로 철수해버리고 신라군은 왔던 길을 돌아 호로하를 건너 신라로 돌아오다 추격하는 고구려군을 맞아 전투를 벌이기도 했다. 그런데 백제 멸망 당시 신라에 속했던 칠중성은 이후 언젠가 다시 고구려의 영역이 되었던 것으로 보인다.

> 건봉(乾封) 2년(667)에 대군이 아직 평양에 이르지 아니하였다고 하므로 … 우선 고구려의 칠중성을 쳐 길을 뚫고 대군이 도착하기를 기다리고자 하였습니다.
>
> (삼국사기 신라본기 문무왕 하 11년조)

이 기록은 667년 당나라의 장수 설인귀가 신라의 문무왕에게 보낸 편지의 답장인 '답설인귀서(答薛仁貴書)'에 나오는 내용이다. 건봉 2년인 667년은 고구려 멸망 이전으로 이때 칠중성이 고구려에 속했음을 알 수 있다. 이는 칠중성이 있는 임진강 유역이 신라와 고구려의 변경 지역으로서 치열한 쟁탈전이 벌어졌던 곳이었음을 보여주는 것이다. 『대동지지』 3권 적성 성지조에서는 칠중성을 달리 토탄성(吐呑城)이라 불렀다고 한다.[5] 토탄성이란 삼국 간 격전에서 '뺏기고 빼앗는다'는 의미에서 나온 것으로 보는 견해(홍재선 1983, 21–22)가 있다.

4. 통일을 위한 최후의 전선

신라는 당나라와 더불어 660년 백제를 멸망시키고, 668년 고구려 멸망전에도 참여했다. 그리고 신라마저 지배하려는 당나라에 맞서 최후의 전쟁을 벌인다. 이때 신라는 당나라의 지배를 거부하며 고구려를 부흥시키고자 하는 유민들과 함께 당나라에 대항했다.[6] 고구려 부흥군의 4년에 걸친 치열한 부흥 운동은 당나라 군대의 강력한 대응으로 실패하고 신라로 망명하였다.

> 계유년 윤5월에 연산도(燕山道) 총관 대장군 이근행(李謹行)이 호로하(瓠瀘河)에서 우리나라 군사들을 깨뜨리고 수천 명을 사로잡으니 나머지 무리들은 모두 신라로 달아났다.
>
> (삼국사기 고구려본기 보장왕 하 함형 4년조)

위의 기록은 부흥 운동에 실패한 고구려 유민들이 당나라군에 쫓

5 "古城 南二里 一云吐呑城 今稱重城 周二天二百五十六尺 井一深不可測"

6 고구려 유민인 검모잠(劍牟岑)이 보장왕의 외손인 안승(安勝)을 내세워 지금의 황해도 재령의 한성에서 '고구려'를 세웠다. 이후 안승이 검모잠을 살해하고 신라로 달아났다고 하며, 여전히 고구려의 옛 땅에서 부흥운동을 벌이던 유민들은 673년에 당나라 군대에 밀려 신라로 향했으며, 신라는 이들을 지금의 전라남도 익산인 금마저(金馬渚)에 안치시켰고 안승을 왕으로 한 그들만의 나라를 세웠다. 이를 일반적으로 보덕국(報德國)으로 칭하고 있지만, 금마저로 옮긴 뒤에도 '고구려'라는 국명을 그대로 사용했을 것이다(정원주 2019).

기다 호로하에서 벌어진 전투에 크게 패해 심각한 타격을 입고 신라로 달아났음을 언급하고 있다. 신라는 고구려 유민들을 받아들여 지금의 익산인 금마저에 안치시키면서 본격적으로 당나라와의 전쟁에 돌입하였다.

> 왕이 대아찬 철천(徹川) 등을 보내 병선 100척을 거느리고 서해를 지키게 하였다. 당의 군사가 말갈, 거란 군사와 함께 북쪽 변경을 침범하여 왔는데, 무릇 아홉 번 싸워 우리 군사가 이겨 2천여 명을 목 베었고 당의 군사 중 호로(瓠瀘)와 왕봉(王逢) 두 강에 빠져 죽은 자는 이루 셀 수 없었다.
>
> (삼국사기 신라본기 문무왕 하 13년 9월조)

위의 기사는 같은 해 9월 기사 뒤에 실린 것으로 앞의 사건 이후에 벌어진 전투로 볼 수 있다. 신라는 말갈 · 거란 군사와 함께 신라의 북쪽 변경을 침범한 당나라 군사들을 격퇴해 승리하였다. 아홉 번 싸워 2천여 명을 목 베고 호로와 왕봉 두 강에 빠져 죽은 자가 셀 수 없을 정도로 격렬한 전투가 벌어졌음을 알 수 있다. 여기서 언급되는 호로하는 임진강을 달리 부르는 말이며 임진강에서도 호로고루(瓠蘆古壘)성 부근의 물길을 일컫는 것이다(이도학 1996, 234–237).

호로고루는 사적 제467호로 연천군 장남면 원당리에 위치하며 강 맞은편에 있는 장좌리고루와 더불어 이잔미성(二殘眉城)이라고도 불린다. 성의 형태는 북동쪽에서 남서 방향으로 흐르는 임진강에 접한 현무암 천연 절벽의 수직 단애 위에 있는 삼각형 형태를 취하고 있는 성이다. 성벽의 전체 둘레는 약 400여m이고, 그중 남벽은 161.9m, 북벽은 146m이다. 동벽은 현재 남아 있는 부분이 93m이

그림 10.4_ 호로고루 동측 성벽에서 바라본 임진강
출처: 한국문화재단

고 성 내부는 전체적으로 해발 22m, 성벽 최정상부는 30m 정도다. 성벽 중 가장 높은 동벽 정상부와 서쪽 끝부분에는 장대가 설치되었으며, 성으로 신입하는 문지는 동벽, 남쪽을 제외하고는 없었을 것으로 추정되고 있다. 고구려 기와와 신라의 유물들이 다량으로 출토되었다(이재 외 1993; 육군사관학교 육군박물관 1994; 한양대학교박물관 1999; 국립문화재연구소 2000; 한국토지공사 토지박물관 1999 · 2007).

임진강 북안에는 주요 길목마다 고구려 성이 구축되어 있었는데, 그중에서도 호로고루는 우기를 제외하고는 배를 타지 않고 임진강을 도강할 수 있는 최초의 여울목이 접해 있어 가장 중요한 전략적 요충지에 해당한다. 이러한 전략적 중요성으로 인하여 『삼국사기』에는 호루하 부근에서 벌어진 고구려와 신라, 신라와 당나라의 전투 기록이 여러 차례 기록되어 있다. 조선 시대에도 이 지역은 호로탄(瓠蘆灘)이라 하여 장단을 통해 개성으로 들어가는 주요 길목이었다(경기도박물관 2001, 406).

고려 시대와 조선 시대에도 쳐들어오는 외적을 방어하기 위한 치열한 전투가 벌어진 장소였으며,[7] 현대에 이르러서도 그 군사 전략적 중요성은 여전해 한국전쟁에서의 주요 전장이 되기도 하였다. 호로고루 앞의 여울인 가여울[戌灘]은 한국전쟁 당시 북한군의 주력 전차부대와 보병부대가 건넜던 곳이다. 북한군은 개성에서 서울로 가는 가장 빠른 길인 문산 방면이 아니라 한참 우회해서 고랑포 부근의 가여울을 건넜다. 이곳에서 임진강의 물길이 현저히 얕아지기 때문이었다. 여기에서 고랑포 전투가 벌어졌고 서울로 빠르게 진격하기 위해 병력을 집중 배치함으로써 이를 막던 우리 국군은 3일 만에 후퇴하게 되었다. 또한 유엔군의 반격으로 패퇴했던 북한군이 중공군과 다시 침투해 올 때도 이곳을 지났다(국방군사연구소 1996, 296–299).

신라와 당나라 간의 전투 역시 이 임진강 부근에서 치열하게 전개된다. 다음은 이곳에서의 당나라군과 신라와의 격전에 대한 기록이다.

> 유인궤(劉仁軌)가 칠중성에서 우리 군사를 격파한 후 군사를 이끌고 돌아가면서 조칙으로 이근행을 안동진무대사(安東鎭撫大使)로 삼아 경략케 하였다.
>
> (삼국사기 신라본기 문무왕 하 15년 2월조)
>
> 당나라 군사가 거란, 말갈의 군사와 더불어 칠중성을 공격하였으나 이기지 못하고 소수(小守) 유동(儒冬)이 전사하였다.
>
> (삼국사기 신라본기 문무왕 하 15년 9월조)

7 고려 현종 2년(1011)에는 거란 군대가 장단 일대까지 이르렀고, 고종 45년(1258)에는 몽골군이 개성에 진을 치고 교하 일대에 난입해 주민들을 약탈했다. 조선시대에는 임진왜란 때에 선조가 북으로 몽진할 때에도 임진강 나루를 이용했으며, 명나라 장수 이여송이 파주 여현(礪峴)에서 왜군에 대패하기도 했다.

당나라에서는 유인궤를 총사령관인 계림도대총관(鷄林道大總管)으로 삼아 신라를 공격하게 했다. 이근행은 말갈군을 비롯한 번병을 이끌며 고구려 부흥군 진압 때부터 활약했던 장수이다. 이때 유인궤는 호로하를 건너 칠중성을 격파하였다고 한다(구당서 유인궤전). 673년 칠중성 앞을 흐르는 호로하에서 당나라 군대를 격파했던 신라가 675년에는 칠중성을 빼앗긴 것으로 보아 임진강 유역의 방어선이 일시적으로 무너졌음을 알 수 있다. 그러나 같은 해 9월에 당나라 군사가 거란, 말갈과 함께 칠중성을 공격하였다는 기록으로 볼 때 그 사이에 다시 칠중성을 되찾았음을 알 수 있다.

이때 신라와 당나라와의 전쟁에 큰 전환점이 되는 중요한 전투가 벌어진다. 임진강 유역에는 나당전쟁 시 신라가 주도권을 장악하게 된 매초싱 전투(675)가 벌어졌던 지역으로 추정되는 대전리 산성이 부근에 있다(민덕식 1989). 다음은 관련 기록이다.

> 29일에 이근행이 군사 20만 명을 거느리고 매초성(買肖城)에 주둔하였는데, 우리 군사가 공격하여 쫓고 말 30,380필을 얻었으며 그 밖의 병기도 이만큼 되었다.
>
> (삼국사기 신라본기 문무왕 하 15년 9월조)

신라군은 이근행이 이끄는 당나라군 20만 명이 주둔해 있던 매초성을 공격해 크게 승리함으로써 나당전쟁에서 승기를 잡을 수 있었다(이종학 1984; 민덕식 1989; 서인한 1999). 그 후 신라군은 몇 차례의 전투에서 당나라군을 격퇴하면서 임진강 유역에서의 전투를 마무리하였다. 마침내 금강 하구의 기벌포에서 당나라 장수 설인귀가 지휘하는 수군을 섬멸(삼국사기 신라본기 문무왕 하 16년 11월조)[8]함으로써 당의 세력을 백제의 옛 땅에서도 완전히 몰아내고 진정한 삼국 통일의 주역이 되었다. 이처럼 임진강 유역은 삼국 간 격전지였으나 최후에는 신라에게 통일 전쟁에서의 승리를 안겨주었던 장소이다.

앞에서 보았듯이 고구려와 신라의 전투에서도 그렇고 당나라 군대와 신라군의 싸움도 주로 칠중성에서 전개되었다. 이처럼 칠중성은 장비 없이도 도강이 가능한 지점을 장악할 수 있으며, 임진강을 도하해 서울이나 내륙으로 들어가는 길목을 장악할 수 있는 군사 전략적으로 매우 중요한 성이었음을 알 수 있다. 따라서 칠중성을 보조하기 위한 성곽들이 임진강과 그 지류 하천을 따라 곳곳에 분포하고 있다. 특히 임진강을 도강하기 쉬운 지점을 따라 성곽들이 늘어서 있는데 호로고루, 당포성(堂浦城), 은대리성(隱垈里城)은 이 지역의 자연 환경적 요소를 이용해 이등변삼각형 모양의 산성과 평지성을 결합한 형식의 성[9]으로 유명하다.

은대리성은 사적 제469호로 연천군 전곡읍 은대리에 위치하고 있다. 한탄강과 차탄천이 합류되는 지점에 위치하는데 두 하천에 의해 침식되어 형성된 삼각형의 대지 위에 축조되었다. 유적은 동쪽과 북쪽 성벽의 상당 부분이 훼손된 상태이지만 성 내부의 보존 상태는

---

8 "冬十一月 沙湌施得領船兵 與薛仁貴戰於所夫里州伎伐浦 敗績 又進大小二十二戰 克之 斬首四千餘級"

9 이러한 독특한 형식은 이 지역에서만 보이는 것으로 강안평지성(江岸平地城)이라고도 한다. 이는 임진강이나 한탄강에서 이 강으로 흘러들어 오는 지류의 합류 지점에 형성된 단애 위의 대지에 단애가 없는 한쪽 면을 막아서 축조된 삼각형 형태의 성을 이른다. 이 성들은 지류와 본 강줄기에 합해지는 지역에 발달한 여울목을 통해 건너오는 세력을 막기 위한 전초기지로서의 역할을 했던 것으로 볼 수 있다(백종오 2006, 291).

그림 10.5_ 은대리성 내부
출처: 한국문화재단

비교적 양호한 편이다. 시굴 조사에 의해 밝혀진 성의 평면은 삼각형 형태로 남벽과 일부 북벽은 한탄강과 차탄천이 형성한 50~60m의 수직 단애를 이용하고 있으며, 동쪽 평탄지에는 토석 혼축으로 동벽을 축조하였다. 외성과 내성의 이중 구조이고, 외성의 전체 규모는 동서 400m, 남북 130m, 둘레는 총 1,005m, 면적은 26, 479m^{2}이다. 성 내부 시설물로는 문지 3개소, 대형 건물지 1개소, 치성 3개가 확인되었다(이재 외 1993; 육군사관학교 육군박물관 1995; 경기도박물관 2001 · 2005; 단국대학교 매장문화재연구소 2004). 한탄강 주변의 전곡 평야 일대를 방어하기에 유리한 입지이다(경기도박물관 2005, 54).

당포성은 사적 제468호로 경기도 연천군 미산면 동이리에 위치하고 있다. 현재 전곡읍의 서북쪽 임진강 북안과 그 지류에 형성된 천연 절벽을 이용하여 축조한 성이다. 서쪽 부분이 뾰족한 삼각형 형태로 평지 동쪽에 성벽을 쌓아 내성과 외성의 형태를 갖추고 있다. 동쪽 성벽은 매우 높게 구축되어 있으며 13m의 수직 단애 지대를

그림 10.6_ 당포성과 임진강
출처: 한탄강 지질공원

따라 구축된 남북 성벽은 낮게 구축되었다. 성 좌측에서 내성까지는 200m, 외성까지는 270m이다. 내성은 높이 6m, 길이는 50m이며 외성은 높이 4m, 길이는 150m이다. 내성 안에는 하천 쪽에 직경 4m 정도의 우물터가 있다. 성 내부로의 출입 때문에 동벽의 남단은 성벽이 일부 파괴되어 출입로가 만들어졌고, 북단의 경우에는 참호 건설로 인하여 파괴되어 있는 상태이다. 고구려 기와와 신라에서 조선시대에 이르는 유물들이 출토되었다(한양대학교박물관 1986; 이재 외 1993; 육군사관학교 육군박물관 1994; 경기도박물관 2001 · 2005; 단국대학교 매장문화재연구소 2004; 육군사관학교 화랑대연구소 2006). 도강이 용이한 지점인 임진강의 당개나루를 방어하기 위해 구축된 성으로 양주 분지 일대에서 북상하는 적을 방어하거나 강의 북안에 교두보를 확보하기 위한 전략적 중요성이 매우 크다고 할 수 있다(경기도박물관 2005, 72).

600년 백제 멸망, 668년 고구려 멸망으로 인해 한반도에 최후로 남게 된 것은 신라였다. 고구려, 백제와의 각축전에서 최후의 승자가 된 신라에 대한 평가는 삼국 통일을 이루었다는 측면에서는 각광받는 반면, 고구려의 광활한 영역을 포기한 채 한반도로 한민족의 역사를 축소시킨 불완전한 통일이라는 비난을 받기도 한다. 그러나 수많은 종족과 국가들이 명멸해갔던 한반도에 최초의 통일 국가가 탄생했다는 사실은 변하지 않는 진실이다. 이로 인해 사회 · 문화적 동질성만 언급되던 삼국이 오롯이 하나의 역사로 들어올 수 있는 결정적 계기가 되었으며, 이후 삼한일통의 이상을 현실화하려는 신라 정부의 지난한 노력들이 오늘 우리로 하여금 한민족이라는 믿음을 공유하게 만든 것이다. 더욱이 전쟁이 끊이지 않고, 다툼과 갈등이 반복되었던 이 땅에 장기간의 평화를 가져옴으로써 전쟁 무기가 생산 수단 혹은 평화와 번영을 갈구하는 종교적 산물로 대체되었다는 점도 그 의미가 크다 할 수 있다.

이를 완성해가던 7세기는 그 벽두부터 크고 작은 다툼에서부터 대규모 전쟁에 이르기까지 그 유래를 찾기 어려울 정도로 극도의 혼란기였다. 특히 아시아에 존재하는 모든 종족과 국가들을 위협하고 힘으로 굴복시킴으로써 그 위세를 떨치던 당나라 군대와의 치열한 접전들은 이 땅이 겪은 적지 않은 커다란 사건들 중 그 수위를 차지한다고 할 수 있을 것이다. 이러한 격동의 시대를 이겨내고 최후로 살아남은 신라인들의 의지와 역량은 그 자체로 옳게 평가받아야 할 것이다.

신라가 한반도의 온전한 주인이 되기 위해서 마지막으로 치른 전쟁이 신라마저 자신들의 지배하에 재편하고자 하는 당나라와의 결전이었다. 신라는 마침내 그 최후의 전쟁에서마저 승리함으로써 한반도의 유일한 국가가 되었다. 그러나 백제는 온전히 신라의 영역이 되었으나 고구려의 일부 지역만을 차지할 수 있었으며, 여전히 삼국의 접경 지역이었던 임진강과 예성강을 넘지 못했다. 이후 대동강에서 원산만까지 국경선을 넓히게 된 것은 성덕왕 34년(735)이었다(이기동 1976). 따라서 신라가 통일한 이래 한동안은 북진을 위한 노력이 진행됨으로써 파주 역시 군사적 목적에서 중시되었을 것이다.

5. 평화와 통합으로 가는 길

고대국가 간 경계는 기나긴 선의 형태로 이어진 근대 국경의 모습과 달리 산, 강, 교통로, 관문(關門), 중간 지대로 이루어졌다. 특히 첨예하게 대치한 지역에서는 관방 시설이 국경선 기능을 수행했다. 이러한 고대 삼국 간 경계의 속성은 비무장 완충 지대라는 이름이 무색하게 제대로 무장하고 있는 한반도의 비무장지대(DMZ)와 유사한 면이 있다. 고대와 현대 모두 관방 시설이 집중적으로 배치되어 있는 비무장지대와 그 인접 지역은 일종의 시공 연속체 관문인 셈이다(정원주 외 2014, 97). 한국전쟁 이후 군사 분계선이 확정되면서 지금까지 남북은 경쟁적으로 군사 시설을 설치했으며 임진강에는 선박의 통행마저 금지되었다. 최근에 와서야 남북의 화해 무드로 인해 철도 복원 및 남북 연결도로 개설 공사 등이 시행되는 등의 많은 변화가 있었다. 더욱이 서울과 인근 지역의 개발로 인한 빠른 성장과 확대도 이 지역의 변화에 크게 기여하고 있다. 특히 한때 다시 경색되어 갔던 남북 관계의 진전에 따라 이곳에 대한 기대도 높아지고 있다.

파주는 삼국의 격전지로서 통일 전쟁의 완성을 위한 최후의 전쟁터였으며, 한국전쟁의 시작과 끝을 마무리 지었을 뿐 아니라 남북 대립을 상징하는 휴전선 부근으로 접근이 어려운 지역이었다. 그러나 변화된 통일 패러다임에 맞추어 통일 · 안보 · 번영의 도시로서의 변화가 진행되고 있다. 남북 분단을 상징하던 휴전선 지역으로 반공과 안보만 중시되던 곳에서 휴식과 즐길 거리, 볼거리를 찾는 장소로 많은 관광객들의 환영을 받게 된 것이다. 남북 화해 분위기가 진행되던 1990년대에 파주는 통일을 대비해 주거 및 관광 휴양 공간을 위한 통일동산 조성 사업을 시작해 2004년 부지 조성 공사를 마쳤다. 파주시 탄현면 법흥리, 성동리, 금산리 일원을 포함한 553만 7000㎡ 일대에 대한 통일동산 조성 사업은 한때 제대로 진행되지 못하고 있다는 비판을 받기도 했다. 그러나 올해 헤이리 마을을 비롯한 통일동산 일대가 관광 특구로 지정되면서 파주가 한반도 평화 관광 중심지로 도약할 기회를 갖게 되었다.

관광 특구 지정 지역에는 탄현면 통일동산 일원으로 오두산 통일전망대와 헤이리마을, 맛고을, 프로방스, 프리미엄아울렛, 카트랜드 등이 있어 이미 다양한 관광 콘텐츠를 갖추고 있다. 외국인 관광객도 연간 20만 명이 넘게 방문하고 있다. 파주시 대표 나들이 코스인 헤이리예술마을은 국내 최대 규모의 예술마을로 미술가, 음악가, 작가, 건축가 등 380여 명의 예술 · 문화인들이 회원으로 참여해 만들어졌다. 임진각평화누리공원은 매년 500만 명 이상의 관광객이 방문하는 대표 관광 명소로, 전망 시설인 임진각과 평화의 종, 평화누리 야외 공연장, 바람의 언덕 등이 마련되어 있다. 남북 분단의 실상을 보여주는 자유의 다리와 장단역 증기기관차도 볼 수 있다. 파주에서는 통일동산 활성화를 위한 광광 안내소 1곳을 설치하고 다국어 종합 관광 안내판과 안내 간판도 추가 설치했다. 또한 올해 말까지 임진각 관광지 내에 면적 6,605m^2 규모의 한반도 생태 평화 종합관광센터와 전망대 2곳을 포함한 곤돌라를 설치할 계획이라고 한다.

또한, 파주에는 우리 분단 역사에서 빼놓을 수 없는 중요한 장소가 있다. 한국전쟁 당시 휴전을 맺었던 장소였던 판문점은 이후에는 포로 교환이나 남북문제에 관한 회의 혹은 협상을 위한 장소로 이용되고 있다. 판문점 도끼 만행 사건 이후 극단으로 치닫던 남북 관계를 상징하는 얼어붙은 장소였다. 그런데 2018년 4월 27일 북한의 김정은 국무위원장이 판문점 공동경비구역 내 군사 분계선을 넘어와 남측 지역인 평화의 집에서 문재인 대통령과 남북 정상회담을 하였는데 이를 4 · 27 남북정상회담이라고 한다. 한반도 비핵화를 전제로 합의한 4 · 27 판문점 선언은 우리 민족이 자주적으로 한반도의 미래를 열어가겠다는 결연한 의지가 담긴 선언문이다. 구체적이고 세부적인 내용은 없지만 그 상징적 의미와 선언적 의미가 크다고 할 것이다. 국제 사회에서는 이 회담에 대해 대결과 분단의 상징이었던 군사 분계선이 한반도의 화해와 평화, 번영과 통일을 위한 첫 발자국을 내디뎠다고 평가하면서 한반도 비핵화로 가는 첫 단추를 잘 끼운 성공적인 회담으로 보았다. 이러한 변화는 문재인 정부가 들어서면서 평창 동계올림픽에 남북이 공동으로 참여를 계기로 변화된 남북 관계로 인한 것이다.

4 · 27 남북정상회담 이후 북미 간 정상회담이 여러 이유로 합의

되지 않으면서 남북 간에 잠정적으로 합의되었던 부분들이 진척되지 않고 미뤄지고 있다. 그러나 2019년 6월 30일 한국을 방문했던 미국의 트럼프 대통령이 트위터로 제안한 회동이 이곳 파주에 있는 판문점에서 이루어졌다. 문재인 대통령과의 회담 때와 마찬가지로 트럼프 대통령은 정전협정 66년 만에 처음으로 군사 분계선을 넘어 북쪽으로 발길을 내딛은 최초의 미국 대통령이 되었다.

2018년 12월에는 북한 개성 판문역에서 경의선과 동해선 철도 · 도로 연결 및 현대화 착공식을 개최했다. 파주의 도라산역은 북한과의 관계가 좋아 개성에 공단을 두었을 때 개통된 최북단에 위치한 우리 측 철도 역사였다. 또 다시 서울에서 이곳 파주를 거쳐 개성을 지나 평양-의주까지 이어질 수 있는 경의선 철도의 개통에 대한 협의가 이루어지고 있다. 분단을 상징하던 판문점이 있는 파주가 아닌 북한으로 가는 첫 번째 기차역이 있는 곳으로서의 파주를 기대해 본다. 무엇보다 이것이 통일로 가는 역사를 일구었던 파주의 역사가 다시 싹틀 수 있는 시작이 될 수 있었으면 한다.

3.
철원, 통일과 화합을 위한 꿈

1. 철원의 연혁과 역사

철원은 한국전쟁이 가장 치열하게 벌어졌던 격전지로 그 흔적들을 간직하고 있다. 휴전선 155마일 중 43마일이 여기에 해당한다. 가장 치열했던 전쟁터라 일컬어지는 '철의 삼각지대'에 속하는 곳이다.

철원은 고구려에서는 철원군(鐵圓郡) 혹은 모을동비(毛乙冬非)로 불리다가 신라에 복속된 뒤 경덕왕 대에 철성군(鐵城郡)으로 개칭되었다(新增東國輿地勝覽 강원도 철원도호부 연혁조). 모을은 철(鐵)로 동비는 원(圓)으로 즉 모을동비는 '털두루빙'이란 철원의 옛 지명을 이두식으로 표기한 것으로 추정되고 있다. 철원은 고려 태조 2년에 동주(東州)로 고쳤으며 철원(鐵原)이라는 지명은 고려 충선왕 2년(1310)에 개칭되어 오늘에 이르게 되었다(철원문화원 2004).

이곳에 사람들이 거주하기 시작한 것은 구석기부터로 그 흔적들이 남아 있다(최승엽 2010). 또한 입지 조건상 정치체의 출현도 일찍이 있었던 것으로 보인다. 이곳은 한반도 중부 지역에 출현해 백제와 신라 역사 초기에 보이는 말갈이라는 정치체의 근거지 중 하나로 추정되기도 한다(장원섭 1990, 102–103; 임기환 2006, 31–32). 삼국 시대에는 고구려, 백제, 신라의 접경지대로서 힘의 강약에 좌우되며 여러 번 그 소속 관계에 변화가 있었다. 삼국 중 이 지역을 가장 먼저 차지한 것은 백제이며, 이후 고구려의 영역이었다가 최후에는 신라가 차지하였다. 이곳의 유적 중 삼국 시대로 추정되는 고분군이 강산리에 약 20여기, 중강리에 5기가 보고된 바 있다(강원문화재연구소 2006, 24). 조사된 성지나 봉수 등의 관방 유적들도 단일 지역으로는 많은 편에 속한다(조선보물고적조사자료 1942; 강원도대학교 박물관 1995; 육군사관학교 육군박물관 1996; 철원문화원 2006). 그 규모나 지리적 입지 조건으로 볼 때 중요한 군사 시설로 활용되었을 것이다.

철원군은 한반도 중부 지역에 해당하는 강원도 북서부, 영서 지방

북부에 위치한다. 군의 중앙에는 북동쪽에서 남서쪽으로 흐르는 한탄강을 중심으로 북서부 지역은 평야 지대로 남동부는 산악 지대로 크게 양분된다. 특히 철원 평야는 강원도 전체 경작지의 16퍼센트를 차지하는 대평원으로 미곡 생산이 주를 이루고 있는 곡창 지대이다. 평야를 제외하면 70퍼센트가 산악 지대로 둘러싸여 있는데 해발 1,000m를 넘는 산은 많지 않다. 북쪽으로는 고암산, 서쪽으로는 추가령지구대, 동북쪽으로는 백암산, 동남쪽으로는 태백산맥의 지맥인 광주산맥이 둘러싸고 있어 자연스럽게 방어벽을 형성해준다.

이러한 입지 조건과 더불어 철원의 강점은 교통의 요충지라는 점이다. 철원 동쪽으로는 화천군, 양구군을 통해 춘천이나 동해안의 속초 방번으로 연결되고, 서쪽 금천 방면으로는 개경에 이를 수 있다. 서남쪽으로 경기도 연천군과 남쪽 방면의 포전군을 통해서는 서울과 연결된다. 북쪽으로는 평강군을 통해 동해안이나 북쪽 방면으로 진출할 수 있다. 이처럼 철원은 한반도의 동과 서를 연결하고 남과 북을 연결하는 주요 교통로로 그 전략적 가치가 매우 높은 곳이다.

2. 미완의 꿈으로 남은 역사

2018년 4 · 27 남북정상회담 이후 남북 간의 화해 모드가 연일 TV매체를 통해 보도되었으며 비무장지대의 지뢰를 제거하는 작업이 진행되기도 하였다. 1953년 치열하게 전개되었던 한국전쟁을 잠시 중단하는 휴전협정이 체결된 이후, 수십 년이 흘러 오늘에 이르기까지 적지 않은 이야기를 품고 잠들어 있던 비무장지대의 부활 가능성은 많은 기대를 품게 한다. 이곳의 개발에 대한 희망은 사람의 손길을 거의 거치지 않은 동식물들이 무성하여, 개발에 의해 사라졌던 동식물의 서식지를 찾을 수 있는 미지의 땅으로서 뿐만 아니라, 묻혀 있는 과거의 조각들을 찾아낼 수 있다는 기대도 갖게 한다. 특히 남북 분단선에 걸쳐 있는 태봉의 궁예도성에 대한 발굴 가능성은 여러 의미로 다가오고 있다.

우리 역사에서 후삼국 시대를 열었던 인물 가운데 한 명인 궁예(弓裔)는 905년 강원도 철원을 수도로 삼은 뒤 그곳에 궁성을 세웠다고 한다. 당대를 넘기지 못했던 단명 왕국의 터전이었던 궁예도성은 천여 년의 세월 속에 허물어진 폐허로 남았다. 더욱이 한국전쟁의 격전지 한 가운데 있었고, 이후는 군사분계선(MDL)이 그 성터를 가로지름으로써 분단의 비극을 상징하는 대표적 유적지라 할 수 있다. 궁예도성터는 철원군 철원읍 홍원리로 현재 비무장지대(DMZ) 내에 있어 평화전망대의 유리창을 통해 멀리서 관측만 할 수 있다.

후고구려를 세웠던 궁예는 905년 송악(현 개성)에서 철원으로 도읍지를 옮기고 얼마 후 국호를 태봉(泰封)으로 하였다. 이곳에 청주 주민 1,000호를 이주시키고(삼국사기 열전 궁예전) 대규모 도성 조성 공사를 하였다. 궁예는 철원이 사통팔달의 교통의 중심지임을 고려하여 이곳에 대규모의 새로운 도읍과 도성을 건설하였다. 태봉국 도성은 풍천원(楓川原) 들판 위에 이중의 방형(方形)으로 설계되었다. 이 도성은 궁성, 내성, 외성으로 이루어졌으며 10여 개의 외곽성도 함께 구축되었다. 둘레 1.8km의 왕궁성과, 7.7km의 내성, 외성은 12.7km 정도이며 대개는 토성이지만 문지나 기타 필요한 곳은 토석 혼축으로 축조한 것으로 보인다(강원도대학교 박물관 1995; 육군사

그림 10.7_ 궁예도성의 모형
출처: 철원군청

그림 8_ 석등
출전: 국사편찬위원회

그림 9_ 귀부
출전: 국사편찬위원회

관학교 육군박물관 1996; 국립중앙박물관 2009; 철원문화원 2006; 심정보 2019). 일제 강점기에 조사된 바로는 토성의 흔적이 남아 있으며, 귀부(龜趺), 석등(石燈) 두 점 및 옛 성지의 흔적이 남아 있었다고 한다(조선총독부 1940). 그러나 일본인들에 의해 경원선 철도가 성지를 가로질러 놓였을 뿐 아니라 한국전쟁의 격전지 한 가운데 있음으로 인

그림 10_ 궁예도성지 외성 남대문 부근의 토성
출전: 국사편찬위원회

해 지금은 육안으로는 그 모습을 찾기 어렵다.

궁예도성은 평지에 조성된 평지성으로 그 규모가 당시까지의 도성 크기를 훨씬 상회하는 크기였다. 『고려사』에는 "궁실만은 크고 장대하며 … 요역이 그치지 않으니 원망과 비난이 일어난 것이다(고려사 세가 태조 1년 6월 丁巳조)"[10]라고 하여 궁예도성을 비판적인 시각으로 보고 있다. 궁예의 실정과 허물을 들추어 태조 왕건의 행위를 정당화시키기 위해 궁예도성의 크기를 강조한 것이다. 반면 궁예도성의 담 높이는 사람 키 정도의 흙담으로 이루어져 있다고 한다. 정밀 조사를 해봐야 하지만 이를 궁예가 심취했던 미륵사상과 연관 지어 민중들과의 친밀감을 강조하기 위한 것으로 보기도 한다(김규현 외 2015, 148). 더욱이 일반 도성이 유사시를 대비한 왕족과 귀족의 방비책 중심인 데 비해 궁예도성은 일반 평민들의 생활 거주지를 중심으로 이를 포함한 축성이었다고 한다. 이는 백성과의 동고동락을

10 "徭煩賦重, 人耗土虛. 而猶宮室宏壯, 不遵制度, 勞役不止, 怨讟遂興"

정치의 기본 이념으로 수용하려 했던 측면일 가능성이 있다(육군사관학교 육군박물관 1996, 38).

궁예도성에 대한 조사는 지금까지 지표 조사만 한 상태로 끝났으며, 정밀 조사는 이루어지지 못했다. 특히 북한 쪽의 궁예성지에는 궁궐터가 남아 있다고 하므로 이를 조사하기 위해서는 북한의 협조가 반드시 필요하다. 과거의 공유를 통해 미래 평화를 모색하기 위한 방법의 하나로 궁예도성터를 남북한 공동 발굴을 통해 그 가치를 재고한다면, 궁예도성은 후삼국 시대와 오늘날 남북 분단의 대립과 갈등의 상징이 아닌 통일로 나아가는 화해와 포용의 상징으로 사람들의 기억에 남을 수 있는 진정한 의미의 통일 문화 유적지가 될 수 있을 것이다.

궁예는 신라의 왕족이었다는 설(최규성 1987; 정선용 1997; 조법종 2006)과 몰락한 진골 귀족이었다는 설(조인성 1991), 또는 신라에 대한 반란의 당위성을 부각하기 위해 조작되었을 가능성이 제기되기도 하였다(홍순창 1982). 그는 10여 세에 출가해 세달사라는 절에 들어가 중이 되었다. 성장해 절을 나와 당시 죽주의 호족인 기훤의 부하가 되었다가 실망하여 다시 북원의 호족 양길에게 의탁하게 되었다. 그의 능력을 인정한 양길 밑에서 세력을 확장하다가 치악산 석남사를 근거지로 독립하여 강릉, 인제, 철원 등 지금의 남북 경계선을 장악해 황해도의 패서 지역을 향해 세력을 확장해 갔다.

이때 송악의 호족이었던 왕건(王建)이 아버지와 함께 귀순하자 898년 송악을 도읍으로 삼아 세력을 크게 확장하여 남한강 유역까지 진출하였다. 이 당시 그가 차지했던 지역은 고구려의 옛 땅에 해당하는 명주, 삭주, 한주의 상당 부분이었으므로 이 지역 민심을 얻기 위해 국호를 후고구려로 한 것으로 보인다(조인성 1991, 6; 이재범 1992, 55). 궁예는 반(反)신라적 성향이 강했는데 스스로 왕을 칭하며 사람들에게 말하기를 "지난날에 신라가 당에 병사를 요청하여 고구려를 멸하였기 때문에 평양의 옛 서울이 황폐하여 풀만 무성하니 내가 반드시 그 원수를 갚겠다(삼국사기 궁예전)"고 하였다. 그는 남쪽으로 순행하다 부석사에 이르러 벽에 신라왕의 화상이 그려져 있는 것을 보고 칼을 뽑아 찌르기도 하고(삼국사기 궁예전), 신라를 멸도(滅都)라 부르게 하고 투항한 신라인에 대해서는 강경한 태도를 취하는(삼국사기 궁예전) 등 신라를 매우 적대시하였다.

904년에는 국호를 마진(摩震)으로 고치고 이전까지 사용하던 신라의 정치 체제를 개편해 광평성(廣評省)을 설치하는 등 전반적인 관제 개혁을 추진하였다(삼국사기 궁예전). 이는 신라의 진골 귀족 중심의 정치 체제를 기능적이고 능력을 중시하는 관료 체제로 전환한 것으로 뒤에 고려에 계승 · 발전되었다(이재범 2005, 120–123). 다음 해인 905년에는 철원으로 수도를 옮기고 911년에는 국호를 태봉(泰封)이라 하였다. 세력이 점차 강해져 경기도, 강원도, 황해도 일대 및 충청도 북부에까지 이르게 되었는데 원래 신라 영토의 3분의 2를 차지하는 전성기를 맞이하기도 하였다. 이처럼 후삼국 가운데 가장 강성했으며 넓은 영역을 차지했던 궁예는 부하들의 배반으로 죽임을 당하면서 그의 시대를 마감하였다.

궁예는 말년에 신정적 전제 정치를 추구하였는데 당시 민중들에게 성행했던 미륵사상을 신봉해 스스로를 미륵불이라 하고 두 아들까지 보살로 만들어 신격화하였다. 또한 미륵관심법이라는 신통력으로 다른 사람들의 마음을 들여다볼 수 있다 하여 그의 행동을 비판하거나 마음에 들지 않는 사람들을 죽음에 이르게 하였다(고려사 태조세가).[11] 이러한 궁예의 행동은 당시 독립적인 성향이 강했던 호족들을 견제하여 왕권을 강화하기 위한 수단이라 할 수 있다(백남혁 2000, 68-71).

한편 계속된 전쟁으로 농민들에게 과중한 요역과 세금을 징수함으로써 민심이 그에게 멀어진 것도 그의 실패를 가져온 또 다른 이유라 할 수 있다. 당시는 신라 말기의 혼란과 그에 대한 반감을 지역적 감정으로 부추김으로써 세력들마다 자신들의 세력 확장의 수단으로 삼으면서 지역 간 갈등과 반목이 매우 심한 상태였는데, 궁예 역시 신라에 대한 부정적 감정을 극대화하여 더욱 강경한 태도를 취함으로써 삼국의 경쟁 구도는 갈수록 격렬해졌다. 이로써 후삼국의 대치와 전쟁은 끊이지 않고 점차 거세지면서 사람들의 생활은 더욱 고달파졌다. 이러한 그의 강경한 자세는 결국 그가 새로운 시대를 이끌어갈 지도자로서 적합하지 않음을 스스로 증명하는 것이었으며, 그의 행동에 반발하게 된 부하들에 의해 그의 치세는 막을 내리게 된 것이다.

궁예성이 있던 철원과 포천 일대에는 궁예의 최후와 관련된 설화들이 널리 퍼져 있다. 철원에 있는 명성산 역시 그에 관한 설화가 전

11 "常自云 我得彌勒觀心法 能知婦人陰私 若有干我觀心者 便行峻法 遂鍛造三尺鐵杵 有欲殺者 輒熱之 以撞其陰 烟出口鼻死 由是 士女股慄 怨懫日甚"

해진다. 궁예는 왕건에 패하자 자신을 따르던 군사들과 함께 명성산에 들어가 진을 치고 재기의 기회를 노렸다. 결국 왕건에게 패하자 이를 슬퍼한 궁예의 병사들이 너무 슬피 울었다 하여 그 후 사람들이 이 산을 울음산, 즉 명성산이라 불렀다고 한다(이재범 2006, 305–307). 명성산성은 철원 평야 동남방에 위치한 해발 923m의 명성산 서북쪽에 조성된 석성이다. 이 성은 둘레 2km 정도 되는 포곡식 산성으로 산성 안에는 대궐터로 알려진 직경 8m 정도의 원형 대지가 있으며, 이곳에서 다수의 기와 조각이 발견되었다(육군사관학교 육군박물관 1996, 94–97).

궁예는 후삼국 가운데 가장 넓은 영토와 강력한 세력을 구축했음에도 부하인 왕건에 의해 왕위에서 폐위돼 쫒기다 평강에서 사람들에게 살해되었다고 역사는 전하고 있다(삼국사기 궁예전; 고려사 태조세가).[12] 통일의 과업은 궁예를 몰아내고 왕위에 오른 왕건에 의해 달성되었다.

3. 민족의 재통일

왕건 역시 철원과 관련이 있는데, 처음 궁예에게 귀부할 때 궁예는 그를 금성(金城 ; 金化)태수로 삼았다(삼국사기 궁예전). 이 금성은 당시로는 철원 바로 옆이었고 지금은 철원군에 합쳐졌으므로 왕건은 이곳 철원과 관련이 깊다고 할 수 있다. 또한, 구철원 향교 터에 대

---

12 "王聞之 不知所圖 迺微服逃入山林 尋爲斧壤民所害" "裔遁于巖谷 信宿飢甚 偸截麥穗而食 尋爲斧壤民所害.

해 왕건이 태봉국에서 관직을 지낼 당시 살던 집터였을 가능성도 제기되었다(유재춘 2005). 궁예를 몰아내고 왕위에 오른 왕건은 919년 도읍을 송악으로 옮기고 국호를 고려라 하였다. 세금을 낮추고, 빈민 구제 기구인 흑창을 설치하는 등 민심을 안정시키기 위한 여러 정책들을 내놓았다(국사편찬위원회 1981). 또한 궁예와 후백제 견훤과 달리 신라에 대해 적극적 우호 정책을 펼쳐 신라인들의 신망을 얻었으며, 호족들을 우대하고 대호족들과의 결혼 정책을 통해 그들을 흡수·통합하였다. 또한 거란족에 의해 멸망한 발해 유민들을 적극적으로 받아들이고 그 태자에게는 땅을 내주어 제사를 지내도록 하였다(高麗史節要 태조신성대왕 乙酉 8년 12월조,).[13] 왕건의 이러한 포용 정책으로 마침내 견훤의 귀부를 통한 후백제 통합과 신라의 경순왕이 나라를 들어 귀순함으로써 새로운 통일 국가가 탄생할 수 있었다.

왕건의 고려에 의해 후삼국이 통일될 수 있었던 것은 먼저 후삼국 가운데 가장 강대했던 궁예의 태봉국이라는 기반이 있었기 때문이었다. 그러나 대립과 갈등을 내세웠던 궁예와 달리 왕건은 포용과 화해를 통해 신라인들의 민심을 얻음으로써 후삼국 통일의 주역이 될 수 있었다. 궁예는 뛰어난 능력과 영웅적 자질을 갖추고 있었지만 대립과 갈등만으로는 통일을 이루기 어려우며 이는 오래지 않아 더 커다란 민족적 위기를 극복하기 어렵게 만들 수도 있다. 강자

13 "渤海旣爲契丹所破 忽汗亡時 其世子大光顯等 以我國家擧義而興 領其餘衆數萬戶 日夜倍道來奔太祖 憫念尤深 迎待深厚 至賜姓名 又附之宗籍 使奉其本國祖先之□祀

가 보여주는 관용과 화해는 보다 나은 미래로 나아갈 수 있는 중요한 걸음이라 할 수 있을 것이다.

4. 한국전쟁의 상흔

신라의 삼국 통합을 위한 노력도 무심하게 또 다시 수면 위로 떠올라 갈등을 야기하며 삼국으로 나뉘어 싸우게 했던 지역 갈등은 고려에 의해 통합되고 조선으로 이어져 천년의 세월 동안 한민족 의식을 공유하게 되었다. 그러나 일본 제국주의에 의해 나라를 잃고 식민지가 되었다가 해방되었다는 기쁨도 잠시 남과 북으로 나뉘어 서로에게 총부리를 겨누게 된 지 2019년 올해 66년이 되었다. 철원은 한국전쟁 기간 가장 치열한 전투가 곳곳에서 벌어졌던 곳이다.

철원은 한반도의 중심부에 위치해 역사상 많은 전란의 상흔을 남기고 있다. 그러한 철원의 역사를 대변하듯 한국전쟁으로 인한 휴전선이 이 지역을 통과하고 있다. 철원군의 1/3 정도가 휴전선 이북에 놓이게 되면서 그 남쪽에 위치한 김화군과 일부 평강군이 합해져 새로운 철원군으로 조정되었다(육군사관학교 육군박물관 1996, 3). 한국전쟁의 처절했던 사투의 흔적은 철원, 김화, 평강을 연결하는 '철의 삼각지대'라는 이름 속에 고스란히 남아 있다.

한국전쟁 기간 중 휴전회담이 벌어지는 기간 조금이라도 더 북으로 진격하고자 하는 국군과 남으로 내려오고자 하는 북한군과의 전투가 이곳에 많은 흔적을 남겼다. 한국전쟁 중 가장 치열한 공방전이 벌어졌을 만큼 전략적 중요성이 컸던 곳이 '철의 삼각지대'이다. 이 말은 당시 미8군 사령관이던 James A Fanfleet 대장에 의해 붙여진 이름으로 중부 전선의 심장부였던 철원, 평강, 김화를 잇는 삼각축 선 내부 지역을 일컫는다. 가장 잘 알려진 전투가 백마고지 전투이다. 1952년 10월 6일부터 10일 동안 해발 395m에 지나지 않는 작은 고지 하나를 빼앗기 위해 12차례의 공방전으로 24회나 주인이 바뀌었던 혈투가 바로 이 전투이다. 북한을 돕기 위해 참여했던 중공군과의 전투 기간 중 발사한 포탄이 중공군 측 5만5천 발, 아군 측 22만 발에 양측의 전사자만 2만여 명에 이르렀다. 우리 국군의 승리로 매듭지어지면서 철원과 김화가 우리 수중에 들어올 수 있게 되었을 뿐 아니라 서울로 통하는 UN군의 주 보급로를 확보할 수 있게 되었다(한국 국방부전사편찬위원회 국방군사연구소 1984).

일명 아이스크림고지라 알려진 삽슬봉 전투도 백마고지에 못지않은 치열한 전투가 벌어졌던 곳이다. 삽슬봉은 동송 읍 하갈리 벌판 가운데 우뚝 솟은 해발 219m의 자그마한 산으로 이 고지를 차지하기 위한 처절한 쟁탈전과 포격으로 산이 마치 아이스크림 녹듯 흘러내렸다 하여 '아이스크림고지'란 별명이 붙여졌다고 한다. 저격능선 전적비와 대성산 지구 전적비가 세워진 곳도 한국전쟁 시 참혹한 전투가 벌어졌던 곳이다. 이러한 처절한 전투 끝에 정전협정 이후 군사 분계선이 획정되었다. 이로써 철원군의 북쪽은 군사 분계선과 접하고 비무장지대와 민간인 통제 구역으로 묶여 엄밀한 통제가 이루어졌다.

5. 화합과 평화의 장으로

남과 북으로 분단되기 이전에는 서울에서 원산을 잇는 경원선 철도

그림 10.11_ 월정리역

가 지나는 곳으로 철원역사와 간이역이었던 월정리역이 남아 있다. 철원역은 경원선의 중심 역이며 이곳 철원에서 내금강까지 운행된 금강산 전철의 시발점이 되는 역이다. 일제 강점기였던 1937년에 연간 약 40만 명 이상의 승객과 7만여 톤의 수하물을 처리하는 교통 요충지로 한때 근무 역원만 80명이 될 정도였다(철원문화원 1998). 철원역은 구철원 시가지로서 춘천과 맞먹을 정도로 번성했다. 한국전쟁 중 승강장이 파괴되고 급수탑도 폭파되었으며 선로로 그 흔적만 남아 역사는 폐쇄되어 방치되었다. 간이역이었던 월정리역은 남방 한계선에 가장 가까운 지점에 위치하고 있어 철원 안보 관광의 대표적 경유지이다. 이곳에는 부서진 객차 잔해 일부분이 남아 전시되고 있는데 "철마는 달리고 싶다"라는 간판을 통해 분단된 현실과 통일에 대한 염원을 느낄 수 있다.

풍요로운 곡창 지대이자 교통의 요충지였던 철원은 삼국 시대부터 근현대사에 이르기까지 헤게모니 장악을 위한 수많은 격전의 장이 되기도 하였다. 특히 한국전쟁의 최대 격전지가 몰려 있는 장소이기도 하다. 반면 군사적 충돌이 없을 때에는 번영을 구가하는 장소이자 평화의 안식처였다. 이러한 역사적 사실이 접경 지역이 갖는 부정적 평가 요소를 공존과 평화로 가는 열쇠로 전환하는 계기로 만들 수 있을 것이다.

또한, 철원은 오랫동안 사람들의 출입이 제한된 이유로 동식물들의 서식처가 그대로 보존되어 있어 생태 보전 지역으로 인식되면서 많은 관련 학자들과 관광객들을 끌어들이고 있다. 대표적인 곳이 철원 천통리 철새 도래지이다. 천연기념물 245호로 지정된 철새 도래지는 철원역을 지나 월정역으로 가는 중간 지점인 구릉 지대에 위치하고 있다. 천연 샘물이 사계절 내내 쉬지 않고 솟아나는 샘통은 겨울에도 얼지 않고 아무리 심한 가뭄에도 줄지 않아 백로, 두루미, 왜가리 등의 철새 도래지로 유명하였다. 오늘날의 샘통은 한국전쟁 이후 그 일대가 모두 농경지로 변했지만 지금도 매년 10월 하순부터 12월까지 남하해 다음 해 2~3월에 북상할 때까지 두루미와 고니 등 수만 마리의 철새들이 떼 지어 날아와 서식하고 있다(김재한 2006, 199).

최전방으로서 민간인 통제 지역이라는 철원의 이미지가 아닌 상생을 위한 화합과 번영의 공간으로 거듭나기 위한 다양한 노력들이 이어지고 있다. DMZ 생태 평화 공원 조성과 철원 고석정을 출발해 민통선 일대를 거쳐 출발점으로 돌아오는 철원 DMZ 국제 평화 마라톤 대회가 매년 개최되어 외국인들을 포함한 많은 관광객들을 끌어들이고 있다. 또한 분단의 실상을 이해하고 통일의 의지를 다듬기 위한 DMZ 안보 관광도 관광객들의 관심을 끌어들이는 요소이다.

철원에는 국보 63호인 도피안사 철조비로자나불좌상과 보물 223호인 도피안사 삼층 석탑이 있다. 철조비로자나불좌상 뒷면에 새겨진 1,000여 자의 긴 명문은 도피안사가 통일신라시대 경문왕 5년(865)에 지은 사찰로 당시 철원의 향도 1,500명의 지원 속에 지어진 사찰이라는 이력을 말해준다(문명대 1978, 31). 불상의 크기만도 100.5cm에 달하는 철불로 석탑과 절까지 지을 정도면 상당한 비용이 필요했음을 추측케 한다(조인성 1993, 20). 이를 가능하게 할 정도의 경제력이 당시 철원에 있었음을 시사하는 사료로, 통일신라의 꾸준한 북진 노력으로 국경선이 대동강 부근까지 확장되면서 철원이 군사적 요충지를 넘어 철원이 가진 경제적 요소로 인해 부유해졌다고 추측할 수 있는 근거이다. 이러한 추측은 삼국 시대에 군사적 요충지로 주요하게 활용되었던 이 지역의 성들이 고려가 들어설 무렵 이미 방치되었던 사실에서도 여실히 드러난다. 이러한 연유로 통일신라 말기에 지역의 많은 부호들이 도피안사 건축에 적극 참여할 정도로 철원의 경제적 부의 수준이 확대되었던 것이다. 다른 지역이 신라 하대의 혼란으로 인해 피폐해지고 경제적 어려움을 겪고 있을 때 철원이 여전히 부를 누리는 사람의 수가 적지 않았음은 전쟁이 끝난 뒤 철원이 가진 장점이 고스란히 발휘된 것이라 할 수 있다.

4.
또 다른 통일로 가는 길목, 소통과 화합의 장소로

우리 역사를 통틀어 두 번의 통일이 확인된다. 언어와 습속이 비슷하다고는 했지만 별개의 국가로 존재했던 고구려, 백제, 신라가 신라라는 이름으로 하나가 된 첫 번째 통일이 있었다. 신라는 백제의 옛 영역과 고구려 일부 영역을 차지했으며, 고구려 유민들이 세운 국가를 흡수함으로써 최초의 통일 국가를 만들 수 있었다.[14] 통일신라 시기에는 정부의 노력에도 불구하고 생성되었던 지역 차별에 대한 불만은 통일 전 삼국민들의 후예 의식을 불러일으켜 후삼국 시대로 이어지는 원인이 되었다. 후삼국의 첫 주인공은 궁예, 견훤이었으나 재통일을 이룬 것은 궁예의 신하였던 왕건이었다. 고려의 탄생을 진정한 의미의 첫 통일이었다고 보기도 하는데(김갑동 2008) 고려시대 이후로 삼국 후예 의식은 점차 사라진다. 이후 우리는 일천 년 가까이 한민족이라는 의식을 공유하며 살아왔다.

삼국이 대립되던 시기 격전의 장이었던 파주와 철원은 한국전쟁 이후 또다시 남과 북으로 나뉘어 충돌하고 있다. 이번에는 성곽이 아니라 철조망과 지뢰로 서로를 통제 · 감시하고 있다. 남북을 갈라놓았던 냉전이 지나갔음에도 한반도는 여전히 그 시간에 머물러 있다. 세계는 이제 대립과 반목이 아닌 소통과 화합을 통한 상생의 길

---

14 금마저(현 익산)에 세워졌던 고구려 부흥국은 신라 신문왕 3년(683)에 안승을 신라의 왕경으로 불러 신라의 귀족으로 삼은 뒤에 신라의 군현으로 삼았다. 이에 보덕성에 남아있던 고구려유민들이 반란을 일으키며 거세게 저항했으나 실패하고 신라로 흡수되었다(정원주 2019, 68~82).

을 도모하고 있다. 우리도 이에 동참해 남과 북이 협력해 한반도에 평화와 화해, 상생을 위한 노력을 기울일 때이다.

먼저 가로막혀 있는 도로와 철도가 연결되어야 한다. 남북 철도 연결 사업은 김대중, 노무현 정부 시기에 활발히 추진되었지만, 이후 남북 관계 경색으로 중단되었다가 문재인 정부가 들어서면서 다시 추진되고 있다. 서울에서 신의주로 연결되는 경의선은 중국 횡단 철도로 연결되는데, 북한 내에서도 물동량이 많은 노선이다. 동해선은 북한의 안변, 원산, 나진을 지나 시베리아 대륙횡단 열차와 연결될 예정이다. 우리는 대륙에 속해 있으면서 남북 분단으로 대륙에 떨어진 섬으로 존재해 왔다. 남북한 도로와 철도 연결 사업은 또 다시 대륙의 일원으로 합류되는 기점이 될 수 있을 것이다.

둘째, 남북한 공동 지뢰 제거 작업과 유해 발굴 작업의 추진이라 할 수 있다. 남과 북의 진정한 평화와 화합은 철조망과 지뢰가 없이 자유로이 오갈 수 있을 때 이루어질 것이다. 또한 한국전쟁으로 응어리진 감정은 유해 공동 발굴 작업을 통해 풀어나갈 수 있을 것이다.

셋째, 궁예도성을 비롯한 비무장지대에 묻혀 있는 유적의 공동 발굴 조사 추진이라 할 수 있다. 군사 분계선에 걸쳐 있는 궁예도성은 남과 북이 본래 하나였음을 상징한다는 점에서도 의미 있는 일이 될 것이다.

넷째, 이산가족 만남의 장이 될 면회소를 비무장지대에 설치하는 것이다. 북측의 금강산에 면회소를 설치하고 있지만 남과 북이 쉽게 오갈 수 있는 중간 지점에 설치함으로써 좀 더 자유로운 만남을 만들 수 있을 것이다.

이러한 사업들을 남북이 함께 추진함으로써 상호 간의 이익을 추구하는 것은 물론 평화를 정착시키기 위한 노력을 통해 또 다른 통일을 꿈꾸는 희망의 내일을 기대할 수 있을 것이다.

제11 장

한민족 마음

편견과 동질성

이윤수
라온마음심리상담연구소

1.
마음의 분단

통일부에 따르면 2018년 12월 기준 국내에 거주하는 북한 이탈 주민 수는 3만2,476명으로 집계되고 있다. 남북하나재단에서 북한 이탈 주민 2,710명을 대상으로 실시한 2018년 북한 이탈 주민 정착 실태 조사에 의하면 '지난 1년 사이에 차별과 무시당한 경험'이 20.2%로 10명 중 2명으로 나타났다. 차별과 무시의 이유로는 말투, 생활 방식, 태도 등 문화적 소통 방식의 다름이 96.9%, 북한 이탈 주민에 대한 부정적 시각이 42.9%, 전문적 지식과 기술 등에서 남한 사람보다 부족이 23.9%, 언론의 부정적 보도 영향이 14.5%를 차지한 것으로 나타났다. 이는 북한 이탈 주민이 자신들이 차별이나 무시당하는 가장 큰 이유가 북한 주민이라는 존재 자체에 대한 근거 없는 부정적 인식 때문이라고 느끼고 있다는 것을 보여준다.

교육부의 2018년 통일 교육 실태 조사(대한민국정책브리핑 2019.02.12.)에 의하면 우리 국민들이 북한하면 가장 먼저 떠오르는 말은 '전쟁과 군사'가 29.7%, '독재와 인물'이 26.7%, '한민족과 통일'이 24.9%, '가난과 빈곤'이 7.2%로 나타났고, 서울대 통일평화연구원에서 실시한 통일 의식 조사(2017)에 따르면 북한이 '적대 대상'이라는 응답이 6.6%에서 16.2%로 10%정도 증가하고, '경계 대상'이라는 응답은 11.8%에서 22.6%로 역시 10% 이상 증가한 반면, '협력 대상'이라는 응답은 56.5%에서 35.2%로 20% 이상 감소하고, '지원 대상'이라는 응답도 21.8%에서 13%로 8%이상 감소한 것으로 나타났다. 이는 우리 국민들의 북한과 북한 이탈 주민에 대한 인식이 더욱 냉정하고 각박해지는 추세를 보여주는 지표라고 할 수 있다.

또한 2017년 북한 이탈 주민 경제 사회 통합 실태 조사에 의하면 북한 이탈 주민 중 30%, 즉 10명 중 3명이 '한국 사회 부적응'과 '남과 북 어디에도 속하지 못하는 부유(浮遊)하는 존재이자 조난자'로 편견, 차별, 배제를 당하고 있기 때문에 북한으로 다시 돌아가고 싶다고 하였다. 이는 우리 국민들의 북한과 북한 이탈 주민에 대한 부정적 인식이 갈수록 커지고 있다는 것을 명백히 드러내지는 않지만, 북한 이탈 주민의 한국 생활 만족도가 77%로 높게 나타난 서울대 통일평화연구원의 2018년 만족도 조사에서 북한 이탈 주민의 적응이 어려운 점으로 문화적 차이와 편견을 들고 있다는 점에서 북한 이탈 주민에 대한 한국인의 부정적 인식과 편견, 차별이 그들의 한국 생활 적응에 부정적 영향을 미치는 주요한 요인 중 하나라는 것을 짐작할 수 있다.

북한에 대한 부정적인 인식이 북한 이탈 주민에 대해 "가난한 북한 주민을 우리가 먹여 살리는 통일을 해서는 안 된다", "북한의 전체주의적 일당 지배 체제를 겪은 북한 주민은 우리의 다양하고 개방적인 사회에 적응하기 어렵다", "북한 주민은 사회주의적 습관에 젖은 게으름뱅이로 우리 경제 발전에 해가 된다", "북한 주민은 북한에서 보내온 간첩으로 언제든지 우리의 안전을 위협할 수 있는 잠재적 불안 요소다", "북한 주민은 우월하고 발전된 체제 속에 살게 해준 고마움을 모르고 경계하고 의심만 한다", "북한 주민은 열악한 체제에서 생활하여 열등하고, 우리는 발전된 체제에서 자라서 우월하다"는 등의 비합리적 가정을 만들었을 수도 있다.

이러한 가정과 전제는 점점 "자본주의 사회에서는 이렇게 살아야 해", "여기에는 이런 것이 있다는 것을 알기는 하니"라는 식의 북한 이탈 주민의 열등감을 확인시켜 우리의 우월감을 챙기는 방법으로, "거기에서는 이런 것 못 먹어 봤지", "한국으로 온 이유가 뭐니?"라며 위협적인 존재로 낙인찍어 복종을 강요하는 식의 비합리적 기대와 편견으로 우리 개인의 의식과 공동체의 의식 속에 자리 잡게 되었을 것이다. 이런 편견과 비합리적 사고가 북한 이탈 주민에 대해 "그들은 우월한 남한 사회의 혜택을 받고 있으므로 어떤 일에도 불평해서는 안 된다", "남한 사회에 적응하기 위해서는 북한 이탈 주민 스스로가 과거의 생각을 모두 버려야만 한다" 등의 비합리적 신념으로 강화되었고, 더 나아가서는 자신과 접촉하는 모든 대상과 환경으로 점차 확산되어 "모든 친구들이 나를 좋아해야 한다", "부모의 잘못 때문에 내가 이렇게 되었다", "일이 내 뜻대로 되지 않으면 끔찍하다", "다른 사람들은 나의 요구에 항상 응해 주어야 한다"는 등 달성될 수도 없고, 실현도 불가능한 비합리적 신념으로 변화하여 일상생활과 사회생활에서의 대인 관계에서 끊임없이 자신을 힘들게 할 수 있을 것이다.

비합리적인 신념과 가치관의 형성은 성장 과정에서 여러 경로를 통해 형성되어 한 개인의 뼈대가 되는 정체성과 성격의 일부가 되기 때문에 이의 변화와 수정은 참으로 힘들고 어렵다고 할 수 있다.

하지만 변경과 수정이 어렵기는 하지만 딱딱하고 경직된 비합리적인 신념과 가치관을 조금이라도 유연하게 만드는 일은 주위 환경과의 접촉을 피할 수 없는 삶을 살아가는 인간에게는 필요한 일일 것이다. 비합리적 신념 및 가치관의 변화와 수정을 위한 심리학적 접근법은 여러 가지가 있다. 합리정서행동(Rational Emotive Behavior Therapy, REBT) 이론의 창시자인 앨버트 엘리스(Ellis, 1994)는 논박을 통해 신념을 변화시키고자 하였고, NLP(Neuro-Linguistic Programing) 심리 치료 기법에서는 이미지와 상징, 그리고 개인의 선택권을 통해 신념의 변화를 시도하고 있다. 여기서는 상대방의 주관적 삶의 경험 틀에서 상대를 있는 그대로 느끼는 '공감' 기법과 엘리스의 '비합리적 신념 논박 모형'을 통해 북한 이탈 주민에 대한 비합리적 신념을 보다 유연한 신념으로 교체하고 수정하는 방법을 설명하고자 한다.

2.
북한 주민 및 북한 이탈 주민의 마음

1. 북한 주민의 통일 의식

의식(consciousness)은 사전적으로는 첫째, 자기 자신이나 사물에 대해 깨어 있는 상태로 인식하는 것, 둘째, 사물이나 일에 대한 개인 혹은 집단적인 감정 · 견해 · 사상, 셋째, 의미에 근거하여 대상을 마음으로 인식 · 추상하는 작용을 뜻하며, 심리학적으로는 첫째, 우리들 자신이나 우리를 둘러싼 환경을 감시함으로써 지각 · 기억 · 사고가 일어나고 있다는 것을 알게 하며, 둘째, 우리들 자신과 우리를 둘러싼 환경을 통제하여 우리의 행동이나 인지적 활동을 시작 또는 종결짓도록 하는 것이라고 정의할 수 있다.

의식은 깨어 있는 상태에서도 인식하지 못하는 무의식과 차별되는 개념으로 환경상의 외적 사건이나, 신체 감각 • 기억 또는 사고와 같은 내적 자극에 대한 사람 개인의 현재적 각성을 말하는 것으로 우리의 행동이나 인지적 활동을 시작 또는 종결짓도록 하는 것이라는 측면에서 태도라는 개념을 내포한다. 따라서 어떤 대상에 대해 구성원들이 갖게 되는 의식은 그 대상에 대한 구성원들의 태도가 어떤지를 반영한다. 의식은 구성원들의 태도를 결정할 때 큰 영향을 미칠 수 있지만 추상적이고 복잡하기 때문에 정확하게 관찰하고 파악하는 것은 사실상 어렵다.

현재까지 남북이 분단되어 있는 현실 상황에서 우리 민족의 숙원은 통일이지만 통일 의식에 대한 정의는 매우 추상적으로 현재까지 학자들 간에 명확하게 합의된 개념은 없다. 통일 의식은 남북 분단 상황에서 통일에 관련된 심리 및 정신적인 것을 모두 포함하는 전반적 인식으로 통일 문제에 대한 관심, 민족 공동체 의식, 북한에 대한 이해, 평화와 안보 의식, 민주 시민의식 등으로 구성된다고 할 수 있다. 더불어 사회 내부에 실질적으로 존재하는 정치와 경제는 물론 시민의식 등 통일과 관련된 전반적인 생각과 태도라고 할 수 있다.

북한 주민의 통일 의식 혹은 변화된 통일 의식과 관련된 연구와 자료는 지금도 남북 왕래가 제한적인 관계로 북한 주민과의 직접 접촉이 어려워 연구 자체가 쉽지 않으므로 아직까지 많이 부족한 것이 사실이다. 그러나 북한 주민 대다수는 통일이 되어야 한다고 생각하고 있지만 단기간 내 이루어지기는 쉽지 않고, 북한에 이익이 되기는 하겠지만 개인에게는 반드시 그렇지 않을 수 있다고 생각하는 주민이 적지 않다. 중국을 방문한 북한 주민을 대상으로 한 설문 조사에서 응답 대상자의 49%에 해당하는 사람이 남한 사회의 경제 발전에 대해 알고 있고, 경제 발전을 이룬 남한 주도의 통일 조국을 기대하고 있지만 흡수 통일보다는 남과 북의 1:1통일을 원한다고 했다(남북하나재단 2014). 이를 통해 현재 북한에 거주하는 북한 주민들은 실제 남북통일이 단기간에는 이뤄지기 어려울 거라는 다소 비관적인 태도를 보이지만, 과거 북한 우위의 남조선 적화 통일의 정책과는 달리 경제적으로 발전한 남한 주도의 통일을 원하는 등 통일 의식의 점진적 변화를 읽을 수 있다.

2. 북한 장마당 세대의 통일 의식

1) 북한 장마당 세대

북한의 '장마당 세대'는 북한 사회가 1980년 후반부터 소련과 동구 사회주의 국가들의 경제적 몰락을 시작으로 1994년 김일성 사후에 이르러 북한의 경제가 극심한 어려움을 겪게 되는, 일명 '고난의 행군'이라고 불리는 당시 200만~300만 명의 북한 주민이 아사한, 그 어렵고 고통스러운 시기를 견디어낸 세대가 낳고 양육한 세대이다. 이 당시 북한은 정부 당국의 식량 배급이 제대로 이루어지지 않다가 결국에는 배급 자체가 중단되는 사태를 맞이하는 등 경제 사정이 점점 악화되었고, 체제의 핵심 정책인 국가 배급 제도가 제대로 역할

하지 못하면서 주민들은 생존과 생계 유지의 수단으로 '장마당'을 선택했다. 북한 당국 역시 이를 어쩔 수 없이 묵인했다.

북한 당국은 '고난의 행군' 이전 시기부터 조금씩 존재하여 오던 장마당에 대해 자본주의적 잔재를 가지고 있는 뒤떨어진 상업의 행태라고 여기고 단속과 통제를 하였다. 그럼에도 실제 소소한 일용품을 충분히 공급해주지 못하게 되면서 '장마당'을 허용하였다. 당시에는 '야시장'의 개념으로 농촌에서는 농민들 간 '물물교환'이나 일반 주민의 생필품, 기호품 등을 조달하는 정도로 인식되어 도시마다 한 곳 정도의 장마당이 겨우 존재하였고, 작은 도시에는 아예 존재하지 않을 정도로 중요도나 의존도 면에서는 인식이 매우 낮았다.

2015년도를 기점으로 북한의 장마당 수가 점점 증가하여 북한에서 공식적으로 운영되고 있는 시장은 406개 정도로 추정된다(강원철 2015). 북한의 국가 배급제가 제대로 작동하지 않고 중단되는 시기가 길어지면서 초기에 생필품을 조달하거나 물물교환의 장소로만 여겨졌던 장마당이 점점 생계유지를 위해 없어서는 안 되는 필수적인 장소, 즉 소비와 소득을 해결해주는 경제 공간으로 북한 주민들에게 인식되기 시작하면서 장마당 규모는 점차 커지고, 장마당이 열리는 지역들도 증가하여 애초에 도시 위주로 형성되던 장마당이 지방 소도시, 동, 리 단위까지로 확산되어 가고 있다.

국가 배급제가 허물어지고 중단되면서 북한 주민들의 생존을 위한 수단으로 자리 잡게 된 장마당을 통해 처음으로 시장 경제의 기본인 소득과 소비 생활을 경험한 부모의 보호 아래에 성장한 세대를 북한의 '장마당 세대'라 일컫는데, 장마당 세대는 북한이 경제적으로 가장 어려웠던 '고난의 행군' 시기에 유년기와 청소년기를 보냈고, 당시의 극심한 경제 상황을 몸소 체험하고 성장했기 때문에 기존의 북한 체제에 대해 기성세대와는 많이 다른 기억과 경험을 가진다. 시장 경제에 대해서도 기성세대와는 다른 입장과 견해를 가지고 있을 것으로 생각할 수 있다.

2) 북한 장마당 세대의 특성과 통일 의식

북한의 청년층, 즉 장마당 세대는 정치적 측면에서는 사회주의 혁명의식의 약화로 인한 사회 정치 조직 이탈 현상, 사회 경제적 측면에서는 개인주의와 물질주의 확산에 따른 비사회주의적 행위의 증가, 규범적 측면에서는 규범적 영향력 약화에 따른 일탈 확산, 문화적 측면에서는 자유주의 가치관의 확산 등에 따라 북한 당국이 지향하는 공식적 가치와 다를 뿐 아니라 기성세대의 가치관과도 차이를 보인다. 지금 북한에 거주하는 청년층은 과거와 달리 정치 · 사상보다는 물질적 이익과 부의 축적에 더욱 많은 비중을 두면서 당과 수령의 뜻 관철, 국가와 사회, 집단과 인민에 대한 헌신 등 집단주의 가치관에서 벗어나 개인의 안위를 중심으로 하는 개인주의적 가치관으로의 변화를 겪고 있다고 할 수 있다.

장마당 세대는 북한의 사회주의와 집단주의 의식, 주체사상 및 당과 국가에 대한 신뢰 의식, 계급 및 반제반미 의식, 수령에 대한 신성 의식 등 모든 면에서 기성세대보다 약하고, 시장 경제에 대한 평가 의식, 돈과 물질에 대한 숭배 의식은 기성세대보다 강하게 나타난다. 장마당 세대는 기성세대에 비해 돈과 물질만 있으면 된다는 황금만능주의에 젖어 있고 과거 북한 당국의 비효율적 계획 경제에 대한 부정적 인식이 높다. 특히 설문 대상의 66%가 통일을 위해 가장 시급하게 해결되어야 할 문제로 정권의 붕괴라고 지적하는 등 북한 정권에 대해 급진적이고 과격한 성향을 보이고 있다고 하였다(채경희 2018).

이런 장마당 세대들은 기성세대와 달리 하나의 세대 집단으로 형성될 가능성이 있다. 장마당 세대들의 통일에 대한 인식 변화는 북한 체제에 대한 불신, 남한 정보 매체 경험, 남한 경제 발전에 대한 긍정적 인식 등의 요인에서 비롯된다. 장마당 세대는 북한으로 흘러들어가는 외부 세계의 정보와 소식에 비교적 많이 노출되어 있고, 이러한 정보를 받아들이는 데 있어 개방적이고 적극적이라는 특징을 가지고 있으므로 정권에는 위협적인 요소로 작용하겠지만 앞으로 북한 사회의 변화에 있어 큰 영향을 미치고, 미래 북한 사회의 핵심 세력이 될 것으로 생각된다. 우리가 북한 장마당 세대의 변화에 관심을 기울이고 주목해야 할 이유가 여기에 있다.

3. 북한 이탈 주민의 특성과 위치

1) 북한 이탈 주민의 심리 사회적 특성

북한 이탈 주민과 관련된 대다수의 연구들은 북한 이탈 주민이 남한 사회에 잘 적응하지 못한다는 연구 결과를 내놓고 있다. 여러 연구에서는 북한 이탈 주민의 남한 사회 적응의 장애 요인에 대해 다양하게 밝히고 있다.

표 11.1_ 한국 사회 적응도

구분	빈도	유효 퍼센트(%)
매우 잘 적응	13	1.7
대체로 잘 적응	110	14.3
보통	296	38.5
약간 부적응	251	32.6
매우 부적응	99	12.9
합계	769	100.0

출처: 이금순 외(2003, 115).

북한 이탈 주민 스스로가 평가하는 자신들의 한국 사회 적응도는 대체로 긍정적(16%)이기보다는 부정적(45.5%)으로 나타나고 있다.

표 11.2_ 남한 사회 적응을 어렵게 하는 원인

구분	빈도	유효 퍼센트(%)
스스로의 소극적 태도	266	38.6
정부와 지역 사회의 지원 수준 부족	62	9.0
남한 주민의 냉대와 편견	157	22.8
경제적 어려움	106	15.4
가족에 대한 염려	70	10.2
기타	28	4.1
합계	689	100.0

출처: 이금순 외(2003, 115).

남한 사회에서의 적응을 어렵게 하는 원인으로 '스스로의 소극적 태도와 무능력'이 가장 높은 빈도(38.6%)를 차지하였고, 그 다음으로

'남한 주민의 냉대와 편견'(22,8%), 그리고 '경제적 어려움'(15.4%) 등이 그 뒤를 이었다. 경제적 어려움과 배고픔으로 목숨을 걸고 북한을 탈주하여 남한으로 넘어온 북한 이탈 주민에 대한 냉대와 편견으로 북한 이탈 주민 5명 중 1명 이상이 적응에 어려움을 겪는다는 결과는 시사하는 바가 적지 않다.

북한 이탈 주민 집단의 심리적 특성은 북한을 이탈하여 남한으로 이주하기 전 북한에서 살아온 북한의 문화와 체제, 그리고 북한 이탈 과정에서 겪은 심리적 고통, 남한 이주 후 정착 과정에서 적응하지 못하는 힘겨운 과정이 그 배경을 이룬다. 북한 주민들은 획일화되고 수직적인 사회주의 체제에서 조직 내 구성원으로서 개인의 의견을 절제하도록 훈련받은 반면, 상호 감시와 비판을 조장하는 정책에 따라 서로에 대한 직설적 비판을 자연스럽게 주고받고, 자존심과 체면을 중시하며, 타인의 비난을 되갚는 행동적 경향이 있다. 이는 60, 70년대의 남한 사회의 경험과 유사하다고 할 수 있다. 한편 남한 주민은 그런 북한 이탈 주민의 심리적 특성에 대해 교정하고 발달시켜야 하는 후진적인 성향으로 보는 경향이 있으므로 서로 신뢰하지 못할 뿐 아니라 소통 역시 어렵다고 할 수 있다.

이런 북한 이탈 주민의 심리적 특성과 남한 주민의 편향적 관점에서 발생하는 갈등과 불화가 북한 이탈 주민의 심리 상태를 더욱 불안하고 혼란스럽게 할 가능성이 많아진다. 최근 삼성서울병원에서 국내에 정착한 북한 이탈 주민 177명과 남한 주민 315명을 대상으로 불면증, 우울증 증상, 외상 후 스트레스(PTSD) 증상에 대해 연구한 결과(김석주 외 2016)에 의하면, 불면증은 북한 이탈 주민(38.4%)이 남한 주민(8.8%)에 비해 4배 이상, 우울증은 북한 이탈 주민(28.2%)이 남한 주민(3.17%)에 비해 9배 정도 높게 나타났고, PTSD 증상은 25.4%로 북한 이탈 주민 10명 중 2명 이상에게 나타났다.

표 11.3_ 북한 이탈 주민 불면 증상

구 분	북한 이탈 주민(177명)	일반인(315명)
불면증	68명(38.4%)	24명(8.8%)
우울증 증상	50명(28.2%)	10명(3.2%)
PTSD 증상	45명(25.4%)	

출처: 김석주 외(2016, 67~73).

북한 이탈 주민들이 불면증과 더불어 우울증, 외상 후 스트레스 장애(PTSD) 등 정신적인 문제를 남한 주민보다 더 많이 겪는 이유는 상대적으로 북한 이탈 주민들이 탈북 과정에서 목숨을 위협하는 각종 위험과 폭력적 상황에 오랜 시간 깊이 노출되었기 때문이다. 북한에 거주하거나 탈북 과정에서 기아, 고문, 폭력, 인신매매 등 충격적인 사건을 겪거나 탈북하다 잡혀 공개 처형당하는 끔찍한 장면 등이 심리적 트라우마(Trauma)로 자리 잡으면서 정신적 문제가 더욱 심해졌을 것이다. 그리고 국내 정착 과정에서 남한 주민들과 어울리는 데 따른 어려움, 무시당하는 느낌과 경험 등 남한 사회에 쉽게 적응하지 못해 발생한 심리적 불안감도 그 원인으로 작용하였을 것이다.

북한 이탈 주민의 우울감과 외상의 수준은 입국 초기부터 심각한 상태로, 북한 이탈 주민의 우울 취약 군을 메타 분석한 연구(한나 ·

이승연. 2015)에 의하면, 북한 이탈 주민의 우울감과 외상으로 인한 고통을 경험하는 비율은 약 10.6%에서 54.7%에 이르는 것으로 추정되고, 보건복지부 정신 질환 실태 조사에 따르면 남한 주민의 정신 질환 유병률은 약 10.2%로 집계되었고, 이 중 주요 우울장애의 유병률은 2016년 기준으로 약 2% 이하인 것으로 나타났는데, 이를 단순 비교하면 북한 이탈 주민의 우울 취약군이 남한 주민의 약 5배에서 27배에 이를 정도로 그 심각함을 보이고 있다.

북한 이탈 주민 1,785명을 대상으로 조사한 결과, "지난 1년 동안 한 번이라도 죽고 싶다는 자살 충동을 느껴 본적이 있는지"에 대한 설문에 응답자 중 20.5%가 '그렇다'고 답했고, 내국인 대상 조사에서 "지난 1년 동안 한 번이라도 죽고 싶다"는 생각을 한 응답자가 6.8%로 나타났다(남북하나재단 2014). 이 연구 결과는 북한 이탈 주민의 자살 충동이 남한 주민에 비해 3배 정도 많이 나타났다는 것을 시사한다. 이러한 사실은 북한 이탈 주민이 남한 사회에 적응하는 과정에서 심한 불행감 및 삶에 대한 절망감 등 부정적인 사고와 감정을 더 많이 경험하고 있으며, 그 심각함이 생각보다 크다는 것을 보여준다.

2) 북한 이탈 주민의 위치와 위기

북한 이탈 주민은 남한 주민들과 인종 및 혈통적 동질성을 갖는 '단일 민족'이므로 인종과 혈통에 의해 동일한 '국민'으로 구성된다고 여겨진다. 북한 이탈 주민은 분명 남한 사회에서 이주 노동자, 결혼 이민자 등으로 구성된 다문화 집단과는 이러한 혈연과 인종에 따른 경계 구분으로는 구별된다고 할 수 있을 것이다. 그러나 남북한의 특수한 관계로 인해 남과 북은 이데올로기 대립과 교류가 차단된 분단 상태로 적대적 관계를 지속해왔다. 그렇게 서로 다른 정치 체제와 문화권을 형성해왔기 때문에 북한 이탈 주민은 이주와 적응의 관점에서 남한 사회에 쉽게 동화되지 못하여 남북한 어느 사회에도 속하지 못하는 '중간적 존재', 어느 곳에도 속하지 못한 '경계인의 위치'에 놓여 있다고 할 수 있을 것이다.

일반적인 난민의 경우에는 새롭게 이주한 국가의 사회문화 환경과 접촉하면서 여러 가지 혼란과 어려움을 겪는다. 빈곤과 실업의 어려움 등 경제적 위기뿐만 아니라 우울과 불안, 외상 후 스트레스 장애와 같은 심리 사회적인 어려움을 겪는 경우도 많다. 그런 심리적 어려움으로 인해 사회에 적응하지 못하고 자살 사고와 자살 행동을 하는 경향성이 늘어나는 등 극단적인 심리 사회적 위기를 경험할 가능성이 증가한다. 북한 이탈 주민도 탈북 이후 제3국에서의 불안정한 체류에서부터 남한 입국 전까지는 난민의 위치와 유사하고, 남한 입국 이후 정착 과정에서는 이주민이 겪는 익숙하지 않는 문화와의 접촉 과정에서 스트레스를 광범위하게 경험하게 되므로 이주민과 난민적인 특성을 모두 지닌다고 할 수 있다. 특히 북에 두고 온 가족에 대한 죄책감과 상실감, 불안감은 그들의 정체성과 심리에 영향을 지대하게 미칠 가능성이 높다. 그런 그들의 불안정한 심리적 특성과 정신 건강 문제는 남한 사회에 정착하는 데 있어 취약 요인 중 하나일 것이다.

남북하나재단(2018)에서 북한 이탈 주민 2,710명을 대상으로 북한 이탈 주민 실태 조사 결과에 의하면 2018년 현재 남한에 거주하는 북한 이탈 주민은 3만2,476명이며, 조사 대상자 중 20.2%에 해당하는 사람, 즉 북한 이탈 주민 5명 중 1명이 지난 1년 사이 차별과 무시를 당한 경험이 있다. 그 사유로는 '문화적 소통 방식의 다름'이 69.9%, '북한 이탈 주민에 대한 부정적 인식'이 42.9%, '전문적 지식과 기술 등에서 남한 주민과 다름'이 23.9%, '언론의 부정적 보도 영향'이 14.5%로 나타났다. 임순희 · 윤인진 · 김슬기(2018)가 실시한 2017년 북한 이탈 주민 경제 사회 통합 실태 조사에 의하면 조사 대상자의 30%에 해당하는 10명 중 3명의 사람이 "자신들은 남한과 북한 어디에도 속하지 못하고 부유(浮遊)하는 존재로 남한 사회에서 적응하지 못해 힘들어 북한으로 다시 돌아가고 싶다"고 한다.

국내 입국 북한 이탈 주민의 약 10%인 2,000명 정도가 다시 해외로 이주한 것으로 추정(남북하나재단 2012)되는 통계는 남한 사회의 부족한 포용력 탓에 안정적으로 정착하지 못한 이탈 주민의 수가 많은 것으로 추측할 수 있다. 북한 이탈 주민들은 남한 정착의 어려움의 주된 이유로 '체제의 변화와 문화 차이' 다음으로 '남한 사람들의 편견'(25.4%)을 꼽았다. 이는 그들이 남한 사회에서 남한 주민과 동일한 국민이 아닌 소수자로서 구조적 불평등을 경험한다는 사실을 확인시켜 준다.

주승현(2018)은 소설 '조난자'에서 자신을 포함한 북한 이탈 주민을 '망망대해를 떠돌아다니는 조난자'라고 표현한 바 있다. 이는 남한 사회에서의 북한 이탈 주민의 현 위치를 극명하게 보여주는 표현이라 할 수 있다. 북한 이탈 주민들은 남북 관계를 변화시킬 수 있는 잠재적 존재이기도 하지만, 실제로는 남한 주민들로부터의 편견, 차별, 배제로 인해 어디에도 소속되지 못하는 존재라는 부정적 인식이 북한 이탈 주민들에게 팽배해 있음을 보여준다. 현실적으로 북한 이탈 주민은 남한 정착 과정에서 겪는 어려움으로 외상과 우울 증상 등 심리적 정신적 문제에서 심각한 상태를 보이는 불안정한 사회적 소수자이다.

3.
남한 주민의 북한 인식과 통일 기대

교육부(2018)에서 실시한 학교 통일 교육 실태 조사에 의하면 북한 하면 가장 먼저 떠오르는 말이 '전쟁과 군사'(29.7%), '독재와 인물'(26.7%), '한민족과 통일'(24.9%), '가난과 빈곤'(7.2%) 등으로 나타났다. 한편 학생들이 자신들과 같은 시기에 학교에 다니는 북한 이탈 주민들의 자녀에 대해 "북한 형들은 싸움도 잘하고 세다"는 선입견을 가지고 있는 것으로 조사되었다. 이 조사에 따르면 남한 주민들은 북한 이탈 주민과 접촉하는 과정에서 실제로 경험한 감정을 바탕으로 북한 이탈 주민을 인식하기보다 북한에 대한 고정관념과 편향된 관점을 그대로 투영하고 있음을 확인할 수 있다.

서울대 통일평화연구원(2017)에서 실시한 2017년 통일 의식 조사에 의하면 2007년도에 북한을 '적대 대상'으로 여기는 비율이 6.6%에서 2017년에는 16.2%로, '경계 대상'이라고 여기는 답변은 11.8%

에서 22.6%로 10년 만에 2~3배로 크게 높아진 것으로 조사되었다. 북한을 남한 사회에 부정적 영향을 끼치는 대상으로 인식하는 비율이 증가한 반면, '협력 대상'과 '지원 대상'으로 인식하는 비율은 각각 56.5%에서 35.2%로, 21.8%에서 13%로 거의 절반으로 하락한 것으로 나타나 북한을 긍정적인 대상으로 바라보는 시각이 점차 냉정해지고 각박해지고 있음을 알 수 있다.

북한 이탈 주민에 대한 남한 주민의 주된 편견은 북한 이탈 주민이 함께 어울리기 어렵고 의사소통 및 성격적 측면에서 부정적으로 느껴 이주 노동자나 결혼 이민자에 비해서도 친밀감이 낮다고 인식하는 데 있다. 반면에 북한 이탈 주민은 남한 주민들이 자신들을 동등하고 동질적으로 대하지 않으며 동정심과 호기심, 의심과 불신이 혼재된 감정을 가지고 대한다고 느끼는 경우가 많다. 남한 사회에서 소수자로 자리매김되고 동등하게 여기지 않는 데 대해 실망하고 좌절에 빠지면서 스스로 북한 출신임을 솔직하게 알리지 못하고 숨기려고 할 것이다. 이로 인해 그들은 남한 사회에서 소수자로서의 정체성이 더 강화될 것이다. 북한 이탈 주민에 대한 남한 사회의 이러한 부정적 인식은 서로 간의 상호 교류와 소통의 부재로 이어져 결과적으로 소수 집단의 사회적 배제에 따른 소외감, 고립감, 우울감이 강화될 가능성이 높아지고 사회적 통합은 점점 멀어지게 될 것이다.

영국 뉴몰든(New Malden) 지역에 거주하는 북한 난민들에 대한 연구 결과에 의하면 이 지역에 거주하는 북한 난민들도 남한 사회에서와 마찬가지로 남북한 주민 간의 의사소통이나 문화권의 차이에 따른 거리감을 느끼는 것으로 조사되었다. 하지만 남한 주민들과의 관계에 있어서는 동등하다고 느끼며, 영국에서 불안정한 법적 지위에 있는 남한 사람들에 비해 자신들은 난민으로서 영주권을 획득할 가능성이 높아 오히려 당당하고 자신감을 가지고 있다고 한다(이수정 외 2014). 이 연구 결과는 남한 주민들로부터 부정적 인식을 받고 사회적으로 불평등한 대우를 받고 있다는 남한에서의 북한 이탈 주민들의 경험과는 다르게 나타난다는 사실을 알 수 있다. 남한에 거주하는 북한 이탈 주민들에게는 정착민과 이주민의 불평등한 위치성이 부가되고 있음을 확인할 수 있다.

4.
남북한 소통과 화합의 장애물

1. 편견과 신념 및 가치관

1) 남한 주민과 북한 이탈 주민의 편견

편견은 특정 집단에 대해 한쪽으로 치우친 의견이나 견해를 가지는 태도로, 일반적으로 부정적인 정서와 평가를 동반한다. 특정 집단에 대한 편견은 그 집단과 집단에 속한 구성원들을 대하는 상황에서 부정적 평가의 작용을 통해 불이익을 주는 등의 외현적인 행동으로 나타나 차별 대우를 야기한다. 특히 편견은 집단 간 갈등 상황에서 많이 나타난다. 상대방이나 상대방이 속한 집단에 대해 객관적이고 정확한 정보 수집이나 정보 처리 과정 없이, 적대감이나 혐오 등의 부정적 정서를 동반하여 상대를 한쪽으로 치우쳐 평가하고, 외현적인 차별적 행동으로 옮기기도 한다. 편견은 신념, 감정, 행동의 측면으로 나눌 수 있다. 다른 집단에 대한 편견은 곧 차별이라는 태도를 드러나게 하여 서로 반목하게 한다.

편견은 인지적 측면의 기대나 신념을 포함할 뿐만 아니라 가치 판단과 정서적 측면 모두를 포함하는 개념으로 특정 집단에 대한 편향된 의견이나 견해로 부정적 평가를 내리게 한다. 편견은 부모나 친구, 혹은 미디어 등을 통한 사회적 학습의 과정이나, 집단 간에 한정된 자원을 놓고 벌이는 경쟁과 갈등, 단순한 인지적 범주화의 과정, 혹은 상대적 박탈감으로 인한 적대감을 특정 집단 대상에게 표출하는 과정에서 범주화된 집단에 대한 차별로 나타나기도 한다. 이러한 편견은 대부분 어린 시절에 형성되고, 그에 따른 신념과 행위는 어린 시절에 형성된 편견을 재 경험하는 과정에서 생기고 강화된다.

오늘날 남한 사회는 사회적 약자로서의 소수자라고 불릴 만한 다양한 집단이 공존하고 있다. 1990년대 이후 남한 사회의 대표적인 소수자 집단으로 외국인 노동자, 장애인, 동성애자, 북한 이탈 주민 등이 제시되고 있다. 이들 집단은 사회 내에서 서로 상이한 법적, 사회적, 그리고 규범적인 위치를 가지고 있지만 편견과 차별의 대상이 되는 사회적 약자 집단이라는 사회적 공통점 역시 갖고 있다. 편견과 차별 의식은 해당 집단을 구분하는 범주가 무엇이냐에 따라 달라지며, 일반적으로 한 사회의 특정 인구 집단이 소수자로 규정되기 위해서는 식별 가능성(identifiability)과 권력의 열세, 차별적 대우, 그리고 소수자 집단 성원으로서의 집단의식이 필요하다.

일반적으로 현대인들은 감당할 수 없을 정도로 많은 정보의 홍수 속에서 인지적으로 바쁘고 과부화되어 있으므로 자신에게 매우 중요한 경우가 아니면 기존의 고정관념과 선행 지식을 적용하여 빠르고 쉽게 정보를 처리하려는 경향이 보편적으로 나타난다. 이런 범주화에 의한 정보 처리 과정의 특성에 의해 일단 학습된 고정관념과 편견은 재확인되고 지속되어 유지된다. 특히 우리나라와 같은 집단주의적 문화에서는 범주화에 의한 대인 지각이 보다 보편적이고 쉽게 작용될 수 있다. 사회적 범주화로 인한 구별과 구분은 우리가 접하는 수많은 정보에 대해 수월한 처리가 가능하다는 장점이 있는 반면, 개개인의 인지적 판단, 호감, 수용, 증오, 배타 등과 같은 심리적 편파를 야기하게 되는 양면성을 가진다.

남한은 과거 분단 이후 북한과 공산주의와 자본주의 체제 경쟁을 하는 위치에 있을 때는 북한을 적대시하였으나, 경제력 격차가 커진 현재는 북한 사회를 동정할 대상이나 열등한 타자로 인식하게 되었다. 현실에서 북한 사회를 바라보는 시선은 북한에 대한 애증과 우월감이 많다. 북한 이탈 주민을 바라보는 시각은 북한 사회를 열등하다고 인식하는 부정적 시선의 연장선상에 있다. 이런 우월한 남한 사회 중심의 시각에서 북한을 경제적으로 낙후한 후진국, 북한 주민을 굶어 죽어가는 불쌍한 연민의 대상으로 보게 되면서 북한 이탈 주민에 대해서도 그 연장선상에서 열등한 존재로 낙인화하는 경향을 보이고 있다.

북한 이탈 주민은 남한 주민이 자신들에게 갖는 편견의 이유가 단순히 '북한에서 왔기 때문에 남한 사회에 대해 모를 것', '고향이 북한이라는 이유로 다르게 보는 것', '북한 주민'이기 때문(남북하나재단 2019.4.22)이라고 말한다. 이는 남한 주민이 북한 이탈 주민에 대해 '지나친 보상을 기대하고 있다'거나 '신뢰하기 어렵다'는 실제 접촉하는 과정에서 생긴 경험이라기보다는 오랫동안 접촉이 끊어진 채 마음의 벽을 쌓아온 북한 체제에 대해 가지게 된 편견으로 '함께 있는 것이 어색할 것 같다'거나 '호감이 가지 않아서'라는 단순한 이유가 작용하기 때문이다. 이는 여러 연구들의 결과와도 유사한 점을 보인다. 남한 주민들이 북한 이탈 주민인 자신들에 대해 부정적인 이미지와 편견을 가지고 있으며, 자신들이 단순히 북한 출신이라는 이유만으로 편견의 대상이 되고 있다는 그들의 주장이 틀리지 않았다는 것을 확인시켜 준다.

또한 남북하나재단(2012)에서 실시한 북한 이탈 주민 실태 조사에 의하면 북한 이탈 주민이 남한 사회에 불만족한 이유로 '경제적으로 어렵기 때문'(57.6%), '북한 이탈 주민에 대한 각종 차별 때문'(45.6%) 등이 주요 이유로 나타나 남한 주민의 북한 이탈 주민에 대해 가지게 되는 편견으로부터 기인한 차별이 북한 이탈 주민의 불만과 남한 사회에 적응하지 못하는 중요한 요인으로 작용한다는 것을 알 수 있다. 한민족이면서도 남한 사회의 대표적인 사회적 소수자인 북한 이탈 주민에 대한 편견과 차별은 북한 이탈 주민의 자아 존중감과 자기효능감을 저하시키며, 남한 주민과의 관계에서는 감정적으로 멀어져 큰 거리감을 느끼게 한다.

이처럼 남한 주민이 북한 이탈 주민에 대해 강한 편견을 가지고 있는 것은 북한 정권 또는 북한에 거주하고 있는 북한 주민에 대해

가지고 있는 부정적인 이미지나 편견이 국내에 있는 북한 이탈 주민에게 확장되어 나타난 결과로 볼 수 있으며, 북한에 대한 남한 주민의 편향된 인식이 국내에 거주하는 북한 이탈 주민 개개인에게 동일하게 투영된 결과라고 볼 수 있다. 이러한 편견이 북한 이탈 주민을 한민족이라고 부르면서도 한편으로는 정통으로부터 구별하고 소수 집단으로 범주화하여 차별하는 이중적 모습을 보인다. 이는 향후 남한과 북한의 사회적 통합에 큰 걸림돌이 될 수도 있다.

북한 이탈 주민은 남한에 와서 기존에 자신들이 북한에 있을 때 북한 당국으로부터 들어왔던 사실과는 차이가 있는 경제적으로 월등하게 풍요롭게 살고 있는 남한의 발전상에 대해 놀라 하며 새로운 사실로 받아들이게 된다. 경제적 궁핍과 배고픔으로 인해 북한을 떠나 남한으로 자발적으로 오기는 했지만, 한편으로는 남한 주민들과 매체로부터 자신들이 출생하여 살아온 북한 사회와 체제 등에 대해 좋지 않은 소리를 들으면 여전히 어색해 하고, 남한 사회의 많은 것들에 대해 일단 부정적으로 생각하려는 태도를 보일 것이다. 그러한 북한 이탈 주민들의 태도 역시 남한 사회에 적응하는 데 있어 걸림돌로 작용할 여지가 크다.

북한 이탈 주민들이 남한 사회 적응에 실패하면 당연히 남한 사회에서의 삶의 만족감과 행복감이 떨어진다는 것을 의미하고, 삶의 만족도와 직접적인 관계에 있는 사회 통합을 저해하는 요소로도 작용할 것이다. 북한 이탈 주민이 남한 사회에서의 사회 통합적 감정을 공유하는 일은 남한 사회에서의 만족도와 적응도를 높이기 위한 척도일 것이다. 사회 통합감이란 개인의 사회와의 관계에 대한 질의 평가로 자신이 다른 사람과 마찬가지로 사회를 구성하는 구성원임을 느끼는 것이다. 사회에 대한 소속감을 느낄 때 사회 구성원으로서 만족감도 느낄 것이다. 소속감을 느끼지 못하는 북한 이탈 주민은 남한 사회의 적응 과정에서 소수자로서의 소외감, 박탈감 등 사회 통합을 방해하는 여러 가지 부정적인 감정을 느낄 수밖에 없을 것이다. 사회적 범주화는 현대 사회의 특징인 개인주의와 특수주의가 만연한 가운데 형성되기 쉽고, 이렇게 형성된 사회적 범주화의 이면에서 편견과 차별이 만들어진다. 이렇게 형성된 편견과 차별은 개인들이 보편적이고 포용적으로 상대방의 입장을 취하는 공감적 조망 능력을 높이고 확장력을 가지게 될 때 해소될 수 있다. 다른 집단에 대한 이해와 공감 능력이 증대하면 편견이 감소하여 사회 갈등의 해결과 사회 통합이 이루어진다고 할 수 있다. 이와 같이 남한 주민과 북한 이탈 주민 간에 발생하는 편견과 차별도 일종의 사회적 범주화를 통해 이루어진 현상으로, 이의 해소를 위해서는 상대방의 입장에서 느낄 수 있는 공감적 태도를 높이고, 편견으로 인해 발생한 고정관념과 신념의 변화를 시도하는 것이라고 할 수 있다.

2) 신념과 가치관

'가변적 신념(Beliefs about the Malleability)'은 사람의 특성(attribute)은 변화가 가능하다는 신념이다. 고정관념과 편견이 강한 개인은 집단 간 접촉에서 자신의 편견이 드러날 것을 염려하고 이로 인해 집단 간 접촉을 피하게 된다. 하지만 편견이 가변적이라는 신념이 있다면 자신의 편견이 드러날 염려가 감소되어 집단 간 접촉에 흥미가 증가한다. 자신의 편견과 믿음이 변할 수도 있다는 신념이 있다면 집단간 접촉에 더 높은 흥미를 가지게 된다. 그런 가변적 신념을 가진 사람은 타인 혹은 다른 집단과 실제로 더 가까운 거리에서 더 긴 시간 상호 작용할 수 있으며, 개인의 고정관념과 편견을 줄이려는 행위에 더 많은 관심을 기울이게 된다.

'가치관'은 사전적으로 인간 생활의 여러 국면에서 판단이나 선택을 행사할 때 일관되게 작용하는 가치 기준과 그것을 정당화하는 신념의 체계적 형태를 의미한다. 즉 가치에 대한 관점으로 인간이 자기를 포함한 세계나 그 속의 사상에 대하여 가지는 평가의 근본적인 태도이다. 가치관은 인간이 자신을 둘러싸고 있는 모든 유무형의 것에 대한 가치를 평가하는 기준이자 기본적인 태도인 것이다. 따라서 가치관은 어떠한 대상이 지니고 있는 '유용성과 중요성', '바람직함과 그 자체', 또는 그것을 판단하는 '기준' 또는 '자신의 삶의 원칙'으로 자기의 정체성인 신념의 체계적 형태이다.

'신념'은 심리학적으로 어떤 사상(事象)이나 명제(命題) · 언설(言說) 등을 적절한 것 또는 진실한 것으로서 승인하고 수용하는 심적(心的) 태도를 의미한다. 심리학에서는 개인이 접촉하는 세계의 어떤 측면에 대한 감정 · 지각 · 인식 · 평가 · 동기 · 행동 경향 등의 종합적이고 지속적인 자세를 태도라는 개념으로 생각한다. 신념은 그 인지적인 요소와 측면을 형성한다고 할 수 있다. 여러 가지 대상에 대한 신념은 다소간에 서로 관련을 가지고 전체로서의 체계를 이루지만 그 구조에서는 개인차가 있어 고도로 조직화되어 안정성 있는 신념 체계의 소유자가 있는가 하면, 개개의 신념이 그다지 긴밀한 관계를 갖고 있지 않은 사람도 있다.

또한 신념은 객관적 사실 및 진실과의 일치에 있어 그 정도가 다양하여 때로는 객관적 현실을 과장하거나 왜곡 또는 일탈(逸脫)하는 수가 있다. 그 극단적인 예로 속신(俗信)·미신·편견·고정관념 등을 들 수 있다. 한편 신앙은 종교적 경험이나 그 밖의 초월적 존재에 대한 신념 및 태도이다. 개인에게 있어 신앙을 비롯한 모든 신념이 똑같이 중요한 것이 아니며 중심적인 것에서부터 말초적인 것에 이르기까지 여러 가지이다. 중심적인 것일수록 잘 변화하지 않으나 한번 변화하면 다른 신념에까지 영향을 미친다.

신념이란 어떤 사건이나 행위와 같은 환경적 자극에 대해 각 개인이 갖는 태도로, 개인의 신념 체계 또는 사고방식이라 할 수 있다. 신념 체계는 합리적 신념 체계(rational belief system)와 비합리적 신념 체계(irrational belief system)로 구성된다. 합리적 신념 체계는 건강하고 생산적이고 적응적이고 사회적 현실에 부합하는 생각이며, 적절한 정서적·행동적 결과를 야기한다. 하지만 비합리적 신념 체계는 경직되고 독단적이고 건강하지 못하고 부적응적이다. 목표를 이루고자 하는 요구나 당위 및 강요의 형식을 띠며 부적절한 정서적•행동적 결과를 야기한다. 심리적 어려움을 심각하게 겪고 있는 사람은 비합리적 신념 체계가 그만큼 경직되어 있다고 할 수 있다.

한 개인의 정체성의 뼈대이자 성격의 일부로 작용하는 신념과 가치관의 형성 과정에 대해서는 심리학적으로 첫째, 성장 과정에서 주요한 대상, 즉 어머니와 아버지의 가치관을 그대로 내재화하는 것이라고 본다. 개인은 생애 초기에서 6세경까지 주요한 대상으로부터 의미 있는 경험을 한다. 이때의 성장 과정은 부모가 생존의 절대적 환경이므로 부모가 주는 모든 것을 그대로 흡수한다. 성숙한 부모한테서는 성숙한 사고와 신념을 전수받겠지만, 미성숙한 부모의 경우에는 자신의 결핍된 경험으로 강화된 비합리적 사고와 신념을 자녀에게 그대로 전수하며, 자녀는 그것을 여과 없이 자신의 신념과 가치관으로 내재화하게 된다. 둘째, 또래와 동료 집단 및 지인을 통한 무의식적 본뜨기, 그리고 역할 모방을 통해 신념과 가치관을 형성하고 공고화된다. 셋째, 비교, 평가, 우월감 등 경쟁적 분위기가 만연한 공동체 의식 속에서 형성되기도 한다. 주로 가정, 공동체, 미디어 등 사회적 분위기와 외부 매체가 그런 비합리적인 신념과 가치관을 강화시킨다. 그리고 마지막으로는 삶을 살아가는 동안에 형성된 자기 경험을 참조하는 과정에서 강화되고 형성된다. 주로 익숙한 것을 반복함으로써 습관적으로 만들어지는 것들이다.

2. 비합리적인 신념

1) 비합리적인 신념의 원인과 종류

비합리적인 신념은 절대적이고 경직되어 있고 무언가를 요구하는 성질을 포함하고 있다. 그리고 언어적인 표현은 “반드시 … 해야만 한다”, “반드시 … 해서는 안 된다”라는 형태를 드러낸다. 한편, 합리적인 사고는 개인의 선호, 바람, 소망, 희망 등을 반영한다. “나는 반드시 중요한 사람들로부터 인정받고, 이해받고, 사랑 받아야만 한다”라는 신념은 비합리적인 신념으로 간주될 수 있다. ‘해야 한다(must)’는 삶의 조건이나 상황에 대하여 절대적인 요구를 포함한다.

한편 "나는 중요한 사람들로부터 인정받고 이해받고 싶다. 그러나 그것이 꼭 필요한 것은 아니다"라는 생각은 합리적인 사고로 간주될 수 있다.

비합리적인 신념은 자신이 원하지 않았던 결과에 봉착하면 정서적으로 쉽게 상처를 받게 한다. "나는 반드시 내 자신을 가치 있는 사람으로 여겨지도록 해야 하기 때문에 유능하고 재능 있는 미술가가 되어야 한다"고 생각하는 사람은 그들의 목표가 성취되지 않았을 때 바람직하지 않는 정서적 결과인 우울증을 경험하고, 부정적인 자기 평가에 몰두하게 된다. 그리고 그들의 우울증은 바람직하지 못한 행동의 결과인 사회와 관계로부터 철회를 야기할 것이다. 그리나 합리적인 사고와 신념은 우울, 불안, 죄책감, 수치심, 분노와 같은 문제적이고 부정적인 정서를 유발하지 않는 경향을 가지고 있다.

비합리적인 신념은 첫째, 부정확한 전제로 시작하여 논리적으로 일치하지 않고 종종 "끔찍하다", "지긋지긋하다"와 같은 평가적인 용어를 반영한다. 둘째, 경험적인 현실과 실제 사건의 경험적인 현실과 일치하지 않는다. 셋째, 우리의 목표를 달성하는 데 도움을 주지 않는다. 넷째, 종종 과잉 학습되며 아동기 이후부터 반복적으로 스스로 낭송 주입하므로 절대적이고 주입된다. 다섯째, 불안 등 혼란된 정서를 초래한다. 반대로 합리적인 신념은 첫째, 논리적이고 응집력이 있는 형태로 내적으로 일치한다. 둘째, 증거에 의해 경험적으로 증명될 수 있다. 셋째, 심리 내적 갈등을 최소화하고 삶의 목적을 달성하는 데 도움을 준다. 넷째, 절대적이지 않고 상대적이며 조건적이다. 다섯째, 적응적인 정서를 유도한다.

엘리스는 우리들을 우울 등 부정적인 정서를 가지게 만들고, 아울러 부정적인 자기 개념을 갖게 하는 비합리적인 신념의 뿌리로 네 가지를 들고 있다.

표 11.4_ 엘리스의 비합리적 신념의 네 가지 요소

당위성	과장성	인간 가치 비하성	낮은 인내성
바람이나 선호에 대한 요구성으로 대치되는 경향. '반드시 … 해야 한다'는 선택적 용어 속에 반영 예) 나의 부모는 반드시 나를 사랑해야 한다.	사건에 대하여 극단적이고 과장적인 부정적인 평가 예) 나의 부모가 나를 사랑하지 않는 것은 끔직한 일이다.	자기 자신이나 타인을 포함하여 인간에 대한 일반화된 평가나 파괴적 평가 예) 나의 부모가 나를 사랑하지 않는다면 나는 무가치한 사람이다.	좌절 사건에 대한 불편을 인내하기 위한 각 개인의 지각된 무능력 예) 만약 나의 부모가 나를 사랑하지 않는다면 나는 그것을 참을 수 없다.

출처: 박경애 (2010, 76).

엘리스는 사람들이 평소에 별 생각 없이 일상과 접촉하면서 '사람관계', '세상일', '운명' 등 세 가지 분야에서 가지게 되는 13가지의 비합리적인 신념과 이에 대비되는 합리적인 신념을 제안하였다.

2) 북한 이탈 주민에 대한 남한 주민의 비합리적인 사고

- 가난한 북한 주민을 우리가 먹여 살려야 하는 통일은 해서는 안 된다.
- 북한사회의 전체주의적이고 획일적인 일당 독재의 지배 체제를 겪은 북한 이탈 주민은 우리의 다양하고 개방적인 사회에 적응하기 어렵다.

표 11.5_ 엘리스의 비합리적인 신념과 합리적 신념

분야	비합리적인 신념	합리적인 신념
사람 관계	내가 알고 있는 모든 중요한 사람들로부터 사랑받고, 인정받고, 이해받아야만 가치 있는 사람이다. 만약 그렇지 않으면 이는 끔찍하다.	자기를 존중하고, 실제적인 일에 대해 인정을 받고, 사랑받기보다는 사랑하는 것에 신경을 쓰는 것이 보다 바람직하고 생산적이다.
	어떤 사람들은 나쁘고 사악하며 반드시 비난받고 처벌받아야만 한다.	사람들은 비윤리적으로 행동하는 경우가 흔하며 이들을 비난하고 처벌하기보다는 그들의 행동을 변화시킬 수 있도록 도와주는 것이 더 좋을 것이다.
	일이 뜻대로 진행되지 않는다면 이는 무시무시하고 끔찍한 일이다.	일이 내 뜻대로 된다면 좋겠지만, 내가 원하는 대로 되지 않는다고 해서 끔찍할 이유는 없다.
	위험하거나 두려운 일이 일어날 가능성을 늘 생각하고 있어야 한다.	걱정한다고 어떤 일이 저절로 사라지는 것은 아니다. 나는 일어날 가능성이 있는 괴로운 일을 처리하기 위해 최선을 다할 것이다. 만약 다루기가 불가능하다면 그 일을 어쩔 수 없는 것으로 받아들이겠다.
세상일	완벽한 능력이 있고 성공을 해야만 가치 있는 인간이다.	자신이 인간적인 제한점이 있고, 실수를 범하기도 하는 불완전한 존재라는 것을 받아들이는 것이 좋을 것이다.
	인간의 문제는 완전한 해결책이 있고 만약 그 해결책을 발견할 수 없다면 이는 끔찍한 일이다.	세상은 불확실한 세계이다. 나의 삶을 즐기기 위해 나는 아무런 보장이 없더라도 결정 내리고 위험을 무릅쓰겠다.
	세상은 반드시 공평해야 하며, 정의는 반드시 승리해야 한다.	세상에는 불공평한 경우가 자주 있다. 불공평한 경우 불만을 갖는 것보다는 이를 시정하도록 노력하는 편이 낫다.
운명	나는 항상 고통이 없이 편안해야만 한다.	고통이 없이 얻을 수 있는 것은 아무것도 없다. 그러므로 내가 비록 이것을 좋아하지 않아도 나는 이런 불편을 참아내고 견딜 수 있다.
	나는 아마 미쳐가고 있는지도 모른다. 그러나 나는 미쳐서는 안 된다. 왜냐하면 그것을 견딜 수 없기 때문이다.	정서적 곤궁은 확실히 즐거운 것은 아니지만 이것은 참을 수 있다.

분야	비합리적인 신념	합리적인 신념
운명	인생에서의 어려움은 부딪히기보다 피해 가는 것이 편하다.	소위 쉬운 방법은 궁극적으로는 피할 수가 없으며 더욱 어려운 방법이다.
	우리는 다른 사람에게 의지해야만 하고 의지할 강한 누군가가 있어야만 한다.	다른 사람과 친밀하게 지내는 것을 즐기지만, 내 생활을 도와줄 사람을 원하지는 않는다. 나는 내 자신을 믿고 의지할 수 있다.
	행복이란 외부 사건들에 의해 결정되며 우리는 통제할 수 없다.	현재에 내가 겪고 있는 정서적인 괴로움은 주로 나의 책임이며, 내가 사건들을 보고 평가하는 방식으로 변화시킴으로써 내 감정을 조절할 수 있다.
	나의 과거의 사건들이 현재의 행동을 결정한다.	나는 과거의 일들에 대한 나의 지각과 과거의 영향에 대한 나의 해석을 재평가함으로써 과거의 영향을 극복할 수 있다.

출처: 박경애 (2010, 77).

- 북한 이탈 주민은 사회주의적 국가 배급 체제에 젖은 게으름뱅이로 우리의 선진화된 경제체제에 적응하기 어렵기 때문에 경제 발전에 해가 되는 존재이다.
- 북한 이탈 주민은 북한에서 보낸 간첩으로 언제든지 우리의 정국이 어지럽게 되면 우리의 안전을 위협할 잠재적인 요소다.
- 북한 이탈 주민은 우월하고 발전된 우리 체제 속에 살게 해준 고마움과 감사함은 모르고 경계하고 의심하기만 한다.
- 북한 이탈 주민은 열악한 체제에서 성장하여 열등하고, 우리는 발전된 체제에서 자라서 우월하다.

3) 비합리적인 신념과 부적응적인 정서의 순환 과정

엘리스는 사람이 환경과 접촉하는 과정에서 생기는 부정적인 정서는 실제 선행 사건 자체로 발생하기보다는 그 선행 사건에 의미를 부여하게 되는, 각자가 자신의 삶을 지각하고 접촉하는 방식의 자동적 사고와 신념에 따른 것으로 보고 그 과정을 ABC 모델로 설명하였다. A는 선행 사건을 의미하는 Activating Event, B는 사고나 신념을 의미하는 Belief System, 결과를 의미하는 Consequence로 나타내고 있다. 여기서 C는 정서적, 행동적 결과이며, C는 선행사건인 A 때문에 유발되는 것이 아닌 신념의 체계인 B 때문에 유발한다고 보았다.

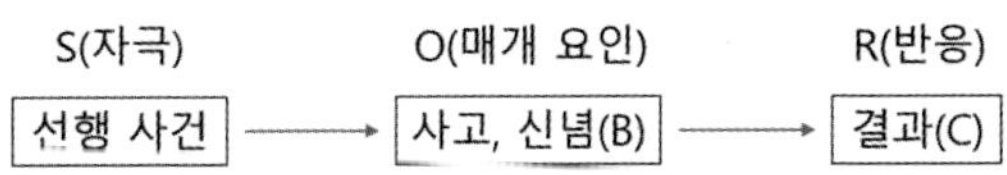

그림 11.1_ ABC 기본 모형

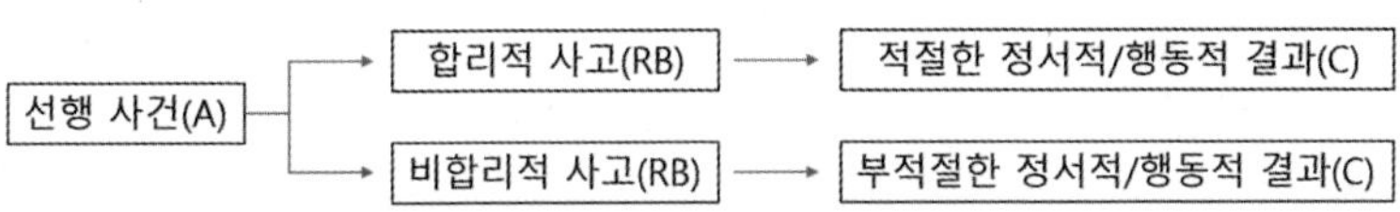

그림 11.2_ ABC의 확장된 모형

출처: 박경애(2010, 76)

〈그림 11.3〉은 엘리스의 비합리적인 신념과 부정적인 정서의 순환 과정을 ABC의 부가 모형으로 설명한 것으로 대부분의 사람이 가지고 있는 발표에 대한 불안이 어떤 비합리적이고 경직적인 자동적 사고와 신념 체계를 통해 부적응적이고 부적절하며 부정적인 감정으로 순환되고 강화되는지를 보여준다.

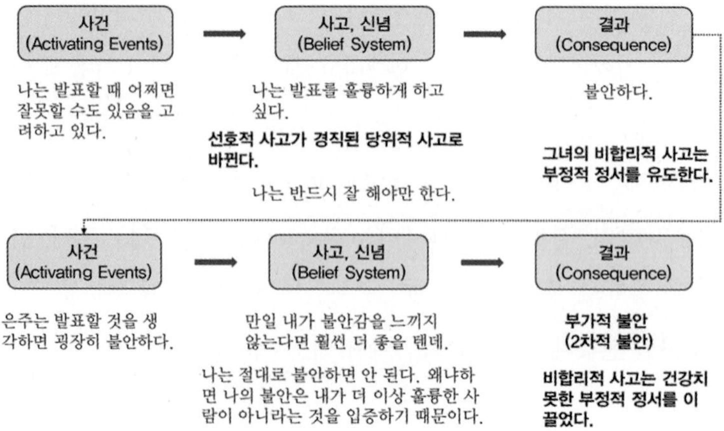

그림 11.3_ 발표 불안에 대한 신념과 부정적인 정서의 순환 과정

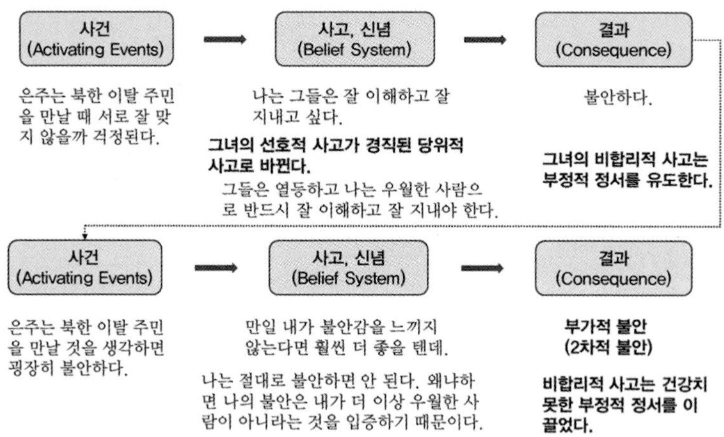

그림 11.4_ 북한 이탈 주민에 대한 비합리적인 신념과 부정적인 정서의 순환 과정

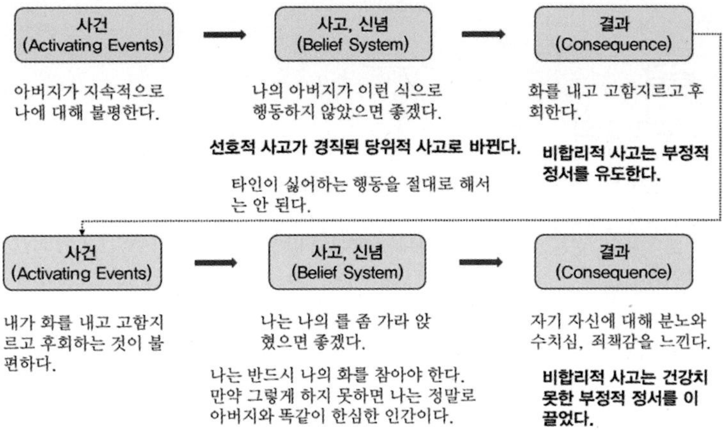

그림 11.5_ 분노 생성의 비합리적인 신념과 부정적인 정서의 순환 과정

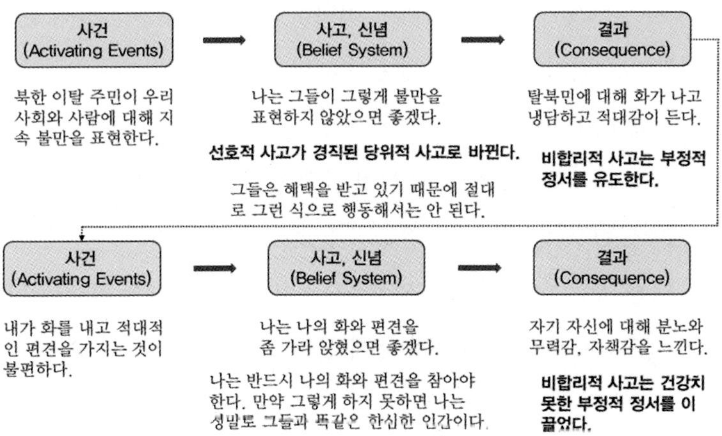

그림 11.6_ 북한 이탈 주민에 대한 분노의 비합리적인 신념과 부정적인 정서의 순환 과정

5.
남북 동질성 회복

1. 공감

1) 공감의 정의

공감(empathy)이라는 용어는 비교적 최근에 생겨났지만 그 개념은 이미 19세기 말에 등장하였고, 윈드(Wind 1963)에 의하면 1873년 미학 분야에서 미학심리학과 형태 지각에 관한 논의를 전개하면서 비쉐(Vischer)가 독일어의 Einfühlung이라는 용어를 처음 사용하였다고 한다. 'Einfühlung'은 'ein(안에)'과 'fühlen(느낀다)'라는 단어가 결합된 것으로 '들어가서 느낀다'는 의미를 함축하고 있다. 문학 비평가이자 소설가인 버농 리(Vernon Lee)가 1895년 최초로 Einfühlung을 영어로 동정(sympathy)이라고 번역하였다가, 1913년 '동정'을 '공감'으로 바꾸면서 이를 지각되는 대상의 특성과 지각하는 주체의 활동을 병합하려는 경향이라고 하였다.

미드(Mead 1934)는 사회 심리학 영역에서 공감의 개념에 '이해할 수 있는 능력'이라는 인지적인 요소를 첨가하면서 공감적 과정의 핵심에 대해 공감하는 사람이 잠정적으로 '다른 사람의 역할을 취하거나' 또는 '다른 사람의 입장에 처해 보는' 것이라는 개념으로 발전시켰다. 이후 다른 학자들이 각각 발전시킨 공감의 개념으로 '상상적 전위(imaginative transposing)', '일시적 가장(momentary pretending)', '다른 사람 내사하기(introjiction of the other)', '다른 사람의 준거 틀 채용하기(adopting the other's frame of reference)' 등은 모두 미드가 제시했던 ‘역할 취하기’ 또는 ‘관점 취하기’의 개념으로부터 발전된 것이다.

공감의 정의에 대해서는 “공감은 다른 사람의 신발에 발을 넣었다가 다시 발을 빼어 쉽사리 자신의 신발을 되 신어보는 능력이다”(Blackman 1958), “공감은 다른 사람의 내적인 준거 틀을 정확하게, 그것의 감정적인 요소와 거기에 관련된 의미를 마치(as~if)라는 사실을 망각함이 없이 마치 자신이 그 사람인 것처럼 지각하는 상태이다”(Rogers, 1959), “공감은 자신을 다른 사람의 생각, 느낌 및 행동 속으로 상상적으로 전위시키는 것이다”(Allport 1961), “공감은 당신이 그의 느낌과 느낌에 대한 이유 모두에 대해 이해하고 이를 상대방에게 의사소통하는 능력이다”(Aspy 1975), “공감은 돕는 자가 도움을 받는 자의 느낌에 조율하려는 시도이다”(Gazda 1975), “공감은 다른 개인의 정서와 꼭 동일한 것은 아니더라도 부합하는 정서를 대리적으로 경험하는 것이다”(Barnett 1987) 등 해석하는 관점에 따라 다양하다.

2) 공감과 동정

동정(sympathy)은 희랍어 ‘sympatheia’에서 유래했으며, ‘syn(함께)’과 ‘pathos’(고통하는)의 두 부분으로 합성된 합성어이다. 동정은 모든 사람들에게서 발견할 수 있는 선천적으로 부여된 것이며, 다른 사람의 복지와 행복을 위하여 발동하는 순수하게 이타적인 것이다. 올리닉(Olinick 1984)은 심리적으로 공감과 동정을 엄격히 구분할 것을 주장하면서, 동정은 분석 기능에 무의식적인 부정적 효과를 미칠 수 있는 정서가 확대된 태도인 반면, 공감은 갈등이나 정서로부터 비교적 자유로운 현상이라고 하였다. 즉 공감은 객관적인 태도를 유지시키고 내담자와 나를 분리 가능하게 하여 상담 관계에 도움을 주지만, 동정은 내담자의 정서에 말려들게 하고 상담자의 태도를 객관적이지 못하도록 하여 상담 관계에 손상을 준다.

아이젠버그(Eisenberg 1987)는 공감은 어떤 상황에서 타인을 지향하는 것도 아니고 자신을 지향하는 것도 아니면서 마치 감전되듯 타인과 동일한 정서를 느끼게 되는 현상으로 '정서적 감염'이라고 하였다. 동정 또는 '동정적 고통'은 어떤 상황에서는 타인이 느끼는 정서와 반드시 동일한 느낌을 갖는 것은 아니지만, 그 타인의 정서적인 상태나 복지를 증진시키려는 반응을 보인다고도 하였다. 즉, 타인의 느낌을 있는 그대로 체험하는 것이 공감이라면 그 타인을 위하여 무엇인가 도우려는 행위를 하고 싶은 느낌이 일어나는 것이 동정이라고 할 수 있을 것이다. 동정은 공감에 바탕을 둘 수도 있고 두지 않을 수도 있다.

위스페(Wispe 1986; Wispe 1991)는 공감은 "다른 자아의 긍정적 또는 부정적 경험을 무비판적으로 이해하려는 자기-인식적인 노력을 의미한다"고 하였고, 상상과 모방적 역량에 의존해 있으며, 대개는 노력을 요하는 과정으로 공감 속에서 자아는 이해를 위한 도구로 활용되며 결코 자신의 정체성을 잃지 않는다고 하였다. 동정은 공감과는 대조적으로 정확성보다는 함께 함에 더 관심을 두며, 자아-인식이 증대되기보다는 오히려 감소된다. 공감에서 공감하는 사람은 타자를 향해 '뻗어나간다'고 느껴지고, 동정에서 동정하는 사람은 다른 사람에 의하여 '움직여진다'고 느껴진다. 공감에서 나는 마치 내가 그 사람인 것처럼 행동한다. 그러나 동정에서는 나는 그 사람이다. 공감의 목적은 상대방을 '이해'하는 것이지만 동정의 목적은 상대방의 '복지'에 있으며, 공감은 '앎'의 방식이고, 동정은 '관계'의 방식이라고 하였다.

3) 공감의 요인

공감과 이타주의 가설에 따르면 공감은 이타주의적 동기, 즉 공감의 대상이 되는 타인에게 도움 행동을 제공하려는 동기를 이끌어낸다고 한다. 한 개인이 타인과 유사한 감정을 공유하게 되면 타인이 도움이 필요하다는 것을 지각하게 되고, 이타적인 동기가 유발되어 결과적으로 도움의 행동에 이르게 된다는 것이다. 도움의 행동이 단지 이타적인 동기에 의해 발현되는 것인지, 아니면 자신의 고통을 줄이기 위한 목적의 자기 지향적인 동기 때문인지에 대해서는 여러 견해가 있다. 공감은 도움 행동을 제공하려는 친사회적인 행동과 관련이 있다. 공감의 결여는 따돌림, 공격적 행동, 폭력적 범죄와 관련이 높다고 보는 견해가 지배적이다. 그리고 공감 능력이 높은 사람은 대인 관계를 원만하게 잘 맺으며 친사회적 행동이 높아진다.

과거에는 사람의 공감 능력에 대해 중시하지 않고 오히려 천시하는 태도가 지배적인 시기가 있었다. 이는 주로 남성 중심의 사회적 배경에 따른 것으로 공감이 '나약한'이라고 인식되어 여성들이 가지는 과한 동정심이라는 인식이 우세했던 것에 기인하였다고 볼 수 있다. 대부분의 문화권에서는 남성과 여성의 성 역할에 대한 고정관념이 존재한다. 남성은 성취 지향적, 경쟁 지향적인 측면이 강화되고, 여성은 동조적, 관계 중심적인 측면을 강화되면서 사회화되는 경우가 많기 때문에 여성이 남성보다 공감 능력이 더 우세하다는 주장이 있기도 하다.

공감 능력에 영향을 미치는 요인으로 우울감과 외상을 들 수가 있다. 현대 사회가 더욱더 경쟁화되어 가면서 남한 주민의 공감 능력은 축소되어 가고 있다. 아울러 북한 이탈 주민도 북한을 이탈하는 과정에서 겪게 되는 고통이 심각하고, 남한 이주 후 적응 과정에서 겪게 되는 어려움으로 인해 '우울증'과 '외상 후 스트레스(PTSD)' 증상을 보이면서 공감 능력이 떨어지게 될 것이다. 남한 주민과 북한 이탈 주민의 소통과 통합을 위해서는 공감 능력에 대한 제고가 필요하다.

4) 남북 사회통합을 위한 공감

공감은 현대사회에서 만연되고 확산되는 불특정 대상에 대한 낙인찍기나 혐오 감정의 표출 등 적대적 행동과 사회적 약자, 소수 집단에 대한 경계 짓기와 배제, 차별과 같은 사회적 폭력 등의 확산을 저지하고, 한국 사회의 잃어버린 가치와 능력을 회복시킬 수 있다. 이런 공감을 통한 상대방에 대한 존중과 호혜성 등은 이주자인 북한 이탈 주민과 정착민인 남한 주민과의 교류와 소통을 위해 필요할 뿐만 아니라 현대 사회의 분열의 병폐를 극복하고 사회 통합을 이루는 데 중요한 요소라고 할 수 있다.

공감은 타인이 생각하거나 느끼는 것을 파악하고 그들의 사고와 기분에 적절한 감정으로 대응하는 능력이다. 공감은 그러한 공감에 기반하여 누군가와 공감을 주고받는 경험이며 구체적으로 타인에게 공감을 제공하는 것과 타인으로부터 공감을 받은 경험으로 구분될 수 있을 것이다. 공감은 독립적으로 발생할 수 없고 반드시 타자라는 대상이 요구된다. 공감은 개개인의 관계에서 발현되는 것이지만 그것들의 집합은 공동체의 특성과 사회 분위기를 형성하며 구성원 간 응집력을 강화한다. 그만큼 공감은 사회 속 개인이 공동체를 이루어 살아갈 때 기본적으로 요구되는 심리적 능력이다. 이러한 공감은 북한 이탈 주민의 한국 사회 정착과 적응의 문제, 특히 사회적 적응과 통합을 위해 필요한 능력이다.

북한 이탈 주민은 남한 사회에 이주하여 그동안 남과 북이 단절된 가운데 어쩔 수 없이 만들어지고 형성된 익숙하지 않는 남한의 사회문화적 환경에 적응하는 데 크나큰 어려움을 겪는다. 그리고 남한 주민은 그러한 북한 이탈 주민이 남한 사회에 잘 적응하기를 바라는 기대의 표현 방식으로 북한 이탈 주민을 있는 그대로 존중하고 격려하는 방식보다는 북한 이탈 주민의 열등감을 확인하여 남한 주민 자신의 우월감을 확인하는 방식으로 흔히 표출된다. 그렇게 열등감을 확인하여 남한 주민의 우월감을 확인하는 표현 방식이 장기간 이어질 경우 북한 이탈 주민에게 상처를 주어 마음을 닫게 함으로써 결국 서로 간 또 다른 장벽을 쌓게 되는 결과로 이어진다.

남한 주민이 북한 이탈 주민을 만날 때 “자본주의 사회에서는 이렇게 살아야 해”, “남한에 이런 것이 있다는 것을 아니?”라고 무심하게 표현하는 것은 현재 북한 이탈 주민의 남한 사회 적응에 있어 어려움과 고통은 알아주지 않은 채, 너희는 북한이라는 경제적 후진국에서 온 열등한 존재이며, 남한 주민은 우월한 존재라는 인식을 바탕으로 하는 것이다. 상대방의 열등감을 부각시켜 자신의 우월감을 획득하려는 미성숙한 의사소통 방식은 북한 이탈 주민으로 하여금 남한 주민이 자신들을 무시하고, 가르치려 한다는 것으로 인식하게 만들어 서로의 소통과 화합을 저해하여 결국 남북의 사회 통합을 방해한다.

5) 공감 연습

연습 1

A: 왜 이렇게 떨리는 거지, 면접시험을 잘 봐야 하는데 이러다간 입도 뻥긋 못할 것 같아.

B-1: 시험 앞에서는 누구나 다 떠는 법이야, 너만 그런 것 아니니까 마음 굳게 먹어.

B-2: 별거 아니다 생각하고 심호흡을 한 번 크게 해 봐.

B-3: 면접 잘 봐야겠다는 생각이 지나쳐 몸이 떨릴 정도로 불안하고 힘든가 보구나. (출처: 박성희 (2015, 198))

연습 2

A: 자기, 나 어때? 뭐 달라진 것 없어?

B-1: 파마 굵기는 괜찮은데 머리가 조금 짧은 것 같기도 하고….

B-2: 요즘 그게 유행하는 머리인가 봐.

B-3: 머리를 새로 하니까 기분까지 확 살아나나 봐. 너무 멋진데. (출처: 박성희 (2015, 196))

연습 3: 북한 이탈 주민에 대해 열등감 확인과 우월감 획득 방식

A: 남한 사회가 좋기는 한데 사람들이 네 것 내 것을 따지니 사귀기가 힘들어.

B-1: 여전히 북한 체제에서 살던 방식을 버리지 못해서 그런 거야.

B-2: 자본주의 사회는 원래 그런 거야. 그러니 그렇게 살아야 해.

B-3: 남한 주민들과 친하게 지내고 싶은데 사람들이 네 것 내 것을 따지니 무시당할 것이 걱정되어 쉽게 접근하기 힘들다는 말이구나.

2. 비합리적인 신념 재구조화

신념은 주로 자신의 성장 과정에서 주요한 대상인 부모의 가치관을 내재화하거나 미디어 등 외부 매체와 사회 분위기 등에 의해 형성된다. 신념은 경험이 강화되면서 익숙해지고 습관이 되는 것들이다. 신념이 형성되는 시기는 생애 초기에서 6세가량에 주로 형성되며, 이후 성장과 발달 단계의 과제를 수행하는 과정에서 수정, 보완, 강화된다. 이 시기를 거치면서 신념은 삶 속에서의 의미 있는 경험, 주요한 대상과 타인으로부터의 피드백, 무의식적인 본뜨기, 역할 모방, 또래와 동료 집단의 모델링 등을 통해 자신의 참조 경험으로 형성되고 강화된다.

신념은 그것이 긍정적이든 부정적이든 우리가 믿는 것에 의해 결정되는 경험이고 오랜 시간을 거쳐 형성되지만 언제나 선택적이므로 가변적이다. '엘리스의 신념 재구조화 모형'(A-B-C-D-E)은 '소

크라테스의 산파법' 등 논박 방법을 사용하여 인지적 오류를 재구조화하는 데 효과가 입증된 모형이므로 남한 주민과 북한 이탈 주민과의 접촉 과정에서 생긴 혹은 앞으로 생길 수 있는 비합리적인 신념을 재구조화하는 데 효과가 있을 것이고, 남한 주민과 북한 이탈 주민 간 소통과 화합을 이루는 데 일조할 것이다.

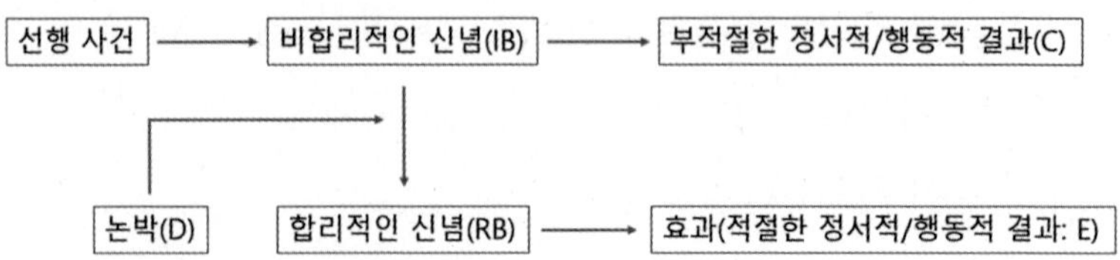

그림 11.7_ A–B–C–D–E 모형
출처: 박경애 (2010, 197)

6.
남북한 마음의 통일과 통일의 마음

2018년 4월 판문점에서 개최된 남북정상회담에 이어 북한 비핵화를 위한 북미정상회담이 연이어 두 차례 열리는 등 전 세계적으로 확산되는 남북한 간의 화해 분위기가 연일 TV 매체를 통해 보도되고 있는 가운데 남북한 정부 당국은 공동으로 '남북 철도 연결 북측 구간 조사'와 '북한 개성–평양 간 남북 도로'에 대한 조사를 실시하는 등 남북한의 실질적인 경제 교류를 위해 사회 기간 사업의 복구를 시작하고 있다. 이런 사업들이 남북한 간 도로, 해로, 항로에 대한 전반적인 협력 사업으로 확장되어 진행될 경우 남북한 간 인적과 물적 교류의 확대는 불가피한 현실이 될 것이고, 남북한 인적 교류가 확대되면 남북한이 서로 다른 체제로 인해 반세기 이상 교류 자체가 제한되어 살아오면서 발생한 남북한 주민의 상호 인식의 차이가 소통에 적지 않는 걸림돌이 될 수 있을 것이다.

반세기 이상 서로 다른 체제에서 살아온 남북한 주민 간에는 상당히 다른 수준의 기대와 인식 차이가 있을 수 있다. 그런 인식의 차이가 남북한 주민이 같은 언어를 사용하는 동일 민족임에도 상호 접촉과 소통에 있어 간극을 넓혀 서로 관계가 경색되어 분열하게 되거나 같은 언어를 사용하지만 서로 그 의미를 알 수 없어 상호 이질감을 크게 경험하게 되는 등 남북 주민의 동질성 회복을 저해하는 중요한 변수로 작용할 수도 있다.

남북한 주민의 동질성 회복을 위한 진정한 접촉과 소통을 저해하거나 방해할 수 있는 상호 이질적인 인식의 차이를 해소하지 않는다면 점차 시간이 흘러가면서 그러한 서로 다른 인식이 점점 견고해져 남북 주민 상호 간 화합을 방해하는 편견으로 변하거나 비난과 차별을 만드는 비합리적인 믿음과 신념으로 변할 수도 있다. 또는 서로를 구분하고 경계 짓게 만드는 경직된 가치관으로 변화하여 남북 주민 간 소통을 방해할 가능성이 크다고 할 수 있다.

현재 남과 북의 주민은 그동안 분단되어 살면서 만들어진 서로 다른 언어의 문화로 인해 동질감보나는 이실감을 훨씬 많이 느낄 수밖에 없다. 이질감은 익숙하지 않고 낯선 대상에게 종종 적대감으로 표현되고 차별을 만들기도 한다. 남한 주민들이 북한 이탈 주민에 대한 편견과 비합리적인 신념을 자각하고, 북한 이탈 주민이 탈북 과정에서 경험한 상처와 고통, 그리고 이주 후 겪는 외로움과 소외감 등 부정적 정서를 있는 그대로 진솔하게 공감하는 태도 등을 통해 남북한 주민 간 이질감과 차별을 조금이나마 해소할 수 있을 것이다.

공감하는 태도는 마주보고 대화하고 있는 상대방을 있는 그대로 바라보고, 그의 긍정적 또는 부정적 경험을 무비판적이고 무조건으로 이해하려는 자기-인식적인 노력이다. 공감은 대개는 저절로 이루어지기보다는 많은 노력을 필요로 하는 과정이다. 공감은 상대방을 이해하되 결코 자신의 정체성을 잃지 않는다. 공감에서 공감하는 사람은 타자를 향해 "뻗어나간다"고 느껴지고, 마치 내가 그 사람인 것처럼 행동하게 된다. 공감은 '앎'의 방식이고 상대방을 '이해'하는 방식이므로 오랜 기간 분단되어 살아오면서 끊어질 것 같이 약해진 남과 북의 심리적인 끈을 이어 주고 엉겨 붙게 하는 아교의 역할을 할 것이다.

또한 남과 북 주민 간 서로를 구분하고 경계 짓게 만드는 편견과 비합리적인 신념도 결국 오랜 기간 이어져 온 분단의 산물이라는 것을 부정할 수 없을 것이다. 편견과 비합리적인 신념이 강화되면 종국에는 북한 이탈 주민에 대한 무시와 차별적 행위로 이어질 것이다. 이에 남한 주민과 북한 이탈 주민이 상호 가지고 있는 막연한 기대, 근거 없는 편견, 비합리적인 신념을 자각하고 인식함으로써 편견과 비합리적인 신념의 변화를 꾀할 수 있을 것이다. 이러한 변화를 통해 남과 북은 상대방을 바라보는 관점과 조망 능력을 확장할 수 있다.

남한 주민과 북한 이탈 주민이 서로 있는 그대의 모습을 존중하고 서로에 대해 공감하는 태도를 가지는 동시에 무시와 차별을 만드는 편견과 비합리적인 신념을 변화시키고자 힘을 기울일 때 남한 주민과 북한 이탈 주민 사이를 가로막아선 장벽은 소리 없이 허물어지고, 상호 허물없는 소통과 화해가 이루어질 것이다. 그리고 궁극적으로 우리가 진정으로 바라는 남한과 북한 주민의 사회적 통합과 동질성 회복이 가능해질 것이다.

참고문헌

강덕규. 2004. “한국전쟁시 영국군의 임진강 전투와 그 의의 : 설마리 전투를 중심으로.” 동국대학교 석사 학위 논문.

강봉구. 2003. “TSR-TKR 연결과 유라시아 공동체: 문명, 안보적 차원을 중심으로.”『국제지역연구』6집 5호, 217-240.

강봉룡. 2011. “5세기 이전 신라의 동해안방면 진출과 동해안로”,『한국고대사연구』63, 한국고대사학회.

강원대학교 박물관. 1995.『철원군의 역사와 문화유적』. 강원도 : 강원대학교 박물관 · 강원도 · 철원군.

강원문화재연구소. 2006.『철원 와수리 유적』. 춘천: 강원문화재연구소.

강인덕. 1990.『북한의 남북대화 전략전술 평가 및 전망』. 서울: 통일원.

강주원. 2017. “삼국(중국, 북한, 한국)이 만나고 연결되는 단둥: 국경도시이자 해항도시의 관점으로.”『해양도시문화교섭학』제17호.

강주화 · 유순영 · 윤성민 · 최기홍. 2013. “화산재 양에 따른 피해와 사회 · 경제적 영향 분석.”『한국지구과학회지』34권 6호, 536-549.

강진규. 2018. “북한, 원산에 38만평 규모 골프장 건설 구상.”『NK경제』(7월 5일).

강택구 외. 2016.『통일 대비 북한지역 자연재해 대응을 위한 자료 구축과 남북협력 방안 연구(Ⅰ)』. 세종: 한국환경정책 · 평가연구원.

겨레의숲. 2010.『북한 산림녹화, 어떻게 할 것인가?: 겨레의숲 제2차 산림포럼』. 서울: 서울대학교 통일평화연구소.

경기도박물관. 2001.『경기도3대하천유역 종합학술조사 Ⅰ 임진강 Vol 2』. 서울: 경기도 박물관.

경기도박물관. 2005.『고구려 유적의 보고 경기도』. 용인: 경기도 박물관.

경기도박물관 · 육군사관학교 화랑대연구소. 2008.『연천 당포성 Ⅱ』. 경기도박물관 · 육군사관학교 화랑대연구소.

경남대 극동문제연구소. 2018.『한반도 정세: 2018년 평가 및 2019 전망』. 서울: 경남대학교 출판부.

경제희 · 김재한. 2014. “그린데탕트의 개념과 추진전략.”『국제문제연구』14권 3호, 147-176.

경희대학교 고고미술사연구소. 1992.『오두산성 I』. 서울: 경희대학교 고고미술사연구소.

고상두. 2001. “적대적 협력관계: 동서독과 남북한 정상회담의 비교분석.”『협상연구』 제6권 2호, 95-110.
고상두. 2018. “신북방시대 한국의 대러 외교전략과 과제.”『슬라브학보』 33권 3호, 1-26.
고수석. 2016. “북, 신의주국제경제지대 투자 안내서 발표.”『중앙일보』(1월 28일).
고유환. 2011. “김정은 후계구축과 북한 리더십 변화.”『한국정치학회보』 45집 5호, 175-192.
공용득. 2012. “서해평화협력특별지대 구상과 인천의 역할에 관한 연구.”『인천학연구』 16, 7-39.
구종순 · 동무성. 2008. “아시아 횡단철도와 동북아 철도 연계성에 관한 연구.”『무역학자 전국대회 발표논문집』, 142-169.
국가안전보장회의. 2004.『평화번영과 국가안보』. 서울: 국가안전보장회의 사무처.
국립문화재연구소. 2000.『군사보호구역 문화유적 지표조사보고서-경기도편』. 서울: 국립문화재연구소.
국립재난안전연구원. 2014.『재난 위험도 평가 및 대응 기반기술 구축 (Ⅰ)』. 울산: 국립재난안전연구원.
국립중앙박물관 역사부. 2004.『철원 태봉국도성 조사 자료집 : 국내역사문화유산 조사사업』. 서울: 국립중앙박물관 역사부.
국방군사연구소. 1996.『한국전쟁 중 · 하』. 서울: 국방군사연구소.
국방부 군사편찬연구소. 2012.『국방사건사 제1집』. 서울: 국방부 군사편찬연구소.
국방부. 1988.『국방백서 1988』. 서울: 국방부 정책기획관실.
국방부. 2018.『국방백서 2018』. 서울: 국방부 정책기획관실.
국방부. 2019.『국방백서 2019』. 서울: 국방부 정책기획관실.
국사편찬위원회. 1981.『한국사 4. 고려-고려 귀족사회의 성립』. 서울: 국사편찬위원회.
국토통일원. 1985a.『남북한 통일제의 자료 총람, 제1권』. 서울: 국토통일원.
국토통일원. 1985b.『남북한 통일제의 자료 총람, 제2권』. 서울: 국토통일원.
국토통일원. 1985c.『남북한 통일제의 자료 총람, 제3권』. 서울: 국토통일원.
국토통일원. 1987.『남북대화사료집, 제1권: 남북한 통일제의 · 주장(1945.8~1969.12)』. 서울: 국토통일원.
국토통일원. 1988a.『남북대화백서』. 서울: 국토통일원 남북대화사무국.
국토통일원. 1988b.『고르바초프 대외정책 자료집』. 서울: 국토통일원 조사연구실.
국회도서관. 1965.『1948년 국제연합한국임시위원단 보고서(제1부 제1권), 입법참고자료 제30호』. 서울: 대한민국 국회도서관 입법조사국.
국회도서관. 1973.『유엔의 한국문제처리 및 투표상황(1947-1972)』. 서울: 대한민국 국회도서관 입법조사국.
권태훈. 2019. “백두산 분화징후 심각…폭발 시 아이슬란드 천배 될 수도.” https://news.sbs.co.kr/news/endPage.do?news_id=N1005223957 (검색일: 2019. 7. 15).
김갑동. 2008. “고려의 건국 및 후삼국통일의 민족사적 의미.” 『한국사연구』 143. 한국사연구회.
김건석. 2008. “시베리아횡단철도와 동해선 철도의 연결 가능성과 강원도의 대응과제.” 『지역발전연구』 8권 1호, 23–52.
김경술. 2018. “북한의 석유산업과 유통.” 『KDI 북한경제리뷰』 1월호, 43–63.
김경희 · 이학승. 2004. “동북아 물류 중심인 한반도종단철도(TKR)와 시베리아횡단철도(TSR)중국종단철도(TCR)의 연계추진에 관한 실태분석.” 『한국무역학회 국제학술대회』, 289–309.
김규현 · 김재한. 2015. 『비무장지대를 넘는 길』. 서울: 아마존의 나비.
김기수 · 김아름 · 서영준 · 이성우. 2019. “극동러시아 TSR을 활용한 복합운송의 장애요인과 북방물류 활성화 방안 연구.” 『통상정보연구』 21권 1호, 285–311.
김두얼. 2017. “북한의 철도 건설, 1900–2015: 산업화와 장기 경제 침체에 대한 함의.” 『경제사학』 65권, 335–369.
김득중. 2018. “폭격이 시작되자 인간이 사라졌다.” 『한겨레21』 (10월 12일).
김상배. 2016. “신흥안보와 메타 거버넌스: 새로운 안보 패러다임의 이론적 이해.” 『한국정치학회보』 50집 1호, 75–104.
김상학. 2004. “소수자집단에 대한 태도와 사회적 거리감.” 『한국사회』, 3–31.
김상협. 1976. 『모택동 사상』. 서울: 일조각.
김석주 외. 2016, “Insomnia in Norty Korean Refugees; Association with Depression and Post–Traumatim stress Symptoms.” 『대한신경의학회』, 67–73.
김선일. 2018. “북 강원도 휴양지 원산에서 강릉까지 국제관광 자유지대 조성계획.” 『Hotel & RESTAURANT』 (9월 6일).
김성경. 2014. “분단체제가 만들어낸 이방인.” 『북한학연구』 제10권 1호, 37–68.
김성균 · 이지웅 · 명수정. 2014. “제2차 국가보고서를 통해 본 북한의 기후변화 대응정책 분석”, 『에너지포커스』 11권 1호. 83–102.
김성욱 · 최은경 · 정수정 · 김상현 · 이길하 · 윤성효. 2013. “백두산 분화에 따른 화쇄류, 화산이류, 화산성 홍수의 피해범위 예측을 위한 예비연구.” 『한국지구과학회지』 34권 6호, 479–491.
김성윤 · 박경렬 · 김상태. 2018. “북한 관광개발계획 현황과 남북관광 협력방향: 원산–금강산 국제 관광 지대를 중심으로.” 『Research Brief』 No. 27, 2–8.
김성진. 2001. “시베리아 지역주의의 역사적 고찰: 제정 말기를 중심으로.” 『유라시아 연구』 1권 2호, 29−47.

김성진. 2012. “러시아 이주의 현황과 특징: 극동연방구에 대한 경험적 분석.”『사회이론』 42호, 205−239.

김성진. 2014. “중앙아시아 여성이주: 비경제적 요인의 영향을 중심으로.”『슬라브연구』 30권 1호, 57−88.

김성태 · 허미형. 2005. “임진강 유역의 신라유적.”『기전고고』5, 기전문화재연구원.

김수도 · 이연정 · 윤성민. 2014. “백두산 화산재 확산 시나리오에 따른 항공산업의 경제적 피해 예측.”『국제지역연구』 18권 3호, 109−143.

김영광 외 54인. 1983.『백두산 영유권 확인에 관한 결의안』. http://likms.assembly.go.kr/bill/jsp/BillDetail.jsp?bill_id=009738 (검색일: 2019. 7. 15).

김영란. 2018a. “려명거리 기적을 재창조하려는 원산갈마해안관광지구 건설사업.”『자주시보』 (5월 24일).

김영란. 2018b. “원산갈마지구 건설, 적대세력들에게 들씌우는 명중포화.”『자주신보』 (11월 1일).

김영식. 2016. “유라시아 이니셔티브와 극동 개발에 대하여.”『한국노어노문학회 학술대회 발표집』, 11−29.

김영윤. 2017. “한반도 신경제지도 구상의 실현 과제.”『북한토지주택리뷰』 02. 4−20.

김영주. 1973.8.28. “김영주 남북조절위원회 평양측 위원장 성명−남북대화 중단 선언.”『남북한 통일제의 자료 총람, 제1권』. 국토통일원 1985. 서울: 국토통일원.

김웅수. 2012.『(김정은 시대) 북한의 이해』. 서울: 아이.

김일성. 1964.2.27. “조국통일 위업을 실현하기 위하여 혁명력량을 백방으로 강화하자 (조선로동당 중앙위원회 제4기 제8차 전원회의에서 한 결론).”『김일성 저작집 18』. 1982. 평양: 조선로동당출판사.

김일성. 1972.9.17. “우리 당의 주체사상과 공화국 정부의 대내외 정책의 몇 가지 문제에 대하여 (일본『마이니찌 신붕』 기자들이 제기한 질문에 대한 대답).”『김일성 저작집 27』. 1984. 평양: 조선로동당출판사.

김일성. 1973.6.23. “민족의 분렬을 방지하고 조국을 통일하자 (체스꼬슬로벤스꼬 사회주의공화국 당 및 정부 대표단을 환영하는 평양시 군중대회에서 한 연설).”『김일성 저작집 28』. 1984. 평양: 조선로동당출판사.

김일성. 1973.6.25. “조국통일 5대 방침에 대하여 (조선로동당 중앙위원회 정치위원회 확대회의에서 한 연설).”『김일성 저작집 28. 1984』. 평양 조선로동당출판사.

김일성. 1975.4.18. “김일성의 북경방문 연설: 전쟁에서 잃을 것은 군사분계선이고 얻을 것은 조국통일.” 남북한 통일제의 자료 총람, 제2권. 국토통일원 1985. 서울: 국토통일원.

김일성. 1978.5.7. “김일성의 중국공산당 주석 화국봉 환영 평양시 군중대회 연설.”『남북한 통일제의 자료 총람, 제2권』. 국토통일원 1985. 서울: 국토통일원.
김일성. 1981.7.3. “미국에 있는 조국통일촉진회 회장과 한 담화.”『김일성 저작집 36』. 1990. 평양: 조선로동당출판사.
김일성. 1994.1.1. “신년사.”『김일성 저작집 44』. 1996. 평양: 조선로동당출판사.
김재영. 2014. “백두산은 화산연구의 새지평을 열 보고.”『뉴시스』(9월 3일).
김재한. 1996.『게임이론과 남북한 관계』. 수정판. 서울: 한울.
김재한. 1998.『합리와 비합리의 한국 정치사회』. 서울: 소화.
김재한. 2006.『DMZ 평화답사』. 서울: 오름.
김재한. 2009.『동서양의 신뢰』. 서울: 아카넷.
김재한. 2011. “DMZ 연구의 오해와 논제.”『통일문제연구』 제23권 2호, 107−145.
김재한. 2014. “한반도 신뢰프로세스 및 그린데탕트의 이론적 조망.”『통일문제연구』 제26권 1호, 65−92.
김재한. 2018a. “정전협정과 종전선언 그리고 평화협정.”『통일전략』 18권 3호, 73−112.
김재한. 2018b. “DMZ, 정전−평화 이행의 길목에서.”『DMZ, 정전체제에서 평화체제로』 한국정치외교사학회 심포지엄, 10월 19일.
김재한. 2018c. “2018년 지방선거의 접경 효과: 연령, 도농, 개발 효과와의 구분을 중심으로.”『의정논총』 제13권 제2호, 137−158.
김재한 · 엄태일. 2010. “기후변화대응 CDM과 DMZ 남북한협력.”『국제문제연구』 10(1), 139−162.
김정우. 2017. “중국 · 러시아, 대북 제재에도 북한 노동자 유입 확대 조짐.”『*Voice of America*』(3월 31일).
김종선 · 이춘근 · 남달리 · 박진희. 2014.『북한 환경기술 연구현황과 남북 과학기술 협력방안』. 세종: 과학기술정책연구원.
김준호. 2010. “‘압록강 범람’ 신의주−단동 피해 큰 차이.”『자유아시아방송』(8월 23일).
김지은. 2017. “북, 철광석 수출 위해 안간힘.”『자유아시아방송』(11월 10일).
김진광. 2009. “삼국사기 본기에 나타난 말갈의 성격.”『고구려발해연구』 35, 고구려발해학회.
김치관. 2012. “북, 통천특구 첨단산업단지로 개발.”『통일뉴스』(2월 13일).
김태일. 2000. “동서독간 도시 자매결연의 교훈과 남북한 지방 사이의 교류협력 가능성.”『통일시론』 6권.
김학성. 2018. “남북 및 북미정상회담이후 한반도 평화정착의 추진방향과 실천과제.”『정치정보연구』 21권 3호, 39−70.
김형기. 2010.『남북관계 변천사』. 서울: 연세대학교 출판부.

김혜숙. 2014.『다수집단과 소수집단의 심리』. 파주: 집문당.

김희경. 2016. “북한이탈주민과 남한주민의 교류경험에 관한 질적연구.”『한국심리학회지; 상담 및 심리치료』 제28권 2호, 554−555.

남북대화. 제1호~제30호. 한국국제문화협회; 제31호~제51호. 국토통일원; 제52호~제64호. 통일원; 제65호~제77호. 통일부.

남북하나재단. 2012. “2012년 북한이탈주민 실태조사.” 정보자료관.

남북하나재단. 2014. “2014 북한이탈주민 사회조사.” 정보자료관.

남북하나재단. 2018. “2018 북한이탈주민 실태조사.” 정보자료관.

남북회담사무국. 1995a.『적십자회담 수첩』. 서울: 남북회담사무국.

남북회담사무국. 1995b.『판문점 수첩』. 서울: 남북회담사무국.

남성욱. 2016.『북한의 경제특구 현황과 향후 발전전망』. 대전: 한국과학기술정보연구원.

남일. 1954.4.27. “제네바회의 제2차회의에서 한 외무상 남일의 연설.”『남북한 통일제의 자료 총람, 제1권』. 국토통일원 1985a. 서울: 국토통일원.

남일. 1954.6.15. “제네바회의 최종회의에서 한 남일 외무상의 연설.”『남북한 통일제의 자료 총람, 제1권』. 국토통일원 1985. 서울: 국토통일원.

남정호 · 이정삼 · 김찬호 · 이동림. 2019.『서해평화수역 조성을 위한 정책방향 연구』. 부산: 한국해양수산개발원.

노지원. 2019. “날림식 안 된다 북 김정은, 원산관광지구 찾아 완공 시점 6개월 늦춰.”『한겨레』(4월 7일).

노태돈. 1976. “고구려의 한수유역 상실의 원인에 대하여.”『한국사연구』13. 한국사연구회.

단국대학교 매장문화재연구소. 2001.『파주 칠중성 지표조사 보고서』. 서울: 단국대학교 출판부.

단국대학교 매장문화재연구소. 2004.『연천 은대리성 지표 및 시 · 발굴조사 보고서』. 서울: 단국대학교 출판부.

림금숙. 2013. “장길도(長吉圖) 선도구와 나선특별시 간 경제협력의 새로운 동향.”『KDI 북한경제리뷰』제15권 1호, 138−155.

목용재. 2019. “한국내 탈북자 62% 대북송금…지난해 1회 평균 2460달러.”『자유아시아방송』(3월 8일).

문명대. 1978. “신라하대 비로자나불상조각의 연구(속)−신라하대불교조각의 연구(2)−.”『미술자료』22, 국립중앙박물관.

문성휘·박성우. 2013. “‘아오지 탄광’ 생산중단 위기, 왜?.”『자유아시아방송』(7월 29일).

민덕식. 1989. “나 · 당전쟁에 관한 고찰 : 매소성전투를 중심으로.”『사학연구』40, 한국사학회.

민영규. 2015. “백두산 화산 폭발하면 남한에 최대 11조1천900억 피해.”『연합뉴스』(5월

21일).
민족21 편집부. 2011. “북중 라선 경제무역지대와 황금평경제지대 공동개발 총계획요강] 북중 공동개발공동관리 방식 합의 중앙지방정부 공동관리체계 마련.”『민족21』 7월호.
박건영 · 박선원 · 우승지. 2003. “제3공화국 시기 국제정치와 남북관계: 7.4 공동성명과 미국의 역할을 중심으로.”『국가전략』 제9권 4호, 61−91.
박경애. 2010.『인지 · 정서 · 행동치료』. 서울: 학지사.
박명림. 2006. “한반도 정전체제: 등장, 구조, 특성, 변환.”『한국과 국제정치』 22권 1호, 1−32.
박병광. 2011. “북중동맹과 한미동맹의 비교: 성립배경과 조약내용을 중심으로.”『중북우호협조 및 상호원조조약과 한미동맹』 국가안보전략연구소 학술회의 논문집, 55−74.
박상현 · 이정석 · 강택구. 2014. “대북 환경협력 추진을 위한 남북한 협력과 국제기구 활용.”『국제지역연구』 18권 5호, 253−276.
박성철. 1973.3.15. “남북조절위원회 제2차 회의시 평양측 공동위원장 대리 박성철의 기조발언.”『남북한 통일제의 자료 총람, 제1권』. 국토통일원 1985. 서울: 국토통일원.
박성희. 1993. “공감의 특성과 이타행동.” 서울대학교 박사 학위 논문.
박성희. 2014.『공감학 −어제와 오늘−』. 서울: 학지사.
박성희. 2015.『공감』. 서울: 이너북스.
박순빈 · 방준호 · 최하얀. 2018. “서해는 경제 · 동해는 관광 공동특구.“『한겨레』 (9월 19일).
박영재. 2008. “파주 오두산성 동벽 유구 조사와 성격 고찰.”『백산학보』 80, 백산학회.
박용석. 2014. “북한 경제특구의 개발 동향 및 시사점.”『건설이슈포커스』 2월호, 2−42.
박용석. 2017. “건설분야 남북협력 사례분석과 건설산업의 과제.”『북한토지주택리뷰』 01, 15−35.
박은경. 2008. “TSR에 대한 일본의 전략과 시사점.”『한국철도학회 학술발표대회논문집』, 1839−1852.
박정란 · 강동완. 2011. “백두산 화산 폭발에 의한 탈북: 향방과 대비.”『국방연구』 54권 3호, 81−105.
박정희. 1966.1.18. “1966년도 대통령 연두교서(66.1.18).”『박정희 대통령 연설문집 2, 제5대 편(1963년 12월~1967년 6월)』. 대통령비서실 1973. 서울: 대통령비서실.
박정희. 1966.8.15. “제21회 광복절 경축사.”『박정희 대통령 연설문집 2, 제5대편(1963년 12월~1967년 6월)』. 대통령비서실 1973. 서울: 대통령비서실.
박정희. 1966.12.17. “대통령 취임3주년 기자회견.”『박정희 대통령 연설문집 2, 제5대편

(1963년 12월~1967년 6월)』. 대통령비서실 1973. 서울: 대통령비서실.
박정희. 1979.1.19. "연두 기자회견." 『박정희 대통령 연설문집 16. 추도판(1979년 1월 ~1979년 10월)』. 대통령비서실 1979. 서울: 대통령비서실.
박지수. 2019. "미 정보수집함 푸에블로호 나포사건과 함의." 『국방과 기술』 483, 한국방위산업진흥회.
박창희. 2012. "북한 급변사태시 중·러협력과 한국의 국가전략." 『전략연구』 통권 56호, 147−179.
박철언. 2005a. 『바른 역사를 위한 증언: 5공, 6공, 3김시대의 정치비사 1』. 서울: 랜덤하우스 중앙.
박철언. 2005b. 『바른 역사를 위한 증언: 5공, 6공, 3김시대의 정치비사 2』. 서울: 랜덤하우 중앙.
박홍수. 2015. "서울시민 버린 이승만, 돌아와서는 사죄 대신 '학살'." 『프레시안』 (4월 26일).
반종빈. 2010. "북, 서해방사포와 서해 NLL 인근 사격구역 선포." 연합뉴스 (2월 19일). https://www.yna.co.kr/view/GYH20100219000600044?section=search (검색일: 2019. 07. 29).
배광복. 2008. "남북관계의 경로의존과 구성: 7·4 남북공동성명에서 남북기본합의서 채택까지 남북회담 분석." 고려대학교 박사학위 논문.
배광복. 2018. 『남북대화 1971−1992: 힘·선택·말의 남북관계 역사』. 서울: 아연출판부(고려대학교 아세아문제연구소).
백남주. 2019. "국제관광산업 전초기지, 원산갈마관광지구." 『자주시보』 (1월 18일).
백남혁, 2000, "궁예의 전제왕권 확립과 왕건의 후삼국통일 기반의 재조명." 『동서사학』 6, 한국동서사학회.
백민호·신호준·구원회. 2013. "북한 재난발생과 우리나라의 대응에 관한 연구." 『북한학회추계학술회의발표문』
백은림·김정현·Xiuming Cui·오상훈·이상호. 2014. "백두산 화산 폭발시 화산성 지진에 의한 조적조 건축물의 피해 예측: 백두산 인근지역부터 국내 서울지역까지." 『국제지역연구』 18권 3호, 303−328.
백종오. 2006. "남한지역 고구려 관방체계." 『선사와 고대』 26, 한국고대학회.
북한 중앙인민위원회·최고인민회의 상설회의 연합회의. 1984.1.10.a. "조선민주주의인민공화국 중앙인민위원회·최고인민회의 상설회의 연합회의에 관한 보도." 『남북한 통일제의 자료 총람, 제1권』. 국토통일원 1985a. 서울: 국토통일원.
북한 중앙인민위원회·최고인민회의 상설회의 연합회의. 1984.1.10.b. "서울 당국에 보내는 조선민주주의인민공화국 중앙인민위원회·최고인민회의 상설회의 편지." 『남북한 통일제의 자료 총람, 제1권』. 국토통일원 1985a. 서울: 국토통일원.
북한 최고인민회의. 1974.3.25. "조선민주주의인민공화국 최고인민회의가 미합중국 국회에 보내는 편지."『남북한 통일제의 자료 총람, 제1권』. 국토통일원 1985. 서울: 국토통일원.
북한경제연구협의회. 2018. "북중 접경지역에서 바라본 북한경제."『KDI 북한경제리뷰』 2018년 1월호, 25–40.
북한전략센터 · 코리아정책연구원. 2012.『북한의 해외인력송출 실태』. 서울: 북한전략센터.
산업통상자원부. 2019. "2018년(연간, 12월) 수출입 동향."『보도자료』(1월 1일).
서영일. 1998. "한강이북의 성지와 신라의 방어체제–파주 지역을 중심으로–."『문화사학』10, 한국문화사학회.
서영일. 1999.『신라 육상 교통로 연구』. 서울: 학연문화사.
서인한, 1999,『나당전쟁사』. 서울: 국방군사연구소.
서종원 · 박민철 · 한은영 · 양하은. 2017.『유라시아 국제운송로 물류여건 및 수요조사 분석(2차년도): 국내기업의 유라시아 국제운송 장애요인 해소 방안』. (한국교통연구원 기본연구고보서). 세종: 한국교통연구원.
서진영. 2006.『21세기 중국외교정책: 부강한 중국과 한반도』. 서울: 폴리테이아.
성원용. 2008. "남북러 철도협력의 현황과 발전 전망."『슬라브학보』23권 1호, 227–260.
성원용. 2011. "TKR–TSR 연결 시범사업으로서 나진–핫산 프로젝트의 현황 분석과 대륙횡단철도 연결을 위한 정책과제."『슬라브학보』26집 4호, 49–78.
성원용. 2013. "러시아 극동지역 개발과 남북러 삼각협력의 과제."『국토』, 12–19.
성원용. 2014. "유라시아 이니셔티브와 국제운송회랑의 지정학."『월간교통』, 6–13.
손기웅. 2007. "한반도 환경문제와 남북환경공동체."『창작과 비평』통권 135호.
송민경. 2017.『북한의 산림부문 기후변화대응 동향 및 시사점』. 서울: 국립산림과학원.
송민순. 2016.『빙하는 흐른다』. 파주: 창비.
송종환. 1976.『남북회담 종합 평가』. 서울: 국토통일원.
송지영. 2010. "한러 철도 협력 및 운송경쟁력 강화 방안 연구."『한국철도학회 학술발표대회논문집』, 352–358.
송창섭 · 김지영. 2018. "중 단둥 현지르포, 北, 중국서 중장비 · 철근 밀수한다."『시사저널』(11월 3일).
스칼라피노 · 이정식 저 한홍구 역. 1987.『한국공산주의 운동사 3, 북한편』. 서울: 돌베개.
신범식. 2003. "교통의 국제정치: 시베리아횡단철도(TSR) 국제화와 동북아 협력을 위한 한국의 대응전략."『한국과 국제정치』19권 4호, 273–301.

신장철. 2016. “북한의 경제현황과 한반도종단철도(TKR) 연결사업의 정책적 의의 및 기대효과.”『유라시아연구』 13권 2호, 17–38.
신종서. 2000. “한국철도와 시베리아 횡단철도 연결의 기술검토방향.”『철도저널』, 제3집 3호, 10–21.
심익섭. 1992. “독일통일과정에서 지방자치의 역할: 동서독 지방자치단체간의 교류관계를 중심으로.”『한국행정학보』 제25권 4호. 263 – 287.
심정보. 2019. “태봉국 철원도성 발굴조사.”『내일을 여는 역사』 75, 재단법인 내일을 여는 역사재단.
안득기. 2011. “북한지역 환경문제에 대한 남북한 협력에 관한 연구.”『평화학연구』 12권 3호, 207–226.
안문석. 2016.『북한 현대사 산책 5』. 서울: 인물과 사상사.
안병욱. 2016. “북핵실험, 잠자던 백두산 화산 자극...분출 가능성 커져.”『레이더P』 (9월 13일).
안윤석. 2015. “北, ‘원산–금강산 국제 관광 지구’ 어떻게 개발하나?.”『CBS노컷뉴스』 (4월 26일).
안제노 · 이수석. 2019. “동해관광특구 조성의 필요성과 조성방안.”『SPN 서울평양뉴스』 (2월 28일).
양계민 · 이우영. 2016. “북한이탈주민이 다문화집단에 대해 느끼는 현실 갈등인식이 삶의 만족 에 미치는 영향.”『한국심리학회지; 사회와 성격』 제30권 1호, 131–152.
양문수. 2018. “한반도 평화체제와 남북경협.”『KDI 북한경제리뷰』 2018년 10월호, 3–6.
양문수 · 이성기 · 김석진. 2015.『북한의 경제 특구 · 개발구 지원방안』. 세종: 대외경제정책연구원.
양정훈. 2002. “극동시베리아 지역 개발에 따른 TSR(시베리아 횡단철도)–TKR(한반도종단철도)의 역할.”『한국정책과학학회보』 6집 2호, 251–278.
양희정. 2017. “통일부 “탈북자 75%, 함경북도 · 양강도 출신.”『자유아시아방송』 (10월 11일).
에너지경제연구원. 1999.『배출권 거래제를 활용한 전력산업의 온실가스 저감방안』. 의왕: 에너지경제연구원.
예종영. 2010. “동북아 환경협력의 현재와 미래.”『국제관계연구』 15권 1호, 137–164.
오가영 · 위상우 · 이재은. 2018. “유라시아 랜드브리지 활용을 위한 TKR 연결 전략 수립.”『불뉴학회지』 28권 2호, 77–89.
오순제. 2000. “임진강 · 예성강 유역 및 서울지역의 고구려산성.”『고구려산성과 해양방어체제 연구』, 서울: 백산자료원.
외교부. 2016. “유엔 안보리 대북제재 결의 2321호 채택.” (12월 2일).

외교부. 2017a. “유엔 안보리 대북제재 결의 2371호 채택.” (8월 6일).
외교부. 2017b. “유엔 안보리 대북제재 결의 2375호 채택.” (9월 12일).
외교부. 2017c. “유엔 안보리 대북제재 결의 2397호 채택.” (12월 23일).
외무부. 1963. 『유엔과 한국문제의 역사적 배경』. 서울: 외무부(발행 연도는 미상이나, 편의상 국가재건최고회의 도서관 등록 연도로 표기).
외무부. 1976. 『유엔 한국문제 결의집(1947−1976)』. 서울: 외무부 방교국.
외무부. 1979. 『한국외교 30년, 1948∼1978』. 서울: 외무부.
원동욱 · 안병민. 2008. “북한 경제특구 개발에 따른 연계교통망 구축방안 연구.” 『연구총서』(한국교통연구원) 2008−17, 1−14.
유재춘. 2005. “철원의 고려태조 왕건 구택지설에 대한 검토.” 『강원문화사연구』 10, 강원향토문화연구회.
유호열. 2015. “탈북민 의식을 통해 본 북한 정치사회화의 특징.” 『통일전략』15권 3호, 221−253.
육군사관학교 육군박물관. 1994. 『경기도 파주군 군사유적 지표조사 보고서』. 서울: 육군사관학교 육군박물관.
육군사관학교 육군박물관. 1995. 『경기도 연천군 군사유적 지표조사보고서』. 서울: 육군사관학교 육군박물관.
육군사관학교 육군박물관. 1996. 『강원도 철원군 군사유적 지표조사 보고서』. 서울: 육군사관학교 육군박물관.
육군사관학교 화랑대연구소. 2006. 『철원의 성곽과 봉수』. 철원: 철원문화원.
육동한 · 박상헌 · 이영주 · 김범수 · 양희원. 2018. 『동해관광공동특구와 강원도』. 춘천: 강원연구원.
윤규식. 2011. “민간주도로 전단살포 계속해야.” 『월간 북한』 제472권.
윤성민 · 오창환. 2014. “백두산 화산 분화에 의한 한반도 영향과 우리의 대응.” 『국제지역연구』 18권 3호, 7−10.
윤성효. 2013. “백두산의 역사시대 분화 기록에 대한 화산학적 해석.” 『한국지구과학회지』 34권 6호, 456−469.
윤영미. 2004. “남북한 종단철도(TKR)와 시베리아 횡단철도(TSR) 연계정책의 파급효과를 중심으로.” 『한국정책과학학회보』 8집 2호, 174−193.
윤영미 · 권원순. 2004. “시베리아 횡단철도의 활성화 방안: 노보시비르스크의 물류수송거점화 구상과 전망.”『산업경제연구』 17집 6호, 2265−2286.
윤인주 · 홍장원 · 이정아. 2018. 『북한 동해 해양관광 활성화 방안』. 부산: 한국해양수산개발원.
윤인진. 2009. 『북한이주민; 생활과 의식, 그리고 정착지원정책』. 파주: 집문당.

윤인진 · 채정민. 2010. “북한이탈주민과 남한주민의 교류경험에 관한 질적연구.”『한국심리학회지: 상담 및 심리치료』 28권 2호, 554-555.
윤일녕. 1990. “관미성 위치고.”『북악사론』 2, 북악사학회.
이계환. 2014. “北, 원산-금강산지구 총계획 발표.”『통일뉴스』 (5월 22일).
이규창. 2010.『한반도 녹색성장을 위한 남북한 삼림협력 법제 개선 방안 예비연구』. 서울: 통일연구원.
이근. 2004. “TKR-TSR 개통이 한반도 안보환경에 미치는 영향.”『전략연구』 31호, 149-182.
이금순 외. 2003.『북한이탈주민 적응실태연구』. 서울: 통일연구원.
이기동. 1976. “신라하대의 패강진.”『한국학보』 4, 일지사.
이기동. 2009. “북한의 급변사태시 우리의 대응방향.”『북한학보』 34권 2호, 45-68.
이기범. 2018.『한반도 평화체제 논의에 관한 국제법적 검토(아산 국제법 인포커스)』. 서울: 아산정책연구원.
이길하 · 김성욱. 2013. “백두산 화산 분화에 대처하기 위한 계획과 전략.”『한국지구과학회지』 34권 6호, 453-455.
이도학. 1996.『꿈이 담긴 한국 고대사 노트』하. 서울: 일지사.
이명박. 2015.『대통령의 시간, 2008-2013』. 서울: ㈜ 알에이치코리아.
이명선 · 신호균. 2008. “한,러 경제협력과 시베리아 횡단철도를 통한 선교전략.”『로고스경영연구』 6권 2호, 77-88.
이민부 · 김남신 · 조용찬 · 차진열. 2016. “북중 접경 지역의 지형과 환경.”『대한지리학회지』 제51권 6호, 761-777.
이상근. 2019. “평화체제 담론에 대한 평가와 대안.”『2019 북한연구학회 춘계학술회의 발표논문집』.
이상우. 2008.『북한정치: 신정체제의 진화와 작동원리』. 파주: 나남출판사.
이상준. 2013. “유라시아협력시대의 한반도 개발협력 핵심 프로젝트와 추진전략.”『국토정책 Brief』, 1-8.
이상준. 2015. “러시아 극동 개발과 남 · 북 · 러 3각 협력.”『러시아 연구』 25권 2호, 229-252.
이상현. 2006. “한반도 평화체제와 한미동맹.”『한국과 국제정치』 22권 1호, 225-256.
이수경. 2007. “김부자 실체: 김정일의 별장 (2).”『자유아시아 방송』(1월 1일).
이수정 · 이우영. 2014. “영국 뉴몰든 코리아 타운 내 남한 이주민과 북한난민 간의 관계와 상호인식.”『북한연구학회보』 제18권 1호, 137-174.
이영종. 2018. “‘원산댁’ 아들 김정은의 원산 사랑, 해양리조트 건설로.”『시사저널』(8월 7일).

이영훈. 2015. “나선 경제특구 개발의 결정요인 및 전망.”『JPI 정책포럼』, 1–9.
이옥남. 2012. “나진–하산 프로젝트를 통해 본 TKR–TSR 연결의 함의와 시사점.”『월간 교통』, 60–63.
이완범. 2017.『카터시대의 남북한: 동맹위기와 민족의 갈등』. 서울: 한국학중앙연구원 출판부.
이용상 · 나희성 · 김현웅. 2001. “TSR 활성화를 위한 제언: 화물운송협약의 검토와 최근의 이용현황을 중심으로.”『철도저널』, 제4집 1호, 33–39.
이용준. 2010.『게임의 종말: 북핵협상 20년의 허상과 진실, 그리고 그 이후』. 서울: 한울.
이우균. 2018. “북한의 기후변화 대응을 위한 산림녹화 방안” 북한의 기후변화 대응을 통한 지속가능한발전 목표 달성 세미나. 서울. 3월
이윤정 · 이연정 · 김수도 · 천준석 · 윤성민. 2014. “백두산 화산 분화 시나리오에 따른 경제적 피해 예측 시뮬레이션.”『국제지역연구』18권 3호, 79–108.
이윤진 · 장용철. 2016. “독일 통일과정과 지방자치단체의 역할: 남북한 통일에의 함의.”『북한학보』제41권 2호, 39–60.
이인정. 2007. “북한 새세대의 가치 지향의 변화.”『한국학술정보』, 337–390.
이재. 1999. “군사보호구역 일대의 관방 유적.” 김재한 공편.『DMZ』, 서울: 소화.
이재 · 강성문 · 김기훈. 1993. “임진강 유역의 군사유적 지표조사보고.”『학예지』3. 육군사관학교 육군박물관.
이재범. 1991. “후삼국시대 궁예정권의 연구.” 성균관대 박사 학위 논문.
이재범. 2005. “궁예 · 왕건 정권의 역사적 연속성에 관한 고찰.”『사림』24, 수선사학회.
이재범. 2006. “역사와 설화 사이–철원 지역설화로 본 궁예왕.”『강원민속학』20, 아시아강원민속학회.
이정균. 2017. “대북제재로 인한 북중 접경지역에서의 무역 거리관행 변화 분석.”『KDI 북한경제리뷰』2017년 4월호. 83–113.
이종석. 2000.『북한–중국 관계 1945~2000』. 서울: 도서출판 중심.
이종석. 2013. “북한의 황해남도 강령군 경제특구 계획과 NLL.”『정세와 정책』(세종연구소) 2013년 9월호. 8–11.
이종석. 2014.『북한–38 중국 국경 획정(劃定)에 관한 연구』. 경기: 세종연구소.
이종학. 1984. “신라 삼국 통일의 군사사적 고찰.”『군사』8, 국방부 군사편찬연소.
이준선. 2005. “칠중성과 고랑포의 역사지리적 고찰.”『애산학보』31, 애산학회.
이진우 · 이기완. 2019. “환경난민을 둘러싼 주변국의 입장과 대응방안: 백두산 화산 폭발에 따른 환경난민을 중심으로.”『세계지역연구논총』37집 1호, 143–163.
이찬우 · 서정원. 2002. “TSR–TKR 통합 운영 노선에 대한 기초 연구.”『한국철도학회 학술발표대회논문집』, 335–342.

이춘근. 1995.『북한 핵의 문제: 발단, 협상과정, 전개』. 성남: 세종연구소.
이춘근. 2003. "미국의 신동아시아 전략과 주한미군."『분석과 정책: 한미동맹 50년』. 백종천 편. 성남: 세종연구소.
이충국. 2015.『북한 조림 CDM 사업의 핵심이슈 및 사업화 전략』. 서울: 한국기후변화연구원.
이태동 · 정혜윤. 2019. "한중 대기 환경협력의 정치: 미세먼지와 기후변화 비교연구."『국제지역연구』23권 2호, 61-86.
이한희. 2017. "지방자치단체의 남북교류협력 촉진을 위한 법적 제도 개선에 관한 연구: 경기도 사례를 중심으로."『지방행정연구』제31권 1호, 213-242.
이해정 · 이용화. 2016. "북한의 청정개발체제(CDM) 사업 추진 현황."『통일경제』2016권 1호, 74-87.
이현숙. 2019. "북한의 주요 특구 · 경제개발 지역분석: 해주."『북한토지주택리뷰』04. 54-64.
이현하 · 양진송 · 박정수. 2016. "북한철도의 SWOT분석을 통한 한반도 철도의 발전방안." 한국철도학회한국철도학회 학술발표대회논문, 665-680.
이형종. 2018. "북한이탈주민의 공감능력과 경험 연구." 북한대학원대학교 박사 학위논문.
이환범. 2012. "한반도 정세변화에 따른 통일외교안보분야 추진체계 구상."『북한연구학회 추계학술대회 논문집: 북한의 경제개혁과 통일 평화의 상상력』, 69-87.
임강택 외. 2017.『북중관계 주요분야별 현황 분석』. 서울: 통일연구원.
임강택. 2013.『창조경제 기반 문화 · 환경 · 산업 융합 남북협력 추진방안』. 서울: 통일연구원.
임기환. 2006. "고대의 강원도와 삼국의 역관계-문헌자료의 검토를 중심으로-."『강원도와 고구려』, 춘천: 강원발전연구원.
임동원. 1997. "남북고위급회담과 북한의 협상전략."『북한의 협상전략과 남북한 관계』. 서울: 경남대학교 극동문제연구소.
임동원. 2008.『임동원 회고록, 피스 메이커』. 서울: 중앙북스(주).
임순희 · 윤인진 · 김슬기. 2018.『(2017)북한이탈주민 경제사회통합실태』. 서울: 북한인권정보센터.
임영태. 2017. "미군에 의한 학살사건(2)-미 공군의 북한지역 공중폭격과 초토화."『통일뉴스』(2월 14일).
임을출. 2017. "한반도 신경제지도 구상이란?"『통일한국』(9월 1일). (http://unikorea21.com/?p=14203) (검색일: 2019.07.29.).
장동명 · 송춘근 · 김봉택. 2005. "동부 시베리아 에너지 개발에 대한 국내 철도 산업의 경제성 분석과 진출 방안 연구: 동부 시베리아 철도 주변 지역을 중심.”『한국철도학회 학술발표대회논문집』, 110–115.

장원섭. 1990. “백제초기 동계의 형성에 관한 일고찰–말갈과의 관계를 중심으로.”『청계사학』7, 청계사학회.

전경숙. 2008.『NLP심리치료 – 원리와 실제』. 서울: 학지사.

전병곤 외. 2015.『북한 접경지역에서의 남 · 북 · 중 협력방향 모색(종합요약보고서)』. 서울: 통일연구원.

전용호. 2005.『환경쇼크, 교토의정서 발효와 한국의 미래』. 서울: 지누출판.

전재성. 2006. “한반도 평화체제: 남북한의 구상과 정책 비교검토.”『한국과 국제정치』22권 1호, 33–66.

정근식 외. 2018. “2017 통일의식조사.”『서울대 통일평화연구원 통일학연구』36, 67–74.

정기웅. 2014. “백두산 화산재해와 북한 급변사태에 관한 소고: 주변국과의 관계를 중심으로.”『국제지역연구』18권 4호, 233–253.

정기웅. 2016. “백두산 화산 분화 가능성과 동북아 국제협력.” *JPI Peace Net* 2016–43.

정기웅. 2017. “백두산 화산 분화에 대비한 남북 협력 체제 구축 필요성의 제기.”『국제학논총』26집, 159–176.

정선용. 1997. “궁예의 세력형성 과정과 도읍 선정.”『한국사연구』97, 한국사연구회.

정아름. 2010. “압록강 연안 홍수로 14명 사망.”『자유아시아방송』(8월 23일).

정영. 2019. “대북제재로 북한 강철 수출 막혀.”『자유아시아방송』(1월 21일).

정원주. 2019. “안승의 향방과 고구려 부흥운동.”『군사』110, 국방부 군사편찬연구소.

정은이. 2013. “접경지역 단동에 대한 현지조사.”『KDI 북한경제리뷰』. 4월호.

정은이. 2017. “북중 무역과의 연계를 통해서 본 북한의 비공식 송금 시스템의 생성과 발전.”『세종정책브리핑』no.2017–31.

정재호. 2014.『미 · 중관계 연구론』. 서울: 서울대학교출판문화원.

정진위. 1985.『북방 3각관계: 북한의 대중 · 소관계를 중심으로』. 서울: 법문사.

정현갑 외 역. 2004,『힐가드와 애트킨슨의 심리학 원론』제14판. 서울: 박학사.

정회성. 1995.『북한의 환경문제와 남북환경협력의 추진방안』. 서울: 한국환경기술개발원.

정회성 · 추장민 · 강광규 · 김경술 · 김정인 · 김미자. 2003.『환경친화적 남북 경협사업 추진방안에 관한 연구』. 서울: 한국환경정책평가연구원.

제성호. 2013. “한반도 안보환경하에서 정전협정의 역할과 미래관리체제.”『국방정책연구』29권 2호, 9–47.

조국전선. 1979.1.23. “조국통일민주주의전선 중앙위원회 성명.”『남북한 통일제의 자료총람, 제2권』. 국토통일원 1985. 서울: 국토통일원.

조법종. 2006. “후백제와 태봉관련 연구동향과 전망.”『신라문화』 27, 동국대학교 신라문화연구소.

조선총독부. 1940.『조선보물고적조사자료』. 경성: 조선총독부.

조성렬. 2010. “북, 서해 NLL 무효화 시도 평화협정 의제로 제기 가능성 높아.”『통일시대』(민주평화통일자문회의) 2010년 3월호, 16–19.

조아영. 2015. “북한의 환경관련 법제 및 남북한 환경협력에 대한 연구.”『해양환경안전학회 학술발표대회 논문집』.

조은정. 2012. “기획보도: 북한 기상재해, 2. 높아지는 기온, 늘어나는 강수량.”『Voice of America』 (9월 14일).

조인성. 1993. “궁예의 세력형성과 건국.”『진단학보』 75, 진단학회.

조인성. 1991. “태봉의 궁예정권 연구.” 서강대학교 박사 학위 논문.

조정훈. 2014. “북한 제2의 도시, 원산.”『통일뉴스』 (6월 15일).

조정훈. 2015. “北 원산–금강산 국제 관광 지대 투자설명회, 27일 금강산 개최.”『통일뉴스』 (5월 14일).

주동. 2018 “금강산(金剛山)[구룡연–해금강–삼일포].” blog omsee. (6월 28일)

주승현. 2018.『조난자들』. 서울: 생각의 힘.

지헌철. 2010. “백두산 화산, 언제 폭발할 것인가?”『통일한국』 324호, 44–45.

진장원 · 권태호. 2015. “동북아시아 지역에서 한반도 종단철도(TKR)와 시베리아 횡단철도(TSR)의 연결을 위한 전략.”『아시아연구』 18권 2호, 119–141.

채경석. 2004. “남북한 지방자치단체의 교류협력에 관한 탐색연구.”『정치정보연구』 제7권 2호, 47–80.

채경희. 2018. “북한의 장마당세대 의식 특성에 관한 연구.” 북한대학교대학원 박사학위 논문.

철원문화원. 1998.『철원향토지』. 철원군: 철원문화원.

철원문화원. 2004.『철원향토지 제5집 철원의 지명 유래』. 철원군: 철원문화원.

최규성. 1987. “궁예정권의 성격과 국호의 변경.”『상명대학교논문집』19.

최보식. 2015. “백두산 화산 폭발 가능성 100%… 화산재가 남한으로 날아오진 않아.”『조선일보』 (6월 1일).

최성원. 2015. “원산갈마비행장 현대화 사업.”『유라시아 · 북한교통물류 이슈페이퍼』, 제2015–4호.

최승엽. 2010. “강원지역 구석기유적의 입지유형과 시기구분 연구.”『선사와 고대』 33, 한국고대학회.

최연혜. 2005. “한–러 경제협력(TKR–TSR)을 통한 한반도 평화: 철도교통 네트워크를 중심으로.”『전남대학교 세계한상문화연구단 국제학술회의』, 59–82.

최영희. 2000. “한국사에서 본 DMZ지역” 김재한 편. 『DMZ II』, 서울: 소화.
최은경 · 유순영 · 김성욱 · 윤성민. 2014. “백두산 화산재해로 인한 산업부문 피해액 산정에 관한 연구.” 『국제지역연구』 18권 3호, 145−168.
최은영 · 이찬우 · 정홍채. 2002. “TSR 운송의 주요 문제점 및 개선방향.” 『한국철도학회 학술발표대회논문집』, 343−348.
최진욱 외. 2011. 『통일외교 과제와 전략』. 서울: 통일연구원.
최한별 · 최석범. 2016. “유라시아 이니셔티브에서의 철도운송네트워크 효율화방안.” 『무역학회지』 41권 3호, 109−133.
통일교육원. 2014. 『2014 북한 이해』. 서울: 통일교육원.
통일교육원. 2019. 『2019 북한 이해』. 서울: 통일교육원.
통일부. 1999. 『포용정책은 안보와 협력입니다』. 서울: 통일부 통일정책실.
통일부. 2003. 『2004 북한개요』. 서울: 통일부.
통일부. 2011. 『주간 북한동향』. 1051호. 서울: 통일부.
통일부. 2013. 『한반도 신뢰프로세스』. 서울: 통일부 정책협력과.
통일부. 2015. 『월간북한동향』. 12월호.
통일부. 2016. 『북한지식사전』. 서울: 통일교육원.
통일부·교육부. 2019. “2018 학교통일교육 실태조사.” 대한민국정책브리핑, (02월 12일)
통일연구원. 2007. 『이명박 정부 대북정책은 이렇습니다』. 서울: 통일연구원.
통일원. 1992. 『남북기본합의서 해설』. 서울: 통일원 통일정책실.
통일원. 1993. 『남북한 통일 · 대화 제의비교, 제2권(1988~1991.3)』. 서울: 통일원 남북회담사무국.
통일원. 1994. 『북한 핵문제 전개과정 및 주요일지(1991.9~1994.9)』. 서울: 통일원 남북회담사무국.
통일원. 1997. 『남북한 통일 · 대화 제의비교, 제4권(1993.11~1997.4)』. 서울: 통일원 남북회담사무국.
파주시 · 한양대학교박물관 · 문화인류학과. 1999. 『파주시의 역사와 문화유적』. 서울: 한양대학교박물관 · 문화인류학과.
한국 국방부 전사편찬위원회. 국방군사연구소. 1984. 『백마고지전투』. 서울: 국방부전사편찬위원회.
한국관광공사. 2004. 『북한 관광자원: 원산시』. 서울: 웃고문화사.
한국역사연구회. 2004. “북한역사 이야기 해방과 김일성.” 『역사를 향한 열린 시선』 (5월 6일).
한국정책금융공사. 2010. 『북한의 산업』. 서울: 한국정책금융공사.
한국토지공사 토지박물관. 1999. 『연천 호로고루 정밀지표조사보고서』. 성남: 한국토지

공사 토지박물관 · 연천군.

한국토지공사 토지박물관. 2007.『연천 호로고루 : 제2차 발굴조사보고서. 3』. 성남: 한국토지공사 토지박물관 · 연천군.

한나 · 이승연. 2015. "통일 한국을 준비하는 심리학 연구의 방향성."『한국심리학회지: 일반』제34권 2호, 485–512.

한명섭. 2012. "북한의 국경하천 경계획정 및 이용 등에 관한 국제법적 고찰."『2012 남북법제연구보고서』, 173–213.

한부영. 2015. "동서독 지방자치단체 교류협력 사례."『지방행정』제64권, 26–27.

한승호. 2006.『기후변화협약의 새로운 도전: 청정개발체제(CDM)의 이해와 활용』. 파주: 한울.

한양대학교박물관. 1986.『경기도백제문화유적 지표조사보고』. 경기도: 한양대학교박물관.

함택영. 1998.『국가안보의 정치경제학: 남북한의 경제력 · 국가역량 · 군사력』. 서울: 법문사.

해양수산부. 2018.『통일 한반도 시대의 북한 항만물류체계 기본 구상 연구』. 세종: 해양수산부.

허담. 1974.3.25. "최고인민회의 제5기 3차대회에서 한 허담 부총리 겸 외교부장 보고: 조선에서 긴장 상태를 가시며 조국의 평화통일을 촉진시키기 위한 전제를 마련할 데 대하여."『남북한 통일제의 자료 총람』제1권. 국토통일원 1985. 서울: 국토통일원.

허병식. 2013. "휴양지의 풍경: 근대도시 원산의 장소정체성",『한국문학연구』44, 동국대학교 한국문학연구소.

홍규덕. 2005. "남북환경협력의 중요성과 북한환경의 질적 향상을 위한 대안."『국제관계연구』10권 1호, 49–94.

홍석률. 2001a.『통일문제와 정치 · 사회적 갈등: 1953~61』. 서울: 서울대학교 출판부.

홍석률. 2001b. "1968년 푸에블로 사건과 남한 · 북한 · 미국의 삼각관계."『한국사 연구』통권113호, 179 - 208.

홍순창. 1982. "변동기의 정치와 종교–후삼국시대를 중심으로–."『인문연구』2, 영남대학교 인문과학연구소.

홍승기. 1992. "궁예왕의 전제적 왕권의 추구."『택와허선도선생정년기념 한국사학논총』. 서울: 일조각.

홍완석. 2004. "유라시아대륙횡단철도 국제화의 정치 · 경제적 함의와 한국의 전략적 선택."『국제지역연구』제8권 1호, 55–82.

홍재선. 1983. "적성 칠중성 조사 약보."『불교미술』7, 동국대학교박물관.

홍진표 외. 2017. “2016년 정신질환실태 조사.” 보건복지부 보도자료. (4월 11일).
홍현익. 2013.『북한 급변사태에 대한 국제사회의 개입과 한국의 준비 대응방안』. 서울: 세종연구소.
황영진. 2011. “TSR 수송의 여건변화 분석과 전망.”『한국철도학회 학술발표대회논문집』, 1031-1042.
황지욱. 2004. “델파이기법을 활용한 남북한 지방자치단체의 교류 · 협력 전망과 접경지역의 기능변화.”『국토계획』 제39권 제1호 통권 133호, 155-168.
황지욱. 2019. “남북 평화정착을 위한 국토계획의 여정.” 혁신적 포용국가와 균형발전. 국가비전회의 II. 대통령직속 국가균형발전위원회. 서울.
황지환. 2019. “한반도 평화체제 논의의 귀환: 미국우선평화 대 병진평화.”『한국과 국제정치』 35권 1호, 67-94.
国家口岸管理办公室, 中国口岸协会. 2017.『中国口岸年鉴2017』. 北京: 中国海关出版社.
国家质量监督检验检疫总局. 2012. “吉林省一类口岸.” http://www.aqsiq.gov.cn/xxgk_13386/jgfl/tgyws/200701/t20070105_23231.htm (검색일: 2019.7.3).
吉林省环境保护厅??吉林省水利厅. 2018.『吉林省重点流域水污染防治规划(2016-2020年)』. 6월 20일.
吉林省长白山保护开发区管理委员会. 2016. “野生植物资源.” 12월 29일 (http://changbaishan.gov.cn/gk/zrzy/201612/t20161229_20561.html).
王泰平. 1999.『中華人民共和國外交史, 1970~1978』. 第三卷. 北京: 世界知識出版社.
中国外交部条约法律司编. 2004.『中华人民共和国边界事务条约集: 中朝卷』. 北京: 世界知识出版.
察哈尔学会. 2018. “察哈尔报告: 朝鲜半岛形势缓和对东北经济发展的机遇.” 10月 29日 http://www.charhar.org.cn/newsinfo.aspx?newsid=14037 (검색일: 2019.7.19.).
Acheson, Dean Gooderham. 1950. “Crisis in Asia-An Examination of U.S. Policy.” *Department of State Bulletin* 22(551).
Albright, David, and Kevin O'Neill. 2000. *Solving the North Korean Nuclear Puzzle.* Washington, D.C. The Institute for Science and International Security.
Allport, G. 1961. *Pattern and Growth in Personality.* New York: Holt, Rinehart, and Winston.
Ambassador Habib Seoul 818. 1973.8.23(추정 일자). to the White House (Eyes only DR. Kissinger). POL KOR N-US. RG 59. NARA (National Archives and Records Administration).
Amembassy Seoul 949. 1971.2.18. to Secstate. Proposal for Increased Display of U.S.

Interest in Dialogue between ROK and North Korea. POL KOR N-KOR S. RG 59. NARA.

Amembassy Seoul A-001. 1970.1.2. to Department of State. Conversation with General KIM Hyung Wook. POL KOR S-US. RG 59. NARA.

Aspy, D. N. 1975. "Empathy: Let's Get the Hell on with It." *The Counseling Psychologist*, 5(2), 10-14.

Axelrod, Robert, and Robert O. Keohane. 1986. "Achieving Cooperation Under Anarchy: Strategies and Institutions." In *Cooperation Under Anarchy*, edited by Kenneth A. Oye, 226-260. Princeton: Princeton University Press.

Barnett, M. A. 1987. "Empathy and Related Responses in Children." In *Empathy: A Developmental Perspective*, edited by N. Eisenberg, and J. Strayer. New York: Cambridge University Press.

Blackman, N., Smith, K., Brokman, R., and J. Stern. 1958. "The Development of Empathy in Male Schizophrenics." *Psychiatric Quarterly*, 32, 546-553.

Buschfort, Wolfgang. 1991. *Das Ostbüro der SPD: Von der Gründung bis zur Berlin-Krise*. München: R. Oldenbourg Verlag.

Calabretta, Costanza. 2015. "Deutsch-deutsche Begegnungen. Die Städtepartnerschaften am Tag der Deutschen Einheit." *Deutschland Archiv*. Aug.

Charles F, Andrain. 1988. *Political Change in the Third World*. Boston: Unwin Hyman (55-68).

Cha, Victor and David Kang. 2010. "Approaching Korean Unification: What We Learn from Other Cases." *An Interim Report of the USC-CSIS Joint Study*. The Korea Project: Planning for the Long Term. CSIS. Dec.

Cha, Victor and David Kang. 2011. "Challenges for Korean Unification Planning: Justice, Markets, Health, Refugees, and Civil-military Transition." *An Interim Report of the USC-CSIS Joint Study*. The Korea Project: Planning for the Long Term. CSIS. Dec.

Cho, Soon Sung. 1967. *Korea in World Politics*. Berkeley: California: University of California Press.

CIA. 2019. *World Factbook 2019*.

CVCE (Centre Virtuel de la Connaissance sur l'Europe). 2015. *The Cold War—Full Text.* http://www.cvce.eu/obj/the_cold_war_1945_1989_full_text-en-6dfe06ed-4790-48a4-8968-855e90593185.html.

DMZ학술원. 2013. 『그린데탕트를 통한 환경공동체 추진방안』. 서울: 통일부.

DOS (Department of State). 1947. *Korea's Independence.* Washington D.C: U.S. Government Printing Office.

Drews, Dirk. 2006. *Die Psychologische Kampfführung/Psychologische Verteidigung der Bundeswher: eine erziehungswissenschaftliche und publizistikwissenschaftliche Untersuchung.* Dissertation, Mainz: Johannes Gutenberg Universität.

Eberstadt, Nicholas and Richard J. Ellings. eds. 2001. *Korea's Future and the Great Powers.* Washington: the National Bureau of Asian Research.

Eisenberg, N., and P. Miller. 1987. "Empaty, Sympathy, and Altruism: Empirical and Conceptual Links." In *Empathy: A Developmental Perspective*, edited by N. Eisenberg and J. Strayer. New York: Cambridge University Press.

Ellis, Albert. 1994. *Reason and Emotion in Psychotherapy: Comprehensive Method of Treating Human Disturbances*. New York: Citadel Press.

Evans, Robert. 2002. "Blast from the Past." https://www.smithsonianmag.com/history/blast-from-the-past-65102374/ (검색일: 2019. 7. 15).

FRUS. 1969~1976a. "197. Memorandum of Conversation. Beijing, February 23, 1972, 2-6 p.m." *Vol. 17. China 1969~1972.* edited by Steven E. Phillips and Edward C. Keefer. Department of the States. 2006. Washington D.C.: U.S. Government Printing Office.

FRUS. 1969~1976b. "30. Memorandum for the President's File. Washington, August 27, 1974, 10:30am," *Vol. E-15, Part 1. Documents on Eastern Europe, 1973~76.* https://history. state.gov/historicaldocuments/frus1969-76ve15p1/d30.

Gaddis, John Lewis. 2005. *The Cold War: A New History*. New York: The Penguin Press.

Gazda, G. M., Walters, R., and W. C. Childers. 1975. *Human Relations Development.* Boston: Allyn and Bacon.

Gornig, Gilbert. 1990. "Die innerdeutschen Städtepartnerschaften, Eine rechtliche Würdigung." In *40 Jahre Innerdeutsche Beziehungen.* edited by Maria Haendke-Hoppe et al. Berlin: Duncker and Humboldt.

Hardin, Garett. 1968. "The Tragedy of the Commons." *Science* 162: 1243-1248.

Harmeling, Sven and David Eckstein. 2012. *Global Climate Risk Index 2013: Who Suffers Most From Extreme Weather Events? Weather-Related Loss Events in 2011 and 1992 to 2011.* Germanwatch. November.

Hong, Tae-Kyung, Eunseo Choi, Seongjun Park, and Jin Soo Shin. 2016. "Prediction of Ground Motion and Dynamic Stress Change in Baekdusan(Changbaishan) Volcano Caused by a North Korean Nuclear Explosion." *Scientific Reports* 6, Article number

21477. http://www.nature.com/articles/srep21477 (검색일: 2019. 7. 15).

Hüttmann, Jens. 2011. "Den Anderen wirklich sehen, Die innerdeutschen Städtepartnerschaften vor und nach 1989." *Deutschland Archiv*. 8 Feb.

International Federation of Red Cross and Red Crescent Societies. 2015. *World Disasters Report 2015: Focus on Local Actors, the Key to Humanitarian Effectiveness.* Geneva: IFRC.

International Food Policy Research Institute. 2015. *Global Hunger Index: Armed Conflict and the Challenge of Hunger.* Washington, DC.

Kang, Taek Goo, et al. 2019. "After Breaking the Deadlock: Extending Cooperation with Democratic People's Republic of Korea through Natural Disaster Management." 『국제관계연구』 24(1).

Kihl, Young Whan. 1984. "North Korea in 1983: Transforming 'The Hermit Kingdom'?." *Asian Survey* 24(1).

Kim, Young C. 1980. "North Korea 1979: National Unification and Economic Development." *Asian Survey* 20(1).

Kirsch, Martin. 2014. "Die Psychologische Verteidigung der Bundeswehr bis 1990." *IMI-Studie*, (7).

Kissinger, Henry(S/S 7315548). 1973.8.23. to Ambassador Habib. The White House Message to Ambassador Habib on Contacts in Pecking with the DPRK. POL KOR N-US. RG 59. NARA.

Kissinger, Henry. 1979. *White House Years*. Boston: Little, Brown and Company.

Kitschelt, Herbert. 1991. "Industrial Governance Structures, Innovation Strategies and the Case of Japan: Sectoral or Cross-National Comparative Analysis." *International Organization* 45(4): 453-493.

Klaus, Manfred. 1994. "Städtepartnerschaften zwischen ost- und westdeutschen Kommunen." *Ein Medium des Bürgerdialogs, interkommunaler Solidarität und verwaltungspolitischer Integration*, Berlin.

Ko, Chang-Nam. 2015. "Present Status of Trans-Korean Railways and Plan for Connection with Trans-Siberian Railway." in https://www.unescap.org/sites/default/files/Rep%20of%20Korea%20-%20Present%20Status%20of%20Trans-Korean%20Railways.pdf (검색일: 2019.7.10).

Kort, Michael. 1998. *The Columbia Guide to the Cold War*. New York: Columbia University Press.

KOTRA. 2017. 『2016 북한 대외무역 동향』. 서울: KOTRA.

KOTRA. 2018.『2017 북한 대외무역 동향』. 서울: KOTRA.

KOTRA. 2019. "2018년 북한 대외 무역규모 전년 대비 절반 수준으로 축소."『보도자료』(7월 19일).

Lisiecki, Gabriel. 1996. *Deutsch-deutsche Städtepartnerschaften: ihre historische Entwicklung und Bedeutung*. Jena: Jena University.

Margerum, Richard D., and Bruce P. Hooper. 2001. "Integrated Environmental Management: Improving Implementation through Leverage Point Mapping." *Society & Natural Resources* 14(1).

Martinez, O. J. 1994. "The Dynamics of Border Interaction." In *Global Boundaries*. edited by D. H. Schofield, World Boundaries. Volume 1. 1–15. London.

McMahon, Robert J. 2003. *The Cold War: A Very Short Introduction*. New York: Oxford University Press.

Mearsheimer, John J. 1994/1995. "The False Promise of International Institutions." *International Security* 19(3).

Mead, G. H. 1934. *Mind, Self and Society*. Chicago: University of Chicago Press.

Neumann, Nicolas. 1971. "Eine Affäre vorweg," In *Invasionsziel DDR, Psychologische Kampfführung. Vom Kalten Krieg zur neuen Ostpolitik*, edited by Karl Heinz Roth. Hamburg: Konkret.

Oberdorfer, Don. 2001. *The Two Koreas: A Contemporary History*. New Edition. Basic Books.

Olinick, S. L. 1984. "A Critique of empathy and Sympathy." In *Empathy(Vol. 1)*, edited by J. Lichtenberg, M. Brenstein, and D. Silver. Hillsdale, NJ: The Analytic Press.

Oye, Kenneth A. 1986. "Explaining Cooperation Under Anarchy: Hypotheses and Strategies." In *Cooperation Under Anarchy*, edited by Kenneth A. Oye, 1–24. Princeton: Princeton University Press.

Pawlow, Nicole–Annette. 1990. *Innerdeutsche Städtepartnerschaften: Entwicklung, Praxis, Möglichkeiten*. Berlin: Verlag Gebr. Holzapfel.

Putnam, Robert D. 1988. "Diplomacy and Domestic Politics: The Logic of Two–Level Games." *International Organization* 42(3): 427–460.

Reiss, Mitchell. 1995. *Bridled Ambition: Why Countries Constrain Their Nuclear Capabilities*. Washington D.C.: The Woodrow Wilson Center Press.

Röper, Erich. 1989. "Deutsch–deutsche Städtepartnerschaften–wozu und wohin?." *Das Recht im Amt*. (2).

Rosers, C. R. 1959. "A Theory of Therapy, Personality and Interpersonal Relationships as Developed in the Client Centered Framework." In *Psychology: A study of a science: Formulations the person and the social context(Vol. 3)*, edited by S. Koch. New Yord: McgrawHill.

Russian, Railwasys. "Development Strategy of Russian Railways holding for the Period until 2030 (general)." In http://eng.rzd.ru/statice/public/en?STRUCTURE_ID=7 (검색일: 2019.7.15).

Sampath, K., Arụnachalam Panneerselvam, and Srinivasan Santhanam. 2007. *Introduction to Educational Technology*, 5th revised edition. New Delhi:

Sterling Publishers Private Limited.

Schindelbeck, Dirk. 1996. "Propaganda mit Gummiballons und Pappraketen." In *Propaganda in Deutschland Zur Geschichte der politischen Massenbeeinflussung im 20. Jahrhundert*, edited by Gerald Diesener und Rainer Gries. Darmstadt: Primus.

Schlumprecht, Helmut, et al. 2006. "Naturschutzfachliche Schwerpunktgebiete im Grünen Band." *BfN-Skripten* (152).

Schütz, Martina. 1995. "Im Vergleich: Ost-westdeutsche Städtepartnerschaften." *Der Landkreis: Zeitschrift für kommunale Selbstverwaltung*. 65.

Shin, Beomchul. 2010. "A Review of the Legalities Associated with a Sudden Change in North Korea." *Ilmin International Relations Institute Working Paper Series*, No. 6. Seoul: Ilmin International Relations Institute.

Spanier, John. 1992. *American Foreign Policy Since World War II*. 12th ed. Washington D.C.: CQ Press.

Stent, Angela E. 1999. *Russia and Germany Reborn. Unification, The Soviet Collapse, and the New Europe*. Princeton NJ: Princeton University Press.

Stone, Richard. 2006. "A Threatened Nature Reserve Breaks Down Asian Borders." *Science* 313(5792): 1379-1380.

Stone, Richard. 2010. "Is China's Riskiest Volcano Stirring or Merely Biding Its Time?" *Science* 329(5991): 498-499.

Tsuji, Hisako. 2004. "A Competitive Environment for TSR and TKR." In https://www.erina.or.jp/en/wp-content/uploads/2018/05/DP0409e.pdf (검색일: 2019.7.10).

Tsuji, Hisako. 2013. "Competitive Advantages and Disadvantages of Trans-Siberian Railways Route: Case Study of Korea and Japan." *International Journal of Railways* 6(4): 139-147.

U.S. Senate. 1970 (The Subcommittee on U.S. Security Agreements and Commitments Abroad of the Committee on Foreign Relations, U.S. Senate 1970). *United States*

Security Agreements and Commitments Abroad, Republic of Korea, Part 6. Washington: U.S. Government Printing Office.

UN Country Team in DPRK. 2016. *2016 DPR Korea: Needs and Priorities*.

UN ESCAP. 2000. Economic and Social Commission for Asia and the Pacific. 2000. *A Review of Region al and Subregional Agreements on Land Transport Routes: Issues and Alternative Frameworks, 2000.* in https://www.unescap.org/resources/review-regional-and-subregional-agreements-land-transport-routes-issues-and-alternative (검색일: 2019.7.15).

Von Weizsäcker, Beatrice. 1990. *Verschwisterung im Bruderland: Städtepartnerschaften in Deutschland*. Bonn: Bouvier Verlag.

Wei, H., Sparks, R.S.J., Liu, R., Fan, Q., Hong, H., Zhang, H., Chen, H., Jiang, C., Dong, J., Zheng, Y., and Y. Pan. 2003. "Three Active Volcanoes in China and Their Hazards." *Journal of Asian Earth Science* 21(5): 515-526.

WFP. 2016. "Protracted Relief and Recovery Operation: Democratic People's Republic of Korea 200907." WFP/EB.A/2016/8-A/1/Rev.1 (13 June).

Wind, E. 1963. *Art and Anarchy*. London: Faber and Faber.

Winters, Peter Jochen. 1999. "Innerdeutsche Beziehungen" In *Handbuch zur deutschen Einheit*,edited by Werner Weidenfeld. Frankfurt: Frankfurt Campus Verlag.

Wispe, L. 1991. *The Psychology of Sympathy*. New York; Plenurm Press.

Wispe, L. 1986. "The Distinction between Sympathy and Empathy: To Call forth a Concept, a Word is Needed." *Journal of Personality and Social Psychology* 50: 314-321.

찾아보기

라

마

바

사

아

자

차

영문

기타